출제 기준에 맞춘 시험 완벽 대비!

2021
빅데이터
분석기사 필기

출제 기준에 맞춘 시험 완벽 대비!

2021
빅데이터 분석기사 필기

지은이 **전용문, 정다혜, 임예은, 오경서**

펴낸이 **박찬규** 엮은이 **이대엽, 전이주** 디자인 **북누리** 표지디자인 **아로와 & 아로와나**

펴낸곳 **위키북스** 전화 031–955–3658, 3659 팩스 031–955–3660

주소 경기도 파주시 문발로 115 세종출판벤처타운 #311

가격 32,000 페이지 644 책규격 188 x 240mm

1쇄 발행 2020년 11월 19일
2쇄 발행 2020년 12월 07일
ISBN 979-11-5839-230-7 (13000)

등록번호 제406-2006-000036호 등록일자 2006년 05월 19일
홈페이지 wikibook.co.kr 전자우편 wikibook@wikibook.co.kr

이 도서의 국립중앙도서관 출판시도서목록 CIP는
e-CIP 홈페이지 http://www.nl.go.kr/cip.php에서 이용하실 수 있습니다.
CIP제어번호 CIP2020048666

데이터
자격검정 시리즈
EASY
PASS!

출제 기준에 맞춘 시험 완벽 대비!

2021
빅데이터
분석기사 필기

전용문, 정다혜, 임예은, 오경서 지음

위키북스

전용문

———

학창 시절, 시험을 며칠 앞둔 날이면 하루가 간절했습니다. 시간이 단 하루라도 더 있으면 좋겠다고 말입니다. 설령 어처구니없는 이 소원이 이루어진다고 해도, 그 다음날이면 아마 저는 또 하루만 더 달라고 할지도 모르겠지만 말입니다. 이처럼 하루하루가 소중한 오늘, 이 작은 책 한 권이 빅데이터분석기사 시험을 준비하는 분들께 단 하루의 시간이라도 더 벌어줄 수 있으면 좋겠습니다. 이 책을 쓰면서 암호 같은 개조식 문제 대신 가급적 평서형 문체로 이야기하듯이 설명한 것은 무작정 암기가 아닌 이해가 동반된 암기가 되었으면 하는 바람 때문이었습니다. 시험 '팁'과 '참고', 그림과 요약정리한 '표' 등으로 비전공자도 좀 더 이해하기 쉽고, 짧은 시간에 허덕이는 수험공부에 도움이 되고자 노력했습니다. 우연히 이 책을 집어 든 독자에게 미리 합격의 축하 인사를 전해봅니다. 그동안 묵묵히 저를 믿고 따라와 준 집필진에게 감사드립니다. 마지막으로 출판을 허락해주신 위키북스 대표님과 남루한 원고를 잘 다듬어 주신 편집자, 그리고 예쁘게 옷을 입혀준 디자이너에게도 감사드립니다.

정다혜

———

빅데이터는 더 이상 전공자들만의 영역이 아니라고 생각합니다. 빅데이터가 온 세상을 지배하고 있고, 다양한 분야에서 빅데이터를 활용하여 더욱 폭넓은 인사이트를 얻고 있습니다. 저 또한 실제 현장에서 그것을 피부로 느끼고 적용하려 하고 있습니다. 컴퓨터 기술과 빅데이터의 세계는 어렵다고 기피할 분야가 아닙니다. 이제는 어떤 분야에서든 빅데이터 분석의 적용은 불가피하다고 생각합니다. 저도 비록 IT 전공자는 아니었지만 지금은 데이터 분석 업무에 종사하고 있습니다. 여러분도 충분히 할 수 있다고 믿습니다. 이해하기 어려워도 포기하지 말고 끈기를 가지세요. 할 수 있다고 믿으면 언젠가는 꼭 이루어질 테니까요. 여러분의 합격을 기원합니다.

임예은

무리들 중에서 가장 먼저 바다에 뛰어들어 다른 펭귄들도
뒤따라 뛰어들도록 이끄는, 리더이자 선구자이며 도전자인
펭귄을 퍼스트 펭귄이라 합니다. 이 책은 이번에 첫 시행되
는 '빅데이터분석기사' 시험에 응시하는 퍼스트 펭귄들에
게 빅데이터 분석의 개념을 쉽게 이해할 수 있게 전하고자
노력했습니다. 공부에는 왕도가 없지만 자격시험 공부는
예외적이라고 생각합니다. 본 수험서를 빠르게 여러 번 읽
고, 자신이 틀린 문제와 중요 'TIP' 표시를 중심으로 자신만
의 서브노트를 만드는 것을 권장합니다. 많은 수험생들
이 쉽고 효율적으로 빅데이터분석기사 자격을 취득하기를
바랍니다. 마지막으로 이 책이 나오는 데 힘쓰신 집필진 및
위키북스 관계자분들께 감사의 마음을 전하고 싶습니다.

오경서

이 책은 빅데이터분석기사 필기시험을 대비하기 위해 쓰여
졌습니다. 출제 기준에 최대한 부합하도록 고민하며 책을
집필하였습니다. 최대한 초심자도 이해하기 쉽게 집필하였
으니 부담없이 읽어주시면 감사하겠습니다. 이 책을 함께
집필한 팀원분들과 책을 출간하기 위해 열심히 노력해주신
위키북스 대표님 이하 직원분들께 감사드립니다. 마지막으
로 이 책을 통해 빅데이터분석기사를 준비하는 모든 수험
생분들의 합격을 진심으로 기원합니다.

2021
빅데이터분석기사 필기
사용 설명서

[1] 과목 내용 한눈에 살펴보기

과목별 콘텐츠를 한눈에 파악할 수 있습니다.
과목의 내용과 주의할 점을 알 수 있습니다.

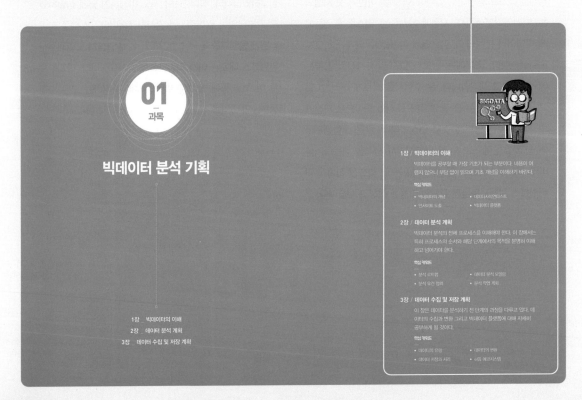

01
ㅡ
과목

빅데이터 분석 기획

1장 빅데이터의 이해
2장 데이터 분석 계획
3장 데이터 수집 및 저장 계획

1장 / 빅데이터의 이해
빅데이터를 공부할 때 가장 기초가 되는 부분이다. 내용이 어렵지 않으니 부담 없이 읽으며 기초 개념을 이해하기 바란다.

핵심 키워드

- 빅데이터의 개념   - 데이터사이언티스트
- 인사이트 도출   - 빅데이터 문맥정보

2장 / 데이터 분석 계획
빅데이터 분석의 전체 프로세스를 이해해야 한다. 이 장에서는 특히 프로세스의 순서와 해당 단계에서의 목적을 분명히 이해하고 넘어가야 한다.

핵심 키워드

- 분석 로드맵   - 데이터 분석 방법론
- 분석 요건 정의   - 분석 작업 계획

3장 / 데이터 수집 및 저장 계획
이 장은 데이터를 분석하기 전 단계의 과정을 다루고 있다. 데이터의 수집과 변환, 그리고 빅데이터 플랫폼에 대해 자세히 공부하게 될 것이다.

핵심 키워드

- 데이터의 범위   - 데이터의 변환
- 데이터 저장의 사례   - 이동 에코시스템

[3] 깊이가 있는 '참고-Box'

좀 더 자세한 내용을 알고 싶을 때,
'참고-Box'를 활용하세요.
'참고-Box'는 본문 곳곳에 등장하여
독자들의 궁금증을 해결해 줄 것입니다.

[2] 친절한 'Tip-Box'

'Tip-Box'를 통해 시험에 나오는
핵심 내용을 알 수 있습니다.

금융 부문	· 1998년 IMF 이후 금융사 간의 합병이나 지주회사 설립 등을 통해 총체적인 부실을 타파하기 위한 노력이 지속되면서 금융 부문의 업무 프로세스 효율화나 서비스 활성화 및 금융권 통합 시스템 구축 등이 크게 확산 · 2000년대 초반 EAI, ERP, e-CRM 등 데이터베이스 간 정보 공유 및 고객 정보의 전략적 활용이 주된 테마 · 2000년대 중반 DW를 적극적으로 도입하면 관련 DB 마케팅 증대를 위한 노력이 가시화되었고, 대용량 DW를 위한 최적의 BI 기반 시스템 구축이 급속도로 퍼짐 · 향후 EDW(Enterprise Data Warehouse) 확장이 데이터베이스 시장 확대에 기여 예상
유통 부문	· 2000년대 이후 전반적인 IT 변화 환경에 맞물려 CRM과 SCM 구축이 이루어짐 · 상거래를 위한 각종 인프라 및 KMS(Knowledge Management System)를 위한 별도의 백업시스템이 구축됨 · 2000년대 중반 체계적인 고객정보 수집·분석과 상권분석 등으로 심화 · 균형성과관리(BSC), 핵심성과지표(KPI), 웹 리포팅 등 다양한 분석 툴을 통해 기존 데이터베이스와 연계 · 최근 전제태그(RFID)의 등장은 대량의 상품을 거래하는 유통 부문에 적용되었을 때 파급 효과가 매우 클 것으로 전망 향후 이를 지원하는 대용량 데이터베이스를 지원하는 플랫폼이 요구되는 상황

② 사회 기반 구조의 데이터베이스

1990년대 사회 각 부문의 정보화가 본격화되며 DB 구축이 활발하게 추진됐다. 이후 무역, 통관, 물류, 조세, 국세, 조달 등 사회간접자본(SOC) 차원에서 EDI 활용이 본격화되면서 부가가치통신망(VAN)을 통한 정보망이 구축됐다. 지리·교통 부문의 데이터베이스는 고도화되고, 의료·교육·행정 등 사회 각 부문으로 공공 DB의 구축·이용이 확대됐다.

【 부문별 사회 기반 구조 데이터베이스 】

물류 부문	· '실시간 차량 추적'을 위한 종합물류정보망 구축 · CVO 서비스, EDI 서비스, 물류 정보 DB 서비스, 부가서비스로 구성 · CALS(Commerce At Light Speed): 제품의 설계·개발·생산에서 유통·폐기에 이르기까지 제품의 라이프사이클 전반에 관련된 데이터를 통합하고 공유·교환할 수 있게 한 경영통합정보시스템을 말한다. · PORT-MIS: 항만운영정보시스템 · KROIS: 철도운영정보시스템
지리 부문	· GIS 응용에 활용을 가시화: 4S 통합기술 · 지리정보유통망 가시화: 지리정보 통합관리 운영, 지리정보 수요자에 정보 제공 · GIS(Geographic Information System): 지리정보시스템 · LBS(Location-Based Service): 위치정보서비스 · SIM(Spatial Information Management): 공간정보 관리시스템
교통 부문	· 지능형교통정보시스템(ITS), 교통정보, 기초자료 및 통계 제공, 대국민 서비스 확대

의료 부문	· 의료정보시스템: 처방전달시스템, 임상병리, 전자의무기록, 영상처리시스템, 병원의 멀티미디어, 원격의료, 지식정보화 · HL7 국내 표준화 작업에 따라 전국적인 진료 정보 공유 체계 구축 계획 수립 · U-헬스 실현에 기준 의료정보 데이터베이스 기반 확립 · PACS(Picture Archiving and Communications System) · U-Health(Ubiquitous-Health)
교육 부문	· 첨단 정보통신(ICT)을 활용한 각종 교육 정보의 개발 및 보급, 정보 활용 교육 · 대학 정보화 및 교육행정 정보화 추진 사업 추진 · 교육행정정보시스템(NEIS)은 학사뿐만 아니라 기타 교육행정 전 업무를 처리하는 시스템

용어 사전

· In-House DB: 'In-House'라는 용어는 기업 외부의 용역대행사 등을 통하지 않고 기업 내부에서 자체 인력으로 업무를 수행한다는 의미다. In-House DB는 클라우드에 DB를 두지 않고 기업 내부에 DB를 구축하고 관리하는 것을 말한다.

· DW(Data Warehouse): DW란 사용자의 의사결정에 도움을 주기 위해 기간시스템의 데이터베이스에 축적된 데이터를 공통 형식으로 변환하여 관리하는 데이터베이스를 말한다.

· EDW(Enterprise Data Warehouse): EDW는 기존 DW를 전사적으로 확장한 모델인 동시에 BPR과 CRM, BSC 같은 다양한 분석 애플리케이션을 위한 원천이 된다.

· BPR(Business Process Reengineering): BPR은 경영혁신기법의 하나로, 기업의 활동이나 업무의 전반적인 흐름을 분석하고, 경영 목표에 맞게 조직과 사업을 최적으로 다시 설계하여 구성하는 것이다. 정보시스템이 도입되면서 BPR이 매우 용이해졌는데, 반복적이고 불필요한 과정을 제거하기 위해 작업 수행의 여러 단계가 통합되어 단순화된다.

· CRM(Customer Relationship Management): 고객 관계 관리를 의미한다. 고객과의 커뮤니케이션 관장 및 고객의 시각에 맞는 마케팅 활동에 기반한 양호한 관계 유지를 통해 고객 생애 가치(LTV)를 향상시킨다는 개념이다.

· BSC(Balanced ScoreCard): BSC는 과거의 성과에 대한 재무적인 측정지표에 추가해 미래성과를 창출하는 과정의 측정지표(고객, 공급자, 종업원, 프로세스 및 혁신에 대한 지표)를 통하여 미래가치를 창출하도록 관리하는 시스템이다.

· OLTP(Online Transaction Processing): 네트워크상의 여러 이용자가 실시간으로 데이터베이스의 데이터를 갱신하거나 조회하는 등의 단위 작업을 처리하는 방식을 말한다. 주로 신용카드 조회 업무나 자동 현금 지급 등 금융 전산 관련 업무에서 많이 발생하기 때문에 '온라인 거래 처리'라고도 한다.

· OLAP(Online Analytical Processing): OLAP는 사용자가 다양한 각도에서 직접 대화식으로 정보를 분석하는 과정을 말한다. OLAP 시스템은 단독으로 존재하는 정보 시스템이 아니며, 데이터 웨어하우스나 데

[5] 핵심 요약으로 빠르게 머릿속에 정리

4과목 핵심 문제까지 마쳤다면 그 다음에는 핵심 요약편을 활용하세요. 핵심 요약편은 본문에서 중요하다고 언급한 내용들이 모두 수록되어 있습니다. 모의고사를 보기 전 빠르게 전체 내용을 훑어보면 좋습니다.

[6] 핵심문제로 복습하기

각 장이 끝나면 바로 핵심문제를 풀면서 복습하세요. 한꺼번에 문제를 많이 푸는 것보다 책을 읽고 곧바로 핵심문제 풀이로 시험문제의 감을 빨리 키우는 것이 중요합니다.

[4] 복잡한 내용을 한눈에 정리하기

복잡하고 헷갈리기 쉬운 내용을
표와 그림으로 이해하고 정리하면 쉽습니다.

③ 분석 성숙도(Maturity) 평가

소프트웨어 공학에서는 시스템 개발 업무 능력과 조직의 성숙도를 파악하기 위해 CMMI(Capability Maturity Model Integration) 모델을 기반으로 기업의 성숙도를 평가한다. 분석 성숙도는 비즈니스 부문, 조직·역량 부문, IT 부문 등 3개 부문을 대상으로 성숙도 수준에 따라 도입 단계, 활용 단계, 확산 단계, 최적화 단계로 구분해 진단할 수 있다.

> TIP_ 단계별 내용이 잘못 짝지어진 선택 지를 찾는 문제가 출제될 수 있습니다.

【 분석 성숙도 평가 】

단계	내용	부문		
		비즈니스 부문	조직·역량 부문	IT 부문
[1단계] 도입	분석 시작, 환경과 시스템 구축	· 실적 분석 및 통계 · 정기 보고 수행 · 운영 데이터 기반	· 일부 부서에서 수행 · 담당자 역량에 의존	· 데이터 웨어하우스 · 데이터 마트 · ETL/EAI · OLAP
[2단계] 활용	분석 결과를 업무에 적용	· 미래결과 예측 · 시뮬레이션 · 운영 데이터 기반	· 전담담당부서 수행 · 분석 기법 도입 · 관리자가 분석 수행	· 실시간 대시보드 · 통계분석 환경
[3단계] 확산	전사 차원에서 분석 관리, 공유	· 전사성과 실시간 분석 · 프로세스 혁신 3.0 · 분석규칙 관리 · 이벤트 관리	· 전사 모든 부서 수행 · 분석 COE 운영 · 데이터 사이언티스트 확보	· 빅데이터 관리 환경 · 시뮬레이션·최적화 · 비주얼 분석 · 분석 전용 서버

단계	내용	부문		
		비즈니스 부문	조직·역량 부문	IT 부문
[4단계] 최적화	분석을 진화시켜 혁신 및 성과 향상에 기여	· 외부 환경 분석 활용 · 최적화 업무 적용 · 실시간 분석 · 비즈니스 모델 진화	· 데이터 사이언스 그룹 · 경영진 분석 활용 · 전략 연계	· 분석 협업환경 · 분석 SandBox · 프로세스 내재화 · 빅데이터 분석

> **참고 프로세스 혁신 3.0**
> 통합된 데이터를 통한 분석 결과에 따른 의사결정을 프로세스에 내재화해 혁신하는 것
> **통합 데이터 → 분석 → 의사결정 → 프로세스 적용**

④ 결과 진단

해당 기업의 분석 준비도와 성숙도 진단 결과를 토대로 유관 업종 또는 경쟁사의 분석 수준과 비교해 분석 경쟁력 확보 및 강화를 위한 목표 수준을 설정할 수 있다. 분석 관점에서 4가지 유형으로 분석 수준 진단 결과를 구분해 향후 고려해야 하는 데이터 분석 수준에 대한 목표 방향을 정의하고, 유형별 특성에 따라 개선 방안을 수립한다.

【 분석 준비도 및 성숙도 진단 결과를 4분면으로 구분 】

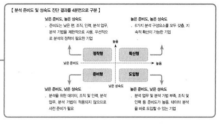

> TIP_ 사분면 및 그 내용은 관련 시험에 자주 등장합니다. '도-준-정-확'으로 이미지화를 따서 암기 하기

■ 데이터의 유형

정량적 데이터(정형 데이터

~~지의 상호작용~~
암묵지가 형식지로 표출되고 연결되면 그 상호작용으로 지식이 형성

암묵지	형식지
공통화(Socialization)	표출화(Externalization)
내면화(Internalization)	연결화(Combination)

■ DIKW 피라미드

- **데이터(Data):** 개별 데이터 자체는 의미가 중요하지 않은 객관적인 사실
- **정보(Information):** 데이터의 가공, 처리와 데이터 간 연관 관계 속에서 의미가 도출된 것
- **지식(Knowledge):** 데이터를 통해 도출된 다양한 정보를 구조화하여 유의미한 정보를 분류하고 개인적인 경험을 결합해 고유의 지식으로 내재화한 것
- **지혜(Wisdom):** 지식의 축적과 아이디어가 결합된 창의적 산물

지혜: A와 다른 물건도 저렴할 것이다.

지식: 더 저렴한 A로부터 연필을 사야겠다.

정보: A 연필이 더 저렴하다.

데이터 A는 100원, B는 200원이며 연필을 판매한다.

■ 데이터베이스의 특징

정보의 축적 및 전달 측면	· 기계 가독성 대량의 정보를 일정한 형식에 따라 컴퓨터 등의 정보처리기기가 읽고 쓸 수 있다. · 검색 가능한 정보를 원하는 방법으로 필요한 정보를 검색할 수 있다. · 원격 조작성 정보통신망을 통해 원거리에서도 즉시 온라인으로 이용 가능하다.
정보 이용 측면	· 이용자의 정보요구에 따라 다양한 정보를 신속하게 획득할 수 있고 원하는 정보를 정확하고 경제적으로 찾아낼 수 있다.
정보관리 측면	· 정보를 일정한 질서와 구조에 따라 정리, 저장하고 관리할 수 있어 방대한 양의 정보를 체계적으로 축적하고 새로운 내용을 추가하거나 갱신하기 용이하다.
정보기술발전 측면	· 데이터베이스는 정보처리, 검색·관리 소프트웨어, 관련 하드웨어, 정보 전송을 위한 네트워크 기술의 발전을 견인할 수 있다.
경제·산업적 측면	· 데이터베이스는 다양한 정보를 필요에 따라 신속하게 이용할 수 있는 인프라의 특성을 가지고 있어 경제, 산업, 사회 활동의 효율성을 제고하고 국민의 편의를 증진하는 수단으로서의 의미를 가진다.

■ 부문별 사회 기반 구조 데이터베이스

물류 부문	· 실시간 차량 추적을 위한 종합물류정보망 구축 · CVO 서비스, EDI 서비스, 물류 정보 DB 서비스, 부가서비스로 구성 · CALS(Commerce At Light Speed): 제품의 설계·개발·생산에서 유통, 폐기에 이르기까지 제품의 라이프사이클 전반에 관련된 데이터를 통합하고 공유·교환할 수 있게 한 경영통합정보시스템을 일컫는다. · PORT-MIS: 항만운영정보시스템 · KROIS: 철도운영정보시스템
지리 부문	· GIS 응용 활용하는 4S 통합기술 · 지리정보유통망 가시화: 지리정보 통합관리소 운영, 지리정보 수요자에 정보 제공 · GIS(Geographic Information System): 지리정보시스템 · LBS(Location-Based Service): 위치정보서비스 · SIM(Spatial Information Management): 공간정보관리시스템
교통 부문	· 지능형교통정보시스템(ITS), 교통정보, 기초자료 및 통계 제공, 대국민 서비스 확대

= 기대를 비유한 표현으로, '제조업뿐

~야의 생산성을 획기적으로 끌어올려

~활 전반에 혁명적 변화를 가져올 것

~'를 가진 표현으로 옳은 것을 고르

인지

08. 빅데이터가 만들어낸 변화에 관한 설명 중 틀린 것을 고르시오.

① 데이터를 사전 처리하지 않고, 가능한 한 많은 데이터를 모으고 그 데이터를 다양한 방식으로 조합하여 숨은 인사이트를 발굴한다.

② IoT 등 데이터 수집 기술의 발전으로 데이터 처리 비용이 감소하게 되면서 데이터 형성 방법이 표본조사에서 전수조사로 변화된다.

③ 수집 데이터의 양이 증가할수록 분석의 정확도가 높아져 양질의 분석 결과 산출에 긍정적인 영향을 주었다.

④ 특정한 상관관계가 중요시되던 과거와 달리 데이터의 양이 급격하게 늘어나면서 상관관계를 통해 현상을 발생시킨 양상, 즉 인과관계 추론이 중요해지고 있다.

09. 빅데이터 경영혁신의 단계를 순서대로 나열한 것을 고르시오.

가. 발견된 문제 해결

나. 새로운 고객가치와 비즈니스 창출

다. 의사결정 향상

라. 생산성 향상

① 가 - 나 - 다 - 라

② 라 - 가 - 나 - 다

③ 라 - 가 - 다 - 나

④ 라 - 다 - 가 - 나

---

10. 다음의 빅데이터 활용 사례는 어떤 분석에 관한 설명인지 고르시오.

기존 시청 기록을 바탕으로 시청자가 보려할 영화 중 어떤 영화를 가장 보고 싶어 하는지를 파악한다.

① 소셜 네트워크 분석

② 회귀분석

③ 머신러닝

④ 감정분석

11. 산업별 분석 애플리케이션이 잘못 짝지어진 것을 고르시오.

① 금융 서비스: 트레이딩, 공급/수요 예측

② 정보: 시기별자, 사내관리, 범죄방지, 수익 최적화

③ 제조업: 공급사슬 최적화, 수요 예측, 재고 보충

④ 커뮤니케이션: 가격 계획 최적화, 고객 보유, 수요 예측

12. 데이터 사이언티스트에게 요구되는 능력 중 성격이 다른 하나를 고르시오.

① 빅데이터에 대한 이론적 지식

② 스토리텔링

③ 커뮤니케이션 능력

④ 글쓰기 능력

13. 분석 준비도 및 성숙도를 진단하여 그 결과를 다음과 같은 그림으로 구분했다. 각 4분면에 해당하는 형태가 바르게 짝지어진 것을 고르시오.

① 가 준비형 / 나 정착형 / 다 확산형 / 라 도입형

② 가 도입형 / 나 준비형 / 다 정착형 / 라 확산형

③ 가 확산형 / 나 정착형 / 다 준비형 / 라 도입형

④ 가 정착형 / 나 확산형 / 다 준비형 / 라 도입형

14. 분석조직에 관한 다음의 설명 중 틀린 것을 고르시오.

① 데이터 분석 조직은 기업의 경쟁력을 통해 데이터 분석의 가치를 발견하고, 이를 활용해 비즈니스를 최적화하는 목표를 갖고 구성되어야 한다.

② 조직 내에 별도의 독립분석 전담 조직을 구성하고, 회사의 모든 분석 업무를 전담 조직에서 담당하는 분석 조직 유형은 기능형 분석 조직이다.

③ 집중형 조직 구조는 일부 현업 부서와 분석 업무가 중복 또는 이원화될 가능성이 있다.

④ 분산된 조직 구조는 분석 조직의 인력들을 현업 부서에 배치해 분석 업무를 수행하는 형태다.

15. 빅데이터 플랫폼에 관한 다음의 설명 중 틀린 것을 고르시오.

① 빅데이터 플랫폼이란 데이터의 수집·저장·처리·관리 및 분석을 위해 수행을 지원함으로써 인사이트와 비즈니스 가치 창출이 가능한 빅데이터 프로세스 환경을 의미한다.

② 방대하고 복잡한 빅데이터를 처리하는 데 기존 ETL과 DW로는 한계가 있어 다양한 빅데이터 플랫폼이 개발됐다.

③ 일부 기업이 분산형 병렬처리 및 리얼타임 데이터 처리를 위해 처음 개발한 빅데이터 솔루션을 사용한다.

④ 하둡 에코시스템(Hadoop Ecosystem)은 다른 에코시스템과 달리 특정한 기능 및 프레임워크를 지칭하는 말로 널리 활용된다.

16. 우리나라의 마이데이터에 관한 다음의 설명 중 틀린 것을 고르시오.

① 2020년 1월 이전의 '데이터 3법'이란 개인정보보호법, 정보통신망법, 신용정보법으로 국회에서 통과됐다.

---

② 개인의 동의하에 각 기업에 저장된 개인정보를 받아 활용할 수 있는 사업자를 선정하고, 그 사업자는 흩어진 금융기관, 카드사 등의 개인정보를 개인의 동의하에 자신의 사업에 활용할 수 있게 되었다.

③ 개인의 개인정보의 범위를 '다른 정보와 결합해 식별할 수 있는 정보'로는 개인정보로 볼 수 없게 해당하여 빅데이터, IoT 산업에서 활용할 수 있는 개인정보의 제한성을 극복했다.

④ 개인은 흩어져 있는 자신의 개인정보를 활용해 맞춤형 금융 서비스를 받을 수 있게 되었다.

17. 개인정보 비식별화 기술에 대한 설명이 올바르게 짝지어진 것을 고르시오.

① 가명처리: 홍길동, 30대, 서울 거주

② 총계처리: 물리학과 학생 키의 평균은 168cm

③ 데이터 삭제: 주민등록번호 삭제 후 '90년생, 남자'로 표기

④ 데이터 마스킹: 임의 집을 통해, 공백으로 대체 기술

18. 개인정보 비식별화 기술에 대한 설명이 틀린 것을 고르시오.

① 총계 처리: 부분총계, 라운딩, 재배열

② 데이터 삭제: 식별자 삭제, 식별자 부분 삭제, 레코드 삭제, 식별요소 전부 삭제

③ 데이터 범주화: 범주화, 암호화, 교환 방법

④ 데이터 마스킹: 감추기, 한입 라운딩, 범위 방법, 제어 라운딩

19. 만약 사례가 '개인정보보호법」, '정보통신망법」, '신용정보법」 모두에 해당할 경우 어느 법이 우선 적용되는지 고르시오. 단, 영상정보 처리기기 설치 운영 제한, 분쟁 조정, 단체 소송 등의 사안에 이 글 국한하여 한정한다.

① '개인정보보호법」 적용

② '개인정보보호법」과 '정보통신망법」 동시 적용

③ '개인정보보호법」과 '신용정보법」 동시 적용

④ '정보통신망법」 혹은 '신용정보법」 중에서 해당하는 특별법 적용

[7] 모의고사로 최종 점검하기

핵심 요약으로 빠르게 전 과목을 머릿속에 정리한 다음 실전처럼 모의고사를 풀어봅니다. 틀린 문제는 해설을 참고하여 해당 페이지를 찾아 별표나 포스트잇을 붙여서 꼭 이해하도록 합니다.

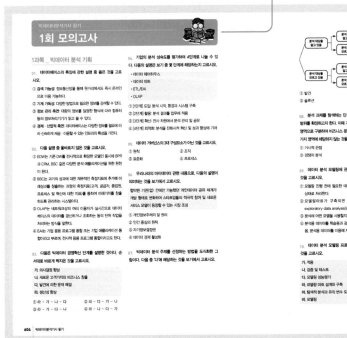

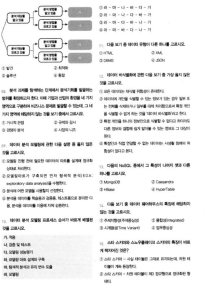

1회 _ 모의고사 해답

1과목 _ 빅데이터 분석 기획

1. 답: ④
해설: ① 원격조작성, ② 검색 가능성, ③ 정보의 축적 및 전달 측면에 관한 설명이다.

2. 답: ③
해설: ③ OLTP에 관한 설명이다. OLAP은 사용자가 다양한 각도에서 직접 대화식으로 정보를 분석하는 과정을 말한다. OLAP 시스템은 단독으로 존재하는 정보

[8] 자투리 시간 활용을 위한 수험용 앱 활용

지하철에서 혹은 누구를 기다릴 때, 자투리 시간을 이용해 앱으로 공부할 수 있습니다.

■ 애플 앱스토어 또는 구글 플레이스토어에서 '빅데이터분석기사'로 검색하거나 오른쪽 주소에서 내려받을 수 있습니다.

 https://bit.ly/빅데이터분석기사앱

■ 빅데이터분석기사의 기본 정보와 시험 일정을 확인할 수 있습니다. 시험 일정에 있는 [알림] 버튼을 탭하면 캘린더에 일정이 저장됩니다.

■ 요약정리에서는 과목별로 요약정리한 내용을 살펴볼 수 있습니다.

■ 모의고사에서는 문제를 풀어볼 수 있습니다. [정답보기] 버튼을 누르면 정답과 해설을 살펴볼 수 있고, 문제를 모두 푼 후에는 채점 결과가 나옵니다. [오답확인]에서는 틀린 문제를 다시 풀어볼 수 있습니다.

빅데이터분석기사 애플리케이션의 일부 기능은 구매 인증이 필요합니다. 인증 코드를 입력하라는 화면이 나오면 기재된 번호에 해당하는 코드를 아래 표에서 찾아 정확하게 입력합니다(대소문자 구분).

1	GQTFAK	11	EIGNQD	21	LAXBOD
2	CNMVVE	12	IJDTEP	22	IIRWGO
3	SHQVGB	13	OSSNLN	23	WOFFXZ
4	OBZDAO	14	XZAQCD	24	SQBISC
5	EJIQRC	15	RPTWRX	25	DTQHAH
6	KOMDZA	16	BJAYKI	26	MDWYVZ
7	PZFZLI	17	YYJQZB	27	WUXYIP
8	URWHMJ	18	JTAIEN	28	KYCQJV
9	ONCLHE	19	LIQIRE	29	DNDUMF
10	NVNWIB	20	QAFADM	30	DWXFIC

[9] 독자의 궁금증을 해결해주는 Q&A 커뮤니티 운영!

네이버 카페 '데이터전문가포럼'에 독자들을 위한 빅데이터분석기사 커뮤니티를 운영합니다.

커뮤니티에서 독자의 궁금한 점을 해결하고, 책에 수록되지 않은 정보와 최신 자료들도 얻을 수 있습니다.

네이버 카페 게시판 링크 주소
https://cafe.naver.com/sqlpd/15248?boardType=L

목차

01 과목

빅데이터 분석 기획

02 과목

빅데이터 탐색

03 과목

빅데이터 모델링

04 과목

빅데이터 결과 해석

빅데이터 분석 기획

1장 / 빅데이터의 이해

빅데이터를 공부할 때 가장 기초가 되는 부분이다. 내용이 어렵지 않으니 부담 없이 읽으며 기초 개념을 이해하기 바란다.

핵심 키워드
—
- 빅데이터의 개념
- 인사이트 도출
- 데이터사이언티스트
- 빅데이터 플랫폼

2장 / 데이터 분석 계획

빅데이터 분석의 전체 프로세스를 이해해야 한다. 이 장에서는 특히 프로세스의 순서와 해당 단계에서의 목적을 분명히 이해하고 넘어가야 한다.

핵심 키워드
—
- 분석 로드맵
- 분석 요건 정의
- 데이터 분석 모델링
- 분석 작업 계획

3장 / 데이터 수집 및 저장 계획

이 장은 데이터를 분석하기 전 단계의 과정을 다루고 있다. 데이터의 수집과 변환 그리고 빅데이터 플랫폼에 대해 자세히 공부하게 될 것이다.

핵심 키워드
—
- 데이터의 유형
- 데이터 저장과 처리
- 데이터의 변환
- 하둡 에코시스템

빅데이터의 이해

01 _ 빅데이터 개요 및 활용

학습단계

1. 데이터 기초
2. 빅데이터의 이해와 가치
3. 데이터 산업의 이해
4. 빅데이터 조직 및 인력

학습목표

빅데이터의 기초 개념과 산업 그리고 조직에 관한 일반적인 지식을 습득한다. 암기보다는 전반적인 개념과 흐름에 대한 이해가 더 중요하다.

02 _ 빅데이터 기술 및 제도

학습단계

1. 빅데이터 플랫폼
2. 빅데이터와 인공지능
3. 개인정보 활용 '마이데이터'
4. 개인정보보호 법 · 제도

학습목표

빅데이터 플랫폼의 개념과 빅데이터 에코시스템을 구성하고 있는 개별 요소들의 기능에 대해 이해한다. 인공지능과 마이데이터의 배경과 그 내용에 대해 알아본다.

1. 데이터 기초

(1) 데이터의 이해

① 데이터의 정의

'데이터(Data)'라는 단어는 라틴어인 'Datum'의 복수형인 'data'에서 그 유래를 찾을 수 있다. 'Datum'은 선물, 주어진 것, 차변(회계용어) 등의 의미를 담고 있다. 옥스퍼드 대사전에서는 데이터를 추론과 추정의 근거를 이루는 사실이라고 정의하고 있다. 위키피디아에서는 문자, 숫자, 소리, 그림, 영상, 단어 등의 형태로 된 의미 단위이며, 보통 연구나 조사 등의 바탕이 되는 재료를 데이터라고 정의한다. 일반적으로 데이터란 이론을 세우는 데 기초가 되는 사실 또는 바탕이 되는 자료, 혹은 컴퓨터가 처리할 수 있는 문자, 숫자, 소리, 그림 따위의 형태로 된 자료 등을 의미한다. 여기서 중요한 것은 데이터는 정보가 아니라 자료라는 점이다. 이 둘의 차이는 뒤에서 자세히 설명하겠지만, 기본적으로는 의미를 담고 있느냐 없느냐의 차이다. 데이터가 의미를 담고 있으면 정보가 되지만, 의미가 없다면 그냥 자료로 남는다.

이런 추상적인 단어를 이용하지 않고 좀 더 쉽게 말하자면, 데이터는 마치 일기예보를 위한 기초 자료와 같다. 일기예보를 머릿속에 상상해 보자. 온도, 습도, 풍향, 기압 등의 자료가 모여 내일 비가 온다든지 혹은 맑다든지 하는 일기예보를 가능하게 한다. 여기서 온도, 습도, 풍향, 기압 등은 데이터이고, 이를 근거로 일기예보라는 추론과 추정이 가능하다. 이처럼 데이터는 단순한 정보 객체로서의 가치뿐만 아니라 다른 객체(온도, 습도, 풍향, 기압 등)와의 상호관계 속에서 가치(일기예보)를 갖는다. 데이터는 객관적 사실(fact, raw material)이라는 존재적 특성을 갖는 동시에 추론·예측·전망·추정을 위한 근거(basis)로서의 당위적 특성을 함께 가진다.

② 데이터의 유형

- **정량적 데이터(정형 데이터)**: 수치로 표현할 수 있는 숫자·도형·기호 등의 데이터를 말하며, 저장·검색·분석 활용에 용이하다. 앞의 예에서 온도, 습도, 풍향, 기압 등은 정량적 데이터다.

- **정성적 데이터(비정형 데이터)**: 언어·문자 등의 정형화되지 않은 데이터를 말한다. 예컨대 '오늘 무릎이 무척 시리니 비가 올 것이다'라는 예측을 한다면, 여기서 '무릎이 시린 정도'는 수치로 정형화할 수 없는 정성적 데이터다. '영화 감상평', 'SNS 실시간 검색어' 등의 정성적 데이터 수집과 분석에는 상대적으로 많은 비용과 기술적 투자가 필요하다.

③ 암묵지와 형식지

- **암묵지(暗默知, Tacit Knowledge)**: '학습과 체험을 통해 개인에게 습득되어 있지만, 겉으로 드러나지 않는 상태의 지식'을 말한다. 머릿속에 존재하는 지식으로, 언어나 문자를 통해 나타나지 않는 지식이다. 또한 암묵지는 대개 시행착오와 같은 경험을 통해 체득하는 경우가 많다.

> TIP _ 암묵지와 형식지의 기본 개념과 특징을 묻는 문제가 나올 수 있습니다.

- **형식지(形式知, Explicit Knowledge)**: '암묵지가 문서나 매뉴얼처럼 외부로 표출돼 여러 사람이 공유할 수 있는 지식'을 말한다. 교과서, 데이터베이스, 신문, 비디오와 같이 어떤 형태로든 형상화된 지식은 형식지라고 할 수 있다.

- **암묵지와 형식지의 상호작용**: 공유화되기 어려운 암묵지가 형식지로 표출되고 연결되면 그 상호작용으로 지식이 형성된다. 지식이론의 대가인 노나카 이쿠지로 일본 호쿠리쿠(北陸) 국립대 교수는 암묵지가 고도화되거나 형식지화해 공유되는 등의 변환 과정을 거쳐 더 높은 가치를 창조하게 된다고 말한다.

【 암묵지와 형식지의 상호작용 】

암묵지	형식지
공통화(Socialization)	표출화(Externalization)
내면화(Internalization)	연결화(Combination)

④ 데이터와 정보

- **데이터(Data)**: 개별 데이터 자체는 의미가 중요하지 않은 객관적인 사실을 말한다.
- **정보(Information)**: 데이터의 가공·처리와 데이터 간 연관 관계 속에서 의미가 도출된 것을 말한다. 하지만 정보가 내포하는 의미는 유용하지 않을 수 있다.
- **지식(Knowledge)**: 데이터를 통해 도출된 다양한 정보를 구조화하여 유의미한 정보를 분류하고 개인적인 경험을 결합해 고유의 지식으로 내재화된 것을 말한다.
- **지혜(Wisdom)**: 지식의 축적과 아이디어가 결합된 창의적 산물이다.

【 DIKW 피라미드 】

지혜: A의 다른 물건도 저렴할 것이다.
WISDOM

지식: 더 저렴한 A로부터 연필을 사야겠다.
KNOWLEDGE

정보: A 연필이 더 저렴하다.
INFORMATION

데이터: A는 100원, B는 200원에 연필을 판매한다.
DATA

TIP _ DIKW 피라미드는 시험에 출제될 가능성이 높습니다.

(2) 데이터베이스의 정의와 특징

① 데이터베이스 연혁

1950년대 미군에서 군수물자를 관리하기 위해 수집된 자료를 일컫는 '데이터(Data)'와 '기지(Base)'의 합성어로 데이터베이스(Database)라는 용어가 처음 등장했다. 이후 1963년 미국 SDC(System Development Corporation)가 개최한 심포지엄에서 '대량의 데이터를 축적하는 기지'라는 개념으로 데이터베이스라는 용어가 공식적으로는 처음 사용됐다. 같은 해 GE의 C. 바크만은 최초로 현대적 의미의 데이터베이스 관리 시스템인 IDS를 개발했다. 이후 저장장치에 직접 접근하기 위한 다양한 데이터 모델과 데이터베이스 관리 시스템이 개발됐다. 우리나라에서는 1975년 미국의 CAC(Chemical Abstracts Condensates)가 한국과학기술정보센터(KORSTIC)를 통해 데이터베이스를 처음 시작한 것이 그 시초다.

② 데이터베이스의 다양한 정의

- **EU의 '데이터베이스의 법적 보호에 관한 지침'**: 데이터베이스란 체계적이거나 조직적으로 정리되고 전자식 또는 기타 수단으로 개별적으로 접근할 수 있는 독립된 저작물, 데이터 또는 기타 소재의 수집물이다.
- **우리나라의 '저작권법'**: 데이터베이스란 소재를 체계적으로 배열 또는 구성한 편집물로서 개별적으로 그 소재에 접근하거나 그 소재를 검색할 수 있게 한 것이다(법률적으로 기술 기반 저작물로 인정).
- **'컴퓨터용어사전', '정보통신용어사전(TTA)'**: 데이터베이스란 동시에 복수의 적용 업무를 지원할 수 있게 복수 이용자의 요구에 대응해서 데이터를 받아들이고 저장·공급하기 위해 일정한 구조에 따라 편성된 데이터의 집합이다.

- **'위키피디아'**: 데이터베이스란 체계적으로 정렬된 데이터 집합을 의미한다. 데이터 양과 이용이 늘어나면서 데이터베이스는 대용량의 데이터를 저장 · 관리 · 검색 · 이용할 수 있는 컴퓨터 기반의 데이터베이스로 진화했다.
- **'한국데이터산업진흥원'**: 데이터베이스란 문자, 기호, 음성, 화상, 영상 등 상호 관련된 다수의 콘텐츠를 정보처리 및 정보통신기기에 의하여 체계적으로 수집 · 축적하여 다양한 용도와 방법으로 이용할 수 있게 정리한 정보의 집합체를 의미한다. 여기서 콘텐츠란 다양한 의미 전달 매체에 의해 표현된 데이터, 정보, 지식, 저작물 등의 인식 가능한 모든 자료를 의미한다.

【 DB와 DBMS 】

| DB System | DB
(Data-Base) | 체계적으로 수집 · 축적하여 다양한 용도와 방법으로 이용할 수 있게 정리한 정보의 집합체 |
| | DBMS
(Data-Base Management System) | 이용자가 쉽게 데이터베이스를 구축 · 유지할 수 있게 하는 관리 소프트웨어 |

③ 데이터베이스의 일반적 특징

- **통합된 데이터(Integrated data)**: 동일한 내용의 데이터가 중복되지 않게 통합되어 있다.
- **저장된 데이터(Stored data)**: 컴퓨터 기술을 바탕으로 컴퓨터가 접근할 수 있는 저장 매체에 저장되어 있다.
- **공용 데이터(Shared data)**: 여러 사용자가 서로 다른 목적으로 데이터베이스의 데이터를 공동으로 이용할 수 있다. 일반적으로 대용량화되고 구조가 복잡하다.
- **변화되는 데이터(Operational data, 운영 데이터)**: 새로운 데이터의 삽입, 기존 데이터의 삭제, 갱신으로 변화하므로 항상 현재의 정확한 데이터 상태를 유지한다.

④ 데이터베이스의 특징

TIP _ 데이터베이스의 각각의 특징은 헷갈리기 쉬워서 시험에 출제될 가능성이 높습니다.

정보의 축적 및 전달 측면	• **기계 가독성**: 대량의 정보를 일정한 형식에 따라 컴퓨터 등의 정보처리기기가 읽고 쓸 수 있다. • **검색 가능성**: 다양한 방법으로 필요한 정보를 검색할 수 있다. • **원격 조작성**: 정보통신망을 통해 원거리에서도 즉시 온라인으로 이용 가능하다.
정보이용 측면	• 이용자의 정보요구에 따라 다양한 정보를 신속하게 획득할 수 있고 원하는 정보를 정확하고 경제적으로 찾아낼 수 있다.
정보관리 측면	• 정보를 일정한 질서와 구조에 따라 정리 · 저장하고 검색 · 관리할 수 있게 하여 방대한 양의 정보를 체계적으로 축적하고, 새로운 내용 추가나 갱신이 용이하다.

정보기술발전 측면	▪ 데이터베이스는 정보처리, 검색·관리 소프트웨어, 관련 하드웨어, 정보 전송을 위한 네트워크 기술 등의 발전을 견인할 수 있다.
경제·산업적 측면	▪ 데이터베이스는 다양한 정보를 필요에 따라 신속하게 제공·이용할 수 있는 인프라의 특성을 가지고 있어 경제, 산업, 사회 활동의 효율성을 제고하고 국민의 편의를 증진하는 수단으로써의 의미를 가진다.

(3) 데이터베이스의 활용

① 기업 내부의 데이터베이스

- **인하우스 DB**: 1990년대 정보통신망 구축이 가속화되면서 기업 경영 전반에 관한 모든 자료를 연계하여 일관된 체계로 구축 및 운영하는 데 중점을 두었다. 이후 경영 활동의 기반이 되는 전사자원관리시스템(ERP)으로 확대됐다.

- **OLTP(Online Transaction Processing) 시스템**: 1990년대 중반 이전, 정보의 수집과 이를 조직 내에서 공유하기 위한 경영정보시스템(MIS)과 생산 자동화, 통합 자동화 등 기업 활동에서 영역별로 구축되던 단순 자동화 중심의 시스템을 말한다.

- **OLAP(Online Analytical Processing) 시스템**: 데이터 마이닝 등의 기술이 등장하면서 단순한 정보의 '수집'과 '공유'에서 탈피하여 '분석'이 중심이 되는 시스템 구축으로 변화하게 되었는데, 이를 OLAP라 부른다.

- **CRM과 SCM**: 2000년에 들어서면서 기업 DB 구축의 화두는 CRM(Customer Relationship Management, 고객관계관리)과 SCM(Supply Chain Management, 공급망관리)으로 변화했다. 유통·판매 및 고객 데이터가 CRM과 연동되어 CRM과 SCM은 상호 밀접한 관련을 가지게 됐다.

【 산업 부문별 데이터베이스 발전 과정 】

제조 부문	▪ 데이터베이스 기술의 가장 중요한 적용 분야 ▪ 2000년대 이전 부품 테이블이나 재고 관리 등 영역에서 활용 ▪ 2000년대 이후 부품의 설계, 제조, 유통 등 전 공정을 포함하는 범위로 확대 ▪ 2000년대 초 기업별 고유 시스템 형태로 구축됐다가 이후 솔루션 유형으로 발전 ▪ 2000년대 중반 이후 중소기업에 대한 인하우스 DB 구축 투자 증가 ▪ 실시간 기업(RTE: Real Time Enterprise)이 대표적 화두: 실시간 기업은 기업의 비즈니스 프로세스를 투명하고 민첩하게 유지하여 환경 변화에 따른 적응 속도를 최대화하여 지연시간을 없애는 정보화 전략 ▪ RTE는 대기업-중소기업 간 협업적 IT화로 그 비중이 점차 확대 ▪ 최근 제조 부문의 ERP(전사자원관리, Enterprise Resource Planning) 시스템 도입과 DW, CRM, BI 등 진보된 정보기술을 적용한 기업 내부 인하우스 DB 구축이 주류

금융 부문	▪ 1998년 IMF 이후 금융사 간의 합병이나 지주회사 설립 등을 통해 총체적인 부실을 타파하기 위한 노력이 지속되면서 금융 부문의 업무 프로세스 효율화나 e비즈니스 활성화 및 금융권 통합 시스템 구축 등이 크게 확산 ▪ 2000년대 초반 EAI, ERP, e-CRM 등 데이터베이스 간 정보 공유 및 통합이나 고객 정보의 전략적 활용이 주된 테마 ▪ 2000년대 중반 DW를 적극적으로 도입해 관련 DB 마케팅 증대를 위한 노력이 가시화되었고, 대용량 DW를 위한 최적의 BI 기반 시스템 구축도 급속도로 퍼짐 ▪ 향후 EDW(Enterprise Data Warehouse) 확장이 데이터베이스 시장 확대에 기여 예상
유통 부문	▪ 2000년대 이후 전반적인 IT 변화 환경에 맞물려 CRM과 SCM 구축이 이루어짐 ▪ 상거래를 위한 각종 인프라 및 KMS(Knowledge Management System)를 위한 별도의 백업시스템이 구축됨 ▪ 2000년대 중반 체계적인 고객정보 수집 · 분석과 상권분석 등으로 심화 ▪ 균형성과관리(BSC), 핵심성과지표(KPI), 웹 리포팅 등 다양한 고객 분석 툴을 통해 기존 데이터베이스와 연계 ▪ 최근 전자태그(RFID)의 등장은 대량의 상품을 거래하는 유통 부문에 적용되었을 때 파급 효과가 매우 클 것으로 전망. 향후 이를 지원하는 대용량 데이터베이스를 지원하는 플랫폼이 요구되는 상황

② 사회 기반 구조의 데이터베이스

1990년대 사회 각 부문의 정보화가 본격화되며 DB 구축이 활발하게 추진됐다. 이후 무역, 통관, 물류, 조세, 국세, 조달 등 사회간접자본(SOC) 차원에서 EDI 활용이 본격화되면서 부가가치통신망(VAN)을 통한 정보망이 구축됐다. 지리 · 교통 부문의 데이터베이스는 고도화되고, 의료 · 교육 · 행정 등 사회 각 부문으로 공공 DB의 구축 · 이용이 확대됐다.

TIP _ 각 부문별 데이터베이스의 예가 잘못 짝지어진 것을 묻는 문제가 시험에 출제될 가능성이 높습니다.

【 부문별 사회 기반 구조 데이터베이스 】

물류 부문	▪ '실시간 차량 추적'을 위한 종합물류정보망 구축 ▪ CVO 서비스, EDI 서비스, 물류 정보 DB 서비스, 부가서비스로 구성 ▪ CALS(Commerce At Light Speed): 제품의 설계 · 개발 · 생산에서 유통 · 폐기에 이르기까지 제품의 라이프사이클 전반에 관련된 데이터를 통합하고 공유 · 교환할 수 있게 한 경영통합정보시스템을 말한다. ▪ PORT-MIS: 항만운영정보시스템 ▪ KROIS: 철도운영정보시스템
지리 부문	▪ GIS 응용에 활용하는 4S 통합기술 ▪ 지리정보유통망 가시화: 지리정보 통합관리소 운영, 지리정보 수요자에 정보 제공 ▪ GIS(Geographic Information System): 지리정보시스템 ▪ LBS(Location-Based Service): 위치정보서비스 ▪ SIM(Spatial Information Management): 공간정보 관리시스템
교통 부문	▪ 지능형교통정보시스템(ITS), 교통정보, 기초자료 및 통계 제공, 대국민 서비스 확대

의료 부문	▪ 의료정보시스템: 처방전달시스템, 임상병리, 전자의무기록, 영상처리시스템, 병원의 멀티미디어, 원격의료, 지식정보화 ▪ HL7 국내 표준화 작업에 따라 전국적인 진료 정보 공유 체계 구축 계획 수립 ▪ U헬스 실현에 기존 의료정보 데이터베이스 기반 활용 ▪ PACS(Picture Archiving and Communications System) ▪ U-Health(Ubiquitous-Health)
교육 부문	▪ 첨단 정보통신기술(ICT)을 활용한 각종 교육 정보의 개발 및 보급, 정보 활용 교육 ▪ 대학 정보화 및 교육행정 정보화 위주로 사업 추진 ▪ 교육행정정보시스템(NEIS)은 학사뿐만 아니라 기타 교육행정 전 업무를 처리하는 시스템

 참고 **| 용어 사전**

▪ In-House DB: 'In-House'라는 용어는 기업 외부의 용역대행사 등을 통하지 않고 기업 내부에서 자체 인력으로 업무를 수행한다는 의미다. In-House DB는 클라우드에 DB를 두지 않고 기업 내부에 DB를 구축하고 관리하는 것을 말한다.

 TIP _ 별(★) 표시가 있는 용어는 앞으로 자주 등장하는 중요한 개념입니다.

▪ *DW(Data Warehouse): DW란 사용자의 의사결정에 도움을 주기 위해 기간시스템의 데이터베이스에 축적된 데이터를 공통 형식으로 변환해서 관리하는 데이터베이스를 말한다.

▪ *EDW(Enterprise Data Warehouse): EDW는 기존 DW를 전사적으로 확장한 모델인 동시에 BPR과 CRM, BSC 같은 다양한 분석 애플리케이션을 위한 원천이 된다.

▪ BPR(Business Process Reengineering): BPR은 경영혁신기법의 하나로, 기업의 활동이나 업무의 전반적인 흐름을 분석하고, 경영 목표에 맞게 조직과 사업을 최적으로 다시 설계하여 구성하는 것이다. 정보시스템이 도입되면서 BPR이 매우 용이해졌는데, 반복적이고 불필요한 과정을 제거하기 위해 작업 수행의 여러 단계가 통합되고 단순화됐다.

▪ *CRM(Customer Relationship Management): 고객 관계 관리를 의미한다. 고객과의 커뮤니케이션 관장 및 고객의 시각에 맞는 마케팅 활동에 기반한 양호한 관계 유지를 통해 고객 생애 가치(LTV)를 향상시킨다는 개념이다.

▪ BSC(Balanced ScoreCard): BSC는 과거의 성과에 대한 재무적인 측정지표에 추가해 미래성과를 창출하는 과정의 측정지표(고객, 공급자, 종업원, 프로세스 및 혁신에 대한 지표)를 통하여 미래가치를 창출하도록 관리하는 시스템이다.

▪ *OLTP(Online Transaction Processing): 네트워크상의 여러 이용자가 실시간으로 데이터베이스의 데이터를 갱신하거나 조회하는 등의 단위 작업을 처리하는 방식을 말한다. 주로 신용카드 조회 업무나 자동 현금 지급 등 금융 전산 관련 부문에서 많이 발생하기 때문에 '온라인 거래 처리'라고도 한다.

▪ *OLAP(Online Analytical Processing): OLAP는 사용자가 다양한 각도에서 직접 대화식으로 정보를 분석하는 과정을 말한다. OLAP 시스템은 단독으로 존재하는 정보 시스템이 아니며, 데이터 웨어하우스나 데

이터 마트와 같은 시스템과 상호 연관된다. 데이터 웨어하우스가 데이터를 저장하고 관리한다면, OLAP는 데이터 웨어하우스의 데이터를 전략적인 정보로 변환하는 역할을 한다.

- *SCM(Supply Chain Management): SCM은 기업에서 생산·유통 등 모든 공급망 단계를 최적화해 수요자가 원하는 제품을 원하는 시간과 장소에 제공하는 '공급망 관리'를 뜻한다.

- e-CRM(electronic Customer Relationship Management): 인트라넷, 엑스트라넷, 인터넷 등 넷 환경을 사용하는 모든 CRM 기능을 아우른다. 전자 CRM은 정보기술(IT)을 사용하는 고객의 모든 형태의 관계 관리와 관련된다. eCRM은 고객의 요구를 이해하고 충족하기 위해 내부 조직 자원과 외부 마케팅 전략을 통합하기 위해 IT를 사용하는 산업이다. 전통적인 CRM과 비교할 때 eCRM 조직 간 협업을 위한 통합 정보는 고객과의 소통에 더 효율적일 수 있다.

- RTE(Real Time Enterprise): 최신 정보를 이용하여 경영 및 실무상의 핵심 비즈니스 프로세스에서 발생하는 지연 요소를 혁신적이고 지속적으로 제거함으로써 경쟁력을 극대화한 기업을 말한다.

- ERP(Enterprise Resource Planning): ERP는 경영 정보 시스템(MIS)의 한 종류다. ERP, 즉 전사적 자원 관리는 회사의 모든 정보뿐만 아니라 공급 사슬 관리와 고객의 주문 정보를 포함해 통합적으로 관리하는 시스템이다.

- *EAI(Enterprise Application Integration): 기업 응용 프로그램 통합 또는 기업 애플리케이션 통합이라고 부른다. 전사적 응용 프로그램 통합이라고도 한다.

- KMS(Knowledge Management System): KMS(지식관리시스템)는 조직구성원의 지식자산에 대한 자세, 조직의 지식 평가/보상 체계, 지식공유 문화 등 조직 차원의 인프라와 통신 네트워크, 하드웨어, 각종 소프트웨어 및 도구 등 정보기술 차원의 인프라를 기본 전제로 한다. KMS는 지식베이스, 지식스키마, 지식맵의 3가지 요소로 구성된다.

- KPI(Key Performance Indicator): 핵심성과지표는 기업의 목표를 달성하기 위한 성과지표를 의미한다. KPI를 설정하면 첫째 비즈니스의 목표를 수립할 수 있고, 둘째 비즈니스 방향이 올바르게 진행되는지 모니터링할 수 있으며, 셋째 완성된 프로젝트를 되돌아보고 세부 활동이 얼마나 유효했는지를 평가할 수 있다.

- RFID(Radio-Frequency Identification): 주파수를 이용해 ID를 식별하는 방식으로, 일명 전자태그로 불린다. RFID 기술이란 전파를 이용해 먼 거리에서 정보를 인식하는 기술을 말하며, 전자기 유도 방식으로 통신한다.

- SOC(Social Overhead Capital): '사회적 간접자본', '사회자본', '간접자본' 등으로 부른다. 운수(통신·용수), 그리고 전력 같은 동력 및 공중위생 등 산업 발전의 기반이 되는 여러 가지 공공시설을 말한다.

- *BI(Business Intelligence): 기업에서 데이터를 수집, 정리, 분석하고 활용해 효율적인 의사결정을 할 수 있는 방법에 대해 연구하는 학문이다.

- VAN(Value Added Network): 부가가치 통신망은 회선을 소유하는 사업자로부터 통신회선을 빌려 독자적인 통신망을 구성하고, 거기에 어떤 가치를 부가한 통신망이다.

- CVO(Commercial Vehicle Operation System): 지능형교통시스템(ITS)의 일환으로 위성 위치정보 · 휴대폰 등을 통해서 화물 및 차량을 실시간으로 추적하여 실시간 화물차량의 위치정보, 적재화물 종류, 차량운행관리, 수배송 알선 등의 서비스를 제공함으로써 화물차 운행을 최적화하고 관리를 효율화하기 위한 시스템이다.
- EDI(Electronic Data Interchange to Logistics): 종래의 종이서류 대신에 상호 합의된 전자표준문서를 컴퓨터와 통신망을 이용해 정보를 교환하는 방식을 말한다. 물류에서는 물류관련 업체 간 비표준화된 업무로 인해 발생하는 물류비 절감 및 물류 업무의 효율성을 증대하기 위해 표준화된 업무 흐름을 설계하여 공통적으로 사용되는 방식을 의미한다.
- GIS(Geographic Information System): GIS는 지리공간적으로 참조 가능한 모든 형태의 정보를 효과적으로 수집, 저장, 갱신, 조정, 분석, 표현할 수 있게 설계된 컴퓨터의 하드웨어와 소프트웨어 및 지리적 자료, 인적자원의 통합체다.
- LBS(Location−Based Service): LBS는 무선 인터넷 사용자에게 사용자의 변경되는 위치에 따른 특정 정보를 제공하는 무선 콘텐츠 서비스를 가리킨다. LoCation Services(LCS)로 지칭하기도 한다.
- SIM(Spatial Information Management): GIS 요소 기술과 MIS 응용 기술 결합의 새로운 GIS 패러다임인 공간정보 관리를 말한다.
- 공간 DB: 공간에 존재하는 점, 선, 폴리곤 등을 포함하는 객체의 데이터를 저장하고 검색하는 데 최적화된 데이터베이스다. 전통적인 DB가 다양한 숫자와 문자를 이해하는 데 사용된다.
- ITS(Intelligent Transport Systems): ITS는 교통수단 및 교통시설에 전자 · 제어 및 통신 등의 첨단 기술을 접목하여 교통정보 및 서비스를 제공하고 이를 활용함으로써 교통 체계의 운영 및 관리를 과학화 · 자동화하고, 교통의 효율성과 안정성을 향상시키는 교통체계를 말한다.
- HL7: HL7은 다양한 의료정보시스템 간 정보 교환을 위하여 미국국립표준연구소가 인증한 의료정보 교환 표준규약으로, 13개 회원국(호주, 캐나다, 핀란드, 독일, 인도, 네덜란드, 뉴질랜드, 남아프리카 10개국 연합, 영국, 일본, 중국, 대만, 한국)에 지부를 두고 있다.

* 참고: 위키백과, IT 용어사전

2. 빅데이터의 이해와 가치

(1) 빅데이터의 이해

① 빅데이터의 정의

- **일반적 정의**: 빅데이터의 '빅(Big)'에는 단순히 양적인 개념뿐만 아니라 복잡하고 다양한 질적인 개념도 포함되어 있다. 일반적으로 빅데이터란 큰 용량과 복잡성으로 기존 애플리케이션이나 툴로는 다루기 어려운 데이터셋의 집합을 의미한다.

- **가트너(Gartner) 정의**: 빅데이터란 향상된 시사점과 더 나은 의사결정을 위해 사용되는 비용 효율이 높고 혁신적이며 대용량, 고속 및 다양성의 특성을 가진 정보 자산을 말한다(2012).
- **매킨지(McKinsey) 정의**: 빅데이터란 일반적으로 데이터베이스 소프트웨어가 저장, 관리, 분석할 수 있는 범위를 초과하는 규모의 데이터를 말한다(McKinsey Global Institute, 2011).
- **IDC 정의**: 빅데이터란 다양한 종류의 대규모 데이터에서 낮은 비용으로 가치를 추출하고, 데이터의 초고속 수집과 발굴을 지원하도록 고안된 차세대 기술 및 아키텍처를 말한다(2011).
- **일본 노무라연구소 정의**: 노무라연구소는 데이터와 데이터 처리, 저장 및 분석기술에 의미 있는 정보 도출은 물론이고, 그에 필요한 인재나 조직까지도 넓은 의미의 빅데이터에 포함시킬 것을 제안했다.
- **더그 레이니(Doug Laney)의 정의(3V)**: 빅데이터는 데이터의 양(Volume), 데이터의 유형과 소스의 다양성(Variety), 데이터 수집과 처리 측면에서의 속도(Velocity)가 급격히 증가하면서 나타나는 현상이다.
- **마이어쉔베르크와 쿠키어(Mayer-Schönberg&Cukier)의 정의**: 빅데이터란 대용량 데이터를 활용해 작은 용량으로는 얻을 수 없었던 새로운 통찰이나 가치를 추출해내는 일이다. 나아가 이를 활용해 시장, 기업 및 시민과 정부의 관계 등 많은 분야에 변화를 가져오는 일이다.
- **한국데이터산업진흥원 정의**: 빅데이터란 데이터에 대한 기존의 접근 방식으로는 얻을 수 없었던 통찰과 가치를 창출하는 모든 것을 말한다.

② **빅데이터의 특징**

- 일반적으로 빅데이터의 가장 기본적인 특징을 3V, 즉 Volume (크기), Variety(다양성), Velocity(속도)로 정의한다.

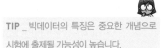

TIP _ 빅데이터의 특징은 중요한 개념으로 시험에 출제될 가능성이 높습니다.

구분	세부 내용
Volume(크기)	대량의 데이터 증가 발생으로 기존 데이터 수집, 관리 한계
Variety(다양성)	비정형 데이터(영상, SNS 등)의 발생으로 다양한 데이터 형식 증가
Velocity(속도)	실시간 정보 발생으로 데이터의 유입, 처리 속도 요구

- 3V에 추가로 Value(가치) 혹은 Veracity(정확성)를 포함해 4V로 빅데이터의 특징을 설명하기도 한다. 일부 학자들은 Visualization(시각화), Variability(가변성) 등을 추가하기도 한다.

구분	세부 내용
Value(가치)	데이터 전체를 파악하고 패턴을 발견하기가 어렵게 되면서 가치(value)의 중요성 강조
Veracity(정확성)	빅데이터 기반의 예측 분석 결과에 대한 신뢰성이 중요하게 됨

【 빅데이터의 특징 】

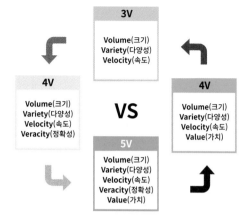

② 빅데이터 출현 배경

과학기술의 발달과 컴퓨터와 스마트폰 보급으로 우리 주변에 수많은 데이터가 쏟아져 나오고 있다. 예를 들면 이메일, SNS, CCTV 기록이나 카드 내역 등이 다양한 데이터 형식으로 발생하고, 특히 스마트폰을 이용한 디지털 소통 또는 전자상거래, 디지털미디어 서비스 사용은 폭발적인 데이터 증가로 이어졌다. 하지만 빅데이터가 갑자기 출현한 것은 아니다. 빅데이터는 새롭게 등장한 개념이 아니라, 기술의 패러다임 시프트 현상으로 바라봐야 한다. 그렇다면 이런 거대한 변화는 어떻게 일어났을까? 크게 산업계, 학계, 관련 기술의 발전 측면에서 살펴보자.

- **산업계의 변화:** 산업계에서 일어난 빅데이터 현상을 '양질 전환의 법칙'으로 설명하기도 한다(한국데이터산업진흥원). '양질 전환의 법칙'이란 헤겔의 변증법에 기초를 둔 개념으로, 양적인 변화가 축적되면 질적인 변화도 이루어진다는 기념이다. 정보가 지속적으로 축적되면서 거대한 데이터는 새로운 기술을 만나 새로운 가치를 창출할 수 있는 변화의 상태가 된다는 것이다. 이제 기업들이 직면한 도전은 '보유 데이터 속에 숨어있는 가치를 발굴해 새로운 성장동력원으로 만들어 낼 수 있는 빅데이터 기술의 확보'라고도 할 수 있다.

- **학계의 변화:** 학계에서도 빅데이터를 다루는 현상이 증가하고 있다. 거대한 데이터를 다루는 학문 분야가 늘어나면서 필요한 기술 아키텍처 및 통계 도구도 지속해서 발전하고 있다(예: 게놈 프로젝트, 대형 강입자 충돌기, NASA의 기후 시뮬레이션 등).

- **관련 기술의 발전:** 빅데이터가 출현한 배경을 기술 발전에서 찾을 수 있다. 디지털화의 급진전, 저장 기술의 발전과 가격 하락, 인터넷의 발전과 모바일 시대 돌입, 클라우드 컴퓨팅 보편화 등은 빅데이터의 출현과 매우 밀접하다. 특히 클라우드 컴퓨팅은 많은 정보가 클라우드에 수집되는 것도 의미가 있지만, 무엇보다 빅데이터의 처리 비용을 획기적으로 낮추었다는 점에서 그 의의가 있다. 대용량의

데이터를 클라우드 분산 병렬처리 시스템으로 처리할 경우 비용이 혁신적으로 줄어든다는 점도 빅데이터를 분석하고 새로운 가치를 창출하는 데 기여했다고 볼 수 있다.

참고 | **빅데이터의 출현 배경이 된 기술**

고객 데이터 축적 및 활용 증가(CRM의 확대), 인터넷 확산, 무선통신의 발전(5G), 모바일 생태계 확산, 스마트폰의 보급 확대, 저장 기술의 발전과 메모리 가격 하락, 클라우드 컴퓨팅 기술 발전, SNS 확대, IoT(사물인터넷) 증가, 데이터 분석 툴의 발전 등

④ 빅데이터에 거는 기대

TIP _ 빅데이터에 거는 기대를 비유한 표현들은 시험에 출제될 가능성이 높습니다.

빅데이터는 **"산업혁명의 석탄 · 철"**	제조업뿐만 아니라 서비스 분야의 생산성을 획기적으로 끌어올려 사회 · 경제 · 문화 · 생활 전반에 혁명적 변화를 가져올 것으로 기대된다.
빅데이터는 **"21세기 원유"**	빅데이터도 원유처럼 각종 비즈니스, 공공기관 대국민 서비스, 그리고 경제 성장에 필요한 정보를 제공하여 산업 전반의 생산성을 향상시키고 새로운 범주의 산업을 만들어낼 것으로 기대된다.
빅데이터는 **"렌즈"**	렌즈를 통해 현미경이 생물학 발전에 끼쳤던 영향만큼, 빅데이터도 렌즈처럼 산업 발전에 큰 영향을 줄 것으로 기대된다. **대표 사례)** 구글의 Ngram Viewer
빅데이터는 **"플랫폼"**	플랫폼은 공동 활용의 목적으로 구축된 유무형의 구조물을 말한다. 빅데이터는 플랫폼으로서 다양한 서드파티 비즈니스에 활용될 것으로 기대된다. **대표 사례)** 페이스북, 카카오톡 등

⑤ 빅데이터가 만들어내는 변화

TIP _ 중요한 개념이므로 '후–전–양–상'으로 암기하면 쉽습니다.

- **사전처리 ⋯→ 사후처리**: 데이터를 사전 처리하지 않고, 가능한 많은 데이터를 모으고 데이터를 다양한 방식으로 조합하여 숨은 인사이트를 발굴한다.

- **표본조사 ⋯→ 전수조사**: IoT · 클라우드 기술의 발전으로 데이터 처리 비용이 감소하게 되면서, 데이터 활용 방법이 표본조사에서 전수조사로 변화됐다.

- **질 ⋯→ 양**: 수집 데이터의 양이 증가할수록 분석의 정확도가 높아져 양질의 분석 결과 산출에 긍정적인 영향을 주었다.

- **인과관계 ⋯→ 상관관계**: 특정한 인과관계가 중요시되던 과거와 달리, 데이터의 양이 급격하게 늘어나면서 상관관계를 통해 특정 현상의 발생 가능성이 포착되고 그에 상응하는 행동을 추천하는 등 상관관계를 통한 인사이트 도출이 점점 확산되고 있다.

(2) 빅데이터의 가치와 영향

① 빅데이터의 가치

- **빅데이터의 가치**: 빅데이터의 가치는 결국 어떤 인사이트를 발굴하여 어떻게 활용할 것인지에 달렸다. 그 인사이트가 신규 사업으로 이어져 엄청난 사업 성공으로 이어진다면 수십 조의 가치를 지닐 수도 있고, 반대로 그 인사이트가 기대를 저버리고 기업의 수익 모델에 크게 도움을 주지 못할 수도 있다. 결국 빅데이터의 가치를 산정하는 일은 어렵기도 하거니와 어찌 보면 의미가 없는 일일 수도 있다. 중요한 것은 빅데이터를 통한 인사이트를 가치 있게 만드는 과정 그 자체이며, 그 과정의 결과가 크든 작든 상관없이 분명히 우리의 삶을 변화시키는 데 중요한 역할을 할 것이라는 점이다.
- **빅데이터 가치 산정의 어려움**: 빅데이터 가치 산정은 데이터 활용 방식, 가치 창출 방식, 분석 기술의 발전이라는 세 가지의 이유로 쉽지 않다.

데이터 활용 방식	빅데이터의 재사용이나 재조합, 다목적용 데이터 개발 등이 일반화되면서 특정 데이터를 누가, 언제, 어떻게, 어디서 활용하는지 알 수 없게 되었기 때문에 가치 산정이 어렵다.
가치 창출 방식	빅데이터는 기존에 없던 새로운 가치를 창출함에 따라 그 가치를 산정하기 어렵다.
분석 기술의 발전	데이터 분석 기술의 발전으로 가치 있는 데이터와 가치 없는 데이터의 경계를 나누기 어려워졌다. 오늘의 가치 없는 데이터가 내일은 가치 있는 데이터가 될 수도 있기 때문에 빅데이터의 가치 산정은 어렵다.

② 빅데이터의 영향

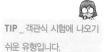

- **빅데이터가 가치를 만들어내는 5가지 방식(맥킨지의 빅데이터 보고서, 2011)**

TIP _ 객관식 시험에 나오기 쉬운 유형입니다.

  - 투명성 제고로 연구개발 및 관리 효율성 제고
  - 시뮬레이션을 통한 수요 포착 및 주요 변수 탐색으로 경쟁력 강화
  - 고객 세분화 및 맞춤 서비스 제공
  - 알고리즘을 활용한 의사결정 보조 혹은 대체
  - 비즈니스 모델과 제품, 서비스의 혁신 등

- **빅데이터의 영향**

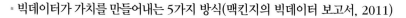

기업	빅데이터를 활용해 소비자의 행동을 분석하고, 시장 변동을 예측해 비즈니스 모델을 혁신하거나 신사업을 발굴
정부	빅데이터 활용 부문은 크게 환경 탐색, 상황 분석, 미래 대응으로 나눌 수 있음 * 미래 대응: 법제도 및 거버넌스 시스템 정비, 미래성장 전략, 국가안보 대응 등
개인	개인의 목적에 따라 빅데이터의 활용이 확산되면서 스마트라이프로 변화됨

- **빅데이터 경영혁신 단계**

  생산성 향상 ⋯▶ 발견에 의한 문제 해결 ⋯▶ 의사결정 향상 ⋯▶ 새로운 고객가치와 비즈니스 창출

(3) 빅데이터와 비즈니스 모델

① 빅데이터 활용 사례

- **기업혁신 사례:** 구글 검색 기능, 월마트 매출 향상, 질병 예후 진단 등 의료 분야에 접목
- **정부 활용 사례:** 실시간 교통정보수집, 기후정보, 각종 지질 활동 등에 활용, 국가안전 확보 활동 및 의료와 교육 개선에의 활용 방안 모색
- **개인 활용 사례:** 정치인과 연예인의 SNS 활용

② 7가지 빅데이터 활용 기본 테크닉

TIP _ 시험에 출제될 가능성이 높습니다.

테크닉	방법	예
연관규칙 학습 (Association rule learning)	어떤 변인 간에 주목할 만한 상관관계가 있는지를 찾아내는 방법	• A를 구매한 사람이 B를 더 많이 사는가? • 이것을 구매한 사람들이 많이 구매한 물품은? • 장바구니 분석 • 상품 추천
유형분석 (Classification tree analysis)	새로운 사건이 속할 범주를 찾아내는 일	• 이 사용자가 어떤 특성을 가진 집단에 속하는가? • 마케팅에서 세그멘테이션(세분화) • 소비자 유형 분류
유전 알고리즘 (Genetic algorithms)	최적화가 필요한 문제의 해결책을 자연선택, 돌연변이 등과 같은 메커니즘을 통해 점진적으로 진화시켜 나가는 방법	• 최대의 시청률을 얻으려면 어떤 프로그램을 어떤 시간대에 방송할지 파악 • 최적화된 택배 차량 배치
기계 학습=머신러닝 (Machine learning)	학습 데이터로부터 학습한 알려진 특성을 활용해 '예측'하는 데 초점	• 기존 시청 기록을 바탕으로 시청자가 보유한 영화 중 어떤 영화를 가장 보고 싶어 하는지를 파악 • 넷플릭스의 영화 추천 시스템
회귀분석 (Regression analysis)	독립변수를 조작하면서 종속변수가 어떻게 변하는지를 보며 두 변인의 관계를 파악	• 구매자의 나이가 구매 차량의 타입에 어떤 영향을 미치는가?
감정분석 (Sentiment analysis)	특정 주제에 대해 말하거나 글을 쓴 사람의 감정을 분석	• 새로운 환불 정책에 대한 고객의 평가는 어떤가?
소셜 네트워크 분석 (Social network analysis)	오피니언 리더, 즉 영향력 있는 사람을 찾아낼 수 있으며, 고객 간 소셜 관계를 파악	• 특정인과 다른 사람이 몇 촌 정도의 관계인가? • 이 사람이 어느 정도 영향력 있는 인플루언서인가?

(4) 빅데이터의 위기 요인과 통제 방안

TIP _ 위기 요인과 통제 방안이 잘못 짝지어진 것을 묻는 문제가 시험에 출제될 수 있습니다.

【 빅데이터의 위기 요인과 통제 방안 】

위기 요인	통제 방안
① 사생활 침해	① 동의에서 책임으로
▪ 개인의 사생활 침해 위협을 넘어 사회 · 경제적 위협으로 변형될 수 있음 ▪ 익명화 기술이 발전되고 있으나, 아직도 충분하지 않음. 정보가 오용될 때 위협의 크기는 막대함 ▪ 예) 조지오웰의 ≪1984≫에서의 '빅브라더'	▪ 개인정보 제공자의 '동의'를 통해 해결하기보다 개인정보 사용자의 '책임'으로 해결
② 책임 원칙 훼손	② 결과 기반 책임 원칙 고수
▪ 빅데이터 기반 분석과 예측 기술이 발전하면서 정확도가 증가한 만큼, 분석 대상이 되는 사람들이 예측 알고리즘의 희생양이 될 가능성도 높아짐 ▪ 빅데이터 시스템에 의해 부당하게 피해 보는 상황을 최소화할 장치 마련 필요 ▪ 예) 영화 〈마이너리티 리포트〉	▪ 특정인의 '성향'에 따라 처벌하는 것이 아닌 '행동 결과'를 보고 처벌 ▪ 신용카드 발급 여부 판단에 있어 불이익을 배제
③ 데이터 오용	③ 알고리즘 접근 허용
▪ 데이터 과신, 잘못된 지표의 사용으로 인한 잘못된 인사이트를 얻어 비즈니스에 적용할 경우 직접 손실 발생 ▪ 예) 포드 자동차 발명 vs. 더 빠른 말 　　스티브 잡스의 아이폰 vs. 그냥 전화기 　　적군의 사망자 수로 전쟁의 승리를 예측하는 오류	▪ 알고리즘 접근권 보장 ▪ 알고리즘미스트: 알고리즘에 의해 불이익을 당한 사람들을 대변해 피해자를 구제할 수 있는 능력을 갖춘 전문가로서, 컴퓨터와 수학, 통계학이나 비즈니스에 두루 깊은 지식을 갖춘 전문가 대두

참고 │ 미연방거래위원회(FTC)의 소비자 프라이버시 보호 3대 권고사항

① 기업은 상품 개발 단계에서부터 소비자 프라이버시 보호 방안을 적용

② 기업은 소비자에게 공유정보 선택 옵션을 제공

③ 소비자에게 수집된 정보 내용 공개 및 접근권 부여

3. 빅데이터 산업의 이해

(1) 데이터 산업의 발전

① 디지털화와 통합의 시대(2010년 이전의 데이터 산업)

1970~80년대 데이터 산업의 화두는 데이터를 어떻게 디지털화하여 처리(Digitalization)할 것인가였다. 데이터베이스 개념이 확립되면서 이를 관리할 DBMS가 개발되었고, 군사 분야에서 대학, 연구소, 정부, 기업으로 점차 범위가 넓어졌으며, 데이터를 처리하는 방법과 기술이 발전해 나갔다. 이후 1990~2000년대 들어 데이터 산업은 업무 효율화를 위해 통합의 시대로 발전해 나갔다. 분리된 데이터베이스를 통합하여 거대한 데이터웨어하우스(DW)를 구축하고 그것을 관리하여 기업의 업무 효율은 물론 이윤 창출에도 효과를 높였다. 비즈니스 프로세스 재설계(BPR), 고객관계관리(CRM), 전사자원관리(ERP), 공급망관리(SCM) 등의 프로젝트가 기업마다 수행됐다.

【 데이터의 변화 】

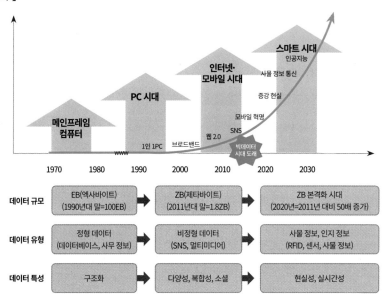

* 출처: <데이터 분석전문가가이드>, 한국데이터산업진흥원

참고 ┃ **데이터 용량**

KB(킬로바이트) 〈 MB(메가바이트) 〈 GB(기가바이트) 〈 TB(테라바이트) 〈 PB(페타바이트) 〈 EB(엑사바이트) 〈 ZB(제타바이트) 〈 YB(요타바이트)

② 분석과 연결의 시대(2010년 이후)

정보통신기술과 모바일 통신의 발전, IoT 센싱 기술의 확대, 클라우드 컴퓨팅 기술의 발전, 저장장치의 발전, 인공지능 기술의 발전 등으로 데이터가 급격히 양적 및 질적으로 커졌는데, 이 현상을 '빅데이터'라고 불렀다. 대규모 빅데이터를 처리할 분산병렬처리기술이 발전하면서 빅데이터를 분석해 인사이트를 도출하는 비즈니스 생태계가 조성됐다. 더불어 인공지능 분야의 머신러닝, 딥러닝 기술도 더욱 발전했다. 데이터웨어하우스(DW)에서 데이터레이크(Data-Lake)로 진화하면서 BI(Business Intelligence)가 기업 경영 전략 수립의 중요한 파트로 자리 잡았다.

분석에서 인사이트를 도출하는 것에 그치지 않고 빅데이터 산업은 연결의 시대로 접어들게 된다. 초고속 네트워크를 이용해 사물의 IoT 센서, 분석 장비, 사람, 기업의 연결이 점점 진화해 나가면서 마치 하나의 거대한 네트워크처럼 연결되기 시작했다. 시계에 장착된 센서는 운동량과 칼로리, 식단 등을 분석해 사용자에게 전달하고 인공지능 기술을 활용해 최적의 식단을 스스로 작성하고 심지어 식료품을 온라인 마켓에 주문하는 것까지 가능하게 됐다. SKT의 티맵, 카카오의 T, 우버의 서비스, 배달의 민족, 요기요 등의 서비스는 이러한 연결 비즈니스 플랫폼의 대표적인 예다. 정부의 공공데이터 오픈 API 서비스 역시 빅데이터의 연결 시대에 한몫을 톡톡히 하고 있다. 출처: <2019 데이터산업백서>, 한국데이터산업진흥원

최근 개인정보 유출 등의 문제가 사회적 이슈로 불거지면서 데이터 권리가 중요한 화두로 떠오르고 있다. 데이터의 원래 소유자인 개인이 데이터에 대한 권리를 소유하고 행사할 수 있어야 한다는 '마이데이터(My-Data)' 개념이 등장했다. 클라우드 컴퓨팅의 확산, 블록체인 기술의 발전, 오픈 API 확산, 인공지능 기술의 보편화 등으로 데이터 관리 분야의 산업도 점차 그 영역을 넓혀가고 있다. 개인정보 보호 및 '마이데이터'와 관련해서는 이 책의 '1장 2절 빅데이터 기술 및 제도' 편에서 자세히 기술한다.

【 데이터 산업의 진화 】

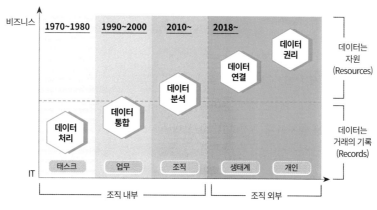

* 출처: <2019 데이터산업백서>, 한국데이터산업진흥원

- **4차 산업혁명**: 정보통신 기술(ICT)의 융합으로 이루어지는 차세대 산업혁명을 말한다. 18세기 초 산업혁명 이후 네 번째로 중요한 산업 시대다. 이 혁명의 핵심은 빅데이터 분석, 인공지능, 로봇공학, 사물인터넷, 무인 운송 수단(무인 항공기, 무인 자동차), 3D 프린팅, 나노 기술과 같은 7대 분야에서의 새로운 기술 혁신이다. 4차 산업혁명은 클라우스 슈바프(Klaus Schwab)가 의장으로 있는 2016년 세계 경제 포럼(World Economic Forum, WEF)에서 주창된 용어다. 이 중에서 빅데이터는 4차 산업혁명의 요소기술을 통합하는 역할을 담당한다. 출처: 위키백과, <클라우스 슈밥의 제4차 산업혁명>(새로운현재 2016)

- **빅데이터와 인공지능(AI) 기술의 융합**: 4차 산업혁명은 빅데이터를 촉매로 인간과 기계, 시스템 간의 연결력을 증강하는 다차원 데이터 처리시스템의 출현이라고 할 수 있다. 앞으로 사회에 흩어져 존재하는 잉여 자원과 자산을 빅데이터로 체계화하면서 의미 있는 특징을 추출하면 다양한 패턴의 신산업 생태계가 출현할 것이다. 한편 네트워크상의 데이터뿐만 아니라 화상과 영상 인식이 가능한 AI 기술의 진화는 유비쿼터스 빅데이터 서비스 환경을 앞당기고 있다. 데이터 생태계는 입력(수집), 처리(가공), 출력(활용)이라는 구성 요소가 서로 맞물리는 강화 루프를 그린다. 따라서 빅데이터와 AI의 정교한 연계를 통해 새로운 재화와 서비스를 생산하고 소비하는 AI 기반 빅데이터 플랫폼의 확보가 더욱 중요하다. 4차 산업혁명을 거대 로켓이라는 플랫폼에 비유하면 엔진은 AI 알고리즘, 연료는 빅데이터라고 할 수 있다. 대한민국이 이러한 AI 기반 빅데이터 플랫폼 전쟁에서 존재감을 갖기 위해서는 더 과감한 정책적 도전이 요구된다. 출처: <나라경제> (한국개발연구원 2017.8) 부분 인용

(2) 빅데이터 분석과 인사이트

① 빅데이터 분석과 인사이트

최근 빅데이터에 대한 관심과 기대가 매우 높아졌다. 많은 기업이 많은 데이터를 보유하고 싶어 하며, 그 속에서 무언가 쓸 만한 것을 찾아내 새로운 가치를 창출할 수 있을 거라고 생각한다. 하지만 많은 양의 데이터가 반드시 새로운 가치로 연결되지는 않는다. 의약 기업으로 유명한 버텍스 사의 보슈아 보거 박사는 데이터에 기초한 의사결정이 중요하다고 말한다. 버텍스 사의 빅데이터 성공사례를 보면 데이터의 양보다 데이터 분석 문화가 주요 경영 의사결정에 뿌리 깊게 자리 잡고 있었던 것을 알 수 있다. 또 버텍스 사의 최고정보책임자인 스티브 슈미트는 "우리는 혁신을 과감하게 추진하지만, 한편으로는 핵심사업에 미치는 효과를 철저하게 측정하고, 항상 새로운 분석 평가지표를 찾으며, 전략과 기업의 핵심가치 및 강점에 집중한다"고 말한다.

데이터는 크기가 아니라, 데이터로부터 어떤 시각과 인사이트(통찰)를 얻을 수 있느냐의 문제다. 비즈니스의 핵심가치에 집중하고 이와 관련된 분석 평가지표를 개발하고 이를 통해 효과적으로 시장과 고객의 변화에 대응할 수 있을 때 빅데이터 분석은 가치가 있다. 빅데이터와 관련된 걸림돌은 '비용이 아니라 분석적 방법과 성과에 대한 이해 부족'이다.

기업에서 단순히 데이터 분석을 많이 사용한다고 경쟁 우위에 도달한다거나 곧바로 매출이 상승하지는 않는다. 분석이 경쟁의 본질을 제대로 바라보지 못할 때는 쓸모없는 결과만 잔뜩 쏟아내게 된다. 이를 예방하기 위해 전략적인 인사이트를 가지고 핵심적인 비즈니스에 집중하여 데이터를 분석하고 차별적인 전략으로 기업을 운영해야 한다.

│ 사례 1_ 싸이월드 사례

싸이월드는 2004년 당시만 해도 세계 최대의 SNS 서비스였으나, 지속 성장을 이루지 못하고 역사의 뒤안길로 사라지고 말았다. 그 이유에 대해 여러 가지 설이 있으나, 여기서는 데이터 분석 관점에서 바라보기로 한다. 당시 싸이월드에서 데이터 분석은 이루어지고 있었지만, 웹로그 분석과 같은 일차적인 분석이 이뤄지고 있었고, 이는 경영진의 직관력을 보조하는 일부로 활용될 뿐이었다. 사업 현황 확인을 위한 협소한 문제에 집중하는 경향이 있었으며 더 깊이 있는 분석이 수행되지 못했다. 특히 트렌드의 변화가 사업에 미치는 영향을 발 빠르게 알아차리지 못했다. 아울러 회원들의 SNS 활동 특성 분석을 위한 프레임워크나 평가지표조차 마련되지 못했다. 성공적 인터넷 기업(구글, 링크드인, 페이스북)은 대부분 데이터 분석과 함께 시작되고 그 분석 내용이 내부 의사결정에 결정적 정보를 제공하지만, 싸이월드는 경영 의사결정이 깊이 있는 데이터 분석에 기초해 이루어지지 않았다.

│ 사례 2_ 미국 항공사 데이터 분석 사례

두 항공사 모두 데이터 분석을 하여 주요 경영 의사결정에 활용했지만, 전략적 인사이트 도출 여부의 차이로 그 성과는 달라졌다. 아메리칸항공은 비용은 일정 부분 절감했지만 타 경쟁사들과 차별화하지 못하여 결국

TIP _ADsP 시험에 둘의 차이를 묻는 문제가 등장한 적이 있습니다. 시험에 출제될 가능성이 높습니다.

수익이 감소한 반면, 사우스웨스트항공은 인사이트를 도출하여 차별화된 경영전략으로 36년 연속흑자를 기록할 만큼 높은 시장가치를 확보했다.

아메리칸항공	사우스웨스트항공
수익 관리, 가격 최적화의 분석 접근법 사용 3년 만에 14억 달러의 수익을 올림	단순최적화 모델을 통한 가격 책정과 운영
비행경로와 승무원들의 일정을 최적화 12개 기종, 250개 목적지, 매일 3,400회 운항 ↓	한 가지 기종의 비행기로 단순화 ↓ 단순 최적화로 가격 책정 및 운영 결과
초기에는 비용을 절감했으나, 타 경쟁사들이 비슷한 수준의 수익관리 모델을 갖추면서 경쟁 우위에서 하락함	경쟁 우위가 상승 36년 연속 흑자, 높은 시장가치 확보

② 일차원적 분석과 전략 도출을 위한 가치 기반 분석

- 일차원적 분석(산업별)

TIP _ 별(★) 표시가 있는 항목은 각종 시험에 지문으로 자주 등장합니다.

산업	일차원적 분석 애플리케이션
*금융 서비스	신용점수 산정, 사기 탐지, 가격 책정, 프로그램 트레이딩, 클레임 분석, 고객 수익성 분석
*에너지	트레이딩, 공급/수요 예측 *TIP _ '금융'이 아님에 주의!
*병원	가격 책정, 고객 로열티, 수익 관리
*정부	사기탐지, 사례관리, 범죄방지, 수익 최적화
소매업	판촉, 매대 관리, 수요 예측, 재고 보충, 가격 및 제조 최적화
제조업	공급사슬 최적화, 수요 예측, 재고 보충, 보증서 분석, 맞춤형 상품 개발, 신상품 개발
운송업	일정 관리, 노선 배정, 수익 관리
헬스케어	약품 거래, 예비 진단, 질병 관리
커뮤니케이션	가격 계획 최적화, 고객 보유, 수요 예측, 생산 능력 계획, 네트워크 최적화, 고객 수익성 관리
서비스	콜센터 직원 관리, 서비스-수익 사슬 관리
온라인	웹 매트릭스, 사이트 설계, 고객 추천
모든 사업	성과 관리

- **전략 도출을 위한 가치 기반 분석**

빅데이터의 일차적 분석을 통해서도 해당 부서나 업무 영역에서는 상당한 효과를 얻을 수 있다. 하지만 이러한 일차원적인 분석은 대부분 업계 내부의 문제에만 포커스를 두고 있으며, 주로 부서 단위로 관리되기 때문에 비즈니스 성공에 핵심적인 역할을 기대하기는 어렵다.

우선은 일차적인 분석을 통해 점점 분석 경험을 늘려가고 작은 성공을 거두면 분석의 활용 범위를 더 넓고 전략적으로 변화시킴으로써 전략적 인사이트를 주는 가치 기반 분석 단계로 나아가야 한다. 이 단계에 도달하면 분석은 경쟁의 본질에 영향을 미치고 기업의 경쟁 전략을 이끌어갈 수 있다. 전략적 인사이트를 주는 가치 기반 분석을 위해 우선 사업과 이에 영향을 미치는 트렌드에 대해 큰 그림을 그려야 한다.

전략적 수준에서의 분석은 사업 성과를 견인하는 요소들과 차별화를 이룰 수 있는 기회에 대해 중요한 인사이트를 줄 것이다. 이러한 전략적 인사이트 창출에 포커스를 뒀을 때 분석은 해당 사업에 중요한 기회를 발굴하고, 주요 경영진의 지원을 얻어낼 수 있으며, 이를 통해 강력한 모멘텀을 만들어낼 수 있다.

(3) 전략적 인사이트 도출을 위한 역량

① 데이터 사이언스의 이해와 역할

- **데이터 사이언스에 대한 이해**

  데이터 사이언스는 데이터로부터 의미 있는 정보를 추출해내는 학문이다. 통계학이 정형화된 실험 데이터를 분석 대상으로 하는 것에 비해, 데이터 사이언스는 정형 또는 비정형을 막론하고 다양한 유형의 데이터를 대상으로 한다. 위키피디아에서는 데이터 사이언스를 '데이터 공학, 수학, 통계학, 컴퓨터 공학, 시각화, 해커의 사고방식, 해당 분야의 전문 지식을 종합한 학문'으로 정의하기도 한다.

- **데이터 사이언스의 역할**

  데이터 사이언스와 데이터 마이닝은 비슷하지만, 서로 다르다. 데이터 마이닝은 주로 분석에 포커스를 두지만, 데이터 사이언스는 분석뿐 아니라 이를 효과적으로 구현하고 전달하는 과정, 궁극적으로는 전략적 인사이트 도출을 위한 일련의 행위까지 모두 포괄하는 광의의 개념이다.

  데이터 사이언스는 더 포괄적이고 총체적인 접근법을 사용한다. 데이터 사이언스는 전략적 통찰을 추구하고 비즈니스 핵심 이슈에 답하고, 사업의 성과를 견인해 나갈 수 있다. 바로 이점이 데이터 마이닝과의 차이점이다. 그리고 이 때문에 데이터 사이언티스트에 '소통'이 중요한 핵심 역량이 된다. 훌륭한 데이터 사이언티스트는 비즈니스의 성과를 좌우하는 핵심요소를 정확하게 겨냥할 수 있으며, 이때 데이터 사이언스가 엄청난 위력을 발휘할 수 있다.

② 데이터 사이언스의 구성 요소

- **Analytics**: 수학, 확률 모델, 머신러닝, 분석학, 패턴 인식과 학습, 불확실성 모델링 등
- **IT(Data Management)**: 시그널 프로세싱, 프로그래밍, 데이터 엔지니어링, 데이터 웨어하우징, 고성능 컴퓨팅 등
- **비즈니스 분석**: 커뮤니케이션, 프레젠테이션, 스토리텔링, 시각화 등

【 데이터 사이언스의 핵심 구성요소 】

* 출처: <데이터 분석전문가가이드>, 한국데이터산업진흥원

③ 데이터 사이언티스트에게 요구되는 역량

TIP _ 두 역량을 비교해서 묻는 문제가 출제될 수 있습니다.

- **하드 스킬(Hard skill)**
  - 빅데이터에 대한 이론적 지식: 관련 기법에 대한 이해와 방법론 습득
  - 분석 기술에 대한 숙련: 최적의 분석 설계 및 노하우 축적
- **소프트 스킬(Soft skill)**
  - 통찰력 있는 분석: 창의적 사고, 호기심, 논리적 비판
  - 설득력 있는 전달: 스토리텔링, 시각화
  - 다분야 간 협력: 커뮤니케이션

【 데이터 사이언티스트에게 요구되는 역량 】

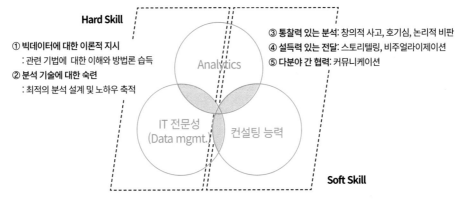

* 출처: <데이터 분석전문가가이드>, 한국데이터산업진흥원

④ 데이터 사이언스 – 과학과 인문학의 교차로

- **전략과 인사이트 도출을 위한 인문학**

  앞서 데이터 마이닝과 데이터 사이언스는 비슷하지만 다르다고 말했다. 기업들은 데이터 마이닝을 통해 인사이트를 도출하여 더 높고 새로운 가치를 창출해낸다. 이 경영전략을 수립하는 데는 사고방식, 비즈니스 이슈에 대한 감각, 고객에 대한 공감 능력 등의 소프트 스킬이 필요하다. 이 소프트 스킬은 인문학에서 나오는데, 바로 이를 두고 '데이터 사이언스는 과학과 인문학의 교차로에 있다'고 말을 한다. 그래서 전문가들은 데이터 사이언티스트에게 스토리텔링, 커뮤니케이션 능력, 창의력, 열정, 직관력, 비판적 시각, 글쓰기 능력, 대화 능력 등이 필요하다고 말한다. 이러한 능력이 인문학의 주요 주제임은 두말할 필요도 없다.

  최근 사회경제적 환경은 '단순한(convergence) 세계화'에서 '복잡한(divergence) 세계화'로 변화하고 있다. 비즈니스의 중심이 제품 생산에서 서비스로 이동했다. 경제와 산업의 논리가 생산에서 시장 창조로 변화했다. 공급자 중심의 기술 경쟁하에서는 '산출물'만을 중시하지만, 소비자가 어디에

서 재미와 편의를 느끼는지 이해하기 위해서는 '창조 과정'에 주목하는 인문학적 통찰력이 필요하다. 기존 사고의 틀을 벗어나 문제를 바라보고 해결하는 능력뿐 아니라, 비즈니스 핵심가치를 이해하고 고객과 직원의 내면적 요구를 이해하는 능력을 시대가 점점 더 절실히 요구하고 있다.

• 인문학적 사고의 특성

데이터 사이언티스트는 정량분석이라는 과학과 인문학적 통찰에 근거한 합리적 추론을 탁월하게 조합할 수 있어야 한다. 데이터 사이언티스트는 단순히 정보를 활용하는 정도의 수준을 넘어 사업 성과를 좌우하는 핵심적인 문제에 대답할 수 있는 수준의 인사이트를 제시해야 한다.

【 인문학적 사고의 특성 】

구분	정보	통찰
과거	무슨 일이 일어났는가? 예) 보고서 작성 등	어떻게, 왜 일어났는가? 예) 모델링, 실험 설계
현재	무슨 일이 일어나고 있는가? 예) 경고	차선 행동은 무엇인가? 예) 권고
미래	무슨 일이 일어날 것인가? 예) 추측	최악 또는 최선의 상황은 무엇인가? 예) 예측, 최적화, 시뮬레이션

참고 | **[사례] 신용리스크 모델링에 인문학적 통찰력 적용**

▪ **현재의 신용리스크 모델링**
  • 현재의 신용리스크 모델링은 인간을 행동적 관점에서 바라본다.
  • 즉 대출금을 갚을지 갚지 않을지에 대한 판단을 이전의 신용행동을 보고 판단한다.

▪ **신용리스크 모델링에 인문학적 통찰력을 적용**
  • 인간을 과거 사실에 기초한 행동적 관점이 아니라, 상황적 관점으로 바라본다.
  • 상황적 관점이란 특정한 행동을 지속하는 사람들도 주변 맥락이 바뀌면 갑작스레 행동 패턴이 변화한다는 '인간의 가변적 성향'을 반영한 관점이다.
  • 신용리스크 모델링의 예측력을 높이기 위해 상황적 관점을 반영할 수 있는 데이터를 추가로 발굴해 반영해야 한다.
  • 이를 위해서는 '어떤 데이터가 더 필요하며', '어떤 기술을 활용해야 할 것인가'라는 질문에 중요한 가이드를 제공해야 한다.

▪ **인문학적 통찰력의 적용**
  • 인간에 대한 새로운 해석 관점의 제공 외에도 인문학은 데이터 사이언티스트들에게 중요한 가치 창출의 원천이 될 수 있다.
  • 데이터 사이언티스트는 고정된 사고방식에서 벗어나 혁신을 생각하고 진부한 상상의 굴레에서 벗어난 창의성을 토대로 남보다 앞서 새로운 가치를 창출해야 한다.

(4) 데이터 사이언스의 미래

① 가치 패러다임의 변화

패러다임(paradigm)이란 어떤 한 시대 사람들의 견해나 사고를 근본적으로 규정하고 있는 프레임으로서의 인식의 체계, 또는 사물에 대한 이론적인 틀이나 체계를 의미하는 개념이다. 패러다임은 시간의 흐름에 따라 다음 세대의 패러다임에 자리를 물려주고 떠나는 속성을 가지는데, 이를 패러다임 시프트라고 부른다. 가치 패러다임은 경제와 산업의 원천에 있는 가치에 대한 패러다임을 의미하며 많은 신기술과 상품, 서비스가 그 시기의 가치 패러다임과 맞아떨어질 때 성공을 거둔다. 현대는 크게 디지털화, 연결, 에이전시로 패러다임이 변화했다.

【 가치 패러다임의 변화 】

디지털화(Digitalization)	아날로그의 세상을 어떻게 효과적으로 디지털화하는가가 이 시대의 가치를 창출해 내는 원천 예) 운영프로그램, 워드/파워포인트와 같은 오피스 프로그램
연결(Connection)	디지털화된 정보와 대상들이 서로 연결되어 이 연결이 얼마나 효과적이고 효율적으로 제공되느냐가 이 시대의 성패를 가름 예) 구글의 검색 알고리즘, 네이버의 콘텐츠
에이전시(Agency)	사물인터넷(IoT)의 성숙과 함께 연결이 증가하고 복잡해짐 복잡한 연결을 얼마나 효과적이고 믿을 만하게 관리하는가가 이슈 데이터 사이언스의 역량에 따라 좌우

TIP _ '디지털화 → 연결 → 에이전시'로 연결되는 개념을 이해해야 합니다.

② 데이터 사이언스의 한계와 인문학

정략적 데이터 분석이라도 모든 분석은 가정에 근거하며, 가정이 변하지 않는 동안에도 실제 외부 요인은 계속해서 변화한다. 따라서 데이터 분석은 100% 완벽하지 않다는 한계가 반드시 존재한다. 하지만 정보가 뒷받침되지 않는 직관보다는 낫다.

훌륭한 데이터 사이언티스트는 인문학자들처럼 모델의 능력에 대해 항상 의구심을 가지고, 가정과 현실의 불일치에 대해 끊임없이 고찰하고, 분석 모델이 예측할 수 없는 위험을 살피기 위해 현실 세계를 주시해야 한다. 그럴 때 비로소 빅데이터와 데이터 사이언스는 빅데이터에 묻혀 있는 잠재력을 풀어내고, 새로운 기회를 찾고, 누구도 보지 못한 창조의 밑그림을 그리는 힘을 발휘한다.

4. 빅데이터 조직 및 인력

(1) 데이터 분석 거버넌스 체계 수립

① 분석 거버넌스 체계

분석 거버넌스란 분석에 있어 바람직한 행동을 지원하기 위해 의사결정 및 책임 소재를 기술한 일종의 프레임워크이며, 분석이 조직의 전략과 목표에 부합되게 운영하는 관리 체계를 말한다. 분석 관리 체계는 지속해서 분석을 고도화하고 분석과제 등을 추가로 발굴하는 등 분석 업무를 기업의 문화로 정착시키고, 안정적으로 분석을 운용하기 위해 필요하다. 분석 거버넌스 체계는 기업의 현 분석 수준을 정확히 진단, 분석 조직 및 분석 전문인력 배치, 분석 관련 프로세스 및 분석 교육 등의 관점에서 정의할 수 있다.

【 분석의 지속적인 개발, 확산 및 서비스 관리를 위한 분석 거버넌스 체계 】

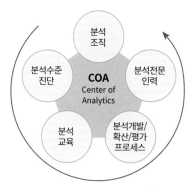

* 출처: <데이터실무기술가이드>, 한국데이터산업진흥원

② 분석 준비도(Readiness) 평가

기업의 데이터 분석 도입 수준을 파악하기 위한 진단 방법으로서, 다음 표에서 보듯이 분석 업무, 인력 및 조직, 분석 기법, 분석 데이터, 분석

TIP _ 6가지 항목이 헷갈리기 쉬우나, 시험에 출제될 가능성이 높습니다.

문화, IT 인프라 등 총 6가지 영역을 대상으로 현 수준을 파악한다. 진단 영역별로 세부 항목에 대한 수준을 파악하고, 진단 결과 전체 요건 중 일정 수준 이상 충족하면 분석 업무를 도입하고, 충족하지 못하면 먼저 분석 환경을 조성한다.

【 분석 준비도 평가 】

분석 업무 파악	분석 인력 및 조직	분석 기법
• 발생한 사실 분석 업무 • 예측 분석 업무 • 시뮬레이션 분석 업무 • 최적화 분석 업무 • 분석 업무 정기적 개선	• 분석전문가 직무 존재 • 분석전문가 교육 훈련프로그램 • 관리자 기본 분석 능력 • 전사총괄조직 • 경영진 분석 업무 이해	• 업무별 적합한 분석 기법 사용 • 분석 업무 도입 방법론 • 분석 기법 라이브러리 • 분석 기법 효과성 평가 • 분석 기법 정기적 개선
분석 데이터	**분석 문화**	**IT 인프라**
• 분석 업무를 위한 데이터 • 충분성/신뢰성/적시성 • 비구조적 데이터 관리 • 외부데이터 활용 체계 • 기준 데이터 관리(MDM)	• 사실에 근거한 의사결정 • 관리자의 데이터 중시 • 회의 등에서 데이터 활용 • 경영진 직관보다 데이터 활용 • 데이터 공유 및 협업 문화	• 운영시스템 데이터 통합 • EAI, ETL 등 데이터 유통체계 • 분석 전용 서버 및 스토리지 • 빅데이터/통계/비주얼 분석환경

③ 분석 성숙도(Maturity) 평가

소프트웨어 공학에서는 시스템 개발 업무 능력과 조직의 성숙도를 파악
하기 위해 CMMI(Capability Maturity Model Integration) 모델을 기
반으로 기업의 성숙도를 평가한다. 분석 성숙도는 비즈니스 부문, 조직 · 역량 부문, IT 부문 등 3개 부
문을 대상으로 성숙도 수준에 따라 도입 단계, 활용 단계, 확산 단계, 최적화 단계로 구분해 진단할 수
있다.

> **TIP** _ 단계별 내용이 잘못 짝지어진 것을 묻는 문제가 출제될 수 있습니다.

【 분석 성숙도 평가 】

단계	내용	부문		
		비즈니스 부문	조직 · 역량 부문	IT 부문
[1단계] 도입	분석 시작, 환경과 시스템 구축	• 실적 분석 및 통계 • 정기 보고 수행 • 운영 데이터 기반	• 일부 부서에서 수행 • 담당자 역량에 의존	• 데이터 웨어하우스 • 데이터 마트 • ETL/EAI • OLAP
[2단계] 활용	분석 결과를 업무에 적용	• 미래결과 예측 • 시뮬레이션 • 운영 데이터 기반	• 전문담당부서 수행 • 분석 기법 도입 • 관리자가 분석 수행	• 실시간 대시보드 • 통계분석 환경
[3단계] 확산	전사 차원에서 분석 관리, 공유	• 전사성과 실시간 분석 • 프로세스 혁신 3.0 • 분석규칙 관리 • 이벤트 관리	• 전사 모든 부서 수행 • 분석 COE 운영 • 데이터 사이언티스트 확보	• 빅데이터 관리 환경 • 시뮬레이션 · 최적화 • 비주얼 분석 • 분석 전용 서버

단계	내용	부문		
		비즈니스 부문	조직·역량 부문	IT 부문
[4단계] 최적화	분석을 진화시켜 혁신 및 성과 향상에 기여	• 외부 환경 분석 활용 • 최적화 업무 적용 • 실시간 분석 • 비즈니스 모델 진화	• 데이터 사이언스 그룹 • 경영진 분석 활용 • 전략 연계	• 분석 협업환경 • 분석 SandBox • 프로세스 내재화 • 빅데이터 분석

참고 **▌프로세스 혁신 3.0**

통합된 데이터를 통한 분석 결과에 따른 의사결정을 프로세스에 내재화해 혁신하는 것

통합 데이터 → 분석 → 의사결정 → 프로세스 적용

④ 결과 진단

해당 기업의 분석 준비도와 성숙도 진단 결과를 토대로 유관 업종 또는 경쟁사의 분석 수준과 비교해 분석 경쟁력 확보 및 강화를 위한 목표 수준을 설정할 수 있다. 분석 관점에서 4가지 유형으로 분석 수준 진단 결과를 구분해 향후 고려해야 하는 데이터 분석 수준에 대한 목표 방향을 정의하고, 유형별 특성에 따라 개선 방안을 수립한다.

【 분석 준비도 및 성숙도 진단 결과를 4분면으로 구분 】

낮은 준비도, 높은 성숙도
• 준비도는 낮은 편. 조직, 인력, 분석 업무, 분석 기법을 제한적으로 사용. 우선적으로 분석의 정착이 필요한 기업

높은 준비도, 높은 성숙도
• 6가지 분석 구성요소를 모두 갖춤. 지속적 확산이 가능한 기업

낮은 준비도, 낮은 성숙도
• 분석을 위한 데이터, 조직 및 인력, 분석 업무, 분석 기법이 적용되지 않으므로 사전 준비가 필요

높은 준비도, 낮은 성숙도
• 분석 업무 및 분석 기법 부족, 조직 및 인력 등 준비도가 높음. 데이터 분석을 바로 도입할 수 있는 기업

TIP _ 사분면 및 그 내용은 관련 시험에 자주 등장합니다('준—정—확—도'로 머리글자를 따서 암기).

(2) 데이터 거버넌스 체계 수립

① 데이터 거버넌스 구성요소

- **개요**: 데이터 거버넌스란 전사 차원의 모든 데이터에 대해 정책 및 지침, 표준화, 운영 조직 및 책임 등의 표준화된 관리 체계를 수립하고 운영을 위한 프레임워크 및 저장소를 구축하는 것을 말한다. 한국데이터산업진흥원에서는 이를 '기업에서 보유하고 있는 데이터의 관리 정책, 지침, 표준, 전략 및 방향을 수립하고, 데이터를 관리할 수 있는 조직 및 서비스를 구축하는 정책과 프로세스 관점에서의 IT 관리 체계'라고 정의한다. 마스터 데이터, 메타데이터, 데이터 사전 등은 데이터 거버넌스의 중요한 관리 대상이다.

- **데이터 거버넌스의 3대 구성요소**
  - **원칙(Principle)**: 데이터를 유지 관리하기 위한 지침과 가이드
    예) 보안&품질 기준, 변경 관리
  - **조직(Organization)**: 데이터를 관리할 조직의 역할과 책임
    예) 데이터 관리자, DB 관리자, 데이터 아키텍트
  - **프로세스(Process)**: 데이터 관리를 위한 활동과 체계
    예) 작업 절차, 모니터링 활동, 측정 활동

② 거버넌스 체계

- **데이터 표준화**

  데이터 표준화는 데이터 표준 용어 설정, 명명 규칙(Name Rule) 수립, 메타데이터(Metadata) 구축, 데이터 사전(Data Dictionary) 구축 등의 업무로 구성된다. 데이터 표준 용어는 표준 단어 사전, 표준 도메인 사전, 표준 코드 등으로 구성되며 사전 간 상호 검증이 가능하게 점검 프로세스를 포함해야 한다.

- **데이터 관리 체계**

  데이터 정합성 및 활용의 효율성을 위하여 표준 데이터를 포함한 메타데이터와 데이터 사전의 관리 원칙을 수립한다. 수립된 원칙에 근거하여 항목별 상세 프로세스를 만들고 관리와 운영을 위한 담당자 및 조직별 역할과 책임을 상세하게 준비한다. 빅데이터의 경우 데이터 양의 급증으로 데이터의 생명 주기 관리 방안(Data Life Cycle Management)을 수립하지 않으면 데이터 가용성 및 관리 비용 증대 문제에 직면할 수도 있다.

- **데이터 저장소 관리(Repository)**

  메타데이터 및 표준 데이터를 관리하기 위한 전사 차원의 저장소를 구성한다. 저장소는 데이터 관리 체계 지원을 위한 워크플로 및 관리용 응용 소프트웨어를 지원하고 관리 대상 시스템과의 인터페이

스를 통한 통제가 이루어져야 한다. 또한 데이터 구조 변경에 따른 사전 영향 평가도 수행돼야 효율적인 활용이 가능하다.

- **표준화 활동**

데이터 거버넌스 체계를 구축한 후 표준 준수 여부를 주기적으로 점검하고 모니터링을 실시한다. 또한 거버넌스의 조직 내 안정적인 정착을 위한 지속적인 변화 관리 및 주기적인 교육을 진행한다. 지속적인 데이터 표준화 개선 활동을 통해 실용성을 높여야 한다.

(3) 빅데이터 조직 및 인력 관리 방안

① 분석 조직의 유형

데이터 분석 조직은 기업의 경쟁력을 확보하기 위해 데이터 분석의 **TIP**_유형별 특징을 잘 알아두어야 합니다.
가치를 발견하고, 이를 활용해 비즈니스를 최적화하는 목표를 갖고 구성돼야 한다. 이를 위해 기업이 업무 전반에 걸쳐 다양한 분석과제를 발굴·정의하고, 데이터 분석을 통해 의미 있는 인사이트를 찾아 실행하는 역할을 수행할 수 있어야 한다. 다양한 분야의 지식 및 경험을 가진 인력과 업무 담당자 등으로 구성된 전사 또는 부서 내 조직으로 구성할 수 있다.

【 분석 조직의 유형 】

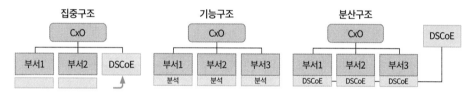

* DSCoE: Data Science Center of Excellence

- **집중형 조직 구조**: 조직 내에 별도의 독립적인 분석 전담 조직을 구성하고, 회사의 모든 분석 업무를 전담 조직에서 담당한다. 분석 전담 조직 내부에서 전사 분석과제의 전략적인 중요도에 따라 우선순위를 정해 추진할 수 있다. 한편 일부 현업 부서와 분석 업무가 중복 또는 이원화될 가능성이 있다.

- **기능 중심의 조직 구조**: 일반적으로 분석을 수행하는 형태이며, 별도로 분석 조직을 구성하지 않고 각 해당 업무 부서에서 직접 분석하는 형태다. 이러한 특징으로 인해 전사적 관점에서 핵심 분석이 어려우며, 특정 업무 부서에 국한된 분석을 수행할 가능성이 높거나 일부 중복된 분석 업무를 수행할 수 있는 조직 구조다.

- **분산된 조직 구조**: 분석 조직의 인력을 현업 부서에 배치해 분석 업무를 수행하는 형태다. 전사 차원에서 분석과제의 우선순위를 선정해 수행이 가능하며, 분석 결과를 신속하게 실무에 적용할 수 있다는 장점이 있다.

② 분석 조직의 인력 구성

데이터 분석을 위한 다양한 형태의 분석 조직을 구성해 운영할 수 있지만, 어떠한 조직 구조가 적합한 형태라고 단정 지을 수 없다. 따라서 각 기업이 처한 환경과 특성을 고려해 적합한 분석 조직을 구성해야 한다. 분석 조직이 갖춰져 있다 하더라도 조직 구성원의 분석 역량이 하루아침에 성장하는 것도 아니고, 한 사람이 데이터 분석과 관련된 모든 역량을 다 갖추기는 현실적으로 어렵다. 따라서 전문 역량을 갖춘 각 분야의 인재를 모아 조직을 구성하는 것이 바람직하다.

비즈니스 이해를 위한 인력, 분석에 필요한 IT 기술을 이해하는 인력, 통계를 이용한 다양한 분석 기법을 활용할 수 있는 분석 전문 인력, 조직 내 분석 문화 확산을 위한 변화 관리 인력, 분석 조직뿐 아니라 관련 부서 조직원의 분석 역량 향상을 위한 교육 담당 인력 등을 다양하게 구성함으로써 분석 조직의 경쟁력을 극대화할 수 있다.

【 분석 조직 인력 구성 】

* 출처: <데이터실무기술가이드>, 한국데이터산업진흥원

③ 분석과제 관리 프로세스

TIP _ 프로세스의 흐름 순서를 잘 기억해야 합니다.

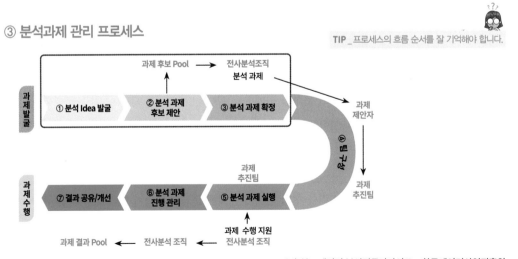

* 출처: <데이터 분석전문가가이드>, 한국데이터산업진흥원

④ 분석 교육 및 변화 관리

빅데이터의 등장은 여러 비즈니스 영역에 변화를 가져왔다. 이러한 변화에 더 적극적으로 대응하기 위해서는 기업에 맞는 적합한 분석 업무를 도출하고 가치를 높일 수 있게 분석 조직 및 인력에 대한 지속적인 교육과 훈련을 실시해야 한다. 또한 경영진이 사실 기반(Fact-based) 의사결정을 할 수 있는 문화를 정착시키는 등 변화 관리를 계획하고 수행해야 한다. 분석 교육은 단순한 교육이 아닌 분석 역량을 확보하고 강화하는 것에 초점을 맞춰 진행해야 한다. 분석 기획자에 대한 데이터 분석 큐레이션 교육, 분석 실무자에 대한 데이터 분석 기법 및 틀에 대한 교육, 업무 수행자에 대한 분석 기회 발굴·구체화·시나리오 작성법 등 분석적인 사고를 업무에 적용할 수 있게 다양한 교육을 통해 조직 구성원 모두에게 분석 기반의 업무를 정착시킬 수 있어야 한다.

02 빅데이터 기술 및 제도

1. 빅데이터 플랫폼

(1) 빅데이터 플랫폼의 이해

① 빅데이터 플랫폼의 개요

빅데이터 플랫폼이란 데이터의 수집 · 저장 · 처리 · 관리 및 분석 등의 역할 수행을 지원함으로써 새로운 인사이트와 비즈니스 가치 창출이 가능한 빅데이터 프로세스 환경을 의미한다. 앞서 잠시 언급했듯이 방대하고 복잡한 빅데이터를 처리하기 위해서 기존의 ETL과 DW로는 한계가 있어 다양한 빅데이터 플랫폼이 개발되기에 이르렀다. 빅데이터 플랫폼은 빅데이터를 수집한 뒤 데이터 레이크라 불리는 저장소에 빅데이터를 적재하고, 다양한 솔루션을 활용해 관리 및 분석 환경을 조성하는 일련의 프로세스 환경을 모두 아우른다. 빅데이터 플랫폼은 크게 데이터의 수집 · 저장 · 처리 · 관리를 담당하는 빅데이터 관리 플랫폼과 데이터 분석을 지원하는 빅데이터 분석 플랫폼으로 구분할 수 있다.

【 빅데이터 플랫폼 구분 】

빅데이터 관리 플랫폼		빅데이터 분석 플랫폼
데이터를 수집하여 활용 가능한 형태의 데이터로 관리하기 위해 수집 · 저장 · 처리 · 관리 등을 수행하는 소프트웨어 플랫폼	+	텍스트 마이닝, 인공지능 알고리즘 등 다양한 빅데이터 분석으로 의미 있는 인사이트를 추출하는 분석 기반의 소프트웨어 플랫폼

【 빅데이터 플랫폼 개념도 】

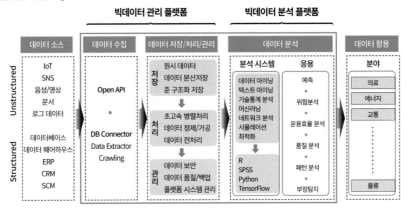

* 출처: ETRI Insight Report 2019-11

② 빅데이터 플랫폼 개발 기업 현황

빅데이터 플랫폼 개발 기업들은 대용량 데이터의 실시간 처리, 다양한 파일 시스템에 대한 접근성 강화, 클라우드와 오픈 소스 기반 빅데이터 솔루션 연계 등의 기술 개발을 통해 빅데이터 플랫폼 생태계를 구축해나가고 있다. 많은 기업이 분산형 병렬처리 및 리얼타임 데이터 처리를 위해 하둡 기반의 솔루션을 사용하고 있으며, 구글과 아마존은 클라우드 플랫폼으로 클라우드 기반 빅데이터 플랫폼 시장을 점점 넓혀 나가고 있다.

【 구글의 빅데이터 클라우드 플랫폼 】

* 출처: Google

【 AWS 클라우드 빅데이터 분석 플랫폼 】

* 출처: Amazon

【 빅데이터 플랫폼 기업 현황 】

구분	빅데이터 관리	빅데이터 분석
주요 제품 · 기술	<ul><li>하둡, HDFS, 맵리듀스, Spark</li><li>데이터 수집, 분산 컴퓨팅, 분산 파일 시스템, NoSQL, 병렬 DBMS</li></ul>	<ul><li>Mahout, R, Spotfire, Tableau</li><li>통계분석, 데이터 · 텍스트 마이닝, 자연어 처리, 기계학습</li></ul>
국외 기업	<ul><li>Google, IBM, Microsoft, Amazon, Oracle, SAP, Intel, Cisco, Splunk, Teradata 등</li></ul>	<ul><li>Google, IBM, Microsoft, Amazon, Oracle, SAP, TIBCO Spotfire, Tableau Software 등</li></ul>
국내 기업	<ul><li>넥스알, 데이터스트림즈, 선재소프트 등</li></ul>	<ul><li>다음소프트, 그루터, 사이람, 솔트룩스, 마인즈랩 등</li></ul>

(2) 빅데이터 에코시스템(Ecosystem)

① 에코시스템

앞서 살펴봤듯이 빅데이터 플랫폼은 어느 특정한 기술이나 프로그램 혹은 솔루션을 의미하지 않는다. 빅데이터는 수집, 정제, 적재, 분석, 시각화의 여러 단계를 거치는데, 이 단계를 거치는 동안 여러 가지 기술 및 프레임워크, 솔루션 등을 이용해 플랫폼을 완성하게 된다. 바로 이 기술 및 프레임워크, 솔루션 등을 통틀어 빅데이터 에코시스템(Big Data Ecosystem)이라고 한다. Google, IBM, Amazon, Oracle 등은 직접 개발한 여러 솔루션을 하나로 묶어 빅데이터 생태계, 즉 에코시스템을 구축하고 있다.

② 하둡 에코시스템

오픈 소스지만 확장성과 호환성이 높아서 최근 많은 기업이 채용하는 하둡 에코시스템(Hadoop Ecosystem)도 에코시스템과 마찬가지로 특정한 기술 및 프레임워크가 아니라 십수 종의 다양한 기술과 프레임워크, 개발언어, 솔루션으로 이루어진 거대한 프로젝트의 집합체다. 마치 여러 대의 자동차가 합체하여 하나의 거대한 로봇이 되는 변신 로봇처럼 하둡 에코시스템은 다양한 빅데이터 기술이 집합된 결정체라고 할 수 있다. 여기서는 이렇게 간단히 개념만 살펴보고, '1과목 3장 2절 2. 데이터 저장과 처리를 위한 플랫폼'에서 자세히 살펴보기로 한다.

2. 빅데이터와 인공지능

(1) 인공지능의 이해

① 빅데이터와 인공지능의 관계

인공지능(Artificial Intelligence)은 4차 산업 시대의 핵심이며 서로 떼려야 뗄 수 없는 관계를 가진다. 인공지능은 인간의 인지능력, 학습능력, 추론능력, 이해능력과 같은 고차원적인 정보처리 능력을 구현하는 ICT 기술을 의미한다. 인공지능에 대한 연구는 오래전부터 있어왔지만, 빅데이터 분석 방법의 발전을 거치면서 더욱 빛을 보게 되었다. 빅데이터 분석 기술은 대용량의 데이터를 단시간에 처리할 수 있는 알고리즘의 기술 수준이 발전하면서 특히 머신러닝 분야의 딥러닝 분석 기술에 관한 발전이 두드러졌다. 기계가 스스로 학습하여 패턴 혹은 공식을 만들어가는 것을 머신러닝이라 부르는데, 인공지능은 머신러닝 기술 중에서 특히 딥러닝과 연관이 매우 깊다. 이렇듯 인공지능 분야는 더욱더 발전하여 오늘날 자율 주행 자동차를 비롯해 AI 로봇, 의료기술, 미디어, 스마트시티 등 다양한 분야에서 상용화가 이루어지고 있다. 인공지능은 빅데이터의 딥러닝 기술 위에서 꽃을 피웠지만, 종속적인 관계는 아니다. 빅데이터 기술이 인공지능을 지원하는 성격이 강하다. 인공지능에는 빅데이터뿐만 아니라 다른 여러 가지 기술도 많이 집약되어 있다. 쉽게 말하면 인공지능은 인간의 지능, 특히 학습능력을 흉내 냈다. 기존에는 인간이 로봇에게 일정한 패턴 혹은 공식을 주입시키고 그 공식대로 로봇이 움직였다면, 인공지능 로봇은 스스로 데이터를 학습하여 패턴 혹은 공식을 스스로 계산하고 적용한다. 물론 처음에는 인간이 로봇에게 학습 데이터를 주어 훈련하는 과정이 필요하지만 말이다.

② 머신러닝과 딥러닝의 차이

머신러닝과 딥러닝은 실은 하나의 뿌리를 가진다. 머신러닝은 데이터를 분석하고 이를 분석한 후에 그 데이터를 바탕으로 결정을

TIP _ 머신러닝과 딥러닝의 개념이 헷갈리기 쉬워 시험에 출제될 가능성이 높습니다.

내리기 위해 학습한 내용을 적용하는 알고리즘을 말한다. 넷플릭스는 사용자가 선택한 영화를 분석해서 비슷한 유형의 영화를 추천해준다. 머신러닝 알고리즘의 결과다. 인터넷 쇼핑몰에서 '추천 상품' 알고리즘도 머신러닝 기술이 적용된 것이다.

딥러닝은 카테고리상으로 머신러닝에 포함된 개념이지만, 실제로는 딥러닝 기술이 훨씬 더 진보적이다. 머신러닝은 학습 데이터로 학습하면서 정확한 예측 알고리즘을 구현하기 위해 일정 부분 사람의 개입이 필요하다. 반면 딥러닝은 예측의 정확성 여부를 스스로 판단하고 결정을 내린다. 딥러닝은 인간이 결론을 내리는 방식과 유사한 논리 구조로 데이터를 엄청나게 빠른 속도로 분석하여 결과를 도출해낸다. 이런 분석 기술을 인공신경망 분석 기술이라 부른다. 이 딥러닝의 좋은 사례가 바로 바둑의 '신'이라 불리는 이세돌과 대결을 펼친 구글의 인공지능 머신 '알파고'다. 머신러닝과 딥러닝, 인공신경망 등의 빅데이터 분석 기술은 '3과목 빅데이터 모델링'에서 자세히 배우기로 한다.

(2) 4차 산업 시대를 선도하는 빅데이터와 인공지능

① 빅데이터 & 인공지능 산업

한국정보화진흥원(2019) 보고서에 따르면, 세계 빅데이터 산업 규모는 2016년 280억 달러에서 2018년 1.5배 성장한 420억 달러로 2022년까지 5년간 연평균 11.1%의 성장세를 유지하며 710억 달러로 시장 규모가 확대될 전망이다. 빅데이터 기반 사업이 활성화될수록 하드웨어보다는 소프트웨어, 그리고 서비스 분야의 성장세가 높을 것으로 전망한다.

'MarketNMarket'의 보고서에 따르면, 글로벌 인공지능 시장 규모는 2017년 160.6억 달러에서 2018년에 33.62% 성장한 214.6억 달러가 될 것으로 예측하고 있으며, 2025년까지 연평균 36.62% 증가한 1,906.1억 달러 규모로 성장할 것으로 전망한다. 이렇게 인공지능 산업이 급성장함에 따라 글로벌 기업들은 적극적인 대규모 펀딩과 M&A를 확대하는 등 기술 경쟁력을 강화하기 위한 투자에 총력을 기울이고 있다(출처: 〈2018 빅데이터 시장 현황 보고서, 한국정보화진흥원 간〉, 〈빅데이터·인공지능 산업 진흥을 위한 데이터과학의 발전 전략 연구, 한국과학기술한림원 간〉, 〈2018 MarketNMarket Report〉, 〈2017년 인터넷 10대 이슈 전망, 한국인터넷진흥원&KT경제경영연구소 간〉).

【 세계 빅데이터 시장 규모 】

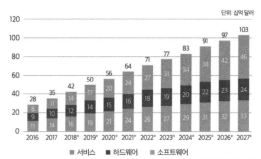

* 출처: <2018 빅데이터 시장 현황 보고서>, 한국정보화진흥원, 2019

【 산업 분야별 인공지능 활용 변화 추세 】

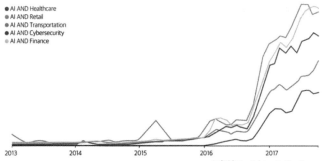

* 출처: Insights, C. B., Game Changers 2018, 2018b

② 인공지능의 활용

【 미래의 인공지능 활용 분야 】

TIP _ 활용 분야의 내용을 꼭 숙지해야 합니다.

자율주행	▪ 우리나라 자동차 반자율주행에서 완전자율주행으로 기술 발전 ▪ 자율주행차 신규 제조업체 등장 예상 ▪ 자율주행 보험 및 여행 서비스 등장
스마트 홈	▪ 스마트 가전으로 편리한 생활 ▪ 공간 지능화로 노인 케어 방식 변화
메디컬 케어	▪ 바이탈데이터 및 유전자 정보 활용 건강 관리 ▪ 의료진 대상 지적 도우미 서비스 등장 ▪ 우리나라 원격진료의 경우 관련법 개정 및 정책 지원이 필요
인프라	▪ 우리나라 공공 스마트 사업 본격화 ▪ 전력, 수도, 가스 등의 자동 조절 ▪ 다리, 발전소 등 공공인프라 이상 감지
스마트 농업	▪ 농업의 대형화 및 자동화 ▪ 농작업 자동화 및 드론 이용 정밀 농업 ▪ AI 기반 기상 예측 및 농업 보험 등장
업무 환경 변화	▪ 서류 관리 및 데이터 분석 등 자동화 전문 업무에 AI 도입 활발(법률, 번역) ▪ 음성 인식 관련 기술 발전 및 관련 산업 확대
자율 배송, 유통	▪ 자율 화물배송, 무인화물선, 드론 배달 ▪ 물류 창고 내 AI 로봇 이용
커머스	▪ 무인 점포, 얼굴 인식으로 추천 서비스 ▪ 구매 데이터 분석으로 맞춤형 광고 제공
스마트 교육	▪ 학생별 맞춤형 교육 콘텐츠 제공 ▪ AI 기반 대학 커리큘럼 설계 지원
AI 기반 금융	▪ 주식, 투자 상품의 로봇 어드바이저 신용 평가, 대출, 금융상품 지원 업무
안전 보장 로봇	▪ 재해 지역 구조 활동 ▪ 극한 환경에서 자율 행동 가능
인텔리전스 시큐리티	▪ 빅데이터 분석에 따른 범죄 예측/예방 ▪ 행동 분석으로 이상 행동 사전 감지

* 참고: cio summit 2016, '지능화(A.I) 사회가 불러올 산업별 전망'

③ 산업 분야별 빅데이터 & 인공지능 기술 동향

【 빅데이터 & 인공지능 기술 동향 】

분야	기술 분야	내용
제조	스마트팩토리	▪ 수요 예측: SNS 데이터나 인터넷 검색 우위에 있는 아이템 조사 분석, 온라인을 통한 고객의 수요 조사, 문화 콘텐츠의 동향, 기술 동향 등 다양한 분야의 자료를 분석 ▪ 제품 설계: PDM(제품데이터관리)에서 PLM(제품수명주기관리)으로 변화 ▪ 생산 계획: MES(생산관리시스템), IoT는 물론 최적화를 위한 인공지능 기술이 필요 ▪ 공정 관리: PLC(논리제어장치)&IoT, 실시간 실적 집계와 공정 모니터링 → 빅데이터화 ▪ 설비 관리: PHM(고장 발생 가능성 예측) ▪ 품질 검사: FRACAS(사용 과정상 문제점 수집 및 분석) → 시정조치 시행
바이오	CRISPR · cas9	▪ 최신 유전자 편집 기술 ▪ 유전자에 결합해 특정 서열만을 편집할 수 있는 기술 → 인공신경망 모형 사용
	AlexNet CNN	▪ 인공지능 시각화 기술을 이용하여 익은 토마토만 선별하는 기술(Sa, I. et al., 2016)을 로봇에 적용하여 수확하는 기술 → 인공지능 시각화 모델 사용
의료	정밀 의학 (precision medicine)	▪ 인간 유전체 연구를 통해 얻은 정보를 의학에 접목하여 질환을 예측, 예방, 그리고 진단하는 일련의 개인 맞춤 의학
	전장 유전체 연관성 분석	▪ 암이나 당뇨와 같이 특정 형질과 연관된 유전 변이를 찾기 위한 연관성 연구
IT	하드웨어	▪ 클라우드 인프라, 서버, 스토리지, PC 카드, 워크스테이션, 네트워킹
	사물인터넷	▪ 빅데이터의 실시간 분석 및 저장 기술과 결합 스마트 팩토리, 스마트 홈
금융	핀테크	▪ 데이터 분석 · 활용 등을 통해 금융 시장 진입을 가속화 ▪ 통신 기록이나 인성 검사 결과 등을 활용한 개인 신용 평가 모델을 개발하여 중 · 저 신용자 고객 기반을 확대
	인공지능 활용	▪ 생산성 향상 ▪ 딥러닝 기반 이상 거래 탐지 시스템 ▪ 기업의 리스크 최소화 ▪ 기업의 부실 위험을 예측하는 시스템 ▪ 인공지능 기반 고객 서비스 ▪ 스마트 오퍼링 시스템 ▪ 마케팅 프로파일링 시스템 ▪ 인공지능 기반 신용 평가 시스템 ▪ 기업의 부도 가능성을 진단하는 빅데이터 기반의 시스템 ▪ 주식 거래: 로보어드바이저 시장

* 표 참고: 위키백과, <빅데이터·인공지능 산업 진흥을 위한 데이터과학의 발전 전략 연구>, 한국과학기술한림원, 2019

3. 개인정보 활용 '마이데이터'

(1) 마이데이터(Mydata)의 이해

① '마이데이터(Mydata)' 운동의 확산

많은 전문가들이 4차 산업혁명 시대 이후로 가장 큰 화두는 데이터의 자산 가치라고 말한다. 그만큼 앞으로 데이터의 가치에 대한 중요성은 점점 커질 것이다. 최근 세계의 정보보호 관련 가장 큰 이슈는 바로 '마이데이터(Mydata)' 운동이다. 마이데이터 운동은 정보의 주체가 개인정보 권한을 갖고 관리할 수 있게 하자는 취지다. 2015년 브뤼셀에서 처음 시작된 이 운동은 유럽을 거쳐 전 세계로 확산되었다. 마이데이터 기구(mydata.org) 사이트에서 이들의 선언문(declaration)을 보면 그 취지를 잘 알 수 있다. 마이데이터 선언문에는 '이 선언에서 제시하는 변화와 원칙은 균형을 회복하고 개인정보에 대한 인간 중심의 비전을 향해 나아가는 것을 목표'로 한다고 명시되어 있다. 그리고 이것은 '공정하고 지속 가능하며 번영하는 디지털 사회의 조건'이라고 말한다.

참고 ▌**MYDATA 선언문**

사회에서 개인정보의 중요성이 계속 확대됨에 따라, 개인이 자신의 개인정보를 알고 제어하며 또 그들의 이익에 대한 공유를 주장하는 것이 더 시급해졌다. 오늘날 권력의 균형은 개인정보를 기반으로 수집, 거래 및 결정을 내릴 수 있는 권한이 있는 조직에 치우쳐 있다. 다만 개인은 자신의 개인정보에 대한 통제권을 얻기만을 바랄 뿐이다.

이 선언에서 제시하는 변화와 원칙은 균형을 회복하고 개인정보에 대한 인간 중심의 비전을 향해 나아가는 것을 목표로 한다. 우리는 그것이 다음과 같은 기반을 가진 공정하고 지속 가능하며 번영하는 디지털 사회의 조건이라고 믿는다.

- 사람과 조직 간의 균형 있고 공정한 관계에 기반을 둔 신뢰와 자신감
- 법적 보호뿐만 아니라 개인과 데이터의 힘을 공유하기 위한 선제적 조치를 통해 자기결정권 확보
- 개인정보의 조직, 개인 및 사회 간 공정한 공유로 공동의 이익을 극대화

* 출처: 국제 마이데이터 기구(https://mydata.org/declaration)

---

② EU의 GDPR에 도입된 마이데이터

이 마이데이터 운동은 EU의 개인정보보호 관련 규정에도 영향을 주었다. EU는 2018년 5월 기존의 개인정보 보호 지침 대신 새로운 개인정보 보호법(GDPR, General Data Protection Regulation)을 시행했는데, 그 내용에 마이데이터 운동의 내용을 반영했다. EU의 GDPR을 보면 개인정보 주체에게 알 권리, 열람권, 정정요구권, 삭제권, 제한처리요구권, 정보이동권, 반대권, 자동결정절차 및 프로파일링에 대한 권리 등 자기통제권을 부여한다.

EU의 GDPR은 2016년 5월 27일 채택하여 2년 유예기간을 두고 2018년 5월 25일부터 시행됐다. 모든 EU 회원국에게 직접 적용되며, 회원국 간 통일된 법 적용 및 규제가 가능하다. 주요 내용을 살펴보면 기업의 책임이 강화되고, 정보 주체의 권리가 추가됐다. 또 모든 회원국이 통일된 기준으로 과징금을 부과하게 한다. GDPR 위반 시 최대 과징금은 일반적 위반 사항인 경우 전 세계 매출액의 2% 혹은 1천만 유로(약 125억 원) 중 높은 금액이며, 중요한 위반 사항인 경우 전 세계 매출액의 4% 혹은 2천만 유로(약 250억 원) 중 높은 금액이다. 따라서 한국 기업이라도 유럽에서 기업 활동을 영위한다면 개인정보 관련 문제는 EU의 GDPR을 따라야 한다. 이에 우리 정부는 GDPR 대응 지원센터(gdpr.kisa.or.kr)를 설립하고 EU 관련 기업들 및 기관들에게 상세한 GDPR 자료와 함께 대응을 지원하고 있다.

참고 | 해외 마이데이터 추진 현황

미국	Smart Disclosure	의료(블루버튼), 에너지(그린 버튼, 오렌지 버튼)
영국	Midata	금융, 통신 분야 등에서 활용
프랑스	Mesinfos	▪ 민간 주도로 추진 ▪ 블루 버튼을 벤치마킹한 의료 분야 프로젝트 추진 ▪ 데이터 이동권 보장을 위한 레인보우 프로젝트 추진
핀란드	MyData	의료, 금융, 연구 분야 등에서 활용
일본	Information Banks	개인데이터 정보은행 도입
싱가포르	MyInf	국민 디지털 아이디 SingPass 제공

* 출처: <2020 마이데이터 서비스 안내서>, 한국데이터산업진흥원

(2) 우리나라의 마이데이터

① 첫걸음을 뗀 마이데이터

2016년 EU에서 GDPR을 채택한 이후 우리나라 정부에서도 적극적으로 마이데이터를 도입하려는 움직임이 시작됐다. 2018년에는 행정안전부와 방송통신위원회, 개인정보보호위원회가 공동 주최한 '2018 개인정보보호페어'가 열리기도 했다. 국회에서도 개인정보 활용 문제는 소홀히 다룰 수 없는 문제였기에, 여야를 막론하고 다양한 개인정보보호 법안들을 내놓았다.

마이데이터는 그저 단순히 개인정보보호 권리만을 외치는 개념이 아니다. 개인의 정보보호 권리를 주장하면서도 데이터의 흐름을 자유롭게 하여 공동의 이익을 극대화하자는 것이 취지다. 우리나라의 개인정보보호 관련 법률을 살펴보면 개인정보보호 규정이 선진국보다 더 자세하고 엄격하게 규정되어 있다. 그런 점이 오히려 데이터 흐름을 자유롭지 못하게 한다는 지적도 있다(<2018 데이터산업백서>, <마이데이터 개인정보보호와 활용-이재욱, 한국데이터산업진흥원>). 법원의 판례(대전지법 논산지원,

2013고단17 판결)를 보더라도 우리나라는 개인정보의 범위를 '다른 정보와 결합해 식별할 수 있는 정보 또는 개인정보'로 넓게 해석하기 때문에 빅데이터, IoT 산업에서 활용할 수 있는 개인정보가 제한적일 수밖에 없다는 것이다.

그래서 우리나라에서도 개인정보보호 권리는 강화하면서도 빅데이터 관련 산업에 유연하게 대응할 수 있게 다양한 방안과 법령 등을 준비하기 위해 노력했다. 이후 이러한 세계적인 마이데이터 추세를 반영하여 2020년 1월 이른바 '데이터 3법'이라 불리는 개인정보보호법, 정보통신망법, 신용정보법이 국회에서 통과됐다. 2020년 8월에는 개인정보보호법이 개정되었고, 정부는 금융위원회, 인터넷진흥원, 개인정보보호위원회, 한국데이터진흥원, GDPR 대응센터 등 여러 기관에서 마이데이터 관련 정책을 시행하도록 다양한 제도를 마련하고 정책을 펼쳐나가고 있다.

② 현재진행형인 '본인신용정보관리업'_(마이데이터사업, 2020년 8월 기준)

- **본인신용정보관리업**

  2020년 8월 5일부터 개인정보보호법, 정보통신망법, 신용정보법이 개정됐다. 그중 신용정보법의 개정 내용을 살펴보면

  TIP _ 최근 IT 및 금융산업에서 중요하게 대두된 개념으로 중요합니다.

  - 빅데이터 분석·이용의 법적 근거 명확화와 빅데이터 활용의 안전장치 강화
  - 「개인정보 보호법」과의 유사·중복 조항을 정비하는 등 데이터 경제의 활성화를 위한 규제 혁신
  - 금융분야 데이터 산업으로서 신용정보 관련 산업에 관한 규제 체계 선진화
  - 새로운 개인정보 자기결정권의 도입

  등이 주된 내용이다.

  여기서 가장 핵심적인 내용은 '금융 분야 데이터 산업으로서 신용정보 관련 산업에 관한 규제 체계 선진화'다. 설명할 내용이 많지만, 한마디로 요약하면 개인의 동의하에 타 기업에 저장된 개인정보를 받아 활용할 수 있는 사업자를 선정하고, 그 사업자가 종전의 금융기관, 카드사 등이 독점하던 개인정보를 개인의 동의하에 자신의 사업에 활용할 수 있게 한 것이다. 정부는 '데이터 경제 시대' 전환에 맞춰 금융산업의 새로운 성장동력을 확보하고, EU GDPR 등 국제적 데이터 법제와의 정합성 제고로 전 세계 데이터 경쟁에 참여할 수 있는 기반을 마련하는 효과를 기대하고 있다.

- **본인신용정보관리업의 효과**

  개인은 흩어져 있는 자신의 개인정보를 통합해 맞춤형 금융 서비스를 받을 수 있다. 개인정보를 통합하고, 여러 기업의 상품을 비교해볼 수 있게 되어 합리적인 가격의 맞춤형 금융 서비스를 선택할 수 있게 된다. 또 금융 이력이 없는 대학생, 사회 초년생들인 씬파일러(Thin filer)들도 합리적인 신용평가로 현재보다 낮은 금리의 금융 서비스를 이용할 수 있다.

기업은 신규 비즈니스 모델을 창출할 수 있는 절호의 찬스를 맞았다. 그동안 신규 금융 서비스 기업들은 데이터를 확보하기 어려웠지만, 이번 본인신용정보관리업 사업자로 선정되면 기존 시장의 독점적이었던 개인정보가 개방되면서 개인의 동의를 얻으면 자신들의 데이터로 활용할 수 있는 법적 제도가 마련된 것이다. 일명 마이데이터 사업은 네이버파이낸셜, 카카오페이, 비바리퍼블리카 등 대형 IT 기업은 물론 기존 금융권 기업 전체가 들썩일 만큼 영향력이 큰 사업인 것은 분명해 보인다. 기존 우리나라 금융시장의 예대마진이 40조 원에 달한다고 하니 IT 기업들과 기존 금융권 기업들, 그리고 신규 수익 모델을 원하는 새로운 참여기업들이 너도나도 사업자 신청을 했다. 네이버파이낸셜과 카카오페이는 이미 보험사들과 손잡고 서비스를 준비 중이며, 금융업계 역시 이 혁신을 받아들이고 도약의 발판으로 삼기 위해 고심하고 있다.

【 업권별 마이데이터 서비스 예시 】

TIP _ 시험에 출제될 가능성이 높습니다.

업권	정보 활용	주요 서비스
은행	계좌 거래 내역, 대출 잔액, 금리·이자 등의 다양한 금융자산 현황 등을 분석	저축, 재테크 방안 안내 등을 통한 자산 형성 지원
카드	카드 사용 일시, 결제 내역, 카드 대출 이용 등의 소비 패턴 분석	다양한 카드 사용 혜택 제공 및 합리적인 소비 습관 개선 지원
금융투자	투자종목, 투자금액, 자산규모 등의 투자 정보를 통해 투자패턴 분석	세제 혜택, 투자 습관 개선 등 다양한 포트폴리오 제공
보험	보험료 납입내역, 보험기간, 보장내역 등의 보험 정보를 통해 노후 예측 및 건강 분석	연금관리를 통한 노후설계와 저비용의 건강관리 서비스 제공
핀테크	은행, 카드, 증권, 보험 등 여러 금융업권의 금융 상품 및 정보를 종합적으로 비교·분석	맞춤형 금융상품 추천 및 정보 주체의 정보 관리 행사 대행
IT	금융과 통신, 유통 등의 데이터와 융·복합	통신정보 기반 금융상품, 유통 정보 기반 금융상품 등 고부가 가치 혁신 서비스 제공

* 출처 : 금융위원회

참고 ▌2020년 신용정보법 개정의 이유(2020.8.5 시행)

데이터는 사물인터넷, 인공지능 등으로 대표되는 4차 산업혁명의 흐름 속에서 혁신성장의 토대가 될 것으로 기대되는데, 특히 금융 분야에서는 소비·투자 행태, 위험 성향 등 개인의 특성을 반영한 맞춤형 금융상품의 개발 등 데이터의 활용 가치가 매우 높음.

그러나 우리나라는 빅데이터 이용률이 저조하고, 빅데이터의 활용과 분석 수준도 다른 나라보다 뒤처져 있는 실정인 바, 데이터 경제로의 전환이라는 전 세계적 환경 변화를 적극적으로 수용하면서 적극적인 데이터 활용으로 소비자 중심의 금융혁신 등의 계기를 마련하기 위하여 빅데이터 분석·이용의 법적 근거를 명확히 함과 동시에, 빅데이터 활용에 따라 발생할 수 있는 부작용을 방지하기 위한 안전장치를 강화하는 한편, 일반법인 「개인정보 보호법」과의 유사·중복 조항을 정비하는 등 데이터 경제의 활성화를 위하여 규제를 혁신하고, 본인신용정보관리업, 전문개인신용평가업 및 개인사업자신용평가업의 도입 등을 통하여 신용정보 관련 산업에 관한 규제체계를 선진화하며, 개인신용정보의 전송요구권 부여 등을 통해 신용정보 주체의 권리를 강화하는 등 현행 제도의 운영상 나타난 일부 미비점을 개선·보완하려는 것임.

③ 한국데이터산업진흥원의 '본인정보활용지원 사업'

- **본인정보활용지원 사업:** 한국데이터산업진흥원의 마이데이터(본인정보 활용 지원) 사업은 정보 주체 중심의 안전한 개인데이터 활용 체계 확립을 위하여 개인데이터 제공 확대, 서비스 다양화, 인식 제고 등을 체계적으로 지원하는 혁신 성장형 사업이다.

  TIP _ 마이데이터와 연관된 사업으로 잘 알아두어야 합니다.

- **추진 사업**

마이데이터 실증서비스 지원	▪ 개인데이터를 안전하고, 효과적으로 활용할 수 있도록 지원 ▪ 사회·경제적 파급력이 높은 서비스 모델을 발굴 및 실증 지원 ▪ 지원 분야: 개인데이터의 양적·질적 활용 가능성이 풍부한 8개 분야 → 의료, 금융, 공공, 유통/물류, 문화, 통신/미디어, 교육, 기타(에너지 등) ▪ 지원 내용: 실증 서비스 구축 및 운영에 필요한 시스템과 장비 구입비 등 제반 비용 지원
마이데이터 전문가협의체	▪ 마이데이터 실증 과제 참여기관(업) 및 분야별 산·학·연·관 전문가 등으로 협의체를 운영 ▪ 마이데이터 서비스를 위한 표준, 기술, 법률, 보안 등 주요 안건과 가이드라인을 마련 → 주요 현안에 대한 대응 전략 등을 제시
마이데이터 컨설팅 지원	▪ 기업(관)별 맞춤형 컨설팅 → 혁신적인 서비스 개발과 운영 기반 마련을 지원 ▪ 마이데이터 서비스 개발과 운영을 추진하는 기관과 기업 등에 법·기술·보안·표준 등 다방면 진단과 피드백을 제공하는 맞춤형 컨설팅 → 기본 컨설팅과 심화 현장 진단으로 구분해 제공
마이데이터 인식 제고	▪ 국민의 상상력과 혁신적인 아이디어를 바탕으로 개인데이터를 활용한 다양한 분야의 개인 맞춤형 서비스를 발굴

④ 마이데이터 핵심 정리

- **마이데이터 개념:** 자기정보결정권 확보와 데이터 경제 활성화

  TIP _ 마이데이터는 최근 핫이슈로 떠오른 만큼 시험에 출제될 가능성이 매우 높습니다.

자기정보결정권		데이터 경제 활성화
개인을 중심으로 개인데이터를 구성하고, 자신의 정보를 어떤 목적으로, 어떻게 활용할 것인지에 대해 적극적으로 참여	+	협약된 기관(업) 간에만 가능했던 개인데이터 공유 체계가 개방 형태로 변화하여 스타트업들의 적극적 참여 및 새로운 서비스 모델이 등장할 수 있는 시장 조성

- **마이데이터 원칙**: 개인데이터 통제, 제공, 활용이 개인을 중심으로 진행

데이터 통제	데이터 제공	데이터 활용
개인이 개인데이터의 접근, 이동, 활용 등에 대한 통제권 및 결정권을 가짐	개인데이터를 보유한 기관(업)은 개인이 요구할 때 개인데이터를 안전한 환경에서 쉽게 접근하여 이용할 수 있는 형식으로 제공	개인의 요청 및 승인(동의)에 의한 데이터의 자유로운 이동과 제삼자 접근이 가능해야 하며 그 활용 결과를 개인이 투명하게 알 수 있어야 함

- **개인의 동의**: 자신의 데이터를 활용해도 좋다는 승인 의사
  - 개인정보보호법 등에서도 개인데이터 수집, 이용, 제공 시 개인의 동의를 기반으로 하도록 명시
  - 동의는 서비스 간 개인데이터 공유 시 상호호환 가능한 형태로 관리되어야 함
    특히, 제삼자가 개인데이터 활용 동의를 받은 경우 개인데이터 보유자는 개인 본인이 제시한 동의가 맞는지 확인할 수 있어야 제삼자의 개인데이터 접근을 허용

【 종전 '동의' 제도와 마이데이터의 '동의' 제도 】

	종전 '동의' 제도	마이데이터의 '동의' 제도
특징	동의서별 일괄 획득	동의 대상 세분화
동의 수준	필수/선택 구분하여 선택 영역에 대한 의사 표현	선택 동의서의 세부사항에 대한 의사 표현 가능
동의 대상	동의서 단위로 의사 표현(수집/이용, 제삼자 제공, 위탁 등)	동의서 내에서도 목적, 기관(업), 항목별 선택 가능
동의서 유형	개인데이터 수집 및 활용 방식에 따라 동의서 분리	필요 시 목적별, 제공기관(업)별 동의서로 분리 가능

- **열람권**: 기관(업)이 보유하고 있는 개인데이터와 처리 정보에 대한 열람 및 사본을 요청할 수 있는 권리로, 대리인도 가능

【 개인 열람권 행사 】　　　　　　　　　　【 대리인 열람권 행사 】

* 출처: <2020 마이데이터 서비스 안내서>, 한국데이터산업진흥원

- **마이데이터 서비스의 특징**: 투명성, 신뢰성, 통제권, 가치 관점의 특징

투명성	개인데이터 수집/활용 정의 투명한 공개
신뢰성	마이데이터 서비스 제공자를 신뢰할 수 있는 방안 제시
통제권	동의를 통한 통제권 행사 및 대리인(제삼자) 선택하여 개인데이터 공유
가치	개인을 포함한 수익 모델 및 개인에게 명확하고 가시적인 보상 제공

- **공통 요구사항 적용**: 동의, 제공, 이용 내역 관리 등 개인데이터 활용 프로세스별로 제시

요건	내용
알기 쉬운 동의	- 개인은 자신의 정보가 활용되는 목적, 기관, 범위에 대해 쉽게 이해할 수 있는 형태로 동의서를 제공받아야 하며, 활용 목적, 기관, 범위를 선택할 수 있어야 함
동의 관리	- 개인은 서비스 이용 중 언제라도 쉽고 편한 방식으로 동의 내역을 변경(신규 동의, 철회, 재동의)할 수 있어야 함
개인데이터 내려받기	- 개인은 서비스에 저장되어 있는 자신의 정보를 기계 가독형 형태로 다운로드할 수 있어야 함(메일, 메신저 포함)
선별 공유	- 마이데이터 서비스 제공자는 개인이 지정한 제3의 서비스로 개인이 지정한 범위의 개인데이터를 기계 가독형 형태로 전송해야 함
이용내역 관리	- 개인은 개인데이터 수집 및 이용(동의, 내려받기, 공유 등)에 관한 내역을 이해하기 쉬운 방식으로 실시간 확인할 수 있어야 함 - 동의, 활용(수집/이용, 내려받기, 공유 등)에 대한 건별 상세내용이 담긴 영수증을 제공해야 함

- **마이데이터 기본 서비스 모델**: 이해관계자 간 개인데이터의 흐름과 공통 요구사항을 포함

【 기본 서비스 모델 】

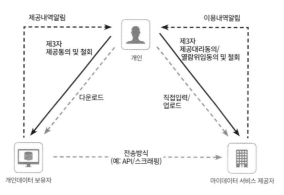

【 서비스 중심 이해관계자 역할 】

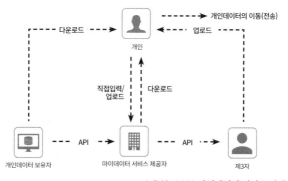

* 출처:<2020 마이데이터 서비스 안내서>, 한국데이터산업진흥원

4. 개인정보보호 법 · 제도

(1) 2020년 개정 개인정보보호법(마이데이터 반영)

① 개인정보의 이해

- **개인정보**: 우리나라 개인정보보호법에 따르면 '개인정보는 살아 있는 개인에 관한 정보'를 말한다. 정보 소유의 주체가 '살아 있는 사람'이어야 한다는 것이다. 따라서 사망한 자, 사물, 법인, 기관 등의 정보(주소, 법인명, 영업실적 등)는 개인정보보호법상 개인정보가 아니다. 그렇다면 예컨대 전화번호 뒷자리처럼 정보의 일부분이지만 특정 개인을 알아볼 수 없는 정보라면 어떨까? 법원 판례(*판례: 대전지법 논산지원, 2013고단17 판결)에 따르면, 설령 휴대전화 뒷자리만으로는 사용자를 식별하지 못한다고 하더라도 그 뒷자리와 관련성 있는 다른 정보(생일, 기념일, 집 전화번호, 가족 전화번호 등)와 결합하여 사용자가 누구인지 알아볼 수 있으므로 개인정보로 볼 수 있다.

- **개인정보의 중요성**: 개인정보는 전자상거래, 고객관리, 금융거래 등 사회의 구성, 유지, 발전을 위한 필수적인 요소로서 기능한다. 특히 데이터 경제 시대를 맞이하여 개인정보와 같은 데이터는 기업 및 기관의 입장에서도 부가가치를 창출할 수 있는 자산적 가치로서 높게 평가되고 있다. 그러나 개인정보가 누군가에 의해 악의적인 목적으로 이용되거나 유출될 경우 개인의 사생활에 큰 피해를 줄 뿐만 아니라 개인 안전과 재산에 피해를 줄 수 있다. 또 유출된 개인정보는 스팸메일, 불법 텔레마케팅 등에 악용되어 개인에게 원치 않는 광고성 정보가 끊임없이 전송되는 동시에 대량의 스팸메일 발송을 위한 계정 도용, 보이스 피싱 등 범죄 행위에 악용될 우려가 있다.

【 프라이버시 개념의 변화 】

산업사회의 '프라이버시'		정보화사회의 '프라이버시'
남에게 방해받지 않을 소극적 권리	⇨	내 정보가 침해로부터 자유로울 권리
"free from physical infringement"		"free from information infringement"

⬇

4차 산업사회의 '프라이버시'

내 정보의 가치를 보호받을 권리
"protection of the value of information"

TIP _ 프라이버시의 개념이 오늘날에는 '정보의 가치를 보호받을 권리'로 변화했다는 점을 기억해두기 바랍니다.

* 참고: 개인정보보호위원회, privacy.go.kr

참고 ┃ **우리나라의 개인정보 보호 관련 법률의 보호 대상**

- **개인정보보호법**: 모든 국민의 개인정보가 보호 대상

- **정보통신망법**: 정보통신망 서비스 제공자의 이용자, 즉 고객의 개인정보가 보호 대상

- **신용정보법**: 금융기관 고객의 개인신용정보가 보호 대상

- **개인정보 파일**: 개인정보보호법상 개인정보 파일이란 개인정보를 쉽게 검색할 수 있도록 일정한 규칙에 따라 체계적으로 재배열하거나 구성한 개인정보의 집합물이다.

- **개인정보의 처리**: 개인정보보호법상 개인정보의 처리란 개인정보의 수집, 생성, 연계, 연동, 기록, 저장, 보유, 가공, 편집, 검색, 출력, 정정(訂正), 복구, 이용, 제공, 공개, 파기(破棄), 그 밖에 이와 유사한 행위를 말한다.

② 개인정보보호법(2020년 8월 5일 개정)

- **개인정보 보호 원칙**: 개인정보보호법 제3조에서는 다음의 8가지 개인정보 보호 원칙을 규정하고 있다.

  - 처리 목적의 명확화, 목적 내에서 적법하고 정당하게 최소 수집

  - 처리 목적 내에서 처리, 목적 외 활용 금지

  - 처리 목적 내에서 정확성 · 완전성 · 최신성 보장

  - 정보 주체의 권리 침해 위험성 등을 고려하여 안전하게 관리

  - 개인정보 처리사항 공개, 정보 주체의 권리 보장

  - 사생활 침해 최소화 방법으로 처리

  - 익명 처리가 가능한 경우 익명으로 처리

  - 개인정보처리자의 책임 준수, 정보 주체의 신뢰성 확보

TIP _ 별(★) 표시가 있는 내용은 시험에 출제 가능성이 높습니다.

- **개인정보 자기 결정권***: 개인정보 처리와 관련하여 정보 주체는

  - 그 처리에 관한 정보를 제공받을 권리
  - 처리에 관한 동의 여부, 동의 범위 등을 선택하고 결정할 권리
  - 처리 여부를 확인하고 개인정보에 대하여 열람을 요구할 권리
  - 처리 정지, 정정·삭제 및 파기를 요구할 권리
  - 처리로 인하여 발생한 피해를 신속하고 공정한 절차에 따라 구제받을 권리를 가진다.

- **개인정보 수집·이용·제공 기준***: 개인정보를 수집할 때는 정보 주체의 동의를 받아야 하며, 수집·이용 목적, 수집 항목, 보유 및 이용 기간, 동의 거부권 등을 알려야 한다. 개인정보를 수집할 때는 필요 최소한으로 수집해야 한다. 개인정보를 제삼자에게 제공할 때는 정보 주체의 동의를 받아야 한다. 개인정보는 수집한 목적 범위를 초과하여 이용하거나 제삼자에게 제공을 금지한다. 하지만 제삼자 제공 금지의 경우, 예외조항이 있다. 정보 주체의 동의를 받은 경우, 법률의 특별한 규정, 법령상 의무 준수를 위해 불가피한 경우, 공공기관이 법령 등에서 정한 소관 업무를 위해 불가피한 경우, 정보 주체와의 계약 체결·이행에 불가피한 경우 등이 그것이다.

- **개인정보 처리 제한(민감 정보, 고유식별정보)**: 민감한 정보, 예컨대 사상·신념, 노동조합, 정당의 가입·탈퇴, 정치적 견해, 건강, 성생활 등 정보 주체의 사생활을 침해할 우려가 있는 정보는 처리를 금지한다. 또 주민등록번호, 여권번호, 운전면허번호, 외국인등록번호 등 고유식별정보는 법령에서 구체적으로 처리를 요구한 경우를 제외하고 원칙적으로 처리를 금지한다. 따라서 주민등록번호는 정보 주체의 동의를 받아도 처리할 수 없으며, 정보처리자는 주민번호 사용 외의 방법(아이핀, 휴대폰, 공인인증 등)을 제공해야 한다. 위반 시 3천만 원 이하의 과태료가 부과된다.

- **영상정보 처리기기 규제**: 공개된 장소에 설치 · 운영하는 영상정보 처리기기(CCTV) 규제를 민간까지 확대하고 있다. 또 설치 목적을 벗어난 카메라 임의 조작, 다른 곳을 비추는 행위 및 녹음을 금지한다.

- **개인정보 유출 통지 및 신고제 도입**: 만약 유출됐을 경우, 개인정보처리자는 정보 주체에게 개인정보 유출 사실을 통지하고, 대규모 유출 시에는 보호위원회 또는 전문기관(한국인터넷진흥원)에 신고한다.

- **정보 주체의 권리 보장**: 정보 주체는 개인정보처리자에게 자신의 개인정보에 대한 열람, 정정 · 삭제, 처리 정지 등을 요구할 수 있다. 정보 주체는 개인정보처리자의 고의 또는 중대한 과실로 인하여 개인 정보가 분실, 도난, 유출, 위조, 변조 또는 훼손된 경우 손해에 대한 배상을 요청할 수 있다.

- **안전조치 의무**: 개인정보처리자는 개인정보가 분실, 도난, 유출, 위조, 변조 또는 훼손되지 않도록 내부 관리 계획 수립, 접속 기록 보관 등 안전성 확보에 필요한 기술적 · 관리적 · 물리적 조치를 하여야 한다.

- **가명 정보의 처리에 관한 특례 도입***: 통계 작성, 과학적 연구, 공익적 기록 보존 등을 위하여 정보 주체의 동의 없이도 가명 정보 처리를 허용한다. 단, 통계 작성, 과학적 연구 등의 처리 목적 외로 이용하거나 제삼자에게 제공, 영리 또는 부정한 목적으로 이용은 금지한다.

참고 | **2020년 개인정보보호법 개정 이유(2020.8.5 시행)**

4차 산업혁명 시대를 맞아 핵심 자원인 데이터의 이용 활성화를 통한 신산업 육성이 범국가적 과제로 대두되고 있고, 특히 신산업 육성을 위해서는 인공지능, 클라우드, 사물인터넷 등 신기술을 활용한 데이터 이용이 필요한 바, 안전한 데이터 이용을 위한 사회적 규범 정립이 시급한 상황임. 그러나 현행법상 개인정보 보호감독 기능은 행정안전부 · 방송통신위원회 · 개인정보보호위원회 등으로, 개인정보 보호 관련 법령은 이 법과 「정보통신망 이용촉진 및 정보보호 등에 관한 법률」 등으로 각각 분산되어 있어 신산업 육성을 위한 데이터 이용 활성화를 지원하는 데 한계가 있어 왔음.

이에 따라, 정보 주체의 동의 없이 과학적 연구, 통계 작성, 공익적 기록 보존 등의 목적으로 가명 정보를 이용할 수 있는 근거를 마련하되, 개인정보처리자의 책임성 강화 등 개인정보를 안전하게 보호하기 위한 제도적 장치를 마련하는 한편, 개인정보의 오용·남용 및 유출 등을 감독할 감독 기구는 개인정보 보호위원회로, 관련 법률의 유사·중복 규정은 이 법으로 일원화함으로써 개인정보의 보호와 관련 산업의 발전이 조화될 수 있도록 개인정보 보호 관련 법령을 체계적으로 정비하려는 것임.

▎2020년 정보통신망법 개정의 이유(2020.8.5 시행)

데이터를 핵심 자원으로 하는 4차 산업혁명 시대를 맞아 개인정보의 보호와 활용을 조화시킬 수 있는 제도를 마련하여 더 나은 국민의 삶을 만들어 나가야 할 시점인데, 이를 위해서는 이 법과 「개인정보 보호법」 등 개인정보 관련 법령에 산재되어 있는 유사·중복 조항을 정비하고, 법령 체계를 재정비할 필요가 있는 바, 이 법에 규정된 개인정보 보호에 관한 사항을 삭제하고, 이를 「개인정보 보호법」으로 이관하는 한편, 방송통신위원회가 그 권한 중 일부를 소속기관에 위임할 수 있는 근거를 마련하는 등 현행 제도의 운영상 나타난 일부 미비점을 개선·보완하려는 것임.

* 출처: 법제처

(3) 개인정보 비식별화

① 개인정보 비식별화

- **개인정보 비식별화 개요**: 데이터 내에 개인을 식별할 수 있는 정보가 있는 경우, 이의 일부 또는 전부를 삭제, 또는 일부를 속성 정보로 대체 처리함으로써 다른 정보와 결합하여도 특정 개인을 식별하기 어렵게 하는 조치를 의미한다. 개인정보 비식별화는 '보호'의 목적과 '활용'의 목적이라는 두 가지 목적을 동시에 가진다. 이미 선진국들은 개인정보 비식별화로 개인정보 침해 가능성을 최소화하면서 데이터 산업의 활성화 차원에서 비식별화된 정보의 활용에 대한 가이드를 마련하고 기업 및 공공기관들이 활용할 수 있게 하고 있다.

- **2020년 개정 개인정보보호법 시행으로 개인정보 비식별화가 가지는 의의**: 2020년 개정 개인정보보호법 내용 중 '가명 정보의 처리에 관한 특례 도입'에 관한 내용을 먼저 살펴보기로 한다. 이 특례 규정은 '데이터 경제' 시대를 맞아 데이터의 흐름을 원활히 하여 4차 산업혁명 시대를 선도할 수 있게 하자는 취지로, 예외적으로 가명 처리된 데이터가 통계 작성, 과학적 연구, 공익적 기록 보존 등의 목적이라면 정보 주체의 동의 없이 활용할 수 있게 규정하고 있다.

② 개인정보 비식별화 기술 및 절차

* 출처: <개인정보비식별 가이드라인>, 한국정보화진흥원 K-ICT 빅데이터센터

TIP _ 비식별화 기술은 시험에 출제될 가능성이 높습니다.

- **일반적 기법**: 개인식별요소 삭제

처리 기법	예시	세부 기술
가명처리 (Pseudonymization)	▪홍길동, 35세, 서울 거주, 한국대 재학 → 임꺽정, 30대, 서울 거주, 국제대 재학	①휴리스틱 가명화 ②암호화 ③교환 방법
총계처리 (Aggregation)	▪임꺽정180cm, 홍길동170cm, 이콩쥐160cm, 김팥쥐 150cm → 물리학과 학생 키의 합: 660cm, 평균 키 165cm	④총계처리 ⑤부분총계 ⑥라운딩 ⑦재배열
데이터 삭제 (Data Reduction)	▪주민등록번호 901206-1234567 → 90년생, 남자 ▪개인과 관련된 날짜 정보(합격일 등)는 연 단위로 처리	⑧식별자 삭제 ⑨식별자 부분 삭제 ⑩레코드 삭제 ⑪식별요소 전부 삭제
데이터 범주화 (Data Suppression)	▪홍길동, 35세 → 홍씨, 30~40세	⑫감추기 ⑬랜덤 라운딩 ⑭범위 방법 ⑮제어 라운딩
데이터 마스킹 (Data Masking)	▪홍길동, 35세, 서울 거주, 한국대 재학 → 홍○○, 35세, 서울 거주, ○○대학 재학	⑯임의 잡음 추가 ⑰공백과 대체

- **프라이버시 보호모델**: 재식별 가능성 검토 기법

기법	의미	적용 예
K-익명성	특정인임을 추론할 수 있는지를 검토, 일정 확률 수준 이상 비식별되게 함	동일한 값을 가진 레코드를 K개 이상으로 함. 이 경우 특정 개인을 식별할 확률은 1/K임
L-다양성	특정인 추론이 안 된다고 해도 민감한 정보의 다양성을 높여 추론 가능성을 낮추는 기법	각 레코드는 최소 L개 이상의 다양성을 가지게 하여 동질성 또는 배경지식 등에 의한 추론 방지
T-근접성	L-다양성뿐만 아니라 민감한 정보의 분포를 낮추어 추론 가능성을 더욱 낮추는 기법	전체 데이터 집합의 정보 분포와 특정 정보의 분포 차이를 T 이하로 하여 추론 방지

* K, L, T 값은 전문가 등이 검토하여 마련

▪ **개인정보 비식별화 단계별 조치 사항**

[1단계] **사전 검토**	▪ 빅데이터 분석 등을 위해 정보를 처리하려는 사업자 등은 해당 정보가 개인정보인지 아닌지에 대해 아래 기준을 참조하여 판단 ▪ 해당 정보가 개인정보에 해당하지 않는 것이 명백한 경우에는 별도 조치 없이 빅데이터 분석 등에 활용 가능 ▪ 개인정보에 해당한다고 판단되는 경우 다음 '2단계'의 조치 필요
[2단계] **비식별 조치**	▪ 가명처리, 총계처리, 데이터 삭제, 데이터 범주화, 데이터 마스킹 등 여러 가지 기법을 단독 또는 복합적으로 활용 ※ '가명처리' 기법만 단독 활용된 경우는 충분한 비식별 조치로 보기 어려움 ▪ 각각의 기법에는 이를 구현할 수 있는 다양한 세부기술이 있으며, 데이터 이용 목적과 기법별 장단점 등을 고려하여 적절한 기법·세부기술을 선택·활용 ▪ 비식별 조치가 완료되면 다음 '3단계'의 조치 필요
[3단계] **적정성 평가**	ⓐ (사전 검토) 개인정보처리자가 제출한 기초자료와 인터뷰 등을 통해 평가대상 데이터의 개인 식별요소 포함 여부, 데이터 이용 목적, 비식별 조치 기법 등을 검토 ⓑ (재식별 시도 가능성) 데이터를 이용 또는 제공받는 자의 재식별 의도와 능력, 개인정보 보호 수준 등 재식별 시도 가능성 분석 ⓒ (재식별 시 영향 분석) 데이터가 의도적 또는 비의도적으로 재식별될 경우 정보 주체 등에게 미칠 수 있는 영향 분석 ⓓ (계량 분석) 개인정보처리자가 제출한 K값의 정확성 여부 검증 ⓔ (평가 기준값 결정) 평가단에서 '재식별 시도 가능성', '재식별 시 영향', '계량 분석' 결과와 데이터 이용 목적 등을 종합적으로 고려하여 평가 기준값(K-익명성 값) 결정

[4단계]
사후 관리
	▪ 비식별 정보 안전 조치
	  ⓐ (관리적 보호 조치) 비식별 정보 파일에 대한 관리 담당자 지정, 대장 관리, 이용 목적 달성 시 파기 등의 조치가 필요함
	  ⓑ (기술적 보호 조치) 비식별 정보 파일에 대한 접근 통제, 접속 기록 관리 등의 조치 필요
	▪ 비식별 정보 유출 시 보호 조치
	  ⓐ 유출 원인 파악 및 추가 유출 방지를 위한 관리적·기술적 보호 조치
	  ⓑ 유출된 비식별 정보의 회수·파기
	▪ 재식별 가능성 모니터링

【 개인정보 비식별화 단계별 흐름도 】

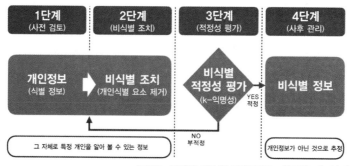

* 출처: <개인정보비식별 가이드라인>, 한국정보화진흥원 K-ICT 빅데이터센터

개인정보 비식별화 관련 법 조항

- **개인정보보호법 24조**

제24조(고유식별정보의 처리 제한) ① 개인정보처리자는 다음 각호의 경우를 제외하고는 법령에 따라 개인을 고유하게 구별하기 위하여 부여된 식별정보로서 대통령령으로 정하는 정보(이하 "고유식별정보"라 한다)를 처리할 수 없다.

> 1. 정보 주체에게 제15조 제2항 각호 또는 제17조 제2항 각호의 사항을 알리고 다른 개인정보의 처리에 대한 동의와 별도로 동의를 받은 경우
> 2. 법령에서 구체적으로 고유식별정보의 처리를 요구하거나 허용하는 경우

② 삭제 〈2013. 8. 6.〉

③ 개인정보처리자가 제1항 각호에 따라 고유식별정보를 처리하는 경우에는 그 고유식별정보가 분실·도난·유출·위조·변조 또는 훼손되지 아니하도록 대통령령으로 정하는 바에 따라 암호화 등 안전성 확보에 필요한 조치를 하여야 한다.

④ 보호위원회는 처리하는 개인정보의 종류·규모, 종업원 수 및 매출액 규모 등을 고려하여 대통령령으로 정하는 기준에 해당하는 개인정보처리자가 제3항에 따라 안전성 확보에 필요한 조치를 하였는지에 관하여 대통령령으로 정하는 바에 따라 정기적으로 조사하여야 한다.

⑤ 보호위원회는 대통령령으로 정하는 전문기관으로 하여금 제4항에 따른 조사를 수행하게 할 수 있다.

- **개인정보보호법 24조의 2**

제24조의2(주민등록번호 처리의 제한) ① 제24조 제1항에도 불구하고 개인정보처리자는 다음 각호의 어느 하나에 해당하는 경우를 제외하고는 주민등록번호를 처리할 수 없다.

> 1. 법률·대통령령·국회규칙·대법원규칙·헌법재판소규칙·중앙선거관리위원회규칙 및 감사원규칙에서 구체적으로 주민등록번호의 처리를 요구하거나 허용한 경우
> 2. 정보 주체 또는 제삼자의 급박한 생명, 신체, 재산의 이익을 위하여 명백히 필요하다고 인정되는 경우
> 3. 제1호 및 제2호에 준하여 주민등록번호 처리가 불가피한 경우로서 보호위원회가 고시로 정하는 경우

② 개인정보처리자는 제24조 제3항에도 불구하고 주민등록번호가 분실·도난·유출·위조·변조 또는 훼손되지 아니하도록 암호화 조치를 통하여 안전하게 보관하여야 한다. 이 경우 암호화 적용 대상 및 대상별 적용 시기 등에 관하여 필요한 사항은 개인정보의 처리 규모와 유출 시 영향 등을 고려하여 대통령령으로 정한다.

③ 개인정보처리자는 제1항 각호에 따라 주민등록번호를 처리하는 경우에도 정보 주체가 인터넷 홈페이지를 통하여 회원으로 가입하는 단계에서는 주민등록번호를 사용하지 아니하고도 회원으로 가입할 수 있는 방법을 제공하여야 한다.

④ 보호위원회는 개인정보처리자가 제3항에 따른 방법을 제공할 수 있도록 관계 법령의 정비, 계획의 수립, 필요한 시설 및 시스템의 구축 등 제반 조치를 마련·지원할 수 있다.

③ 개인정보보호법 시행령(2020년 8월 5일 시행)

개인정보보호법 시행령(이하 시행령)은 정보 주체 동의 없이 개인정보를 추가 이용·제공할 때 ▶당초 목적과의 상당한 관련성 ▶추가 이용 예측 가능성 ▶제삼자 이익 침해 방지 ▶가명처리 의무 등 4가지 요건을 모두 갖춰야만 한다고 규정하고 있다. 또 가명 정보 결합 절차 시, 연계 정보 생성 기관과 결합 전문기관 두 곳을 거치도록 규정하고 있으며 29조 5항에는 가명 정보 폐기 규정을 두고 있다.

 참고 | **시행령에 대한 업계 및 학계의 의견**

관련 업계 및 학계에서는 본 시행령에 대해 현재의 시행령이 EU의 GDPR(개인정보보호규정)보다 훨씬 엄격하다며, 시행령이 데이터 3법의 발목을 잡고 있다는 의견도 제기되고 있다. 특히 시행령 내 '상당한 관련성', '관행에 비춘', '제삼자의 이익' 등 모호한 단어들이 업계의 혼란을 키우고 있다는 주장이다. 또 가명 정보 결합 절차가 복잡하고 불편하다는 의견도 제기됐다.

* 참고 기사: 신찬옥, 최현재 <데이터 활용 때 '제3자 이익'까지 고려하라니…기업들 불만 폭주>, 매일경제(2020.05.18)/ 조슬기나 <시행령에 막힌 데이터 3법 논란, '독소조항' 뭐기에?>, 아시아경제(2020.06.06)/노동균 <빅데이터 시대, '가명 정보'는 뭐고 '익명 정보'는 뭐지?>, IT조선(2018.03.21)

참고 | **개인정보법 시행령 주요 조항**

▪ 개인정보보호법 시행령 14조의 2

제14조의2(개인정보의 추가적인 이용·제공의 기준 등) ① 개인정보처리자는 법 제15조 제3항 또는 제17조 제4항에 따라 정보 주체의 동의 없이 개인정보를 이용 또는 제공(이하 "개인정보의 추가적인 이용 또는 제공"이라 한다)하려는 경우에 다음 각호의 사항을 고려해야 한다.

   1. 당초 수집 목적과 관련성이 있는지 여부

   2. 개인정보를 수집한 정황 또는 처리 관행에 비추어 볼 때 개인정보의 추가적인 이용 또는 제공에 대한 예측 가능성이 있는지 여부

   3. 정보 주체의 이익을 부당하게 침해하는지 여부

   4. 가명 처리 또는 암호화 등 안전성 확보에 필요한 조치를 하였는지 여부

② 개인정보처리자는 제1항 각호의 고려사항에 대한 판단 기준을 법 제30조 제1항에 따른 개인정보 처리방침에 미리 공개하고, 법 제31조 제1항에 따른 개인정보 보호 책임자가 해당 기준에 따라 개인정보의 추가적인 이용 또는 제공을 하고 있는지 여부를 점검해야 한다.

   [본조신설 2020. 8. 4.]

▪ 개인정보보호법 시행령 29조의 2, 3(내용 일부 발췌)

제29조의2(결합전문기관의 지정 및 지정 취소) ① 법 제28조의3 제1항에 따른 전문기관(이하 "결합전문기관"이라 한다)의 지정 기준은 다음 각호와 같다.

1. 보호위원회가 정하여 고시하는 바에 따라 가명 정보의 결합·반출 업무를 담당하는 조직을 구성하고, 개인정보 보호와 관련된 자격이나 경력을 갖춘 사람을 3명 이상 상시 고용할 것

2. 보호위원회가 정하여 고시하는 바에 따라 가명 정보를 안전하게 결합하기 위하여 필요한 공간, 시설 및 장비를 구축하고 가명 정보의 결합·반출 관련 정책 및 절차 등을 마련할 것

3. 보호위원회가 정하여 고시하는 기준에 따른 재정 능력을 갖출 것

4. 최근 3년 이내에 법 제66조에 따른 공표 내용에 포함된 적이 없을 것

②~⑧ (결합전문기관 지정 및 취소–내용 생략)

[본조신설 2020. 8. 4.]

제29조의3(개인정보처리자 간 가명 정보의 결합 및 반출 등)

①, ② (결합 신청)

③ 결합신청자는 법 제28조의3 제2항에 따라 결합전문기관이 결합한 정보를 결합전문기관 외부로 반출하려는 경우에는 결합전문기관에 설치된 안전성 확보에 필요한 기술적·관리적·물리적 조치가 된 공간에서 제2항에 따라 결합된 정보를 가명정보 또는 법 제58조의2에 해당하는 정보로 처리한 뒤 결합전문기관의 승인을 받아야 한다.

④ 결합전문기관은 다음 각호의 기준을 충족하는 경우에는 법 제28조의3 제2항에 따른 반출을 승인해야 한다. 이 경우 결합전문기관은 결합된 정보의 반출을 승인하기 위하여 반출심사위원회를 구성해야 한다(심사위 구성–내용 생략).

⑤, ⑥ (비용 및 기타–내용 생략)

[본조신설 2020. 8. 4.]

▪ 개인정보보호법 시행령 제29조의 5(내용 일부 발췌)

제29조의5(가명정보에 대한 안전성 확보 조치) ① 개인정보처리자는 법 제28조의4 제1항에 따라 가명 정보 및 가명 정보를 원래의 상태로 복원하기 위한 추가 정보(이하 이 조에서 "추가정보"라 한다)에 대하여 다음 각호의 안전성 확보 조치를 해야 한다.

1. 제30조 또는 제48조의2에 따른 안전성 확보 조치

2. 가명 정보와 추가 정보의 분리 보관. 다만, 추가정보가 불필요한 경우에는 추가정보를 파기해야 한다.

3. 가명 정보와 추가 정보에 대한 접근 권한의 분리. 다만, 「소상공인 보호 및 지원에 관한 법률」 제2조에 따른 소상공인으로서 가명 정보를 취급할 자를 추가로 둘 여력이 없는 경우 등 접근 권한의 분리가 어려운 정당한 사유가 있는 경우에는 업무 수행에 필요한 최소한의 접근 권한만 부여하고 접근 권한의 보유 현황을 기록으로 보관하는 등 접근 권한을 관리·통제해야 한다.

② (법 제28조의4 제2항에서 "대통령령으로 정하는 사항"–내용 생략)

[본조신설 2020. 8. 4.]

(3) 해외의 개인정보보호 법·제도

① 미국

1974년 개정된 미국의 프라이버시법(The Privacy Act of 1974)은 전 세계적으로 연방 정부의 개인 정보 처리 행위를 규율하는 첫 번째 국가적 입법 중 하나다. 그러나 미국의 개인정보보호 체계는 기본 적으로 시장 자율 규율(self-regulation) 방식으로 EU GDPR, 한국 개인정보 보호법과 같이 공공 부 문과 민간 부문을 포괄하는 종합적인 법률은 존재하지 않는다. 연방 법률에는 공공, 금융, 통신, 교육, 의료, 비디오 감시, 근로자 정보 등 영역별 개인정보 보호법이 있으며, 주(州) 단위로도 프라이버시 보 호 관련 법률이 있다. 미국은 개인정보보호를 위한 별도의 전담기구는 없으며, 공공부문과 민간부문에 서 각각 예산관리처(OMB, The Office of Management and Budget)와 연방거래위원회(FTC, The Federal Trade Commission)가 개인정보보호 기구로서의 역할을 담당한다. 또한, 미국은 감시 체계 로서 정부와 의회, 사업자 협회 등이 각각의 역할을 수행한다.

② EU 일반 개인정보 보호법(GDPR, General Data Protection Regulation)

EU 회원국에 일괄적으로 적용되는 개인정보 보호법으로, 2016년 제정되어 2018년 시행되었다. GDPR은 11장 99개 조항으로 구성되어 있으며, 정보 주체의 권리와 기업의 책임성 강화 등을 주요 내 용으로 한다. GDPR은 EU 내 사업장을 운영하는 기업뿐만 아니라 전자상거래 등을 통해 해외에서 EU 주민의 개인정보를 처리하는 기업에도 적용될 수 있다.

③ 일본

일본에서는 기업의 고객정보가 유출되고 개인정보가 판매되어 유통되는 등 개인의 프라이버시 침해 문 제가 제기되고 국민의 의식이 높아지면서 개인정보 처리에 대한 국민적인 관심과 불안감이 증대되었 다. 이러한 배경에 따라 국민이 안심하고 개인정보의 적정한 취급 원칙을 정하여 국민 권리의무의 침해 를 미연에 방지하려는 목적으로 개인정보보호에 관한 법률(個人情報の保護に関する法律)이 2003년 5 월 제정되어 2005년 4월부터 시행되었다. 이후 정보사회 환경이 변화하면서 개인정보의 자유로운 활 용을 허용할 수 있는 경계가 불명확하게 되었고, 보호 대상이 되는 개인정보의 범위와 사업자가 준수할 원칙의 불명확성이 더욱더 증대됨에 따라 보호 대상과 보호 원칙을 분명히 하여 소비자를 안심시킬 수 있는 제도의 필요성이 커졌다. 이에 2015년에 개인정보를 보호하고 신산업 발전을 추구하는 것을 목적 으로 하는 개인정보보호법이 개정되었다. 이 법은 2015년 9월 9일 공표되었고, 2016년 1월 개인정보 보호위원회 설치 등 조항별로 순차적으로 시행되다가 2017년 5월 30일부터 전면 시행되었다.

④ 중국

중국에는 단일화된 개인정보보호법이 존재하지 않는다. 2008년 개인정보보호법 초안이 국무원에 제출되었으나, 실제로 통과되어 법으로 시행되지는 않았다. 대신 개인정보보호 관련 내용이 형법 등 다양한 법률에 반영되어 시행되고 있다. 중국의 인터넷 정보 안전 관리 체계에서는 중국공산당중앙 네트워크 안전 및 정보화 위원회(中国共产党中央网络安全和信息化委员会)가 정책 등 의사결정을 하는 최상위 기구이며, 국가의 최고 통치자가 직접 총괄한다. 그리고 국무원(国务院)과 중국공산당중앙에서 각각 하부 부문을 두고 관리한다. 중국에서 개인정보 관련 신고를 접수받아 처리하는 기관은 위법 및 불량 정보 신고 센터, 네트워크 불량 및 스팸 정보 신고 센터, 공안부 인터넷 범죄 신고 등이 있다.

⑤ 영국

영국은 오랜 과거부터 표현의 자유를 중요한 기본권 중 하나로 인식했다. 이를 근거로 강력한 지위를 누려왔던 언론&미디어의 프라이버시 보호에 대한 저항과 영국의 법적 전통인 의회 주권(parliamentary sovereignty) 원칙 등의 이유로 프라이버시권에 대한 명문법적 보호가 늦어졌다. 그럼에도 불구하고 영국의 과거 많은 판례들은 프라이버시권의 중요성과 여러 법적 수단을 통해 프라이버시 침해로부터 보호하려는 노력을 해왔음을 보여주고 있다. 이후 1998년 제정된 인권법(Human right Act)의 프라이버시 및 가정생활을 존중받을 권리(제8조)를 통해 프라이버시권이 보장되었다. 최근 정보보호법의 근간인 EU 개인정보보호 지침이 폐지되고 2018년 5월 25일부터 이를 대체하는 일반 개인정보 보호법(GDPR, General Data Protection Regulation)이 시행됨에 따라 영국은 이에 발맞춰 GDPR을 수용하고 자국에 맞게 보완한 정보보호법(Data Protection Act 2018)을 제정하여 시행하고 있다. 개인정보보호 기본법인 정보보호법 이외에 정보통신, 금융, 의료 등 소관 분야별 또는 공공기관에서 처리되는 정보의 공개 등 영역별 개인정보와 관련하여 규율하는 법률이 다수 제정되었다.

⑥ 독일

독일은 2018년 5월 25일부터 시행된 EU의 일반 개인정보 보호법(GDPR, General Data Protection Regulation)을 근간으로 현재 연방과 주 차원에서 각각 개인정보 보호법을 개정하여 시행하고 있다. 새롭게 전면 개정된 연방 개인정보 보호법(BDSG, Neue Bundesdatenschutzgesetz)의 경우, GDPR의 시행에 맞춰 EU 회원국 각자가 자국 내 상황에 맞게 규정을 수정해 반영할 수 있는 개별 위임 조항(Opening Clauses)을 구체화하고, 기존의 법제를 GDPR에 맞추어 2018년 5월 25일부터 시행하고 있다. 주별 개인정보 보호법도 GDPR과 새로운 연방 개인정보 보호법에 따라 개정이 이루어지고 있다.

* 해외의 개인정보보호 법·제도 관련 참고 자료: <2018 데이터산업백서, 한국데이터산업진흥원>

* 해외의 개인정보보호 법·제도 관련 내용 출처: 개인정보보호 국제협력센터, privacy.go.kr

■ 데이터의 유형

정량적 데이터(정형 데이터)	▪ 수치로 표현할 수 있는 숫자 · 도형 · 기호 등의 데이터 ▪ 저장 · 검색 · 분석 활용에 용이
정성적 데이터(비정형 데이터)	▪ 언어 · 문자 등의 정형화되지 않은 데이터 ▪ '영화 감상평', 'SNS 실시간 검색어' 등의 정성적 데이터 수집과 분석에는 상대적으로 많은 비용과 기술적 투자가 필요

■ 암묵지와 형식지의 상호작용

암묵지가 형식지로 표출되고 연결되면 그 상호작용으로 지식이 형성

암묵지	형식지
공통화(Socialization)	표출화(Externalization)
내면화(Internalization)	연결화(Combination)

■ DIKW 피라미드

- 데이터(Data): 개별 데이터 자체는 의미가 중요하지 않은 객관적인 사실

- 정보(Information): 데이터의 가공 · 처리와 데이터 간 연관 관계 속에서 의미가 도출된 것

- 지식(Knowledge): 데이터를 통해 도출된 다양한 정보를 구조화하여 유의미한 정보를 분류하고 개인적인 경험을 결합해 고유의 지식으로 내재화한 것

- 지혜(Wisdom): 지식의 축적과 아이디어가 결합된 창의적 산물

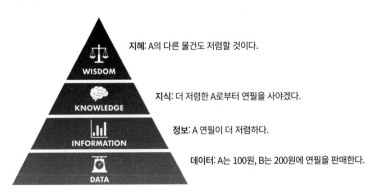

지혜: A의 다른 물건도 저렴할 것이다.

지식: 더 저렴한 A로부터 연필을 사야겠다.

정보: A 연필이 더 저렴하다.

데이터: A는 100원, B는 200원에 연필을 판매한다.

■ 데이터베이스의 특징

정보의 축적 및 전달 측면	• 기계 가독성: 대량의 정보를 일정한 형식에 따라 컴퓨터 등의 정보처리기기가 읽고 쓸 수 있다. • 검색 가능성: 다양한 방법으로 필요한 정보를 검색할 수 있다. • 원격 조작성: 정보통신망을 통해 원거리에서도 즉시 온라인으로 이용 가능하다.
정보 이용 측면	• 이용자의 정보요구에 따라 다양한 정보를 신속하게 획득할 수 있고 원하는 정보를 정확하고 경제적으로 찾아낼 수 있다.
정보관리 측면	• 정보를 일정한 질서와 구조에 따라 정리 · 저장하고 검색 · 관리할 수 있게 하여 방대한 양의 정보를 체계적으로 축적하고 새로운 내용을 추가하거나 갱신하기가 용이하다.
정보기술발전 측면	• 데이터베이스는 정보처리, 검색 · 관리 소프트웨어, 관련 하드웨어, 정보 전송을 위한 네트워크 기술 등의 발전을 견인할 수 있다.
경제 · 산업적 측면	• 데이터베이스는 다양한 정보를 필요에 따라 신속하게 제공 · 이용할 수 있는 인프라의 특성을 가지고 있어 경제, 산업, 사회 활동의 효율성을 제고하고 국민의 편의를 증진하는 수단으로써의 의미를 가진다.

■ 부문별 사회 기반 구조 데이터베이스

물류 부문	• '실시간 차량 추적'을 위한 종합물류정보망 구축 • CVO 서비스, EDI 서비스, 물류 정보 DB 서비스, 부가서비스로 구성 • CALS(Commerce At Light Speed): 제품의 설계 · 개발 · 생산에서 유통 · 폐기에 이르기까지 제품의 라이프사이클 전반에 관련된 데이터를 통합하고 공유 · 교환할 수 있게 한 경영통합정보시스템을 말한다. • PORT-MIS: 항만운영정보시스템 • KROIS: 철도운영정보시스템
지리 부문	• GIS 응용에 활용하는 4S 통합기술 • 지리정보유통망 가시화: 지리정보 통합관리소 운영, 지리정보 수요자에 정보 제공 • GIS(Geographic Information System): 지리정보시스템 • LBS(Location-Based Service): 위치정보서비스 • SIM(Spatial Information Management): 공간정보 관리시스템
교통 부문	• 지능형교통정보시스템(ITS), 교통정보, 기초자료 및 통계 제공, 대국민 서비스 확대

의료 부문	▪ 의료정보시스템: 처방전달시스템, 임상병리, 전자의무기록, 영상처리시스템, 병원의 멀티미디어, 원격의료, 지식 정보화 ▪ HL7 국내 표준화 작업에 따라 전국적인 진료 정보 공유 체계 구축 계획 수립 ▪ U헬스 실현에 기존 의료정보 데이터베이스 기반 활용 ▪ PACS(Picture Archiving and Communications System) ▪ U−Health(Ubiquitous−Health)
교육 부문	▪ 첨단 정보통신기술(ICT)을 활용한 각종 교육 정보의 개발 및 보급, 정보 활용 교육 ▪ 대학 정보화 및 교육행정 정보화 위주로 사업 추진 ▪ 교육행정정보시스템(NEIS)은 학사뿐만 아니라 기타 교육행정 전 업무를 처리하는 시스템

■ 빅데이터의 특징 – 3V

구분	세부 내용
Volume(크기)	대량의 데이터 증가 발생으로 기존 데이터 수집, 관리 한계
Variety(다양성)	비정형 데이터(영상, SNS 등)의 발생으로 다양한 데이터 형식 증가
Velocity(속도)	실시간 정보 발생으로 데이터의 유입, 처리 속도 요구

■ 빅데이터의 특징 – 4V(3V에 다음의 V 추가)

구분	세부 내용
Value(가치)	데이터 전체를 파악하고 패턴을 발견하기가 어렵게 되면서 가치(Value)의 중요성 강조
Veracity(정확성)	빅데이터 기반의 예측 분석 결과에 대한 신뢰성이 중요하게 됨

■ 빅데이터에 거는 기대

빅데이터는 "산업혁명의 석탄 · 철"	제조업뿐만 아니라 서비스 분야의 생산성을 획기적으로 끌어올려 사회·경제·문화·생활 전반에 혁명적 변화를 가져올 것으로 기대된다.
빅데이터는 "21세기 원유"	빅데이터도 원유처럼 각종 비즈니스, 공공기관 대국민 서비스, 그리고 경제 성장에 필요한 정보를 제공하여 산업 전반의 생산성을 향상시키고 새로운 범주의 산업을 만들어낼 것으로 기대된다.

빅데이터는 "렌즈"	렌즈를 통해 현미경이 생물학 발전에 끼쳤던 영향만큼, 빅데이터도 렌즈처럼 산업 발전에 큰 영향을 줄 것으로 기대된다. **대표 사례)** 구글의 Ngram Viewer
빅데이터는 "플랫폼"	플랫폼은 공동 활용의 목적으로 구축된 유무형의 구조물을 말한다. 빅데이터는 플랫폼으로서 다양한 서드파티 비즈니스에 활용될 것으로 기대된다. **대표 사례)** 페이스북, 카카오톡 등

■ 빅데이터가 만들어내는 변화

- **사전처리** ⋯› **사후처리**: 데이터를 사전 처리하지 않고, 가능한 많은 데이터를 모으고 데이터를 다양한 방식으로 조합하여 숨은 인사이트를 발굴한다.

- **표본조사** ⋯› **전수조사**: IoT · 클라우드 기술의 발전으로 데이터 처리 비용이 감소하게 되면서, 데이터 활용 방법이 표본조사에서 전수조사로 변화됐다.

- **질** ⋯› **양**: 수집 데이터의 양이 증가할수록 분석의 정확도가 높아져 양질의 분석 결과 산출에 긍정적인 영향을 줬다.

- **인과관계** ⋯› **상관관계**: 특정한 인과관계가 중요시되던 과거와 달리, 데이터의 양이 급격하게 늘어나면서 상관관계를 통해 특정 현상의 발생 가능성이 포착되고 그에 상응하는 행동을 추천하는 등 상관관계를 통한 인사이트 도출이 점점 확산되고 있다.

■ 7가지 빅데이터 활용 기본 테크닉

테크닉	방법	예
연관규칙 학습 (Association rule learning)	어떤 변인 간에 주목할 만한 상관관계가 있는지를 찾아내는 방법	▪ A를 구매한 사람이 B를 더 많이 사는가? ▪ 이것을 구매한 사람들이 많이 구매한 물품은? ▪ 장바구니 분석 ▪ 상품 추천
유형 분석 (Classification tree analysis)	새로운 사건이 속할 범주를 찾아내는 일	▪ 이 사용자가 어떤 특성을 가진 집단에 속하는가? ▪ 마케팅에서의 세그멘테이션(세분화) ▪ 소비자 유형 분류
유전 알고리즘 (Genetic algorithms)	최적화가 필요한 문제의 해결책을 자연 선택, 돌연변이 등과 같은 메커니즘을 통해 점진적으로 진화시키는 방법	▪ 최대 시청률을 얻으려면 어떤 프로그램을 어느 시간대에 방송할지 파악 ▪ 최적화된 택배 차량 배치

기계 학습 = 머신러닝 (Machine learning)	학습 데이터로부터 학습한 알려진 특성을 활용해 '예측'하는 데 초점	▪ 기존 시청 기록을 바탕으로 시청자가 보유한 영화 중 어떤 영화를 가장 보고 싶어 하는지를 파악 ▪ 넷플릭스의 영화 추천 시스템
회귀분석 (Regression analysis)	독립변수를 조작하면서 종속변수가 어떻게 변하는지를 보며 두 변인의 관계를 파악	▪ 구매자의 나이가 구매 차량의 타입에 어떤 영향을 미치는가?
감정분석 (Sentiment analysis)	특정 주제에 대해 말하거나 글을 쓴 사람의 감정을 분석	▪ 새로운 환불 정책에 대한 고객의 평가는 어떤가?
소셜 네트워크 분석 (Social network analysis)	오피니언 리더, 즉 영향력 있는 사람을 찾아낼 수 있으며, 고객 간 소셜 관계를 파악	▪ 특정인과 다른 사람이 몇 촌 정도의 관계인가? ▪ 이 사람이 어느 정도 영향력 있는 인플루언서인가?

■ 빅데이터의 위기 요인과 통제 방안

위기 요인	통제 방안
① 사생활 침해 ▪ 개인의 사생활 침해 위협을 넘어 사회 · 경제적 위협으로 변형될 수 있음 ▪ 익명화 기술이 발전되고 있으나, 아직 충분하지 않음. 정보가 오용될 때 위협의 크기는 막대함 ▪ 예) 조지 오웰의 ≪1984≫에서의 '빅브라더'	**① 동의에서 책임으로** ▪ 개인정보 제공자의 '동의'를 통해 해결하기보다 개인정보 사용자의 '책임'으로 해결
② 책임 원칙 훼손 ▪ 빅데이터 기반 분석과 예측 기술이 발전하면서 정확도가 증가한 만큼, 분석 대상이 되는 사람들이 예측 알고리즘의 희생양이 될 가능성도 높아짐 ▪ 빅데이터 시스템에 의해 부당하게 피해 보는 상황을 최소화할 장치 마련 필요 ▪ 예) 영화 〈마이너리티 리포트〉	**② 결과 기반 책임 원칙 고수** ▪ 특정인의 '성향'에 따라 처벌하는 것이 아닌 '행동 결과'를 보고 처벌 ▪ 신용카드 발급 여부 판단에 있어 불이익을 배제
③ 데이터 오용 ▪ 데이터 과신, 잘못된 지표의 사용으로 인한 잘못된 인사이트를 얻어 비즈니스에 적용할 경우 직접 손실 발생 ▪ 예) 포드 자동차 발명 vs. 더 빠른 말 　　스티브 잡스의 아이폰 vs. 그냥 전화기 　　적군의 사망자 수로 전쟁의 승리를 예측하는 오류	**③ 알고리즘 접근 허용** ▪ 알고리즘 접근권 보장 ▪ 알고리즈미스트: 알고리즘에 의해 불이익을 당한 사람들을 대변해 피해자를 구제할 능력을 갖춘 전문가로서, 컴퓨터와 수학, 통계학이나 비즈니스에 두루 깊은 지식을 갖춘 전문가 대두

■ 데이터 사이언티스트에게 요구되는 역량

- ● 하드 스킬(Hard skill)

  - ▪ **빅데이터에 대한 이론적 지식**: 관련 기법에 대한 이해와 방법론 습득

  - ▪ **분석 기술에 대한 숙련**: 최적의 분석 설계 및 노하우 축적

- ● <u>소프트 스킬(Soft skill)</u>

  - ▪ **통찰력 있는 분석**: 창의적 사고, 호기심, 논리적 비판

  - ▪ **설득력 있는 전달**: 스토리텔링, 시각화

  - ▪ **다분야 간 협력**: 커뮤니케이션

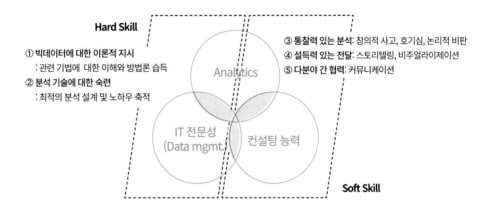

■ 가치 패러다임의 변화

디지털화 (Digitalization)	▪ 아날로그 세상을 어떻게 효과적으로 디지털화하는가가 이 시대의 가치를 창출해내는 원천 **예)** 도스 운영체제, 워드/파워포인트와 같은 오피스 프로그램
연결 (Connection)	▪ 디지털화된 정보와 대상들이 서로 연결되어 이 연결이 얼마나 효과적이고 효율적으로 제공되느냐가 이 시대의 성패를 가름 **예)** 구글의 검색 알고리즘, 네이버의 콘텐츠
에이전시 (Agency)	▪ 사물인터넷(IoT)의 성숙과 함께 연결이 증가하고 복잡해짐 ▪ 복잡한 연결을 얼마나 효과적이고 믿을 만하게 관리하는가가 이슈 ▪ 데이터 사이언스의 역량에 따라 좌우

■ 분석 준비도 평가

분석 업무 파악	분석 인력 및 조직	분석 기법
▪ 발생한 사실 분석 업무 ▪ 예측 분석 업무 ▪ 시뮬레이션 분석 업무 ▪ 최적화 분석 업무 ▪ 분석 업무 정기적 개선	▪ 분석전문가 직무 존재 ▪ 분석전문가 교육 훈련프로그램 ▪ 관리자 기본 분석 능력 ▪ 전사총괄조직 ▪ 경영진 분석 업무 이해	▪ 업무별 적합한 분석 기법 사용 ▪ 분석 업무 도입 방법론 ▪ 분석 기법 라이브러리 ▪ 분석 기법 효과성 평가 ▪ 분석 기법 정기적 개선
분석 데이터	**분석 문화**	**IT 인프라**
▪ 분석 업무를 위한 데이터 　충분성/신뢰성/적시성 ▪ 비구조적 데이터 관리 ▪ 외부데이터 활용 체계 ▪ 기준 데이터 관리(MDM)	▪ 사실에 근거한 의사결정 ▪ 관리자의 데이터 중시 ▪ 회의 등에서 데이터 활용 ▪ 경영진 직관보다 데이터 활용 ▪ 데이터 공유 및 협업 문화	▪ 운영시스템 데이터 통합 ▪ EAI, ETL 등 데이터 유통체계 ▪ 분석 전용 서버 및 스토리지 ▪ 빅데이터/통계/비주얼 분석환경

■ 분석 성숙도 평가

단계	내용	부문		
		비즈니스 부문	조직 · 역량 부문	IT 부문
[1단계] 도입	분석 시작, 환경과 시스템 구축	▪ 실적 분석 및 통계 ▪ 정기 보고 수행 ▪ 운영 데이터 기반	▪ 일부 부서에서 수행 ▪ 담당자 역량에 의존	▪ 데이터 웨어하우스 ▪ 데이터 마트 ▪ ETL/EAI ▪ OLAP
[2단계] 활용	분석 결과를 업무에 적용	▪ 미래결과 예측 ▪ 시뮬레이션 ▪ 운영 데이터 기반	▪ 전문 담당 부서 수행 ▪ 분석 기법 도입 ▪ 관리자가 분석 수행	▪ 실시간 대시보드 ▪ 통계분석 환경
[3단계] 확산	전사 차원에서 분석 관리, 공유	▪ 전사성과 실시간 분석 ▪ 프로세스 혁신 3.0 ▪ 분석규칙 관리 ▪ 이벤트 관리	▪ 전사 모든 부서 수행 ▪ 분석 COE 운영 ▪ 데이터 사이언티스트 확보	▪ 빅데이터 관리 환경 ▪ 시뮬레이션 · 최적화 ▪ 비주얼 분석 ▪ 분석 전용 서버
[4단계] 최적화	분석을 진화시켜 혁신 및 성과 향상에 기여	▪ 외부 환경 분석 활용 ▪ 최적화 업무 적용 ▪ 실시간 분석 ▪ 비즈니스 모델 진화	▪ 데이터 사이언스 그룹 ▪ 경영진 분석 활용 ▪ 전략 연계	▪ 분석 협업환경 ▪ 분석 SandBox ▪ 프로세스 내재화 ▪ 빅데이터 분석

■ 분석 준비도 및 성숙도 진단 결과를 4분면으로 구분

준비도는 낮은 편. 조직, 인력, 분석 업무,
분석 기법을 제한적으로 사용. 우선적으
로 분석의 정착이 필요한 기업

6가지 분석 구성요소를 모두 갖춤. 지속
적 확산이 가능한 기업

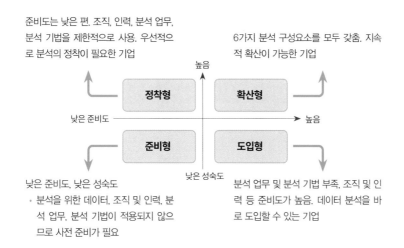

낮은 준비도, 낮은 성숙도
• 분석을 위한 데이터, 조직 및 인력, 분
석 업무, 분석 기법이 적용되지 않으
므로 사전 준비가 필요

분석 업무 및 분석 기법 부족, 조직 및 인
력 등 준비도가 높음. 데이터 분석을 바
로 도입할 수 있는 기업

■ 분석 조직의 유형

* **DSCoE**: Data Science Center of Excellence

■ 빅데이터 플랫폼 개념도

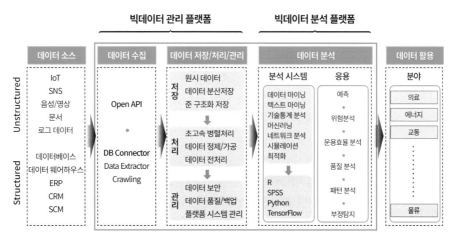

■ 에코시스템

빅데이터는 수집, 정제, 적재, 분석, 시각화의 여러 단계를 거치는데, 이 단계를 거치는 동안 여러 가지 기술 및 프레임워크, 솔루션 등을 이용해 플랫폼을 완성하게 된다. 바로 이 기술 및 프레임워크, 솔루션 등을 통틀어 빅데이터 에코시스템(Big Data Ecosystem)이라고 한다. Google, IBM, Amazon, Oracle 등은 직접 개발한 여러 솔루션을 하나로 묶어 빅데이터 생태계, 즉 에코시스템을 구축하고 있다.

■ 머신러닝과 딥러닝의 차이

머신러닝은 데이터를 분석하고, 분석한 후에 그 데이터를 바탕으로 결정을 내리기 위해 학습한 내용을 적용하는 알고리즘을 말한다. 딥러닝은 카테고리 상으로는 머신러닝에 포함된 개념이지만, 실제로는 딥러닝 기술이 훨씬 더 진보적이다. 딥러닝은 예측의 정확성 여부를 스스로 판단하고 결정을 내린다. 딥러닝은 인간이 결론을 내리는 방식과 유사한 논리 구조로 데이터를 엄청나게 빠른 속도로 분석하여 결과를 도출해낸다. 이런 분석 기술을 인공신경망 분석 기술이라고 부른다.

■ 미래의 인공지능 활용 분야

자율주행	• 우리나라 자동차 반자율주행에서 완전자율주행으로 기술 발전 • 자율주행차 신규 제조업체 등장 예상 • 자율주행 보험 및 여행 서비스 등장
스마트 홈	• 스마트 가전으로 편리한 생활 • 공간 지능화로 노인 케어 방식 변화
메디컬 케어	• 바이탈데이터 및 유전자 정보 활용 건강 관리 • 의료진 대상 지적 도우미 서비스 등장 • 우리나라 원격진료의 경우 관련법 개정 및 정책 지원이 필요
인프라	• 우리나라 공공 스마트 사업 본격화 • 전력, 수도, 가스 등의 자동 조절 • 다리, 발전소 등 공공인프라 이상 감지
스마트 농업	• 농업의 대형화 및 자동화 • 농작업 자동화 및 드론 이용 정밀 농업 • AI 기반 기상 예측 및 농업 보험 등장
업무 환경 변화	• 서류 관리 및 데이터 분석 등 자동화 전문 업무에 AI 도입 활발(법률, 번역) • 음성 인식 관련 기술 발전 및 관련 산업 확대

자율 배송, 유통	▪ 자율 화물배송, 무인화물선, 드론 배달 ▪ 물류 창고 내 AI 로봇 이용
커머스	▪ 무인 점포, 얼굴 인식으로 추천 서비스 ▪ 구매 데이터 분석으로 맞춤형 광고 제공
스마트 교육	▪ 학생별 맞춤형 교육 콘텐츠 제공 ▪ AI 기반 대학 커리큘럼 설계 지원
AI 기반 금융	▪ 주식, 투자 상품의 로봇 어드바이저 신용 평가, 대출, 금융상품 지원 업무
안전 보장 로봇	▪ 재해 지역 구조 활동 ▪ 극한 환경에서 자율 행동 가능
인텔리전스 시큐리티	▪ 빅데이터 분석에 따른 범죄 예측/예방 ▪ 행동 분석으로 이상 행동 사전 감지

■ '마이데이터(Mydata)' 운동의 확산

마이데이터 운동은 정보의 주체가 개인정보 권한을 갖고 관리할 수 있게 하자는 취지다. 2015년 브뤼셀에서 처음 시작된 이 운동은 유럽을 거쳐 전 세계로 확산되었다. 마이데이터 기구(mydata. org) 사이트에서 이들의 선언문(declaration)을 보면 그 취지를 잘 알 수 있다. 마이데이터 선언문에는 '이 선언에서 제시하는 변화와 원칙은 균형을 회복하고 개인정보에 대한 인간 중심의 비전을 향해 나아가는 것을 목표로 한다'고 명시되어 있다. 그리고 이것은 '공정하고 지속 가능하며 번영하는 디지털 사회의 조건'이라고 말한다.

■ 마이데이터 개념

자기정보결정권		데이터 경제 활성화
개인을 중심으로 개인 데이터를 구성하고, 자신의 정보를 어떤 목적으로, 어떻게 활용할 것인지에 대해 적극적으로 참여	+	협약된 기관(업) 간에만 가능했던 개인 데이터 공유 체계가 개방 형태로 변화하여 스타트업들의 적극적 참여 및 새로운 서비스 모델이 등장할 수 있는 시장 조성

데이터 통제	데이터 제공	데이터 활용
개인이 개인 데이터의 접근, 이동, 활용 등에 대한 통제권 및 결정권을 가짐	개인 데이터를 보유한 기관(업)은 개인이 요구할 때 개인 데이터를 안전한 환경에서 쉽게 접근하여 이용할 수 있는 형식으로 제공	개인의 요청 및 승인(동의)에 의한 데이터의 자유로운 이동과 제삼자 접근이 가능해야 하며 그 활용 결과를 개인이 투명하게 알 수 있어야 함

■ 종전 '동의' 제도와 마이데이터의 '동의' 제도

	종전 '동의' 제도	마이데이터의 '동의' 제도
특징	동의서별 일괄 획득	동의 대상 세분화
동의 수준	필수/선택 구분하여 선택 영역에 대한 의사 표현	선택 동의서의 세부사항에 대한 의사 표현 가능
동의 대상	동의서 단위로 의사 표현 (수집/이용, 제삼자 제공, 위탁 등)	동의서 내에서도 목적, 기관(업), 항목별 선택 가능
동의서 유형	개인 데이터 수집 및 활용 방식에 따라 동의서 분리	필요 시 목적별, 제공기관(업)별 동의서로 분리 가능

■ 업권별 마이데이터 서비스 예시

업권	정보 활용		주요 서비스
은행	계좌 거래 내역, 대출 잔액, 금리 · 이자 등의 다양한 금융자산 현황 등을 분석		저축, 재테크 방안 안내 등을 통한 자산 형성 지원
카드	카드 사용 일시, 결제 내역, 카드 대출 이용 등의 소비 패턴 분석		다양한 카드 사용 혜택 제공 및 합리적인 소비 습관 개선 지원
금융투자	투자종목, 투자금액, 자산규모 등의 투자 정보를 통해 투자패턴 분석	⇨	세제 혜택, 투자 습관 개선 등 다양한 포트폴리오 제공
보험	보험료 납입내역, 보험기간, 보장내역 등의 보험정보를 통해 노후 예측 및 건강 분석		연금관리를 통한 노후설계와 저비용의 건강관리 서비스 제공
핀테크	은행, 카드, 증권, 보험 등 여러 금융업권의 금융상품 및 정보를 종합적으로 비교 · 분석		맞춤형 금융상품 추천 및 정보 주체의 정보 권리 행사 대행
IT	금융과 통신, 유통 등의 데이터와 융 · 복합		통신정보 기반 금융상품, 유통 정보 기반 금융상품 등 고부가 가치 혁신 서비스 제공

01. 암묵지와 형식지에 관한 설명 중 틀린 것을 고르시오.

① 암묵지는 머릿속에 존재하는 지식으로, 언어나 문자를 통해 나타나지 않는 지식이다.

② 공유화되기 어려운 암묵지가 형식지로 표출되고 연결되면 그 상호작용으로 지식이 형성된다.

③ 암묵지가 고도화되거나 형식지화하여 공유되는 등의 변환 과정을 거쳐 더 높은 가치를 창조하게 된다.

④ 암묵지는 문서나 매뉴얼처럼 외부로 표출돼 여러 사람이 공유할 수 있는 지식을 말한다.

02. 데이터에 관한 다음 설명 중 맞는 것을 고르시오.

① 데이터 자체는 의미가 중요하지 않은 주관적인 사실을 말한다.

② 지혜란 지식의 축적과 아이디어가 결합된 창의적 산물이다.

③ 정보란 데이터를 통해 도출된 다양한 정보를 구조화하여 유의미한 정보를 분류하고 개인적인 경험을 결합해 고유의 지식으로 내재화된 것을 말한다.

④ 데이터의 가공·처리와 데이터 간 연관 관계 속에서 의미가 도출된 것을 지식이라고 한다.

03. 데이터베이스의 일반적인 특징에 관한 설명이다. 다음 설명 중 틀린 것을 고르시오.

① 저장된 데이터(Stored data): 컴퓨터 기술을 바탕으로 컴퓨터가 접근할 수 있는 저장 매체에 저장되어 있다.

② 공용 데이터(Shared data): 여러 사용자가 서로 다른 목적으로 데이터베이스의 데이터를 공동으로 이용할 수 있다. 일반적으로 대용량화되고 구조가 복잡하다.

③ 통합된 데이터(Integrated data): 동일한 내용의 데이터가 중복되지 않게 통합되어 있다.

④ 변화되는 데이터(Operational data, 운영 데이터): 새로운 데이터의 삽입, 기존 데이터의 삭제나 갱신에도 기존 데이터베이스가 변화하지 않고 현재의 정확한 데이터 상태를 유지한다.

04. 데이터베이스의 특징에 관한 설명 중 옳은 것을 고르시오.

① 검색 가능성: 정보통신망을 통해 원거리에서도 즉시 온라인으로 이용 가능하다.

② 기계 가독성: 다양한 방법으로 필요한 정보를 검색할 수 있다.

③ 정보 관리 측면: 정보를 일정한 질서와 구조에 따라 정리·저장하고 검색·관리할 수 있게 하여 방대한 양의 정보를 체계적으로 축적하고, 새로운 내용을 추가하거나 갱신하기가 용이하다.

④ 정보 이용 측면: 대량의 정보를 일정한 형식에 따라 컴퓨터 등의 정보처리기기가 읽고 쓸 수 있다.

05. 다음 데이터베이스 관련 용어 중 아래 설명이 뜻하는 용어는 무엇인지 고르시오.

1990년대 중반 이전, 정보를 수집하고 이를 조직 내에서 공유하기 위한 경영정보시스템(MIS)과 생산 자동화, 통합 자동화 등 기업 활동에서 영역별로 구축되던 단순 자동화 중심의 시스템을 말한다.

① OLTP

② OLAP

③ CRM

④ EDW

06. 다음 중 빅데이터의 특징인 3V에 해당하지 않는 것을 고르시오.

① Veracity(정확성)

② Variety(다양성)

③ Velocity(속도)

④ Volume(크기)

07. 빅데이터에 거는 기대를 비유한 표현으로, '제조업뿐만 아니라 서비스 분야의 생산성을 획기적으로 끌어올려 사회·경제·문화·생활 전반에 혁명적 변화를 가져올 것으로 기대된다'라는 의미를 가진 표현으로 옳은 것을 고르시오.

① 빅데이터는 "산업혁명의 석탄·철"
② 빅데이터는 "렌즈"
③ 빅데이터는 "21세기 원유"
④ 빅데이터는 "플랫폼"

08. 빅데이터가 만들어낸 변화에 관한 설명 중 틀린 것을 고르시오.

① 데이터를 사전 처리하지 않고, 가능한 한 많은 데이터를 모으고 그 데이터를 다양한 방식으로 조합하여 숨은 인사이트를 발굴한다.
② IoT·클라우드 기술의 발전으로 데이터 처리 비용이 감소하게 되면서 데이터 활용 방법이 표본조사에서 전수조사로 변화됐다.
③ 수집 데이터의 양이 증가할수록 분석의 정확도가 높아져 양질의 분석 결과 산출에 긍정적인 영향을 주었다.
④ 특정한 상관관계가 중요시되던 과거와 달리, 데이터의 양이 급격하게 늘어나면서 상관관계를 통해 특정 현상의 발생 가능성이 포착되고 그에 상응하는 행동을 추천하는 등 인과관계를 통한 인사이트 도출이 점점 확산되고 있다.

09. 빅데이터 경영혁신의 단계를 순서대로 나열한 것을 고르시오.

> 가. 발견에 의한 문제 해결
> 나. 새로운 고객가치와 비즈니스 창출
> 다. 의사결정 향상
> 라. 생산성 향상

① 가 – 나 – 다 – 라
② 라 – 가 – 나 – 다
③ 라 – 가 – 다 – 나
④ 라 – 다 – 가 – 나

10. 다음의 빅데이터 활용 사례는 어떤 분석에 관한 설명인지 고르시오.

> 기존 시청 기록을 바탕으로 시청자가 보유한 영화 중 어떤 영화를 가장 보고 싶어 하는지를 파악한다.

① 소셜 네트워크 분석
② 회귀분석
③ 머신러닝
④ 감정분석

11. 산업별 분석 애플리케이션이 잘못 짝지어진 것을 고르시오.

① 금융 서비스: 트레이딩, 공급/수요 예측
② 정부: 사기탐지, 사례관리, 범죄방지, 수익 최적화
③ 제조업: 공급사슬 최적화, 수요 예측, 재고 보충, 보증서 분석
④ 커뮤니케이션: 가격 계획 최적화, 고객 보유, 수요 예측,

12. 데이터 사이언티스트에게 요구되는 능력 중 성격이 다른 하나를 고르시오.

① 빅데이터에 대한 이론적 지시
② 스토리텔링
③ 커뮤니케이션 능력
④ 글쓰기 능력

13. 분석 준비도 및 성숙도를 진단하여 그 결과를 다음과 같은 그림으로 구분했다. 각 4분면에 해당하는 형태가 바르게 짝지어진 것을 고르시오.

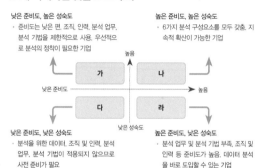

① 가: 준비형 / 나: 정착형 / 다: 확산형 / 라: 도입형

② 가: 도입형 / 나: 준비형 / 다: 정착형 / 라: 확산형

③ 가: 확산형 / 나: 도입형 / 다: 준비형 / 라: 정착형

④ 가: 정착형 / 나: 확산형 / 다: 준비형 / 라: 도입형

14. 분석조직에 관한 다음의 설명 중 틀린 것을 고르시오.

① 데이터 분석 조직은 기업의 경쟁력을 확보하기 위해 데이터 분석의 가치를 발견하고, 이를 활용해 비즈니스를 최적화하는 목표를 갖고 구성돼야 한다.

② 조직 내에 별도의 독립적인 분석 전담 조직을 구성하고, 회사의 모든 분석 업무를 전담 조직에서 담당하는 분석 조직 유형은 기능형 분산 구조 조직이다.

③ 집중형 조직 구조는 일부 현업 부서와 분석 업무가 중복 또는 이원화될 가능성이 있다.

④ 분산된 조직 구조는 분석 조직의 인력을 현업 부서에 배치해 분석 업무를 수행하는 형태다.

15. 빅데이터 플랫폼에 관한 다음의 설명 중 틀린 것을 고르시오.

① 빅데이터 플랫폼이란 데이터의 수집·저장·처리·관리 및 분석 등의 역할 수행을 지원함으로써 새로운 인사이트와 비즈니스 가치 창출이 가능한 빅데이터 프로세스 환경을 의미한다.

② 방대하고 복잡한 빅데이터를 처리하는 데 기존 ETL과 DW로는 한계가 있어 다양한 빅데이터 플랫폼이 개발됐다.

③ 많은 기업이 분산형 병렬처리 및 리얼타임 데이터 처리를 위해 하둡 기반의 솔루션을 사용한다.

④ 하둡 에코시스템(Hadoop Ecosystem)은 다른 에코시스템과 달리 특정한 기술 및 프레임워크를 지칭하는 말로 널리 활용된다.

16. 우리나라의 마이데이터에 관한 다음의 설명 중 틀린 것을 고르시오.

① 2020년 1월 이른바 '데이터 3법'이라는 개인정보보호법, 정보통신망법, 신용정보법이 국회에서 통과됐다.

② 개인의 동의하에 타 기업에 저장된 개인정보를 받아 활용할 수 있는 사업자를 선정하고, 그 사업자는 종전의 금융기관, 카드사 등이 독점하던 개인정보를 개인의 동의하에 자신의 사업에 활용할 수 있게 되었다.

③ 판례 역시 개인정보의 범위를 '다른 정보와 결합해 식별할 수 있는 정보 또는 개인정보'로 좁게 해석하여 빅데이터, IoT 산업에서 활용할 수 있는 개인정보의 제한성을 극복했다.

④ 개인은 흩어져 있는 자신의 개인정보를 통합해 맞춤형 금융 서비스를 받을 수 있게 되었다.

17. 개인정보 비식별화 기술에 대한 설명이 잘못 짝지어진 것을 고르시오.

① 가명처리: 임OO, 30대, 서울 거주

② 총계처리: 물리학과 학생 키의 평균은 168cm

③ 데이터 삭제: 주민등록번호 삭제 후 '90년생, 남자'로 표기

④ 데이터 마스킹: 임의 잡음 추가, 공백과 대체 기술

18. 개인정보 비식별화 기술에 대한 설명이 틀린 것을 고르시오.

① 총계 처리: 부분총계, 라운딩, 재배열

② 데이터 삭제: 식별자 삭제, 식별자 부분 삭제, 레코드 삭제, 식별요소 전부 삭제

③ 가명처리: 휴리스틱 가명화, 암호화, 교환 방법

④ 데이터 마스킹: 감추기, 랜덤 라운딩, 범위 방법, 제어 라운딩

19. 만약 사례가 「개인정보보호법」, 「정보통신망법」, 「신용정보법」 모두에 해당할 경우 어느 법이 우선 적용되는지 고르시오. 단, 영상정보 처리기기 설치 운영 제한, 분쟁 조정, 단체 소송 등의 사안이 아닐 경우로 한정한다.

① 「개인정보보호법」 단독 적용

② 「개인정보보호법」과 「정보통신망법」 동시 적용

③ 「개인정보보호법」과 「신용정보법」 동시 작용

④ 「정보통신망법」 혹은 「신용정보법」 중에서 해당하는 특별법 적용

20. 다음의 빅데이터와 인공지능에 관한 설명 중 가장 잘못된 것을 고르시오.

① 인공지능은 빅데이터의 딥러닝 기술 위에서 꽃을 피웠지만, 종속적인 관계가 아니라 빅데이터 기술이 인공지능을 지원하는 성격이 강하다.

② 딥러닝은 학습 데이터로 학습하면서 정확한 예측 알고리즘을 구현하기 위해 일정 부분 사람의 개입이 필요하다. 반면 머신러닝은 예측의 정확성 여부를 스스로 판단하고 결정을 내린다.

③ 넷플릭스는 사용자가 선택한 영화를 분석해서 비슷한 유형의 영화를 추천해준다. 머신러닝 알고리즘의 결과다.

④ 기존에는 인간이 로봇에게 일정한 패턴 혹은 공식을 주입시키고 그 공식대로 로봇이 움직였다면, 인공지능 로봇은 스스로 데이터를 학습하여 패턴 혹은 공식을 스스로 계산하고 적용한다.

【정답】

1. **답**: ④
   해설: ④ 형식지에 대한 설명이다.

2. **답**: ②
   해설: ① 개별 데이터 자체는 의미가 중요하지 않은 객관적인 사실을 말한다. ③은 지식을 말한다. ④ 정보를 말한다.

3. **답**: ④
   해설: 새로운 데이터의 삽입, 기존 데이터의 삭제, 갱신으로 항상 현재의 정확한 데이터 상태를 유지한다.

4. **답**: ③
   해설: ① 원격조작성, ② 검색 가능성, ④ 기계 가독성에 관한 설명이다.

5. **답**: ①
   해설: ① OLTP(Online Transaction Processing), ② OLAP(Online Analytical Processing) 시스템: 데이터 마이닝 등의 기술이 등장하면서 단순한 정보의 '수집'과 '공유'에서 탈피하여 '분석'이 중심이 되는 시스템 구축으로 변화하게 되었는데, 이를 OLAP라고 부른다.

6. **답**: ①
   해설: Value(가치), Veracity(정확성), Visualization(시각화), Variability(가변성)은 빅데이터의 기본적인 특징인 3V에 해당하지 않는다.

7. **답**: ①

8. **답**: ④
   해설: 과거에는 인과관계가 중요시되었다가, 데이터의 양이 늘어나면서부터 상관관계를 통한 인사이트 도출이 확산되고 있다.

9. **답**: ③
   해설: 빅데이터 경영혁신의 단계: 생산성 향상 … ▶ 발견에 의한 문제 해결 … ▶ 의사결정 향상 … ▶ 새로운 고객 가치와 비즈니스 창출

10. 답: ③

11. 답: ①

　해설: ① 에너지산업에 해당한다. 금융에는 신용점수 산정, 사기 탐지, 가격 책정, 프로그램 트레이딩, 클레임 분석, 고객 수익성 분석 등이 해당한다.

12. 답: ①

　해설: ① 하드스킬, 나머지 보기는 소프트 스킬에 해당한다.

13. 답: ④

　해설: 준비도와 성숙도가 낮은 사분면인 '다'는 준비형, '가'는 정착형, '나'는 확산형, '라'는 도입형에 해당한다.

14. 답: ②

　해설: ② 집중형 조직 구조에 관한 설명이다.

15. 답: ④

　해설: 오픈 소스지만 확장성과 호환성이 높아서 최근 많은 기업이 채용하는 하둡 에코시스템(Hadoop Eco-system)도 에코시스템과 마찬가지로 특정한 기술 및 프레임워크가 아니라 십수 종의 다양한 기술과 프레임워크, 개발언어, 솔루션으로 이루어진 거대한 프로젝트의 집합체다.

16. 답: ③

　해설: ③ 우리나라의 판례(대전지법 논산지원, 2013고단17 판결)는 개인정보의 범위를 '다른 정보와 결합해 식별할 수 있는 정보 또는 개인정보'로 넓게 해석하기 때문에 빅데이터, IoT 산업에서 활용할 수 있는 개인정보가 제한적일 수밖에 없다.

17. 답: ①

　해설: ① 데이터 마스킹에 해당한다.

18. 답: ④

　해설: ④ 데이터 범주화에 대한 설명이다. 데이터 마스킹 기술은 임의 잡음 추가와 공백과 대체 기술 등이 있다.

19. 답: ④

　해설: ④ 개인정보수집에 대한 동의를 받을 때 「정보통신망법」과 「신용정보법」은 각각 별도의 규정이 있으므로 이에 대해서는 「개인정보보호법」보다 우선하여 적용된다. 하나의 사안에 적용할 수 있는 일반법과 특별법이 있을 경우, 특별법 우선의 원칙에 따라 신용정보법과 같은 개별법이 우선 적용된다. 그러나 「정보통신망법」과 「신용정보법」 등에는 영상정보 처리기기 설치 운영 제한, 분쟁 조정, 단체 소송 등의 규정이 없으므로 이에 대해서는 「개인정보보호법」이 우선하여 적용된다.

20. 답: ②

　해설: ② 머신러닝은 학습 데이터로 학습하면서 정확한 예측 알고리즘을 구현하기 위해 일정 부분 사람의 개입이 필요하다. 반면 딥러닝은 예측의 정확성 여부를 스스로 판단하고 결정을 내린다.

데이터 분석 계획

01 _ 분석 방안 수립

학습단계

1. 분석 로드맵 설정
2. 분석요건 정의
3. 데이터 분석 모델링

학습목표

데이터 분석을 위한 전 단계로 일종의 설계도를 그리는 과정이다. 데이터 분석 방안을 수립하는 과정에 대해 알아본다.

02 _ 분석 작업 계획

학습단계

1. 데이터 확보 계획
2. NCS 기반 빅데이터 분석
   절차 및 계획 수립

학습목표

데이터 분석 프로젝트를 기획하는 과정에 대해 학습한다. 전체의 흐름을 잘 이해하고 그다음에 암기하는 과정이 필요하다.

01 분석 방안 수립

1. 분석 로드맵 설정

(1) 빅데이터 분석 기획 개요

① NCS 빅데이터 분석 기획

- **NCS(National Competency Standards: 국가직무능력표준) 빅데이터 분석 기획:** NCS에서는 빅데이터 분석 직무에 대해 '대용량의 데이터 집합으로부터 유용한 정보를 찾고 결과를 예측하기 위해 목적에 따라 분석 기술과 방법론을 기반으로 정형·비정형 대용량 데이터를 구축, 탐색, 분석하고 시각화를 수행하는 업무'라고 정의하고 있다. 빅데이터 분석 기획의 능력 단위 요소로는 도메인 이슈 도출하기, 분석 목표 수립하기, 프로젝트 계획하기, 보유 데이터 자산 확인하기 등 4가지를 기준으로 삼는다. 2장에서는 내용상 이 순서의 흐름에 따라 기술한다.

- **빅데이터 분석 기획:** 빅데이터 분석 기획이란 도메인 이슈(과제)를 정의하고 그 결과를 도출할 수 있도록 분석 목표를 수립하고 그 방안을 계획하는 일련의 작업을 말한다.

【 빅데이터 분석 기획의 능력 단위 요소 】

TIP _ 시험에 출제될 가능성이 높습니다.

NCS 능력 단위	학습 모듈	학습 내용
도메인 이슈 도출하기	분석과제 As/Is 및 개선 방향 도출	▪ 주어진 업무에 대해 문제점을 정의하고 빅데이터 분석을 통한 개선 방향 도출 ▪ 문제점 및 이에 대한 개선 목표가 포함된 빅데이터 요건 정의서 수립
분석 목표 수립하기	분석 목표 정의서 확정	▪ 빅데이터 분석을 통해 얻고자 하는 목표를 정의한 분석 목표 정의서 수립
프로젝트 계획하기	프로젝트 계획 설계	▪ 빅데이터 분석을 위한 예산, 소요 기간, 현재의 IT 환경 등을 고려하여 WBS 작성
보유 데이터 자산 확인하기	내·외부 데이터 활용 수준 분석 및 컴플라이언스 점검	▪ 분석 목표와 프로젝트 계획에 따른 사전 데이터 점검 ▪ 데이터 품질, 분량, 수집 경로 및 데이터 유형 점검

② 분석 대상과 그 방법에 따른 4가지 분석 주제

빅데이터 기획에 있어 분석 대상이 무엇인지 찾는 문제와 어떻게 분석 방법을 찾을 것인지의 문제를 먼저 고민해야 한다. 분석 대상이 무엇인지 알고 있고 그 분석 방법도 알고 있다면 분석 주제를 '최적화(Optimization)'로 삼는다. 분석 대상이 무엇인지 알고 있지만, 그 분석 방법을 모른다면 분석 주제를 '솔루션(Solution)'으로 삼아 그 분석 방법에 대한 해답을 찾는 것을 주제로 삼아야 한다. 그런데 분석 대상이 무엇인지도 모르고 그 분석 방법도 모른다면 있다면 분석 주제를 '발견(Discovery)'으로 삼아 먼저 대상과 방법에 대한 조사를 실시해야 한다. 반면 분석 대상이 무엇인지는 모르지만, 그 분석 방법은 알고 있다면 분석 주제를 '통찰(Insight)'로 삼아 분석 대상이 무엇인지부터 명확히 설정해야 할 것이다. 이를 간단히 그림으로 정리하면 다음과 같다.

【 분석 대상과 그 방법에 따른 4가지 분석 주제 】

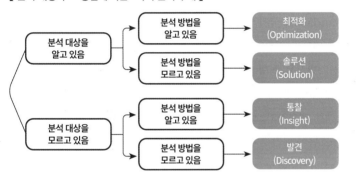

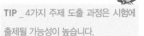

TIP _ 4가지 주제 도출 과정은 시험에 출제될 가능성이 높습니다.

참고 | 분석 기획 시 고려사항 3가지

가용 데이터	가용 데이터에 대한 유형 파악
적절한 활용 방안과 유스케이스	적절한 활용 방안과 유사 사례를 먼저 탐색 기존에 잘 만들어진 사례 및 솔루션을 최대한 활용
사전 계획 수립	장애 요소에 대한 사전 계획 수립

TIP _ 시험에 출제될 가능성이 높습니다.

③ 분석 방법론

▪ **업무의 특성에 따른 분석 방법론의 3가지 모델**

폭포수 모델	▪ 단계를 순차적으로 진행 ▪ 전형적인 IT SW 개발 방식
프로토타입 모델	▪ 일부분을 먼저 개발 → 시험 사용 → 요구 분석 & 성능 평가 → 개선
나선형 모델	▪ 반복을 통해 점증적으로 개발하는 방법 ▪ 관리 체계를 갖추지 못하면 복잡도가 상승

- **KDD 분석 방법론**

KDD(Knowledge Discovery in Database)는 데이터로부터 통계적 패턴이나 지식을 찾기 위해 활용할 수 있게 체계적으로 정리한 데이터 마이닝 프로세스다.

【 KDD 분석 절차 】

TIP _ 분석 순서를 잘 익혀둬야 합니다.

[1단계] 데이터셋 선택	▪ 비즈니스 도메인에 대한 이해와 프로젝트 목표 설정이 필수 ▪ 분석에 필요한 데이터를 선택 → 타깃 데이터(target data) 생성
[2단계] 데이터 전처리	▪ 잡음, 이상치, 결측치를 파악하여 제거하거나 의미 있는 데이터로 재가공 ▪ 추가로 요구되는 데이터셋이 있다면 데이터 선택 프로세스를 다시 실행
[3단계] 데이터 변환	▪ 변수 생성/선택하고 데이터의 차원을 축소 ▪ 학습용 데이터(training data set)와 검증용 데이터(test data set)를 분리
[4단계] 데이터 마이닝	▪ 학습용 데이터를 이용하여 분석 목적에 맞는 데이터 마이닝 기법을 선택하고 적절한 알고리즘을 적용 ▪ 필요에 따라 전처리와 변환 프로세스도 추가
[5단계] 해석과 평가	▪ 분석 목적과의 일치성을 확인하고 평가 ▪ 발견한 지식을 업무에 활용하기 위한 방안 마련

【 KDD Process 】

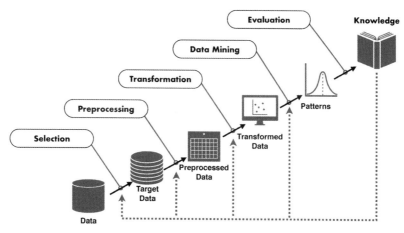

* 참고: Darshana Kishorbhai Dave, Preeti K Dave, <Knowledge Discovery in Databases (KDD) in online educational system through LON-CAPA system>, 2012, International Journal of Advanced Research in Computer Science and Electronics Engineering

- **CRISP-DM 분석 방법론**

CRISP-DM(Cross Industry Standard Process for Data Mining) 분석방법론은 위의 KDD 분석 방법과 비슷하나, 약간 더 세분되어 있다는 점이 차이점이다.

【 CRISP-DM 프로세스 】

[1단계] 업무 이해	업무 목적 파악, 상황 파악, 데이터 마이닝 목표 설정, 프로젝트 계획 수립
[2단계] 데이터 이해	초기 데이터 수집, 데이터 기술 분석, 데이터 탐색, 데이터 품질 확인
[3단계] 데이터 준비	분석용 데이터셋 선택, 데이터 정제, 분석용 데이터셋 편성, 데이터 통합, 데이터 포매팅
[4단계] 모델링	모델링 기법 선택, 모델 테스트 계획 설계, 모델 작성, 모델 평가
[5단계] 평가	분석 결과 평가, 모델링 과정 평가, 모델 적용성 평가
[6단계] 전개	전개 계획 수립, 모니터링과 유지보수 계획 수립, 프로젝트 종료 보고서 작성, 프로젝트 리뷰

【 CRISP-DM 분석 방법론 】

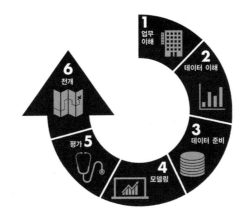

▪ 빅데이터 분석의 계층적 프로세스

단계(Phase)	프로세스 그룹을 통해 완성된 단계별 산출물 생성, 버전 관리 등을 통한 통제 필요
태스크(Task)	단계를 구성하는 단위 활동, 물리적 또는 논리적 단위로 품질 검토의 항목이 될 수 있음
스텝(Step)	WBS의 워크패키지에 해당되고, 입력 자료, 처리 및 도구, 출력 자료로 구성된 단위 프로세스

▪ 5단계 빅데이터 분석 방법론: 널리 사용되는 분석 방법론

	비즈니스 이해와 범위 설정	비즈니스 이해	비즈니스 자료 조사, 도메인 관련 자료
		범위 설정	프로젝트 범위 설정 SOW(Statement of Work) 작성
[1단계] 분석 기획	프로젝트 정의와 계획 수립	프로젝트 정의	데이터 분석 프로젝트 정의서
		프로젝트 수행 계획 수립	프로젝트 수행 계획서(WBS: Work Breakdown Structure) 작성
	프로젝트 위험 계획 수립	데이터 분석 위험 식별	식별된 위험 목록
		위험 대응 계획 수립	위험 관리 계획서

[2단계] **데이터 준비**	필요 데이터 정의	데이터 정의	데이터 정의서
		데이터 획득방안 수립	데이터 획득 계획서
	데이터 스토어 설계	정형 데이터 스토어 설계	정형 데이터 스토어 설계서 데이터 매핑 정의서
		비정형 데이터 스토어 설계	비정형 데이터 스토어 설계서 데이터 매핑 정의서
	데이터 수집 및 정합성 점검	데이터 수집 및 저장	수집된 분석용 데이터
		데이터 정합성 점검	정합성 점검 보고서
[3단계] **데이터 분석**	분석용 데이터 준비	비즈니스 룰 확인	비즈니스 룰 분석에 필요한 데이터 범위
		분석용 데이터셋 준비	분석용 데이터셋
	텍스트 분석	텍스트 데이터 확인 및 추출	분석용 텍스트 데이터
		텍스트 데이터 분석	텍스트 분석 보고서
	탐색적 분석	탐색적 데이터 분석	데이터 탐색 보고서
		데이터 시각화	데이터 시각화 보고서
	모델링	데이터 분할	학습용 데이터 테스트용 데이터
		데이터 모델링	모델링 결과 보고서
		모델 적용 및 운영 방안	알고리즘 설명서 모니터링 방안
	모델 평가 및 검증	모델 평가	모델 평가 보고서
		모델 검증	모델 검증 보고서
[4단계] **시스템 구현**	설계 및 구현	시스템 분석 및 설계	시스템 분석 및 설계서
		시스템 구현	구현 시스템
	시스템 테스트 및 운영	시스템 테스트	시스템 테스트 결과 보고서
		시스템 운영 계획	운영자&사용자 매뉴얼 시스템 운영 계획서
[5단계] **평가 및 전개**	모델 발전 계획 수립	모델 발전 계획 수립	모델 발전 계획서
	프로젝트 평가 및 보고	프로젝트 성과 평가	프로젝트 성과 보고서
		프로젝트 종료	프로젝트 최종 보고서

(2) 분석과제 발굴 방법론

① 분석과제 발굴 방법론 개요

어느 기업에서 데이터 분석 플랫폼을 구축하고 이를 통해 기업경영 전략에 활용한다고 가정해보자. 가장 먼저 해야 할 일은 '무엇'을 분석해야 하는지 그 분석과제를 발굴하는 일이다. 현재 우리 기업의 상황에서 데이터 분석과제로 무엇이 가장 필요한지 찾아내는 작업이 분석과제 발굴이다. 그리고 분석과제를 발굴하는 다양한 방법이 있는데, 이를 분석과제 방법론이라고 한다. 쉽게 말하면 '무엇을 분석해야할 것인지에 대한 여러 가지 길 찾기'라고 말할 수 있다.

【 분석 대상과 그 방법에 따른 4가지 분석 주제 】

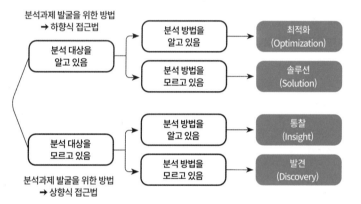

TIP _ 시험에 출제될 가능성이 높습니다.

앞서 '분석 대상과 그 방법에 따른 4가지 분석 주제'라는 제목으로 위의 도식을 이미 소개했다. 그림에서 보듯이, 분석과제 발굴을 위한 다양한 방법론을 찾을 때 가장 첫 질문은 바로 '분석 대상이 무엇인지 아느냐?'라는 질문이다. 분석 대상이 무엇인지 알고 있다면 하향식 접근법을 통해 과제 발굴을 위해 어떤 방법이 적절한지 탐색할 수 있다. 또 분석 대상이 무엇인지 모를 경우에는 상향식 접근 방법을 채택해 분석과제를 발굴해 나갈 수 있다. 정리하면, 분석 대상을 알고 있다면 하향식 접근법, 모른다면 상향식 접근법을 사용한다. 일반적인 경우 하향식 접근법을 많이 사용한다. 분석과제 발굴 방법론은 체계가 복잡해서 마치 숲속에서 길을 잃듯이 헤매기 십상이다. 그러므로 다음에 소개하는 분석과제 발굴 방법론 개념표를 잘 보면서 길을 잃지 않길 바란다.

【 분석과제 발굴 방법론 개념도 】

TIP _ 시험에 출제될 가능성이 높으며, 전체적인 흐름을 잘 기억해야 합니다.

Start 분석 대상이 무엇인지 알고 있는가?			
Yes ⇩		No ⇩	
하향식 접근법		상향식 접근법	
㉮ 문제 탐색 단계	ⓐ 비즈니스 모델 탐색 기법	㉮ 지도 · 비지도학습	ⓐ 지도학습
	ⓑ 분석기회 발굴 및 범위 확장		ⓑ 비지도학습
	ⓒ 외부 참조 모델 기반 문제 탐색	㉯ 프로토타입	시행착오 해결법
	ⓓ 분석 유스케이스		
㉯ 문제 정의 단계	식별된 비즈니스 문제를 데이터 문제로 변환하여 과제를 정의		
㉰ 해결방안 탐색 단계	과제 정의 후 어떻게 해결할 것인지 그 방안을 탐색(분석 기법, 시스템 등)		
㉱ 타당성 검토 단계	경제적 타당성, 기술적 타당성 등을 검토		

② 하향식 접근법

㉮ **문제 탐색 단계**: 문제를 탐색하는 단계로 크게 4가지 방법 중 하나 혹은 다수를 사용한다.

TIP _ 매우 중요한 파트이며, 단계별 내용도 꼭 숙지하고 있어야 합니다. 시험 출제 가능성이 매우 높습니다.

ⓐ 비즈니스 모델 탐색 기법

업무, 제품, 고객 단위로 비즈니스 문제를 발굴하고, 이를 관리하는 규제와 감사 영역과 자원 인프라 영역에 대한 기회를 추가로 도출하는 탐색 기법이다.

【 비즈니스 모델 캔버스 9 Block 】 【 9 Block 모델을 5개 영역으로 단순화 】

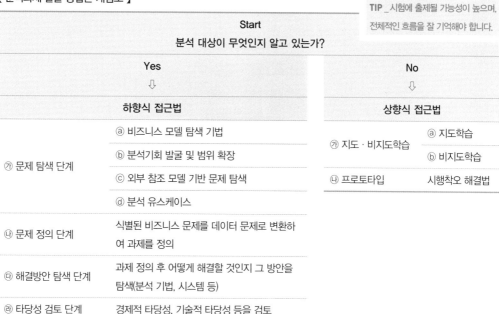

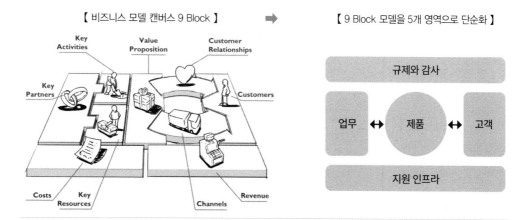

기업과 산업 환경을 중심으로 거시적 관점, 경쟁자, 시장의 니즈, 역량 등 4가지 영역에 대해 비즈니스 문제를 발굴하는 방법이다.

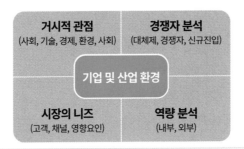

'Quick&Easy' 방식으로 산업별, 업무 서비스별 분석과제 POOL을 만들고, 이를 브레인스토밍 형태로 탐색하여 비즈니스 문제를 빠르게 발굴하는 방법이다.

현재의 유사 및 동종 사례를 탐색하여 분석 유스케이스를 찾아내고, 이를 바탕으로 비즈니스 문제를 발굴하는 방법이다. 분석 유스케이스란 분석을 적용했을 때 업무 흐름을 개념적으로 설명한 것으로 프로세스 혁신 수단으로 활용되기도 한다.

㉯ **문제 정의 단계**: 앞서 1단계 문제 탐색 과정을 거쳐 비즈니스 문제가 식별되면, 이를 데이터의 문제로 변환해야 한다. 즉, 데이터 분석에 관한 관점으로 전환하는 것이다. 예컨대 영업 부서에서 '최근 고객들의 불만이 높아지고 있다'는 비즈니스 문제가 식별됐다고 가정해 보자. 이를 데이터의 문제로 변환하면, '고객의 불만에 영향을 끼치는 요인은 무엇인지 분석하고, 그 요인과 고객 불만율에 대한 상관 및 예측 모델을 수립한다' 정도로 바꿔볼 수 있다. 이것이 하향식 접근법의 2단계인 데이터로의 '문제 정의' 단계다.

㉰ **해결방안 탐색 단계**: 먼저 기존 시스템으로 가능한지와 기업 자체의 역량이 있는지를 판단하여 다음 그림과 같이 4개의 해결 방안 중 하나를 선정한다.

【 해결방안 탐색 단계 프로세스 】

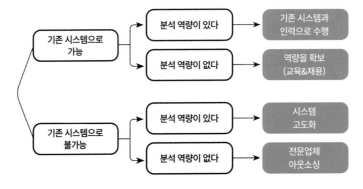

㉣ **타당성 검토**: 하향식 접근법의 4번째 단계로 경제적 타당성과 데이터 및 기술적 타당성을 검토한다. 경제적 타당성 검토는 비용 대비 편익 분석 관점의 접근이 필요하며, 데이터 및 기술적 타당성 검토는 데이터 존재 여부, 분석 시스템 환경, 분석 역량 등에 대해 이루어져야 한다.

③ 상향식 접근법

상향식 접근법은 분석 대상이 무엇인지 모를 경우 분석과제 발굴을 위해 사용하는 방법으로, 말 그대로 원천 데이터로부터 통찰과 지식을 얻는 접근 방법이다. 일반적으로는 분석 계획을 수립하고 분석 단계로 이어지지만, 상향식 접근법은 먼저 분석부터 시작하고 그 결과로부터 가치가 있는 문제를 도출하는 방법이다. 새로운 문제 탐색에는 한계가 있기 때문에 스탠퍼드대학의 d.school은 디자인적 사고 관점에서 접근하는 방법을 내놓기도 했다.

【 스탠퍼드대학 d.school의 디자인 Thinking 】

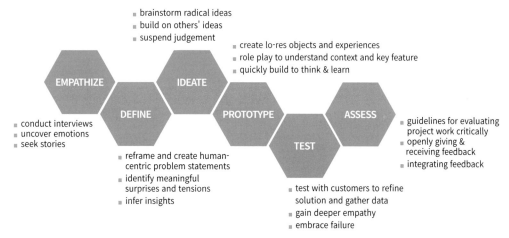

* 출처: d.school Executive Education(https://empathizeit.com/design-thinking-models-stanford-d-school)

㉮ **지도 · 비지도학습**: 상향식 접근법의 하나로, '3과목 빅데이터 모델링'에서 자세히 배우기로 하고 여기서는 간단히 언급한다.

	내용	예
ⓐ 지도학습	• 지도학습이란 정답이 있는 데이터를 활용하여 분석 모델을 학습시키는 것이다. • 지도학습은 레이블(Label)이 범주형인 분류와 연속형인 회귀로 나누어진다.	머신러닝 의사결정 트리 인공신경망 모형
ⓑ 비지도학습	• 지도학습과는 달리 정답을 알려주지 않고 학습하는 것이다. • 정답 레이블이 없는 데이터를 비슷한 특징을 가진 데이터끼리 군집화하여 새로운 데이터에 대한 결과를 예측한다.	장바구니 분석 군집 분석 주성분 분석 다차원척도

㉴ **프로토타입 접근법(시행착오 해결법):** 상향식 접근법 중 하나로 시행착오 해결법이라고도 한다. 먼저 분석을 시도하고 그 결과를 확인하면서 조금씩 개선해나가는 방법이다. 하향식 접근법의 경우 문제를 먼저 정의할 수 있으며 그 문제 해결을 위한 데이터가 기업 내에 존재하는 경우 가능하지만, 만약 그럴 수 없는 경우에는 상향식 접근법 중 하나인 이 프로토타입 접근법이 좋은 대안이 될 수 있다. 문제 정의가 불명확하고 새로운 문제일 경우 빅데이터 분석 환경에서 오히려 프로토타입 접근법이 더 유용하게 활용된다.

(3) 분석 로드맵 수립

① 분석 로드맵 수립 개요

일반적인 IT 프로젝트에서는 정보기술 및 정보시스템을 전략적으로 활용하기 위해 먼저 'ISP'라고 하는 중장기 마스터플랜을 수립한다. 마스터플랜 수립 후 그에 따라 CRM, ERP, WEB, SI 구축 등의 업무가 수행된다. 분석 로드맵 수립 과정은 빅데이터 분석에 있어 마스터플랜을 수립하는 단계와 같다. 시중의 책에서 분석 로드맵과 분석 마스터플랜을 간혹 다르게 사용하는 경우가 있는데, 결국 같은 의미로 쓰인다. 여기서는 분석 로드맵이라는 용어를 사용하기로 한다.

분석 로드맵 수립을 위해서는 전략적 중요도, 비즈니스 성과 및 ROI, 분석과제의 실행 용이성 등 다양한 기준을 고려해 적용 우선순위를 정해야 한다. 분석의 적용 범위 및 방식도 종합적으로 고려해 분석 로드맵을 수립해야 한다.

참고 | **IT 용어 해설**

- **ISP(Information Strategic Planning):** 정보기술 및 정보시스템을 전략적으로 활용하기 위해 먼저 조직의 내외부 환경을 분석하고 문제점을 도출하며, 사용자의 요구를 분석하여 시스템 구축 우선순위를 결정하는 등의 중장기 마스터플랜을 수립하는 절차를 말한다.

- **SI(System Integration):** 시스템 구축의 약자로, 전산시스템을 필요로 하는 곳으로부터 하청을 받아 시스템의 기획, 개발, 유지보수, 운영 등을 대신해주는 업종이다. 아무래도 개인보다는 기업이나 관공서가 주된 고객이다. 고객의 요청에 따라 제안서를 작성하고, PM과 개발자를 투입하여 프로젝트를 수행한 뒤, 소요된 인건비와 솔루션의 단가 등을 수임료로 벌어들이는 형태의 산업이다. 따라서 도급 시스템과 파견업무를 그 특성으로 한다.

- **SM(System Management):** 시스템 운영, 또는 유지보수의 약자다. 예전에는 SM이라고만 했는데, 요새는 ITIL의 영향 때문인지 해외에서 Information Technology Service Management(ITSM)와 일반 Service Management를 구분하여 사용한다.

* 출처: 나무위키

---

② 빅데이터 특징을 고려한 분석 ROI 요소

분석 로드맵을 수립하면서 ROI 요소를 고려하지 않을 수 없다. 빅데이터 특징을 고려한 분석 ROI 요소로는 크게 투자 비용 요소와 비즈니스 효과 요소가 있다. 빅데이터의 특징인 4V를 ROI 관점으로 살펴보면, 크기(Volume), 다양성(Variety), 속도(Velocity)의 3V는 투자 비용(Investment) 측면의 요소라고 볼 수 있다. 또 분석 결과를 활용하거나 실질적인 실행을 통해 얻게 되는 비즈니스 가치를 비즈니스 효과 측면의 요소라고 볼 수 있다.

【 빅데이터 특징을 고려한 분석 ROI 요소 】

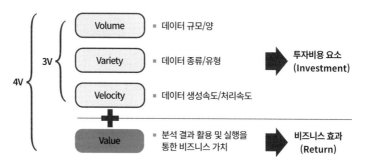

* 출처: 데이터전문가지식포털(dbguide.net)

③ 우선순위 평가

분석과제를 도출했다면, 어떤 분석과제를 먼저 수행할지 그 실행 순서를 정하는 것을 우선순위 평가라고 한다. 업무 영역별로 도출된 분석과제에 대해 우선순위 평가 기준으로 평가하고, 과제 수행의 선후 관계를 고려해 적용 순위를 조정해 최종적으로 확정한다.

▪ **ROI를 활용한 우선순위 평가 기준**

먼저 전략적 중요도에 따른 시급성을 판단한다. 시급성의 판단 기준은 전략적 중요도(기여도)가 핵심이며, 이는 현재 관점에 전략적 가치를 둘 것인지, 미래의 중장기적 관점에 전략적 가치를 둘 것인지 등 적정 시기를 고려할 수 있다. 더불어 분석과제의 목표가치(KPI)를 함께 고려해 시급성 여부를 판단할 수 있다. 난이도는 현시점에서 과제를 추진하는 것이 적용 비용과 범위 측면에서 바로 적용하기 쉬운(Easy) 것인지 또는 어려운(Difficult) 것인지의 판단 기준으로서, 데이터 분석의 적합성 여부를 본다.

【 ROI를 활용한 우선순위 평가 기준 】

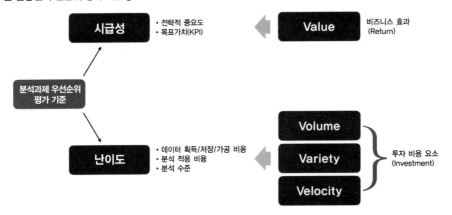

* 출처: 데이터전문가지식포털(dbguide.net)

▪ 포트폴리오 사분면(Quadrant) 분석을 활용한 우선순위 평가 기준

우선순위 평가 기준을 난이도와 시급성을 동시에 고려해 판단한다.

우선 추진해야 하는 분석과제와 단기적 또는 중장기적으로 추진해
야 하는 분석과제 등 4가지 유형으로 구분해 분석과제의 적용 우선순위를 결정한다.

TIP_ 시험 출제 가능성이 매우 높습니다.

다음 표에서 우선순위 평가 기준을 '시급성'에 둔다면 'III→IV→II→I' 순서로, '난이도'에 둔다면
'III→I→II→IV' 순서로 우선순위를 정할 수 있다.

【 포트폴리오 사분면 분석 】

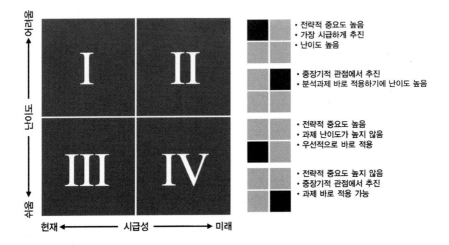

④ 분석 로드맵 수립

추진 단계	[1단계] 분석 체계 도입	[2단계] 분석 유효성 검증	[3단계] 분석 확산 및 고도화
단계별 추진 목표	▪ 분석 기회 발굴 ▪ 분석과제 정의 ▪ 분석 로드맵 수립	▪ 분석과제 수행 ▪ 성과 검증 ▪ 분석 아키텍처 설계	▪ 분석과제를 업무 프로세스에 내재화 ▪ 검증 결과 확산 ▪ 활용 시스템 구축 및 고도화
추진 과제	[추진과제 #0] ▪ 분석 기회 발굴 및 과제 정의 ▪ 분석 로드맵 수립	[추진과제 #1] ▪ 알고리즘 및 아키텍처 설계 ▪ 분석과제 Plot 수행	[추진과제 #2] ▪ 업무 프로세스에 내재화를 위한 PI 관리 [추진과제 #3] ▪ 빅데이터 분석 활용 시스템 구축 ▪ 유관 시스템 고도화

【 세부 일정 계획 추진 예시 】

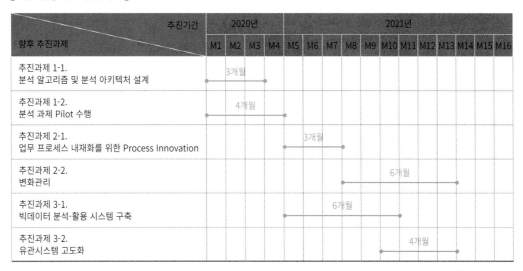

* 출처: 데이터전문가지식포털(dbguide.net)

2. 분석요건 정의

(1) 분석요건 정의

앞서 기획 단계에서 분석과제를 도출하고 정의했다면, 그다음에는 좀 더 실무적인 관점에서 분석요건을 정의해야 한다. 분석과제가 다소 범위가 넓고 상세하다면 분석요건은 실무 업무의 이해를 바탕으로 분석과제보다 상세하고 정확하게 정의돼야 한다. 요건 정의는 분석요건을 구체적으로 도출 · 선별 · 결정하고, 분석 과정을 설계하고, 구체적인 내용을 실무담당자와 협의하는 업무로, 빅데이터 분석 업무의 성패를 좌우할 만큼 매우 중요하다.

(2) 분석요건 정의 프로세스

① 분석요건 도출

분석요건은 비즈니스 이슈로부터 도출된다. 분석요건은 업무를 수행하는 데 있어 수익 증가, 비용 증가, 상황 변화, 처리 속도 지연 등을 발생시키는 항목으로 전사적 측면에서 개선돼야 할 사항 등을 말한다. 다양한 이슈에서 진정한 요건이 될 수 있는 항목을 선정하는 것이 매우 중요하다. 이슈 리스트 작성, 핵심 이슈 정의, 이슈 그룹화, 해결방안 정의 등의 순서로 진행된다.

② 수행방안 설계

정의한 분석요건에 따라 구체적인 수행방안을 설계한다. 분석을 구체적으로 수행하기 위해서 간단한 탐색적 분석을 수행하며 미리 가설을 수립하고 어떤 분석을 수행할지 방향을 설정한다. 미리 가설을 수립해 수행방안을 설계하지 않고 진행하면 분석 필수항목과 선택항목, 일정, 필요한 자원의 양 등의 계획 수립이 어려워질 수 있다. 핵심적 분석항목과 구체적 분석범위를 지정해 분석범위를 명확히 하고 관련 업무와의 선·후행 관계를 검토하기 위해 WBS를 일 단위로 작성한다.

③ 분석요건 확정

요건 도출과 분석 계획을 수립하면 어떻게 요건에 접근하고, 어떤 정량·정성적 효과가 나오는지에 대한 기획안이 도출된다. 이를 통해 분석 요청 부서와 IT 부서, 기타 연관 부서와 공유해 최종 요건을 확정한다.

【 분석요건 정의 프로세스 】

[1단계] 분석요건 도출	[2단계] 수행방안 설계	[3단계] 분석요건 확정
<ul><li>분석요건은 비즈니스 이슈로부터 도출</li><li>상세하게 접근하고 실무 측면으로 진행하는 특성</li><li>요건으로 제시된 내용에 대한 사실을 확인하고 통찰을 도출해 방향성을 설정하는 데 필요한 수준</li></ul>	<ul><li>정의한 분석요건에 따라 구체적인 수행 방안을 설계</li><li>간단한 탐색적 분석을 수행하면서 미리 가설을 수립해 어떤 분석을 수행할지 방향 설정</li><li>분석기법을 정의하고 진행</li><li>수행 방안의 최종 산출물은 분석 계획서와 WBS(Work Breakdown Structure)</li></ul>	<ul><li>실무부서와 분석요건을 확정</li><li>기획 단계의 오류를 발견</li><li>상세화·구체화·명세화한 데이터 분석요건 항목을 기준으로 추진 의미가 있는지를 최종 결정</li><li>공식 변경 관리 절차에 따라 수행</li></ul>

【 WBS 예시 】

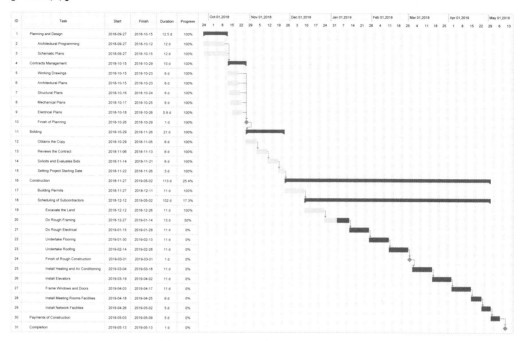

ID	Task	Start	Finish	Duration	Progress
1	Planning and Design	2018-09-27	2018-10-15	12.5 d	100%
2	Architectural Programming	2018-09-27	2018-10-12	12 d	100%
3	Schematic Plans	2018-09-27	2018-10-15	12 d	100%
4	Contracts Management	2018-10-15	2018-10-29	10 d	100%
5	Working Drawings	2018-10-15	2018-10-23	6 d	100%
6	Architectural Plans	2018-10-15	2018-10-23	6 d	100%
7	Structural Plans	2018-10-16	2018-10-24	6 d	100%
8	Mechanical Plans	2018-10-17	2018-10-25	6 d	100%
9	Electrical Plans	2018-10-18	2018-10-26	5.9 d	100%
10	Finish of Planning	2018-10-26	2018-10-29	1 d	100%
11	Bidding	2018-10-29	2018-11-26	21 d	100%
12	Obtains the Copy	2018-10-29	2018-11-05	6 d	100%
13	Reviews the Contract	2018-11-06	2018-11-13	6 d	100%
14	Solicits and Evaluates Bids	2018-11-14	2018-11-21	6 d	100%
15	Setting Project Starting Date	2018-11-22	2018-11-26	3 d	100%
16	Construction	2018-11-27	2019-05-02	113 d	25.4%
17	Building Permits	2018-11-27	2018-12-11	11 d	100%
18	Scheduling of Subcontractors	2018-12-12	2019-05-02	102 d	17.3%
19	Excavate the Land	2018-12-12	2018-12-26	11 d	100%
20	Do Rough Framing	2018-12-27	2019-01-14	13 d	50%
21	Do Rough Electrical	2019-01-15	2019-01-29	11 d	0%
22	Undertake Flooring	2019-01-30	2019-02-13	11 d	0%
23	Undertake Roofing	2019-02-14	2019-02-28	11 d	0%
24	Finish of Rough Construction	2019-03-01	2019-03-01	1 d	0%
25	Install Heating and Air Conditioning	2019-03-04	2019-03-18	11 d	0%
26	Install Elevators	2019-03-19	2019-04-02	11 d	0%
27	Frame Windows and Doors	2019-04-03	2019-04-17	11 d	0%
28	Install Meeting Rooms Facilities	2019-04-18	2019-04-25	6 d	0%
29	Install Network Facilities	2019-04-26	2019-05-02	5 d	0%
30	Payments of Construction	2019-05-03	2019-05-09	5 d	0%
31	Completion	2019-05-13	2019-05-13	1 d	0%

* 출처: www.edrawsoft.com/template-commercial-building-construction-gantt-chart.html

참고 ┃ WBS

업무 분업 구조(work–breakdown structure, WBS)는 프로젝트 관리와 시스템 공학 분야에서 프로젝트를 더 작은 요소로 분해시킨 딜리버블 지향 분업 구조다. 프로젝트 관리 지식 체계(PMBOK 5)는 업무 분업 구조를 '프로젝트팀이 프로젝트 목표를 달성하고 필요한 딜리버블을 만들기 위한 총 업무 범위의 계층적 분해'로 정의한다.

3. 데이터 분석 모델링

(1) 데이터 분석 모델링

모델링의 사전적 의미는 '현실 세계의 복잡한 대상을 필요에 따라 특징을 잡아내 개념적으로 간략하게 표현하는 것'이다. 데이터 분석 모델링은 분석요건 정의에 따라 상세 분석기법을 적용해 모델을 개발하는 과정을 의미한다.

(2) 데이터 분석 모델링 프로세스

① 모델링을 위한 데이터 마트 설계와 구축

모델링 작업 전 미리 모델링을 위한 데이터 마트를 설계해야 한다. 모델링 진행 전에 필요한 데이터의 마트를 설계해 비정규화(De-normalized) 상태로 처리하는 등의 방법을 사용한다. 분석 대상 데이터를 탐색·정제·요약 등 전처리해 변수들을 식별할 수 있고, 분석 대상 데이터를 구조화하는 마트를 설계한다. 기존 정보 시스템 내의 데이터를 최대한 활용하고 채택된 가설을 기반으로 마트를 설계해야 한다.

② 탐색적 분석과 유의 변수 도출

모델링을 위한 데이터 마트가 구축되면 먼저 비즈니스 이해와 분석요건에 대한 구체적인 사실(fact)을 발견해 통찰을 얻기 위해 탐색적 분석(EDA: exploratory data analysis)을 수행한다. EDA는 시간이 매우 많이 필요한 일로, 최근에는 EDA를 자동으로 신속하게 수행해 유의미한 값만 파악해 데이터 마트로 만든 후 모델링 업무로 진행하는 게 일반적이다. EDA 후 유의변수를 도출해 이 유의변수들을 데이터 분석 모델링에 사용한다.

③ 모델링

모델링을 위한 데이터 마트 설계와 구축, 탐색적 분석과 유의 변수 도출의 단계가 끝났다면 이제 분석에 어떤 모델을 사용할지 선정해야 한다. 예측을 하고자 한다면 회귀분석, 회귀나무분석 등의 모델을 사용할 수 있고 분류를 하고자 한다면 knn, 로지스틱 회귀분석 등을 사용할 수 있다. 완벽한 모델은 없으며 현 상황에 맞는 최적의 모델을 선정하고 적용하는 것이 중요하다. 자세한 사항은 '3과목 1장 분석 모형 설계' 편을 참고하기 바란다.

④ 모델링 성능평가

모델링 성능평가는 각 모델에 따라 그 방법이 다르다. 자세한 사항은 '4과목'에서 다루기로 하고 여기서는 간단히 개념만 언급하기로 한다. 데이터 마이닝에서는 정확도(Accuracy), 정밀도(Precision), 검출율(Detect Rate), 리프트(Lift) 등의 값으로 판단한다.

⑤ 검증 및 테스트

분석용 데이터를 학습용과 검증용, 테스트용으로 분리한 다음, 분석용 데이터를 이용해 자체 검증한다. 실제 테스트에서는 신규 데이터에 모델을 적용해 결과를 도출한다. 데이터의 분할 비율은 전체 데이터가 충분할 경우 '학습용:검증용:테스트용'으로 '6:2:2' 또는 '5:2.5:2.5' 등으로 선정할 수 있다.

⑥ 적용

분석 결과를 업무 프로세스에 완전히 통합해 실제 일·주·월 단위로 운영하는 단계다. 분석시스템과 연계해 사용할 수 있고, 별도 코드로 분리해 기존 시스템에 별도 개발해 운영할 수 있다. 운영 시스템에 적용해 운영하면 실시간 또는 배치 스케줄러가 실행하고, 주기별로 분석 모델의 성과가 예상했던 수준으로 나오고 있는지 모니터링할 수 있다. 일반적으로 주기적 리모델링은 분기·반기·연 단위로 수행한다.

1. 데이터 확보 계획

(1) 빅데이터 자원 확보

① 빅데이터 자원

앞서 언급했듯이 많은 전문가가 언급한 4차 산업혁명 시대 이후 가장 큰 화두는 데이터의 자산가치다. 최근 데이터 경제의 핵심도 결국은 데이터 자원의 원활한 이동과 활용으로 글로벌 경쟁력을 키우는 것이며, 마이데이터 정책을 잘 이해하고 활용하는 것이 중요한 것임을 이미 살펴봤다. 빅데이터 자원은 마치 새로운 종류의 에너지원과 같다.

② 빅데이터 자원의 분류

생성 주체	컴퓨터 생산 데이터	사람 생산 데이터	관계 데이터
생성 주체	▪ 애플리케이션 서버 로그(웹사이트, 게임 등) ▪ 센서 데이터(날씨, 물, 스마트 그리드 등) ▪ 이미지, 비디오(트래픽, 보안 카메라 등)	트위터, 블로그, 이메일, 사진, 게시판 글 등	페이스북, 링크드인 등
유형	정형	반정형	비정형
유형	DB에 저장된 구조적 데이터	웹문서, 메타데이터, 센서 데이터, 공정 컨트롤 데이터, 콜 상세 데이터 등	소셜 데이터, 문서, 오디오, 비디오, 동영상, 이미지 등
저장 방식	3V 데이터	기업 데이터	이산 데이터
저장 방식	관계형 DB에 저장하기 어려운 3V 특성을 갖는 데이터	CRM, ERP, DW, MDM 등과 같이 주로 관계형 데이터베이스에 저장된 데이터	스프레드시트, 파일 데이터베이스, 이메일, JSON/XML 데이터 등 개별적으로 관리되는 데이터

* 출처: <빅데이터 시대의 데이터 자원 확보와 품질관리 방안>, 2012, IT & Future Strategy 제5호, 한국정보화진흥원&빅데이터국가전략포럼

③ 빅데이터 자원 확보

[1단계] 수집	**【 검색 방법의 진화 】** ▪ **소셜 검색**: 사람에 의해 3V 데이터가 많이 생산되는 소셜 네트워크 서비스를 대상으로 필요한 빅데이터 자원을 발견 ▪ **의미분석 검색**: 형태소 분석 등을 통한 자연어 검색, 텍스트 의미 분석을 통한 시맨틱 검색 등은 의미에 적합한 빅데이터 자원을 발견 ▪ **인공지능 검색**: 경험치, 사실, 규칙 등을 이용하여 경험하지 못한 새로운 내용을 검색하는 추론 검색은 미래 예측 관련 빅데이터 자원을 발견 **【 빅데이터 자동 수집 방법 】** ▪ **로그 수집기**: 조직 내부에 존재하는 웹서버의 로그 수집, 웹 로그, 트랜잭션 로그, 클릭 로그, DB의 로그 데이터 등을 수집 ▪ **크롤링**: 주로 웹 로봇을 이용하여 조직 외부에 존재하는 소셜 데이터 등과 같은 인터넷에 공개된 자료를 수집 ▪ **센싱**: 각종 센서를 통해 데이터를 수집 ▪ **RSS Reader, Open API**: 데이터의 생산, 공유, 참여 환경인 웹 2.0을 구현하는 기술로 필요한 데이터를 프로그래밍을 통해 수집
[2단계] 저장	**【 다양한 빅데이터 저장 형태 】** ▪ **분산 파일 시스템**: 컴퓨터 네트워크를 통해 공유하는 여러 호스트 컴퓨터의 파일에 접근할 수 있게 하는 파일 시스템 ▪ **NoSQL**: 데이터 모델을 단순화해서 분산의 기본 개념을 쉽게 정의하고, ACID 요건을 완화하거나 제약하는 형태의 새로운 저장 시스템을 통칭 ▪ **병렬 DBMS**: 다수의 마이크로프로세서를 사용하여 여러 디스크에 대한 질의, 갱신, 입출력 등의 데이터베이스 처리를 동시에 수행하는 데이터베이스 시스템 ▪ **네트워크 구성 저장 시스템**: 서로 다른 종류의 데이터 저장장치를 하나의 데이터 서버에 연결하여 총괄적으로 데이터를 저장, 관리 ▪ **클라우드 파일 저장 시스템**: 클라우드 컴퓨팅 환경에서 가상화 기술을 활용한 분산 파일 시스템 **【 빅데이터 검색, 수집 저장을 위한 정보통합 환경 】** 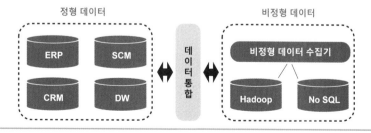

* 참고: <빅데이터 시대의 데이터 자원 확보와 품질관리 방안>, 2012, IT & Future Strategy 제5호,
한국정보화진흥원&빅데이터국가전략포럼

(2) 빅데이터 품질관리 계획

우리나라는 그동안 데이터에 대한 인식이 폐쇄적이고 데이터 품질 관리 등 기반 체계 마련이 미흡했다. 하지만 최근에는 마이데이터 등을 비롯해 데이터 축적 및 유통을 활성화하고 데이터 수집, 분석, 유통 체계를 마련하여 데이터 생태계의 경쟁력을 한 단계 높이려 하고 있다. 한국정보화진흥원은 2020년 빅데이터 플랫폼 및 센터 데이터 품질관리 가이드를 마련하여 많은 기업과 기관이 이를 활용하고 있다. 자세한 사항은 '1과목 3장 1절 5. 데이터 품질 검증' 파트에서 자세히 알아본다.

2. NCS 기반 빅데이터 분석 절차 및 작업 계획 수립

참고) **| NCS 기반 빅데이터 분석 절차 및 작업 계획**

앞에서 빅데이터 분석 계획 수립과 관련된 이론 및 방법론, 분석 로드맵 수립, 그리고 분석과제를 수행하는 일련의 과정을 살펴봤다. 여기서는 NCS(국가직무능력표준) 학습 모듈에 기반한 '빅데이터 분석 절차 및 작업 계획 수립'에 관해 살펴보자. NCS 학습 모듈을 통해 실무에서의 '분석 절차 및 작업 계획 수립' 등에 대해 알 수 있는 좋은 기회가 될 것이다. 다만, 앞서 살펴본 내용과 다소 중복된 부분이 있을 수 있는데, 중복된 내용은 최소한으로 언급하여 독자의 시간을 낭비하는 일을 줄이고자 노력했다. 기술문서는 'NCS 학습 모듈 LM2001010703_17v1'이며 NCS(국가직무능력표준) 사이트(ncs.go.kr)에서 확인할 수 있다.

【 NCS 기반 빅데이터 분석 절차 및 계획 수립의 흐름 】

[1단계]	[2단계]	[3단계]	[4단계]	[5단계]
빅데이터 분석요건 정의하기	빅데이터 분석 데이터 확보 기획하기	빅데이터 분석 데이터 탐색 기획하기	빅데이터 분석 모델링 기획하기	빅데이터 분석 결과 적용 계획하기

(1) 빅데이터 분석요건 정의하기

① 도메인 이슈 및 조직의 비즈니스 요구사항을 정의한다

▪ 하향식(Top-Down) 비즈니스 모델 분석을 통해 도출한다. 분석 대상 비즈니스 모델을 이해하고 주요 요소 및 고객의 요구사항을 수집, 고객 기대 사항과 비즈니스 상황과 갭(gap)을 분석하여 고객에게 제공할 가치 수준을 결정한다.

▪ 고객 요구사항을 수집 및 파악: 비즈니스, 프로세스 분석 및 유스케이스를 통한 분석 기회를 발굴한다. 분석 후보 그룹을 통해 질의응답(Question First) 기반의 신속하고 접근이 쉬운(Quick&Easy) 방식으로 고객이 필요로 하는 분석 기회가 무엇인지를 파악한다.

② 요구사항에 적합한 분석 기회를 발굴하고 구조화한다

- 분석 시 필요한 소스 데이터를 정의: 요구사항별 필요 자원을 정의한다. 고객의 요구사항과 기대 수준을 충족하기 위한 소스 데이터를 도출하고 정의한다. 정형, 비정형 데이터의 유형을 정의하고, 수집 방법을 명세화한다. 데이터 수집 방법을 정의한다. 수집된 데이터 분석 방법 및 난이도, 수행 주기 등을 계획하고 명세화한다.

- 분석요건 명세서를 작성한다. 요구사항에 대한 식별 번호 및 요구자, 요구 내용, 검토 결과 등을 활용 서식의 요구사항 명세서(SRS)를 참고하고 구조화하여 작성한다.

③ 구조화된 분석 기회를 평가하여 분석 주제를 선정한다

- 사용자 시나리오 정의: 비즈니스 프로세스 및 고객 요건을 정의한다. 업무 담당자, 비즈니스 이해관계자의 입장에서 실행하고자 하는 목표를 정의하고, 개선 후 제공될 수 있는 가치가 무엇인지 정의한다.

- 분석 목표 및 고객 가치를 구체화한다. 수집된 프로세스, 요구사항을 통해 분석 기회의 목표 가치를 지표화하여 달성하고자 하는 성과를 구체화한다. 목표 달성을 위해 예상 결과를 측정 가능한 형태의 지표로 정의해 관리한다.

- 분석 질문 도출: 분석 기회 발굴 질문을 구체화한다. 분석 기회 발굴을 위해 해결할 문제점과 도메인 이슈 및 비즈니스 요구사항, 확정해야 할 의사결정 사항을 도출한다.

④ 선정된 분석 주제를 바탕으로 분석 방안을 구체화한다

- 의사결정 요소를 모형화한다. 분석 대상과 프로세스 활동 간 상관관계를 모형화하여 이를 통해 의사결정을 위한 일련의 요소 간 관계를 구체화한다.

- 분석 체계를 도출한다. 프로세스 활동 단위로 수행할 분석을 정리하여 의사결정을 위한 전체 분석 세트와의 관계를 '이슈 정의 → 분석 방법 → 분석 결과' 체계로 도출한다.

- 개념적 모델링과 논리적 모델링으로 분석에 필요한 데이터를 정의하고, 데이터 리스트를 도출한다.

- 분석 시기와 목적 기준에 의한 ROI 분석 방법을 수행: 분석 ROI를 평가한다. 분석 기획 단계에서는 사전 ROI 분석 방법을 통해 투자 대비 효과에 대한 전략적 기여도를 분석한다(ROI 분석의 종류: 비용-효과 분석(Cost-Benefit Analysis), 정보 경제학(Information Economics), 실물 옵션 가치(Real Option), 시나리오 계획(Scenario Planning), 정보 기반(Information Orientation)).

⑤ 분석 방안을 기반으로 분석 활용 시나리오를 수립한다

- 전략적 분석 기법을 이용하여 시나리오를 정의한다. 논리 트리(Logic Tree)를 이용한 시나리오 요건을 도출한다. 주어진 문제에 대해 상호 논리적으로 연관성이 있는 세부 문제를 트리 형태로 전개하여 분석하는 도구 및 기법으로, 문제 해결 초기 단계에 문제가 무엇인지를 도출하는 기법이다.

- 시나리오 요건 도출: 분석요건 정의를 기반으로 유스케이스에 따른 반응 결과를 예측하고, 흐름에 맞춰 개선 방향에 맞는 시나리오를 작성한다.
- 고객 요구사항을 충족하고 목표를 달성할 수 있는 빅데이터 분석 시나리오를 작성한다.

(2) 빅데이터 분석 데이터 확보 기획하기

① 활용 시나리오에 맞는 빅데이터 분석에 필요한 분석 변수를 정의한다

- 공공 데이터, 데이터 거래소 및 기업 내부 시스템 대상 데이터 수집을 기획한다. 기업 내부 시스템, 외부 유사 시스템의 데이터를 수집한다. 데이터 수집 기법을 활용하여 필요 데이터를 배치 자동화 수집한다. 데이터 거래소, 공공 데이터에 적재된 분야별 데이터를 분류하고 선별한다.
- 빅데이터의 특징과 분석요건 정의에 따라 도출된 분석 항목을 고려하여 분석 변수를 정의한다. 빅데이터의 특징을 고려하여 분석 변수 생성을 기획한다. 목표 변수의 분포를 구별하는 정도에 따라 순수도(purity) 또는 불순도(impurity)에 의해서 측정 구간별 순수도를 가장 높이는 분석 변수를 도출한다.

② 분석 변수의 출처를 확인하고, 목적에 맞는 분석 변수를 생성할 수 있는 프로세스를 정의한다

- 분석 대상에 대한 사실(Fact) 중심의 문제 접근을 통해 분석 변수를 정의한다. 명확한 문제 인식을 위하여 분석적 관점과 가정에 의한 접근(Why) 방법과 함께 문제를 그대로 인식하고 무엇(What)이 문제인지를 파악하여 객관적 관찰 데이터 유형을 식별한다.
- 빅데이터 분석 대상의 연관성 분석을 통해 데이터 집합 간 통계적 관련성을 분석할 수 있는 변수를 생성하고 변수의 척도를 분류한다. 데이터 간의 상관성은 하나의 데이터 값이 변화할 때 다른 하나도 변화할 가능성이 높다는 데이터 간의 관계를 나타내는 것으로, 상관 분석은 빅데이터 분석의 중요 목적 중 하나인 데이터 간 숨겨진 관계를 찾고 가치 있는 데이터의 가치를 도출하는 핵심 방법이다.
- 빅데이터에서 의미 있는 분석 변수를 생성하기 위하여 프로토타이핑 접근법을 통해 결과를 확인하고, 반복적으로 개선하여 필요한 데이터를 식별하고 구체화한다. 빅데이터는 대부분 비정형 데이터 형태이며, 사용자가 빅데이터의 정보 및 분석 변수를 명확히 규정하기는 어렵다. 이러한 문제 해결을 위해 프로토타이핑 모델로 반복적으로 개선해 의미 있는 데이터와 분석 변수를 생성한다.

③ 생성된 분석 변수에 대해 데이터 정제를 위한 점검 항목을 정의한다

도출된 활용 시나리오를 실현할 빅데이터 분석을 위해 확보된 데이터와 분석 변수에 대한 적정성 및 가용성 평가 수행을 기획한다. 테스트셋(Test Set), 학습셋(Training Set), 검증셋(Validation Set)을 혼합해 사용할 수 있게 데이터의 중복과 노이즈를 제거한다. 차원의 저주와 같은 편향된 결과가 발생하지 않게 분석 변수 추출 도메인을 다양하게 설정한다.

④ 생성된 변수에 대해 데이터 전처리 방법을 수립한다

생성된 데이터를 분석 변수로 활용하기 위해 데이터 전처리 과정이 필요하며, 데이터의 유형을 고려하여 데이터 전처리 방안을 수립한다.

- 빅데이터의 특징에 따라 주요 품질 요소를 도출하고 생성된 분석 변수의 데이터 검증 방안을 수립한다. 모든 개별 데이터에 대한 타당성 보장보다는 빅데이터 개념 및 특성 측면에서 관리돼야 하는 항목과 수준에 대해 품질 검증을 정의한다. 빅데이터 품질관리 및 검증은 정확성보다는 데이터의 양이 충분한지에 대한 충분성(good enough) 개념하에 조직의 비즈니스 영역 및 목적에 따라 검증한다.
- 빅데이터 품질 및 데이터 검증 체계를 수립한다. 분석 변수 데이터 검증 방안을 수립한다.

(3) 빅데이터 분석 데이터 탐색 기획하기

① 빅데이터 분석 데이터 탐색 기획을 위해 통계적 분석 계획을 수립한다

- 빅데이터 분석 데이터 탐색을 수행할 수 있는 통계적 분석 기법을 정의한다. 통계적 분석 기법에 대해 조사한다. 조사한 분석 기법 중 통계적 분석에 활용 가능한 기법을 도출한다. 도출된 통계적 분석 기법을 기반으로 분석 데이터 탐색 계획을 수립하기 위해 확보된 변수 간 관계 분석을 계획한다.
- 기술적 통계 분석 계획 수립을 위해 확보된 변수 간 관계를 확인하고, 통계 기반의 데이터 탐색 방안을 수립한다.

② 확보된 분석 변수 간 관계를 확인하고 분석 계획을 수립한다

변수 간의 관계를 확인한다. 통계적 분석 기법 선택을 위한 요건을 정의한다. 자료의 수를 이용한 통계 분석이 가능한지 확인한다. 분석 대상에 포함된 집단 간의 차이 검증이 가능한 통계 분석 기법을 확인한다.

③ 확보된 변수를 대상으로 통계 데이터 기반 데이터 탐색 방안을 수립한다

통계 기반 데이터 탐색 방안을 수립한다. 변수의 분류를 통해 유사도를 측정할 수 있게 한다. 변수의 군집화를 통해 유사도를 측정할 수 있게 한다.

④ 확보된 변수를 대상으로 머신러닝 기반 데이터 탐색 방안을 수립한다

탐색적 분석을 위해 학습셋, 테스트셋, 검증셋이 구성됐는지 확인한다. 데이터의 전처리를 통한 품질 및 검증이 완료됐는지 확인한다.

⑤ 확보된 변수를 대상으로 비정형 데이터 탐색 방안을 수립한다

데이터의 유형을 조사한다. 확보한 데이터의 출처를 확인한다. 데이터 유형 확인 후 빅데이터 분석을 기획한다. 확보된 데이터 기반에 적합한 데이터 탐색 빅데이터 플랫폼을 계획한다.

⑥ 탐색적 자료 분석에 대한 결과 보고서 작성을 위해 보고서 유형과 항목을 정의한다

탐색적 데이터 분석 결과에 대한 항목을 정의한다. 탐색적 데이터 분석 결과에 대한 보고서 항목을 정의한다.

(4) 빅데이터 분석 모델링 기획하기

① 탐색적 분석 보고서를 기반으로 분석 주제에 적합한 분석 기법을 선정한다

- 비즈니스 업무 도메인에 대한 이해를 기반으로 분석의 범위를 설정한다. 탐색적 자료 분석에 대한 보고서를 검토해 분석 주제를 식별한다. 탐색적 자료 분석에 명시된 분석 주제, 추진 배경, 목적과 데이터의 출처 및 분석 결과가 이에 해당한다.
- 식별된 분석 주제에 맞는 빅데이터 분석 모델링 기법을 정의한다. 수집된 분석용 데이터, 계획된 프로세스 및 도구, 결과 형태를 고려하여 최적화된 분석 기법을 후보로 선정한다.

② 선정된 분석 기법을 순차 연계해 개발할 분석 모델을 정의한다

선정된 분석 기법의 데이터, 분석 조건 등의 속성을 정의한다. 분석 데이터가 충분한지에 대한 점검 및 데이터 간 관계 분석을 위한 속성을 정의하고, 정확하게 준비됐는지 다음 절차에 따라 확인한다.

③ 분석 모델과 분석 활용 시나리오를 바탕으로 분석 정의서를 작성한다

- 분석 단계에서 수행할 모든 기능과 제약 조건을 명확히 기술한다.
- 분석 활용 시나리오 단계별로 분석 모델의 조건에 따라 수행할 분석 모델을 매핑하여 빅데이터 분석 모델링을 정의한다.
- 작성한 시나리오 기획서를 기반으로 분석 정의서를 작성한다. 분석 시스템의 품질, 상대적 중요 요소, 품질의 측정 및 검증 방법, 기준을 명시하며, 빅데이터 품질 평가 기준에 의거해 검증 방법 및 평가 방법을 작성한다.
- 정확한 명세 기법을 사용해 분석 정의서를 작성한다.

④ 정의된 분석 모델에 대한 성능을 평가할 기준을 정의한다

분석 모델의 모니터링과 통제에 대한 평가 지표를 정의한다. 도출한 분석 모델 평가 지표를 기반으로 평가 양식을 작성한다.

⑤ 정의된 평가 기준에 따라 모니터링하여 운영 관리 체계를 수립한다

분석 모델 모니터링 계획을 수립한다. 분석 모델의 지속적 발전을 위한 운영 관리 체계를 수립한다.

(5) 빅데이터 분석 결과 적용 계획하기

① 고객과의 협의를 위해 분석 결과를 다양한 관점에서 파악할 수 있는 빅데이터 시각화 방안을 정의한다

분석 데이터 시각화를 위해 시각화 프로세스를 활용해 표현한다. 일반적인 시각화 도구가 아닌 결과 데이터를 위한 고유의 시각화 방안을 계획한다. 분석 결과 해석을 위한 업무 전문가와 협업 계획 수립을 기획한다. 데이터 시각화 설계 및 타당성 검증을 통해 고객과 협의할 수 있는 모델을 제시한다.

② 분석 결과를 해석하고 실무에 적용할 수 있는 인사이트를 얻기 위해 업무 전문가와 협업 계획 을 수립한다

분석 결과 해석을 위한 결과 수집을 기획한다. 분석 프로젝트에서 관리하는 이해관계자 리스트에서 분석 결과에 대해 인사이트를 조언할 수 있는 업무 전문가 선택을 계획한다. 선별한 업무 전문가와 협업할 수 있는 계획을 수립한다.

③ 데이터 분석 결과 해석에 따른 비즈니스 실행 방안을 수립하고, 실무 적용을 위한 분석 결과 전개 방안을 수립한다

실시간 변화 정보에 대한 분석 결과를 수집한다. 분석한 결과에 대한 정제를 통해 비즈니스에 영향을 줄 수 있는 핵심 정보를 도출한다. 도출된 정보를 기반으로 현실 업무에 적용할 수 있는 인사이트를 도출하고 비즈니스에 활용할 수 있는 계획을 수립한다.

④ 분석 결과에 대한 응용 프로그램을 적용할 수 있도록 전개 방안을 수립한다

분석 결과를 통해 변경되고 활용할 수 있는 응용 프로그램을 추출한다. 응용 프로그램과 빅데이터 플랫폼 간 연계할 수 있는 서비스 아키텍처 방안과 영향도를 분석하고 계획을 수립한다.

■ 빅데이터 분석 기획의 능력 단위 요소

NCS 능력 단위	학습 모듈	학습 내용
도메인 이슈 도출하기	분석과제 As/Is 및 개선 방향 도출	▪ 주어진 업무에 대해 문제점을 정의하고 빅데이터 분석을 통한 개선 방향 도출 ▪ 문제점 및 이에 대한 개선 목표가 포함된 빅데이터 요건 정의서 수립
분석 목표 수립하기	분석 목표 정의서 확정	▪ 빅데이터 분석을 통해 얻고자 하는 목표를 정의한 분석 목표 정의서 수립
프로젝트 계획하기	프로젝트 계획 설계	▪ 빅데이터 분석을 위한 예산, 소요 기간, 현재의 IT 환경 등을 고려하여 WBS 작성
보유 데이터 자산 확인하기	내·외부 데이터 활용 수준 분석 및 컴플라이언스 점검	▪ 분석 목표와 프로젝트 계획에 따른 사전 데이터 점검 ▪ 데이터 품질, 분량, 수집 경로 및 데이터 유형 점검

■ 분석 대상과 그 방법에 따른 4가지 분석 주제

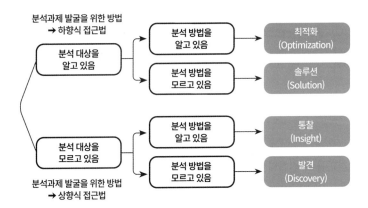

■ 5단계 빅데이터 분석 방법론

		비즈니스 이해	비즈니스 자료 조사, 도메인 관련 자료
[1단계] **분석** **기획**	비즈니스 이해와 범위 설정	범위 설정	프로젝트 범위 설정 SOW(Statement of Work) 작성
	프로젝트 정의와 계획 수립	프로젝트 정의	데이터 분석 프로젝트 정의서
		프로젝트 수행 계획 수립	프로젝트 수행 계획서(WBS: Work Breakdown structure) 작성
	프로젝트 위험 계획 수립	데이터 분석 위험 식별	식별된 위험 목록
		위험 대응 계획 수립	위험 관리 계획서
[2단계] **데이터** **준비**	필요 데이터 정의	데이터 정의	데이터 정의서
		데이터 획득 방안 수립	데이터 획득 계획서
	데이터 스토어 설계	정형 데이터 스토어 설계	정형 데이터 스토어 설계서 데이터 매핑 정의서
		비정형 데이터 스토어 설계	비정형 데이터 스토어 설계서 데이터 매핑 정의서
	데이터 수집 및 정합성 점검	데이터 수집 및 저장	수집된 분석용 데이터
		데이터 정합성 점검	정합성 점검 보고서
[3단계] **데이터** **분석**	분석용 데이터 준비	비즈니스 룰 확인	비즈니스 룰 분석에 필요한 데이터 범위
		분석용 데이터셋 준비	분석용 데이터셋
	텍스트 분석	텍스트 데이터 확인 및 추출	분석용 텍스트 데이터
		텍스트 데이터 분석	텍스트 분석 보고서
	탐색적 분석	탐색적 데이터 분석	데이터 탐색 보고서
		데이터 시각화	데이터 시각화 보고서
	모델링	데이터 분할	학습용 데이터 테스트용 데이터
		데이터 모델링	모델링 결과 보고서
		모델 적용 및 운영 방안	알고리즘 설명서 모니터링 방안
	모델 평가 및 검증	모델 평가	모델 평가 보고서
		모델 검증	모델 검증 보고서

[4단계] **시스템** **구현**	설계 및 구현	시스템 분석 및 설계	시스템 분석 및 설계서
		시스템 구현	구현 시스템
	시스템 테스트 및 운영	시스템 테스트	시스템 테스트 결과 보고서
		시스템 운영 계획	운영자&사용자 매뉴얼 시스템 운영 계획서
[5단계] **평가 및** **전개**	모델 발전 계획 수립	모델 발전 계획 수립	모델 발전 계획서
	프로젝트 평가 및 보고	프로젝트 성과 평가	프로젝트 성과 보고서
		프로젝트 종료	프로젝트 성과 보고서

■ 분석과제 발굴 방법론 개념도

Start **분석 대상이 무엇인지 알고 있는가?**			
Yes ⇩		**No** ⇩	
하향식 접근법		**상향식 접근법**	
㉮ 문제 탐색 단계	ⓐ 비즈니스 모델 탐색 기법	㉮ 지도·비지도학습	ⓐ 지도학습
	ⓑ 분석기회 발굴 및 범위 확장		ⓑ 비지도학습
	ⓒ 외부 참조 모델 기반 문제 탐색	㉯ 프로토타입	시행착오 해결법
	ⓓ 분석 유스케이스		
㉯ 문제 정의 단계	식별된 비즈니스 문제를 데이터 문제로 변환하 여 과제를 정의		
㉰ 해결방안 탐색 단계	과제 정의 후 어떻게 해결할 것인지 그 방안을 탐색(분석 기법, 시스템 등)		
㉱ 타당성 검토 단계	경제적 타당성, 기술적 타당성 등을 검토		

■ 하향식 분석과제 발굴 방법론

㉮ **문제 탐색 단계:** 문제를 탐색하는 단계로 크게 4가지 방법 중 하나 혹은 다수를 사용한다.

ⓐ **비즈니스 모델 탐색 기법**

업무, 제품, 고객 단위로 비즈니스 문제를 발굴하고, 이를 관리하는 규제와 감사 영역과 지원 인프라 영역에 대한 기회를 추가로 도출하는 탐색 기법이다.

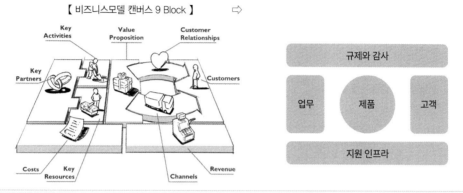

【 비즈니스모델 캔버스 9 Block 】 ⇨

ⓑ **분석기회 발굴의 범위 확장**

기업과 산업 환경을 중심으로 거시적 관점, 경쟁자, 시장의 니즈, 역량 등 4가지 영역에 대해 비즈니스 문제를 발굴하는 방법이다.

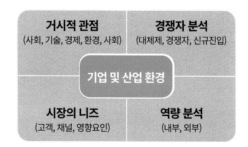

ⓒ **외부 참조 모델 기반 문제 탐색**

'Quick&Easy' 방식으로 산업별, 업무 서비스별 분석과제 POOL을 만들고, 이를 브레인스토밍 형태로 탐색하여 비즈니스 문제를 빠르게 발굴하는 방법이다.

ⓓ **분석 유스케이스**

현재의 유사 및 동종 사례를 탐색하여 분석 유스케이스를 찾아내고, 이를 바탕으로 비즈니스 문제를 발굴하는 방법이다. 분석 유스케이스란 분석을 적용했을 때 업무 흐름을 개념적으로 설명한 것으로 프로세스 혁신 수단으로 활용되기도 한다.

ⓝ **문제 정의 단계**: 앞서 1단계 문제 탐색 과정을 거쳐 비즈니스 문제가 식별되면 이를 데이터의 문제로 변환해야 한다. 즉, 데이터 분석에 관한 관점으로 전환하는 것이다. 예컨대 영업 부서에서 '최근 고객들의 불만이 높아지고 있다'는 비즈니스 문제가 식별됐다고 가정해 보자. 이를 데이터의 문제로 변환하면, '고객의 불만에 영향을 끼치는 요인이 무엇인지 분석하고, 그 요인과 고객 불만율에 대한 상관 및 예측 모델을 수립한다' 정도로 바꿔볼 수 있다. 이것이 하향식 접근법의 2단계인 데이터로의 '문제 정의' 단계다.

ⓓ **해결방안 탐색 단계**: 먼저 기존 시스템으로 가능한지와 기업 자체의 역량이 있는지를 판단하여 다음 그림과 같이 4개의 해결 방안 중 하나를 선정한다.

【 해결방안 탐색 단계 프로세스 】

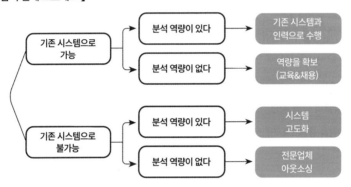

ⓡ **타당성 검토**: 하향식 접근법의 4번째 단계로 경제적 타당성과 데이터 및 기술적 타당성을 검토한다. 경제적 타당성 검토는 비용 대비 편익 분석 관점의 접근이 필요하며, 데이터 및 기술적 타당성 검토는 데이터 존재 여부, 분석 시스템 환경, 분석 역량 등에 대해 이루어져야 한다.

■ 상향식 분석과제 발굴 방법론

㉮ 지도 · 비지도학습

	내용	예
ⓐ **지도학습**	▪ 지도학습이란 정답이 있는 데이터를 활용하여 분석 모델을 학습시키는 것이다. ▪ 지도학습은 레이블(Label)이 범주형인 분류와 연속형인 회귀로 나누어진다.	▪ 머신러닝 ▪ 의사결정 트리 ▪ 인공신경망 모형
ⓑ **비지도학습**	▪ 지도학습과는 달리 정답을 알려주지 않고 학습하는 것이다. ▪ 정답 레이블이 없는 데이터를 비슷한 특징을 가진 데이터끼리 군집화하여 새로운 데이터에 대한 결과를 예측한다.	▪ 장바구니 분석 ▪ 군집 분석 ▪ 주성분 분석 ▪ 다차원척도

㉯ 프로토타입 접근법(시행착오 해결법): 상향식 접근법 중 하나로 시행착오 해결법이라고도 한다. 먼저 분석을 시도하고 그 결과를 확인하면서 조금씩 개선해나가는 방법.

■ 포트폴리오 사분면(Quadrant) 분석을 활용한 분석과제 우선순위 평가

우선순위 평가 기준을 난이도와 시급성을 동시에 고려해 판단한다. 우선 추진해야 하는 분석과제와 단기적 또는 중장기적으로 추진해야 하는 분석과제 등 4가지 유형으로 구분해 분석과제의 적용 우선순위를 결정한다. 다음 표에서 우선순위 평가 기준을 '시급성'에 둔다면 'III → IV → II → I' 순서로, '난이도'에 둔다면 'III → I → II → IV' 순서로 우선순위를 정할 수 있다.

【 포트폴리오 사분면 분석 】

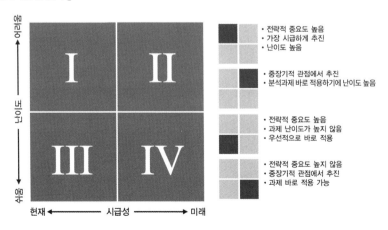

■ 분석 로드맵 수립

추진 단계	[Stage1] 분석 체계 도입	[Stage2] 분석 유효성 검증	[Stage3] 분석 확산 및 고도화
단계별 추진 목표	▪ 분석 기회 발굴 ▪ 분석과제 정의 ▪ 분석 로드맵 수립	▪ 분석과제 수행 ▪ 성과 검증 ▪ 분석 아키텍처 설계	▪ 분석과제를 업무 프로세스에 내재화 ▪ 검증 결과 확산 ▪ 활용 시스템 구축 및 고도화
추진 과제	【 추진과제 #0 】 ▪ 분석 기회 발굴 및 과제 정의 ▪ 분석 로드맵 수립	【 추진과제 #1 】 ▪ 알고리즘 및 아키텍처 설계 ▪ 분석과제 Plot 수행	【 추진과제 #2 】 ▪ 업무 프로세스에 내재화를 위한 PI 관리 【 추진과제 #3 】 ▪ 빅데이터 분석 활용 시스템 구축 ▪ 유관 시스템 고도화

■ 분석요건 정의 프로세스

[1단계] 분석요건 도출	[2단계] 수행방안 설계	[3단계] 분석요건 확정
▪ 분석요건은 비즈니스 이슈로부터 도출 ▪ 상세하게 접근하고 실무 측면으로 진행하는 특성 ▪ 요건으로 제시된 내용에 대한 사실을 확인하고 통찰을 도출해 방향성을 설정하는 데 필요한 수준	▪ 정의한 분석요건에 따라 구체적인 수행방안을 설계 ▪ 간단한 탐색적 분석을 수행하면 미리 가설을 수립해 어떤 분석을 수행할지 방향 설정 ▪ 분석기법을 정의하고 진행 ▪ 수행 방안의 최종 산출물은 분석 계획서와 WBS(Work Breakdown Structure)	▪ 실무부서와 분석요건을 확정 ▪ 기획 단계의 오류를 발견 ▪ 상세화 · 구체화 · 명세화한 데이터 분석요건 항목을 기준으로 추진 의미가 있는지를 최종 결정 ▪ 공식 변경 관리 절차에 따라 수행

■ NCS 기반 빅데이터 분석 절차 및 계획 수립의 흐름

[1단계] 빅데이터 분석요건 정의하기	[2단계] 빅데이터 분석 데이터 확보 기획하기	[3단계] 빅데이터 분석 데이터 탐색 기획하기	[4단계] 빅데이터 분석 모델링 기획하기	[5단계] 빅데이터 분석 결과 적용 계획하기

01. NCS 능력 단위와 학습 내용이 잘못 짝지어진 것을 고르시오.

① 도메인 이슈 도출하기: 주어진 업무에 대해 문제점을 정의하고 빅데이터 분석을 통한 개선 방향 도출

② 분석 목표 수립하기: 빅데이터 분석을 통해 얻고자 하는 목표를 정의한 분석 목표 정의서 수립

③ 프로젝트 계획하기: 분석 목표와 프로젝트 계획에 따른 사전 데이터 점검

④ 보유 데이터 자산 확인하기: 데이터 품질, 분량, 수집 경로 및 데이터 유형 점검

02. 빅데이터 분석 주제를 선정하는 데 있어 다음의 그림의 각 항목에 알맞은 것을 고르시오.

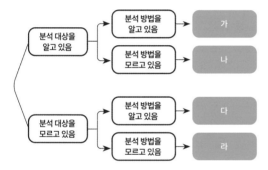

① 가: 솔루션 / 나: 통찰 / 다: 발견 / 라: 최적화
② 가: 통찰 / 나: 발견 / 다: 최적화 / 라: 솔루션
③ 가: 발견 / 나: 최적화 / 다: 솔루션 / 라: 통찰
④ 가: 최적화 / 나: 솔루션 / 다: 통찰 / 라: 발견

03. 분석 기획 시 고려사항 3가지 중 가장 거리가 먼 것을 고르시오.

① 가용 데이터
② 분석에 필요한 예산
③ 적절한 활용 방안과 유스케이스
④ 사전 계획 수립

04. 업무 특성에 따른 분석 방법론에는 3가지 모델이 있는데, 이 중에서 '단계를 순차적으로 진행하며 전형적인 IT SW 개발 방식'에 해당하는 모델을 고르시오.

① 폭포수 모델
② 프로토타입 모델
③ 나선형 모델
④ 유스케이스 활용 모델

05. 다음은 KDD 분석 방법론에 대한 설명이다. 다음 설명 중 1단계 빈칸에 들어가는 용어로 가장 적절한 것을 고르시오.

[1단계] _____ / [2단계] 데이터 전처리
[3단계] 데이터 변환 / [4단계] 데이터 마이닝 /
[5단계] 해석과 평가

① 업무 이해
② 데이터셋 선택
③ 데이터 이해
④ 전개 계획 수립

06. 다음은 CRISP-DM 분석 방법론에 대한 설명이다. 다음의 2단계 빈칸에 들어가는 용어로 가장 적절한 것을 고르시오.

[1단계] 업무 이해 / [2단계] _____ /
[3단계] 데이터 준비 / [4단계] 모델링 / [5단계] 평가 /
[6단계] 전개

① 데이터 이해
② 목표 설정
③ 데이터 전처리
④ 데이터 차원 축소

07. 널리 사용되는 분석 방법론 중 '5단계 빅데이터 분석 방법론'에 대한 설명으로 틀린 것을 고르시오.

① 1단계 분석 기획 단계에서 프로젝트 범위 설정을 위해 SOW(Statement of Work)를 작성한다.

② 2단계 데이터 준비 단계에서 프로젝트 수행 계획서(WBS: Work Breakdown structure)를 작성한다.

③ 3단계 데이터 분석 단계에서 탐색적 데이터 분석을 수행한다.

④ 4단계 시스템 구현 단계에서 시스템 분석 및 설계서를 작성한다.

08. 분석과제 발굴 방법론에 관한 다음 설명 중 가장 잘못된 것을 고르시오.

① 분석 대상이 무엇인지 알고 있다면 하향식 접근법을 통해 과제 발굴을 위해 어떤 방법이 적절한지 탐색할 수 있다.

② 상향식 접근법에는 지도학습, 비지도학습 등이 있다.

③ 하향식 접근법을 사용할 때 첫 번째 단계에 분석기회 발굴 및 범위를 확장하는 업무가 필요하다.

④ 하향식 접근법은 식별된 비즈니스 문제를 데이터 문제로 변환하여 과제를 정의하는 단계가 필요하며 주로 시행착오 해결법을 사용한다.

09. 분석과제를 발굴할 때 문제 탐색 단계에서 비즈니스 모델을 탐색하여 분석과제를 발굴하는 방법이 사용된다. 이때 '비즈니스 모델 캔버스 9Block'을 5개의 영역으로 단순화한 다음 분석과제를 발굴하는 방법을 사용하는데, 다음 그림의 '가'에 해당하는 적절한 용어를 고르시오.

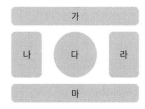

① 업무
② 제품
③ 규제와 감사
④ 고객

10. 9번 문제의 그림에서 '나-다-라'에 해당하는 용어가 바르게 짝지어진 것을 고르시오.

[나] – [다] – [라]

① 제품 – 업무– 고객
② 고객 – 업무– 제품
③ 고객 – 제품– 업무
④ 업무 – 제품– 고객

11. 분석과제를 발굴할 때 문제 탐색 단계에서 'Quick& Easy' 방식으로 산업별, 업무 서비스별 분석과제 POOL을 만들고, 이를 브레인스토밍 형태로 탐색하여 비즈니스 문제를 빠르게 발굴하는 방법은 무엇인지 고르시오.

① 외부 참조 모델 기반 문제 탐색
② 분석 유스케이스
③ 분석기회 발굴의 범위 확장
④ 비즈니스 모델 탐색 기법

12. 1단계 문제 탐색 과정을 거쳐 비즈니스 문제가 식별되면 이를 데이터의 문제로 변환해야 하는데, 이때 데이터 분석에 관한 관점으로 전환하는 단계를 무엇이라고 하는지 다음 보기에서 고르시오.

① 문제 탐색 단계
② 해결방안 탐색 단계
③ 타당성 검토 단계
④ 문제 정의 단계

13. 상향식 접근법은 분석 대상이 무엇인지 모를 경우 분석과제 발굴을 위해 사용하는 방법이다. 상향식 접근법 중 하나로 스탠퍼드대학의 d.school은 디자인적 사고 관점에서 접근하는 방법을 제시했는데, 다음 보기 중 이에 해당하지 않는 것을 고르시오.

① Empathize
② Define
③ Ideate
④ Visual

14. 빅데이터의 특징인 4V를 ROI 관점으로 살펴봤을 때 그 성격이 다른 하나를 고르시오.

① Volume
② Variety
③ Value
④ Velocity

15. 우선순위 평가 기준은 난이도와 시급성을 동시에 고려해 판단한다. 우선 추진해야 하는 분석과제와 단기적 또는 중장기적으로 추진해야 하는 분석과제 등 4가지 유형으로 구분해 분석과제의 적용 우선순위를 결정한다. 다음의 그림에서 평가 기준을 '시급성'에 두었을 때 우선순위로 올바르게 배열된 것을 고르시오.

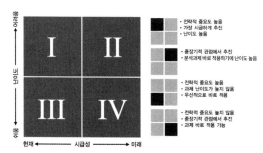

① Ⅰ→Ⅱ→Ⅲ→Ⅳ
② Ⅱ→Ⅲ→Ⅳ→Ⅰ
③ Ⅲ→Ⅳ→Ⅰ→Ⅱ
④ Ⅲ→Ⅳ→Ⅱ→Ⅰ

16. 15번 문제의 그림에서 평가 기준을 '난이도'에 두었을 때 우선순위로 올바르게 배열된 것을 고르시오.

① Ⅰ→Ⅱ→Ⅲ→Ⅳ
② Ⅱ→Ⅲ→Ⅳ→Ⅰ
③ Ⅲ→Ⅰ→Ⅱ→Ⅳ
④ Ⅲ→Ⅳ→Ⅱ→Ⅰ

17. 분석요건 정의 프로세스에 관한 다음 설명 중 옳은 것을 고르시오.

① 수행방안 설계는 업무를 수행하는 데 있어 수익 증가, 비용 증가, 상황 변화, 처리 속도 지연 등을 발생시키는 항목으로, 전사적 측면에서 개선돼야 할 사항 등을 말한다.
② 분석 요건 도출 단계에서는 분석을 구체적으로 수행하기 위해 간단한 탐색적 분석을 수행하며 미리 가설을 수립하고 어떤 분석을 수행할지 방향을 설정한다.
③ 분석요건 도출 단계에서는 분석 요청 부서와 IT 부서, 기타 연관 부서와 공유해 최종 요건을 확정한다.
④ 핵심적 분석항목과 구체적 분석범위를 지정해 분석범위를 명확히 하고 관련 업무와의 선·후행 관계를 검토하기 위해 WBS를 일 단위로 작성하는 단계는 수행방안 설계 단계다.

18. 데이터 분석 모델링 프로세스 순서가 바르게 배열된 것을 고르시오.

가. 모델링 마트 설계와 구축
나. 모델링 성능평가
다. 검증 및 테스트
라. 적용
마. 탐색적 분석과 유의 변수 도출
바. 모델링

① 가 - 마 - 나 - 바 - 다 - 라
② 가 - 마 - 바 - 나 - 다 - 라
③ 가 - 마 - 바 - 나 - 라 - 다
④ 가 - 마 - 나 - 바 - 라 - 다

19. 'NCS 기반 빅데이터 분석 절차 및 계획 수립' 과정에서 분석요건 정의 단계에 관한 다음 설명 중 틀린 것을 고르시오.

① 요구사항에 적합한 분석 기회를 발굴하고 구조화한다.
② 구조화된 분석 기회를 평가하여 분석 주제를 선정한다.
③ 분석 방안을 기반으로 분석 활용 시나리오를 수립한다.
④ 상향식 비즈니스 모델 분석을 통해 도출한다.

20. 'NCS 기반 빅데이터 분석 절차 및 계획 수립' 과정에서 '데이터 탐색 기획하기' 단계에 관한 다음 설명 중 가장 잘못된 것을 고르시오.

① 가장 먼저 탐색적 데이터 분석을 실시한다.

② 확보된 분석 변수 간 관계를 확인하고 분석 계획을 수립한다.

③ 확보된 변수를 대상으로 통계 데이터 기반 데이터 탐색 방안을 수립한다.

④ 확보된 변수를 대상으로 머신러닝 기반 데이터 탐색 방안을 수립한다.

【정답】

1. **답**: ③

   해설: 분석 목표와 프로젝트 계획에 따른 사전 데이터 점검은 '보유 데이터 자산 확인하기'에 해당한다.

2. **답**: ④

   해설: 이런 유형의 문제는 어느 한 기준점을 잡고 생각하면 쉽게 풀린다. 가장 먼저 대상과 방법을 모두 알고 있다면 최적화한다는 것에서부터 시작하여 아래로 내려가는 방법을 순서대로 암기하면 어떤 문제든 쉽게 대응할 수 있다. 최적화 → 솔루션 → 통찰 → 발견

3. **답**: ②

   해설: 예산은 분석 기획 시 고려사항과는 가장 거리가 멀다.

4. **답**: ①

5. **답**: ②

   해설: KDD 분석 방법론의 첫 단계는 '데이터셋 선택'이며, 여기에는 비즈니스 도메인에 대한 이해와 프로젝트 목표 설정이 필수이며, 분석에 필요한 데이터를 선택하는 것도 포함된다. ①과 ③ 역시 전혀 틀린 답은 아니지만, 이 둘을 모두 포괄하여 KDD 방법론에서 부르는 명칭은 '데이터셋 선택'이므로 정답은 ②번이다.

6. **답**: ①

   해설: 데이터 이해 단계에는 초기 데이터 수집, 데이터 기술 분석, 데이터 탐색, 데이터 품질 확인 등이 포함된다.

7. **답**: ②

   해설: ② WBS는 1단계에서 작성된다.

8. **답**: ④

   해설: 차원을 축소하는 방법 중 고차원 분석에 유용하며 t–분포를 활용하는 방법은 t–SNE이다.

9. **답**: ③

10. **답**: ④

11. **답**: ①

해설: '외부 참조 모델 기반 문제 탐색'과 '분석 유스케이스' 가 헷갈리기 쉬운데, '분석 유스케이스'는 현재의 유 사 및 동종 사례를 탐색하여 분석 유스케이스를 찾 아내고, 이를 바탕으로 비즈니스 문제를 발굴하는 방 법이다.

12. **답**: ④

해설: 하향식 접근법의 2단계인 데이터로의 '문제 정의' 단 계다.

13. **답**: ④

해설: 스탠퍼드대학의 디자인 씽킹 프로세스에는 Empa- thize, Define, Ideate, Prototype, Test, Assess가 있다.

14. **답**: ③

해설: Value는 비즈니스의 효과이며, 크기(Volume), 다 양성(Variety), 속도(Velocity) 등 3V는 투자 비용 (Investment) 측면의 요소다.

15. **답**: ④

해설: 시급성에 우선순위를 둔다면 난이도가 쉽고 현 재에 시급한 것을 먼저 선택해야 한다. 그래서 Ⅲ→Ⅳ→Ⅰ의 순서로 우선순위를 정한다. 시급성이 우선순위라면 Ⅲ을 기준으로 시계 반대 방향이라고 생각하면 쉽다.

16. **답**: ③

해설: 난이도에 우선순위를 둔다면 Ⅲ을 기준으로 시계방 향(Ⅲ→Ⅰ→Ⅱ→Ⅳ)이라고 생각하면 쉽다.

17. **답**: ④

해설: ① 분석요건 도출에 관한 설명, ② 수행방안 설계 단 계에 관한 설명, ③ 분석요건 확정 단계에 관한 설명

18. **답**: ②

해설: 모델링 마트 설계와 구축 → 탐색적 분석과 유의 변 수 도출 → 모델링 → 모델링 성능평가 → 검증 및 테스트 → 적용

19. **답**: ④

해설: 하향식 비즈니스 모델 분석을 통해 도출한다.

20. **답**: ①

해설: 가장 먼저 해야 할 일은 빅데이터 분석 데이터 탐색 기획을 위해 통계적 분석 계획을 수립하는 것이다.

데이터 수집 및 저장 계획

01 _ 데이터 수집

학습단계

1. 데이터 수집의 이해와 수집 방법
2. 데이터 유형 및 속성 파악
3. 데이터 변환
4. 데이터 품질 검증

학습목표

데이터를 수집하고 분석에 활용할 수 있도록 변환하는 과정을 학습한다. 데이터의 품질을 검증하는 방법을 학습한다.

02 _ 데이터의 저장과 처리

학습단계

1. 데이터 저장과 처리
2. 데이터 저장과 처리를 위한 플랫폼
3. 하둡 플랫폼에서의 데이터 저장과 처리

학습목표

데이터의 저장과 처리 방법, 그리고 빅데이터 플랫폼에 대해 자세히 학습한다. 여기서는 가장 널리 활용되는 하둡 플랫폼을 학습하기로 한다.

01 데이터 수집

1. 데이터 수집의 이해와 수집 방법

(1) 데이터의 이해

① 데이터 수집의 이해

다양한 형태와 특징을 가진 데이터를 활용하기 위해서는 데이터의 재생산 과정을 거쳐야 한다. 그 첫 번째 과정은 데이터 수집이다. 데이터 수집이란 효용성 있는 결과를 얻기 위해 필요한 데이터를 수집하는 것이다. 데이터 수집은 데이터 분석의 첫 번째 단계로서, 데이터 분석 결과의 품질에도 직접 영향을 미치기 때문에 어떤 데이터를 수집할 것인지 원천 데이터를 내·외부 시스템에서 탐색해 결정해야 한다.

② 데이터 수집에서 고려할 사항

데이터 수집에서 고려할 사항은 데이터의 위치, 주기, 수집 방법, 그리고 저장 형태다. 이런 고려 사항을 바탕으로 데이터를 수집하는 절차를 나눠보면 데이터 선정, 수집 세부 계획 수립, 테스트 수집 실행으로 나눌 수 있다.

- **데이터 선정**: 데이터의 선정은 데이터 분석 결과와 품질에 큰 영향을 미친다. 데이터 선정 시 우선 고려할 사항은 수집 가능성이다. 수집 자체가 가능한지, 그리고 규칙적인 주기(주기성)를 가지고 데이터를 수집할 수 있는지를 파악해야 한다. 다음으로는 저작권 혹은 개인정보보호 문제가 없는지 알아야 한다. 비용도 고려 대상이다. 아울러 데이터가 목적에 부합하는지를 파악해야 하고 그에 대한 전처리, 사후 처리 과정도 준비해야 한다.

- **수집 세부 계획 수립**: 데이터 위치와 유형을 파악하고 그에 맞는 준비를 해야 한다. 데이터의 위치가 시스템 내부 혹은 외부에 있는지를 파악하고 그에 맞는 기술 및 보안 정책 등을 파악해야 한다. 데이터가 어떤 유형인지 파악해 그에 따른 수집 방법을 검토해야 한다. 데이터 유형은 정형, 반정형, 비정형 데이터로 나눌 수 있고, 그 형태에 따라 RDB, 파일로 나눌 수 있다. 이때 정형, 비정형 데이터는 'RDB'로, 반정형 데이터는 '파일'로 속한다. 각각에 따른 데이터 수집 방법은 DB to DB, ETL, RDB 벤더 제공 드라이버, 크롤링, Open API, FTP, RSS, Streaming Aggregator(LOG, RDB), HTTP로 나눌 수 있다. 데이터 수집 계획서에는 데이터의 위치, 주기성, 적용 기술 등의 구체적 내용이 포함돼야 한다.

- **테스트 수집 실행**: 수집 가능성, 보안 문제, 정확성 등을 만족하는지 검증하고 실제 활용 가능성까지 검토해야 한다.

(2) 데이터 수집 방법

① 데이터 유형에 따른 수집 방법

데이터 선정 이후 수집 방법을 결정해야 하고 그에 맞는 기술과 보안 정책 등을 파악해야 한다. 수집 방법은 데이터의 종류와 특성에 따라 나눌 수 있다.

【 데이터 유형에 따른 데이터 수집 방법 】

데이터 유형	데이터 종류	데이터 수집 방법
정형 데이터	DBMS, 스프레드시트	ETL, FTP, Open API
반정형 데이터	HTML, XML, JSON, 웹 문서, 웹로그, 센서 데이터	웹 크롤링(Crawling), RSS, Open API, FTP
비정형 데이터	소셜 데이터, 문서, 이미지, 오디오, 비디오, IoT	웹 크롤링(Crawling), RSS, Open API, Streaming, FTP

참고 | 용어 해설

- **Open API**: Open API(Open Application Programming Interface, 공개 API)는 웹을 운영하는 주체가 누구나 사용할 수 있게 공개한 데이터를 개발자나 사용자가 수집해 사용하는 기술을 의미한다. Open API를 사용하는 경우 비용을 절감할 수 있다는 장점이 있다. 제공하는 주체의 입장에서도 사용자 이탈률을 줄일 수 있다는 장점이 있다. 대표적으로 정부에서 제공하는 공공 데이터 포털을 통한 도로명 주소 조회 서비스 등을 볼수 있다. 그 밖에도 네이버 지도, 구글 맵 등 다양한 Open API의 활용 예를 흔히 찾을 수 있다.

- **웹 크롤링**: 웹크롤러는 소프트웨어 프로그램으로 웹사이트들을 방문하여 정보를 모으고 관련된 검색 엔진 인덱스를 만드는 역할을 한다. 웹스파이더나 봇으로도 알려져 있다. 데이터를 인덱싱하여 데이터 베이스에 구조화된 정보를 저장한다. 웹스크래핑은 웹 다큐먼트나 정보를 수집하는 것을 자동으로 요청하는 프로세스이다.

- **로그 수집기**: Log Aggregator(로그 수집기)는 웹서버 로그, 웹 로그, 트랜잭션 로그, 클릭 로그, DB 로그 등 각종 로그 데이터를 수집하는 오픈 소스 기술이다. Flume, Scribe, ChukWa, Kafka 등이 대표적인 예다.

【 Web Crawling 흐름도 】

* 출처: http://prowebscraping.com/web-scraping-vs-web-crawling/

2. 데이터 유형 및 속성 파악

(1) 데이터 유형 파악

① 정형 데이터와 비정형 데이터

데이터 선정 및 수집에 있어서 데이터 유형에 따라 다른 기술을 적용할 수 있다. 어떤 데이터를 필요로 하는지, 데이터가 어떤 유형인지를 먼저 파악해야 한다. 데이터는 정형, 반정형, 비정형으로 나눌 수 있다.

- **정형 데이터(Structured data)**: 고정된 구조로 정해진 필드에 저장된 데이터를 의미한다. 엑셀 스프레드시트, RDBMS(관계형 데이터베이스), CSV 파일 형태가 대표적이다. 예를 들어, 주소록과 같은 데이터를 저장하고 있는 '엑셀' 형태의 파일을 의미한다. 데이터로서 활용성이 가장 높다.

- **반정형 데이터(Semi-Structured Data)**: 고정된 필드에 저장되어 있지는 않지만, 데이터와 메타데이터, 스키마 등을 포함하는 데이터를 의미한다. XML, HTML, JSON 등이 대표적이다. 규칙을 가지고 있어 필요 시 정형 데이터로 변형이 가능하다.

【 반정형 데이터의 예 】

```
XML : <> 안에 name, age, phone이란 정해진 데이터들이 들어 있다.
        <contactinfo>
                <address category ="friend">
                        <name>Mark</name>
                        <age>33</age>
                        <phone>010-0000-1111</phone>
                </address>
        </contactinfo>
HTML : <> 안에 데이터들이 들어있으며 내용을 태그로 구분이 가능하다.
        <html>
        <head>
                <title>ContactInfo</title>
        </head>
        <body>
                <h1>ContactInfo</h1>
                <p> Contact List of My friends</p>
        </body>
        </html>
JSON : Name, Age, Phone 이라는 정해진 내용을 추출할 수 있다.
        { Contactinfo : { name:'Mark', age:33, phone:'010-0000-1111' } }
```

- **비정형 데이터(Unstructured data)**: 미리 정해진 구조가 없고, 고정된 필드에 저장되어 있지 않은 데이터를 의미한다. 동영상, 소셜 네트워크 댓글 같은 문자 데이터, 위치 데이터, 오디오 데이터 등이 대표적이다. 비정형 데이터는 크기가 크고 규칙이 없어 복잡하다. 하지만 데이터 변환 기술의 발전으로 비정형 데이터의 활용성과 공유 가능성이 높아지고 있다.

내부 데이터	자체직으로 시스템 내부에 보유하고 있는 데이터를 의미한다. 대부분 정형 데이터의 형태다. 데이터 수집 시에 내부 파일 시스템, DBMS, 센서 등에 접근할 수 있다. 대표적인 내부 데이터 수집 방법은 ETL(Extraction Transformation Loading)이다.
외부 데이터	원천 데이터가 외부시스템에 있는 경우를 의미한다. 대부분 비정형, 반정형의 데이터 형태다. 데이터를 외부 데이터 제공자에 의해 제공받아야 하기 때문에 수집에 어려움이 있을 수 있다.

(2) 데이터 속성 파악

① 척도

데이터 분석을 하기 위해서는 관측 혹은 수집된 정보가 다른 정보와 구분되는 특성을 가져야 한다. 이를 가능하는 특성을 '척도'라고 한다.

TIP _ 척도는 통계의 기본이 되는 개념으로 시험에 나올 가능성이 매우 높습니다.

데이터 측정 방법에 따라 질적 자료(범주형)와 양적 자료(연속형)로 구분된다. 질적 자료는 다시 명목 척도와 순위(서열) 척도로, 양적 자료는 구간 척도와 비율 척도로 구분된다. 질적 자료(범주형)와는 달리 양적 자료(연속형)는 연산 조작이 가능하기 때문에 평균, 편차를 계산해 통계 처리가 가능하다.

제대로 된 데이터를 수집하고 높은 품질의 분석 결과를 얻기 위해서는 반드시 수집하고자 하는 데이터의 유형과 처리방식을 숙지해야 한다. 데이터의 종류에 따라 적용되는 데이터 수집 및 저장 기술이 다르고 분석하는 방법도 다르다.

- **질적 자료(범주형 자료)**: 특정 범주를 구분해 나눌 수 있는 자료를 의미한다. 연산이 불가능하기 때문에 평균을 구할 수는 없다. 정량화하기 위해서는 빈도수를 이용해야 한다. 범주형 자료는 다시 명목 척도와 순위 척도로 구분할 수 있다.

명목 척도	순위가 없이 특정 범주에 존재하는 척도를 의미한다. 성별, 혈액형, 거주지역, 인종 등과 같이 크기 비교나 연산 조작이 되지 않는 척도다.
순위 척도(서열 척도)	순위가 있는 척도를 의미한다. 학년, 석차, 소득 수준 등과 같이 특정 상태(순위)의 범주에 포함되는 척도다.

- **양적 자료(연속형 자료)**: 연속적인 수로 수량화할 수 있는 자료를 의미한다. 특정한 간격을 두고 값이 존재한다는 면에서 범주형 자료의 특성도 가진다고 할 수 있지만, 연속형 자료는 산술적 의미를 가진다는 점에서 범주형 자료와는 차이가 있다. 연산 조작이 가능하기 때문에 평균값이나 편찻값을 이용한 통계 처리가 가능하다. 연속형 자료는 다시 구간 척도(등간 척도)와 비율 척도로 구분할 수 있다.

구간 척도(등간 척도)	절대적인 원점이 존재하지 않는다. 다시 말해 값이 "0"이라고 해서 값이 없다고 할 수 없는 값이다. 온도, 지수, 점수 등과 같은 값을 의미한다.
비율 척도	절대적인 원점이 존재한다. 값이 "0"일 때 값이 없다고 할 수 있는 경우를 의미한다. 무게, 거리, 키, 나이, 시간 등과 같은 값이다. 무게가 "0"이라고 하는 경우 측정값이 없다고 할 수 있다.

3. 데이터 변환

(1) 데이터 변환의 이해 및 방법

임의의 데이터 변형을 통해 데이터 분석을 좀 더 효율적으로 처리하기 위해 데이터 변환을 한다. 분석 목적에 맞는 변수를 선택하거나 데이터의 차원을 축소해 데이터 마이닝이 효율적으로 적용될 수 있게 데이터를 변경하는 조치를 취한다.

(2) 데이터 변환 방법

① 평활화(Smoothing)

데이터로부터 발생할 수 있는 잡음을 제거하기 위해 추세에 맞지 않는 이상값들을 제거하여 데이터를 변환하는 방법이다.

TIP _ 데이터 변환 방법과 종류가 시험에 나올 가능성이 높습니다.

② 집계(Aggregation)

그룹화 연산을 데이터에 적용하여 데이터를 요약하는 방법이다. 일반적으로 다중 추상 레벨에서 데이터 분석을 위한 데이터 큐브 생성에 사용된다. 예를 들면 매일 발생하는 데이터를 월별 또는 연도별로 그룹화하는 총계를 계산해 요약하는 조치를 취할 수 있다.

③ 일반화(Generalization)

특정 구간에 분포하는 값으로 스케일(규모)을 변화시키는 방법이다. 다시 말해, 데이터를 특정 범위 내의 값으로 축소하는 것을 의미한다. 예측 모델이 새로운 자료에 얼마나 잘 적용되는가를 의미한다. 최솟값과 최댓값의 편차가 크거나 다른 열보다 데이터가 지나치게 큰 열이 있을 때 주로 사용할 수 있다. 따라서 일반화는 데이터 마이닝 기법의 비정형성을 어느 정도 해결하고 보완하는 데 도움을 준다.

④ 정규화(Normalization)

데이터를 특정 구간 안에 들어가게 이상값을 변환하는 방법이다. 최단 근접 분류와 군집화 같은 거리 측정 등에 특히 유용하다. 구체적인 방법으로는 최소-최대 정규화, z-score 정규화, 소수 스케일링 정규화가 있다.

최소-최대 정규화	원본 데이터에 대해 선형 변환을 수행함으로써 정규화하는 방법으로, 원본 데이터 값들의 관계를 그대로 유지하는 방법이다. 단, 원래 데이터의 범위를 벗어나는 경우 범위 초과 오류가 발생할 수 있다.
z-score 정규화	평균값과 표준편차를 기초로 하여 정규화하는 방법으로, 실제로 최솟값과 최댓값이 알려져 있지 않거나 최소-최대 정규화에 큰 영향을 주는 이상치가 있는 경우에 이용할 수 있는 방법이다.
소수점 변경 정규화	소수점을 변경하여 정규화하는 방법으로, 정규화된 값의 절댓값은 1보다 작아야 한다.

> **매개변수의 필요성**
>
> z-score 정규화와 소수점 변경 정규화의 경우 원본 데이터에 변화를 줄 수 있으므로 실제 정규화에 사용된 매개변수를 저장할 필요가 있다.

⑤ 범주화

데이터 통합을 위해 상위 레벨 개념의 속성이나 특성을 이용해 일반화하는 방법이다. 예를 들면, 나이를 나타낼 때 30대, 40대처럼 표현하거나 까치, 까마귀와 같은 것을 '새' 혹은 '동물'이라고 상위 개념으로 통합하는 것을 의미한다.

- **이산화**

  연속형 변수를 이산 변수로 변환하는 방법이다. 이산화 과정을 거친 데이터는 축소되면서 간단해지기 때문에 변수의 데이터 구조를 이해하기 쉽다. 분류 알고리즘을 적용할 때도 데이터를 다루기 쉬우며 의사결정 트리와 같은 분류 모형에서도 연속형 데이터보다 이산형 데이터가 더 높은 분류 정확도를 가진다. 그뿐만 아니라 수행 속도의 효율도 훨씬 높다. 이산화한 데이터는 정보 손실의 우려가 있으므로 손실을 최소화하며 높은 분류 정확도를 가지게 해야 한다.

  이산화 방법은 인접 구간의 처리 방법에 따라 분할 이산화, 병합 이산화로 나누거나 클래스 정보 활용 여부에 따라 지도 이산화, 비지도 이산화로 나눌 수 있다. 비지도 이산화의 방법으로는 등 넓이 이산화, 등 빈도 이산화, k-평균 군집화 이산화 방법 등이 유명하다(출처: 김병수, 김현지, 차운옥 〈데이터 마이닝을 위한 이산화 알고리즘에 대한 비교 연구〉, 한국통계학회논문집, 2011 18권 제1호 98-102).

- **이진화**: 연속형과 이산형 속성을 한 개 이상의 이진 속성으로 변환하는 것을 의미한다.

⑥ 데이터 축소 · 차원 축소

데이터 축소	같은 정보량을 가지면서 데이터의 크기를 줄이는 방법이다. 대규모 데이터를 다루는 경우 데이터 분석의 효율성을 높이기 위해 필요한 데이터 변환 과정이다.
차원 축소	차원 축소를 통해 데이터 잡음을 제거할 수 있으며 데이터셋을 더 다루기 쉽게 만들어 준다는 장점이 있다. 여러 속성 중 분석하는 데 관계없거나 중복되는 속성을 제거하는 작업을 통해 속성의 최소 집합을 찾아내는 방법이다.
데이터 압축	데이터 인코딩이나 변환을 통해 데이터를 축소하는 방법이다. 아무런 손실 없는 압축기법을 무손실압축기법(Lossless)이라고 하며, 대표적인 예로는 BMP 포맷이 있다. 데이터의 손실이 있는 경우에는 손실압축기법(Lossy)이라고 하고, 대표적인 예로는 JPEG 포맷이 있다.

참고 ┃ **차원 축소 모델**

- **PCA(Principal Components Analysis)**

여러 변수의 변량을 서로 상관성이 높은 변수들의 선형 조합으로 만든 새로운 변수로 요약 및 축소하는 기법이다. 즉, '데이터에 많은 변수가 있는 경우 변수의 수를 줄이는 방법'이다.

데이터를 가장 잘 표현하는 직교상의 데이터 벡터들을 찾아서 데이터 압축한다. 속성들을 선택하고 조합하여 다른 작은 집합을 생성한다.

계산이 간단하며 데이터 부족이나, 일률적 데이터 혹은 정렬되지 않은 속성을 가진 데이터도 처리할 수 있다는 장점이 있다.

- **샘플링(Sampling)**

전체 데이터 중 분석에 필요한 데이터만 선택적으로 이용하는 것을 샘플링이라고 한다. 반드시 원천 데이터의 특징을 균일하게 유지할 수 있게 샘플링해야 한다. 샘플링의 방법으로는 단순 임의 추출, 체계적 추출, 층화 임의 추출, 군집 추출, 그리고 다단계 추출이 있다.

(3) 데이터 비식별화

① 데이터 비식별화

데이터에 개인을 식별할 수 있는 정보가 있는 경우 일부 또는 전체를 삭제하거나 일부를 대체 처리함으로써 특정 개인을 식별할 수 없게 하는 것을 '데이터 비식별화'라고 한다. 하나의 정보만으로는 개인을 식별하기 어렵지만 이런 정보가 다른 정보와 결합하여 특정개인을 식별할 수 있게 될 수도 있다. 그러므로 이런 정보도 데이터 비식별화의 대상이 된다. 앞서 '1과목 1장 2절 4. 개인정보보호' 편에서 언급한 내용을 제외하고 여기서는 기술적인 부분만 설명한다.

【 데이터 재식별 판별 기준 】

기준	내용
개별화(single out)	전체 데이터 집합에서 특정 개인에 해당하는 집합을 식별 가능한 정도
연결 가능성(linkability)	한 정보가 특정 개인을 알 수 없게 개별화하였더라도 다른 정보와 동일 값 연결을 통하여 특정 개인의 정보임을 식별할 수 있는 정도
추론 가능성(inference)	개별화로 특정 개인을 구별해 낼 수 없더라도 특정 정보의 속성과 값(흔하지 않은 값 등)을 통해서 특정 개인임을 유추해 낼 수 있는 정도
구별 불가능성 (indistinguishability)	특정 정보의 값이 특정 그룹이나 소속에 포함됨을 확인할 수 있어 특정 개인을 구분해낼 수 있는 정도

* 출처: ISO/IEC WD 20889, 2016.

② 비식별화 데이터 유형

모든 데이터는 재식별 위험성이 존재한다. 비식별화 데이터 유형에 따라 사생활 침해의 범위는 다음 그림과 같이 나타난다. 데이터가 특정인과 연결되어 있는지, 특정인과 연결될 잠재적 가능성이 있는지 등에 따라 해당 정보가 식별되어 프라이버시를 침해할 위험성이 달라짐을 보여준다. 심지어 실제로 특정인과 직접 연결할 수 없는 데이터라고 하더라도 사생활 침해의 위험성이 있다고 보는 것이다. 사생활 침해의 가능성은 직접 연결된 데이터에서뿐만 아니라 간접적으로 연결된 데이터의 위험까지 나타낸다. 그만큼 데이터 비식별화의 중요성이 강조되고 있다.

【 비식별화 데이터 유형 】

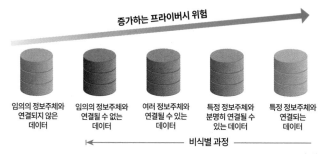

* 출처: NIST, NISTR 8053, 2015

③ 비식별 방법

비식별화에 대한 최신의 사례를 구현하는 수단으로 영국정보국(ICO)에 의해 2012년 설립된 민간조직 'UKAN'은 "익명화 프레임워크"라는 가이드를 2016년에 발간했다. 이 가이드에서는 기존 비식별 처리 방법을 다루는 가이드와는 다르게 다음과 같이 비식별 방법을 정형 비식별화, 보장형 비식별화, 통계적 비식별화, 기능적 비식별화의 4가지로 분류했다. 또한 비식별 처리 방법을 재식별 위험과 정보 유용성 관점에서 분류했다.

【 UKAN 비식별 방법 】

비식별 처리 타입	내용
정형 비식별화	특정 개인을 구분할 수 있는 식별자를 제거하거나 마스킹(masking)하여 처리하는 방법
보장형 비식별화	특정 개인이 식별될 수 있는 위험을 제로(zero)에 가깝도록 데이터를 처리하는 방법으로 차분 프라이버시 방법 등의 수학적 모델링에 의한 알고리즘을 적용하여 처리하는 방법
통계적 비식별화	재식별 가능성을 0의 확률로 축소하는 것이 어렵기 때문에 특정 속성 값에 대한 노출 빈도를 통계적으로 균일하게 처리하는 비식별 처리로써 데이터의 속성 값에 적용한다는 부분에서 정형 비식별화 대상과 차이가 있음
기능적 비식별화	데이터의 활용 목적에 따라 비식별 처리 기법을 결정하는 방식으로 재식별이 미치는 영향, 노출이 가능한 데이터, 비식별 데이터의 관리 방법, 재식별 가능성을 분석하여 적합한 방식을 선정하는 방법

* 출처: UKAN. "The anonymisation decision-making framework". 2016.9.

참고 | 비식별 처리 방법에서 고려할 점

보유한 데이터의 활용 특성 이해	① 데이터 처리 요구사항 이해
	② 데이터 처리를 위한 법적 요구사항 이해
	③ 데이터에 포함된 속성 이해
	④ 데이터 활용 목적, 방법 이해
	⑤ 데이터 활용과 제한 사항 이해
프라이버시 노출 위협 평가와 대응	⑥ 프라이버시 노출 위협 평가 수행을 통해 필요한 비식별 처리 방안 수립
	⑦ 데이터 유용성을 고려한 노출 위협 경감 방안 수립
프라이버시 노출 위험 관리	⑧ 데이터를 이용하는 주체를 식별하고 위험 발생 시 처리 방안 수립
	⑨ 데이터를 제공 및 공유한 이후에 관리 방안 수립
	⑩ 위험 발생 시 대응 방안 수립

* 논문 출처: 임형진, <빅데이터 환경에서의 개인정보 비식별 처리 방법 분석>, 전자금융과 금융보안, 2017, 제8호 2017-04

4. 데이터 품질 검증

(1) 데이터 품질 개요

'Garbage In, Garbage Out'이라는 말이 있다. 쓰레기를 넣으면 쓰레기가 나온다, 즉 저품질의 데이터를 사용하면 저품질의 결과를 낳는다는 의미다. 점점 더 많은 기업이 데이터 기반의 의사결정을 내리고 있고 효과적인 비즈니스 적용을 위한 데이터 품질의 중요성이 대두되고 있다.

> **참고** | **데이터 품질(Data Quality)**
>
> "Consistently meeting all knowledge worker and end-customer expectations through data and data services to accomplish enterprise and customer objectives."
>
> – Larry P. English –
>
> - **Consistently**: 데이터는 사용자의 다양한 품질 요구 수준이나 정보 요구를 일관되게 충족해야 한다.
> - **Meeting**: 모든 데이터가 완전무결할 필요는 없으며, 데이터의 품질 수준은 해당 데이터의 활용 목적과 특성에 따라 차등적으로 관리될 수 있다.
> - **Expectations**: 사용자는 정보시스템을 이용함으로써 효율적/효과적으로 업무를 수행할 수 있기를 기대하며, 제공 데이터는 이와 같은 사용자의 기대에 부응할 수 있어야 한다.
>
> "데이터를 활용하는 사용자의 다양한 활용 목적이나 만족도를 지속해서 충족시킬 수 있는 수준"
>
> * 출처: <2004년 데이터베이스 품질 진단 조사 결과 보고서>, 2004년 12월, 한국데이터베이스진흥센터

(2) 데이터 품질 검증 요소

데이터 품질 검증 요소에는 크게 데이터 값 검증, 데이터 구조 검증, 데이터 관리 프로세스 검증이 있다. 각 요소는 서로 관련되어 데이터 품질에 영향을 미치며 데이터 품질 보장을 위해 종합적으로 검증, 관리하려는 노력이 필요하다.

① 데이터 값 검증

- **정형 데이터**

  정형 데이터의 데이터 값 검증은 대상이 되는 데이터베이스 테이블, 칼럼, 관계, 업무 규칙을 기준으로 데이터 값을 관리하고 분석한다. 또 데이터 값 품질 기준에 따라 오류를 검출하고 개선안을 제공한다.

- **비정형 데이터**

  비정형 데이터의 데이터 값 검증은 비정형 콘텐츠 자체의 상태와 메타데이터에 대한 품질 검증으로 구분한다. 전자는 비정형 콘텐츠의 유형에 따라 시각, 청각, 자동화된 도구를 이용해 분석하기 때문에 각각의 품질 기준이 상이할 수 있다. 후자는 정형 데이터 품질 검증 방법으로 검증하고 나아가 데이터가 그 콘텐츠를 정확히 식별할 수 있는지, 즉 데이터와 콘텐츠 개체 간의 일치하는 정도까지 무결성의 개념이 확장된다.

| 업무 규칙(Business Rule)

정형 데이터와 메타데이터를 대상으로 업무적으로 만족시킬 수 있는 운영, 정의, 제약사항 등의 기술 규칙이다. 검증 대상 데이터에 업무 규칙을 적용해 준수 여부를 검증할 수 있다.

| 데이터 프로파일링(Data Profiling)

정형 데이터와 메타데이터를 대상으로 통계 기법을 활용해 패턴을 파악하는 데이터 품질검증 방법이다. 분석 결과를 종합해 누락 값, 유효하지 않은 값 등을 발견하고 개선한다.

| 콘텐츠 유형 분류 사례

대상 자료 유형		내용
메타데이터		콘텐츠에 대한 각종 정보를 가지고 있는 데이터로 구축되는 DB 형태
텍스트	직접 입력 방식	문자의 직접 입력 작업으로 구축되는 DB 형태
	OCR 변환 방식	문자의 OCR 변환 작업으로 구축되는 DB 형태
	한적 자료	고문서, 고도서 등과 같이 한자로만 쓰인 자료 입력 작업으로 구축되는 DB 형태
이미지		스캐닝 또는 카메라 촬영을 통해 구축되는 DB 형태
사운드		녹음 또는 보유자료(tape)의 편집으로 구축되는 DB 형태
동영상		촬영 또는 보유자료(reel tape, 베타 tape, 비디오 tape)의 편집으로 구축되는 DB 형태
3D		디지털 촬영을 통해 나온 이미지를 3차원 데이터로 구축하는 이미지 기반 모델링 및 렌더링 방식과 3D 스캐닝을 통해 3차원 데이터로 구축되는 DB 형태
GIS		기 제작된 지도의 스캐닝 및 속성 정보 입력 등으로 구축되는 DB 형태
항공사진		필름 및 사진 형태로 보관되어 있는 항공사진에 촬영정보 및 공간정보를 수록하여 구축되는 DB 형태
기상위성사진		과거 위성 원시자료 및 지구관측위성 이진 자료를 표준 포맷으로 전환하여 구축되는 DB 형태
지도제작위성사진		위성사진에 속성정보를 입력하고 수치정사영상 자료로 구축되는 DB 형태

* 출처: <데이터 품질진단 절차 및 기법(ver 1.0)>, 한국데이터베이스진흥원

② 데이터 구조 검증

데이터 구조 검증은 데이터 모델링 관점에서 이루어진다. 정형 데이터와 메타데이터를 대상으로 하며 리버스 모델링(Reverse Modeling)을 수행해 논리 모델을 만든 후 현행 데이터베이스 구조 무결성, 데이터 구조 표준화, 관리 수준, 이력 관리 등의 구조의 타당성을 검증한다.

예) 데이터의 표준화 수준, 표준 코드, 표준 도메인, 테이블/칼럼 및 관계 정의, 정규화 수준

③ 데이터 관리 프로세스 검증

데이터를 관리하는 절차, 인력, 조직을 분석해 문제점을 발견하고 개선할 수 있는 핵심 업무 프로세스를 표준화해 재설계한다.

예) 품질관리 정책 수립, 업무 프로세스의 적절성 및 운영성 분석, 프로세스별 오너십

(3) 데이터 품질 기준

① 빅데이터 품질 요소와 품질 전략

데이터 품질 요소	데이터 품질 전략
정확성(Accuracy)	데이터 사용 목적에 따라 데이터 정확성의 기준을 다르게 적용 **예)** 사용자가 접속한 사이트와 이동 지점을 분석하는 클릭스트림 분석과 부정이나 사기를 탐지하는 경우 데이터의 품질 수준은 다름
완전성(Completeness)	필요한 데이터의 완전한 확보보다는 필요한 데이터를 식별하는 수준으로 적용 가능
적시성(Timeliness)	소멸성이 강한 데이터에 대해 어느 정도의 품질 기준을 적용할 것인지 결정 **예)** 웹 로그 데이터, 트윗 데이터, 위치 데이터 등은 하루, 몇 시간, 몇 분 동안만 타당성을 가짐
일관성(Consistency)	동일한 데이터라고 할지라도 사용 목적에 따라 달라지는 데이터 수집 기준 때문에 데이터 의미가 달라질 수 있음

* 출처: Data Quality for Big Data: Principles Remain, But Tactics Change, 가트너, 2011

② 정형 데이터 품질 기준

기준	정의
완전성(Completeness)	필수항목에 누락이 없어야 한다.
유일성(Uniqueness)	데이터 항목은 유일해야 하며 중복돼서는 안 된다.
유효성(Validity)	데이터 항목은 정해진 데이터 유효범위 및 도메인을 충족해야 한다.
일관성(Consistency)	데이터가 지켜야 할 구조, 값, 표현되는 형태가 일관되게 정의되고, 서로 일치해야 한다.
정확성(Accuracy)	실세계에 존재하는 객체의 표현 값이 정확히 반영돼야 한다는 것을 의미한다.

* 출처: 한국데이터베이스진흥원, <데이터 품질진단 절차 및 기법>, 2009

③ 비정형 데이터 품질 기준(콘텐츠에 따라 다소 상이할 수 있음)

기준	정의
기능성(Functionality)	해당 콘텐츠가 특정 조건에서 사용될 때 명시된 요구와 내재된 요구를 만족하는 기능을 제공하는 정도
신뢰성(Reliability)	해당 콘텐츠가 규정된 조건에서 사용될 때 규정된 신뢰 수준을 유지하거나 사용자로 하여금 오류를 방지할 수 있게 하는 정도
사용성(Usability)	해당 콘텐츠가 규정된 조건에서 사용될 때 사용자가 이해하고 선호하는 정도
효율성(Efficiency)	해당 콘텐츠가 규정된 조건에서 사용되는 자원의 양에 따라 요구된 성능을 제공하는 정도
이식성(Portability)	해당 콘텐츠가 다양한 환경과 상황에서 실행될 수 있는 가능성의 정도

* 출처: 한국데이터베이스진흥원, <데이터 품질진단 절차 및 기법>, 2009

(4) 빅데이터 플랫폼 및 센터 데이터 품질관리 가이드

① 빅데이터 품질관리의 특징

빅데이터는 기존 데이터와 다른 몇 가지 특징으로 인해 데이터 품질관리 측면에서 다른 방식의 접근이 필요하다. '대량의 데이터', '세밀한 수준의 데이터', '소유자가 불분명한 데이터' 특성으로 인해 기존의 품질 기준의 적용은 불가능하다. 따라서 모든 개별 데이터에 대한 타당성 보장보다는 빅데이터 개념 및 특성 측면에서 관리해야 할 항목과 수준에 대해 품질을 정의해야 한다(*부분 인용: 한국데이터베이스진흥원, 〈데이터 품질진단 절차 및 기법〉, 2009).

② 빅데이터 품질관리 원칙

원칙1	▪ 데이터를 핵심 자산으로 관리해야 한다. 　• 데이터 품질관리 담당자가 데이터의 전반적인 관리를 수행한다. 　• 데이터의 가치를 높이고 효율적으로 공유하기 위해 데이터 품질을 높이는 정책 및 절차를 수립한다.
원칙2	▪ 빅데이터 플랫폼 및 센터를 통합적으로 관리해야 한다. 　• 통합 관리를 통해 데이터 중복을 최소화하고 표준화된 기준에 의해 데이터를 관리한다. 　• 통합 관리를 위한 통제 역할의 의사결정 기구를 마련하며, 단위 기능별로 관리와 책임 소재를 명확히 한다.
원칙3	▪ 지속해서 품질관리를 수행해야 한다. 　• 데이터 변경은 관련 조직 간 협조로 수행하며 데이터 품질관리 담당자가 통제한다. 　• 측정 가능한 지표를 설정하며 데이터 품질관리 담당자를 통해 지속해서 관리를 수행한다. 데이터 품질관리 담당자의 전문성 확보를 위해 지속적인 교육을 실시한다.
원칙4	▪ 품질 활동은 PDCA 사이클을 준수하고 오너십을 부여해야 한다. 　• 데이터 생애주기 전(全) 단계의 데이터 품질을 관리해야 한다. 품질관리 활동은 목적 달성과 지속적인 개선을 위한 접근 체계인 PDCA 사이클 기반으로 수행한다. 　• 품질 주체 간의 상호 협력을 강화하기 위해 역할과 오너십을 명확히 정의해야 한다.

* 출처: 한국정보화진흥원, <빅데이터 플랫폼 및 센터 데이터 품질관리 가이드>, 2020

【 품질관리 프로세스 】

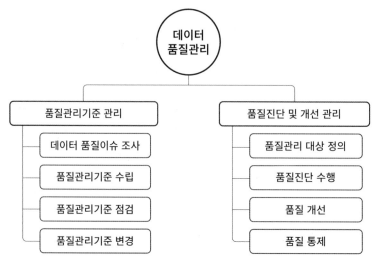

* 출처: 한국정보화진흥원, <빅데이터 플랫폼 및 센터 데이터 품질관리 가이드>, 2020

참고 | **품질관리편 참고 문헌**

▪ 한국정보화진흥원, 〈빅데이터 플랫폼 및 센터 데이터 품질관리 가이드〉, 2020

▪ 〈빅데이터 시대의 데이터 자원 확보와 품질관리 방안〉, 2012, IT & Future Strategy 제5호, 한국정보화진흥원&빅데이터국가전략포럼

▪ 한국데이터베이스진흥원, 〈데이터 품질진단 절차 및 기법〉, 2009

02 데이터의 저장과 처리

1. 데이터 저장과 처리

분석을 통해 인사이트를 추출하기 위해서는 수집한 데이터를 효과적이고 안전하게 저장, 관리해야 한다. 다양한 저장소에 적재할 수 있으며 대표적인 데이터 저장 방식으로는 RDBMS, NoSQL, 분산 파일 시스템 등이 있다.

(1) 데이터 저장 방식

① RDBMS

관계형 데이터베이스를 SQL을 사용해 CRUD(Create, Read, Update, Delete)를 수행하고 관리할 수 있는 소프트웨어다. 하지만 갈수록 복잡해지는 데이터 구조와 빠르게 확장하는 데이터의 양을 처리할 능력은 부족하다. Oracle, MS SQL, MySQL 등이 이에 해당한다.

② NoSQL

Not Only SQL의 약자로, SQL을 사용하는 전통적인 관계형 데이터베이스 시스템보다 상대적으로 제한이 덜한 데이터 모델을 기반에 둔 분산 데이터베이스 기술이다. 데이터 저장을 위한 스키마가 필요 없으며 조인(Join) 연산을 지원하지 않는다. 수평적 확장성(scale-out), 데이터 복제, 간편한 API 제공, 일관성 보장, 유연성 등의 장점이 있다. MongoDB, Cassandra, HBase 등이 이에 해당한다. 또한 NoSQL 데이터베이스 시스템에는 여러 가지 저장 시스템이 사용되는데, 데이터 모델에 따라 Document-Oriented 데이터베이스, Key-Value 데이터베이스, Column-Oriented 데이터베이스로 분류할 수 있다.

	Document-Oriented DB	Key-Value DB	Column-Oriented DB
특징	문서 형식의 정보를 저장 관리하기 위한 데이터베이스 저장 시스템	키와 그에 해당하는 값의 쌍으로 데이터를 저장하는 모델	데이터를 행이 아닌 열 기반으로 저장하고 처리하는 데이터베이스 저장 시스템 열과 행은 확장성을 보장하기 위해 여러 개의 노드로 분할되어 저장되고 관리된다.

	Document-Oriented DB	Key-Value DB	Column-Oriented DB
확장성	가변적(높음)	높음	높음
유연성	높음	높음	준수
복잡성	낮음	없음	낮음
연관 데이터베이스	CouchDB, MongoDB, Elasticsearch, Cloudant	아마존의 Dynamo, Redis, Riak, Coherence, SimpleDB	구글의 Bigtable, Cassandra, Hbase, HyperTable

③ Scale-Out vs. Scale-Up

	Scale-Out(Horizontal scaling)	Scale-Up(Vertical scaling)
개요	분산 소프트웨어 응용 프로그램에 새 컴퓨터를 추가하는 것과 같이 노드(컴퓨터)를 병렬로 추가해 처리 성능을 높임	단일 노드(컴퓨터)의 성능을 업그레이드하여 처리 성능을 높임
장점	비교적 저렴한 비용 fault-tolerance 환경 제공 고가용성(high availability)	여러 서버를 돌리는 것보다 전력 소비가 적음 하드웨어 관리 및 설치가 용이
단점	높은 유틸리티 비용(전력, 냉각) 계속해서 노드를 추가할 수 없음	성능 향상에 막대한 비용 저가용성(low availability)

참고 | **샤딩과 CAP 정리**

- **샤딩(Sharding)**: 데이터베이스 샤딩은 데이터베이스 아키텍처 패턴의 하나로, 효율적인 데이터 처리 및 관리를 위해 데이터를 수평 분할하는 것을 말한다. 샤딩은 부하를 분산하고 더 많은 트래픽을 허용하게 하며, 각각의 파티션을 샤드(shard)라고 한다. MongoDB, Apache HBase 등 많은 데이터 저장소에서 샤딩을 지원한다.

- **CAP 정리**: 분산 데이터베이스 시스템은 CAP(Consistency, Availability, Partition tolerance) 속성 중 최대 2개를 만족할 수 있다. 즉, 3가지 모든 속성을 만족하는 시스템은 존재하지 않고 2개의 속성을 선택할 수 있으므로 시스템은 CP, AP, CA 타입으로 구분할 수 있다. 하지만 장애가 없는 네트워크는 없기 때문에 P는 필수적인 요소로 보고 C와 A 중에 하나를 선택해야 한다. 즉, 분산 시스템은 CP와 AP로 구분한다.

일관성(Consistency)	모든 노드는 같은 시점에 동일한 데이터를 볼 수 있다.
가용성(Availability)	시스템 내 특정 노드에 장애가 발생해도 장애가 없는 노드는 서비스가 가능하다.
분할용인 (Partition tolerance)	메시지 전달에 실패하거나 네트워크 장애가 발생해도 시스템은 계속 정상적으로 동작할 수 있다.

---

1 https://ko.wikipedia.org/wiki/NoSQL#cite_note-17

- **CP**: A가 없으므로 특정 노드에 장애가 생기면 일관성 유지를 위해 지연이 발생할 수 있다. 지연은 생겨도 데이터의 일관성이 중요한 철도 예약 웹앱을 예로 들 수 있다. MongoDB, HBase, Redis, Bigtable 등이 이에 해당한다.

- **AP**: C가 없으므로 동일한 응답을 할 수 없다. 예를 들어 SNS에 올린 사진에 표시되는 좋아요/댓글 수는 가끔 실제 사진을 열었을 때 보이는 수와 상이하다. CouchDB, Cassandra, Dynamo, Riak 등이 이에 해당한다.

④ 분산 파일 시스템

빅데이터를 확장 가능한 분산 파일 형태로 저장하는 방식이다. 저사양 서버들을 활용한 대용량 분산, 데이터 집중형의 애플리케이션을 지원하며 사용자들에게 고성능 폴트톨러런스(Fault-tolerance) 환경을 제공한다. 구글의 GFS(Google File System)와 아파치 HDFS(Hadoop File System)가 대표적이다. 바로 뒤에서 자세히 설명하기로 한다.

(2) 데이터 처리 방식

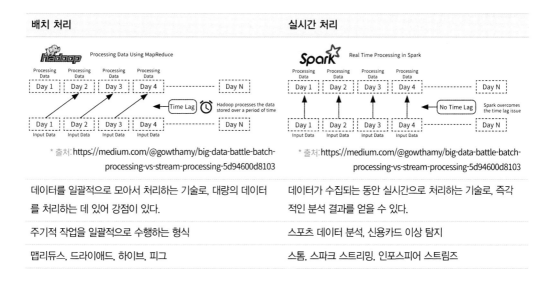

배치 처리	실시간 처리
데이터를 일괄적으로 모아서 처리하는 기술로, 대량의 데이터를 처리하는 데 있어 강점이 있다.	데이터가 수집되는 동안 실시간으로 처리하는 기술로, 즉각적인 분석 결과를 얻을 수 있다.
주기적 작업을 일괄적으로 수행하는 형식	스포츠 데이터 분석, 신용카드 이상 탐지
맵리듀스, 드라이애드, 하이브, 피그	스톰, 스파크 스트리밍, 인포스피어 스트림즈

2. 데이터 저장과 처리를 위한 플랫폼

(1) 데이터 웨어하우스

① 데이터 웨어하우스 개요

- **정의**: 데이터 웨어하우스란 사용자의 의사결정에 도움을 주기 위해 기간시스템의 데이터베이스에 축적된 데이터를 공통의 형식으로 변환해서 관리하는 데이터베이스를 말한다. 줄여서 DW로도 불린다 (위키백과).

- **데이터 웨어하우스와 BI**: 데이터 웨어하우스는 조직 내의 방대한 데이터를 효율적으로 관리하여 주요 경영의사결정의 기초를 제공하는 역할을 수행한다. 따라서 필수적으로 데이터 웨어하우스는 비즈니스 인텔리전스(Business Intelligence, 약어로 BI)라 불리는 일종의 프로세스를 동반한다. 정리하면, 경영진이 주요 경영의사결정을 하기 위해서는 데이터를 통합 관리하는 시스템인 데이터 웨어하우스가 필요하며, 이 데이터 웨어하우스로부터 얻은 정보를 분석 및 가공해서 개발자가 아닌 경영진이 보기 쉽게 정리 및 시각화해서 보여주는 프로세스가 비즈니스 인텔리전스다.

② 데이터 웨어하우스의 특징

- **DBMS의 한계**: 데이터 웨어하우스는 경영의사결정을 위해 태어났다고 해도 과언이 아니다. 기존의 데이터베이스 관리 소프트웨어인 DBMS로는 신속하고 정확하게 고객과 시장을 분석해서 의사결정의 기초로 활용하기에 한계가 있었다. 이는 DBMS의 OLTP(OnLine Transaction Processing) 시스템이 가지는 한계이기도 했다. 그래서 데이터 웨어하우스를 구축하고 OLAP(Online Analytical Processing) 시스템 기반의 비즈니스 인텔리전스 프로세스를 수행하는 쪽으로 데이터 관리는 변화하게 된다. OLAP는 데이터 분석 및 관리의 측면이지만, 비즈니스 인텔리전스는 경영진의 주요 경영의사결정 측면에서 바라보는 좀 더 넓은 개념으로, BSC, OLAP, 데이터 마이닝, ETL, DW 등을 모두 포괄하는 개념이다.

- **데이터 웨어하우스의 특징**: 데이터웨어하우스는 사용자의 의사결정을 지원하기 위해 기업이 축적한 많은 데이터를 사용자 관점에서 주제별로 통합하여 운영시스템과 사용자(경영진) 사이의 별도의 장소에 저장해 놓은 데이터베이스 개념이기 때문에 업무나 부서 중심이 아니라 주제 중심이다. 또 혼재한 데이터를 통합하는 특징을 갖는다. 시간의 흐름에 따른 정보의 변화를 알 수 있으며, 원본 데이터를 훼손 및 변경하지 않고 오로지 경영의사결정을 위한 리포팅에 포커스를 둔다.

특징	내용
주제지향성=주제중심성 (Subject Oriented)	업무 중심이 아닌 주제 중심 최종 사용자가 이해하기 쉬운 형태를 가짐
통합성(Integrated)	혼재한 DB로부터의 데이터 통합
시계열성(Time Variant)	각각의 원천 DB는 최신 데이터를 보유하고 있지만, DW는 시간에 따른 변경 정보(이력 데이터)를 보유
비휘발성=영속성 (Non-volatile)	DW의 데이터는 최초 저장 후에는 삭제나 변경되지 않는 읽기 전용(read only) 속성을 가짐 분석 및 리포팅을 위한 기능에 충실

TIP _ 시험에 출제될 가능성이 높습니다.

② 데이터 웨어하우스 구성

데이터 웨어하우스는 전사적자원관리(ERP), 고객관계관리(CRM), 공급망관리(SCM) 등 기업에서 활용되는 다양한 시스템에서 생성되는 데이터를 한 곳에 담아두고, 분석이 필요할 때 이 창고의 데이터를 대상으로 분석하는 방식이다. CRM, ERP, Data-Source 등의 원천 DB로부터 데이터 웨어하우스에 적재하는 대표적인 방식으로 ETL(Extraction, Transformation and Load)과 CDC(Change Data Capture)가 있다. 이 둘은 CRM, ERP, Data-Source 등의 원천 DB로부터 데이터 정보를 추출하여 데이터 웨어하우스에 적재하는 개념은 동일하나, 그 방법과 목적, 적재 수준에서 서로 차이점이 있다. 이에 대해서는 '1장 2절 1-(2) 데이터 처리 프로세스'에서 상세히 다룬다.

【 데이터 웨어하우스의 구성 】

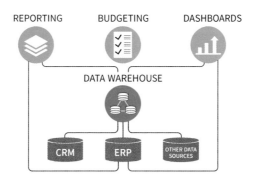

③ 데이터 웨어하우스의 테이블 모델링 기법

- **스타 스키마(Star Schema)**
  - 조인 스키마(Join Schema)라고도 하며, 단일 테이블(Fact Table)을 중심으로 다수의 차원 테이블(Dimensional Table)이 연결돼 있다.

TIP _ 스키마의 종류와 특징을 잘 알아둬야 합니다.

- 사실 테이블 내에 있는 데이터에 대한 검색 기준으로 차원 테이블의 열을 사용함으로써 응답에 필요한 조인의 횟수를 최소화하지만, 확장성과 유연성이 제한된다.
- 스타 스키마의 사실 테이블은 보통 제3 정규형으로 모델링하며, 차원 테이블은 제2 정규형으로 모델링하는 것이 일반적이다.

【 스타 스키마 장단점 】

장점	복잡도가 낮아서 이해하기 쉽다. 쿼리 작성이 용이하고 조인의 테이블 수가 적다.
단점	차원 테이블들의 비정규화로 데이터 중복이 발생하여 상대적으로 데이터 적재에 시간이 많이 소요된다.

【 스타 스키마 형태 】

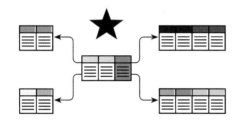

TIP _ 테이블의 형태가 별모양과 닮았다고 이해하면 쉽습니다.

스노우 플레이크 스키마(Snowflake Schema)

- 스타 스키마의 차원 테이블이 제3 정규형으로 정규화된 형태다.
- 사실 테이블은 그대로 유지되는데, 꼬리에 꼬리를 물고 차원 테이블이 계속 등장한다.
- 그래서 저장공간이 최소화되고 유연성이 증가하지만, 복잡하고 결과 검증이 어렵다.

【 스노우플레이크 스키마 장단점 】

장점	데이터 중복이 제거되어 데이터 적재 시 상대적으로 데이터 적재 소요 시간이 빠르다.
단점	복잡성이 증가해 조인 테이블의 개수가 증가한다. 쿼리 작성의 난이도가 증가한다.

【 스노우플레이크 스키마 형태 】

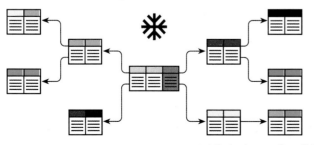

TIP _ 테이블의 형태가 눈 결정모양과 닮았다고 이해하면 쉽습니다.

* 출처: databrewery(http://databrewery.org/cubes/doc/mapping.html)

참고

[INFO] 정규화 모델링

- **정규화**: 데이터의 중복성을 제거하고 일관성을 확보하기 위해 테이블을 분해하는 것으로, 어떤 대상을 일정한 규칙이나 기준을 따르는 '정규적인' 상태로 바꾸거나, 비정상적인 대상을 정상적으로 되돌리는 과정을 뜻한다. 관계형 데이터베이스의 설계에서 중복을 최소화하게 데이터를 구조화하는 프로세스를 정규화라 한다. 데이터베이스 정규화의 목표는 이상이 있는 관계를 재구성하여 작고 잘 조직된 관계를 생성하는 것에 있다.

TIP _ 정규화 모델링은 이해하기 까다롭지만, 반드시 이해하고 넘어가야 하는 개념입니다. 시험에 출제될 가능성이 높지는 않지만, 앞으로의 빅데이터 공부를 위해 꼭 알아야 할 개념입니다.

- **반정규화(비정규화)**: DB의 성능향상을 위해 데이터의 중복을 허용하고, 조인을 감소시키는 방법이다.

- **제 1정규형**: 속성의 원자성을 확보하는 단계로 하나의 셀에는 하나의 속성값만 존재해야 한다.

〖 제 1정규형에 위배 〗

학번	과목명	성적	이름
100	{수학, 영어}	{92, 90}	홍길동
101	{사회, 과학}	{80, 85}	임꺽정

〖 제 1정규화 〗

학번	과목명	성적	이름
100	수학	92	홍길동
100	영어	90	홍길동
101	사회	80	임꺽정
101	과학	85	임꺽정

- **제 2정규형**: 기본키(PK)가 2개 이상으로 이루어진 경우 부분함수종속성을 제거하는 단계이다. 만약 기본키가 하나뿐이라면 제 2정규화는 생략 가능하다. 기본키 전체에 의해 값이 결정되는 경우를 완전함수종속이라 하고, 여러 개의 기본키 중 특정 키에 의해서만 값이 결정되는 경우를 부분함수종속이라 한다.

〖 제 2정규형에 위배 〗

학번(PK)	과목명(PK)	성적	이름
100	수학	92	홍길동
101	사회	80	임꺽정

〖 제 2정규화 〗

학번(PK)	이름
100	홍길동
101	임꺽정

학번(PK)	과목명(PK)	성적
100	수학	92
101	사회	80

- **제 3정규형**: 이행함수종속성을 제거하는 단계이다. 이행함수종속성이란 기본키를 제외하고 칼럼간에 종속성이 발생하는 것을 의미한다.

〖 제 3정규형에 위배 〗

학번(PK)	지도교수	과목
100	장영실	DB
101	신사임당	통계학

〖 제 3정규화 〗

학번(PK)	이름
100	홍길동
101	임꺽정

지도교수(PK)	과목
장영실	DB
신사임당	통계학

(2) 데이터 웨어하우스에서의 데이터 처리 프로세스

① ETL(Extraction, Transformation and Load)

▪ **ETL 개요**

ETL은 데이터 이동과 변환 절차와 관련된 업계 표준 용어로, 데이터 원천으로부터 데이터를 추출 및 변환하여 운영 데이터 스토어(ODS: Operational Data Store), 데이터 웨어하우스(Data Warehouse), 데이터 마트(Data Mart)에 데이터를 적재하는 작업을 말한다. ETL은 크게 일괄 ETL(Batch ETL)과 실시간 ETL(Real Time ETL)로 구분된다. 이때 대용량 데이터를 처리하기 위해 MPP를 지원할 수 있다. MPP는 Massive Parallel Processing의 약자로 ETL 작업 단계에서 프로그램을 여러 파트로 나누어 다수의 프로세서가 동시에 처리될 수 있게 하는 일종의 병렬처리 프로세스를 말한다.

【 ETL 개념도 】

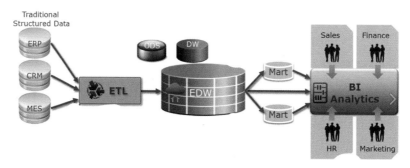

▪ **ETL 기능**

추출(Extraction)	하나 또는 그 이상의 데이터 원천으로부터 데이터를 획득
변형(Transformation)	데이터 클렌징, 형식 변환, 표준화, 통합 또는 다수 애플리케이션에 내장된 비즈니스 룰 적용 등
적재(Loading)	위 변형 단계 처리가 완료된 데이터를 특정 목표 시스템에 적재

▪ **ETL 프로세스**

TIP _ 단계별 과정을 이해해야 합니다.

STEP 1	Interface	다양한 이기종 DBMS 및 스프레드시트 등 데이터 원천으로부터 데이터를 획득하기 위한 인터페이스 메커니즘 구현
STEP 2	Staging ETL	수립된 일정에 따라 데이터 원천으로부터 트랜잭션 데이터 획득 작업 수행 후, 획득된 데이터를 스테이징 테이블에 저장
STEP 3	Profiling ETL	스테이징 테이블에서 데이터 특성을 식별하고 품질을 측정
STEP 4	Cleansing ETL	다양한 규칙을 활용해 프로파일링된 데이터 보정 작업

| STEP 5 | Integration ETL | 이름, 값, 구조 등 데이터 충돌을 해소하고 클렌징된 데이터를 통합 |
| STEP 6 | Denormalization ETL | 운영 보고서 생성, 데이터 웨어하우스 또는 데이터 마트 데이터 적재를 위해 데이터 비정규화 수행 |

【 Batch ETL과 Real-Time ETL 】

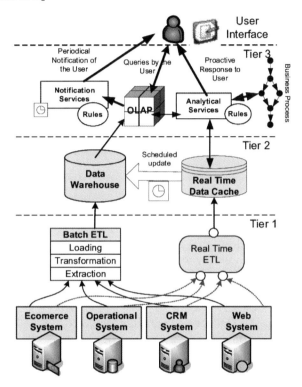

* 출처: researchgate.net

② ODS(Operational Data Store)

· ODS 개념과 특징

ODS는 데이터에 추가 작업을 하기 위해 다양한 원천 데이터로부터 데이터를 추출 통합한 데이터베이스다. ODS 내의 데이터는 향후 비즈니스 지원을 위해 타 정보 시스템으로 이관되거나 다양한 보고서 생성을 위해 데이터 웨어하우스로 이관된다.

다양한 원천으로부터 데이터가 구성되기 때문에 ODS를 위한 데이터 통합은 일반적으로 데이터 클렌징, 중복 제거, 비즈니스 룰 대비 데이터 무결성 점검 등의 작업을 포함한다. ODS는 일반적으로 실시간(Real Time) 또는 준실시간(Near Real Time) 트랜잭션, 또는 가격 등 원자성(개별성)을 지닌 하위 수준 데이터를 저장하기 위해 설계된다.

- ## ODS 구성 단계

【 Layered ODS Architecture 】

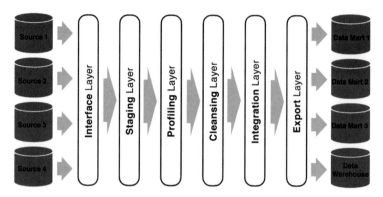

* 참고: Connecting the Data

【 ODS 프로세스 】

TIP _ 단계별 과정을 이해해야 합니다.

STEP 1	Interface	<ul><li>다양한 데이터 원천으로부터 데이터를 획득하는 단계다.</li><li>데이터 원천은 관계형 데이터베이스, 스프레드시트, 플랫 파일, 웹 서비스, 웹 사이트, XML 문서 또는 트랜잭션 데이터를 저장하고 있는 모든 알려진 데이터 저장소(Repository) 등 이다. *프로토콜:<ul><li>OLEDB(Object Linking and Embedding Database)</li><li>ODBC(Object Data Base Connectivity)</li><li>FTP(File Transfer Protocol)</li></ul></li></ul>
STEP 2	Data Staging	<ul><li>이 단계에서는 작업 일정이 통제되는 프로세스에 의해 데이터 원천으로부터 트랜잭션 데이터가 추출되어 하나 또는 그 이상의 스테이징 테이블에 저장된다.</li><li>이 테이블들은 정규화가 배제되며, 테이블 스키마는 데이터 원천의 구조에 의존적이다. 데이터 원천과 스테이징 테이블과의 데이터 매핑은 일대일 또는 일대다로 구성될 수 있다.</li></ul>
STEP 3	Data Profiling	<ul><li>이 단계에서는 범위 도메인 유일성 확보 등의 규칙을 기준으로 다음과 같은 절차에 따라 데이터 품질 점검을 한다.</li><li>선행 자료 또는 조건: 데이터 프로파일링 요건<ul><li>Step 1: 데이터 프로파일링 수행</li><li>Step 2: 데이터 프로파일링 결과 통계 처리</li><li>Step 3: 데이터 품질 보고서 생성 및 공유</li></ul></li></ul>
STEP 4	Data Cleansing	<ul><li>이 단계는 클렌징 ETL 프로세스로 앞 데이터 프로파일링 단계에서 식별된 오류 데이터들을 다음 절차에 따라 수정한다.</li><li>선행 자료 또는 조건: 데이터 품질 보고서, 데이터 클렌징 요건<ul><li>Step 1: 클렌징 스토어드 프로시저 실행 (예비 작업)</li><li>Step 2: 클렌징 ETL 도구 실행</li></ul></li></ul>

STEP 5	Data Integration	▪ 이 단계에서는 앞 단계에서 수정 완료한 데이터를 ODS 내의 단일 통합 테이블에 적재하며, 다음의 단계를 거친다. ▪ 선행 자료 또는 조건: 데이터 클렌징 테이블, 데이터 충돌 판단 요건 　• Step 1: 통합 스토어드 프로시저 실행(예비 작업) 　• Step 2: 통합 ETL 도구 실행
STEP 6	Data Export	▪ 앞 단계에서 통합된 데이터를 익스포트 규칙과 보안 규칙을 반영한 익스포트 ETL 기능을 수행해 익스포트 테이블을 생성한다. ▪ 다양한 전용 DBMS 클라이언트 또는 데이터 마트, 데이터 웨어하우스에 적재한다. 해당 데이터는 OLAP 비정형 질의에 활용될 수 있다.

③ CDC(Change Data Capture)

▪ **CDC 개념과 특징**

CDC는 데이터베이스 내 데이터에 대한 변경을 식별해 필요한 후속 처리(데이터 전송/공유 등)를 자동화하는 기술 또는 설계 기법이자 구조다. 원천 데이터를 DW, DM 등에 적재한다는 의미에서 ETL과 비슷하지만, 실시간(Real Time) 혹은 준실시간(Near Real Time)으로 적재한다는 점에서 큰 차이가 있다. CDC는 실시간 또는 준실시간 데이터 통합을 기반으로 하는 데이터 웨어하우스 및 기타데이터 저장소 구축에 폭넓게 활용된다. CDC는 스토리지 하드웨어 계층에서부터 애플리케이션 계층에 이르기까지 다양한 계층에서 다양한 기술을 통해 구현될 수 있다. 단일 정보 시스템 내 다수의 CDC 메커니즘이 구현돼 동작할 수 있다.

▪ **CDC 구현 기법**

TIP _ 별(★) 표시가 있는 개념은 중요한 개념입니다.

Time Stamp on Rows	변경이 반드시 인지돼야 하는 테이블 내 마지막 변경 시점을 기록하는 타임스탬프 칼럼을 두고, 마지막 변경 타임스탬프 값보다 더 최근의 타임스탬프 값을 갖는 레코드를 변경된 것으로 식별한다.
Version Numbers on Rows	변경이 반드시 인지돼야 하는 테이블 내 해당 레코드의 버전을 기록하는 칼럼을 두고, 기 식별된 레코드 버전보다 더 높은 버전을 보유한 레코드를 변경된 것으로 식별한다. 레코드들의 최신 버전을 기록 관리하는 '참조 테이블'을 함께 운용하는 것이 일반적이다.
Status on Rows*	타임 스탬프 및 버전 넘버 기법에 대한 보완 용도로 활용되며, True/False(불린) 값으로 저장하는 칼럼의 상태 값을 기반으로 변경 여부를 판단한다. 더 높은 버전 넘버 또는 더 최근의 갱신 타임스탬프를 보유한 레코드에 대한 변경 여부 판단을 사람이 직접 결정할 수 있게 유보하는 등의 업무 규칙을 적용할 수 있다.
Time/Version/ Status on Rows	세 가지 특성을 모두 활용하는 기법으로, '특정 시간대의 버전 넘버 x.xx를 보유했으며 변경 상태 값이 True인 모든 레코드를 추출'하는 등 정교한 쿼리 생성에 활용해 개발 유연성을 제공할 수 있다.
Triggers on Tables	데이터베이스 트리거를 활용해 사전에 등록된 다수 대상 시스템에 변경 데이터를 배포하는 형태로 CDC를 구현하는 기법이다. 단, 데이터베이스 트리거는 시스템 관리 복잡도를 증가시키며 변경 관리를 어렵게 하며 확장성을 감소시키는 등 전반적 시스템 유지 보수성을 저하하는 특성이 있어 사용에 주의를 요한다.

Event programming	데이터 변경 식별 기능을 애플리케이션에 구현하며, 애플리케이션 개발 부담과 복잡도를 증가시키지만, 다양한 조건에 의한 CDC 메커니즘을 구현할 수 있는 기법이다.
Log Scanner on Database *	대부분의 데이터베이스 관리 시스템(DBMS)은 데이터베이스의 데이터에 대한 변경 여부와 변경 값 시간 등을 트랜잭션 로그로 기록 관리하는 기능을 제공한다. 이 트랜잭션 로그에 대한 스캐닝 및 변경 내역에 대한 해석을 통해 CDC 메커니즘을 구현한다. 그러나 각 데이터베이스 관리 시스템에 따라 트랜잭션 로그 관리 메커니즘이 달라 다수의 이기종 데이터베이스를 사용하는 환경에서 적용 시 작업 규모가 증가할 수 있으니 주의가 필요하다.

참고 | **ETL과 CDC의 차이**

TIP _ 이 두 개념은 헷갈리기 쉬우니 확실히 구별하여 알아둬야 합니다.

	ETL	CDC
공통 목적	원천 데이터를 DW, DM 등에 적재	원천 데이터를 DW, DM 등에 적재
특징	실시간이 아닌 정해진 시점의 완료된 데이터를 적재	실시간(Real Time) 혹은 준실시간(Near Real Time)으로 적재
용도 예	거래 집계, 일일 회계 집계, 원장 등 이벤트 단위가 아닌 소스 데이터 취합 용도	이상 감지 경보, 금융 거래 이상 경보 변경된 이벤트 감지 용도
기술	변경 데이터만 적재 혹은 All Copy (원천 테이블 사용)	변경 이력을 관리하는 DB Archive Log (원천 테이블이 아닌 Archive Log 시스템 테이블 사용)
적재 수준	적재 시점의 적재 수준(시, 일, 월 등)	시점에 관계없이 모든 원천 데이터의 변경 로그 기록을 적재

④ EAI(Enterprise Application Integration)

· EAI 개념과 특징

EAI는 기업 정보 시스템들의 데이터를 연계 통합하는 소프트웨어 및 정보 시스템 아키텍처 프레임워크로서, 기업 또는 기업 간 복수의 이질적 정보 시스템의 데이터를 연계함으로써 상호 융화 내지 동기화되어 동작하게 한다. 즉, EAI는 프런트 오피스 시스템, 기존의 레거시 시스템, 패키지 애플리케이션 등의 형태로 산재한 정보 시스템들을 프로세스 및 메시지 차원에서 통합 관리할 수 있게 한다. 가운데 지점에 허브 역할을 하는 브로커를 두고, 연결 대상 노드의 데이터 연계 요구를 중계함으로써 발생 연결 개수 및 구조를 단순화할 수 있다. 각 연결 대상 노드는 스포크에 해당한다.

【 EAI 개념도 】

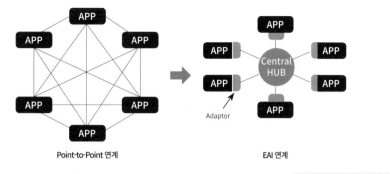

Point-to-Point 연계   EAI 연계

TIP _ EAI의 특징에 대해 정확히 알고 있어야 합니다.

【 EAI 특징 】

기존 Point to Point 데이터 연계	EAI(Hub & Spoke 아키텍처) 연계
▪ 단위 업무 위주의 개발로 인해 업무 간 통합성 및 이해 부족 ▪ 데이터 정합성 관리의 어려움 ▪ 개발 및 유지보수 비용 증가 ▪ 중복 작업의 산재 가능성 ▪ 정보 공유 인식 부재	▪ 실시간 정보 및 프로세스 동기화 ▪ 통합 모니터링 관리 ▪ 추가 개발 및 유지보수 비용 절감 ▪ 통합된 커넥션 관리 ▪ 데이터 정합성 및 무결성 유지 ▪ 장애 대응 용이

▪ **EAI 구현 유형**

Mediation (Intra-Communication)	EAI 엔진이 중개자(Broker)로 동작하며, 특정 정보 시스템 내 데이터 신규 생성 또는 갱신 신규 트랜잭션 완료(Commit) 등 유의미한 이벤트 발생을 식별해 사전 약속된 정보 시스템에 그 내용을 전달한다.
Federation (Inter-Communication)	EAI 엔진이 외부(고객 또는 파트너) 정보 시스템으로부터의 데이터 요청을 일괄적으로 수령해 필요한 데이터를 전달한다. *Request/reply Model

> **참고** | **EAI와 ESB**

- **EAI**: 기업에서 운용하는 서로 다른 응용 소프트웨어를 네트워크 프로토콜, 운영체제(OS)와 상관없이 비즈니스 프로세스 차원에서 통합하는 전사적 애플리케이션 통합.

- **ESB(Enterprise Service Bus)**: SOA(Service Oriented Architecture)를 지원하는 서비스와 애플리케이션 컴포넌트 간의 연결을 지원하는 미들웨어 플랫폼.

기능	EAI	ESB
통합항목	Application 통합	Process 통합
표준	벤더 종속적 기술	표준 기술(Web Services, XML)
아키텍처	중앙집중식	버스 형태의 느슨한 연결 구조(1+N)
통합범위	기업 내부	기업 내·외부
목적	시스템 사이의 연계 중심	서비스 중심으로 프로세스 진행
로직 연동	개별 App에서 수행	ESB에서 수행

* 출처: <경영정보시스템>, 이성몽, 2013, 인포레버컨설팅

⑤ 데이터 연계 및 통합 기법

일괄(Batch) 통합	비동기식 실시간 통합	동기식 실시간 통합
• 비실시간 데이터 통합	• 준실시간(Near Real Time) 데이터 통합	• 실시간(Real Time) 데이터 통합
• 대용량 데이터	• 중간 용량 데이터	• 목표 시스템 데이터 처리 가능 시에만 원천 데이터 획득
• 높은 데이터 조작 복잡성	• 중간 데이터 조작 복잡성	• 데이터 추출/변형/적재
• 데이터 추출/변형/적재	• 데이터 추출/변형/적재	• 웹 서비스/SOA
• CDC	• CDC	• 감사 증적
• 감사 증적	• Data pooling and DB Streams	• Single Transaction Integrations
• 웹 서비스/SOA	• 웹 서비스/SOA	• 단일 트랜잭션 단위 데이터 통합
• 교차 참조	• 감사 증적	• 데이터 재처리 불가
• 데이터 재처리 허용	• 교차 참조	• 단일 또는 다수 데이터 원천
• 점대점 데이터 연계	• 다수 데이터 원천 및 목표 시스템	
• 자동화 도구 및 자체 개발 SW 혼용	• 데이터 재처리 허용	
	• 자동화 도구 및 자체 개발 SW 허용	

(3) 데이터 레이크(Data Lake)

① 데이터 레이크의 이해

빅데이터 시대에 접어들면서 나날이 증가하는 방대한 데이터와 새로운 포맷의 데이터를 수집하고 축적·활용해야 한다는 환경의 니즈가 증가하면서 기업들은 종전의 ETL과 DW 구축 및 관리만으로는 한계에 다다랐다. 이러한 이유로 많은 기업이 정형 데이터로 구성된 전통적인 데이터 외에 수많은 비정형 데이터(소셜 텍스트, 센서 데이터, 이미지, 동영상 등)를 실시간으로 수집, 정제, 통합, 분석해 활용하기 위해 데이터 레이크라는 새로운 개념의 데이터 관리 플랫폼을 도입하고 있다.

② 데이터 레이크의 특징

- **데이터 웨어하우스와 데이터 레이크 비교**: 데이터 레이크는 정형, 비정형을 막론한 다양한 형태의 로 데이터(Raw Data)를 모은 집합소 개념으로, 데이터 분석가, 데이터 사이언티스트, 개발자 등의 사용자들이 로 데이터를 다양한 툴을 이용해 가공 및 분석하여 인사이트를 얻기에 매우 유용하다.

  데이터 웨어하우스나 데이터 레이크 모두 일종의 스토리지 저장소(Repository)라는 개념은 비슷하지만, 구현 방식은 사뭇 다르다. 데이터 웨어하우스는 리포팅(보고)을 위해 설계된 구조화된 데이터 모델을 제공한다. 따라서 데이터 웨어하우스에 적재되는 데이터는 기본적으로 정제된 데이터로 자체의 스키마가 존재한다. 따라서 사전에 정의된 스키마에 맞춰 데이터를 관리하는 개념이므로 반드시 ETL 과정이 필요하고 제한적인 범위에서만 활용이 가능하다. 실무적으로는 대부분의 데이터 웨어하우스 설계가 유연하지 못하고 복잡해서 대부분 기업 내에서 데이터 조작이나 가공을 IT 부서에 의존할 수밖에 없기에 시장 환경에 대한 대응 시간이 길어져 비즈니스 혁신도 함께 늦어질 수 있다는 것이 가장 큰 단점이다.

- **빅데이터에 최적화된 데이터 레이크**: 데이터 레이크에서는 로 데이터 (Raw Data, 원시 데이터) 형태 그대로 데이터 레이크에 적재된다. 물론

  > TIP_하둡 에코시스템과 관련하여 매우 중요한 개념입니다.

  메타데이터를 수집 및 관리하는 별도의 과정은 필요하지만, 사전에 정의된 스키마가 없으므로 종전의 ETL 과정에서처럼 데이터의 스키마를 맞추는 작업은 필요하지 않다. 또 하나의 데이터 모델링에 국한하지 않고 여러 데이터 모델링에 대응할 수 있다. 이것이 데이터 레이크의 장점 중 하나인 유연성이다. 로 데이터 형태를 유지함으로써 발 빠르게 데이터 스트림을 데이터 분석에 활용할 수 있다. 또 클라우드를 이용한 확장이 매우 쉽기 때문에 갑자기 데이터의 양이 급격하게 증가하더라도 빠르고 유연하게 대응할 수 있다.

  하지만 로 데이터가 적재된 데이터 레이크가 가지는 이런 장점이 단점으로 이어질 수도 있다. 로 데이터이므로 데이터 레이크에 직접 액세스하여 관리하고 분석하기에 적합하지 않다. 따라서 분산 데이터 시스템으로 구성된 데이터 레이크를 관리할 저장 관련 프레임워크와 분산 저장 프로그래밍 언

어, 그리고 메타데이터를 관리할 솔루션 등이 꼭 필요하다. 데이터 레이크의 데이터가 너무 방대할 경우, 데이터의 양을 줄인 데이터 레이크쇼어 마트(Data Lakeshore Mart)를 활용하는 경우도 있다.

【 데이터 웨어하우스와 데이터 레이크 】

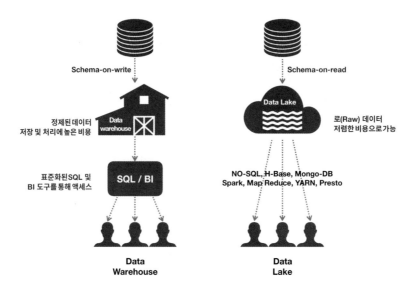

③ 데이터 웨어하우스와 데이터 레이크 비교

TIP_ 매우 중요한 개념이며 시험에 출제될 가능성이 높습니다.

속성	데이터 웨어하우스	데이터 레이크
스키마	▪ Schema–on–write	▪ Schema–on–read
액세스 방법	▪ 표준된 SQL 및 　BI 도구를 통해 액세스	▪ SQL과 유사한 시스템(NoSQL, HBase, MongoDB 등) ▪ 개발자가 만든 프로그램(Spark, Map Reduce, YARN, Presto 등)을 통해 액세스
데이터	▪ 정제된 데이터	▪ 로 데이터
비용	▪ 저장 및 처리에 높은 비용	▪ 저렴한 비용으로 가능
특징	▪ 빠른 응답시간 ▪ 간편한 데이터 사용 ▪ 성숙한 거버넌스 체계 ▪ 데이터 접근성이 제한적 ▪ 정제되고 안전한 데이터 ▪ 높은 동시성과 통합성	▪ 빠른 응답시간　　　　　　　　　　　　▪ 간편한 데이터 사용 ▪ 성숙한 거버넌스 체계　　　　　　　　　▪ 데이터 접근성이 매우 높음 ▪ 단일 데이터 모델로부터 자유로움　　　　▪ 저장 용량의 확장성이 좋음 ▪ 도구의 확장성이 좋음 ▪ 리얼타임 데이터 분석 가능 – 스트리밍 데이터 처리 ▪ 단일 소스에서 정형&비정형 데이터 사용 가능 ▪ 사용자가 응용프로그램 및 쿼리를 커스터마이징해서 사용 가능 ▪ 민첩한 모델링 지원 ▪ 빅데이터 분석 솔루션과 연동이 편리

* 표 내용 참고: <Architecting Data Lakes(2nd Edition), Ben Sharma, 2018>, <ETRI Insight Report 2019-11>

3. 하둡 플랫폼에서의 데이터 저장과 처리

(1) 하둡 에코시스템의 이해

① 하둡의 탄생

TIP_이 파트에서 별(★) 표시가 있는 항목은 실무에서도 중요한 프레임워크입니다.

하둡이 어떻게 개발됐는지 그 개발 배경을 이야기하기 전에, 먼저 구글의 데이터 분산 저장 처리기술인 GFS(Google File System)에서

TIP_하둡의 기본 개념을 잘 알고 있어야 합니다. 시험에 출제될 가능성이 높습니다.

그 실마리를 찾아야 한다. Apache에서 개발한 빅데이터 저장 및 처리기술 프레임워크인 하둡은 구글의 GFS에 기술의 뿌리를 두고 있기 때문이다. 구글은 자신들의 엄청난 양의 데이터 스토리지와 검색엔진의 효율화를 위해 빅데이터 분산 저장 처리기술인 GFS를 개발했다. 구글은 이 GFS 기술 논문을 발표하여 오픈소스로 공개했고, Apache에서 GFS의 아키텍처를 기반으로 클로닝(Cloning) 프로젝트로 바통을 이어받았다. Apache는 하둡(High-Availability Distributed Object-Oriented Platform)이라는 빅데이터 저장 및 처리기술 프레임워크를 자바(Java) 기반으로 개발하고 이를 세상에 오픈소스로 공개했다. 하둡이라는 이름에서 볼 수 있듯이 그 정체성은 '고가용성 분산 객체지향 플랫폼'이다. 그리고 구글의 GFS와 유사한 하둡 분산파일시스템인 HDFS(Hadoop Distributed File System)를 개발했다. Apache 하둡은 저장을 담당하는 HDFS, 분산 저장된 클러스터를 관리하는 얀(YARN), 그리고 분산 데이터를 배치 처리하는 맵리듀스(MapReduce), 이렇게 크게 3개의 프레임워크로 구성된다.

> **참고** | **[INFO] 하둡 에코시스템은 동물원?**
>
> 하둡의 로고는 노란색 아기 코끼리다. 이는 하둡의 개발자인 더그 커팅이 자신의 아이가 가지고 놀던 장난감 코끼리의 이름을 따서 하둡이라는 이름을 지었기 때문이다. 이후 코끼리는 빅데이터(Big Data)를 상징하는 동물이 되었다. 2011년 아파치 하둡(Apache Hadoop) 사업을 위해 야후에서 분사한 기업의 이름을 지을 때도 코끼리가 주인공인 동화에 나오는 한 코끼리 이름인 호튼(Horton)을 따와서 호튼웍스(Hortonworks)라고 회사명을 지었다. 하둡이 코끼리에서 이름을 따오자 다른 하둡 에코시스템 개발사들도 프로그램명을 Impala(영양), Kudu(큰 영양), Hive(벌집), Pig(돼지), Tajo(타조) 등 동물 이름으로 짓기 시작했고, 이를 보고 하둡 에코시스템 서버를 관리하는 프로그램 명칭을 Zoo Keeper(동물원 사육사)라고 짓기도 했다.
>
> *참고: **위키백과**

② 하둡의 발전

Apache 하둡이 원조라면, 클라우데라(Cloudera), 호튼웍스(Hortonworks), 맵알(MapR) 이렇게 3곳이 하둡 에코시스템을 개발하는 유명한 회사로 꼽힌다. 2018년 호튼웍스와 클라우데라는 회사를 합병했다. 하둡은 Apache에서 개발했지만, 원개발사인 Apache에서 배포하는 하둡 배포판보다 클라우데라에서 배포하는 CDH(Cloudera Distribution Including Apache Hadoop)라는 하둡 배포판

이 더 널리 쓰인다. 우리나라 한국EMC에서 개발한 하둡 기반 플랫폼인 '피보탈'도 있다. 하둡은 1.0에서 2.0으로 오면서 많은 부분에서 개선이 이루어졌다. 하둡 1.0이 데이터 배치 처리 중심이었다면, 하둡 2.0에서는 배치는 물론 온라인 데이터, 실시간 스트리밍 등 다양한 환경의 데이터를 처리하기가 쉬워졌다. 2016년 하둡 3.0이 릴리즈되었고, 2020년 8월 기준 3.3.0 버전이 릴리즈되었다. 하둡 3.0은 Java8 이상만 가능하며 Oracle JDK8 이상 사용을 권고한다.

③ 하둡 2.0의 특징

하둡 1.0은 기본적으로 빅데이터를 맵리듀스(MapReduce)로 분산 처리한 후 하둡 파일 시스템인 HDFS에 분산 저장하는 형태의 단순한 아키텍처를 갖는다. 하둡 2.0은 맵리듀스와 HDFS로 이어지는 아키텍처 외에 온라인 데이터, 실시간 스트리밍 데이터 등을 처리할 수 있는 아키텍처를 구성할 수 있다. 이것이 가능한 이유는 HDFS 위에 YARN(Yet Another Resource Negotiator)이라는 리소스 관리 레이어를 부착했기 때문이다. 즉, 이전의 맵리듀스도 이제는 YARN의 관리 범주에서 실행되는 애플리케이션 중 하나가 됐다.

【 하둡 2.0 체계도 】

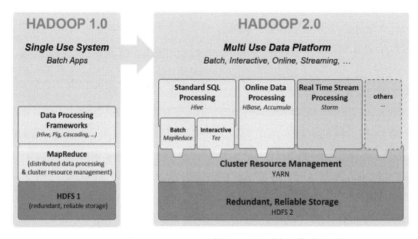

Interact with all data in
multiple ways simultaneously

* 출처: Hortonworks

④ 하둡 3.0의 특징

하둡 2.0에서는 폴트톨러런스(Fault tolerance)를 위해 원천 데이터의 3배에 달하는 용량이 필요했다. 하둡 3.0은 Erasure Coding으로 1.4배 정도의 용량으로도 폴트톨러런스가 가능해졌다. 또한 얀(Yarn)의 타임라인 서비스가 개선되어 이전 버전보다 확장성과 신뢰성이 높아졌으며, 얀 애플리케이션의 단계별 정보를 확인하는 기능을 개선했다. 그 외 다양한 부분에서 개선이 이루어졌다. 자세한 내용은 하둡 아파치 사이트(hadoop.apache.org)를 참조하기 바란다.

【 하둡 에코시스템 】

TIP _ 하둡 에코시스템을 구성하는 다양한 프레임워크를 이해하고 있어야 합니다.

(2) 데이터 수집 및 연결

【 하둡 에코시스템 – 수집 및 연결 프레임워크 】

프레임워크	개발사	기능 및 특징
Sqoop*	Apache	▪ 하둡과 데이터베이스 간 데이터 이동을 간편하게 하기 위해 개발 ▪ 하둡에서 데이터베이스의 정보를 가져올 일이 있거나 반대로 하둡의 결과를 데이터베이스로 올릴 때 사용 ▪ 어떤 패키지나 프레임워크가 아닌, 하둡에서 제공하는 데이터베이스 연결용 맵 인풋 포매터를 사용
Flume*	Apache	▪ 로그 데이터(반정형) 수집 ▪ 비정형 데이터 수집 ▪ 대용량 로그 데이터를 안정성, 가용성을 바탕으로 효율적으로 수집 ▪ 다양한 소스로부터 데이터를 수집해 다양한 방식으로 데이터를 전송 ▪ 최근 국내의 빅데이터 솔루션에서 수집 부분에 많이 채택
Kafka*	Apache	▪ 데이터 스트림 실시간 관리를 위한 분산형 스트리밍 플랫폼 ▪ 발행(publish)—구독(subscribe) 모델로 구성 ▪ 메시지를 메모리에 저장하지 않고 파일(디스크)에 저장 ▪ 파티셔닝을 지원 → 다수의 카프카 서버에서 메시지를 분산 처리
Scribe	Facebook	▪ 로그 데이터(반정형) 수집 ▪ 비정형 데이터 수집 ▪ 수많은 서버로부터 실시간으로 스트리밍 로그 수집 ▪ 페이스북의 자체 Scaling 작업을 위해 설계돼 현재 매일 수백억 건의 메시지를 처리
Chukwa	Apache	▪ 로그 데이터(반정형) 수집 ▪ 하둡의 서브 프로젝트로 분산 서버에서 로그 데이터를 수집·저장·분석하기 위한 솔루션 ▪ 수집된 로그 파일을 HDFS에 저장 ▪ 지나치게 하둡에 의존적
Storm*	Apache	▪ 실시간 스트리밍을 처리하기 위한 서버이자 프레임워크 ▪ 장애 대응 능력이 뛰어남 ▪ 장애 노드에 대해서는 복구 처리를 자동으로 수행
Avro	Apache	▪ 데이터 직렬화 프레임워크 ▪ 특정 언어에 종속되지 않음 ▪ 스키마를 보통 JSON으로 작성하며 바이너리 형태로 인코딩
웹크롤링 프레임워크	–	▪ Scrapy – Python ▪ Nutch – Java ▪ Crawler4j – Java

(3) 분산 저장 및 처리

① 구글의 GFS와 맵리듀스

GFS는 구글의 빅데이터 플랫폼의 기반이 되는 파일 시스템으로, 파일을 고정된 크기(1.0-64MB, 2.0-128MB)의 청크(Chunk)로 나누고, 각 청크를 다수의 청크 서버에 분산 저장한다. 클라이언트는 파일을 얻기 위해 마스터로부터 해당 파일의 청크가 저장된 청크 서버들의 위치 정보 등의 메타데이터를 획득한 뒤, 직접 청크 서버에 파일 데이터를 요청한다.

구글의 맵리듀스는 크게 데이터를 분할하는 단계인 Map과 분할한 데이터를 다시 합치는 Reduce의 2단계로 나눌 수 있다. Map 단계에서 데이터를 key, value 쌍으로 입력받아 Map 함수를 거쳐 새로운 key, value 쌍으로 변환하고 로컬에 임시 저장한다. 다음 Reduce 단계에서 Map에서 저장된 파일을 shuffling, group by 정렬 후 Reduce 함수를 거쳐 출력한다.

 참고

┃ 구글 맵리듀스에서의 '폴트톨러런스(Fault-tolerance)'

- 폴트톨러런스: 시스템 내의 어느 한 부품 또는 어느 한 모듈에 Fault(장애)가 발생하더라도 시스템 운영에 전혀 지장을 주지 않게 설계하는 것
- 구글 맵리듀스에서의 '폴트톨러런스': 각 프로세스에서 master에게 task 진행 상태를 주기적으로 보내고, 특정 task가 죽은 경우, 해당 task가 처리할 데이터 정보만 다른 worker에게 전달한다.

┃ 구글의 GFS 설계 가정

- 노드가 저가형 서버로 언제든 고장 발생 가능성을 가짐
- 대부분 파일은 크기가 매우 큼(수백 GB 파일이 일반적)
- 요청에 빠르게 반응해야 함
- 주요 작업은 수백 KB~몇 MB의 대량 파일을 순차적으로 읽거나 몇 KB의 작은 파일을 임의의 위치에서 읽어 오는 것
- 파일에 대한 쓰기 연산은 순차적으로 데이터를 추가하는 연산이며 파일에 대한 갱신은 드물게 이루어짐

【 GFS Architecture 】

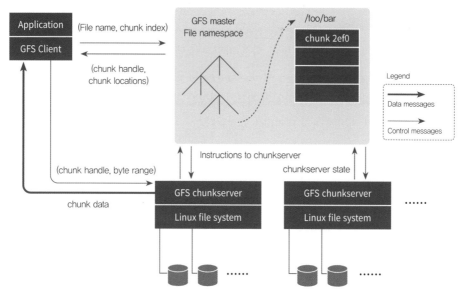

* 출처: https://www.sciencedirect.com/topics/computer-science/google-file-system

② 하둡의 HDFS와 맵리듀스

HDFS는 GFS의 아키텍처를 따르며, GFS의 청크 개념으로 블록 개념이 존재한다. GFS의 마스터와 같은 개념의 네임노드(NameNode), GFS의 청크서버와 같은 개념의 데이터노드(DataNode)가 사용된다. NameNode는 파일 시스템의 네임스페이스 정보를 관리하면서 클라이언트의 파일 정보 요청을 받는다. 하나의 파일은 블록 단위로 나뉘어 여러 DataNode에 저장되는데, 고가용성(High Availability)을 위해 다시 복제하여 여러 개의 DataNode에 분산 저장된다. 실제 데이터 입출력 요청은 DataNode를 통해 이루어진다.

하둡의 맵리듀스는 구글의 맵리듀스를 바탕으로 Java로 구현했다. 하둡의 맵리듀스는 구글의 맵리듀스처럼 분할하고 합치는 과정이 있는데, 총 6단계로 나뉜다. 간단히 살펴보면 분할하는 단계인 Map 단계에서는 스플릿(Split), 맵(Map), 컴바인(Combine), 파티션(Partition) 과정을 거치고, 합치는 Reduce 단계에서는 셔플(Shuffle), 정렬(Sort), 리듀스(Reduce) 과정을 거친다.

【 HDFS Architecture 】

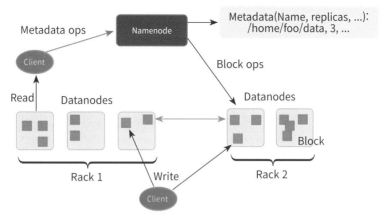

* 출처: https://hadoop.apache.org/docs/r1.2.1/hdfs_design.html#Introduction

【 하둡 맵리듀스 실행 단계 】

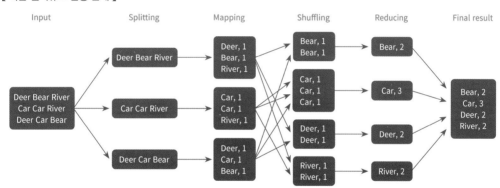

* 출처: repository.utm.md

③ 하둡 에코시스템 – 저장 및 처리 프레임워크

프레임워크	개발사	기능 및 특징
Hadoop MapReduce*	Apache	▪ 큰 데이터를 손쉽게 처리하기 위해 데이터를 분산 처리하는 프로그래밍 모델 ▪ 하둡은 잡을 맵 태스크(map task)와 리듀스 태스크(reduce task)로 나눠 실행 ▪ 잡 트래커: 태스크 트래커가 수행할 태스크 스케줄링, 모니터링 ▪ 태스크 트래커: 태스크를 수행하고, 잡 트래커에 상황 보고
Yarn*	Apache	▪ 잡 트래커는 클러스터 자원 관리와 애플리케이션 라이프 사이클 관리라는 두 가지 핵심 기능을 수행하는데, Yarn은 이 두 가지 기능을 분리하고 새로운 추상화 레이어를 만듦 ▪ Yarn의 리소스매니저는 CPU, 메모리, 디스크, 네트워크 등 실제 가용한 단위로 자원을 관리하고, Yarn에서 실행되는 애플리케이션에 자원을 배분 ▪ Yarn 개발로 하둡 맵리듀스를 하나의 애플리케이션으로 관리할 수 있게 되고, HBase, Storm 등의 다양한 애플리케이션 하둡 리소스를 이용할 수 있게 됨

프레임워크	개발사	기능 및 특징
Spark*	Apache	▪ 인메모리(In Memory) 분산처리 시스템 ▪ 빠른 성능을 위한 인메모리 캐싱과 최적화된 실행 ▪ 일반 배치 처리, 스트리밍 분석, 머신러닝, 그래프 데이터베이스 및 임시 쿼리를 지원 ▪ 실시간 분석 업무에 최적화

NoSQL DB*	–	▪ Not Only SQL DB: 단순히 기존 관계형 DBMS가 갖고 있는 특성뿐만 아니라 다른 특성을 부가적으로 지원
		▪ 비정형 데이터를 쉽게 저장하고 처리할 수 있는 DB
		▪ 기존의 관계형 DB보다 더 융통성 있는 데이터 모델을 사용하고, 데이터의 저장 및 검색을 위한 특화된 메커니즘을 제공
		▪ 확장성, 가용성, 높은 성능
		
		【 NoSQL 종류 】
		▪ Wide Column DB
		  · Cassandra
		  · HBase
		  · Google Bigtable
		▪ Document DB
		  · Mongo DB
		  · Azure Cosmos DB
		  · Couch DB
		  · Orient DB
		▪ Key-Value DB
		  · Redis
		  · Oracle NoSQL DB
		  · Oracle Berkeley DB
		▪ Graph DB
		  · Neo4j
		  · Blazegraph
		  · Orient DB

(4) 빅데이터 분석 및 관리

① SQL-On-Hadoop*

HDFS에 저장된 데이터를 SQL 혹은 SQL과 유사한 형태로 처리를 요청하고 분산 처리하는 시스템이다. 분석 로직에 따라 SQL 형태로 처리하면 더 복잡해지는 경우도 있지만, 일반적인 로직은 SQL 형태로 구현할 때 훨씬 더 간단하게 구현할 수 있다.

하둡이 2004년 구글에서 발표한 GFS와 맵리듀스의 영향으로 탄생했다면, 최근에 나온 '차세대 SQL-On-Hadoop'은 2010년 구글에서 발표한 Dremel의 영향을 많이 받았다. 현재 Dremel을 기반으로 아파치의 Drill, Hive On Tez(이하 tez), 타조(Tajo), 샤크(Shark, 혹은 Spark SQL), 클라우데라(Cloudera)의 임팔라(Impala), 페이스북의 Presto 등 여러 회사 주도로 다양한 오픈소스가 나오고 있다.

② 머신러닝 애플리케이션

하둡 HDFS에 저장된 데이터를 머신러닝으로 분석하는 대표적인 프레임워크로 머하웃(Mahout)이 있다. 참고로 머하웃은 코끼리를 타고 부리는 혹은 조련하는 사람을 뜻하는 말이라고 한다. 속도와 확장성이 뛰어난 알고리즘과 데이터 형식을 지원하는 MLlib과 오픈 소스 분산 SQL 쿼리 엔진인 Presto도 빅데이터 플랫폼 머신러닝에 자주 활용된다.

【 하둡 에코시스템 – 관리 및 분석 프레임워크 】

프레임워크	개발사	기능 및 특징
Hive*	Apache	▪ 사용자가 SQL로 쿼리를 작성하면 그것을 자동으로 맵리듀스 작업으로 변경해주는 쿼리 엔진 ▪ 기존에 사용하던 RDBMS와 아주 유사한 환경의 분석 플랫폼 ▪ 자바 기반으로 널리 활용됨
Pig	Yahoo	▪ Pig Latin이라는 텍스트 기반의 언어 ▪ 쉬운 프로그래밍 ▪ 최적화와 효율성이 좋음
Impala	Cloudera	▪ HDFS와 직접 통신 ▪ 하이브쿼리언어(HiveQL) 사용 ▪ C++ 기반으로 별도의 실행엔진을 사용해 속도가 빠름
Spark SQL*	Apache	▪ 스파크 SQL을 이용해 조회한 정보는 데이터프레임으로 변환되고, 데이터셋으로 변환하여 분석작업에 활용 ▪ 구조화된 데이터셋을 간단하고 효율적으로 다룰 수 있는 기능을 제공 ▪ 지원 데이터셋: JSON, Parquet(파케), ORC, JDBC, 하이브 호환 테이블, 스파크 SQL 전용 테이블
Tajo	고려대	▪ 하둡 기반의 대용량 데이터를 SQL 형태의 명령을 통해 분산 분석 작업을 지원하는 대용량 데이터 웨어하우스 ▪ 하이브와 비슷하며, ETL뿐 아니라 Low–Latency도 지원 ▪ Long–Term Query뿐 아니라 Ad Hoc Query도 지원 ▪ 자동 최적화를 지원
Mahout*	Apache	▪ 분산 처리가 가능하고 확장성을 가진 머신러닝용 라이브러리 ▪ 비슷한 특성을 가진 데이터를 분류하고 정의하는 작업 및 협업 필터링(collaborative filtering)을 수행
Presto*	Facebook	▪ Hive보다 빠른 SQL 처리 엔진 ▪ 자바로 만들어졌으며, 메모리 처리와 데이터 구조 기술을 적절히 혼합 ▪ HDFS와 HBase 같은 데이터 저장소 외에 뉴스피드 백엔드 속 스토리지와 쉽게 연결 ▪ 페이스북은 프레스토를 여러 지역에서 운영

(5) 하둡 에코시스템 관리

【 하둡 에코시스템 – 관리 및 분석 프레임워크 】

프레임워크	개발사	기능 및 특징
Zookeeper*	Apache	• 분산 시스템 간의 정보 공유 및 상태 체크, 동기화를 처리하는 프레임워크 • 코디네이션 서비스 시스템 • 분산 큐, 분산 로크, 피어 그룹 대표 산출 등 다양한 기능
Oozie*	Apache	• 하둡 에코시스템의 워크플로 관리 • 일정한 시간이 경과하거나 주기적으로 반복해서 실행될 수 있는 잡을 관리 • 맵리듀스 잡, 피그 잡 등의 시작과 완료, 그리고 실행 중 에러 등의 이벤트를 콜백
Hue*	Apache	• Hue는 Core Hadoop과 Spark Hadoop Type에서 사용 가능한 컴포넌트 • Apache Hadoop 클러스터와 함께 사용되는 웹 기반 사용자 인터페이스 • Hue는 다른 Hadoop 에코시스템과 함께 그룹화되어 Hive 작업 및 Spark Job 등을 실행
Airflow*	Apache	• 데이터 워크플로 관리 도구 • 처음 에어비앤비(Airbnb) 엔지니어링팀에서 개발된 도구로 현재는 아파치 재단 파이썬을 기반으로 태스크들에 대한 코드를 작성 • HDFS와 같이 여러 대의 노드가 동작해야 하는 환경에 대해서도 지원 • 웹 UI 기반의 강력한 모니터링 기능을 제공 • GCP Operator를 제공해서 구글 클라우드의 여러 가지 데이터 분석 서비스와 연계해서 사용
Ambari	Apache	• 손쉬운 웹 UI 및 REST API 사용을 제공해 Hadoop 클러스터의 관리 및 모니터링 • Linux 기반 HDInsight 클러스터에 포함되어 있으며 클러스터를 모니터링하고 구성을 변경하는 데 사용
HCatalog*	Apache	• 다양한 데이터 처리 툴에 일종의 테이블 뷰(Table View)를 제공하는 모듈 • 하둡 에코시스템의 데이터 처리 도구(Pig, Hive) 간의 테이블, 저장공간 관리 계층을 제공

■ 데이터 유형에 따른 데이터 수집 방법

데이터 유형	데이터 종류	데이터 수집 방법
정형 데이터	DBMS, 스프레드시트	ETL, FTP, Open API
반정형 데이터	HTML, XML, JSON, 웹 문서, 웹로그, 센서 데이터	웹 크롤링(Crawling), RSS, Open API, FTP
비정형 데이터	소셜 데이터, 문서, 이미지, 오디오, 비디오, IoT	웹 크롤링(Crawling), RSS, Open API, Streaming, FTP

■ 데이터 축소 · 차원 축소

데이터 축소	같은 정보량을 가지면서 데이터의 크기를 줄이는 방법이다. 대규모 데이터를 다루는 경우 데이터 분석의 효율성을 높이기 위해 필요한 데이터 변환 과정이다.
차원 축소	차원 축소를 통해 데이터 잡음을 제거할 수 있으며 데이터셋을 더 다루기 쉽게 만들어 준다는 장점이 있다. 여러 속성 중 분석하는 데 관계없거나 중복되는 속성을 제거하는 작업을 통해 속성의 최소 집합을 찾아내는 방법이다.
데이터 압축	데이터 인코딩이나 변환을 통해 데이터를 축소하는 방법이다. 아무런 손실 없는 압축기법을 무손실압축기법(Lossless)이라고 하며, 대표적인 예로는 BMP 포맷이 있다. 데이터의 손실이 있는 경우에는 이를 손실압축기법(Lossy)이라고 하고, 대표적인 예로는 JPEG 포맷이 있다.

■ 스타 스키마 장단점

장점	복잡도가 낮아서 이해하기 쉽다. 쿼리 작성이 용이하고 조인의 테이블 수가 적다.
단점	차원 테이블들의 비정규화로 데이터 중복이 발생하여 상대적으로 데이터 적재에 시간이 많이 소요된다.

■ 스노우플레이크 스키마 장단점

장점	데이터 중복이 제거되어 데이터 적재 시 상대적으로 데이터 적재 소요 시간이 빠르다.
단점	복잡성이 증가해 조인 테이블의 개수가 증가한다. 쿼리 작성의 난도가 증가한다.

■ ETL 프로세스

데이터 원천으로부터 데이터를 추출 및 변환하여 운영 데이터 스토어(ODS: Operational Data Store), 데이터 웨어하우스(Data Warehouse), 데이터 마트(Data Mart)에 데이터를 적재하는 작업

STEP 1	Interface	다양한 이기종 DBMS 및 스프레드시트 등 데이터 원천으로부터 데이터를 획득하기 위한 인터페이스 메커니즘 구현
STEP 2	Staging ETL	수립된 일정에 따라 데이터 원천(Source)으로부터 트랜잭션 데이터 획득 작업 수행 후, 획득된 데이터를 스테이징 테이블에 저장
STEP 3	Profiling ETL	스테이징 테이블에서 데이터 특성을 식별하고 품질을 측정
STEP 4	Cleansing ETL	다양한 규칙을 활용해 프로파일링된 데이터 보정 작업
STEP 5	Integration ETL	이름, 값, 구조 등 데이터 충돌을 해소하고 클렌징된 데이터를 통합
STEP 6	Denormalization ETL	운영 보고서 생성, 데이터 웨어하우스 또는 데이터 마트 데이터 적재를 위해 데이터 비정규화 수행

■ ETL과 CDC의 차이

	ETL	CDC
공통 목적	원천 데이터를 DW, DM 등에 적재	원천 데이터를 DW, DM 등에 적재
특징	실시간이 아닌 정해진 시점의 완료된 데이터를 적재	실시간(Real Time) 혹은 준실시간(Near Real Time)으로 적재
용도 예	거래 집계, 일일 회계 집계, 원장 등 이벤트 단위가 아닌 소스 데이터 취합 용도	이상 감지 경보, 금융 거래 이상 경보 변경된 이벤트 감지 용도
기술	변경 데이터만 적재 혹은 All Copy (원천 테이블 사용)	변경 이력을 관리하는 DB Archive Log (원천 테이블이 아닌 Archive Log 시스템 테이블 사용)
적재 수준	적재 시점의 적재 수준 (시, 일, 월 등)	시점에 관계없이 모든 원천 데이터의 변경 로그 기록을 적재

■ ODS 프로세스

ODS는 데이터에 추가 작업을 하기 위해 다양한 원천 데이터로부터 데이터를 추출 통합한 데이터베이스

STEP 1	Interface	▪ 다양한 데이터 원천으로부터 데이터를 획득하는 단계다.
		▪ 데이터 원천은 관계형 데이터베이스, 스프레드시트, 플랫 파일, 웹 서비스, 웹 사이트, XML 문서 또는 트랜잭션 데이터를 저장하고 있는 모든 알려진 데이터 저장소 (Repository) 등이다.
		*프로토콜:
		  − OLEDB(Object Linking and Embedding Database)
		  − ODBC(Object Data Base Connectivity)
		  − FTP(File Transfer Protocol)

STEP 2	Data Staging	▪ 이 단계에서는 작업 일정이 통제되는 프로세스에 의해 데이터 원천으로부터 트랜잭션 데이터가 추출되어 하나 또는 그 이상의 스테이징 테이블에 저장된다. ▪ 이 테이블들은 정규화가 배제되며, 테이블 스키마는 데이터 원천의 구조에 의존적이다. 데이터 원천과 스테이징 테이블과의 데이터 매핑은 일대일 또는 일대다로 구성될 수 있다.

STEP 3	Data Profiling	▪ 이 단계에서는 범위 도메인 유일성 확보 등의 규칙을 기준으로 다음과 같은 절차에 따라 데이터 품질 점검을 한다.
		▪ 선행 자료 또는 조건: 데이터 프로파일링 요건
		  − Step 1: 데이터 프로파일링 수행
		  − Step 2: 데이터 프로파일링 결과 통계 처리
		  − Step 3: 데이터 품질 보고서 생성 및 공유

STEP 4	Data Cleansing	▪ 이 단계에서는 클렌징 ETL 프로세스로 앞 데이터 프로파일링 단계에서 식별된 오류 데이터를 다음 절차에 따라 수정한다.
		▪ 선행 자료 또는 조건: 데이터 품질 보고서, 데이터 클렌징 요건
		  − Step 1: 클렌징 스토어드 프로시저 실행 (예비 작업)
		  − Step 2: 클렌징 ETL 도구 실행

STEP 5	Data Integration	▪ 이 단계에서는 앞 단계에서 수정 완료한 데이터를 ODS 내의 단일 통합 테이블에 적재하며, 다음의 단계를 거친다.
		▪ 선행 자료 또는 조건: 데이터 클렌징 테이블, 데이터 충돌 판단 요건
		  − Step 1: 통합 스토어드 프로시저 실행 (예비 작업)
		  − Step 2: 통합 ETL 도구 실행

STEP 6	Data Export	▪ 앞 단계에서 통합된 데이터를 익스포트 규칙과 보안 규칙을 반영한 익스포트 ETL 기능을 수행해 익스포트 테이블을 생성한다. ▪ 다양한 전용 DBMS 클라이언트 또는 데이터 마트, 데이터 웨어하우스에 적재한다. 해당 데이터는 OLAP 비정형 질의에 활용될 수 있다.

■ 데이터 웨어하우스와 데이터 레이크 비교

속성	데이터 웨어하우스	데이터 레이크
스키마	▪ Schema-on-write	▪ Schema-on-read
액세스 방법	▪ 표준화된 SQL 및 BI 도구를 통해 액세스	▪ SQL과 유사한 시스템(NO.SQL, H-Base, Mongo-DB 등) ▪ 개발자가 만든 프로그램(Spark, Map Reduce, YARN, Presto 등)을 통해 액세스
데이터	▪ 정제된 데이터	▪ 로 데이터
비용	▪ 저장 및 처리에 높은 비용	▪ 저렴한 비용으로 가능
특징	▪ 빠른 응답시간 ▪ 간편한 데이터 사용 ▪ 성숙한 거버넌스 체계 ▪ 데이터 접근성이 제한적 ▪ 정제되고 안전한 데이터 ▪ 높은 동시성과 통합성	▪ 빠른 응답시간 ▪ 간편한 데이터 사용 ▪ 성숙한 거버넌스 체계 ▪ 데이터 접근성이 매우 높음 ▪ 단일 데이터 모델로부터 자유로움 ▪ 저장 용량의 확장성이 좋음 ▪ 도구의 확장성이 좋음 ▪ 리얼타임 데이터 분석 가능 – 스트리밍 데이터 처리 ▪ 단일 소스에서 정형&비정형 데이터 사용 가능 ▪ 사용자가 응용프로그램 및 쿼리를 커스터마이징해서 사용 가능 ▪ 민첩한 모델링 지원 ▪ 빅데이터 분석 솔루션과 연동이 편리

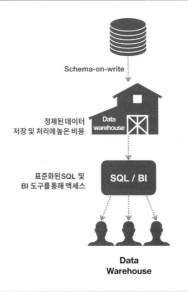
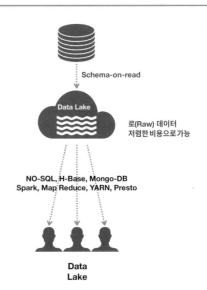

■ 하둡 에코시스템

02
과목

빅데이터 탐색

1장 / 데이터 전처리

데이터 분석에 앞서 데이터 전처리는 반드시 거쳐야 하는
과정이다. 데이터 전처리 과정에 어떤 것들이 있는지에 대해
이해하는 것을 목표로 한다.

핵심 키워드
—

- 데이터 정제
- 분석변수 처리
- 차원의 축소
- 클래스 불균형

2장 / 데이터 탐색

데이터 간의 유의미한 관계 파악 및 이해를 위한 탐색 방법들
을 학습한다.

핵심 키워드
—

- EDA
- 상관분석
- 기초통계량
- 다변량분석

3장 / 통계 기법 이해

빅데이터 분석의 기초가 되는 통계기법을 학습한다.

핵심 키워드
—

- 표본추출
- 확률분포
- 추정
- 가설검정

데이터 전처리

01 _ 데이터 정제

학습단계

1. 데이터 전처리의 이해
2. 데이터 정제

학습목표

데이터 전처리는 데이터 분석에서 반드시 거쳐야 하는 단계이며 데이터 분석 결과의 신뢰성을 결정짓는 중요한 과정이기도 하다. 데이터 전처리가 무엇이며 어떤 과정을 통해 데이터를 정제하는지 학습할 수 있다.

02 _ 분석 변수 처리

학습단계

1. 변수 선택
2. 차원 축소
3. 파생변수 생성
4. 변수 변환
5. 클래스 불균형

학습목표

분석 변수 또한 데이터 분석 결과에 큰 영향을 주는 요인이다. 고차원의 데이터를 사용하거나 불필요한 데이터가 혼재되어 있는 경우에 결과는 산으로 갈 수도 있다. 분석 변수를 어떻게 처리하여 원하는 분석 결과를 얻어낼 수 있는지 학습하는 것이 목표이다.

01 데이터 정제

1. 데이터 전처리의 이해

(1) 데이터 전처리

빅데이터 분석을 위해 기획을 하고 데이터를 수집하고 저장했다고 곧장 분석 단계로 들어갈 수는 없다. 빅데이터 분석 단계에 들어가기 전, 데이터를 전처리(preprocessing)하는 과정이 꼭 필요하다. 이 전처리에는 데이터를 정제(Cleansing)하는 과정과 분석 변수를 처리하는 과정이 포함된다. 간혹 인터넷 상에서 이 둘을 혼용하는 사례가 있는데, 전처리는 정제와 변수 처리를 포함한 광의의 개념이다.

데이터 전처리는 분석을 위한 필수 과정이며, 실무에서 분석전문가 들은 이 과정에 상당한 시간을 보낸다. 전체 작업 시간으로 보면 60~70% 이상이 소요될 정도로 손이 많이 가고 분석을 위해 그만큼 중요한 과정이다. 전처리가 잘 되면 분석 결과도 말끔하게 나오지만, 데이터 전처리가 잘 안 된 경우에는 원하는 분석 결과가 나오지 않거나 엉뚱한 분석 결과가 도출되기도 한다. 실제로 전처리 과정을 거치지 않은 데이터셋은 규칙을 찾기 어려운 경우가 많으며 예상되는 수치를 벗어난 결과는 신뢰하기가 어렵다.

참고 ┃ **데이터 전처리의 중요성**

데이터 전처리는 모든 데이터 분석 과정에서 반드시 거쳐야 하는 과정이며, 이 과정에서의 오류는 데이터 분석 결과에 직접적인 영향을 미칠 수 있다. 포브스 지의 설문조사에 따르면 분석가의 60%가 데이터 전처리 과정(클렌징과 데이터 조직화)에, 약 19%가 데이터셋 수집에 시간을 소비한다고 밝혔다.

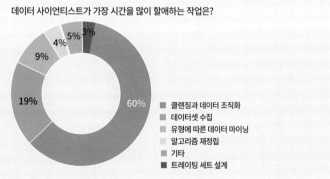

데이터 사이언티스트가 가장 시간을 많이 할애하는 작업은?

- ■ 클렌징과 데이터 조직화
- ■ 데이터셋 수집
- ■ 유형에 따른 데이터 마이닝
- ■ 알고리즘 재정립
- ■ 기타
- ■ 트레이팅 세트 설계

* 출처: <Forbes 'Cleaning Big Data: Most Time-Consuming, Least Enjoyable Data Science Task> by Gil Press (Senior Contributor of Enterprise &Cloud)[1]

---

1 https://www.forbes.com/sites/gilpress/2016/03/23/data-preparation-most-time-consuming-least-enjoyable-data-science-task-survey-says/#7e77bad66f63

데이터 전처리와 관련해 여러 학자 혹은 여러 책에서 어떤 부분이 데이터 전처리에 해당되는지에 대한 구분이 서로 일치하지는 않는다. 이는 어떤 관점에서 바라보느냐의 차이에서 비롯된 결과다. 데이터의 변형 관점에서 보느냐, 아니면 변수 처리 방법의 관점에서 보느냐에 따라 구성이 달라지기 때문이다. 이 책에서는 '빅데이터분석기사 시험' 출제 범위에 맞춰 다음과 같이 전처리 과정을 분류하여 내용을 구성했다.

데이터 정제 과정은 크게 결측값과 이상값을 처리하는 내용으로 이루어진다. 분석 변수 처리 과정은 변수 선택, 차원 축소, 파생변수 생성, 변수 변환, 클래스 불균형(불균형 데이터 처리) 등으로 이루어진다.

【 데이터 전처리 】

1절 데이터 정제	1. 결측값 처리
	2. 이상값 처리
2절 분석 변수 처리 (데이터 가공, 통합, 정리, 변환)	1. 변수 선택
	2. 차원 축소
	3. 파생변수 생성
	4. 변수 변환
	5. 클래스 불균형(불균형 데이터 처리)

(2) 데이터 전처리 과정

① 데이터셋 확인	▪ 변수 유형 확인 **예)** 독립 또는 종속, 범주형 또는 연속형, 문자 또는 숫자 ▪ 변수 간의 관계 및 분포 **예)** 변수의 개수, 산포도 등
② 결측값과 이상값 처리	▪ 결측값 처리 **예)** 삭제, 대체, 예측값 삽입 ▪ 이상값 처리 **예)** 삭제, 대체, 변수화
③ 피처 엔지니어링	▪ 기존 변수 사용, 정보 추가, 기존 데이터 보완 ⓐ **스케일링(Scaling)** 　▪ 정규화(StandardScaler): 기본 스케일, 평균과 표준편차 사용 　▪ 최소최대 스케일러(MinMaxScaler): 최댓값/최솟값이 각각 1과 0이 되게 스케일링 　▪ 최대절대 스케일러(MaxAbsScaler): 최대 절댓값이 0과 1 사이에 매핑되게 스케일링 　▪ 로버스트 스케일러(RobustScaler): 중앙값과 4분위수를 사용하며, 이상치에 영향받지 않음 　▪ 일반화(Normalizer): 열마다 정규화하여 유클리드 거리가 1이 되게 데이터 조정 ⓑ **변수 구간화(Binning)**: 연속형 변수를 범주형 변수로 변환 ⓒ **변수 전환(Transform)**: 기 변수를 다른 변수 변환 ⓓ **더미 변수화(Dummy)**: 범주형 변수를 연속형 변수로 변환

2. 데이터 정제

(1) 데이터 정제 개요

① 데이터 정제(Cleansing)

데이터 정제란 결측값, 잡음, 이상값 등 데이터 오류를 일으킬 수 있는 요인을 분석 작업 전에 삭제 혹은 대체 등의 방법으로 말 그대로 클렌징하는 것을 의미한다. 다시 말해, 데이터 정제는 분석 작업이 시작되기 전 오류를 일으킬 수 있는 데이터를 대체 보완하거나 제거하는 작업을 통해 데이터 분석 결과의 오류를 사전에 제거하는 작업이다.

② 결측값(Missing Value)

결측값이란 데이터에서 'NA'로 표현되거나 아예 빈칸으로 존재하는 것으로, 데이터 값이 존재하지 않는 것을 말한다. 데이터의 결측값은 분석 결과에 큰 영향을 미칠 수 있으므로 제거하거나 평균치, 중앙값, 최빈값 등으로 대체해야 한다.

③ 이상값(Outlier)

이상값이란 동일한 데이터셋에서 일반적인 데이터 값의 범위를 벗어난 값을 말한다. 이상값은 데이터 수집 시 실수로, 혹은 측정 단위나 데이터 오류로 생기는 경우가 있다. 이 밖에도 데이터 관측 대상이 자연적으로 너무 차이가 나는 경우, 설문 조사 시 의도적으로 적용한 규칙을 고려하지 않은 경우, 설문 대상자가 의도적으로 부정확한 정보를 제공하는 경우, 우연히 이상치 요소가 포함되는 경우 등 다양한 이유로 이상값이 발생할 수 있다. 이러한 이상값은 통계에 나쁜 영향을 끼칠 수 있다.

(2) 결측값의 유형과 처리

① 결측값의 유형

결측값이 결괏값에 영향을 주느냐를 기준으로, 영향을 준다면 비무작위, 영향을 주지 않는다면 무작위로 크게 나눌 수 있다. 무작위에는 완전 무작위와 무작위가 있다. 비무작위 결측의 경우 데이터의 결측값이 직접 데이터 분석 결과에 영향을 미칠 수 있기 때문에 데이터 정제 시 주의해야 한다. 결측값을 처리하기 위해서는 결측값을 가진 데이터를 분석 대상에서 제외하거나 수동으로 데이터를 보완하는 방법, 전역 상수를 사용해 보완하는 방법, 평균값으로 보완하는 방법, 혹은 분석을 통해 가장 높은 가능성이 있는 값으로 보완하는 방법 등이 있다.

【 결측값의 유형 】

	특징	예시
완전 무작위 결측 (MCAR: Missing Completely At Random)	다른 변수와 무관하게 랜덤으로 발생한 결측. 데이터셋이 대규모인 경우, 단순 무작위 표본 추출을 통해 완벽한 데이터 만들 수도 있음.	예) 설문조사 시 성별, 나이 같은 변수 요인과 무관하게 대답을 하지 않는 경우 – 일부는 대답하고 일부는 안 하는 경우, 다시 말해 고의성 없이 응답을 빠뜨린 경우를 의미.
무작위 결측 (MAR: Missing At Random)	결측이 다른 변수와 연관이 있지만, 그 자체가 결과 분포 자체에 영향을 미치지는 않음(비관측된 값들과는 연관되어 있지 않음).	예) 성별에 따라 응답 확률이 달라서 결측치가 남성 혹은 여성에 높게 나올 수는 있지만, 그 결측이 얻고자 하는 결과(예를 들면 임금 분포) 자체에 편향이 생기지는 않는 경우.
비무작위 결측 (NMAR: Not Missing At Random)	결측값이 결괏값에 영향을 미치는 경우(완전 무작위, 무작위가 아닌 경우).	예) 임금 분포에 대한 조사 중 임금이 낮은 사람이 응답할 확률이 낮다 → 임금 분포 결과에 영향을 미치는 결측.

② 결측값 처리

▪ **삭제**: 데이터 수가 충분히 많은 경우 결측값을 제거하는 방법으로 해결책을 모색할 수 있다. 단, 결측치가 무작위로 손실되지 않는 경우 결측값이 결괏값에 영향을 미칠 수 있기 때문에 임의의 제거는 데이터 분석 결과의 오류를 일으킬 수 있다. 완전 무작위 결측의 경우 다른 변수와 무관하게 결측값이 발생한 경우이므로 '제거하기'가 가장 효율적인 방법이다.

특정 단일값 삭제 (Pairwise Deletion)	▪ 관측치 자체만 삭제, 같은 목록의 다른 변수는 그대로 유지 ▪ 매번 결결된 데이터가 다른 특성을 가지고 있어 일관성이 없음
목록 삭제 (Listwise Deletion)	▪ 결측이 발생한 데이터가 포함된 목록(행 혹은 열) 전체를 데이터셋에서 제거 ▪ 많은 정보 손실이 발생 ▪ 무작위 결측이면서 충분한 데이터가 있는 경우 적합

▪ **대체(보완)**: 특정 대푯값으로 대체하거나 여러 방법을 통해 추정된 값으로 대체할 수 있다.

특정값 대체 (Simple Imputation)	▪ 특정 대푯값으로 결측값을 대체하는 방식 예) 최빈값, 평균값, 회귀 추정값 등으로 대체
다중 대치법 (Multiple Imputation)	▪ 여러 번의 결측치 추정을 통해 결측치가 대체된 데이터셋을 생성하여 결측치를 대체하는 방법으로, 주로 복잡한 결측값을 다루는 데 사용

【 결측치 추정 플로차트 】

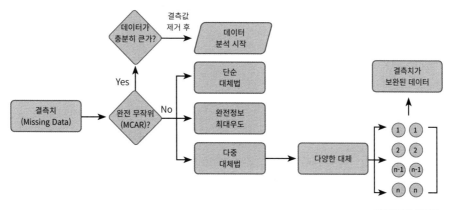

결측치 대체 및 분석
: 여러 개의 데이터 생성

참고

┃ **특정값 대체법의 종류**

▪ **평균 대체법**: 평균, 중앙값, 최빈값 등의 대푯값으로 대체하는 방법이다. 결측
값의 발생이 다른 변수와 관계가 있는 경우 유용하다. 결측치를 빠른 속도로
처리할 수 있지만, 모두 동일한 값을 가지게 되기 때문에 주의해야 한다.

TIP _ 대체법의 개념을 구분
해서 암기해야 합니다.

▪ **단순 확률 대체법**: 평균값으로 대체 시 발생할 수 있는 추정량 표준 오차의 과소 추정 문제를 보완하기 위
한 방법이다.

▪ **보삽법**: 시계열 자료의 누락된 데이터를 보완하기 위해 사용된다. 매해 자료를 수집하는 경우, 한 해의 데이
터가 결측인 경우 나머지 관측치만을 가지고 평균을 계산하는 방법이다.

▪ **평가치 추정법**: 약간의 오차는 감수하면서 원래의 값을 추정하는 방법이다. 유사한 맥락적 사정/행렬식 자
료를 고려하며 추정한다.

▪ **다중 대치법**: 결측 데이터가 있는 데이터셋을 결측치 추정을 통해 완벽한 데이터셋으로 생성한 뒤, 결측치
가 채워진 데이터셋을 통해 결측치를 추정한다. 여러 번의 결측치 추정은 오류를 줄이는 데 도움이 되며 기
존 데이터의 불확실성을 유지하면서 결과를 얻을 수 있다.

▪ **완전정보 최대우도법**: 적합함수인 최대우도를 바탕으로 결측치가 없는 케이스로부터 추정되는 모형모수를
가지고 가중평균을 구성하여 결측치 대신 사용하는 방법이다. 완전정보 최대우도법 함수는 모형 및 표본의
공분산뿐만 아니라 평균도 필요하다. 불완전 자료에 대해 완전정보 최대우도법으로 추정할 경우 비편향적
이며 추정모수에 있어 더 효율적이다. 완전 정보 최대우도법을 적용할 경우 모형의 p 값이나 적합도 지수
가 출력되지만, 적합도 지수 중 GFI, AGFI, PGFI, RMR은 결과물로 출력되지 않는다.

(3) 이상값의 유형과 처리

① 이상값 검출 방법

* **분산(Variance)**: 일반적으로 정규분포 97.5% 이상 또는 2.5% 이하의 값을 이상값이라고 한다.

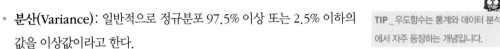

TIP _ 우도함수는 통계와 데이터 분석에서 자주 등장하는 개념입니다.

* **우도(Likelihood: 우도, 가능도)**: 일반적으로 우도값은 확률값과 동일시된다. 하지만 연속된 관측치를 다룰 때 우도값은 확률 밀도 함숫값(Probability Density Function)이라고 간주할 수 있다. 다음 그림을 보면 수집한 관측값들이 나올 수 있는 가능도가 가장 높은 곳의 검은 점의 높이가 가장 높은 것을 확인할 수 있다. 이와 같이 관측치가 가장 많이 발견될 것으로 보이는 경우의 확률값을 '우도'라고 한다. 우도함수의 우도 값 범위 밖의 가능성이 낮은 범위에서 발견되는 값을 이상값이라고 생각할 수 있다.

【 우도(Likelihood) 】

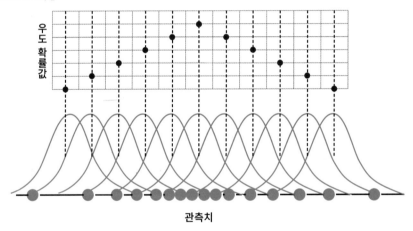

* **근접 이웃 기반 이상치 탐지(NN, Nearest-neighbor)**: 정상값들과 떨어진 위치에 있는 이상값을 탐지해내는 방법이다. 두 관측치 사이의 거리 개념을 알아야 한다. 일반적으로 연속형 변수에 대해서는 유클리드 거리를 사용하고 범주형 변수에 대해서는 단순 일치 계수를 사용한다. 자료가

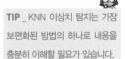

TIP _ KNN 이상치 탐지는 가장 보편화된 방법의 하나로 내용을 충분히 이해할 필요가 있습니다.

다변량인 경우 각 변수에 대한 거리를 결합하여 구할 수 있다. 근접 이웃 기반으로 이상치 탐지 시 k 번째로 가까운 관측치와의 거리를 이용하거나 상대적 밀도를 이용할 수 있다(k-최근접 이웃). 간단히 말하면 정상값의 중심으로부터의 거리가 미리 정해진 임곗값보다 큰 경우를 모두 이상치로 검출한다. 예를 들어 다음 그림에서 표본1은 임곗값 범위 내의 값이지만 표본2와 표본3은 임곗값 범위 밖의 값으로 이상치임을 알 수 있다.

【 근접 이웃 기반 이상치 탐지 】

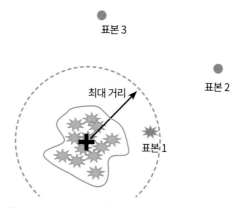

* 참고:<Traffic Anomaly Detection Using K-Means Clustering>, G. Münz, S. Li, G. Carle Published 2007, Computer Science, University of Tuebingen, Germany

- **밀도를 기반으로 한 탐지(Density)**: 근접 이웃 기반 이상치 탐지와 같은 개념으로 상대적 밀도(LOF, Local Outlier Factor)를 고려해 이상치를 탐지하는 방법이다. 밀도 있는 데이터에서 떨어져 위치한 데이터를 이상값으로 간주할 수 있다. 다음 그림을 보면 근접한 점들과의 밀도를 비교해서 이상치를 검출하는 방법이다. 가운데 점 A로부터 가장 근접한 3개의 점을 찾아서 세 점의 밀도를 계산해 보고 그 결과를 비교한 뒤 이상치를 구별해내는 방법이다.

【 상대적 밀도 이상치(LOF) 】

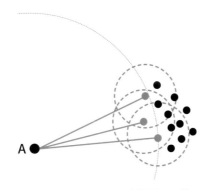

* 참고: https://en.wikipedia.org/wiki/Local_outlier_factor

- **군집(Clustering)**: 비슷한 개체를 군집으로 형성하여 정상값이 포함된 특정 군집에 속하지 않는 경우 이상치로 판별하는 방법이다. 혹은 군집의 중심으로부터의 거리를 기준으로 거리가 멀면 이상값이라고 판별한다. 다음 그림에서 정상 데이터는 각각 군집에 포함되어 있으며 이상값은 군집 내에 포함되지 않은 것을 확인할 수 있다.

【 군집화 】

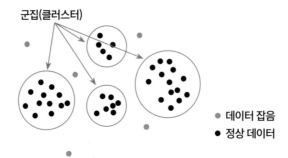

* 참고: https://developer.mindsphere.io/apis/analytics-anomalydetection/api-anomalydetection-overview.html

▪ **사분위수:** 사분위수를 이용하여 25%에 해당하는 값(Q1)과 75%에 해당하는 값(Q3)을 활용하여 이 상치를 판단하는 방법이다. 자료를 크기 순서대로 나열했을 때 다음 그림과 같이 사분위수로 나눌 수 있다. 가장 작은 하한 사분위수를 Q1이라고 한다. 가장 큰 사분위수인 상한 사분위수는 Q3라고 한다. 여기서 IQR이란 사분위의 정상 범위인 Q1과 Q3 사이를 의미하고, 사분범위(Interquartile Range, IQR)라고 한다. Q3 − Q1 = IQR로 나타낼 수 있다. 다음 그림에서 보면 상자그림의 중앙 값부터 사분범위(IQR) 안에 있는 값들은 정상 범위로 보며 범위 밖에 있는 최댓값과 최솟값을 각각 극단치의 경곗값이라고 한다. 이 범위를 벗어나는 값들을 극단치라고 한다.

일반적으로 사분범위에서 1.5분위수를 벗어나는 경우 이상치로 판단한다. 다시 말해 Q1 − 1.5 × IQR(하한 최솟값)보다 작거나 Q3 + 1.5 × IQR(상한 최댓값)보다 큰 값은 이상값으로 간주한다.

【 상자그림으로 이상치 확인하기 】

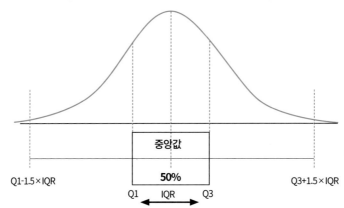

② 이상값 처리 방법

일반적으로 이상치를 제거하는 방법에는 삭제, 대체, 스케일링, 정규
화 등의 방법이 있다. 특정한 범위를 결정하고 범위 밖의 관측값들을
대체, 제거할 수 있으며, 다음 기준에 따라 값을 대체 혹은 삭제하고 이상값을 조정한다.

TIP _ 결측치 처리 방법과 더불어 이상치 처리 방법도 파악해둘 필요가 있습니다.

- 하한값과 상한값을 결정해 범위 밖의 관측치는 하한값과 상한값으로 각각 대체한다. 평균 표준 편차는 평균값을 기준으로 한 값으로 범위 밖의 값을 대체할 수 있다.
- 평균 절대 편차는 중앙값을 기준으로 n 편차로 큰 값이다. 마찬가지로 이상값을 대체할 수 있다.
- P 번째 백분위 수보다 큰 값을 대체할 수 있다.

02 분석 변수 처리

1. 변수 선택

(1) 변수 선택 개요

변수 선택이란 종속변수에 유의미한 영향을 미칠 것으로 생각되는 독립변수를 선택하는 과정이다. 보통 모델의 성능을 향상시키기 위해 사용한다. 정보는 많으면 많을수록 좋지만, 모든 변수를 포함하여 분석하는 것이 반드시 좋은 결과를 보장하는 것은 아니다. 변수의 수가 많을 경우 일부 변수는 종속변수와 전혀 관련이 없을 수도 있고, 어떤 변수는 중복된 정보를 포함하고 있을 수 있다. 이러한 변수의 특성을 고려해 선택하는 것은 데이터 모델링에서 중요한 과정이다. 예를 들어 컴퓨팅 자원의 관점으로 볼 때 10개의 변수를 모두 사용해 분석한 결과 88%의 설명력을 가지고, 3개의 변수를 사용해 분석한 결과 86%의 설명력을 가진다면 3개의 변수만 사용하는 것이 좋을 수도 있다.

【 동물 분류표의 예 】

털	다리 수	날개	무게(kg)	식성	나이	생년	동물
유	4	무	3.8	육식	2	2018	고양이
유	2	유	2.1	잡식	1	2019	비둘기
무	4	무	250	육식	15	2005	악어
유	4	무	4.5	육식	4	2016	고양이

앞의 표는 동물을 분류하기 위해 여러 가지 변수의 정보를 담고 있다. 이 중 나이와 생년은 중복된 정보다. 그리고 나이는 동물을 분류하는 데 있어 불필요한 요소다. 이렇게 중복되거나 불필요한 변수 요인은 데이터를 복잡하게 만들고 정확도를 떨어뜨릴 수 있기 때문에 사전에 제거하는 것이 효율적이다.

 참고 | **변수를 선택적으로 모델에 적용할 때의 이점**
- 머신러닝 알고리즘의 학습속도가 더 빨라진다.
- 모델의 복잡성이 줄고 사용자가 모델을 해석하기가 더 쉽다.
- 올바른 하위 집합을 선택하면 모델의 정확도가 향상된다.
- 과적합을 줄이고 일반화 성능을 향상시킬 수 있다.

 TIP _ 관련 내용이 시험에 출제될 수 있습니다.

참고 | **변수 선택 시 유의점**

- 경험 및 해당 분야에 대한 도메인 지식을 이용해 종속변수에 유의미한 영향을 줄 수 있을 것 같은 독립변수를 선택한다.
- 분류모델 중 트리 기반 모델의 경우는 트리의 상단에 있을수록 중요도가 높으므로 이를 반영해 변수별 중요도를 고려해 변수를 선택한다.

(2) 변수 선택법

① 부분 집합법 (All subset)

모든 가능한 모델을 고려하여 가장 좋은 모델을 선정하는 방법이다. 변수가 많아짐에 따라 검증해야 하는 회귀 분석도 많아지는 단점이 있다. 변수의 개수가 적은 경우 높은 설명력을 가진 결과를 도출해내는 데 효과적이다. '임베디드 기법'이라고도 하며 라쏘, 릿지, 엘라스틱넷 등의 방법을 사용한다.

② 단계적 변수 선택 방법

- **전진 선택법**(Forward Selection)

모든 독립변수 가운데 기준 통계치에 가장 많은 영향을 줄 것으로 판단되는 변수부터 하나씩 추가하면서 모형을 선택한다. 설명력이 가장 높은 설명변수 **TIP** _ 자주 나오는 개념이니 반드시 숙지해야 합니다. (p-value가 가장 작은 변수)부터 시작해 하나씩 모형에 추가한다. 변수의 개수가 많을 때 사용할 수 있지만, 변숫값이 조금만 변해도 결과에 큰 영향을 미치기 때문에 안정성이 부족한 방법이다. 한 번 추가된 변수는 제거할 수 없기 때문에 주의해야 한다. 상관계수의 절댓값이 가장 큰 변수에 대해 부분 F 검정으로 유의성 검정을 하고 더는 유의하지 않은 경우 해당 변수부터는 더 이상 변수를 추가하지 않는다.

- **후진 제거법**(Backward Elimination)

독립변수를 모두 포함한 모형에서 시작해 모형에 가장 적은 영향을 주는 변수부터 하나씩 제거하는 방법이다. 전진 선택법과 반대로 상관계수의 절댓값이 가장 작은 변수에 대해 부분 F 검정을 실시한다. 검정 결과가 유의하지 않는 변수 (p-value가 큰 변수)부터 하나씩 제거한다. 다중공선성이란 회귀분석에서 사용된 모형의 일부 설명 변수가 다른 설명변수와 상관정도가 높아 데이터 분석 시 부정적 영향을 미치는 것을 의미하는데, 다중공선성이 높을수록 정확한 결과 추정이 어려워진다. 그러므로 다중공선성이 높게 나타난 변수를 하나씩 제거하는 후진제거법을 적용하는 것이다. 이는 전체 변수의 정보를 이용한다는 장점이 있지만, 변수의 개수가 너무 많은 경우 적용하기 어렵다.

- **단계적 방법**(Stepwise Selection)

전진 선택법과 후진 제거법을 보완한 방법이다. 전진 선택법으로 유의한 변수를 추가하고 기존 변수와 추가된 변수에 후진 선택법을 적용해 유의성이 낮은 변수를 제거하는 작업을 반복한다. 변수를 연속적으로 추가 혹은 제거하면서 AIC가 낮아지는 모델을 찾는 방법이다.

2. 차원 축소

(1) 차원 축소 개요

① 차원의 저주

데이터 분석에서 차원은 변수의 수로 표현된다. 변수의 수가 많아질수록 축의 개수가 많아지고 차원이 커진다. 차원이 증가함에 따라 모델의 성능이 하락하게 되고, 이를 극복하기 위해 훨씬 더 많은 데이터를 필요로 하게 되는데, 이를 '차원의 저주'라 부른다.

'차원의 저주'는 데이터의 차원이 증가할수록 데이터를 표현할 수 있는 공간은 기하급수적으로 증가하는 데 반해 데이터의 수는 변하지 않기 때문에 발생한다. 즉, 차원이 증가함으로 인해 데이터가 차지하는 공간이 미비해지고 각 데이터 사이의 거리가 멀어지며 데이터의 밀도가 급격하게 낮아져 발생하는 현상이다. 차원이 증가함에 따라 데이터 사이에 생성되는 빈 공간은 컴퓨터상에서 '0(정보가 없는 상태)'으로 채워진다. 이로 인해 모델링 과정에서 저장공간과 처리 시간이 불필요하게 증가되어 성능이 저하된다. 데이터의 밀도가 충분히 높아질 때까지 데이터의 크기를 키우면 차원의 저주를 해결할 수 있지만, 데이터가 무한정 존재하지는 않기에 차원 축소를 사용한다.

② 다중공선성

다중공선성이란 회귀분석에서 독립변수 간에 강한 상관관계가 나타나는 문제다. 다중공선성이 존재하면 회귀분석의 기본 가정인 독립성(독립변수 간에는 상관관계가 없이 독립이다)에 위배된다. 또한 A, B라는 변수가 있을 때 이 둘 사이에 다중공선성이 존재하면 A라는 변수가 Y값에 어느 정도의 영향을 미치는지, 또는 B라는 변수가 Y값에 어느 정도의 영향을 미치는지를 정확하게 판단할 수 없다. 다중공선성을 해결하지 않고 분석을 하면 분석 결과의 회귀계수를 신뢰할 수 없고 잘못된 결과가 나올 수 있다.

(2) PCA(주성분분석, Principal Component Analysis)

① PCA 개요

차원 축소의 가장 대표적인 알고리즘으로 PCA가 있다. PCA는 여러 변수 간에 존재하는 상관관계를 이용해 선형 연관성이 없는 저

TIP _ 특히 중요하고 자주 나오는 개념이므로 알고리즘과 과정을 이해하고 넘어가야 합니다.

차원 공간으로 축소하는 기법이다. 선형 연관성이 없다는 말은 선형 독립이라는 말이며, 데이터의 분산을 최대한 보존하는 새로운 축을 찾아서 변환함으로써 차원을 축소한다는 말이다. PCA는 여러 변수 중에서 중요한 몇 개의 주성분으로 전체 변동의 대부분을 설명하고자 하는 알고리즘이다. 다음의 왼쪽 그림을 보면 원본 데이터는 x값이 커짐에 따라 y값도 커지는 경향을 보인다. 즉, x와 y가 선형 상관관계가 있다고 보고 선형연관성이 있다고 말한다. 이를 데이터의 분산이 가장 큰 방향을 나타내는 검정색과 주황색의 두 개의 벡터가 x축 및 y축과 같은 방향이 되도록 회전한 것이 두 번째 그림이다. 회전했다는 의미는 이들을 새로운 축, 바로 주성분으로 설정했다는 것이다. 이것이 바로 분산을 최대한 보존하는 두 개의 벡터를 이용해 데이터 간의 선형 연관성이 없는 저차원 공간으로 축소한 PCA의 결과물이다.

【 PCA의 간단한 예 】

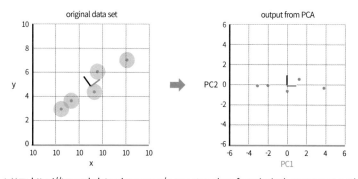

* 참고: https://towardsdatascience.com/a-one-stop-shop-for-principal-component-analysis-5582fb7e0a9c

여기서 차원을 축소한다는 의미는 단순히 차원을 줄이는 게 아니라 원래 데이터가 가진 내재적 속성을 보존하면서 데이터는 축소하는 방법으로, 본래 데이터의 특성을 잘 살리는 방법이라고 생각할 수 있다. 즉, 데이터 각각에 대한 성분 분석이 목적이 아니라 '전체 데이터 분포'의 주성분을 분석해주는 방법이다.

예를 들면, 2차원 데이터 집합에 대해 PCA를 수행하면 서로 수직인 주성분 벡터를 반환하고, 3차원 점들에 대해 PCA를 수행하면 3개의 서로 수직인 주성분 벡터를 반환한다. 이때 PCA로 축소된 각 변수는 서로 독립이다.

【 주성분 분석으로 차원 축소 】

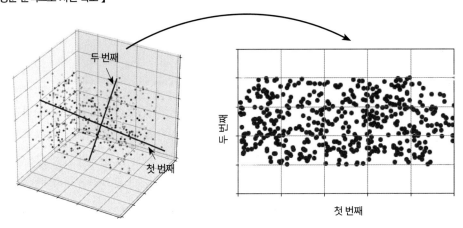

② PCA 과정

데이터의 분산을 최대한 보존하는 축을 찾아 투영하는 것이 그 목적이므로 분산이 최대인 PC1축을 찾는 것으로부터 시작한다. 마찬가지로 찾은 축에 직교하며 분산이 최대인 다음 축을 찾고, 이러한 과정을 통해 차원 축소를 할 수 있다.

    ⓐ 먼저 데이터에서 분산이 최대인 축 PC1을 찾는다.

    ⓑ PC1과 직교하면서 분산이 최대인 두 번째 축 PC2를 찾는다.

    ⓒ PC1과 PC2에 직교하면서 분산이 최대인 축 PC3를 찾는다.

    ⓓ 이를 n회(n은 변수의 수) 반복하여 n만큼의 축을 찾는다.

변수의 단위가 유사하면 주로 공분산 행렬을 사용하고, 변수의 단위가 다른 경우에는 주로 상관행렬을 사용한다. 주성분분석에서 상관행렬을 사용하는 것은 표준화된 변수에 공분산 행렬을 사용하는 것과 같다. 공분산 행렬은 데이터 쌍 간에 변화가 얼마나 되는지 행렬에 나타낸다.

【 PCA 과정 】

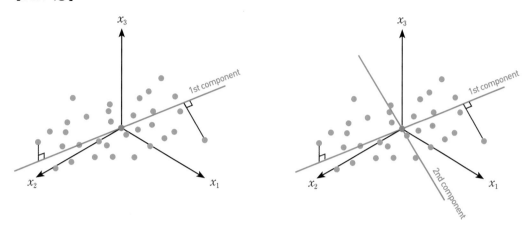

* 참고: https://heartbeat.fritz.ai/understanding-the-mathematics-behind-principal-component-analysis-efd7c9ff0bb3

참고

▌R에서 '스크리 산점도(Scree plot)'를 사용해 주성분 개수 선택

- 공분산 행렬: 누적 비율 70~90% 사이를 기준으로 한다.

- 상관계수 행렬: 고윳값이 1 이상인 주성분을 고른다.

- 스크리 산점도란 주성분분석을 위해 고윳값을 크기순으로 나열해 그린 그래프를 말한다.

- 스크리 산점도의 축소 추세가 완만해지기 시작하는 주성분의 수를 선택한다.
  (만약 n번째부터 감소하는 추세가 완만해지면 m=n−1을 선택한다.)

- 다음 그림에서는 4번째 고윳값부터 감소하는 추세가 완만해지므로 m=3을 선택한다.

【 R − Scree Plot 】

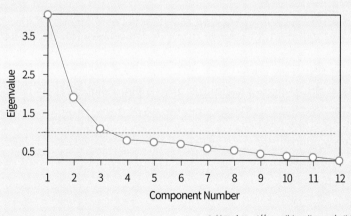

* 참고: https://en.wikipedia.org/wiki/Scree_plot

(3) LDA(선형판별분석, Linear Discriminant Analysis)

LDA는 PCA와 마찬가지로 차원 축소의 또 다른 알고리즘이다. PCA가 분산이 최대인 축을 찾는 데 반해, LDA는 지도학습으로 데이터의 분포를 학습하여 결정경계(Decision Boundary)를 만들어 데이터를 분류한다. 결정경계

TIP _ PCA와의 차이를 구분해 이해하고 이점이 무엇인지 이해할 필요가 있습니다.

란 타깃값을 가장 잘 분류할 수 있는 경곗값을 의미하며, 분산 대비 평균의 차이를 극대화하는 값을 말한다. LDA는 클래스의 정보를 보호하면서 차원을 최소로 줄이는 방법이다. 대개 PCA보다 더 좋은 결과를 보여준다. 즉, LDA는 두 범주의 중심값(평균)이 멀고 각 범주의 분산이 작다는 조건을 모두 충족시키는 중간지점을 찾아내는 방법이다.

다음의 그래프에서 두 번째 히스토그램은 주황색과 검정색이 섞이지 않고 비교적 뚜렷하게 구분되는 중간 점이 있는 것을 알 수 있다. 이런 중간 직선을 찾게 해주는 것이다.

【 LDA의 원리 】

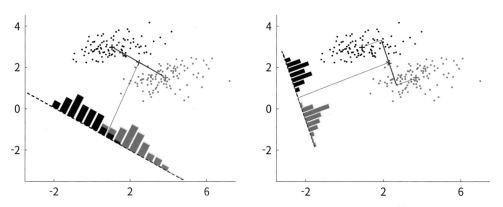

* 참고: <Fisher Linear Discriminant Analysis>, Cheng Li, Bingyu Wang, August 31, 2014, https://pdfs.semanticscholar.org/1ab8/ea71fbef3b55b69e142897fadf43b3269463.pdf

LDA는 다음 두 가지 가정을 전제로 한다. 첫째, 데이터 분포가 다변량 정규분포를 따라야 한다. 둘째, 다변량 정규분포의 파라미터는 평균(벡터)과 공분산(행렬)이어야 한다. LDA는 특정 공간상에서 클래스 분리를 최대화하는 축을 찾기 위해 클래스 간 분산(between-class scatter)과 클래스 내부 분산(within-class scatter)의 비율을 최대화하는 방식으로 차원을 축소한다. LDA는 투영을 통해 가능한 한 클래스를 멀리 떨어지게 하므로 SVM 같은 다른 분류 알고리즘을 적용하기 전에 차원을 축소하는 데 자주 사용된다.

LDA는 데이터를 최적으로 분류하여 차원을 축소, PCA는 데이터를 최적으로 표현하는 관점에서 데이터를 축소하는 방법이다.

▌LDA를 적용할 때 베이지안 정리(Bayes' Theorem)를 활용

LDA를 확률모형으로 도출하기 위해 베이지안 정리를 활용할 수 있다. 베이지안 정리란 사전확률($P(S_i)$)로부터 사후 확률($P(S_i|A)$)을 구하는 것을 의미한다. 선형판별분석에서는 베이지안 정리의 사후확률($P(S_i|A)$)을 판별함수라고 칭한다. 데이터 A가 $P(S_i)$ 중 어떤 클래스에 속하는지 확인하는 것이다. 베이지안 공식을 활용해 판별 함수식을 도출하면 다음과 같다.

TIP_ 베이지안 이론은 통계와 데이터 분석에 중요한 개념이므로 이해하고 넘어가는 것이 좋습니다.

$$P(S_i|A) = \frac{P(S_i)P(A|S_i)}{P(A)} = \frac{P(S_i)P(A|S_i)}{\sum_{i=1}^{n}P(S_k)P(A|S_k)}$$

(4) t-SNE(t-분포 확률적 임베딩, t-Stochastic Neighbor Embedding)

① t-SNE 개요

PCA를 이용해 차원 축소를 하는 경우 군집화된 데이터가 합쳐지면서 데이터가 어떤 군집에 포함되어 있는지를 제대로 구별할 수 없다는

TIP_ PCA와 구분하여 개념을 이해하고 알고리즘을 이해해둘 필요가 있습니다.

단점이 있다. 예를 들어 다음 그림을 보면 2차원에서 1차원으로 축소되면서 주황색과 회색의 두 군집의 변별력이 없어진 것을 확인할 수 있다. 이렇게 변별하기 어려운 문제를 해결하기 위해 t-SNE(t-분포 확률적 임베딩)를 적용할 수 있다. 고차원에 존재하는 데이터 간의 거리를 최대한 보존하면서 데이터 간의 관계를 저차원으로 축소해 시각화하는 방법이다. 연구에 따르면, t-분포를 사용하여 가정하는 것이 가장 좋은 결과를 얻을 수 있다고 한다. t-분포를 사용하기 때문에 t-SNE라고 한다.

【 PCA의 단점 】

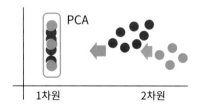

② t-SNE 과정

ⓐ 한 점을 선택하고 다른 점과의 거리를 측정한다(다음 그림 왼쪽 참조).

ⓑ t-분포 그래프 가운데에 처음 선택한 점을 위치시킨다(다음 그림 오른쪽 참조).

ⓒ ⓐ에서 측정한 거리를 기준으로 t-분포의 값을 선택하는데, 이 값을 친밀도라고 한다. 친밀도가 가까운 값끼리 그룹화한다.

각 군집의 특징은 그대로 유지되지만, 계산할 때마다 축의 위치가 변화한다. t-SNE는 매번 거리를 측정하고 그 값을 가능도로 변환한다. 이 가능도를 다시 총합으로 나누어 총합이 1이 되게 한다.

【 t-SNE 과정 】

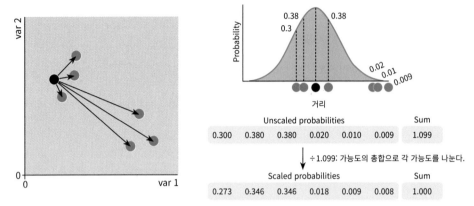

* 참고: https://livebook.manning.com/book/machine-learning-for-mortals-mere-and-otherwise/chapter-14/14

(5) SVD(특잇값 분해, Singular Value Decomposition)

SVD는 PCA와 유사한 행렬 분해 기법을 사용하지만, PCA와 달리 행과 열의 크기를 다른 어떤 행렬에도 적용할 수 있다는 이점이

TIP _ PCA와 구분하여 이해하고 그림을 참고하여 알고리즘을 익혀둘 필요가 있습니다.

있다. 일반적으로 정방행렬에 대해서는 고윳값 분해를 적용할 수 있지만, 직사각 행렬에 대해서는 고윳값 분해를 이용할 수가 없다. 그래서 이렇게 행렬의 크기가 다른 m×n 행렬 M에 대해 다음과 같이 세 행렬의 곱으로 분해하는 것을 특잇값 분해라고 한다($M=U\Sigma V^T$). 특잇값 분해는 특히 데이터 압축 등의 많은 분야에서 활용된다.

U는 행렬 $M \times M^T$를 고윳값 분해해서 얻은 직교 행렬이며, V는 반대로 $M^T \times M$을 고윳값 분해해서 얻은 직교 행렬이다. 그러므로 행렬 U와 V에 속한 벡터는 특이벡터(Singular Vector)이며 서로 직교하는 성질을 가진다. Σ는 대각행렬이며 대각 성분은 $M \times M^T$과 $M^T \times M$의 고윳값에 루트를 씌운 값으로 구성된다. 대각에 위치한 값만 존재하고 나머지 위치의 값은 모두 0인 행렬이다. Σ 행렬에서 0이 아닌 값들이 바로 특잇값이다. 특잇값의 개수는 행렬의 열과 행의 개수 중 작은 값과 같다. 예를 들면, 다음 그림에서 행렬 M은 1×5(M〈N)의 행렬이다. U는 5×5, Σ는 1×5, 그리고 V^T는 1×1이 된다. 반대로 행렬 M이 5×1(M〉N)인 경우, U는 1×1, Σ는 5×1, 그리고 V^T는 5×5가 된다.

이렇듯 SVD를 통해서 고윳값의 개수가 r개라고 한다면 m×n개의 데이터를 줄여서 m×r개+r개+r×n개의 데이터만 저장할 수 있다(영 공간을 제외한 크기).

【 SVD 과정 】

$$M = U \times \Sigma \times V^T$$

	A
1	1
2	2
3	3
4	4
5	5

(M=1, N=5)

=

	A	B	C	D	E
1	1	2	3	4	5
2	2				
3	3				
4	4				
5	5				

(N=5)

	A
1	1
2	2
3	3
4	4
5	5

(M=1, N=5)

	A
1	1

(M=1)

【 SVD 예시– Python을 통한 SVD 】

1. 행렬 M을 임의로 생성한다.

```
>>> import numpy as np
>>> from numpy.linalg import svd
>>> np.random.seed(121)
>>> a = np.random.randn(2,2)
>>> print (np.round(a,3))
[ [-0.212 -0.285]
  [-0.574 -0.44  ] ]
```

2. $U = M \times M^T$, $V = M^T \times M$, Σ를 구한다. 결론적으로 분해한 U, Σ, V를 내적하면 원본 행렬 M과 일치한다.

```
>>> u, sigma, vt =svd(a)
>>> print (u.shape, sigma.shape, vt.shape)
(2, 2) (2, ) (2, 2)
>>> print ('u matrix:\n' , np.round(u,3))
u matrix :
 [ [-0.432  -0.902 ]
   [-0.902   0.432 ] ]
>>> print ('sigma value :\n' , np.round(sigma, 3))
Sigma value :
 [ 0.801. 0.088 ]
>>> print ('v transpose matrix: \n' , np.round(vt,3))
v transpose matrix:
 [ [ 0.76  0.649 ]
   [ -0.649 0.76 ] ]
```

참고 ▎**특잇값 분해**

여기에서 각 행렬은 다음과 같은 성질을 가진다.

$$M = U\Sigma V^T$$

- U는 m×m 크기를 가지는 단위행렬이다.
- Σ는 m×n의 크기를 가지며, 대각선상에 있는 원소의 값은 음수가 아니고 나머지 원소의 값이 모두 0인 대각행렬이다.
- V^T는 V의 컬레 전치 행렬로, n×n 단위행렬이다.
- 이와 같이 행렬 M을 세 행렬의 곱으로 나타내는 것을 M의 특잇값 분해라고 한다.

3. 파생변수 생성

(1) 파생변수 개요

기존 변수들을 조합하여 새롭게 만들어진 변수를 파생변수라 한다. 파생변수에는 분석가의 주관이 많이 포함된다. 도메인에 대한 지식이 풍부한 데이터 분석가가 파생변수를 생성하면 질 좋은 파생변수를 생성할 수 있다. 파생변수를 생성할 때는 논리적 타당성을 충분히 고려해야 한다.

(2) 파생변수 생성 방법

① 하나의 변수에서 정보를 추출해 새로운 변수를 생성한다

예) 주민등록번호에서 나이와 성별을 추출

② 한 레코드의 값을 결합하여 파생변수를 생성한다

예) 키와 몸무게를 이용해 BMI 지수라는 변수를 생성

③ 조건문을 이용해 파생변수를 생성한다

예) BMI 지수가 18.5 미만이면 저체중, 18.5~22.9이면 정상 체중, 25~22.9이면 과체중이라는 기준값을 정하고 조건문을 통해 BMI 지수에 따라 저체중, 정상 체중, 과체중을 구분한 파생변수를 생성한다.

【 파생변수의 예시 】

다음 표는 식료품의 시장가격을 조사하기 위한 마트별 금액을 정리한 것이다. 마트별 금액을 원본으로 활용하여 추가로 평균 금액을 추출해 냄으로써 시장 가격을 조사할 수 있다. 이렇게 생성된 시장 가격(평균)이 '파생변수' 값이다.

항목	A 마트	B 마트	시장 가격 (원)
당근	490	600	545
오이	750	800	775
애호박	1100	1200	1150
콩나물	890	950	920

R 코드로 파생변수 만들기를 간단하게 해볼 수 있다. 예를 들어 앞의 예시와 같이 마트별 금액이 있을 때 파생변수로 '평균'값을 구할 수 있다. 다음의 R 코드를 보면 먼저 데이터 프레임에 마트별 식료품 가격을 입력한 후 var_sum, var_mean이라는 새로운 파생변수를 만드는 것을 확인할 수 있다.

```
# 데이터 프레임에 데이터 입력
> df <- data.frame (var 1 = c(490, 750, 1100, 890) , var 2 = c(600, 800, 1200, 950) )
> df
      var1    var2
1      490     600
2      750     800
3     1100    1200
4      890     950

#1. 합계 구하기
> df$var_sum <- df$var1 + df$var2
> df
      var1    var2     var_sum
1      490     600        1090
2      750     800        1550
3     1100    1200        2300
4      890     950        1840

#2. 평균 구하기
> df$var_mean <- (df$var1 + df$var2) /2
> df
      var1    var2    var_sum    var_mean
1      490     600       1090         545
2      750     800       1550         775
3     1100    1200       2300        1150
4      890     950       1840         940
```

4. 변수 변환

(1) 변수 변환 개요

실제 모든 데이터가 분석하기 쉬운 형태로 존재하는 것은 아니다. 그러므로 분석 목적에 맞게 데이터를 변환하는 과정이 필요하다. 연속형 변수로 분석하느냐, 범주형 변수로 분석하느냐에 따라 분석 결과가 완전히 달라질 수 있다.

(2) 변수 변환

범주형 데이터 변환	▪ 대부분의 머신러닝 모델은 숫자만 입력받을 수 있기 때문에 범주형 데이터는 숫자로 변환해야 한다. 범주형 데이터를 숫자로 변환하는 방법은 간단하게 조건문을 통해 남성이면 '0', 여성이면 '1'로 변환할 수 있다. 하지만 각 변수에 순서가 생길 수 있고 연속형 데이터로 취급될 수도 있다. 이를 방지하기 위해 사용하는 방법이 더미 변수화다.
연속형 데이터를 범주형으로 변환	▪ 필요에 따라 연속형 데이터를 카테고리형으로 변환해 분석해야 할 수도 있다. 대표적으로 10~19세를 '10대', 20~29세를 '20대'로 변환하는 작업이 있다.
비정형 데이터 변환	▪ 비정형 데이터의 경우 단어의 빈도수 등을 이용해 정형화한 후 분석을 수행한다.
더미 변수화	▪ 각 고유의 값을 하나의 열로 바꾸어 값이 없는 경우는 '0', 값이 존재하는 경우는 '1'만 가지는 값으로 어떤 특징의 존재 여부를 표시한다.
스케일링	▪ 각 모형은 입력 데이터의 단위 및 스케일이 다를 경우 신뢰도가 떨어진다. 그렇기에 각 특성의 값이 특정 범위 안에 들어오게 하는 스케일링 전처리 과정을 거치는 경우가 많다. 변수의 크기가 너무 크거나 작은 경우 변수와 결과의 연관 관계를 반영하기 어렵기 때문에 주로 스케일링이 이용된다. ▪ 대표적인 스케일링 방법에는 최소–최대 표준화(Min–Max Normalization)와 정규화(Standardization)가 있다. 　· 최소–최대 표준화(Min–Max Normalization) 　(X–X의 최솟값)/(X의 최댓값 – X의 최솟값)으로 계산되고, 모든 특성이 0과 1 사이에 위치하게 데이터를 변환한다. X에 존재하는 가장 작은 값은 Min(X)로 동일하다. 　· 정규화(Standardization) 　(X–X의 평균값)/(X의 표준편차)으로 계산되고 기존 특성을 평균이 0, 분산이 1인 정규분포로 변환하여 특성의 스케일을 맞춘다. 　· RobustScaler 　((x–median)/IQR)로 계산되고 중앙값이 0, IQR(3분위수–1분위수)이 1이 되게 변환한다. RobustScaler는 이상값의 영향을 최소화한 스케일링 기법이다.

참고 ▎**변수 변환 시 유의점**

변수 변환 시 관측값 간의 차이와 범위가 유의미하게 충분히 크지 않은 경우 데이터 모델링 후에 분석 결과가 유의하지 않을 수 있다. 특히 여러 개의 변수를 한 번에 변환하는 경우에는 더 큰 문제가 된다. 완전한 변수 변환을 추구하는 것보다는 변환된 값이 유한한 값으로 변환할 수 있게 상황에 맞추는 것이 중요하다. 되도록 변환된 값이 명백하게 관계를 보여줄 수 있게 하는 것이 좋다.

* 출처: http://datum.io/tag/%EB%B3%80%EC%88%98-%EB%B3%80%ED%99%98/

5. 클래스 불균형(불균형 데이터 처리)

(1) 개요

어떤 데이터에서 각 클래스가 가지고 있는 데이터의 양에 큰 차이가 있는 경우를 보통 클래스 불균형이 있다고 한다. 불균형 데이터를 사용하여 모델링을 할 경우 관측치 수가 많은 데이터를 중심으로 학습이 진행되기 때문에 관측치가 적은 데이터에 대한 학습은 제대로 이루어지지 않을 가능성이 크다. 이러한 문제는 신용사기 문제나 의학적 진단 등에서 자주 발생한다. 신용사기 진단, 의학적 진단 등과 같이 소수 클래스에 큰 관심이 있는 경우, 불균형 데이터를 처리하는 문제는 굉장히 중요하다.

(2) 클래스 불균형 문제 해결 방법

① 과소표집(Under Sampling)

무작위로 정상 데이터를 일부만 선택해 유의한 데이터만 남기는 방법이다. 많은 클래스의 데이터를 적은 클래스의 수만큼 감소시킨다. 정상

> TIP _ 불균형 해결 방법 3가지는 반드시 암기해둬야 하는 개념입니다.

데이터가 800개, 사기 데이터가 100개일 때 정상 데이터를 제거해 100개로 감소시킨다. 데이터를 제거하므로 중요한 정상 데이터의 손실 우려가 있다. 다음 그림에서 검정색 데이터가 감소된 것을 확인할 수 있다.

② 과대표집(Over Sampling)

사전에 정해진 기준 또는 기준 없이 무작위로 소수 데이터를 복제하는 방법이다. 적은 클래스의 데이터를 많은 클래스의 수만큼 증가시킨다. 기존 데이터에 정상 데이터가 500개이고, 사기 데이터가 20개라고 할 때 사기 데이터를 복제하여 500개로 증가시킨다. 데이터를 증가시킬 때 기존의 데이터를 복제하여 증가시키기에 과적합 문제가 발생할 수 있다. 다음 그림에서 주황색의 데이터를 여러 개로 복제하여 증가시킨 형태를 확인할 수 있다.

【 과소표집과 과대표집 】

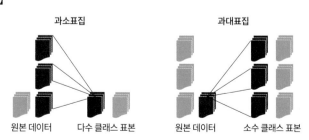

과소표집   과대표집

원본 데이터   다수 클래스 표본   원본 데이터   소수 클래스 표본

* 출처:https://3months.tistory.com/414

③ SMOTE(Synthetic Minority Oversampling Technique)

일종의 과대표집 방법으로, 다수 클래스를 샘플링하고 기존의 소수 샘플을 보간하여 새로운 소수 인스턴스를 합성해내는 방법이다. 보통 과대표집의 경우 중복된 값이 너무 많이 생성되는 과적합이 발생되고 과소표집은 중요한 데이터의 손실 우려가 있다. 이 두 가지를 보완해주는 방법이 SMOTE다.

알고리즘을 통해 소수 클래스에 새로운 데이터를 생성한다. 소수 클래스의 데이터 하나를 찾고 해당 데이터와 가까운 K개의 데이터를 찾은 후 주변 값을 기준으로 새로운 데이터를 생성한다. 결과적으로 소수 클래스 수는 다수 클래스의 수와 동일해진다. 다음 그림에서 주황색의 데이터 샘플이 다소 적다. 여기에 주황색 데이터를 참조하여 검은색 데이터를 생성한 것을 볼 수 있다. 결과적으로 주황색 데이터의 수가 늘어나 샘플의 양이 늘어난 것을 확인할 수 있다.

【 SMOTE 방법 】

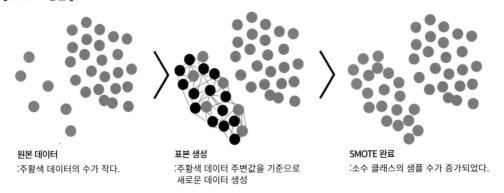

원본 데이터
:주황색 데이터의 수가 작다.

표본 생성
:주황색 데이터 주변값을 기준으로
새로운 데이터 생성

SMOTE 완료
:소수 클래스의 샘플 수가 증가되었다.

* 출처: https://bandibell.tistory.com/366

■ 데이터 전처리의 이해

데이터 전처리	데이터 분석을 위한 필수 과정으로 데이터를 정제한 뒤, 데이터 가공, 통합, 정리, 변환을 통해 데이터 분석 변수를 처리하는 등의 작업으로 데이터 분석 결과의 신뢰도를 높이기 위한 과정

■ 데이터 정제

데이터 정제	결측값, 잡음, 이상값 등 데이터 오류의 원인을 분석 작업 전에 처리하는 것을 의미
결측값	분석대상에서 제외 또는 보완하여 처리 가능
이상값	삭제, 대체, 스케일링, 정규화 등의 방법으로 처리 가능

■ 데이터 결측값

결측값 유형	①비무작위(NMAR): 결측값에 영향 미친다. ②무작위(MAR): 연관은 있지만 결과에는 영향 미치지 않는다. ③완전 무작위(MCAR): 연관 없이 완전히 무관한 결측
결측값 대체 방법	①평균 대체: 대푯값으로 대체 ②단순 확률 대체: 단순 확률값으로 대체 ③보삽법: 비슷한 시기, 다른 해의 데이터를 참고한 평균값으로 대체 ④평가치 추정법: 맥락적/행렬식 자료를 고려하여 원래의 값 추정 ⑤다중 대치법: 결측치 추정을 통해 완성한 데이터셋을 이용하여 결측치 추정 ⑥완전 정보 최대우도법: 최대우도 바탕으로 가중평균 구성하여 대체

■ 데이터 이상값

이상값 검출	①분산: 정규분포 97.5% 외의 값 ②우도함수: 우도확률값 외의 값 ③근접 이웃 기반 이상치 탐지: 정상값 거리와 거리가 먼 값 ④밀도 기반: 상대적 밀도 값이 먼 값 ⑤군집: 특정 군집에 속하지 않는 값 ⑥사분위수: 양쪽 말단에 1.5분위수를 벗어나는 값

■ 변수 선택

변수 선택	종속변수에 영향을 미칠 독립변수를 선택하는 과정, 선택적으로 변수를 적용하여 모델 성능 향상 가능	
선택적 변수 선택의 이점	① 머신러닝 알고리즘 학습속도 향상	② 모델 해석 용이
	③ 모델 정확도 향상	④ 과적합 감소, 성능 향상

■ 단계적 변수 선택 방법

전진 선택법	가장 많은 영향을 줄 것 같은 변수부터 하나씩 추가(AIC 작은 것부터 추가)
후진 제거법	가장 적은 영향을 주는 변수부터 하나씩 제거(AIC 큰 것부터 제거)
단계적 방법	전진 선택법에 의한 유의한 변수 추가, 후진 선택법에 의한 유의성 낮은 변수 제거 작업 반복(변수 연속적 추가와 제거를 통해 AIC가 낮아지는 모델을 완성)

※AIC: 작을수록 좋은 데이터 모델이라고 할 수 있다.

■ 차원축소

차원축소	• 변수의 수 증가로 인해 차원이 커지면서 데이터 모델링 성능 저하 문제가 발생하는 것을 '차원의 저주'라고 한다.
	• 공간은 증가하는 데 비해 데이터 수의 변화가 없는 경우 불필요한 정보와 공간으로 인해 모델링 성능의 저하를 유발할 수 있기 때문에 차원축소가 필요하다.
PCA (주성분 분석)	• 변수 간 상관관계를 파악하고 선형 연관성이 없는 저차원으로 축소하는 방법
	• 데이터 분산을 최대로 보존하는 축(PC1)을 찾고 PC1과 직교하면서, 두 번째로 분산이 최대인 축(PC2)을 찾는다. 이를 n회 반복하여 n만큼의 축을 찾는다.
LDA (선형판별분석)	• 지도학습을 통해 데이터 결정경계를 만들어 데이터 분류하는 것
	• LDA의 2가지 가정
	①다변량정규분포를 따르는 데이터 분포여야 한다.
	②파라미터는 평균(벡터)과 공분산(행렬)이어야 한다.
t-SNE (t-분포 확률적 임베딩)	• 고차원의 데이터 거리를 보존하며 그 관계를 저차원으로 축소하는 방법
	• 하나의 점(t1)을 선택하여 다른 점들 간의 거리를 측정한 뒤 이를 T 분포 그래프에 표현한 다음 t1을 중앙에 위치시키고 친밀도가 가까운 값끼리 그룹화
SVD (특잇값 분해)	행렬의 크기와 모양에 상관없이 적용할 수 있는 방법이다. $(M = U \Sigma V^T)$

■ 변수 변환

범주형 데이터 변환	범주형 변수를 숫자로 변환 (남자:1, 여자:2)
연속형→범주형으로	연속형 데이터를 범주형으로 (10~19세: 10대)
비정형 데이터 변환	단어의 빈도수 등을 이용해서 정형화
더미 변수화	어떤 특징의 존재 여부를 1 또는 0으로 변환
스케일링	최소-최대 표준화, 정규화

■ 클래스 불균형

여러 클래스 중 데이터 양에 큰 차이가 있는 경우 클래스 불균형이 있다고 한다.

과소표집	소수 클래스의 데이터 수만큼 감소시킨다. 데이터 손실 우려.
과대표집	다수 클래스의 데이터 수만큼 증가시킨다. 과적합 문제 발생 가능.
SMOTE	주변값을 기준으로 소수 클래스의 데이터 수를 증가시켜 다수 클래스의 수와 동일해지게 한다.

01. 데이터 전처리에 관한 설명 중 틀린 것을 고르시오.

① 데이터를 분석하기 전 데이터를 정제하고 변수 처리하는 과정을 의미한다.

② 데이터 전처리는 데이터 분석 결과에 직접 영향을 미치지는 않지만, 중요한 과정이다.

③ 데이터 전처리 과정을 거치는 경우 데이터의 신뢰도가 높아진다.

④ 전문가의 대부분이 가장 시간을 많이 소모하는 과정이 데이터 전처리 과정이다.

02. 다음 중 용어 설명이 옳은 것을 고르시오.

① 데이터 정제: 결측값, 잡음, 이상값 등 데이터 오류를 일으킬 수 있는 요인을 분석 작업 중에 삭제 혹은 대체 등의 방법으로 클렌징하는 것을 의미한다.

② 결측값: 데이터에서 빈칸에 존재하는 값으로, 데이터 값이 0이거나 n/a로 존재하는 값을 의미한다.

③ 이상값: 데이터 오류로 인해 이상한 값이 생긴 것으로, 자연히 혹은 우연히 나타날 수 있다.

④ 데이터 정제: 데이터를 제거해서 결과의 오류를 없애는 작업으로, 데이터 분석 중에 진행된다.

03. 결측값은 다른 변수와 무관하게 혹은 유의하게 발생할 수 있다. 결괏값에 영향을 미치는 결측값을 의미하는 것을 고르시오.

① MCAR

② MAR

③ NMAR

④ NCAR

04. 결측값을 처리하는 방법에 대한 설명이다. 틀린 것을 모두 고르시오.

ⓐ **특정 단일값 삭제**: 관측치 자체만 삭제, 매번 결측값이 다를 수 있어 일관성이 없다.

ⓑ **목록 삭제**: 결측이 발생한 데이터가 포함된 목록 전체를 제거하는 것으로, 많은 정보 손실이 발생할 수 있다. MCAR에 가장 적합하다.

ⓒ **특정값 대체**: 최빈값, 평균값, 회귀 추정 값 등으로 대체할 수 있다.

ⓓ **다중 대치법**: 여러 번 결측치를 추정하고 대체된 데이터 셋을 이용해 결측치를 대체하는 방법으로, 복잡한 결측치 발생 시 적용 가능하다.

① ⓑ,ⓓ

② ⓐ,ⓒ,ⓓ

③ ⓐ,ⓑ,ⓒ,ⓓ

④ 없다.

05. 다음 결측치에 관한 설명 중 옳은 것을 고르시오.

① 결측치가 발생하는 경우 완전 무작위인지 확인한 뒤, 완전 무작위 결측값일 경우 데이터의 대체, 제거 등의 보완 과정을 거쳐야 한다.

② 결측치가 발생하는 경우 결측값의 유형과 무관하게 모두 대체해야 높은 품질의 데이터 분석 결과를 얻을 수 있다.

③ 결측치가 발생하는 경우 결측값의 유형을 확인하여 다른 변수와 무관하게 랜덤으로 발생한 결측값인 경우 데이터 크기가 충분히 크다면 바로 데이터 분석을 진행할 수 있다.

④ 결측치가 발생하는 경우 데이터 손실을 줄이면서 데이터 품질을 높일 수 있는 가장 좋은 방법은 목록 삭제 방법이다.

06. 특정값 대체법에 대한 다음 설명과 일치하는 것이 무엇인지 고르시오.

다른 관측치들을 고려하여 맥락적 사정과 행렬식 자료를 고려하며 추정하는 방법으로, 약간의 오차가 발생할 수 있고 이를 감수하면서 값을 추정하여 보완/대체하는 방법이다.

① 평가치 추정법

② 완전 정보 최대 우도법

③ 보삽법

④ 다중 대치법

07. 다음 설명 중 옳은 것을 고르시오.

① 대푯값으로 대체하는 방법으로, 결측값의 발생이 다른 변수와 관계가 없는 경우에 유용한 방법은 '평균 대체법'이다.

② 다른 해의 관측치 평균을 구해서 결측값을 추정하는 방법을 '평균 대체법'이라고 한다.

③ 결측치가 없는 데이터셋을 활용하여 가중 평균을 구성하고 결측값을 대체하는 방법을 '평균 대체법'이라고 한다.

④ 빠른 속도로 처리할 수 있다는 장점과 모든 값이 동일한 값으로 대체될 수 있다는 단점이 있는 방법을 '평균 대체법'이라고 한다.

08. 다음은 이상값 검출 방법과 관련된 설명이다.

ⓐ **분산을 이용한 이상값 검출**: 정규 분포 97.5% 이상, 또는 2.5% 이하의 값

ⓑ **우도함수를 이용한 이상값 검출**: 우도 함수 값이 가장 높은 경우의 확률값을 활용하여 그 범위 내의 값을 이상값으로 간주한다.

ⓒ **근접 이웃 기반 이상치 탐지**: 관측치들의 거리를 바탕으로 정상값들과 거리적으로 떨어져 있는 관측치들을 이상값으로 검출해내는 방법이다.

ⓓ **밀도를 기반으로 한 탐지**: 상대적 밀도를 고려하여 이상치를 검출하는 방법이다. 밀도가 높은 데이터셋에서 떨어져 있는 관측치를 이상값으로 간주할 수 있다.

ⓔ **군집을 이용한 이상값 검출**: 정상값들이 포함된 특정 군집에 속하지 않는 관측치들을 이상치로 검출해내는 방법이다. 군집의 외곽에서부터의 거리를 측정하여 이상치를 판별한다.

ⓕ **사분위수를 이용한 이상값 검출**: 사분위수 중 상/하위 1.5 분위수를 벗어나는 값을 이상치로 판단한다.

위에서 틀린 것을 모두 고르시오.

① ⓐ,ⓓ,ⓔ

② ⓒ,ⓓ

③ ⓑ,ⓕ

④ ⓑ,ⓔ

09. 다음은 사분위수를 이용하여 이상값을 판단하는 방법에 대한 내용이다. 빈칸에 들어갈 내용으로 알맞게 이어진 것을 고르시오.

중앙값에서부터 시작하여 양쪽 말단의 (　　　　　)을/를 벗어나는 값들은 극단치 경계에 있는 것으로, 이상값으로 간주할 수 있다. 즉, 데이터를 크기 순으로 배열한 뒤 동일한 4개의 크기로 나누어 각 값을 1분위수~4분위수로 정의한다. (　　　　　)은/는 값이 가장 작은 사분위 수를 의미한다. (　　)은/는 값이 가장 큰 사분위수를 의미한다. 여기서 사분위 정상 범위는 Q1~Q3 사이이며, '사분범위(Interquartile Range, IQR)'라고 하고, (　　　　)(으)로 나타낼 수 있다.

① 1.5분위수 − 하한 사분위수(Q1) − 상한 사분위수(Q3) − Q3−Q1=IQR

② 1.5분위수 − 상한 사분위수(Q1) − 하한 사분위수(Q3) − Q3−Q1=IQR

③ 0.5분위수 − 하한 사분위수(Q1) − 상한 사분위수(Q4) − Q4−Q1=IQR

④ 0.5분위수 − 상한 사분위수(Q1) − 하한 사분위수(Q4) − Q4−Q1=IQR

10. 다음 변수 처리 방법에 대한 설명 중 옳은 것을 고르시오.

① 변수 선택이란 독립변수에 유의미한 영향을 미칠 것으로 생각되는 종속변수를 선택하는 과정이다.

② 정보가 많을수록 좋으며 모든 변수를 포함하여 분석하는 것이 좋은 결과를 보장한다.

③ 중복되거나 불필요한 변수 요인은 데이터를 복잡하게 하므로 제거하는 것이 효율적이다.

④ 변수의 수가 많은 경우 모든 변수는 종속변수와 관련이 있다.

11. 변수를 선택적으로 모델에 적용할 때의 이점에 대한 설명이다. 틀린 것을 고르시오.

① 복잡하거나 중복된 데이터가 사전에 제거되므로 머신러닝 알고리즘의 학습 속도가 더 빨라진다.

② 모델의 복잡성이 높아지고 데이터가 다양해짐으로 인해 더 오픈된 결과를 얻을 수 있으므로 인사이트를 얻는 데 더 큰 도움이 된다.

③ 올바른 하위 집합을 선택할 수 있게 되어 모델의 정확도가 향상된다.

④ 데이터 과적합을 방지하여 일반화 성능을 향상할 수 있다.

12. 다음은 변수 선택 방법에 대한 설명이다. 다음 중 옳은 것을 고르시오.

① 모든 가능한 모델을 고려하여 가장 좋은 모델을 선정하는 방법으로, 변수의 개수가 적은 경우 높은 설명력을 가진 결과를 도출해낼 수 있는 방법을 전체 집합법이라고 한다.

② 모든 독립변수 가운데 기준 통계치에 가장 많은 영향을 줄 것으로 판단되는 변수부터 하나씩 제거하면서 모형을 선택하는 방법을 전진 선택법이라고 한다.

③ 변수를 하나씩 제거하며 AIC가 작아지도록 하는 방법으로, 변수의 개수가 너무 많은 경우 적용에 어려움이 있는 방법을 후진 선택법이라고 한다.

④ AIC가 높아지는 모델을 찾으며 연속적으로 변수를 추가 혹은 제거하는 방법을 단계적 방법이라고 한다.

13. 빈칸에 알맞은 말을 고르시오.

ⓐ_____의 수가 많아지면 차원이 커지고 데이터를 표현할 수 있는 공간이 커지게 되는 것이다. ⓐ_____의 수가 많아져 차원이 커지게 되면서 발생하는 문제를 ⓑ_____ (이)라고 한다. ⓑ_____(이)란 차원이 증가하면서 개별 차원 내의 학습데이터 수가 차원의 수보다 적어져 성능이 저하되는 현상이다. 즉, 차원이 증가함에 따라 모델의 성능이 하락하게 되는 것이다.

'ⓑ_____'은/는 데이터의 차원이 증가할수록 데이터를 표현할 수 있는 공간은 기하급수적으로 증가하는 것에 반해 데이터의 수는 변하지 않기 때문에 발생한다. 이로 인해 모델링 과정에서 저장공간과 처리시간이 불필요하게 증가되어 성능이 저하된다.

① ⓐ표본, ⓑ차원의 왜곡

② ⓐ표본, ⓑ차원의 저주

③ ⓐ변수, ⓑ차원의 왜곡

④ ⓐ변수, ⓑ차원의 저주

14. 다음 빈칸에 들어갈 말이 알맞게 짝지어진 것을 고르시오.

회귀분석에서 독립변수 간에 강한 상관관계를 나타내는 것을 ___ⓐ___ (이)라고 한다. 다음은 파이썬으로 회귀분석을 하여 VIF(분산 팽창 요인)를 구한 결괏값이다. 다음 중 _____ⓑ_____은/는 ___ⓐ___이/가 있다고 판단되며, 이 값을 제외하여 차원 축소의 효과를 얻을 수 있다.

	VIF FACTOR	FEATURES
0	5.327102	MOBILE
1	9.458484	COMPUUTER
2	19.004819	BOOK
3	7.2710235	TV

① ⓐVIF , ⓑMOBILE

② ⓐVIF, ⓑBOOK

③ ⓐ다중공선성, ⓑMOBILE

④ ⓐ다중공선성, ⓑBOOK

15. 다음은 무엇에 대한 설명인지 고르시오.

고차원에 존재하는 데이터 간의 거리를 최대한 보존하면서 데이터 간의 관계를 저차원으로 축소하여 시각화할 수 있는 방법이다. 연구에 따르면 t 분포를 사용하여 가정하는 것이 가장 좋은 결과를 얻을 수 있다.

① PCA

② LDA

③ t-SNE

④ SVD

16. 다음 중 PCA로 차원 축소를 하기 위해 PCA 과정을 순서대로 나열한 것은 무엇인지 고르시오.

ⓐ 두 개의 축과 직교하면서 분산이 최대인 축을 찾는다.

ⓑ n회(n은 변수의 수) 반복하여 n만큼의 축을 찾는다.

ⓒ 데이터에서 분산이 최대인 축을 찾는다.

ⓓ 찾은 축을 중앙에 오게 하고 직교하는 또 다른 축을 찾는다.

ⓔ 찾은 축과 직교하면서 분산이 최대인 축을 찾는다.

① ⓐ-ⓑ-ⓒ-ⓓ

② ⓒ-ⓔ-ⓐ-ⓑ

③ ⓓ-ⓒ-ⓔ-ⓐ

④ ⓒ-ⓔ-ⓑ-ⓐ

17. 다음 LDA와 관련된 설명 중 옳은 것을 모두 고르시오.

① 데이터 분포가 다변량 정규 분포를 따르고, 그 파라미터가 평균과 공분산이어야 한다.

② 데이터 분포를 학습하여 결정경계를 만들어서 데이터를 분류한다.

③ 결정경계란 분산 대비 표준편차의 차이를 극소화하는 값을 의미한다.

④ 두 범주의 중심값과 분산이 작다는 조건을 모두 충족시켜야 한다.

18. 다음은 차원 축소 방법 중 특잇값 분해와 관련된 설명이다. 옳은 것을 고르시오.

① 정방 행렬과 직사각 행렬은 고윳값 분해와 특잇값 분해를 적용할 수 있다.

② 고차원에 존재하는 데이터 간의 거리를 최대한으로 보존할 수 있다는 이점이 있다.

③ 특잇값의 개수는 행렬의 열과 행의 개수 중 작은 값과 같다.

④ 다변량 정규 분포를 따르며, 파라미터는 벡터와 행렬이어야 한다.

19. 다양한 차원축소와 관련한 설명 중 PCA를 이용하는 경우 데이터가 겹쳐지면서 제대로 구분할 수 없다는 단점을 보완하는 방법과 관련된 설명을 고르시오.

① 군집에 대한 특징은 유지하면서 데이터의 관계를 저차원 축소로 시각화할 수 있는 방법으로 t 분포를 주로 사용한다.

② 분산 대비 평균의 차이를 극대화하는 값을 이용하여 클래스 정보를 보호하면서 차원을 최소로 축소하는 방법이다.

③ 데이터의 분산을 최대로 보존하는 축을 찾으며 차원을 축소하는 방법이다.

④ 행렬 M을 세 행렬의 곱으로 나타내는 것을 특잇값 분해라고 한다.

20. 다음 내용을 읽고 무엇을 생성하는 과정인지 고르시오.

• 주민등록번호에서 나이와 성별 데이터를 구한다.

• 키와 몸무게를 이용해 BMI 지수를 구한다.

• BMI 지수가 18.5 미만이면 저체중, 18.5~22.9이면 정상체중, 25 ~ 22.9이면 과체중이라는 기준 값을 정하고 조건문을 통해 BMI 지수에 따라 저체중, 정상체중, 과체중을 구분한다.

① 독립 변수

② 파생 변수

③ 변수 변환

④ 변수 군집화

21. 다음은 변수 변환의 한 가지 방법에 대한 설명이다. 빈칸에 들어갈 말을 순서대로 나열하시오.

데이터 모델링 시 데이터의 단위나 범위가 제각각인 경우에는 분석 결과의 신뢰도나 정확도가 떨어질 수 있다. 그렇기 때문에 _____을/를 통하여 너무 크거나 작은 변수의 값을 변환하는 작업을 전처리 과정에 진행하는 경우가 많다. _____은/는 모든 특성이 0과 1 사이에 위치하게 변환하는 방법이다. _____은/는 기존 특성을 평균이 0, 분산이 1 인 정규분포로 변환하여 맞추는 방법이다. _____은/는 중앙값이 0, IQR이 1이 되게 변환하는 방법이다.

① 정규화 – 일반화 – 스케일링 – 로버스트 스케일러

② 정규화 – 스케일링 – 일반화 – 최소 최대 표준화

③ 스케일링 – 최소 최대 표준화 – 로버스트 스케일러–정규화

④ 스케일링 – 최소 최대 표준화 – 정규화 – 로버스트 스케일러

22. 다음 중 틀린 것을 고르시오.

① 각 클래스가 가지고 있는 데이터의 질에 큰 차이가 있는 경우 클래스 불균형이 있다고 말한다.

② 불균형 데이터로 모델링 시 다수 클래스의 결과에 영향을 많이 받기 때문에 신뢰할 만한 학습이 되지 않을 가능성이 높다.

③ 데이터를 제거하면서 균형을 맞추는 방법으로 정상 데이터 손실의 우려가 있는 방법은 과소 표집이다.

④ 무작위로 정상 데이터를 일부만 선택하여 유의 데이터만 남기는 방법은 중요 데이터 손실의 위험이 있다.

23. 다음 내용 중 옳은 것을 고르시오.

① 클래스 불균형을 해결하는 가장 효과적인 방법은 사전에 정해진 기준에 따라 복제하거나 무작위로 소수 데이터를 복제하여 다수 클래스의 수만큼 증가시키는 방법이다.

② 과소표집의 경우 데이터 과적합이 발생할 수 있다.

③ SMOTE는 알고리즘을 통해 소수 클래스에 새로운 데이터를 생성하는 방법이다.

④ 소수 클래스에 관심이 있는 경우 과대표집 방법을 써서 다수 클래스의 양을 조절할 수 있다.

24. 정상값과 달리 떨어져 있는 값의 위치를 파악하여 이상값을 탐지해내는 방법으로, 두 관측치 사이의 거리 개념을 알아야 하는 이상치 탐지 방법이다. 일반적으로 연속형 변수에 대해서는 유클리드 거리를 사용하고 범주형 변수에 대해서는 단순 일치 계수를 사용한다. 이 이상치 탐지 방법은 무엇인지 고르시오.

① 근접 이웃 기반 이상치 탐지

② 밀도 기반으로 한 이상지 탐지

③ 군집 기반으로 한 이상치 탐지

④ 우도함수 값 기반으로 한 이상치 탐지

25. 다음은 SMOTE에 관한 설명이다. 옳은 것을 고르시오.

① SMOTE는 소수 인스턴스를 만들어 내어 중복된 값이 생성될 수 있다.

② SMOTE는 과대표집 방법이지만, 데이터 손실의 우려가 있다.

③ 다수 클래스의 수가 소수 클래스의 수와 동일해진다.

④ 소수 클래스에의 데이터 하나를 찾아 주변값을 기준으로 새로운 데이터를 생성한다.

26. 결측값의 유형 중 데이터 결과에 영향을 미치지는 않지만, 다른 변수와 연관이 있는 경우를 의미한다. 해당 변수의 데이터 결측이 결과의 분포 편향을 발생시키지 않는다. 이 결측값의 유형은 무엇인지 고르시오.

① 비무작위 결측

② 무작위 결측

③ 완전 비무작위 결측

④ 완전 무작위 결측

27. 다음 빈칸에 알맞은 말이 차례대로 나열된 것을 고르시오.

ⓐ	각 고유의 값을 하나의 열로 바꾸어 값이 없는 경우는 '0', 값이 존재하는 경우는 '1'만 가지는 값으로 어떤 특징의 존재 여부를 표시한다.
ⓑ	데이터의 단위가 다른 경우 신뢰도가 떨어질 수 있으므로 각 특성 값이 특정 범위 안에 들어오게 하는 전처리 과정을 거쳐야 한다.
ⓒ	10~19세를 10대, 20~29세를 20대로 변환하는 작업이 필요할 때도 있다.

① 랜덤 변수화 – 스케일링 – 범주형을 연속형으로 변환

② 더미 변수화 – 연속형을 범주형으로 변환 – 스케일링 무작위 결측

③ 랜덤 변수화 – 범주형을 연속형으로 변환 – 스케일링

④ 더미 변수화 – 스케일링 – 연속형을 범주형으로 변환

28. 다음 내용은 무엇에 대한 설명인지 고르시오.

어떤 데이터에서 각 클래스가 가지고 있는 데이터의 양에 큰 차이가 있는 경우가 있을 수 있다. 이런 경우 관측치 수가 많은 데이터를 중심으로 학습이 진행되기 때문에 관측치가 적은 데이터에 대한 학습은 제대로 이루어지지 않을 가능성이 크다. 이러한 문제는 신용사기 문제, 의학적 진단 등에서 자주 발생한다. 신용사기 진단, 의학적 진단 등과 같이 소수의 데이터에 흥미가 있는 경우에는 이 문제를 반드시 해결해야 한다.

① 차원의 저주
② 클래스 불균형
③ 차원 축소
④ 데이터 오류

29. 다음 빈칸에 들어갈 단어가 알맞게 짝지어진 것을 고르시오.

1) 데이터 수집 시 실수로, 혹은 측정단위나 데이터 오류로 (_____)이/가 생기는 경우가 있다. 이 밖에도 데이터 관측 대상이 자연적으로 너무 차이가 나는 경우, 설문 조사 시 의도적으로 적용한 규칙을 고려하지 않은 경우, 설문 대상자가 의도적으로 부정확한 정보를 제공하는 경우 등 다양한 이유로 (_____)이/가 발생할 수 있다.
2) 결측값 처리: 데이터 수가 충분히 많은 경우 (_____)하는 방법으로 해결책을 모색할 수 있다. 단, 결측치가 무작위로 (_____)되지 않는 경우 결측값이 결괏값에 영향을 미칠 수 있기 때문에 임의의 (_____)은/는 데이터 분석 결과의 오류를 만들 수 있다. 완전 무작위 결측의 경우 (_____)이/가 가장 효율적인 방법이다.

① 1) 결측값, 2) 삭제
② 1) 결측값, 2) 대체
③ 1) 이상값, 2) 삭제
④ 1) 이상값, 2) 대체

30. 다음 빈칸에 들어갈 알맞은 단어는 무엇인지 고르시오.

(_____)(이)란 결측값, 잡음, 이상값 등 데이터 오류를 일으킬 수 있는 요인들의 분석 작업 전에 삭제 혹은 대체 등의 방법으로 말 그대로 클렌징하는 것을 의미한다. 다시 말해 (_____)은/는 분석 작업을 시작하기 전 오류를 일으킬 수 있는 데이터를 대체 보완하거나 제거하는 작업을 통해 데이터 분석 결과의 오류를 사전에 제거하는 작업이다.

① 데이터 변환
② 데이터 정제
③ 데이터 마이닝
④ 데이터 설계

【정답】

1. **답**: ②

   해설: 데이터 전처리 과정은 모든 데이터 분석 과정에서 반드시 거쳐야 하는 과정이며, 이 과정의 오류는 데이터 분석 결과에 직접적인 영향을 미칠 수 있다.

2. **답**: ③

   해설: ①, ④데이터 정제는 데이터 분석 작업 중에 진행하는 것이 아니라, 데이터 분석 전에 진행된다.
   ②결측값은 데이터 값이 존재하지 않는 값이다. 값이 0인 것은 데이터가 없다고 보기 어렵다.

3. **답**: ③

   해설: Not Missing At Random(비무작위 결측): 결괏값에 직접 영향을 미치는 변수의 데이터가 결측된 경우를 의미한다.

4. **답**: ④

5. **답**: ③

   해설: ① 완전 무작위 결측값의 경우 데이터의 크기가 충분히 크다면 바로 데이터 분석을 진행할 수 있다.
   ② 결측치의 유형에 따라 보완/제거 등의 작업을 해야 할 수도 있다.
   ④ 목록 삭제 방법은 많은 데이터 손실이 발생할 수 있다는 단점이 있다.

6. **답**: ①

   해설: 맥락적 사정과 행렬식 자료를 고려하며 추정하는 방법을 평가치 추정법이라고 한다.

7. **답**: ④

   해설: ① 다른 변수와 관계가 있는 경우 유용하다.
   ② 다른 해의 관측치의 평균을 구해서 결측값을 추정하는 방법을 '보삽법'이라고 한다.
   ③ 결측치가 없는 데이터셋을 활용하여 가중 평균을 구성하고 결측값을 대체하는 방법을 '완전 정보 최대 우도법'이라고 한다.

8. **답**: ④

   해설: ⓑ 우도함수 범위 밖의 값이 이상값이다.
   ⓔ 군집의 중심에서부터 거리를 측정한다.

9. **답**: ①

10. **답**: ③

    해설: ① 변수 선택이란 종속변수에 유의미한 영향을 미칠 것으로 생각되는 독립변수를 선택하는 과정이다.
    ② 정보는 많으면 많을수록 좋지만, 모든 변수를 포함하여 분석하는 것이 반드시 좋은 결과를 보장하는 것은 아니다.
    ④ 변수의 수가 많을 경우 일부 변수는 종속변수와 전혀 관련이 없을 수도 있고, 어떤 변수들은 중복된 정보를 포함하고 있을 수 있다.

11. **답**: ②

    해설: 모델의 복잡성을 줄임으로 인해 사용자가 모델을 해석하기가 더 쉬워진다.

12. **답**: ③

    해설: ① 부분 집합법에 대한 설명이다.
    ② 가장 많은 영향을 줄 것으로 판단되는 변수를 하나씩 추가해야 한다.
    ④ AIC가 낮아지는 모델을 찾는 방법이다. (AIC가 작을수록 상대적으로 좋은 모델이다.)

13. **답**: ④

    해설: 변수의 수가 많아져 차원의 수가 늘어나면서 생기는 현상을 차원의 저주라고 한다.

14. **답**: ④

    해설: 분산팽창요인(VIF)을 구해 이 값이 10을 넘는다면 보통 다중공선성이 있다고 판단할 수 있다.

15. **답**: ③

    해설: 차원을 축소하는 방법 중 고차원 분석에 유용하며 t-분포를 활용하는 방법은 t-SNE이다.

16. 답: ②

해설: 먼저 데이터에서 분산이 최대인 축을 찾고(PC1), 찾은 축을 중앙에 오게 하고 직교하는 또 다른 축(PC2)을 찾는다. 두 개의 축(PC1, PC2)과 직교하면서 분산이 최대인 축(PC3)을 찾는다. n회(n은 변수의 수) 반복하여 n만큼의 축을 찾는다.

17. 답: ① ②

해설: ③ 분산 대비 평균의 차이를 극대화하는 값
④ 두 범주의 중심값이 멀고, 분산이 작다는 조건을 충족해야 한다.

18. 답: ③

해설: 정방 행렬은 고윳값 분해, 직사각 행렬은 특잇값 분해를 적용할 수 있다.
② t-SNE에 대한 설명이다.
④ LDA에 대한 설명이다.

19. 답: ①

해설: t-SNE 방법은 데이터가 군집화되면서 변별하기 어려워지는 문제를 해결하기 위해 t-분포를 활용하여 데이터 간 거리는 보존하면서 저차원으로 축소하여 시각화하는 방법이다.

20. 답: ②

해설: 기존의 변수들로부터 파생하여 변수를 만들어 낼 수 있다. 이 변수를 파생변수라고 한다.

21. 답: ④

22. 답: ①

해설: 데이터 수에 큰 차이가 있는 경우를 클래스 불균형이라고 한다.

23. 답: ③

해설: ① 클래스 불균형을 해결하는 가장 효과적인 방법은 SMOTE다.
② 과대표집의 경우 데이터 과적합이 발생할 수 있다.
④ 과대표집 방법은 소수 클래스의 양을 늘리는 방법이다.

24. 답: ①

해설: ② 밀도 기반의 이상치 탐지: 개념은 근접이웃 기반 이상치 탐지와 같지만, 거리가 아니라 상대적 밀도를 고려한 이상치 탐지 방법이다.
③ 군집 기반의 이상치 탐지: 비슷한 개체를 군집으로 형성하여 특정 군집에 포함되지 않는 경우를 이상치로 판별하는 방법이다.
④ 우도함수 값 기반의 이상치 탐지: 연속된 관측치를 다루는 경우 우도값은 확률 밀도 함숫값으로 간주할 수 있으며, 이 값을 기반으로 하여 우도값 범위 밖에 존재하는 가능성이 낮은 범위의 값들을 이상값으로 판별하는 방법이다.

25. 답: ④

해설: ① SMOTE는 소수 인스턴스를 만들어 낸다. 과대표집으로 발생할 수 있는 중복된 값이 생성될 수 있다는 단점을 보완해주는 방법이다.
② SMOTE는 과대표집 방법이다. 소수 인스턴스 생성(과소표집)으로 인한 데이터 손실의 가능성을 보완해주는 방법이다.
③ 소수 클래스의 수가 다수 클래스의 수와 동일해진다.

26. 답: ②

해설: ① 비무작위 결측: 결측값이 결괏값에 영향을 미치는 경우다.
③ 완전 비무작위 결측: 존재하지 않는 유형이다.
④ 완전 무작위 결측: 다른 변수와 무관하게 랜덤으로 결측치가 발생하는 경우다.

27. 답: ④

해설: **더미 변수화:** 더미로 값들을 어떤 특징을 기준으로 하여 0 또는 1로 바꾸는 것을 의미한다.
스케일링: 각 특성 값이 특정 범위 안에 들어오게 하는 전처리 과정을 의미한다.
연속형을 범주형으로: 연속된 수치를 특정 그룹으로 범주화(10대, 20대, 남자, 여자 등)하여 변환하는 것을 의미한다.

28. **답:** ②

> **해설:** 데이터의 양에 큰 차이가 있는 경우 데이터의 클래스 균형이 맞지 않는다고 하여 클래스 불균형이라고 한다.

29. **답:** ③

> **해설:** 1) 규칙을 고려하지 않은 경우, 설문 대상자가 의도적으로 부정확한 정보를 제공하는 경우 등은 이상값에 해당된다. 결측값은 값이 결측되는 경우다.
>
> 2) 결측치를 처리하는 방법에는 대체 보완 및 삭제가 있다. 삭제는 데이터가 충분히 많은 경우에 주로 사용되며 무작위로 삭제되어야 큰 오류가 없다(임의 삭제는 데이터의 분석 결과에 영향을 줄 수 있다). 완전 무작위 결측의 경우에 유리한 방법이다.

30. **답:** ②

> **해설:** 데이터 정제란 데이터 전처리의 한 과정으로 데이터를 사전에 클렌징하는 것을 의미한다. 시작되기 전 오류를 일으킬 수 있는 데이터를 대체 보완하거나 제거하는 작업을 통해 데이터 분석 결과의 오류를 사전에 제거하는 작업이다.

02
장

데이터 탐색

01 _ 데이터 탐색 기초

학습단계

1. 데이터 탐색 개요
2. 상관 관계 분석
3. 기초통계량 추출 및 이해
4. 시각적 데이터 탐색

학습목표

데이터 탐색을 위한 기본적인 통계 확인과 관계 및 분포를 해석하는 방법을 학습
한다.

02 _ 고급 데이터 탐색

학습단계

1. 시공간 데이터 탐색
2. 다변량 데이터 탐색
3. 비정형 데이터 탐색

학습목표

현실 속의 다양한 형태로 존재하는 데이터를 처리하고 분석하는 방법을 학습
한다.

01 데이터 탐색 기초

1. 데이터 탐색 개요

탐색적 데이터 분석(Exploratory Data Analysis)이란 데이터를 이해하고
의미 있는 관계를 찾아내기 위해 데이터의 통곗값과 분포 등을 시각화하고

TIP _ EDA의 기본 개념을 묻는
문제가 나올 수 있습니다.

분석하는 것을 말하며, 줄여서 EDA라고 부른다. 탐색적 데이터 분석을 통해 데이터 특성을 이해하고
이를 토대로 분석 모델을 구축할 수 있다. 여기서는 R에서 기본 패키지로 제공하는 Boston 데이터셋
을 예로 들어 데이터 탐색에 대해 알아본다.

참고 ▎ **EDA의 4R**

① 저항성(Resistance) 강조

② 잔차(Residual) 계산

③ 변수의 재표현(Re-expression)

④ 그래프를 통한 현시성(Representation)

TIP _ EDA의 4R이 아닌 것을
묻는 문제가 나올 수 있습니다.

(1) 데이터 파악

데이터 탐색에 들어가기에 앞서 분석하고자 하는 데이터가 어떤 데이터인지, 각 변수가 의미하는 바는
무엇인지를 파악하는 것이 선행돼야 한다. 우리가 사용할 데이터셋은 R의 MASS 패키지에서 제공하는
Boston 데이터셋으로, help 함수를 사용해서 데이터 설명서를 확인할 수 있다. 다음은 Boston 데이
터 설명서[1]에서 확인할 수 있는 변수에 대한 설명이다.

변수명	설명
crim	per capita crime rate by town.
zn	proportion of residential land zoned for lots over 25,000 sq.ft
indus	proportion of non-retail business acres per town.
chas	Charles River dummy variable (= 1 if tract bounds river; 0 otherwise).

---

1   Harrison, D. and Rubinfeld, D.L. (1978) Hedonic prices and the demand for clean air. J. Environ. Economics and Management 5, 81–102.
    Belsley D.A., Kuh, E. and Welsch, R.E. (1980) Regression Diagnostics. Identifying Influential Data and Sources of Collinearity. New York: Wiley.

변수명	설명
nox	nitrogen oxides concentration (parts per 10 million).
rm	average number of rooms per dwelling.
age	proportion of owner-occupied units built prior to 1940.
dis	weighted mean of distances to five Boston employment centres.
rad	index of accessibility to radial highways.
tax	full-value property-tax rate per ₩$10,000.
ptratio	pupil-teacher ratio by town.
black	1000(Bk − 0.63)^2 where Bk is the proportion of blacks by town.
lstat	ower status of the population (percent).
medv	median value of owner-occupied homes in ₩$1000s.

(2) 데이터 탐색

① 데이터 조회하기

Boston 데이터셋의 일부 관측치를 확인하기 위해 head 함수를 사용하는데, 다음은 앞부분 6개의 관측치를 보여준다.

	crim	zn	indus	chas	nox	rm	age	dis	rad	tax	ptratio	black	lstat	medv
1	0.00632	18	2.31	0	0.538	6.575	65.2	4.0900	1	296	15.3	396.90	4.98	24.0
2	0.02731	0	7.07	0	0.469	6.421	78.9	4.9671	2	242	17.8	396.90	9.14	21.6
3	0.02729	0	7.07	0	0.469	7.185	61.1	4.9671	2	242	17.8	392.83	4.03	34.7
4	0.03237	0	2.18	0	0.458	6.998	45.8	6.0622	3	222	18.7	394.63	2.94	33.4
5	0.06905	0	2.18	0	0.458	7.147	54.2	6.0622	3	222	18.7	396.90	5.33	36.2
6	0.02985	0	2.18	0	0.458	6.430	58.7	6.0622	3	222	18.7	394.12	5.21	28.7

② 데이터 구조 확인하기

먼저 Boston 데이터셋의 차원이 어떻게 구성되는지 dim 함수를 사용해 확인한다. dim 함수를 실행하면 두 개의 숫자가 나타나는데, 첫 번째 숫자는 행(관측치) 수를 반영하고 두 번째 숫자는 열(변수) 수를 나타낸다.

[1] 506 14

즉, Boston 데이터셋은 506개의 행과 14개의 열로 구성된 것을 알 수 있다. 다음으로, 데이터의 구조 형태를 조금 더 알아보자. str 함수는 간결하게 데이터의 구조를 표현하는 데 적합한 함수다. 이 함수를 실행한 결과는 다음과 같다.

```
'data.frame':506 obs. of  14 variables:
 $ crim   : num  0.00632 0.02731 0.02729 0.03237 0.06905 ...
 $ zn     : num  18 0 0 0 0 12.5 12.5 12.5 12.5 ...
 $ indus  : num  2.31 7.07 7.07 2.18 2.18 2.18 7.87 7.87 7.87 7.87 ...
 $ chas   : int  0 0 0 0 0 0 0 0 0 0 ...
 $ nox    : num  0.538 0.469 0.469 0.458 0.458 0.458 0.524 0.524 0.524 0.524 ...
 $ rm     : num  6.58 6.42 7.18 7 7.15 ...
 $ age    : num  65.2 78.9 61.1 45.8 54.2 58.7 66.6 96.1 100 85.9 ...
 $ dis    : num  4.09 4.97 4.97 6.06 6.06 ...
 $ rad    : int  1 2 2 3 3 3 5 5 5 5 ...
 $ tax    : num  296 242 242 222 222 222 311 311 311 311 ...
 $ ptratio: num  15.3 17.8 17.8 18.7 18.7 18.7 15.2 15.2 15.2 15.2 ...
 $ black  : num  397 397 393 395 397 ...
 $ lstat  : num  4.98 9.14 4.03 2.94 5.33 ...
 $ medv   : num  24 21.6 34.7 33.4 36.2 28.7 22.9 27.1 16.5 18.9 ...
```

이를 통해 Boston은 506개의 관측치와 14개의 변수를 가진 data.frame 객체라는 사실과 각 변수의 데이터 타입을 쉽게 알 수 있다. 여기서 데이터 설명서에 기술된 대로 Charles River의 접근 유무인 chas 변수와 고속도로 접근성 지수인 rad 변수를 int형에서 factor형으로 형 변환한다. 다음은 형 변환 후 str 함수를 적용한 모습이다.

```
'data.frame':506 obs. of  14 variables:
 $ crim   : num  0.00632 0.02731 0.02729 0.03237 0.06905 ...
 $ zn     : num  18 0 0 0 0 12.5 12.5 12.5 12.5 ...
 $ indus  : num  2.31 7.07 7.07 2.18 2.18 2.18 7.87 7.87 7.87 7.87 ...
 $ chas   : Factor w/ 2 levels "0","1": 1 1 1 1 1 1 1 1 1 1 ...
 $ nox    : num  0.538 0.469 0.469 0.458 0.458 0.458 0.524 0.524 0.524 0.524 ...
 $ rm     : num  6.58 6.42 7.18 7 7.15 ...
 $ age    : num  65.2 78.9 61.1 45.8 54.2 58.7 66.6 96.1 100 85.9 ...
 $ dis    : num  4.09 4.97 4.97 6.06 6.06 ...
 $ rad    : Factor w/ 9 levels "1","2","3","4",..: 1 2 2 3 3 3 5 5 5 5 ...
 $ tax    : num  296 242 242 222 222 222 311 311 311 311 ...
 $ ptratio: num  15.3 17.8 17.8 18.7 18.7 18.7 15.2 15.2 15.2 15.2 ...
 $ black  : num  397 397 393 395 397 ...
 $ lstat  : num  4.98 9.14 4.03 2.94 5.33 ...
 $ medv   : num  24 21.6 34.7 33.4 36.2 28.7 22.9 27.1 16.5 18.9 ...
```

③ 데이터 요약하기

이제 각 변수에 대한 통계적 요약을 확인해 보자. summary 함수는 데이터셋의 변수 분포를 요약해서 보여주며 변수 유형에 따라 다른 통계 결괏값을 출력한다.

TIP _ 결과를 주고 변수의 유형을 묻거나 변수의 통계 결과를 묻는, 해석을 요구하는 문제가 나올 수 있습니다.

- **수치형 변수**: 범위, 사분위수, 중앙값 및 평균을 제공한다.

- **범주형 변수**: 각 레벨당 빈도수를 제공한다.

다음은 Boston 데이터셋을 summary 함수에 적용한 결과다. 범주형 변수인 chas, rad에는 각 수준에 대한 빈도수가 요약돼 있고, 수치형 변수인 나머지 변수는 각각 최솟값, 제1분위수, 중앙값, 평균, 제3분위수, 최댓값 정보를 제공한다.

```
      crim                zn             indus            chas            nox
 Min.   : 0.00632   Min.   :  0.00   Min.   : 0.46   0:471      Min.   :0.3850
 1st Qu.: 0.08204   1st Qu.:  0.00   1st Qu.: 5.19   1: 35      1st Qu.:0.4490
 Median : 0.25651   Median :  0.00   Median : 9.69              Median :0.5380
 Mean   : 3.61352   Mean   : 11.36   Mean   :11.14              Mean   :0.5547
 3rd Qu.: 3.67708   3rd Qu.: 12.50   3rd Qu.:18.10              3rd Qu.:0.6240
 Max.   :88.97620   Max.   :100.00   Max.   :27.74              Max.   :0.8710


       rm              age              dis             rad            tax
 Min.   :3.561   Min.   :  2.90   Min.   : 1.130   24     :132   Min.   :187.0
 1st Qu.:5.886   1st Qu.: 45.02   1st Qu.: 2.100   5      :115   1st Qu.:279.0
 Median :6.208   Median : 77.50   Median : 3.207   4      :110   Median :330.0
 Mean   :6.285   Mean   : 68.57   Mean   : 3.795   3      : 38   Mean   :408.2
 3rd Qu.:6.623   3rd Qu.: 94.08   3rd Qu.: 5.188   6      : 26   3rd Qu.:666.0
 Max.   :8.780   Max.   :100.00   Max.   :12.127   2      : 24   Max.   :711.0
                                                   (Other): 61
     ptratio          black            lstat            medv
 Min.   :12.60   Min.   :  0.32   Min.   : 1.73   Min.   : 5.00
 1st Qu.:17.40   1st Qu.:375.38   1st Qu.: 6.95   1st Qu.:17.02
 Median :19.05   Median :391.44   Median :11.36   Median :21.20
 Mean   :18.46   Mean   :356.67   Mean   :12.65   Mean   :22.53
 3rd Qu.:20.20   3rd Qu.:396.23   3rd Qu.:16.95   3rd Qu.:25.00
 Max.   :22.00   Max.   :396.90   Max.   :37.97   Max.   :50.00
```

④ 데이터 관계 맺기

TIP _ JOIN은 시험에 출제될 가능성이 높습니다.

현실의 데이터는 용도, 목적, 종류에 따라 각기 다른 테이블에 저장되기 때문에 이를 하나로 병합해 처리해야 할 때가 종종 있다. 이때 JOIN 구문을 사용해 병합할 수 있다. 이번 예제에서는 부서 테이블과 직원 테이블을 사용한다. 부서 테이블의 각 행은 부서를 id 열로 식별하며 mgr_id에는 해당 부서의 매니저에 속하는 직원의 id가 포함된다. 즉, emp 테이블의 직원 id와 일치한다.

예를 들어 보자.

- emp 테이블에서 tom은 직원 id가 '000001'인 남성이다.
- dept 테이블에서 개발부의 매니저 id는 '000001'이다.

이 두 가지 사실을 종합하면 tom은 개발 부서의 매니저라는 사실을 알 수 있다. 마찬가지로, 마케팅 부서에는 mgr_id가 없으므로 매니저가 존재하지 않는다는 것과 mgr_id 열에 '000005'가 존재하지 않기 때문에 bob은 매니저가 아닌 것을 알 수 있다.

【 dept 테이블 】

id	name	mgr_id
000001	개발부	000001
000002	인사부	000003
000003	행정부	000004
000004	신사업부	000002
000005	마케팅부	NULL

【 emp 테이블 】

id	name	sex
000001	tom	M
000002	mary	F
000003	harry	M
000004	kate	F
000005	bob	M

- **내부 조인**

내부 조인을 사용하여 dept 테이블의 mgr_id 열 값이 emp 테이블의 id 열 값과 일치하는 행을 가져올 수 있다. 이 경우 마케팅부와 bob은 결과에 포함되지 않는다.

id	name.x	mgr_id	name.y	sex
000001	개발부	000001	tom	M
000002	인사부	000003	harry	M
000003	행정부	000004	kate	F
000004	신사업부	000002	mary	F

- **왼쪽 외부 조인**

내부 조인과 달리 왼쪽 외부 조인과 오른쪽 외부 조인은 한 테이블을 기준 삼아 모든 행을 포함시키고 병합 조건에 일치하는 경우만 값을 가져와 결과에 포함할 수도 있다. 왼쪽 외부 조인을 사용해 두 테이블의 일치하는 항목이 있는 모든 행과 왼쪽 테이블의 모든 행이 반환된다. 즉, 다음과 같이 dept 테이블의 모든 행을 포함하면서 mgr_id 열 값과 emp 테이블의 id 열 값이 일치하지 않는 열의 값은 NULL로 채워 가져올 수 있다.

id	name.x	mgr_id	name.y	sex
000001	개발부	000001	tom	M
000002	인사부	000003	harry	M
000003	행정부	000004	kate	F
000004	신사업부	000002	mary	F
000005	마케팅부	NULL	NULL	NULL

- **오른쪽 외부 조인**

오른쪽 외부 조인을 이용해 오른쪽 테이블에 있는 데이터를 모두 가져오고 키 값이 일치하는 왼쪽 테이블의 데이터를 가져올 수 있다. 여기서 키(key)는 테이블 병합의 조건이 되는 변수 집합을 의미한다. 즉, 다음과 같이 emp 테이블의 모든 행을 포함하면서 id의 열 값과 dept 테이블의 mgr_id 열 값이 일치하지 않는 열의 값은 NULL로 채워 가져올 수 있다.

id	name.x	mgr_id	name.y	sex
000001	개발부	000001	tom	M
000004	신사업부	000002	mary	F
000002	인사부	000003	harry	M
000003	행정부	000004	kate	F
NULL	NULL	000005	bob	M

- **완전 외부 조인**

마지막으로, 완전 외부 조인을 이용하면 두 테이블의 일치하는 모든 행을 볼 수 있고 일치하지 않는 항목에 대해서는 NULL 값을 갖는다. 즉, 다음과 같이 emp 테이블과 dept 테이블의 모든 행을 포함하면서 일치하지 않은 열의 값은 NULL로 채워 가져올 수 있다.

id	name.x	mgr_id	name.y	sex
000001	개발부	000001	tom	M
000002	인사부	000003	harry	M
000003	행정부	000004	kate	F
000004	신사업부	000002	mary	F
000005	마케팅부	NULL	NULL	NULL
NULL	NULL	000005	bob	M

참고 | **크로스 조인**

크로스 조인은 테이블 간 JOIN 조건이 없는 경우 생길 수 있는 모든 데이터의 조합을 의미하며 결과는 양쪽 집합의 M×N 건의 데이터 조합이 발생한다.

* 출처: http://www.dbguide.net/db.db?cmd=view&boardUid=148198&boardConfigUid=9& categoryUid=216&boardIdx=135&boardStep=1

2. 상관 관계 분석

(1) 상관 분석의 이해

상관 분석(Correlation Analysis)은 두 변수가 선형적 관계를 가지는지 분석하는 통계적 분석 방법으로, 두 변수의 선형 관계 정도를 나타내는 척도인 상관계수(Correlation Coefficient)를 사용해 표현한다. 스피어만 상관계수, 켄달 상관계수 등 여러 유형의 상관계수가 있지만, 칼 피어슨이 개발한 피어슨 상관계수(Pearson correlation coefficient 또는 Pearson's r)가 가장 일반적으로 쓰인다. 상관계수는 −1과 1 사이의 값을 가지고 강도와 방향의 측면에서 해석할 수 있다.

(2) 상관계수 해석

① 강도: 상관계수의 절댓값이 클수록 강한 상관이 있다.

- **상관계수 ±1의 극단 값**: 실제로는 거의 존재하지 않으며 완전한 선형 관계를 의미한다.

TIP _ 결과를 주고 상관계수를 해석하는 문제가 나올 수 있습니다.

- **상관계수 0**: 선형의 상관관계가 없음을 의미한다.

② 방향: 상관계수의 부호는 관계의 방향을 의미한다.

- **양(+)의 상관계수**: 한 변수의 값이 증가함에 따라 다른 변수의 값도 증가한다.
- **음(−)의 상관계수**: 한 변수의 값이 증가함에 따라 다른 변수의 값은 감소한다.

【 상관 계수 해석 】

γ 범위	관계
$0.7 \preccurlyeq \gamma \leq 1$	강한 양의 상관관계가 있음
$0.3 \preccurlyeq \gamma \leq 0.7$	뚜렷한, 보통의 양의 상관관계가 있음
$0 \preccurlyeq \gamma \leq 0.3$	약한 양의 상관관계가 있음
$\gamma = 0$	선형 상관관계 없음
$-0.3 \leq \gamma \preccurlyeq 0$	약한 음의 상관관계가 있음
$-0.7 \leq \gamma \preccurlyeq -0.3$	뚜렷한, 보통의 음의 상관관계가 있음
$-1 \leq \gamma \preccurlyeq -0.7$	강한 음의 상관관계가 있음

상관계수가 0.84라면 두 변수는 강한 양의 상관관계가 있다고 해석할 수 있다. 하지만 0.42보다 2배로 강하다는 의미는 아니다.

TIP _ 함정 보기로 나올 수 있습니다.

【 상관계수에 따른 그래프 유형 】

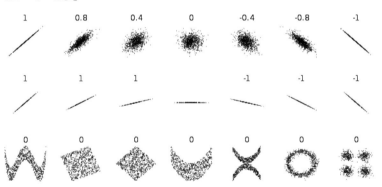

* 출처: https://ko.wikipedia.org/wiki/%ED%94%BC%EC%96%B4%EC%8A%A8_%EC%83%81%EA%B4%80_%EA%B3%84%EC%88%98

(3) 피어슨 상관계수 vs. 스피어만 상관계수

TIP _ 두 계수를 비교해서 묻는 문제가 출제될 수 있습니다.

피어슨	스피어만
$$r_{XY} = \frac{\sum_i^n (X_i - \bar{X})(Y_i - \bar{X})}{\sqrt{\sum_i^n (X_i - \bar{X})^2} \sqrt{\sum_i^n (Y_i - \bar{Y})^2}}$$	$$r_s = 1 - \frac{6 \sum d_i^2}{n(n^2 - 1)}$$ $$d_i = x_i - y_i$$ x_i: 변수 x의 i번째 관측치의 순위 y_i: 변수 y의 i번째 관측치의 순위
피어슨 상관계수 γ, 피어슨 적률상관계수(Pearson product-moment correlation coefficient)	스피어만 상관계수 ρ(Spearman's rho), 스피어만 순위상관계수(Spearman's rank correlation coefficient)
모수 검정	비모수 검정
연속형 변수	이산형, 순서형 변수
경영학 점수와 통계학 점수 사이에 연관성이 있는가?	경영학 과목 석차와 통계학 과목 석차 사이에 연관성이 있는가?

3. 기초통계량 추출 및 이해

데이터를 정리하고 요약하기 위한 기초적인 통계 기법을 알아보자.

(1) 중심경향치의 이해

데이터의 특성을 파악하기 위해 사용하는 가장 간단한 방법은 중심경향치를 확인하는 것이다. 중심경향치(Central tendency)는 단일 값으로 전체 TIP _ 평균과 중앙값을 비교해서 묻는 문제가 출제될 수 있습니다. 데이터를 대표할 수 있게 중앙에 위치한 데이터를 보여준다. 평균값, 중앙값, 최빈값이 이에 해당한다.

① 평균(Mean)

산술평균(Arithmetic mean). 주어진 모든 데이터의 값을 더하여 총합을 구하고 이를 데이터의 개수로 나눈 것을 의미한다. 모든 데이터가 같은 값을 가졌다면 그 값은 평균과 일치할 것이다. 극단치에 민감하다.

$$\bar{x} = \frac{\sum_{i=1}^n x_i}{n}$$

② 중앙값(Median)

주어진 데이터의 값들을 오름차순 정렬했을 때 중간에 있는 값을 의미한다. 즉, 중앙값보다 더 높은 값을 가진 데이터와 중앙값보다 더 낮은 값을 가진 데이터의 수가 같다. 평균보다 이상치의 영향을 덜 받기 때문에 이상치가 있는 경우 유용하다.

- 데이터의 개수가 홀수인 경우 정확히 중간에 있는 수

  즉, $\dfrac{(n+1)}{2}$번째 값
- 데이터의 개수가 짝수인 경우 중간값은 가운데 두 숫자의 산술평균

  즉, $\dfrac{n}{2}$번째 값과 $\dfrac{n}{2}+1$번째 값의 산술평균

③ 최빈값(Mode)

주어진 데이터 중에서 가장 많이 나오는 값을 의미한다. 모든 수가 1번씩 나올 경우 최빈값은 존재하지 않는다.

(2) 산포도 통계치의 이해

데이터를 대표하는 값만으로는 그 분포를 알 수 없다. 예를 들어, A반의 수학점수 20, 40, 60, 80, 100과 B반의 수학점수 50, 55, 60, 65, 70은 60으로 평균은 같지만, 퍼져 있는 정도가 다르다. 산포도는 이러한 데이터의 흩어져 있는 정도를 설명하는 통계치다. 범위, 사분위수 범위, 분산, 표준편차가 이에 해당한다.

① 범위(Range)

데이터의 최댓값에서 최솟값을 뺀 것으로 순서 통계량의 산포를 의미한다.

$$Range = Max - Min$$

② 사분위수 범위(IQR, Interquartile Range)

최솟값은 백분위수로 0%, 최댓값은 100%, 중앙값은 50% 지점이다. 25% 지점에 위치한 값을 Q1(제1사분위수), 75% 지점에 위치한 값을 Q3(제3사분위수)라고 한다. 사분위수 범위는 Q3에서 Q1을 뺀 값으로 데이터 중심에서 흩어진 정도를 확인할 수 있다.

$$IQR = Q_3 - Q_1$$

③ 분산(Variance)

편차의 제곱을 총합하여 평균 낸 값이다. 편차는 평균에서 흩어진 정도로, 각각의 관측치에서 평균을 뺀 값이다. 모든 관측치가 같은 값이면 분산은 0이다. 관측치 간의 차이가 클수록 분산은 크다.

$$s^2 = \frac{\sum_{i=1}^{n}(x_i - \bar{x})^2}{n-1}$$

④ 표준편차(Standard Deviation)

분산 값에 제곱근을 씌운 값이다. 분산 계산 중에 생긴 단위의 제곱을 원래 단위로 돌리기 위해 제곱근을 취한다.

$$s = \sqrt{s^2} = \sqrt{\frac{\sum_{i=1}^{n}(x_i - \bar{x})^2}{n-1}}$$

(3) 분포 모양의 이해

① 왜도(skewness)

데이터가 분포한 모양은 좌우의 두 편이 대칭적(symmetric)일 수도, 그렇지 않을(skewed) 수도 있다. 왜도는 데이터 분포의 비대칭성을 나타내는 지표다.

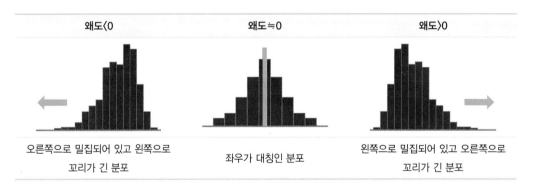

왜도<0	왜도≒0	왜도>0
오른쪽으로 밀집되어 있고 왼쪽으로 꼬리가 긴 분포	좌우가 대칭인 분포	왼쪽으로 밀집되어 있고 오른쪽으로 꼬리가 긴 분포

② 첨도(kurtosis)

첨도는 데이터가 분포의 중심에 어느 정도 몰려 있는가를 측정할 때 사용하는 척도다. 실선은 정규분포, 점선은 첨도 값이 3으로부터 유의하게 벗어난 분포다.

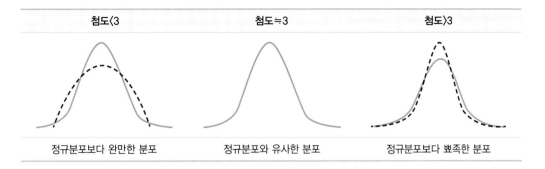

첨도〈3	첨도≒3	첨도〉3
정규분포보다 완만한 분포	정규분포와 유사한 분포	정규분포보다 뾰족한 분포

[예제] 간단한 기초통계량 풀이

다음은 10명의 대학생이 받는 용돈 데이터다. 평균, 중앙값, 최빈값, 범위, 사분위수 범위, 분산, 표준편차를 구해 보자(단위: 만 원).

50,30,25,35,60,40,40,20,40,90

▪ 평균

$$\bar{x} = \frac{50+30+25+\cdots+20+40+90}{10} = \frac{430}{10} = 43$$

▪ 중앙값

20 25 30 35 40 40 40 50 60 90

데이터의 개수가 짝수이므로 5번째 값과 6번째 값의 평균인 40이 중앙값이다.

▪ 최빈값

최빈값은 3회 등장한 40이다.

▪ 범위

$$90-20=70$$

▪ 사분위수 범위

$$Q_1 = 31.25$$
$$Q_3 = 47.50$$
$$IQR = Q_3 - Q_1 = 16.25$$

▪ 분산

$$S^2 = \frac{(50-43)^2+(30-43)^2+\cdots+(90-43)^2}{10-1} = \frac{3660}{9} = 406.6667$$

▪ 표준편차

$$S = \sqrt{S^2} = \sqrt{406.6667} = 20.16598$$

4. 시각적 데이터 탐색

시각적 데이터 탐색을 통해 수식으로 찾아내지 못한 내용을 발견하고 데이터 분포 및 패턴을 파악해 데이터 분석에 대한 이해도를 높일 수 있다.

(1) 시각적 데이터 탐색 개념 및 활용

① 히스토그램

히스토그램(histogram)은 연속형 변수 데이터를 구간으로 나누고 해당 구간의 빈도 분포를 보여준다. 히스토그램을 만드는 절차는 다음과 같다.

1. 데이터의 범위를 구간으로 적절히 나눈다.

2. 각 구간에 속하는 데이터의 수를 계산한 도수분포표를 만든다.

3. 가로축에는 구간을, 세로축에는 도수를 표시한 그래프로 나타낸다.

다음은 Boston 데이터셋의 rm 변수를 히스토그램 방법을 통해 나타낸 것이다.

Histogram for average number of rooms

average number of rooms

- 왜도

  다음은 위의 Boston 데이터셋의 crim, black 변수를 히스토그램 방법을 통해 나타낸 것이다.

TIP _ positive skew와 negative skew를 비교해서 묻는 문제가 출제될 수 있습니다.

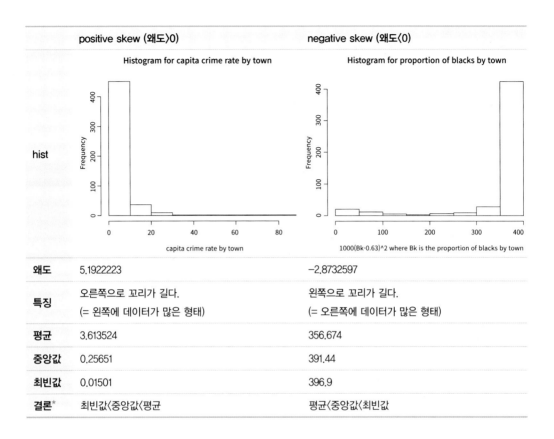

	positive skew (왜도〉0)	negative skew (왜도〈0)
hist	Histogram for capita crime rate by town	Histogram for proportion of blacks by town
왜도	5.1922223	−2.8732597
특징	오른쪽으로 꼬리가 길다. (= 왼쪽에 데이터가 많은 형태)	왼쪽으로 꼬리가 길다. (= 오른쪽에 데이터가 많은 형태)
평균	3.613524	356.674
중앙값	0.25651	391.44
최빈값	0.01501	396.9
결론*	최빈값〈중앙값〈평균	평균〈중앙값〈최빈값

② 막대그래프

막대그래프(bar plot)는 범주형 데이터를 직사각형 막대로 나타낸 그래프다. 다음은 Boston 데이터셋의 rad 변수를 막대그래프 방법을 통해 나타낸 것이다.

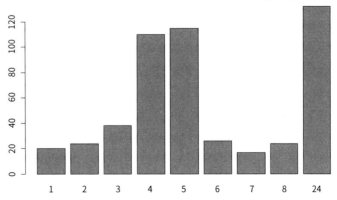

barchart for index of accessibility to radial highways.

③ 줄기-잎 그림

줄기-잎 그림(stem-and-leaf plot)은 통계적 자료를 참고해 큰 수의 자릿값은 세로 선의 왼쪽 줄기에, 작은 수의 자릿값은 세로 선의 오른쪽 잎에 나타내는 표 형태와 그래프 형태를 혼합한 방법으로, 분포 모양을 연구하는 데 유용하다. 다음은 Boston 데이터셋의 age 변수를 줄기-잎 그림 방법을 통해 나타낸 것이다.

```
 0 | 3
 0 | 6677778889
 1 | 00034
 1 | 55666778888889999
 2 | 001111112222222333
 2 | 566888888999999
 3 | 0011112222222222333334444
 3 | 55566677777778888999
 4 | 000011122222233344
 4 | 5556666677778889999
 5 | 00122223333344444444
 5 | 666777888899999
 6 | 000011222223333
 6 | 5555555667777888999
 7 | 0000000011112223333334444
 7 | 5555677777777888889999
 8 | 0000011122223333333333334444444
 8 | 5555555566666777778888888888999999999
 9 | 000000000111111111122222222222233333333334444444444444
 9 | 5555555555555555556666666666666677777777777777777788888888888888888889
10 | 00000000000000000000000000000000000000000
```

④ 상자그림

상자그림(box plot, box-and-whisker plot)은 데이터로부터 얻어낸 통계량인 최솟값, Q1(제25 백분위수), 중앙값, Q3(제75 백분위수), 최댓값을 가지고 그린 그래프다. 상자그림을 통해 극단치를 검출하기 쉬운데, 보편적으로 사분위수 범위의 1.5배를 넘는 곳에 위치한 값을 이상치(outlier)로 파악한다. 다음은 Boston 데이터셋의 dis 변수를 상자그림 방법을 통해 나타낸 것이다.

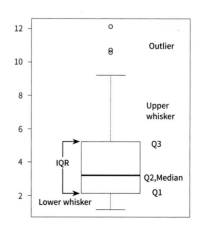

⑤ 산점도

산점도(scatter plot)는 직교좌표계에서 점을 사용해 서로 다른 연속형 변수의 값을 나타낸다. 두 연속형 변수의 관계를 살펴볼 수 있는 그래프다. 다음 산점도를 통해 하위계층의 비율(lstat)이 높을수록 주택가격(medv)이 낮은 모습을 확인할 수 있다.

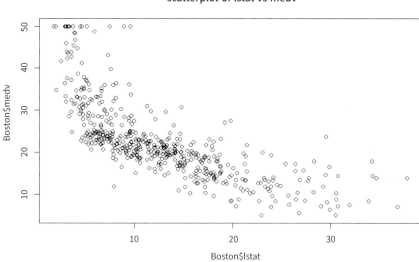

scatterplot of lstat vs medv

⑥ 원그래프(pie chart)

원그래프는 전체에 대한 각 부분의 비율을 원 모양으로 나타낸 그래프다. 비율을 한눈에 볼 수 있어 대중매체에서 자주 활용된다. 다음은 Boston 데이터셋의 rad 변수를 원그래프 방법을 통해 나타낸 것이다.

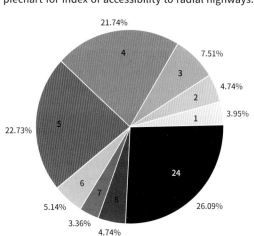

piechart for index of accessibility to radial highways.

1. 시공간 데이터 탐색

(1) 시간 데이터의 이해

날짜와 시간 데이터는 실생활에서 자주 접할 수 있는 데이터 형
태로 유용한 정보를 제공한다. 이번 단원에서는 R을 기준으로

TIP _ 전반적으로 결과를 주고 명령어를 구하거나
그 반대의 경우의 문제가 나올 수 있습니다.

날짜와 시간 데이터를 다루는 방법을 알아본다. 다음은 현재 날짜와 시간을 다루는 R의 함수와 그 결과
를 확인한 것이다.

명령	결과
Sys.Date() # 현재 날짜 출력	[1] "2020-09-10"
Sys.time() # 현재 시간(까지) 출력	[1] "2020-09-10 21:32:28 KST"
class(Sys.Date())	[1] "Date"
class(Sys.time())	[1] "POSIXct" "POSIXt"
am(Sys.time())	[1] FALSE
pm(Sys.time())	[1] TRUE
leap_year(Sys.time()) # 윤년 확인	[1] TRUE
semester(Sys.Date()) # 상/하반기 구분	[1] 2
quarters(Sys.Date()) # 분기 확인	[1] "Q3"

참고 ▎ POSIXct와 POSIXlt

R에서는 날짜 데이터를 처리하는 데 Date, 시간 데이터를 처리하는 데 POSIXct와 POSIXlt 클래스를 사용할 수 있다. POSIXct 객체는 1970년 1월 1일로부터 경과된 초로 날짜를 저장하고 POSIXlt 객체는 월, 일, 시,

TIP _ POSIXct와 POSIXlt를 비교해서 묻는 문제가 출제될 수 있습니다.

초 등의 시간 정보를 리스트에 각각 저장한다. 다음은 POSIXct 객체와 POSIXlt 객체가 현재 시간을 저장하는 모습을 살펴본 것이다.

POSIXct는 다음과 같이 날짜와 시간을 초단위 단일 값으로 저장하기 때문에 계산 혹은 형변환에 있어 효율적이다.

    [1] 1599891065

POSIXlt에서 mon은 1월을 0으로, year는 1900년을 0으로, wday는 일요일을 0으로, yday는 1월 1일을 0으로 간주한다. 특정 요소를 추출할 때 주로 사용된다.

sec	min	hour
"43.7873110771179"	"16"	"15"
mday	mon	year
"12"	"8"	"120"
wday	yday	isdst
"6"	"255"	"0"
zone	gmtoff	
"KST"	"32400"	

참고 ▎ KST

KST는 Korea Standard Time/Korean Standard Time의 준말로, 동경 135도를 기준으로 UTC보다 9시간 빠른 표준시(UTC+09:00)다. UTC는 협정 세계시로 국제 표준 시간을 의미한다.

(2) 시간 데이터의 추출

명령	결과
as.POSIXlt("2020-09-12 18:32:03")$year	[1] 120
year("2020-09-12 18:32:03")	[1] 2020
as.POSIXlt("2020-09-12 18:32:03")$mon	[1] 8
month("2020-09-12 18:32:03")	[1] 9
as.POSIXlt("2020-09-12 18:32:03")$mday	[1] 12

명령	결과
mday("2020-09-12 18:32:03")	[1] 12
as.POSIXlt("2020-09-12 18:32:03")$hour	[1] 18
hour("2020-09-12 18:32:03")	[1] 18
as.POSIXlt("2020-09-12 18:32:03")$min	[1] 32
minute("2020-09-12 18:32:03")	[1] 32
as.POSIXlt("2020-09-12 18:32:03")$sec	[1] 3
second("2020-09-12 18:32:03")	[1] 3

(3) 시간 데이터의 형 변환

다양한 함수를 사용해 문자열 날짜를 날짜 오브젝트로 형 변환할 수 있다.

명령	결과
as.Date("2020-08-15")	[1] "2020-08-15"
as.Date("08-15-2020", format="%m-%d-%Y")	[1] "2020-08-15"
as.Date("2020년 8월 15일", format="%Y년 %m월 %d일")	[1] "2020-08-15"
strptime("2020년 8월 15일 06시 42분", format="%Y년 %m월 %d일 %H시 %M분")	[1] "2020-08-15 06:42:00 KST"

문자열 날짜를 날짜 데이터로 형 변환하기 위해 매칭할 수 있는 포맷을 지정한다. 자주 사용하는 포맷 형식은 다음과 같다.

형식	의미	예
%Y	4자리 연도	2020
%y	2자리 연도	20
%m	월(01-12)	09
%b	월(영어 축약형)	Jan
%B	월(영어명)	January
%d	일(01-31)	12
%H	시(00-23)	16
%M	분(00-59)	19
%S	초(00-61)	32

TIP _ 각 형식과 의미가 잘못 짝지어진 것을 묻는 문제가 시험에 출제될 가능성이 높습니다.

(4) 시간 데이터의 연산

시간 데이터를 활용해 일자 및 일시의 차를 알아내거나 n일 뒤의 날짜로 변경할 수 있다. 즉, date 객체의 연산이 가능하다.

① 뺄셈

명령	결과
as.Date("2020-06-27") - as.Date("2020-03-16")	Time difference of 103 days
difftime("2020-06-27","2020-03-16")	Time difference of 103 days
as.numeric(difftime("2020-06-27","2020-03-16"))	[1] 103
as.Date("2020-06-27")-103	[1] "2020-03-16"
as.Date(-103, origin = "2020-06-27")	[1] "2020-03-16"
as.POSIXct("2020-03-16 12:50:00")-as.POSIXct("2020-03-16 09:00:00")	Time difference of 3.833333 hours
as.difftime("12:50:00")-as.difftime("09:00:00")	Time difference of 3.833333 hours

② 덧셈

명령	결과
Sys.time()+seconds(5) # 5초 뒤	[1] "2020-09-12 17:24:16 KST"
Sys.time()+minutes(5) # 5분 뒤	[1] "2020-09-12 17:29:12 KST"
Sys.time()+hours(2) # 2시간 뒤	[1] "2020-09-12 19:24:12 KST"
Sys.time()+days(2) # 2일 뒤	[1] "2020-09-14 17:24:12 KST"
Sys.time()+weeks(2) # 2주 뒤	[1] "2020-09-26 17:24:13 KST"
Sys.time()+months(2) # 2달 뒤	[1] "2020-11-12 17:24:13 KST"
as.Date("2020-09-12")+days(2) # 2일 뒤	[1] "2020-09-14"
as.Date("2020-09-12")+2 # 2일 뒤	[1] "2020-09-14"
as.Date(2,origin = "2020-09-12") # 2일 뒤	[1] "2020-09-14"
as.Date("2020-09-12")+weeks(2) # 2주 뒤	[1] "2020-09-26"
as.Date("2020-09-12")+months(2) # 2달 뒤	[1] "2020-11-12"

(5) 공간 데이터의 이해

공간 데이터는 지하, 지상, 수중, 수상 등에 존재하는 객체의 위치 및 공간 관
계 정보와 관련한 데이터를 의미하며, 경제, 사회, 환경, 문화 등 다양한 분야

TIP _ 공간 분석의 기본 개념을 묻는 문제가 나올 수 있습니다.

에서 융합·활용할 수 있다. 사람들이 관심을 가지는 공간 데이터를 지도 위에 크기, 모양, 선의 굵기,
색상 등으로 구분해 시각화하여 인사이트를 얻는 분석기법을 공간 분석(spatial analysis)이라고 한다.

공간분석을 통해 다음을 얻을 수 있다.

- 역학조사를 위해 수집한 데이터를 분석하고 특정 장소에서 패턴을 형성함을 알 수 있다.

- 범죄가 집중적으로 발생하는 공간을 조사하고 해당 지역의 경제적 특성과의 관계를 탐색할 수 있다.

- 지역 내 신용카드 소비 분포를 분석하고 지역경제 활성화 방안을 수립하는 데 활용할 수 있다.

【 콜레라 공간분석 】

* 출처: https://en.wikipedia.org/wiki/Spatial_analysis

(6) 지리정보시스템

지리정보시스템(Geographic Information System, GIS)은 지리 공
간적으로 참조 가능한 모든 형태의 정보를 효율적으로 수집, 저장,

TIP _ 지리정보시스템의 기본 개념과 구성 요소를 묻는 문제가 나올 수 있습니다.

처리, 관리, 분석할 수 있게 설계된 컴퓨터의 하드웨어와 소프트웨어 및 지리적 자료, 인적 자원의
통합체다(출처: 위키백과). 토지정보 시스템(Land Information System, LIS), 도시정보 시스템(Urban
Information System, UIS), 교통정보 시스템(Transportation Information System, TIS), 재해정보
시스템(Disaster Information System, DIS) 등에 활용한다. GIS의 구성요소는 다음과 같다.

- 컴퓨터 시스템
- GIS 소프트웨어
- 인력
- 데이터
- 인프라

2. 다변량 데이터 탐색

(1) 다변량 데이터의 이해

데이터 분석은 변수의 개수에 따라 크게 일변량 분석(Univariate Analysis), 이변량 분석(Bivariate Analysis), 다변량 분석 (Multivariate Analysis)으로 구분할 수 있다. 일변량 분석은 가장 간단한 형태의 분석으로, 1개의 변수를 대상으로 하며 데이터를 요약하거나 패턴을 찾는 것을 목표로 한다. 일변량 데이터에서 패턴을 발견하기 위해 평균, 중앙값, 최빈값, 분산 등을 조사한다. 이변량 분석은 2개의 변수를 이용한 분석을 수행하며 두 변수 간의 관계를 주로 분석한다. 다변량 분석은 3개 이상의 변수를 이용한 복잡한 형태의 분석으로, 차원을 축소하거나 유사성 및 근접성을 기준으로 분류하는 식의 분석을 주로 수행한다.

TIP _ 전반적으로 결과 그림을 주고 '해석'하는 문제가 시험에 출제될 가능성이 높습니다.

일변량 분석	이변량 분석	다변량 분석
1개의 변수	2개의 다른 변수	3개 이상의 변수
막대그래프, 선그래프, 원그래프, 히스토그램 등	상관분석, 회귀분석, 산점도, 모자이크 그림 등	판별분석, 주성분분석, 다중회귀분석, 다차원 척도법 등
키, 몸무게, 연령 등	기온과 아이스크림 판매량, 키와 발 사이즈 등	약물 A에 대한 반응은 어떤 요인(성별, 연령, 몸무게 등)과 관련이 있을까?

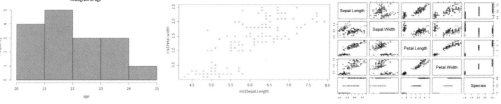

(2) 다변량 데이터 탐색 사례연구

① 상관분석

산점도 행렬(Scatter Plot Matrix)을 그려 여러 변수를 조합한 산점도와 상관계수를 한 화면에서 확인할 수 있다. 다음은 차량과 관련된 mtcars 데이터셋을 사용해 다변량 산점도를 그린 모습이다. cyl 변수는 실린더 개수를 의미하는 이산형 변수로, 일정하게 점이 찍혀 있는 모습을 확인할 수 있다. 또한 배기량 disp와 cyl이 강한 양의 상관관계를 보이는 것을 확인할 수 있다.

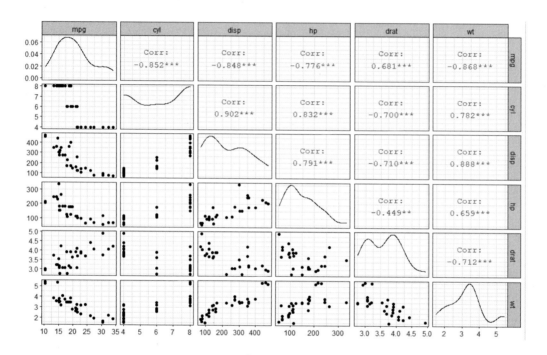

② 다차원 척도법

다차원 척도법(Multidimensional Scaling, MDS)은 객체 사이의 유사성 수준을 2차원 또는 3차원 공간에 점으로 시각화하는 분석기법이다. 다차원 척도법은 거리를 계산하기 위해 유클리드 거리를 주로 활용하며, 크게 데이터 간의 실제 거리를 근접도로 이용하는 계량형 MDS와 순서 정보를 근접도로 이용하는 비계량적 MDS로 구분할 수 있다. 다음은 유럽 도시 간의 거리를 다차원 척도법으로 분석한 결과다.

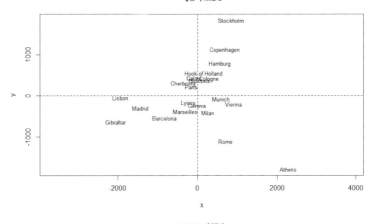

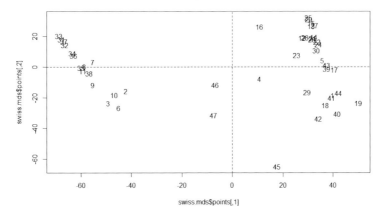

③ 주성분분석

주성분분석(Principal Component Analysis, PCA)은 데이터의 분포를 잘 설명함과 동시에 정보의 손실은 최소화하도록 고차원의 데이터를 저차원의 데이터로 변환하는 차원 축소 분석기법이다. 여기서 주성분은 데이터의 방향성이 가장 큰 벡터를 의미하고 주성분분석 결과를 통해 유지해야 할 주성분의 수와 누적기여율(Cummulative Proportion) 등을 확인할 수 있다(자세한 사항은 '2과목 1장 2절 2. 차원 축소'편을 참고하기 바란다).

[예시] R에서의 PCA 분석 결과

```
Importance of components:
                          PC1     PC2     PC3      PC4      PC5      PC6      PC7     PC8      PC9
Standard deviation     2.3782  1.4429  0.71008  0.51481  0.42797  0.35184  0.32413  0.2419  0.14896
Proportion of Variance 0.6284  0.2313  0.05602  0.02945  0.02035  0.01375  0.01167  0.0065  0.00247
Cumulative Proportion  0.6284  0.8598  0.91581  0.94525  0.96560  0.97936  0.99103  0.9975  1.00000
```

이 주성분분석 결과를 통해 제1 주성분이 62.8%, 제2 주성분이 23.1%를 설명하여 두 개의 주성분을 사용했을 때 85.9%를 설명할 수 있음을 확인할 수 있으며, 변수들의 전체 변동의 95% 이상을 설명하기 위해 필요한 최소 주성분의 개수는 5개임을 알 수 있다. 또한 스크리 산점도(scree plot)를 그려 고윳값이 감소하는 비율이 완만해지는 전 단계로 주성분의 개수를 선택할 수 있다. 다음 그림에서는 4번째 고윳값부터 감소하는 정도가 완만해지기 때문에 주성분의 개수를 3개로 선택할 수 있다.

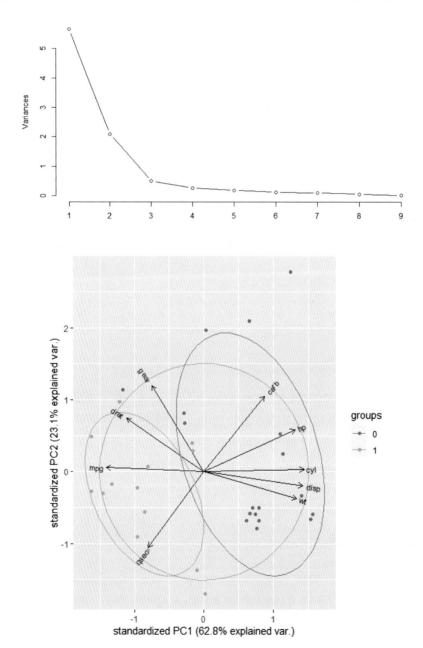

위 그래프에서 화살표는 해당 변수가 각 PC에 얼마나 기여했는지를 보여주는데, 변수 cyl의 경우 PC1 축에 평행한 것으로 보아 PC1에 많이 기여한 것을 확인할 수 있다.

 참고 ┃ **요인 분석**

요인 분석(Factor Analysis) 또는 인자 분석은 등간척도 또는 비율척도와 같은 연속형 변수로 측정한 변수 간의 잠재적인 요인을 찾아내는 통계적 분석기법이다. 정보 손실을 최소화하면서 데이터를 축소한다는 점에 서 주성분 분석과 공통점이 있다(자세한 사항은 '3과목 2장 2절 2. 다변량 분석'편을 참고하기 바란다).

④ 선형판별분석

어떤 그룹에 속할지를 판별하는 판별분석기법인 선형판별분석(LDA, Linear Discriminant Analysis) 은 다변량 데이터에 판별 함수를 적용해 데이터의 클래스 분리를 최적으로 수행할 수 있게 데이터를 축 소한다. 데이터의 분포가 다변량 정규분포를 따른다는 가정하에 진행되며, 주로 후속 분류 작업 전 차 원 축소를 위해 사용된다(상세 내용은 2과목 1장을 참고한다). 다음의 Iris 데이터를 예로 들어 선형판 별분석을 살펴보자. 우리는 iris의 꽃받침의 너비와 길이, 그리고 꽃잎의 너비와 길이 데이터를 이용해 붓꽃의 종류를 분류하고자 한다.

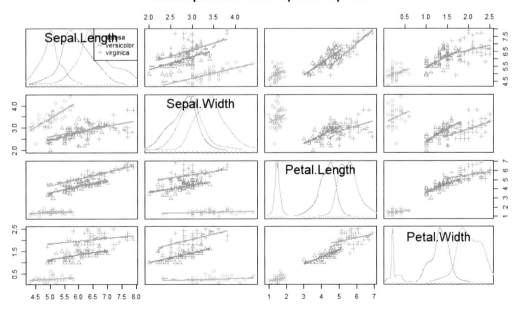

Scatter plot with Three Species Options

```
Call:
lda(Species ~ ., data = training)

Prior probabilities of groups:
    setosa versicolor  virginica
 0.3837209  0.3139535  0.3023256

Group means:
          Sepal.Length  Sepal.Width  Petal.Length  Petal.Width
setosa        4.975758     3.357576      1.472727    0.2454545
versicolor    5.974074     2.751852      4.281481    1.3407407
virginica     6.580769     2.946154      5.553846    1.9807692

Coefficients of linear discriminants:
                   LD1        LD2
Sepal.Length  1.252207 -0.1229923
Sepal.Width   1.115823  2.2711963
Petal.Length -2.616277 -0.7924520
Petal.Width  -2.156489  2.6956343

Proportion of trace:
   LD1    LD2
0.9937 0.0063
```

위 선형판별분석 결과로부터 확인할 수 있는 정보는 다음과 같다.

- 트레인 데이터에 존재하는 종의 비율은 setosa, versicolor, virginica가 각각 0.38, 0.31, 0.30이다.
- setosa종의 평균 Sepal.Length는 4.9, Sepal.Width는 3.3, Petal.Length는 1.4, Petal.Width는 0.2다.
- 계산된 2가지 판별함수(LD1, LD2) 중 첫 번째 선형판별식에 의해 99%의 변량을, 즉 그룹 간의 차이를 설명해주고 있음을 알 수 있다.
- 첫 번째 선형판별식은 다음과 같다.

```
1.25*Sepal.Length+1.11*Sepal.Width-2.61*Petal.Length-2.15*Petal.Width
```

선형판별분석 결과를 산점도를 그려 확인해 보자.

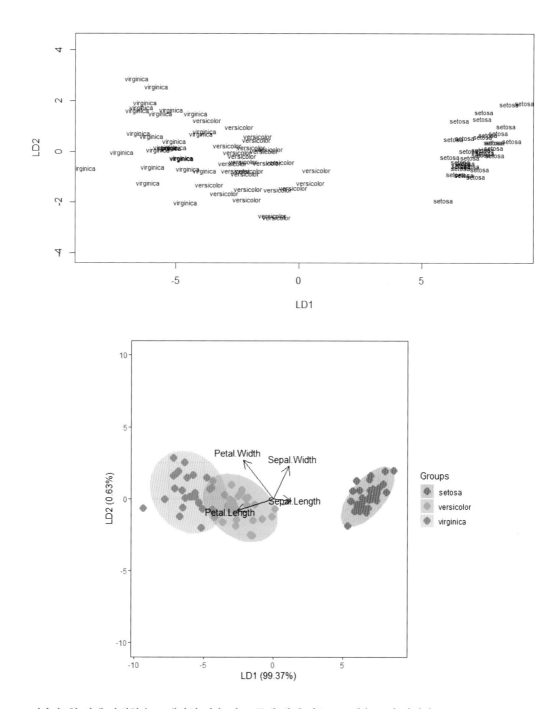

다음은 첫 번째 판별함수로 계산한 값을 각 그룹에 대해 히스토그램을 그린 것이다.

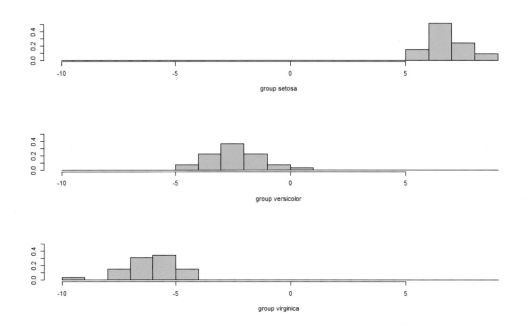

versicolor와 virginica 그룹의 겹침이 조금 존재하는 것을 제외하고는 전반적으로 데이터의 분리가 잘 된 것을 확인할 수 있다. 또한 LDA 모델이 분류한 값과 실제 값을 비교한 테이블을 통해 성능 평가를 진행할 수도 있는데, 다음 결과에서 올바르게 분류한 비율은 약 98%로 해당 모델이 붓꽃의 종류를 잘 분류한다고 볼 수 있다.

| | Actual | | |
Predicted	setosa	versicolor	virginica
setosa	33	0	0
versicolor	0	26	1
virginica	0	1	25

3. 비정형 데이터 탐색

(1) 비정형 데이터의 이해

인터넷의 발달과 스마트기기의 확산으로 비정형 데이터가 기하급수적으로 증가하고 있으며 전체 데이터의 80% 이상이 비정형 데이터로 추정되고 있다(Chakraborty and Pagolu, 2014).

이에 따라 비정형 텍스트 데이터를 수집·분석해 의미 있는 정보를 추출하는 분석기법이 발전하고 있으며 활용사례도 증가하고 있다. 비정형 데이터의 분석기법에는 크게 텍스트 마이닝, 소셜 네트워크 분석 등이 있다.

(2) 텍스트 마이닝의 이해

텍스트 마이닝(Text Mining)은 다양한 문서 자료 내 비정형 텍스트 데이터에 자연어 처리(Natural Language Processing, NLP) 기술 및 문서처리 기술을 활용해 인사이트를 도출하는 기술이다. 텍스트 마이닝은 분석 대상이 되는 텍스트 데이터를 수집해 분석 가능한 데이터로 전처리하고 분석기법을 적용하는 절차를 거치며 문서 요약(Summarization), 문서 분류(Classification) 및 군집화(Clustering), 특성 추출(Feature extraction) 등을 수행할 수 있다. 텍스트 마이닝의 대상이 되는 데이터는 다음에서 수집할 수 있다.

- 페이스북, 트위터와 같은 SNS
- 블로그 댓글
- 웹 뉴스 기사
- 영화 리뷰 사이트

참고 **| 자연어 처리**

자연어 처리는 인간이 사용하는 언어(자연어)를 컴퓨터가 처리하고 분석할 수 있게 하는 작업으로 기계번역, 텍스트 분류, 질의응답 시스템, 스팸메일 검출 등의 영역에서 사용된다.

참고 **| 텍스트 마이닝 응용 분야**

문서 요약: 문서 내 주제 및 핵심 내용을 추출하는 것

문서 분류: 문서의 내용에 따라 특정 카테고리로 분류하는 것

문서 군집화: 성격이 유사한 문서들을 같은 군집으로 모아주는 것

특성 추출: 사용자가 원하는 의미 있는 특성을 추출하는 것

① 텍스트 마이닝 기초 용어

- **코퍼스**: 코퍼스(Corpus)는 분석 작업의 대상이 되는 대량의 텍스트 문서들을 모아놓은 집합이다.
- **토큰화**: 토큰화(Tokenization)는 구조화되어 있지 않은 문서를 단어(토큰)로 나누는 과정이다.
- **불용어**: 불용어(Stopword)는 코퍼스에서 자주 등장하지만, 분석 프로세스에 있어 기여하는 바가 없는 단어다. 'is', 'a', 'the' 등이 이에 해당한다.
- **어간 추출**: 어간 추출(Stemming)은 단어 내 접사를 제거하고 단어에서 의미를 담고 있는 어간을 분리하는 것이다. 예를 들어, 'love', 'loving', 'loves', 'loved'는 문법적으로 다르지만 분석을 위해 원형 단어로 바꿀 수 있다.

TIP _ 어간 추출과 표제어 추출을 비교해서 묻는 문제가 출제될 수 있습니다.

- **표제어 추출**: 표제어 추출(Lemmatization)은 원형 단어를 찾는다는 점에서 어간 추출과 유사하지만, 그 단어가 어떤 품사로 쓰였는지까지를 고려한다는 점에서 차이가 있다. 예를 들어, 'meeting'은 회의를 뜻하는 명사일 수도, 만나다를 뜻하는 동사일 수도 있는데, 표제어 추출은 이를 구분할 수 있다. 어간 추출보다 변환 시간이 길지만, 더 높은 정확도를 보인다.

- **품사 태깅**: 품사 태깅(Part-of-Speech Tagging)은 문서 내 각 단어에 해당하는 품사로 태그를 달아주는 과정이다.

- **형태소 분석**: 형태소 분석(morpheme analyzing)은 단위 형태소를 분리한 후에 변형이 일어난 형태소의 원형을 복원하고, 분리된 단위 형태소들로부터 단어 형성 규칙에 맞는 연속된 형태소들을 구하는 과정이다(강승식). 형태소(Morpheme)는 의미가 있는 가장 작은 말의 단위이다.

- **N-그램**: 여러 단어나 형태소를 묶어서 분석하는 것은 그렇지 않은 경우보다 문맥을 고려할 수 있어 효과적이다. N-그램(N-gram)은 연속된 n개의 단어 혹은 형태소 집합이다.
  - N인 1인 경우: 유니그램(Unigram)
  - N인 2인 경우: 바이그램(Bigram)
  - N인 3인 경우: 트라이그램(Trigram)

- **단어문서행렬/문서단어행렬**: 단어문서행렬(Term-Document Matrix, TDM)은 문서별로 나타난 단어의 빈도를 행렬 형태로 나타낸 것을 말한다. 단어문서행렬을 전치(Transpose)하면 문서단어행렬(Document-Term Matrix, DTM)이 된다.
  - **문서 1**: Jenny likes cats
  - **문서 2**: Jenny likes pizza

다음은 TermDocumentMartix 함수를 적용해 단어문서행렬을 만든 결과다. 행은 단어, 열은 문서인 행렬이 만들어지며 각 문서에 단어의 빈도를 확인할 수 있다. 전체 8개의 셀 중에서 25%, 즉 2개의 셀이 0이며 가장 긴 단어의 길이는 5임을 알 수 있다.

```
<<TermDocumentMatrix (terms: 4, documents: 2)>>
Non-/sparse entries: 6/2
Sparsity           : 25%
Maximal term length: 5
Weighting          : term frequency (tf)
Sample             :
        Docs
Terms   1 2
  cats  1 0
  jenny 1 1
  likes 1 1
  pizza 0 1
```

다음은 DocumentTermMatrix 함수를 적용해 행은 문서, 열은 단어인 문서단어행렬을 만든 결과다.

```
<<DocumentTermMatrix (documents: 2, terms: 4)>>
Non-/sparse entries: 6/2
Sparsity            : 25%
Maximal term length: 5
Weighting           : term frequency (tf)
Sample              :
    Terms
Docs cats jenny likes pizza
   1    1     1     1     0
   2    0     1     1     1
```

- TF-IDF: TF-IDF(Term Frequency - Inverse Document Frequency)는 특징 추출의 기법으로, 한 문서 내 특정 단어의 빈도를 나타내는 단어 빈도(term frequency, tf)와 전체 문서에서 단어가 몇 개의 문서에서 등장했는지를 나타내는 문서 빈도(document frequency)의 역수를 곱한 값이다. 여러 문서로 이루어진 문서군에서 각 단어의 특정 문서 내 중요도를 보여주는 가중치로, 특정 문서 내에서 단어 빈도수가 높을수록, 문서군에서 그 단어를 포함한 문서가 적을수록 TF-IDF 값이 커진다.

- 워드 클라우드

워드 클라우드(Word Cloud)는 특정 문서에 사용된 단어로 구성된 구름 이미지로, 각 단어의 크기가 출현 빈도와 중요성을 효과적

TIP _ 워드 클라우드의 기본 개념과 특징을 묻는 문제가 나올 수 있습니다.

으로 보여주기 때문에 텍스트 데이터를 시각화할 때 많이 사용한다. 다음 그림에서 will, freedom, ring 등과 같은 단어는 텍스트 내에서 다른 단어보다 자주 등장하기 때문에 워드 클라우드 내에서 더 크고 굵게 표현된다.

【 워드 클라우드 】

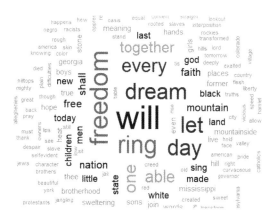

② 토픽 모델링과 LDA

- **토픽 모델링*** : 토픽 모델링(Topic Modeling)은 대량의 문서 집합에 존재하는 추상적인 토픽(주제)을 추출하는 통계적 모델링 방법이다. 가장 대표적으로 사용되고 있는 토픽 모델링 기법은 잠재 디리클레 할당(Latent Dirichlet allocation, LDA) 알고리즘으로, 단어의 순서는 토픽과 상관이 없으며 단어의 빈도만이 중요하다는 개념인 'Bag-of-Word'를 기본적인 가정으로 하고 있다. LDA는 데이터의 차원을 축소하는데 용이하고 의미가 일관된 토픽을 생성한다는 장점과 고성능으로 인해 표준으로 자리잡았다.

【 Bag-of-word 】

【 토픽 모델링 】

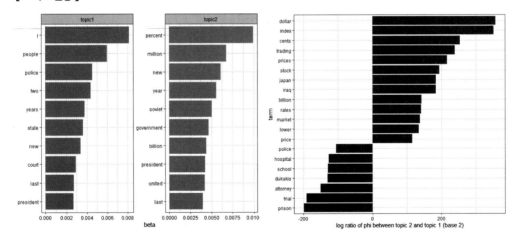

(3) 소셜 네트워크 분석의 이해

소셜 네트워크 분석은 사회관계망 분석이라고도 불린다. 오늘날에는 인터넷, 도로, 유전정보, 화합물, 통신망, 전력망 등과 같이 우리 사회도 네트워크 형태로 구조화되어 있다. 소셜 네트워크 분석을 통해 구성원들 간의 상호 의존성을 이해하고 사회 전체의 관계망 분석을 통해 사회현상을 설명하는 인사이트를 얻을 수 있다.

소셜 네트워크는 노드(node) 또는 정점(vertex)을 링크(link) 또는 에지(edge)로 연결한 망으로, 사람, 사물을 점인 노드로, 그 관계를 에지(Line 형태의 Edge)로 연결해 표현할 수 있다. 또한 에지의 방향성 유무에 따라 방향 그래프와 무방향 그래프로 구분할 수 있다. 소셜 네트워크 분석(Social Network Analysis, SNA)은 소셜 네트워크 서비스 내 개인과 집단 간의 관계 및 상호작용을 모델링해 그것의 위상구조와 특성을 계량적으로 분석하고 시각화하는 방법론이다. 전통적 분석기법과 달리 '관계'에 초점을 둔 분석으로 소셜 네트워크를 분석하는 방법은 크게 객체와 관계를 집합 관계 쌍으로 표현하는 집합론적 방법, 노드와 링크로 표현하는 그래프 방법, 행렬의 행과 열에 객체를 대칭적으로 배치하면서 행렬의 (i, j)번째 위치에 i번째 객체와 j번째 객체 사이의 관계가 있고 없음을 1과 0으로 나타내는 행렬 방법으로 구분한다.

① **집합론적 방법**

$$A = \{(X_1,\ X_2),\ (X_2,\ X_1),\ (X_4,\ X_2),\ (X_3,\ X_1),\ (X_3,\ X_4),\ (X_4,\ X_3)\}$$
$$B = \{(X_1,\ X_2),\ (X_2,\ X_1),\ (X_3,\ X_4),\ (X_4,\ X_3)\}$$

② **그래프 방법**

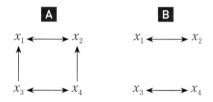

③ **행렬 방법**

A

	x_1	x_2	x_3	x_4
x_1	0	1	0	0
x_2	1	0	0	0
x_3	1	0	0	1
x_4	0	1	1	0

B

	x_1	x_2	x_3	x_4
x_1	0	1	0	0
x_2	1	0	0	0
x_3	0	0	0	1
x_4	0	0	1	0

【 소셜 네트워크 분석 】

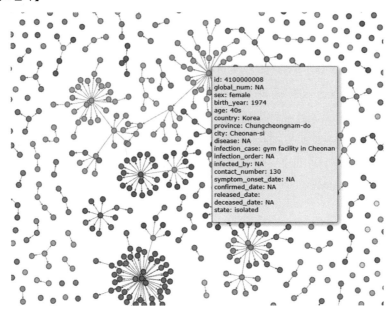

```
id: 4100000008
global_num: NA
sex: female
birth_year: 1974
age: 40s
country: Korea
province: Chungcheongnam-do
city: Cheonan-si
disease: NA
infection_case: gym facility in Cheonan
infection_order: NA
infected_by: NA
contact_number: 130
symptom_onset_date: NA
confirmed_date: NA
released_date:
deceased_date: NA
state: isolated
```

 참고 ▎**여섯 단계의 분리**

여섯 단계의 분리(six degrees of separation)는 소셜 네트워크 분석
을 통한 연구 중 가장 주목받은 하버드대학의 교수인 스탠리 밀그램
(stanley milgram)의 연구로, 모든 사람이 6명만 거치면 서로 아는 사

TIP _ 해당 사례가 어떤 기법의 분석인지
묻는 문제가 시험에 출제될 수 있습니다.

이라는 이론이다. 피실험자들은 편지를 알지 못하는 임의의 인물에게 지인을 통해서만 전달해야 했는데, 평
균적으로 약 6명을 거쳐 전달됐다.

④ 네트워크 구조를 파악하기 위한 요소

· **중심성**

중심성(centrality)은 전체 네트워크에서 한 개체가 중심에 위치하
는 정도를 표현하는 지표로 개인의 지위를 보여준다. 다음은 중심성
의 지표들을 설명한 표다.

TIP _ 중심성 지표의 기본 개념과 특징을
묻는 문제가 나올 수 있습니다.

지표	설명
연결정도 중심성(degree centrality)	한 노드에 직접 연결된 다른 노드의 수의 합으로 중심성을 측정한다. 연결정도 중심성이 높은 사람은 마당발이며 정보획득력이 높다.
근접 중심성(closeness centrality)	각 노드 간의 거리를 근거로 중심성을 측정하는 방법이다. 직접 연결된 노드뿐만 아니라 간접적으로 연결된 모든 노드 간의 거리 또한 고려해 중심성을 측정한다. 근접 중심성이 높은 노드는 해당 노드가 보유한 자원을 전체 네트워크에 빠르게 확산시킬 수 있다.
매개 중심성(betweenness centrality)	네트워크 내에서 중계자 역할의 정도로 중심성을 측정한다. 매개중심성이 높은 노드는 네트워크 내의 흐름을 제어할 수 있다.
위세 중심성(eigenvector centrality)	연결된 노드의 중요성에 가중치를 두어 노드의 중심성을 측정하는 방법이다. 높은 영향력을 지닌 사람들과 관계가 있는 사람은 위세 중심성이 높다. 보나시치(Bonacich) 권력지수는 위세 중심성의 일반적 형태로 보나시치 중심성 지수라고도 불린다. 이는 자신의 연결정도 중심성으로부터 발생하는 영향력과 자신과 연결된 타인의 영향력을 더하여 위세 중심성을 결정하는 것이다.

- **밀도**: 밀도(density)는 네트워크 내에 존재하는 노드 간의 연결정도의 수준을 의미한다. 밀도가 높은 네트워크는 전체 노드가 서로 간에 많은 관계를 맺고 있어 정보의 교류가 빠르다고 해석할 수 있다. 가능한 총관계 수 중에서 맺어진 관계의 수의 비율로 계산한다.

- **집중도**: 집중도(centralization)는 한 네트워크 전체가 한 중심에 집중되는 정도를 의미하며 중심화라고도 불린다. 중심성은 노드 하나에 초점을 둔 지표라면, 집중도는 네트워크 자체를 보여주는 지표다.

- **연결정도**: 연결정도(degree)는 노드에 연결된 관계의 수를 의미한다.

- **포괄성**: 포괄성(inclusiveness)은 한 네트워크 내 연결되지 않은 노드들의 수를 뺀 연결된 노드들의 비율로, 포괄성이 높을수록 노드 간에 관계가 많다고 해석할 수 있다. 네트워크 내 100개의 노드 중 5개의 노드가 연결되어 있지 않다면 해당 네트워크의 포괄성은 0.95다.

- ## EDA

탐색적 데이터 분석	데이터를 이해하고 의미 있는 관계를 찾아내기 위해 데이터의 통곗값과 분포 등을 시각화하고 분석하는 것으로, 줄여서 EDA라고 함.

- ## EDA의 4R

저항성(Resistance) 강조

잔차(Residual) 계산

변수의 재표현(Re−expression)

그래프를 통한 현시성(Representation)

- ## 데이터 탐색 개요

데이터 파악		분석 대상이 되는 데이터에 대해 기술한 설명서를 확인
데이터 탐색	데이터 조회하기	일부 관측치를 조회하여 개별 관측치들을 관찰
	데이터 구조 확인하기	데이터의 차원, 변수명, 변수 타입, 상위 관측치 등을 확인하여 데이터 구조를 간결하게 확인
	데이터 요약하기	데이터셋의 통계 요약량을 확인
	데이터 관계 맺기	현실의 데이터는 각각의 용도, 목적, 종류에 따라 각기 다른 테이블에 저장되어 있는데, JOIN 구문을 통한 병합이 가능

■ JOIN 종류

내부 조인 (INNER JOIN)	내부 조인을 사용하여 조인 조건을 만족하는 데이터를 가져올 수 있다.	
왼쪽 외부 조인 (LEFT OUTER JOIN)	왼쪽 외부 조인은 왼쪽 테이블을 기준 삼아 모든 행을 포함시키고 조인 조건에 부합하는 경우만 값을 가져와 결과에 포함한다.	
오른쪽 외부 조인 (RIGHT OUTER JOIN)	오른쪽 외부 조인은 오른쪽 테이블을 기준 삼아 모든 행을 포함시키고 조인 조건에 부합하는 경우만 값을 가져와 결과에 포함한다.	
완전 외부 조인 (FULL OUTER JOIN)	완전 외부 조인(FULL OUTER JOIN) : 중복되는 데이터는 삭제하고 왼쪽 외부 조인과 오른쪽 외부 조인 결과를 합집합으로 처리한 결과와 동일하다.	

* 이미지 출처: https://www.datasciencemadesimple.com/join-in-r-merge-in-r/

■ 상관분석과 상관계수

상관분석	두 변수 사이에 선형적 관계를 가지고 있는지 분석하는 통계적 분석 방법
상관계수	두 변수의 선형 관계 정도를 나타내는 척도로, 피어슨 상관 계수가 대표적

■ 상관계수 해석

γ 범위	관계
$0.7 \ll \gamma \leq 1$	강한 양의 상관관계가 있음
$0.3 \ll \gamma \leq 0.7$	뚜렷한, 보통의 양의 상관관계가 있음
$0 \ll \gamma \leq 0.3$	약한 양의 상관관계가 있음
$\gamma = 0$	선형 상관관계 없음
$-0.3 \leq \gamma \ll 0$	약한 음의 상관관계가 있음
$-0.7 \leq \gamma \ll -0.3$	뚜렷한, 보통의 음의 상관관계가 있음
$-1 \leq \gamma \ll -0.7$	강한 음의 상관관계가 있음

■ **피어슨 상관 계수 vs. 스피어만 상관 계수**

피어슨	스피어만
$$r_{XY}=\frac{\sum_i^n (X_i-\bar{X})(Y_i-\bar{Y})}{\sqrt{\sum_i^n (X_i-\bar{X})^2}\sqrt{\sum_i^n (Y_i-\bar{Y})^2}}$$	$$r_s=1-\frac{6\sum d_i^2}{n(n^2-1)},$$ $$d_i=x_i-y_i$$ x_i: 변수 x의 i번째 관측치의 순위 y_i: 변수 y의 i번째 관측치의 순위
피어슨 상관계수 γ, 피어슨 적률상관계수(Pearson product−moment correlation coefficient)	스피어만 상관계수 ρ(Spearman's rho), 스피어만 순위 상관계수(Spearman's rank correlation coefficient)
모수 검정	비모수 검정
연속형 변수	이산형, 순서형 변수
경영학 점수와 통계학 점수 사이에 연관성이 있는가?	경영학 과목 석차와 통계학 과목 석차 사이에 연관성이 있는가?

■ **기초통계량 추출 및 이해**

● **중심경향치**: 단일 값으로 전체 데이터를 대표할 수 있게 중앙에 위치한 데이터를 표현

평균	주어진 모든 데이터의 값을 더해 총합을 구하고 이를 데이터의 개수로 나눈 것 $$\bar{x}=\frac{\sum_{i=1}^n x_i}{n}$$
중앙값	주어진 데이터의 값들을 오름차순 정렬했을 때 중간에 있는 값 ▪ 데이터의 개수가 홀수인 경우 $$\frac{(n+1)}{2}$$번째 값 ▪ 데이터의 개수가 짝수인 경우 $\frac{n}{2}$번째 값과 $\frac{n}{2}+1$번째 값의 산술평균
최빈값	주어진 데이터 중에서 가장 많이 나오는 값

- **산포도**: 데이터의 흩어진 정도를 설명하는 통계치

범위	데이터의 최댓값에서 최솟값을 뺀 것 $$Range = Max - Min$$
사분위수 범위	75% 지점에 위치한 값을 Q3(제 3사분위수)에서 25% 지점에 위치한 값을 Q1(제1 사분위수)을 뺀 값 $$IQR = Q_3 - Q_1$$
분산	편차를 제곱을 총합하여 평균 낸 값 $$s^2 = \frac{\sum_{i=1}^{n}(x_i - \bar{x})^2}{n-1}$$
표준편차	분산 값에 제곱근을 씌운 값 $$s = \sqrt{s^2} = \sqrt{\frac{\sum_{i=1}^{n}(x_i - \bar{x})^2}{n-1}}$$

- **왜도**: 데이터 분포의 비대칭성을 나타내는 지표

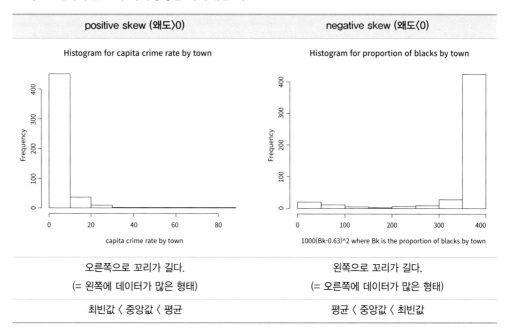

positive skew (왜도>0)	negative skew (왜도<0)
Histogram for capita crime rate by town	Histogram for proportion of blacks by town
오른쪽으로 꼬리가 길다.	왼쪽으로 꼬리가 길다.
(= 왼쪽에 데이터가 많은 형태)	(= 오른쪽에 데이터가 많은 형태)
최빈값 < 중앙값 < 평균	평균 < 중앙값 < 최빈값

● **첨도**: 데이터들이 분포의 중심에 어느 정도 몰려 있는가를 측정할 때 사용하는 지표

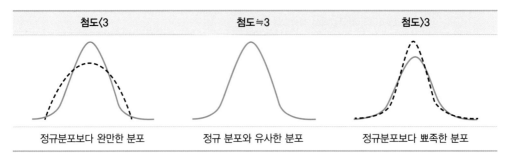

첨도<3	첨도≒3	첨도>3
정규분포보다 완만한 분포	정규 분포와 유사한 분포	정규분포보다 뾰족한 분포

■ 시각적 데이터 탐색 – 그래프 종류

히스토그램	연속형 변수 데이터의 도수분포를 보여주는 그래프
막대그래프	범주의 빈도를 직사각형 막대로 나타낸 그래프
줄기-잎 그림	데이터의 처음 몇 자릿수를 줄기로, 나머지는 잎으로 그린 표 형태와 그래프 형태가 혼합된 그래프
상자그림	다섯 숫자 요약을 그린 그래프로 아웃라이어 처리에 유용
산점도	직교좌표계에 서로 다른 연속형 변수의 값을 점을 찍은 그래프로, 두 연속형 변수의 관계 파악 시에 유용
원그래프	전체에 대한 각 부분의 비율을 원 모양으로 나타낸 그래프

■ R에서 자주 사용하는 시간 포맷 형식

형식	의미	예
%Y	4자리 연도	2020
%y	2자리 연도	20
%m	월 (01–12)	09
%b	월(영어축약형)	Jan
%B	월(영어명)	January
%d	일 (01–31)	12
%H	시(00–23)	16
%M	분(00–59)	19
%S	초(00–61)	32

■ 공간분석과 GIS

공간분석	사람들이 관심을 가지는 공간 데이터를 지도 위에 크기, 모양, 선의 굵기, 색상 등으로 구분해 시각화하여 인사이트를 얻는 분석 기법
지리정보시스템	지리 공간적으로 참조 가능한 모든 형태의 정보를 효율적으로 수집, 저장, 처리, 관리, 분석할 수 있게 설계된 컴퓨터의 하드웨어와 소프트웨어 및 지리적 자료, 인적 자원의 통합체로, 줄여서 GIS라고 함.

■ GIS 구성요소

- 컴퓨터 시스템
- GIS 소프트웨어
- 인력
- 데이터
- 인프라

■ 일변량 분석 vs. 이변량 분석 vs. 다변량 분석

일변량 분석	가장 간단한 형태의 분석으로, 1개의 변수를 대상으로 하며 데이터를 요약하거나 패턴을 찾는 것을 목표로 함. 일변량 데이터에서 패턴을 발견하기 위해 평균, 중앙값, 최빈값, 분산 등을 조사
이변량 분석	2개의 변수를 이용한 분석을 수행하며 두 변수 간의 관계를 주로 분석
다변량 분석	3개 이상의 변수를 이용한 복잡한 형태의 분석으로, 차원을 축소하거나 유사성 및 근접성을 기준으로 분류하는 식의 분석을 주로 수행

■ 다변량 분석 기법

상관분석	산점도 행렬을 그려 교차하는 변수 간의 관계를 보여주는 산점도와 상관계수를 파악
다차원 척도법	객체 사이의 유사성 수준을 2차원 또는 3차원 공간에 점으로 시각화하는 분석 기법으로 거리 계산에 유클리드 거리를 주로 사용 $$d_{xy} = \sqrt{(x_1 - y_1)^2 + (x_2 - y_2)^2 + \cdots (x_n - y_n)^2}$$ ▪ 계량적 MDS: 거리를 계산하기 위해 유클리드 거리를 주로 활용하며 크게 데이터 간의 실제 거리를 근접도로 이용하는 전통적인 다차원 척도법 ▪ 비계량적 MDS: 순서 정보를 근접도로 이용하는 다차원 척도법
주성분 분석	데이터의 분포를 잘 설명함과 동시에 정보의 손실은 최소화하게 고차원의 데이터를 저차원의 데이터로 변환하는 차원축소 기법
선형판별분석	어떤 그룹에 속할지를 판별하는 판별분석 기법으로 다변량 데이터에 판별 함수를 적용하여 데이터의 클래스 분리를 최적으로 수행할 수 있게 데이터를 축소

■ 텍스트 마이닝

텍스트 마이닝	다양한 문서 자료 내 비정형 텍스트 데이터에 자연어 처리 기술 및 문서 처리 기술을 활용해 인사이트를 도출하는 기술
자연어 처리	인간이 사용하는 언어(자연어)를 컴퓨터가 처리하고 분석할 수 있게 하는 작업으로 기계번역, 텍스트 분류, 질의응답 시스템, 스팸메일 검출 등의 영역에서 사용

■ 텍스트 마이닝 응용 분야

▪ 문서 요약: 문서 내 주제 및 핵심 내용을 추출하는 것

▪ 문서 분류: 문서의 내용에 따라 특정 카테고리로 분류하는 것

▪ 문서 군집화: 성격이 유사한 문서들을 같은 군집으로 모아주는 것

▪ 특성 추출: 사용자가 원하는 의미 있는 특성을 추출하는 것

■ 텍스트 마이닝 용어

코퍼스	분석 작업의 대상이 되는 대량의 텍스트 문서를 모아놓은 집합
토큰화	구조화되어 있지 않은 문서를 단어(토큰)로 나누는 과정
불용어	코퍼스에서 자주 등장하지만 분석 프로세스에 있어 기여하는 바가 없는 단어로, 'is', 'a', 'the' 등이 이에 해당
어간 추출	단어 내 접사를 제거하고 단어에서 의미를 담고 있는 어간을 분리하는 것
표제어 추출	원형 단어를 찾는다는 점에서 어간 추출과 유사하지만, 그 단어가 어떤 품사로 쓰였는지까지 고려한다는 점에서 차이점 존재
품사 태깅	문서 내 각 단어에 해당하는 품사로 태그를 달아주는 과정
형태소 분석	단위 형태소를 분리한 후에 변형이 일어난 형태소의 원형을 복원하고, 분리된 단위 형태소들로부터 단어 형성 규칙에 맞는 연속된 형태소들을 구하는 과정
N-그램	연속된 n개의 단어 혹은 형태소 집합
단어문서행렬	문서별로 나타난 단어의 빈도를 행렬 형태로 나타낸 것
TF-IDF	특징 추출의 기법으로 한 문서 내 특정 단어의 빈도를 나타내는 단어 빈도(term frequency, tf)와 전체 문서에서 단어가 몇 개의 문서에서 등장했는지를 나타내는 문서 빈도(document frequency)의 역수를 곱한 값
워드 클라우드	특정 문서에 사용된 단어로 구성된 구름 이미지로 각 단어의 크기는 출현 빈도와 중요성을 효과적으로 표현
토픽 모델링	대량의 문서 집합에 존재하는 추상적인 토픽(주제)을 추출하는 통계적 모델링 방법
잠재 디리클레 할당	가장 대표적으로 사용되고 있는 토픽 모델링 기법으로 데이터의 차원을 축소하는데 용이하고 의미가 일관된 토픽을 생성
Bag-of-Word	단어의 순서는 토픽과 상관이 없으며 단어의 빈도만이 중요하다는 개념

■ 소셜 네트워크 분석

소셜 네트워크 분석	소셜 네트워크 서비스 내 개인과 집단 간의 관계 및 상호작용을 모델링해 그것의 위상구조와 특성을 계량적으로 분석하고 시각화하는 방법론

■ 소셜 네트워크 분석 방법론

집합론적 방법	객체와 관계를 집합 관계쌍으로 표현
그래프 방법	노드와 링크로 표현
행렬 방법	행렬의 행과 열에 객체를 대칭적으로 배치하면서 행렬의 (i,j) 번째 위치에 i번째 객체와 j번째 객체 사이의 관계가 있고 없음을 1, 0으로 표현

■ 네트워크 구조를 파악하기 위한 요소 – 중심성

전체 네트워크에서 한 개체가 중심에 위치하는 정도를 표현하는 지표

연결 정도 중심성	한 노드에 직접 연결된 다른 노드들의 수의 합으로 중심성을 측정
근접 중심성	각 노드 간의 거리를 근거로 중심성을 측정
매개 중심성	네트워크 내에서 중계자 역할의 정도로 중심성을 측정
위세 중심성	연결된 노드의 중요성에 가중치를 두어 노드의 중심성을 측정

■ 네트워크 노드

밀도	네트워크 내에 존재하는 노드 간의 연결 정도의 수준
집중도	네트워크 전체가 한 중심에 집중되는 정도
연결 정도	노드에 연결된 관계의 수
포괄성	한 네트워크 내 연결되지 않은 노드들의 수를 뺀 연결된 노드들의 비율로, 포괄성이 높을수록 노드 간 관계가 많다고 해석

01. 데이터를 이해하고 의미 있는 관계를 찾아내기 위해 데이터의 통곗값과 분포 등을 시각화하고 분석하는 기법을 고르시오.

① GIS

② EDA

③ PCA

④ NLP

02. 다음 중 EDA의 4R에 속하지 않는 것을 고르시오.

① residual

② retrieve

③ resistance

④ re-expression

03. 상관계수에 대한 설명으로 가장 부적절한 것을 고르시오.

① 상관계수의 절댓값은 1을 넘지 않는다.

② 상관계수가 0.9인 경우 강한 양의 상관관계가 있음을 의미한다.

③ 경영학 과목 석차와 통계학 과목 석차의 상관관계는 스피어만 상관계수로 구한다.

④ 상관계수가 1에 가까울수록 인과관계가 있음을 의미한다.

04. 다음 분포에 대한 설명으로 가장 부적절한 것을 고르시오.

Histogram for capita crime rate by town

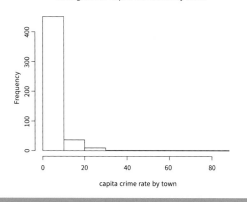

capita crime rate by town

① 왜도는 양의 값을 가진다.

② 평균은 중앙수보다 큰 값을 가진다.

③ 평균은 최빈값보다 작은 값을 가진다.

④ 오른쪽으로 꼬리가 긴 형태의 분포다.

05. 다음 중 중심경향치가 아닌 것을 고르시오.

① 최빈값

② 평균

③ 표준편차

④ 중앙값

06. 상관분석에 대한 설명으로 가장 적절한 것을 고르시오.

① 서열척도인 두 변수의 상관관계를 나타내기 위해 피어슨 상관계수를 사용한다.

② 스피어만 상관계수의 값은 0과 1 사이의 값을 가진다.

③ 피어슨 상관계수는 두 변수 간의 선형 관계의 크기를 측정한다.

④ 상관계수 0.84는 0.42보다 2배로 강함을 의미한다.

07. 다음 Boston 데이터셋에 대한 요약통계량의 설명 중 가장 부적절한 것을 고르시오.

chas	crim
0:471	Min. : 0.00632
1: 35	1st Qu.: 0.08204
	Median : 0.25651
	Mean : 3.61352
	3rd Qu.: 3.67708
	Max. :88.97620

① chas는 categorical 변수이다.

② crim은 numeric 변수이다.

③ crim의 중앙값은 3.613520이다.

④ chas의 레벨은 2개이다.

08. R의 요약통계량에 대한 설명으로 옳은 것끼리 짝지어진 것을 고르시오.

A. Summary 함수를 사용해 확인할 수 있다.

B. 범주형 변수는 각 레벨당 빈도수 결괏값을 보여준다.

C. 수치형 변수는 각 레벨당 빈도수 결괏값을 보여준다.

D. 수치형 변수는 범위, 사분위수, 중앙값 및 평균을 보여준다.

E. 범주형 변수는 범위, 사분위수, 중앙값 및 평균을 보여준다.

① A, B, D

② A, C, E

③ B, D

④ C, E

09. 그래프로 데이터를 파악하는 방법에 대한 설명 중 가장 부적절한 것을 고르시오.

① 히스토그램은 연속형 변수 데이터를 구간으로 적절히 나눠 속하는 데이터의 수를 표현하며 막대와 막대 사이의 간격이 없다.

② 원그래프는 범주형 변수 데이터를 표현하기 적합한 그래프로 비율적 표현을 효과적으로 할 수 있다.

③ 산점도는 두 연속형 변수 데이터를 좌표평면 위에 점을 찍은 그래프로 두 변수의 관계를 살펴볼 수 있다.

④ 막대그래프는 범주형 변수 데이터의 레벨별 빈도수를 표현하며 범주의 순서를 변경할 수 없다.

10. 다음 중 POSIXct와 POSIXlt에 대한 설명으로 가장 부적절한 것을 고르시오.

① POSIXct는 numeric으로 저장되어 있기 때문에 일시간의 비교에 주로 사용된다.

② POSIXlt 객체는 월, 일, 시, 초 등의 시간 정보를 리스트에 각각 저장한다.

③ POSIXct 객체는 1970년 1월 1일로부터의 경과된 초로 날짜를 저장한다.

④ POSIXlt에서 해당 해의 몇 번째 날인지를 의미하는 yday는 1월 1일을 1로 간주한다.

11. 날짜 표현 포맷과 의미가 올바르게 연결된 것을 고르시오.

① %Y: 4자리 연도

② %m: 분(00–59)

③ %M: 월(01–12)

④ %B: 월(영어축약형)

12. GIS의 구성요소가 아닌 것을 고르시오.

① Computer system

② People

③ Infrastructure

④ Machine Learning

13. 다음은 주성분 분석을 시행한 결과의 일부다. 가장 부적절한 설명을 고르시오.

Importance of components:

	PC1	PC2	PC3	PC4	PC5	PC6	PC7	PC8	PC9
Standard deviation	2.3782	1.4429	0.71008	0.51481	0.42797	0.35184	0.32413	0.2419	0.14896
Proportion of Variance	0.6284	0.2313	0.05602	0.02945	0.02035	0.01375	0.01167	0.0065	0.00247
Cumulative Proportion	0.6284	0.8598	0.91581	0.94525	0.96560	0.97936	0.99103	0.9975	1.00000

① 첫 번째 주성분은 원변수의 변동량 62.8%를 설명한다.

② 2개의 주성분 변수로 축약한다면 약 14.02%의 정보 손실이 발생한다.

③ 3개의 주성분 변수로 축약한다면 전체 분산의 5.6%가 설명 가능하다.

④ 최소 90% 이상의 분산 설명력을 가지려면 3개 이상의 주성분을 사용해야 한다.

14. 다음 분석 기법에 대한 설명으로 가장 부적절한 것을 고르시오.

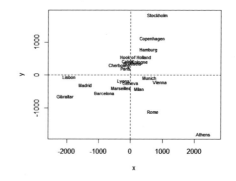

① 객체 사이의 유사성 수준을 2차원 공간상에 점으로 표현한
분석 방법이다.

② 데이터 축소 및 구조를 파악하기 위해 사용한다.

③ 전통적인 다차원척도법인 계량적 MDS의 모습이다.

④ 순서척도를 변환한 정보를 이용한다.

15. 다음은 iris 데이터의 상관계수 행렬이다. 이에 대한
설명으로 가장 부적절한 것을 고르시오.

	Sepal.Length	Sepal.Width	Petal.Length	Petal.Width
Sepal.Length	1.0000000	−0.1175698	0.8717538	0.8179411
Sepal.Width	−0.1175698	1.0000000	−0.4284401	−0.3661259
Petal.Length	0.8717538	−0.4284401	1.0000000	0.9628654
Petal.Width	0.8179411	−0.3661259	0.9628654	1.0000000

① Sepal.Length와 가장 상관관계가 높은 변수는 Petal.
Length이다.

② 해당 결과에서 음의 선형관계가 가장 높은 변수는 Sepal.
Width와 Petal.Length이다.

③ 해당 결과에서 서로 다른 두 변수 간 가장 큰 상관계수 값은
1이다.

④ Sepal.Width는 나머지 변수들과 음의 상관관계를 가지고
있다.

16. 다음은 USArrests 데이터를 이용해 주성분 분석을
시행한 결과다. 2개의 주성분을 사용한다면 전체 변동의
몇 퍼센트를 설명할 수 있는지 고르시오.

Importance of components:

	PC1	PC2	PC3	PC4
Standard deviation	1.5749	0.9949	0.59713	0.41645
Proportion of Variance	0.6201	0.2474	0.08914	0.04336
Cumulative Proportion	0.6201	0.8675	0.95664	1.00000

① 86.75

② 24.74

③ 89.14

④ 95.66

17. 선형 및 비선형 관계, 아웃라이어와 같은 패턴을 파악
할 수 있는 그래프로 가장 적절한 것을 고르시오.

① pie chart

② scatter plot

③ stem−and−leaf plot

④ bar plot

18. 다음은 선형판별분석을 시행한 결과다. 이에 대한 설
명으로 가장 부적절한 것을 고르시오.

Call:
lda(Species ~ ., data = training)

Prior probabilities of groups:
　setosa versicolor virginica
0.3837209 0.3139535 0.3023256

Group means:

	Sepal.Length	Sepal.Width	Petal.Length
setosa	4.975758	3.357576	1.472727
versicolor	5.974074	2.751852	4.281481
virginica	6.580769	2.946154	5.553846

	Petal.Width
setosa	0.2454545
versicolor	1.3407407
virginica	1.9807692

Coefficients of linear discriminants:

	LD1	LD2
Sepal.Length	1.252207	−0.1229923
Sepal.Width	1.115823	2.2711963
Petal.Length	−2.616277	−0.7924520
Petal.Width	−2.156489	2.6956343

Proportion of trace:
　LD1　　LD2
0.9937　0.0063

① 학습 데이터에 존재하는 종의 비율은 setosa, versicolor,
virginica가 각각 0.38, 0.31, 0.30이다.

② setosa종의 평균 Sepal.Length는 4.9, Sepal.Width는 3.3,
Petal.Length는 1.4, Petal.Width는 0.2이다.

③ 첫 번째 선형 판별식은 1.25*Sepal.Length + 1.11*Sepal.
Width − 2.61*Petal.Length − 2.15*Petal.Width이다.

④ 첫 번째 선형판별식에 의해 0.63%의 변량을, 즉 그룹 간의
차이를 설명해주고 있음을 알 수 있다.

19. 다음은 데이터 구조를 살펴본 결과다. 이를 보고 알 수 있는 요소로 가장 부적절한 것을 고르시오.

```
'data.frame':               506 obs. of 14 variables:
$ crim    : num  0.00632 0.02731 0.02729 0.03237 0.06905 ...
$ zn      : num  18 0 0 0 0 12.5 12.5 12.5 12.5 ...
$ indus   : num  2.31 7.07 7.07 2.18 2.18 2.18 7.87 7.87 7.87 7.87 ...
$ chas    : int  0 0 0 0 0 0 0 0 0 0 ...
$ nox     : num  0.538 0.469 0.469 0.458 0.458 0.458 0.524 0.524 0.524 0.524 ...
$ rm      : num  6.58 6.42 7.18 7 7.15 ...
$ age     : num  65.2 78.9 61.1 45.8 54.2 58.7 66.6 96.1 100 85.9 ...
$ dis     : num  4.09 4.97 4.97 6.06 6.06 ...
$ rad     : int  1 2 2 3 3 3 5 5 5 5 ...
$ tax     : num  296 242 242 222 222 222 311 311 311 311 ...
$ ptratio : num  15.3 17.8 17.8 18.7 18.7 18.7 15.2 15.2 15.2 15.2 ...
$ black   : num  397 397 393 395 397 ...
$ lstat   : num  4.98 9.14 4.03 2.94 5.33 ...
$ medv    : num  24 21.6 34.7 33.4 36.2 28.7 22.9 27.1 16.5 18.9 ...
```

① 변수의 개수

② 관측치의 개수

③ 각 변수의 데이터 타입

④ 아웃라이어 유무

20. 사회연결망분석(SNA)에서 중계자 역할의 정도를 나타내는 지표를 고르시오.

① 위세중심성

② 매개중심성

③ 근접중심성

④ 연결정도중심성

21. 다음 중 상자그림(box plot, box-and-whisker plot)에 대한 설명으로 가장 부적절한 것을 고르시오.

① 안 울타리의 상한은 $Q_3 + 1.5 \cdot IQR$이고 하한은 $Q_1 - 1.5 \cdot IQR$이다.

② 상자그림은 다섯 숫자 요약을 시각화한 그림이다.

③ 사분위수 범위(IQR)는 $max - min$으로 계산한다.

④ 사분위수를 한눈에 볼 수 있으며 아웃라이어 판단에 사용할 수 있다.

22. 피어슨 상관계수에서 두 변수 사이에 선형 상관관계가 존재하지 않는 경우의 그래프를 고르시오.

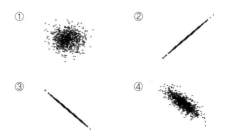

23. 자료의 분포를 파악하기에 용이하면서도 구체적인 데이터의 파악이 가능한 그림으로 가장 적절한 것을 고르시오.

① 히스토그램

② 막대그래프

③ 줄기-잎 그림

④ 산점도

24. 다음 요약 통계 결과를 보고 사분위수 범위와 이상치를 판단하는 상한선이 바르게 연결된 것을 고르시오.

Min.	1st Qu.	Median	Mean	3rd Qu.	Max.
4.0	12.0	15.0	15.4	19.0	25.0

① 7, 29.5

② 7, 50.5

③ 21, 29.5

④ 21, 50.5

25. 다음 중 토픽 모델링에 대한 설명으로 가장 부적절한 것을 고르시오.

① 토픽 모델링은 대량의 문서 집합 내 존재하는 추상적인 주제를 추출하는 통계적 모델링 기법이다.

② 토픽 모델링의 대표적인 기법으로는 LDA(Latent Dirichlet allocation)가 있다.

③ LDA는 데이터의 차원을 축소하는데 용이하고 의미가 일관된 토픽을 생성한다는 장점과 고성능으로 인해 표준으로 자리잡았다.

④ LDA의 기본 가정인 'Bag-of-Word'는 토픽에 있어 단어의 순서와 빈도가 중요하다는 개념이다.

26. 다음은 먹이 효과에 따른 닭의 체중을 보여주는 상자 그림이다. 이를 보고 해석한 설명으로 가장 적절하지 않은 것을 고르시오.

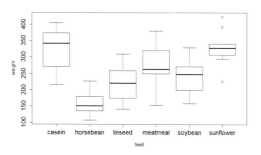

① linseed 그룹의 Q3 값은 sunflower 그룹의 Q1 값보다 작다.
② 사분위수 범위는 horsebean 그룹이 가장 작다.
③ soybean 그룹의 중앙값은 casein 그룹의 중앙값보다 작다.
④ sunflower 그룹에는 아웃라이어가 존재한다.

27. 다음 중 지리 공간적으로 참조 가능한 모든 형태의 정보를 효율적으로 수집, 저장, 처리, 관리, 분석할 수 있게 설계된 컴퓨터의 하드웨어와 소프트웨어 및 지리적 자료, 인적자원의 통합체는 무엇인지 고르시오.

① GIS
② EDA
③ MDS
④ LDA

28. 다음 중 두 변수의 선형 관계의 크기뿐만 아니라 비선형적인 관계 또한 표현 가능하며 단조 함수를 사용해 두 변수의 관계를 얼마나 잘 설명할 수 있는지를 평가하는 척도를 고르시오.

① 리커트 척도
② 피어슨 상관계수
③ 자카드계수
④ 스피어만 상관계수

29. 다음 중 텍스트 마이닝의 전처리 과정 중 단어 내 접사를 제거하고 단어에서 의미를 담고 있는 부분을 분리하는 것을 지칭하는 용어는 무엇인지 고르시오.

① 형태소 분석
② 품사 태깅
③ 어간 추출
④ 토큰화

30. 다음 중 텍스트 데이터를 시각화할 때 많이 사용되며 특정 문서에 사용된 각 단어의 출현 빈도와 중요성을 효과적으로 보여주는 구름 이미지는 무엇인지 고르시오.

① 카토그램
② 워드클라우드
③ 도넛차트
④ 트리맵

【정답】

1. **답**: ②

   해설: EDA는 데이터를 이해하고 의미 있는 관계를 찾아내기 위해 데이터의 통곗값과 분포 등을 시각화하고 분석하는 기법이다.

2. **답**: ②

   해설: EDA의 4R은 Resistance, Residual, Re-expression, Representation을 의미한다.

3. **답**: ④

   해설: 상관계수로 원인과 결과를 말할 수 없다.

4. **답**: ③

   해설: 해당 그림은 왜도가 양의 값을 가지는 경우로 평균이 최빈값보다 크다.

5. **답**: ③

   해설: 평균, 중앙값, 최빈값이 중심경향치에 해당한다.

6. **답**: ③

   해설: 서열척도인 두 변수의 상관관계를 측정하기 위해 스피어만 상관계수를 사용한다. 또한 스피어만 상관계수의 값은 −1과 1 사이의 값을 가진다. 상관계수가 0.84라면 두 변수는 강한 양의 상관관계가 있다고 해석할 수 있다. 하지만 0.42보다 2배로 강하다는 의미는 아니다.

7. **답**: ③

   해설: crim의 중앙값은 0.256510이다.

8. **답**: ①

   해설: R의 요약통계량은 Summary 함수를 사용해 확인할 수 있으며, 범주형 변수는 각 레벨당 빈도수 결괏값을, 수치형 변수는 범위, 사분위수, 중앙값 및 평균을 보여준다.

9. **답**: ④

   해설: 막대그래프는 범주형 변수 데이터의 레벨별 빈도수를 표현하며 범주의 순서를 변경할 수 있다.

10. **답**: ④

    해설: POSIXlt에서 해당 해의 몇 번째 날인지를 의미하는 yday는 1월 1일을 0으로 간주한다.

11. **답**: ①

    해설: %m은 월(01~12)을 %M은 분(00~59)을 %B는 월(영어명)을 의미한다.

12. **답**: ④

    해설: GIS는 computer system, gis software, people, data, infrastructure로 구성된다.

13. **답**: ③

    해설: 3개의 주성분 변수로 축약한다면 전체 분산의 91.58%가 설명 가능하다.

14. **답**: ④

    해설: 해당 그림은 계량형 MDS로, 순서척도를 변환한 정보를 이용하는 다차원척도법은 비계량적 MDS이다.

15. **답**: ③

    해설: 변수 자기 자신과의 상관계수가 1이다.

16. **답**: ①

    해설: 2개의 주성분을 사용한다면 변수들의 전체 변동의 86.75 퍼센트를 설명할 수 있다.

17. **답**: ②

    해설: 산점도(scatter plot)는 데이터 간의 선형 및 비선형 관계, 아웃라이어와 같은 패턴을 파악하게 해준다.

18. **답**: ④

    해설: 첫 번째 선형판별식에 의해 99.37%의 변량을, 즉 그룹 간의 차이를 설명해주고 있음을 알 수 있다.

19. **답**: ④

    해설: 해당 결과를 통해 506개의 관측치와 14개의 변수가 존재하며, 각각 num 혹은 int 데이터 타입을 가짐을 확인할 수 있다. 하지만 아웃라이어 유무는 알 수 없다.

20. 답: ②

해설: 매개중심성은 네트워크 내에서 중계자 역할의 정도로 중심성을 측정한다. 즉, 개인이 다른 사람들 사이에 있는 정도를 의미한다.

21. 답: ③

해설: 사분위수 범위(IQR)는 $Q_3 - Q_1$으로 계산한다. 범위(range)를 계산할 때 $max - min$을 사용한다.

22. 답: ①

해설: 두 변수 사이에 선형 상관관계가 없는 경우에 상관계수는 0이다. 해당 그림은 상관계수가 0인 그래프이다.

23. 답: ③

해설: 줄기-잎 그림은 자료의 분포를 파악하기 용이하면서도 구체적인 데이터의 파악이 가능한 그림이다.

24. 답: ①

해설: 사범위수 범위는 $Q_3 - Q_1$로 계산할 수 있다. 즉, 19에서 12를 뺀 7이다. 또한 아웃라이어를 판단하는 상한선은 $Q_3 + 1.5 \cdot IQR$로 계산할 수 있기 때문에 19에 10.5를 더한 29.5이다.

25. 답: ④

해설: LDA의 기본 가정인 'Bag-of-Word'는 단어의 순서는 토픽과 상관이 없으며 단어의 빈도만이 중요하다는 개념이다.

26. 답: ②

해설: 상자의 크기를 보고 알 수 있는 사분위수 범위는 sunflower 그룹이 가장 작다.

27. 답: ①

해설: 지리정보시스템(geographic information system, GIS)은 지리 공간적으로 참조 가능한 모든 형태의 정보를 효율적으로 수집, 저장, 처리, 관리, 분석할 수 있게 설계된 컴퓨터의 하드웨어와 소프트웨어 및 지리적 자료, 인적자원의 통합체다.

28. 답: ④

해설: 스피어만 상관계수는 두 변수의 선형 관계의 크기뿐만 아니라 비선형적인 관계 또한 표현 가능하며, 단조 함수를 사용해 두 변수의 관계를 얼마나 잘 설명할 수 있는지를 평가하는 척도다.

29. 답: ③

해설: 어간추출(Stemming)은 단어 내 접사를 제거하고 단어에서 의미를 담고 있는 어간을 분리하는 것이다. 예를 들어, 'love', 'loving', 'loves', 'loved'는 문법적으로 다르지만, 분석을 위해 원형 단어로 바꿀 수 있다.

30. 답: ②

해설: 워드클라우드(Word Cloud)는 특정 문서에 사용된 단어로 구성된 구름 이미지로, 각 단어의 크기로 출현 빈도와 중요성을 효과적으로 보여주기 때문에 텍스트 데이터를 시각화할 때 많이 사용된다.

통계 기법 이해

01 _ 기술 통계

학습단계

1. 데이터 요약
2. 표본 추출
3. 확률분포
4. 표본분포

학습목표

실제 데이터 분석을 하기 위해서는 통계에 대한 이해와 접근이 필요하다. 주어진 데이터를 요약하고 객관화 하여 실제 현상을 설명해주는 기술 통계에 대해 이해하고 기술 통계 분석 결과를 도출하기 위해 사용되는 표본의 추출과 분포에 대한 개념도 이해할 수 있다.

02 _ 추론통계

학습단계

1. 점추정
2. 구간추정
3. 가설검정

학습목표

모집단의 특성을 추론하기 위한 추정과 가설검정을 이해하고 결과를 해석하는 방법을 학습한다.

01 기술 통계

1. 데이터 요약

(1) 기술 통계 개념

통계학이란 불확실하고 잘 알려지지 않은 사실과 대상에 관련된 자료를 수집 및 요약정리하고, 이를 바탕으로 해석 및 분석하는 데 필요한 이론과 방법을 과학적으로 제시하는 학문이다. 수집된 자료를 정리하여 그림이나 표로 요약하거나 자료의 수치를 요약한 대푯값(통계량: 평균, 분산, 상관계수 등)과 데이터 분포의 형태와 변동의 크기를 구하는 방법을 다루는 것을 '기술 통계학(Descriptive Statistics)'이라고 한다. 이를 통해 자료의 전반적인 형태와 특징을 파악할 수 있다.

기술 통계는 표본 자체의 속성이나 특징을 파악하는 데 중점을 두는 데이터 분석 통계다. 자료를 요약하고 조직화, 단순화하는 데 그 목적이 있다. 데이터 분석에 쓰이는 자료를 수집할 때 전수조사가 불가능한 경우가 대다수이기 때문에 표본을 추출하여 분석을 진행해야 한다. 추출된 표본은 전체 데이터를 대표할 수 있는 특성을 가져야 한다. 이때 표본을 설명해주는 데이터의 최솟값, 최댓값, 중위수 등의 통계량이 바로 기술 통계량이다. 모집단의 특성을 유추하는 데 사용할 수 있다. 명목 척도를 대상으로 하는 빈도 분석과 비율 척도 분석이 대표적인 기술 통계 분석 방법이다.

(2) 기술 통계와 추론통계

기술 통계는 수집한 데이터를 요약, 묘사, 설명하는 통계 기법이며, 표본 자체의 속성을 파악하는 데 주안점을 둔다. 반면 추론통계는 수집

TIP _ 기술 통계와 추론통계를 구분하여 이해해 둘 필요가 있습니다.

한 데이터를 바탕으로 '추론 및 예측'하는 통계 기법을 의미한다. 추론통계는 표본에서 얻은 통계치를 바탕으로 오차를 고려하면서 모수를 확률적으로 추정하는 통계 기법이다. 추론통계는 표본에서 얻은 통계치를 가지고 모집단의 특성을 추정하는 데 초점을 두고 가설을 검증하거나 확률적인 가능성을 파악한다. 이를 통해 향후 발생할 수 있는 사건을 예측할 수 있다.

참고 ┃ **기술 통계와 추론통계의 흐름도**

표본의 특성을 분석해 객관적인 데이터로 정리 및 분석하는 것을 '기술 통계'라고 한다. 표본에서 얻은 기술 통계로 모집단의 특성과 정보를 추측 및 추리하는 것을 '추론통계'라고 한다. 즉, 기술 통계는 실재하는 데이터를 기반으로 결과를 얻는 것이다. 반면, 추론통계는 밝혀지지 않은 데이터를 기존 표본을 기반으로 추리 및 추측하여 얻는 것이다.

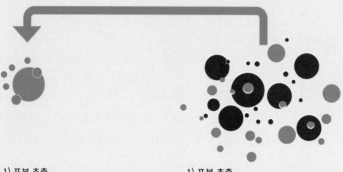

1) 표본 추출
2) 표본 특성 파악

【기술통계】
주어진 데이터만을 가지고
수량을 객관화하여 데이터로 정리/분석

1) 표본 추출
2) 표본 특성 파악 후 일반화 여부 파악
3) 전체 모집단의 특성을 '추정'

【추론통계】
기술통계 결과 중 일반화 가능 여부를 파악하여
모집단의 특성과 관련된 유용한 정보를 추측

(3) 기술 통계로 데이터 요약하기

기술 통계분석은 현상을 요약 혹은 설명해주는 통계학의 한 분야다. 도수분포표나 도수분포 곡선을 통해 빈도를 표나 그래프로 정리하여 현재 일어나는 현상을 정리 및 설명할 수 있다. 현상을 요약하는 도구로서 현상을 대표하는 수나 변화 정도를 파악할 수 있다.

① 자료(현상)의 요약

대푯값이나 중심값(평균, 최빈값, 중앙값 등)은 자료를 대표하는 수다. 자료의 유형에 따라 상이한 방법을 채택한다. 예를 들어 자료가 명목척도인 경우 최빈값을 그 대푯값으로 사용한다. 서열척도의 경우 중앙값을, 등간척도의 경우 평균값을 사용한다.

② 자료(현상)의 변화 정도 파악

분산이나 표준편차를 사용해 산포도로 변화 여부와 변화의 폭은 어느 정도인지를 알 수 있다.

【 자료(현상)의 변화 척도 】

범위	▪ 최대 관측치와 최소 관측치의 차이
편차	▪ 개별 관측치에서 평균을 차감한 수를 편차라고 한다.
분산	▪ 평균으로부터 관측치들이 평균적으로 얼마나 떨어져 있는지를 요약해주는 값으로, 편차 제곱의 합을 관측치 수로 나누어서 구한다. 분산 값은 하나이며 기술 통계뿐만 아니라 추리통계에서도 중요한 역할을 한다. ▪ 장점: 변화 방향 무관, 변화의 폭을 쉽게 파악할 수 있다. ▪ 단점: 편차의 제곱이기 때문에 실제 측정치보다 매우 큰 숫자로 표현된다. 실제 관측치의 단위 기준으로는 어느 정도 변화폭인지 파악하기 어렵다.
표준편차	▪ 분산에 제곱근을 적용해 구한 값이다. 분산처럼 변화의 폭을 쉽게 파악할 수 있다. 또한 실제 관측치의 단위와 동일한 단위로 변화를 파악할 수 있다.

2. 표본 추출

(1) 표본 개념

전수조사란 관측하고자 하는 데이터의 모든 범위를 조사하는 방법이다. 많은 시간과 에너지가 소요된다. 현실적으로는 모든 데이터를 조사하는 것에 어려움이 있기 때문에 일반적으로는 '표본조사'를 시행한다. 표본조사는 모집단의 일부분만 선택해 조사 · 분석하여 전체 집단의 특성을 추정하는 통계 조사 방법이다. 이때 표본 관측치들은 모집단 관측치의 대표성을 지녀야 한다. 하지만 표본 추출한 관측치로 모집단의 세부적인 특성까지 확인할 수는 없다. 표본의 크기가 커질수록 모집단의 통계치를 추정하기 위한 표본분포의 질은 높아진다.

【 모수와 통계량 】

모수	관심을 갖고 있는 모집단 관측치의 대푯값을 의미한다. 대표적인 모수는 모비율, 모평균, 모총계 등이 있다.
통계량	표본을 조사하여 얻은 데이터를 가지고 모수를 추정하기 위해 만든 공식을 의미한다. 표본을 뽑을 때마다 통계량이 달라지는 것을 '표본 추출 변동'이라고 한다.

> **참고 ┃ 용어 해설**
> ▪ **표본(sample):** 큰 데이터 집합에서 얻은 부분 데이터 집합
> ▪ **모집단(population):** 어떤 데이터 집합을 구성하는 전체 대상 또는 전체 집합
> ▪ **임의추출(random sampling):** 무작위로 표본을 추출하는 것
>   ▪ 무작위로 추출하기 때문에 각 추출에서 모든 데이터는 동일한 확률로 뽑힌다.

참고

- 이 결과로 얻은 표본을 단순 임의표본(simple random sample)이라고 한다.
- 모집단을 구간으로 나누지 않고 임의추출로 얻은 표본

- **복원추출**(sampling with replacement): 표본 추출 후 중복 추출이 가능하게 해당 표본을 다시 모집단에 포함해 추출하는 것

- **비복원추출**(sampling without replacement): 표본 추출 후, 중복 추출이 안 되게 해당 표본을 다음번 추출에 사용하지 않는 것

- **층별 임의추출**(stratified random sampling): 모집단을 구간으로 나누어 각 구간에서 무작위로 표본을 추출하는 것

- **단순 임의표본**(simple random sample): 모집단을 구간으로 나누지 않고 임의추출로 얻은 표본

- **표본편향**(sample bias): 모집단을 잘못 대표하는 표본

참고 | 표본 조사의 절차

표본조사의 목표 설정 ⇨ 모집단 정의 ⇨ 표본 크기 결정 ⇨ 표본 추출 방법 선정 ⇨ 조사 ⇨ 데이터 분석 및 결과 도출

(2) 표본 크기의 결정

통계적으로 신뢰할 수 있는 정도의 표본 크기를 결정해야 한다. 표본 추출의 정확도는 표본의 크기가 클수록 높아진다. 표본 크기가 커질수록 추정량의 표준오차는 줄어든다. 하지만 표본의 크기가 커질수록 더 많은 에너지와 시간이 소모된다. 그뿐만 아니라 표본의 크기가 커지면 작은 차이도 통계적으로 유의미해지기 때문에 관측치의 유의도를 결정하기가 어려워진다. 실제로 표본 크기가 일정 크기 이상이 되면 더이상 결과에 영향을 미치지 않는다. 그 적정 수준을 찾아내는 것이 중요하다.

(3) 표본 추출 방법

확률 표본 추출	단순 무작위 추출	비확률 표본 추출	편의 추출
	체계 표본 추출		할당 추출
	층화 임의 추출		눈덩이 추출
	군집 추출		판단 표본 추출
	다단계 추출		누적 표본 추출

① 확률 표본 추출

모집단 내의 모든 대상이 표본으로 선정될 확률을 동일하게 갖게 한 후 무작위로 표본을 추출하는 방법으로, 객관성을 확보할 수 있다.

TIP _ 표본 추출 방법도 시험에 출제될 가능성이 높으니 확률/비확률로 나누어 반드시 숙지할 필요가 있습니다.

ⓐ 단순 무작위 표본 추출(Simple Random Sampling)

통계 조사의 기본으로 모집단으로부터 표본을 균등한 확률로 추출하는 것이다. 얻어진 표본은 '단순 임의표본'이라고 부른다. 표본카드나 난수표를 이용한다. 추정의 정확도가 높지는 않지만, 모집단에 대한 사전 지식이 많지 않을 때 적용할 수 있는 간편한 방법이다.

ⓑ 체계 표본 추출(Systematic Sampling)

모집단 관측치로부터 시간, 순서 및 공간의 동일한 구간을 정해서 무작위로 하나의 단위를 추출하고 그 이후 k번째 간격마다 하나씩 단위를 추출하는 방법이다. 이렇게 정해진 구간을 표본구간이라고 하고, 모집단이 크기를 표본의 크기로 나눈 것을 의미한다. 예를 들어 모집단 10개의 데이터 중 5개의 표본을 추출한다고 할 때 표본구간은 '2'다.

ⓒ 층화 표본 추출(Stratified Random Sampling)

모집단을 어떤 특성에 따라 서로 겹치지 않는 여러 개의 층으로 분할한 후 각 층에서 표본을 단순 무작위 추출법에 따라 추출하는 방법이다. 이 방법을 통해 단순 무작위 추출법의 대표성 부족 문제를 보완할 수 있다. 나눠진 그룹을 '층'이라고 하며 이렇게 나누는 작업을 '층화'라고 한다. 이때 모집단의 추출 단위가 어느 층에 해당되는지를 확인하기 위한 변수가 있다. 이를 '층화변수'라고 한다. 실제로 단순 무작위 추출법보다 추정의 정확도가 높으며 전체 모집단의 추정뿐만 아니라 층별로 추정 결과도 얻을 수 있어 효율적이다.

▪ 각 계층은 계층 간의 이질성을 가지고 있지만 계층 내의 동질성을 유지하고 있어야 한다.

ⓓ 군집 표본 추출(Clustering Sampling)

모집단을 어떤 기준에 따라 서로 인접한 기본 단위로 군집을 형성한다. 그중 하나의 군집을 추출하여 추출된 군집 내의 일부 또는 전체를 조사하는 방법이다.

▪ 각 군집은 계층 간의 동질성을 가지고 있지만 계층 내의 이질성을 유지하고 있어야 한다.

【 군집 표본 추출 방법 】

단순 임의 추출	샘플을 모집단으로부터 균등하게 임의로 추출하는 방법으로 복원 추출과 비복원 추출의 2가지로 나뉜다. 

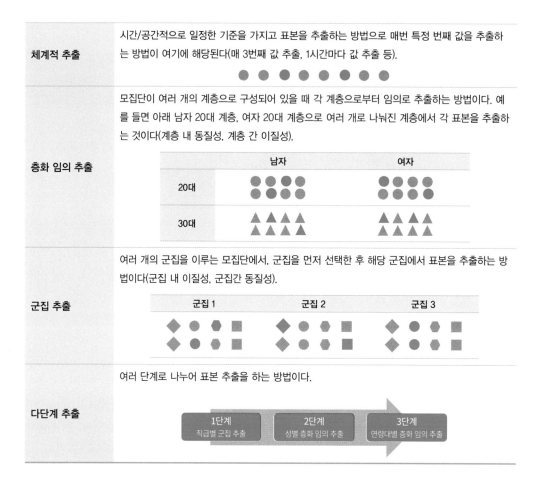

체계적 추출	시간/공간적으로 일정한 기준을 가지고 표본을 추출하는 방법으로 매번 특정 번째 값을 추출하는 방법이 여기에 해당된다(매 3번째 값 추출, 1시간마다 값 추출 등).
층화 임의 추출	모집단이 여러 개의 계층으로 구성되어 있을 때 각 계층으로부터 임의로 추출하는 방법이다. 예를 들면 아래 남자 20대 계층, 여자 20대 계층으로 여러 개로 나눠진 계층에서 각 표본을 추출하는 것이다(계층 내 동질성, 계층 간 이질성).
군집 추출	여러 개의 군집을 이루는 모집단에서, 군집을 먼저 선택한 후 해당 군집에서 표본을 추출하는 방법이다(군집 내 이질성, 군집간 동질성).
다단계 추출	여러 단계로 나누어 표본 추출을 하는 방법이다.

② 비확률 표본 추출

모집단의 구성요소인 각 추출 단위를 뽑을 때 무작위 방법이 아닌 비확률적 방법으로 표본을 추출하는 것으로, 이때 얻어진 표본을 비확률 표본이라고 한다. 일반적으로 모집단을 정확하게 규정지을 수 없는 경우나 표본오차가 큰 문제가 되지 않는 경우에 사용한다. 확률 표본 추출법보다 훨씬 간편하고 경제적이다. 하지만 추정의 정확성을 평가할 수 없어 일반화에 어려움이 있다.

ⓐ 편의 표본 추출(Convenience Sampling)

모집단에 대한 정보가 전혀 없거나 모집단 구성요소 간의 차이가 별로 없다고 판단될 때 표본 선정의 편리성에 기준을 두고 조사자가 마음대로 표본을 선정하는 것을 말한다. 얻어진 표본의 모집단 대표성이 불확실하고 정확도가 떨어진다. 예를 들어 길거리 조사, ARS 의견조사 등이 있다.

ⓑ **판단 표본 추출(Judgement Sampling)**

조사자의 주관적 판단으로 조사에 필요한 대상만을 조사하는 방법으로, 표본의 대표성의 신뢰도가 낮다. 표본의 크기가 매우 작을 때 사용할 수 있다.

ⓒ **누적 표본 추출(Snowball Sampling)**

표본 조사 대상이 접근이 어려운 경우 사전에 알고 있는 대상을 조사하고 건너 건너 다른 표본 대상도 조사하면서 눈덩이처럼 누적하여 표본을 추출하는 방법이다. 이때 표본 모집단의 대표성을 입증하기에 부족할 수 있다.

ⓓ **할당 표본 추출(Quota Sampling)**

특정한 기준에 따라 여러 그룹으로 구분하여 그룹별로 필요한 대상을 추출하는 방법이다. 보통 조사 목적에 따라 관계가 밀접한 집단으로 구분하고, 모집단의 부분집단별 구성 비율과 유사하게 표본을 선정하기 때문에 표본이나 개체 수가 다른 추출법보다 유의하다. 일반적으로 성별, 연령 등 인구통계적인 특성을 고려해 나눈다.

【 비확률 표본 추출 】

앞에서 설명한 바와 같이 비확률 표본 추출의 종류는 다음과 같다. 편의 표본 추출 → 판단 표본 추출 → 누적 표본 추출 → 할당 표본 추출의 순으로 나열되어 있다.

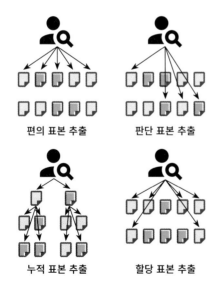

편의 표본 추출

판단 표본 추출

누적 표본 추출

할당 표본 추출

옆 그림을 해석해보자면 다음과 같다.

- 편의 표본 추출은 조사자의 편의에 의하여 접근이 쉬운 첫 줄을 조사
- 판단 표본 추출은 조사자의 주관적 판단으로 필요하다 생각되는 것 조사
- 누적 표본 추출은 아는 것부터 조사
- 할당 표본 추출은 그룹화 한 후 한 필요한 대상 추출

참고 척도와 관련해서는 1과목 3장에 자세히 나와 있으므로 해당 편을 참조한다.

3. 확률분포

(1) 확률 개념

확률이란 어떤 일이 일어날 가능성의 측도를 의미한다. 즉, 무작위 실험을 했을 때 나올 수 있는 모든 경우의 수(표본공간) 중 어떤 특정한 조건을 만족하는 사건이 일어날 비율이라고 할 수 있다. 확률은 발생 빈도율 혹은 주관확률로 비율로 나타낼 수 있으며, 그 범위는 0과 1 사이다. 확률의 종류는 이론적, 객관적, 주관적 확률로 나눌 수 있다.

【 확률의 종류 】

이론적 확률	수학적 이론을 기반으로 계산되는 확률을 의미한다. $$P(A) = \frac{n(A)}{n(S)} = \frac{\text{사건 } A\text{의 빈도}}{\text{표본공간 } S\text{의 빈도}}$$
객관적 확률	동일 조건으로 몇 번 반복했을 때 발생할 확률을 의미한다. $$\lim_{n \to \infty} \frac{r_n}{n} = p$$
주관적 확률	관찰자의 주관적 견해로 표현되는 확률을 의미한다.

참고 | 용어 해설

▪ 표본공간(Sample Space)

어떤 무작위 실험을 했을 때 측정 가능한 모든 결괏값의 집합을 표본공간이라고 한다. 다시 말해 모든 가능성이 있는 표본 값의 집합을 의미하며, 표본은 표본공간의 부분집합이라고 볼 수 있다.

▪ 확률의 기본 성질

1. 임의의 사건 A에 대하여 $0 \leq P(A) \leq 1$

2. 반드시 일어나는 사건 S에 대하여 $P(S) = 1$

3. 절대로 일어날 수 없는 사건 Ø에 대하여 $P(\emptyset) = 0$

▪ 전사건: 반드시 일어나는 사건

▪ 공사건: 절대 일어날 수 없는 사건

* 출처: **정보통신기술용어해설**

(2) 확률분포의 개념

확률분포(Probability Distribution)는 확률 변수가 특정한 값을 가질 확률을 나타내는 함수다.

① 확률 변수(Random Variable)

확률 변수란 결과를 예측할 수 없는 확률 실험에서 나타날 수 있는 확률적 결과를 수치로 표현한 값을 의미한다. 대표적인 예로 동전 던지기를 들 수 있다. 동전을 던졌을 때 앞면과 뒷면이 나올 확률은 반반으로 각각 0.5의 확률로 존재한다. 이때 확률값이 아닌 실숫값 1과 0을 각각 부여할 수 있는데, 이렇게 부여된 실숫값을 '확률변수'라고 한다.

확률 변수는 다시 변수의 특성에 따라 2가지로 구분된다. '이산확률 변수'는 유한하게 셀 수 있는 확률 변수다. 예를 들면 동전 던지기의 경우 결과는 1 또는 0과 같이 셀 수 있는 변숫값을 가진다. 반면, 사람의 몸무게나 키는 소수점 단위까지 측정할 수 있으며 특정 범위 안에 존재하는 모든 무한의 값이 변숫값이 될 수 있다. 176.34cm, 176.23cm와 같이 모든 실수가 그 대상이 된다. 이렇게 특정 범위 안에 모든 실숫값을 포함하는 경우 이를 '연속확률 변수'라고 한다.

TIP _ 이산확률 변수와 연속확률 변수는 계속 나오는 개념이므로 구분하여 알아둘 필요가 있습니다.

② 확률분포(Probability Distribution)

확률 변수의 모든 값과 그에 대응하는 확률이 어떻게 분포하는지를 그래프로 나타내는 것을 확률분포라고 한다. 표본의 개수가 셀 수 있는 경우는 문제가 되지 않는다. 표본의 개수가 무한하다면 모든 경우의 수를 일일이 확인하는 것은 불가능하다. 이를 해결하기 위해 확률분포함수를 활용할 수 있다.

③ 확률분포함수(Probability Distribution Function)

확률 변수를 일직선상 공간에 표현한 함수다. 확률분포함수는 확률질량함수, 누적분포함수, 그리고 확률밀도함수로 나뉜다.

④ 확률질량함수(PMF, Probability Mass Function)

셀 수 있는 수의 사건이 존재하는 경우 각 단순 사건에 대한 확률만 정의하는 함수를 의미한다. 이산확률변수의 확률분포를 나타내는 함수다.

$$F_X(x) = P(X = x)$$

확률질량함수의 성질

$f(x)$는 $X=x$일 때의 확률이기 때문에, X가 가질 수 있는 값이 x_1, x_2, x_3, …이면

① 모든 $i=1$, 2, …에 대해 $0 \leq f(x_i) \leq 1$

② $\sum\limits_{i=1}^{\infty} f(x_i) = 1$

③ $P(a \leq X \leq b) = \sum\limits_{x_i \in [a, b]} f(x_i)$

- 확률은 0에서 1까지의 값을 가진다.

- 모든 확률의 합은 1이다.

- 확률변수 a부터 b까지의 값을 가질 확률은 각 확률을 모두 더하면 된다.

⑤ 누적분포함수(CDF, Cumulative Distribution Function)

확률밀도함수의 특별한 형태로 시작점을 음의 무한대로 통일한 특수 구간을 사용하는 함수다. 즉, 확률변수의 값 x가 −1인 경우의 범위는 −∞ 이상 −1 미만이라고 할 수 있다. $P(\{-\infty \leq X \leq -1\})$로 표현할 수 있다.

$$F(x) = P(\{X < x\}) = P(X < x)$$

⑥ 확률밀도함수(PDF, Probability Density Function)

임의의 지점에서의 밀도를 $f(x)$라고 표시하고 이를 확률밀도함수라고 한다. 히스토그램에서 본다면 해당 구간의 면적이 그 확률값이라고 할 수 있다. 확률 변수 x가 구간 a, b 사이에 있을 확률을 구한다고 한다면 다음과 같이 나타낼 수 있다.

$$P(a \leq X \leq b) = \int_a^b f(x)\,dx$$

$$P(a \leq X \leq b)$$

특정 점에서의 확률밀도함수 값은 크기와 상관없이 '0'이다. 만약 확률 변수 x가 연속확률변수라고 한다면 다음과 같이 나타낼 수 있다.

$$P(a < X < b) = P(a < X \leq b) = P(a \leq X < b) = P(a \leq X \leq b)$$

참고 ▎**확률밀도함수의 성질**

임의의 연속확률변수 X의 확률밀도함수 $f(x)$는 다음과 같은 성질을 가진다.

① 모든 x에 대해 $f(x) \geq 0$

② $\int_{-\infty}^{\infty} f(x)\,dx = 1$

③ $P(a < X \leq b) = \int_{a}^{b} f(x)\,dx$

 참고 ▎**확률분포함수의 3가지 특징**

▪ **비감소성**: 확률변수의 값의 크기가 분포함수의 값의 크기와 같다.

$$a < b 이면,\ F(a) < F(b)$$

▪ **극한성**: 최소극한값은 '0', 최대극한값은 '1'

▪ **우방 연속성**: 함수 그래프상 오른쪽(양의 값)으로 연속성을 갖는다.

(3) 확률분포 종류

확률 변수의 종류에 따라 이산 확률 분포와 연속 확률 분포로 나눌 수 있다. 이산 확률 분포에는 이항분포, 포아송 분포, 초기하 분포, 기하 분포, 다항분포 등이 있으며, 연속 확률 분포에는 균등분포, 정규분포, 표준정규분포, 감마분포, 베타분포, 지수분포, t 분포, f 분포, 카이제곱분포 등이 있다.

TIP _ 이산 확률 변수와 연속 확률 변수의 개념을 바탕으로 두 분포를 구분하여 종류와 개념을 이해해 둘 필요가 있습니다.

【 이산확률분포(a)와 연속확률분포(b) 】

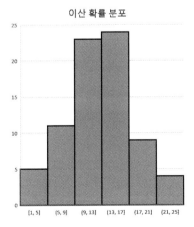

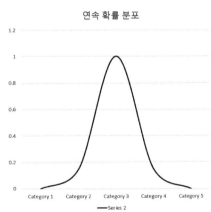

① 이산확률분포

이산 확률 변수의 확률분포를 구하고 나면 확률 변수의 기댓값과 분산을 계산할 수 있다. 기댓값은 확률변수 X의 가능한 모든 값의 가중 평균을 의미한다. 가중치는 각 값의 확률이다. 기댓값은 다음과 같이 구할 수 있다.

$$E(X) = x_1 p_1 + x_2 p_2 + \cdots + x_n p_n = \sum_{i=1}^{n} x_i p_i$$

기댓값은 확률분포의 집중 경향을 나타내는 데 반해, 분산 또는 표준편차는 확률 변수들이 기댓값을 중심으로 얼마나 흩어져 있는가를 나타내는 산포도의 측정치를 의미한다. 분산은 기댓값 $E(X)=m$이라고 할 때 $(X-m)^2$의 평균을 말한다. 식으로 나타내면 다음과 같다.

$$E((X-m)^2) = (x_1 - m)^2 p_1 + (x_2 - m)^2 p_2 + \cdots + (x_n - m)^2 p_n$$
$$= \sum_{i=1}^{n} (x_i - m)^2 p_i$$

ⓐ **이항분포(Binomial Distribution)**

베르누이 시행이란 두 가지 경우의 수 중 어떤 것이 나오는지 확인하는 것이다. 베르누이를 여러 번 시행했을 때 성공하는 횟수를 확률변수 X로 하는 확률 분포를 이항분포라고 한다.

$$X \sim Ber(p)$$
$$B(k;\ n,\ p) = \binom{n}{k} p^k (1-p)^{n-k}$$

ⓑ **다항분포(Multinomial Distribution)**

2가지 이상의 경우에 대해 다뤄야 하는 경우도 있다. 여러 개의 값을 가질 수 있는 독립 확률변수에 대한 확률 분포를 의미한다. 예를 들어 동전을 던지는 것은 앞이 나오거나 뒤가 나오는 2가지 경우뿐이지만, 주사위의 경우 6개의 경우의 수가 있다. 이때 각 면이 나올 수 있는 횟수 집합의 분포를 다항분포라고 한다.

$$Mu(x;\ N,\ \mu) = \binom{N}{x} \prod_{k=1}^{K} \mu_k^{x_k} = \binom{N}{x_1,\ \cdots,\ x_K} \prod_{k=1}^{K} \mu_k^{x_k}$$

ⓒ **초기하분포(Hypergeometric Distribution)**[*]

비교적 표본이 작을 때 비복원 추출되는 경우에 주로 사용된다. 이항분포와 같지만 이항분포는 복원 추출, 초기하분포는 비복원 추출이라는 차이가 있다. 비복원 추출이기 때문에 모든 시행에 대한 확률이 같은 이항분포와 달리 시행할 때마다 확률이 변한다.

$$\Pr(X=k)=\frac{\left(\begin{array}{c}K\\k\end{array}\right)\left(\begin{array}{c}N-K\\n-k\end{array}\right)}{\left(\begin{array}{c}N\\n\end{array}\right)}$$

(*N*: 모집단 전체 수량, *K*: 부적합률, *n*: 시료의 수, *k*: 구해야 할 확률)

ⓓ **포아송 분포(Poisson Distribution)**[*]

확률변수 X가 이항분포 $B(n, p)$를 따를 때 $np = \lambda$로 일정하게 두고, n이 충분히 크고 p가 0에 가까울 때 이항분포에 근사하는 분포다. λ는 일정한 단위 시간 또는 단위 공간에서 랜덤하게 발생하는 사건의 평균 횟수를 의미한다.

$$p(x;\ \lambda)=\frac{e^{-\lambda}\lambda^{x}}{x!}\ \text{for}\ x=0,\ 1,\ 2,\ \cdots\ \text{and some}\ \lambda>0$$
$$=0\ \text{for other values of}\ x$$

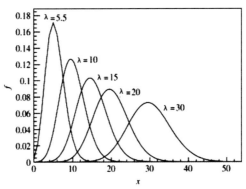

* 출처: https://www.sciencedirect.com/topics/mathematics/poisson-distribution

② **연속확률분포**

ⓐ **정규분포(Normal Distribution)**[*]

가우스분포라고도 하며 가장 많이 사용하는 분포다. 분포 곡선이 평균값을 중앙으로 하여 좌우 대칭으로 종 모양을 이루는 분포를 의미한다. 모집단의 모수가 정규분포의 모양을 결정한다. 모수는 일반적으로 알려져 있지 않기 때문에 추정을 통해 추측해 보는 과정을 통해 구한다. 잡음을 모델링하거나 자연적으로 발생하는 현상을 모델링할 때 활용된다. 일반적으로 정규분포 그대로 사용하는 경우 적분 등의 연산이 복잡한 단점이 있어 표준정규분포로 변환하여 많이 사용한다.

$$f(x) = \frac{1}{\sqrt{2\pi}\sigma} e^{-\frac{(x-m)^2}{2\sigma^2}} \quad (-\infty < x < \infty)$$

ⓑ **감마분포**

특정 수(n)의 사건이 일어날 때까지 걸리는 시간에 관한 연속 확률분포다. 신뢰성 공학 등에서 고장을 묘사할 때 사용된다. 감마분포의 n에 1을 대입한 경우가 지수분포라고 할 수 있다.

ⓒ **베타분포**

2개의 변수를 갖는 특수 함수인 베타함수를 이용한 분포다. 다른 분포와 달리 자연계에 존재하는 데이터의 분포보다는 베이지안 추정의 결과를 묘사하기 위한 목적으로 주로 사용된다. 함숫값은 0부터 1까지의 값만 가진다.

ⓓ **t 분포***

정규분포의 한계를 보완한 분포로서 더 넓은 예측범위를 사용한다. t=0에 대해 좌우 대칭을 이루며 종 모양의 분포를 이루고 있다. 자유도 r이 커질수록 표준정규분포에 가까워진다.

ⓔ **카이제곱분포***

정규분포를 제곱하거나 제곱한 것을 더한 것을 카이제곱분포라고 한다. 일반적으로 왼쪽으로 치우치며 오른쪽으로 긴 꼬리를 갖는 분포 모양을 가진다. 자유도 n이 커질수록 종 모양의 정규분포에 가까워진다. 범주형 자료 분석에 주로 쓰이는 검정이다.

ⓕ **F 분포***

두 데이터셋의 분산을 다루는 분포로서 분산의 비율을 통해 그 크기를 비교한다. 비율이 1에 가까울수록 두 분산의 크기가 유사하다고 해석할 수 있다. 일반적으로 왼쪽으로 치우친 모양을 가지고 있다. 분산에 대한 검정이나 추정을 하는 경우 많이 활용된다.

【 z, t, F, x^2 분포 그래프 】

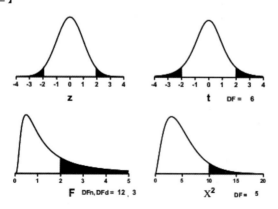

4. 표본분포(Sampling Distribution)

(1) 표본분포 개념

모집단으로부터 일정한 크기의 표본을 무작위로 추출하면 추출된 표본의 특성을 나타내는 통계량이 존재한다. 이에 대한 분포를 표본분포라고 한다. 즉, 표본을 무수히 많이 추출한 후 추출된 표본들의 평균값 혹은 표준편차를 통계량이라고 할 수 있다. 이 통계량의 분포를 표본분포라고 한다. 표본분포의 평균은 모집단의 평균과 같다. 표준편차는 모집단의 표준편차보다 작다.

【 다양한 표본분포 】

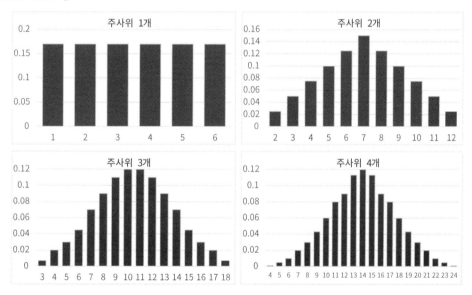

- n(표본의 수)이 증가할수록, 표본 평균의 분포는 정규 분포와 유사해진다.
- n(표본의 수)이 증가할수록, 표본 평균의 평균과 분산이 실제 평균과 분산에 근사해진다.

(2) 중심극한정리(CLT, Central Limit Theorem)

모집단의 분포를 모르더라도 표본의 크기(n)가 충분히 크면 표본 평균들의 분포가 정규분포에 근사한다. 표본평균분포란 모집단에서 표본 크기가 n인 표본을 여러 번 반복 추출했을 때 각각의 표본 평균들이 이루는 분포를 의미

TIP _ 시험에 출제될 가능성이 높으니 반드시 개념과 이점을 이해해둘 필요가 있습니다.

한다. 그러므로 표본의 크기가 충분히 크다면 모집단 분포의 형태와 무관하게 표본평균의 분포는 정규분포를 이룬다. 수집한 표본의 통계량을 가지고 어떤 이상한 형태의 모수도 추정할 수 있게 해주는 것이다.

참고 | **중심극한정리의 특징**

- 표본의 수가 작아도 모집단의 통계량을 추정할 수 있다.

- 모든 데이터를 정규분포로 만들 수 있다.

【 중심극한정리 】

모집단의 분포는 불규칙한 형태를 이루지만 표본 크기가 n인 표본을 여러 번 반복 추출해 중심극한정리를 하는 경우 다음 그림과 같이 정규분포의 형태를 이루는 그래프로 변하는 것을 확인할 수 있다.

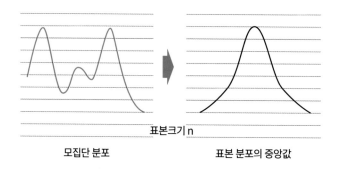

표본크기 n

모집단 분포   표본 분포의 중앙값

02 추론통계

추론통계(Inferential Statistics)는 통계학을 이용해 모집단에 대한 특성을 추론하는 과정이다. 크게 추정(estimation)과 가설검정(test of hypotheses)으로 구분한다. 미지의 상수인 모수는 모집단의 수적 특성이며, 모수의 추정은 점추정과 구간추정으로 분류된다.

1. 점추정

(1) 점추정 개념

점추정(point estimation)은 모집단의 모수를 하나의 값으로 추정하는 것이다. 모수를 추정하는 통계량을 추정량(estimator)이라 하고, 계산된 추정량의 특정 값을 추정치(estimated value)라고 한다. 예를 들어, 모평균을 추정하기 위한 표본평균 공식 $\bar{X} = \frac{1}{n}\sum_{i=1}^{n} X_i$는 추정량이 되며 계산된 수치가 추정치다. 다음은 모수와 대응되는 추정량을 정리한 표이다.

	모수	추정량
평균	μ	$\bar{X}$
분산	σ^2	S^2
표준편차	σ	S
비율	p	$\hat{p}$

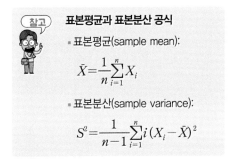

참고 **표본평균과 표본분산 공식**
- 표본평균(sample mean):
$$\bar{X} = \frac{1}{n}\sum_{i=1}^{n} X_i$$
- 표본분산(sample variance):
$$S^2 = \frac{1}{n-1}\sum_{i=1}^{n} i\,(X_i - \bar{X})^2$$

(2) 좋은 추정량의 조건

① 불편성(unbiasedness)★

추정량($\hat{\theta}$)의 기댓값이 모수(θ)의 실제값과 같거나 가까울수록 더 좋은 추정량이다.

$$E(\hat{\theta}) = \theta$$

이 식을 만족하는 추정량을 불편 추정량(unbiased estimator)이라고 한다.

② 효율성(efficiency)

모든 불편 추정량 중에서 분산이 작을수록 더 좋은 추정량이다.

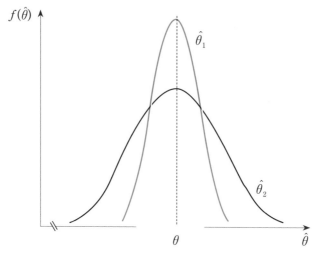

* 출처: https://www.rhayden.us/null-hypothesis/example-12.html

$E(\hat{\theta}_1) = E(\hat{\theta}_2) = \theta$ 이고 $Var(\hat{\theta}_1) < Var(\hat{\theta}_2)$ 이면 $\hat{\theta}_1$이 $\hat{\theta}_2$보다 더 효율적인 추정량이다.

③ 일치성(consistency)

표본의 크기를 크게 할수록 추정량은 모수에 가까워진다. 다음은 표본의 크기가 커질수록 모수에 집중되고 있는 모습이다.

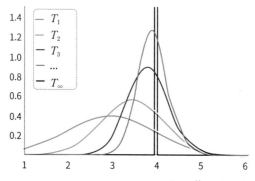

* 출처: https://en.wikipedia.org/wiki/Consistent_estimator

④ 충분성(sufficiency)

모수에 대한 정보를 많이 제공할수록 더 좋은 추정량이다.

> **참고** **표준오차(Standard Error, SE)**
>
> 추정량 $\bar{X}$의 표준편차를 표준오차라고 하며 $\sigma/\sqrt{n}$ 이 된다. 보통 σ는 모수로 알 수 없기 때문에 정규분포부터 표본 추출된 경우 표본 표준편차 S로 대체한 표준오차의 추정값 $S/\sqrt{n}$ 를 사용한다. 표본의 크기가 커질수록 표준오차는 감소하고 표준편차 S가 커질수록 표준오차는 커진다.

2. 구간추정

(1) 구간추정 개념

점추정은 단일 값으로 추정하기 때문에 불편 추정량이더라도 모수와 정확히 일치하기가 어렵고 신뢰성 정도를 알 수 없다. 구간추정(interval estimation)은 모수가 포함될 것으로 기대되는 구간을 추정하는 것이며, 신뢰성 정도를 포함한다. 구간추정을 통해 얻은 구간 $[\hat{\theta}_L, \hat{\theta}_U]$를 신뢰구간(confidence interval)이라 하고 $\hat{\theta}_L$는 신뢰하한(lower confidence limit), $\hat{\theta}_U$는 신뢰상한(upper confidence limit)이라고 한다. 또한 n번 표본을 추출해서 구한 n개의 신뢰구간 중 모수를 포함하는 신뢰구간의 비율을 신뢰수준(confidence level)이라고 한다. 신뢰수준은 신뢰구간에 모수를 포함하지 않을 확률인 오차율 α를 이용해 $1-\alpha$ 또는 $100(1-\alpha)\%$로 표현할 수 있는데, 양측 신뢰구간을 다루기 때문에 $\alpha/2$를 사용한다.

【 신뢰수준과 z 값 】

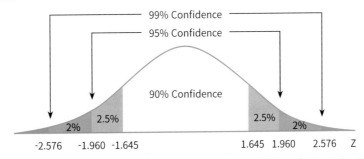

* 출처: https://courses.lumenlearning.com/atd-herkimer-statisticssocsci/chapter/estimate-the-difference-between-population-proportions-2-of-3/

$100(1-\alpha)\%$	90%	95%	99%
$z_{\alpha/2}$	1.645	1.96	2.576

- 90% 신뢰구간은 α가 0.1인 경우로 $z_{\alpha/2}=z_{0.05}=1.645$

- 95% 신뢰구간은 α가 0.05인 경우로 $z_{\alpha/2}=z_{0.025}=1.96$

- 99% 신뢰구간은 α가 0.01인 경우로 $z_{\alpha/2}=z_{0.005}=2.576$

참고 | **구간추정 사례**

'정치인 지지율 조사에서 A 후보는 40%, B 후보는 25%의 지지율을 얻었다. 신뢰수준 95%에서 표본오차는 3.1%포인트다'라는 말의 의미는 다음과 같다. 동일한 형태의 여론조사를 100번 실시했을 경우에 95번은 A 후보가 40%에서 ±3.1%인 36.9%~43.1%, B 후보는 25%에서 ±3.1%인 21.9%~28.1% 사이의 지지율을 얻을 것으로 기대된다는 의미다.

* 출처: 통계청 조사관리국 표본과

(2) 신뢰구간 계산

① 모분산 σ^2이 알려져 있는 경우

$$\bar{X} \pm z_{\alpha/2} \frac{\sigma}{\sqrt{n}}$$

$$\bar{X} - z_{\alpha/2} \frac{\sigma}{\sqrt{n}} \leq \mu \leq \bar{X} + z_{\alpha/2} \frac{\sigma}{\sqrt{n}}$$

예) 100명의 대학생의 통학 시간을 조사한 결과 평균 52분이었다. 이때 대학생들의 통학 시간의 평균에 대한 99% 신뢰구간을 구해 보자(단, 모표준편차 $\sigma=4$).

$$52 \pm 2.576 \left(\frac{4}{\sqrt{100}} \right) = 52 \pm 1.0304$$
$$50.9696 \leq \mu \leq 53.0304$$

② 모분산 σ^2을 모르는 경우: 대표본*

현실에서는 모분산 σ^2을 모르는 경우가 대다수다. 이 경우 표본의 크기가 30 이상이라면 σ^2 추정값인 표본분산 S^2을 이용할 수 있다. 즉, 표본표준편차 S를 이용한다.

$$\bar{X} \pm z_{\alpha/2} \frac{S}{\sqrt{n}}$$

$$\bar{X} - z_{\alpha/2} \frac{S}{\sqrt{n}} \leq \mu \leq \bar{X} + z_{\alpha/2} \frac{S}{\sqrt{n}}$$

예) 100명의 대학 신입생의 수능 영어 성적을 조사한 결과, 평균 62점, 표준편차는 13점이었다. 수능 영어 평균 점수에 대하여 95% 신뢰구간을 구해 보자.

$$62 \pm 1.96 \left(\frac{13}{\sqrt{100}} \right) = 62 \pm 2.548$$
$$59.452 \leq \mu \leq 64.548$$

③ 모분산 σ^2을 모르는 경우: 소표본

모분산 σ^2을 모르고 표본의 크기가 30보다 작은 소표본이라도 모집단이 정규분포라면 자유도(degrees of freedom)가 n−1인 t 분포를 이용해 신뢰구간을 구할 수 있다.

$$T = \frac{\bar{X} - \mu}{S/\sqrt{n}} \sim t(n-1)$$

$$\bar{X} \pm t_{\alpha/2} \frac{S}{\sqrt{n}}$$

$$\bar{X} - t_{\alpha/2} \frac{S}{\sqrt{n}} \le \mu \le \bar{X} + t_{\alpha/2} \frac{S}{\sqrt{n}}$$

예) 9명의 대학생의 몸무게 표본을 조사한 결과, 평균 55kg, 표준편차는 10kg이었다. 모평균 μ의 95% 신뢰구간을 구해 보자(모집단은 정규분포임을 가정).

→ t 분포표를 사용해 $\alpha/2$는 0.025이고 자유도는 8인 t 값을 찾으면 $t_{0.025,\,8}$은 2.306이다.

【 t 분포표 】

α \ df	0.4	0.25	0.1	0.05	0.025	0.01
1	0.325	1.000	3.078	6.314	12.706	31.821
2	0.289	0.816	1.886	2.920	4.303	6.965
3	0.277	0.765	1.638	2.353	3.182	4.541
4	0.271	0.741	1.533	2.132	2.776	3.747
5	0.267	0.727	1.476	2.015	2.571	3.365
6	0.265	0.718	1.440	1.943	2.447	3.143
7	0.263	0.711	1.415	1.895	2.365	2.998
8	0.262	0.706	1.397	1.860	2.306	2.896
9	0.261	0.703	1.383	1.833	2.262	2.821
10	0.260	0.700	1.372	1.812	2.228	2.764

$$55 \pm 2.306 \left(\frac{10}{\sqrt{9}} \right) = 55 \pm 7.687$$

$$47.313 \le \mu \le 62.687$$

참고 | 자유도

모집단에 대한 정보를 주는 독립적인 표본자료의 수로 자유도가 커질수록 표준정규분포에 가까워진다.

④ 표준오차를 아는 경우

$$\bar{X}\pm z_{\alpha/2}SE$$
$$\bar{X}-z_{\alpha/2}SE \leq \mu \leq \bar{X}+z_{\alpha/2}SE$$

예) 한국사 성적을 조사한 결과, 평균 70점, 표준오차는 10이었다. 모평균 μ의 95% 신뢰구간을 구해 보자.

$$70\pm1.96(10)=70\pm19.6$$
$$50.5 \leq \mu \leq 89.6$$

 참고 | **모비율에 대한 추정**

표본의 크기가 n이고 사건이 일어난 횟수를 X라고 하면 모비율(p)의 추정량 표본비율($\hat{p}$)은 다음과 같다.

$$\hat{p}=\frac{X}{n}$$

표본의 크기 n이 충분히 크면 $\hat{p}$의 분포는 근사적으로 정규분포를 따르며 표준정규분포 Z는 다음과 같다.

$$\hat{p} \sim N\left(p,\ \frac{p(1-p)}{n}\right)$$
$$Z=\frac{\hat{p}-p}{\sqrt{\dfrac{p(1-p)}{n}}} \sim N(0,\ 1)$$

모집단에서 임의로 추출한 표본의 크기가 n인 표본의 표본비율을 $\hat{p}$이라고 할 때 모비율 p에 대한 신뢰구간은 다음과 같이 얻을 수 있다.

$$\hat{p}\pm z_{\alpha/2}\sqrt{\frac{\hat{p}(1-\hat{p})}{n}}$$
$$\hat{p}-z_{\alpha/2}\sqrt{\frac{\hat{p}(1-\hat{p})}{n}} \leq p \leq \hat{p}+z_{\alpha/2}\sqrt{\frac{\hat{p}(1-\hat{p})}{n}}$$

예) 게임회사에서 임의로 1,600명을 뽑아 최근 3개월 안에 신고를 당해 제재를 받은 경험이 있는지를 조사했다. 결과는 640명이 신고를 당해 제재를 받은 경험이 있는 것으로 나타났다. 이때 제재율 p의 95% 신뢰구간을 구해 보자.

$$\hat{p}=\frac{640}{1600}=0.4$$
$$0.4\pm1.96\sqrt{\frac{0.4(1-0.4)}{1600}}=0.4\pm0.024$$
$$0.376 \leq p \leq 0.424$$

(3) 구간추정 성질

① 신뢰수준은 높으면서 신뢰구간은 좁은 것이 바람직하다.

② 신뢰수준을 높이면 신뢰구간의 크기가 넓어져 정밀한 구간추정이 어려워진다.

③ n이 클수록, 즉 표본의 크기가 충분히 클수록 신뢰구간이 좁아진다.

3. 가설검정

(1) 가설검정 개념

통계적 가설검정(statistical hypothesis test)은 모집단의 특성에 대한 주장 또는 가설을 세우고 표본에서 얻은 정보를 이용해 가설이 옳은지를

판정하는 과정이다. 보통 줄여서 가설검정이라고 부른다. 통계적 가설은 귀무가설과 대립가설로 구분할 수 있다.

- **귀무가설**

  귀무가설(null hypothesis)은 실험, 연구를 통해 기각하고자 하는 어떤 가설로, H_0로 표시한다. 대립가설과 상반되며 귀무가설의 기각을 통해 입증하고자 하는 주장을 관철할 수 있다.

- **대립가설**

  대립가설(alternative hypothesis)은 실험, 연구를 통해 증명하고자 하는 새로운 아이디어 혹은 가설에 해당하며, H_1 혹은 H_a로 표시한다. 귀무가설을 기각함으로써 대립가설을 채택할 수 있다.

- **검정통계량**

  검정통계량(test statistic)은 가설의 검정에 사용되는 표본 통계량으로 결론을 내릴 때 사용하는 판단 기준이다.

- **유의수준**

  유의수준(significant level, α)은 귀무가설이 참인 데도 이를 잘못 기각하는 오류를 범할 확률의 최대 허용 한계로, 1%(0.01)와 5%(0.05)를 주로 사용한다.

- **기각역**

  검정통계량의 분포는 유의수준에 따라 기각역(critical region)과 채택역(Acceptance Region)으로 구분할 수 있다. 기각역은 귀무가설을 기각하게 될 검정통계량의 영역으로, 검정통계량이 기각역 내에 있으면 귀무가설을 기각한다. 반대로 검정통계량이 채택역 내에 있으면 귀무가설을 기각할 수 없다. 기각역의 경곗값을 임곗값(critical value)이라고 한다.

- **유의확률**

  유의확률(significance probability) 또는 p-value는 귀무가설을 지지하는 정도를 나타낸 확률이다. p-value가 유의수준 α보다 작은 경우에는 귀무가설이 참임을 가정했을 때 이러한 결과가 나올 확률이 적다고 해석할 수 있다. 따라서 귀무가설을 기각하고 대립가설을 채택한다.

 참고 ┃ **단측검정과 양측검정**

대립가설은 단측검정과 양측검정으로 구분할 수 있다. 단측검정(one-sided test)은 검정통계량 분포의 왼쪽 끝 혹은 오른쪽 끝에 기각역이 존재하며 양측검정(two-sided test)은 검정통계량 분포의 양쪽 끝에 기각역이 존재하는 검정이다.

$H_0: \mu = \mu_0$

$H_1: \mu \neq \mu_0 \rightarrow$ 양측 검정(two-tailed)

$H_1: \mu < \mu_0 \rightarrow$ 좌측 단측 검정(left-tailed)

$H_1: \mu > \mu_0 \rightarrow$ 우측 단측 검정(right-tailed)

【 **가설검정 절차** 】**

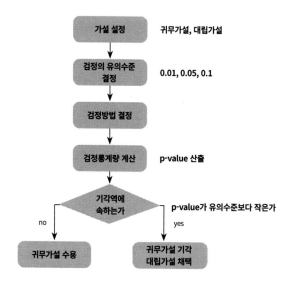

(2) 제1종 오류와 제2종 오류

TIP _ 가설검정 오류 두 가지는 시험에 출제될 가능성이 높습니다.

	H_0가 참	H_0가 거짓
H_0 기각	제1종 오류(α)	옳은 결정($1-\beta$)
H_0 채택	옳은 결정($1-\alpha$)	제2종 오류(β)

① 제1종 오류(type I error: α)

귀무가설이 참일 때 귀무가설을 기각하는 오류를 의미한다.

② 제2종 오류(type II error: β)

귀무가설이 거짓일 때 귀무가설을 채택하는 오류를 의미한다.

> 참고 **| 검정력(statistical power, $1-\beta$)**
>
> 대립가설이 참일 때 귀무가설을 기각하고 대립가설을 채택할 확률이다. 검정력이 95%일 때 제2종 오류를 범할 확률은 5%이다.

> 참고 **| 최적의 가설검정***
>
> 두 가지 검정오류 α와 β 모두 최소로 갖는 검정이 이상적이다. 하지만 제1종 오류와 제2종 오류는 한쪽 확률이 감소하면 다른 쪽의 확률은 증가하는 관계(trade-off)를 갖기 때문에 표본의 크기가 고정되어 있다면 모두 최소화할 수 없다(표본의 크기를 크게 하면 둘 다 감소시킬 수 있으나 비용이 증가한다). 이 경우에 α를 작은 값으로 고정시키고 검정력($1-\beta$)을 최대로 하는 것이 바람직하다.

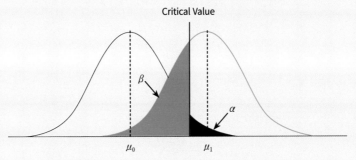

* 출처: http://www.real-statistics.com/sampling-distributions/statistical-power-sample/

(3) 가설검정 예시 및 해석

① 단일 모평균 검정

다음의 단일 모평균 검정 예시 그래프를 보면 좌측검정의 경우 기각역은 왼쪽에 위치하며 $\alpha=0.05$일 때 z 값은 -1.645다. 검정통계량 z 값이 -1.645보다 작으면 귀무가설 H_0를 기각하고 대립가설 H_1을 채택할 수 있다.

【 단일 모평균 검정 예시 그래프 】

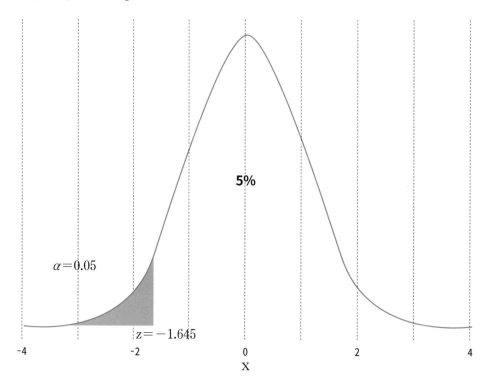

ⓐ 모분산 σ^2을 아는 경우

대립가설	검정통계량	기각역
$H_1 : \mu \neq \mu_0$		$z < -z_{\alpha/2}$ or $z > z_{\alpha/2}$
좌측검정 $H_1 : \mu < \mu_0$	$Z = \dfrac{\bar{X} - \mu_0}{\sigma / \sqrt{n}}$	$z < -z_\alpha$
우측검정 $H_1 : \mu > \mu_0$		$z > z_\alpha$

조립식 의자를 조립하는 데 걸리는 시간은 정규분포를 따르며 평균 70초가 걸린다고 가정해 보자. 평균 시간에 대한 검정을 위해 64개를 표본으로 추출해 조사한 결과 표본평균이 65초였다. 표준편차가 8초라고 할 때 유의수준 0.05로 평균 조립 시간이 70초보다 짧다고 할 수 있는지 검정해 보자.

귀무가설: $H_0 : \mu = 70$

대립가설: $H_1 : \mu < 70$

유의수준 결정: $\alpha = 0.05$

기각역: $z < -1.645$

검정통계량: $z = \dfrac{65 - 70}{8 / \sqrt{64}} = -5$

검정통계량 z 값 -5는 기각역에 속하기 때문에 귀무가설 H_0를 기각하고 대립가설 H_1을 채택한다. 따라서 '조립식 의자의 평균 조립 시간은 70초보다 짧다'라고 판단한다.

ⓑ 모분산 σ^2을 모르는 경우

모집단이 정규분포인 경우 구간추정과 마찬가지로 σ를 표본표준편차 S로 대체하고 자유도가 n-1인 t 분포 검정을 할 수 있다. 표본의 크기가 30 이상이라면 모분산을 아는 경우와 동일하게 정규분포를 사용할 수 있다.

대립가설	검정통계량	기각역
$H_1 : \mu \neq \mu_0$		$t < -t_{n-1, \alpha/2}$ or $t > t_{n-1, \alpha/2}$
좌측검정 $H_1 : \mu < \mu_0$	$T = \dfrac{\bar{X} - \mu_0}{S / \sqrt{n}},\ v = n-1$	$t < -t_\alpha$
우측검정 $H_1 : \mu > \mu_0$		$t > t_\alpha$

성인의 연평균 독서량은 7.5권이라고 한다. 16명의 성인을 표본 추출하여 연 독서량을 조사했더니 평균 8권, 표준편차가 1.5권으로 나타났다. 유의수준 0.05에서 성인의 연평균 독서량이 7.5권이 올바르지 않다고 볼 수 있는지 검정하라(단, 독서량은 정규분포를 따른다고 가정한다).

귀무가설: $H_0 : \mu = 7.5$

대립가설: $H_1 : \mu \neq 7.5$

자유도: 15

유의수준 결정: $\alpha = 0.05$

기각역: $t_{(0.025, 15)} = 2.131,\ t < -2.131$ or $t > 2.131$

검정통계량: $t = \dfrac{8 - 7.5}{1.5 / \sqrt{16}} = 1.33$

검정통계량 t 값 1.33은 기각역에 속해 있지 않다. 따라서 귀무가설 H_0를 기각할 수 없고 수용한다. 따라서 '성인의 연평균 독서량 7.5권이 올바르다'라고 판단한다.

② 단일 모비율 검정

비율에 대한 가설 검정은 실생활에서 많이 사용된다. 정치인의 지지율, 실업률, 제품의 불량률 등이 예가 될 수 있다.

대립가설	검정통계량	기각역
$H_1 : p \neq p_0$		$z < -z_{\alpha/2}$ or $z > z_{\alpha/2}$
좌측검정 $H_1 : p < p_0$	$Z = \dfrac{\hat{p} - p_0}{\sqrt{\dfrac{p_0(1-p_0)}{n}}}$	$z < -z_\alpha$
우측검정 $H_1 : p > p_0$		$z > z_\alpha$

과거에는 성인의 60%가 인터넷 실명제를 찬성했다고 한다. 최근 400명에게 물어보니 280명이 인터넷 실명제에 찬성하는 것으로 나타났다. 유의수준 0.05에서 인터넷 실명제에 대한 지지율이 과거와 비교해 증가했다고 말할 수 있는지 검정하라.

귀무가설: $H_0 : p = 0.6$

표본비율: $\hat{p} = \dfrac{280}{400} = 0.7$

기각역: $z > 1.645$

대립가설: $H_1 : p > 0.6$

유의수준 결정: $\alpha = 0.05$

검정통계량: $Z = \dfrac{0.7 - 0.6}{\sqrt{0.6(1-0.6)/400}} = 4.16$

검정통계량 z 값 4.16은 기각역에 속하기 때문에 귀무가설 H_0를 기각하고 대립가설 H_1을 채택한다. 따라서 '인터넷 실명제에 대한 지지율이 증가했다'라고 판단한다.

참고 ▌ **모수검정 vs. 비모수검정***

비모수 검정은 모수의 분포에 대해 어떠한 가정도 하지 않는 검정으로 이상치로 인해 평균보다 중앙값이 더 바람직한 경우, 표본의 크기가 작은 경우, 순위와 같은 서수 데이터인 경우에 사용한다.

모수검정(parametric test)	비모수검정(nonparametric test)
등간척도, 비율척도	명목척도, 서열척도
평균	중앙값
피어슨 상관계수	스피어만 순위상관계수
one sample t-test, two sample t-test, paired t-test, one way anova	부호검정, Wilcoxon 부호순위검정, Mann-Whitney 검정, Kruskal Wallis 검정

(4) 가설검정 사례 연구

① 단일표본 t 검정

단일표본 t 검정(one sample t-test)은 하나의 모집단의 평균(μ)값을 특정 값과 비교하는 경우 사용하는 통계적 분석 방법이다. 다음 예에서는 전체 병아리의 평균 무게가 270인지 알아보고자 한다.

TIP _ 가설 검정 사례와 그 결과 해석은 출제 가능성이 높습니다.

$$H_0 : \mu = 270$$
$$H_1 : \mu \neq 270$$

[One Sample t-test 결과 예시]

```
One Sample t-test

data:  chickwts$weight
t = -0.93789, df = 70, p-value = 0.3515
alternative hypothesis: true mean is not equal to 270
95 percent confidence interval:
 242.8301 279.7896
sample estimates:
mean of x
 261.3099
```
★ 귀무가설(null hypothesis): 평균은 270이다.
★ 대립가설(alternative hypothesis): 평균은 270이 아니다.

위의 [One Sample t-test 결과 예시]를 보면 자유도는 70이고, 병아리 무게의 점추정량은 261.3099, 95% 신뢰구간은 242.8301에서 279.7896이다. p-value 0.3515는 0.05보다 크기 때문에 귀무가설을 기각하기 어렵다. 따라서 병아리의 평균 무게는 270이라고 결론을 내릴 수 있다.

② 독립표본 t 검정

독립표본 t 검정(Independent two-sample t-test)은 서로 독립적인 두 그룹의 평균의 차이가 0인지 알아보는 검정 방법으로, 여기서 독립이란 두 모집단에서 각각 추출된 두 표본이 서로 관계가 없다는 것을 의미한다. 다음에서 남학생과 여학생의 하루 평균 운동 시간(분)이 같은지를 알아보고자 한다.

$$H_0 : \mu_1 = \mu_2$$
$$H_1 : \mu_1 \neq \mu_2$$

정규성을 검정한 후 데이터가 정규분포를 따른다면 t-test를 사용할 수 있다. 먼저, 분위수-분위수 그림인 Q-Q Plot을 이용해 정규성을 확인해 보자.

【 Q-Q Plot 】

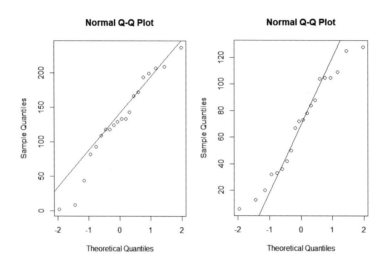

각각의 데이터는 직선 주위에 데이터가 분포하기 때문에 정규분포를 따른다고 볼 수 있다.

```
[Two Sample t-test 결과 예시]

Welch Two Sample t-test

data:  boy_exer and girl_exer
t = 3.746, df = 30.669, p-value = 0.0007449
alternative hypothesis: true difference in means is not equal to 0
95 percent confidence interval:
 28.47943 96.62057
sample estimates:
mean of x mean of y
   131.05    68.50
```

위 [Two Sample t-test 결과 예시]를 보면 남학생의 하루 평균 운동 시간은 131.05이고 여학생의 하루 평균 운동 시간은 68.50이다. 이들의 평균 운동 시간의 차이에 대한 95% 신뢰구간은 28.47943부터 96.62057 사이임을 확인할 수 있다. p-value 0.0007449는 유의수준 0.05보다 작기 때문에 귀무가설을 기각하고 대립가설을 채택할 수 있다. 두 그룹의 평균 운동 시간은 같지 않다고 결론을 내릴 수 있다.

③ 대응표본 t 검정

대응표본 t 검정(paired t-test)은 동일한 대상에 대해 두 가지 관측치가 있는 경우 이를 비교하여 차이가 있는지 검정할 때 사용한다. 주로 실험 전후의 효과를 비교하기 위해 사용한다. 다음은 15명의 운동 전후의 행복도를 비교한 것이다. 정규성을 만족하는지 알아보고 운동 전후로 행복도에 차이가 있는지 알아보고자 한다. 여기서, μ_d는 운동 전후 차이에 대한 모평균을 의미한다.

$$H_0 : \mu_d = 0$$

$$H_1 : \mu_d \neq 0$$

ⓐ 정규성 검사

정규성을 검정한 후 데이터가 정규분포를 따른다면 t-test를 사용할 수 있다. 먼저, 분위수-분위수 그림인 Q-Q Plot을 이용해 정규성을 확인해 보자.

【 Q-Q Plot 】

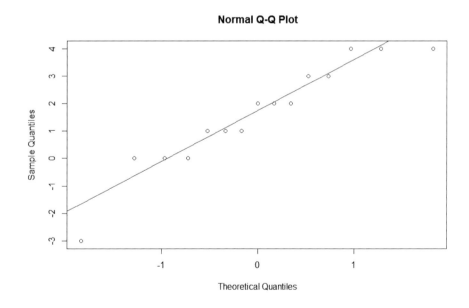

해당 데이터는 직선 주위에 데이터가 분포해 있기 때문에 정규분포를 따른다고 볼 수 있다. 통계량을 통해서도 정규성 여부를 확인할 수 있는데, 샤피로-윌크 정규성 검정을 통해 확인해 보자.

```
[Shapiro-Wilk normality test 결과 예시]

    Shapiro-Wilk normality test

data: after - before
W = 0.92014, p-value = 0.1936
```

위의 샤피로-윌크 정규성 검정 결과, p-value 0.1936은 유의수준 0.05보다 크기 때문에 샤피로-윌크 정규성 검정의 귀무가설인 '정규분포를 따른다'를 기각할 수 없고 수용해야 한다. 따라서 해당 데이터는 정규분포를 따르고 paired t-test를 통해 검정할 수 있다.

> **참고** | **샤피로-윌크 정규성 검정(shapiro-wilk normality test)**
>
> H_0: 모집단은 정규분포를 따른다.
>
> H_1: 모집단은 정규분포를 따르지 않는다.
>
> 샤피로-윌크 정규성 검정은 데이터의 정규성 여부를 검정하는 방법 중 하나로 p-value가 유의수준보다 작으면 귀무가설 H_0를 기각하고 대립가설 H_1을 채택, 데이터가 정규분포를 따르지 않는다고 결론을 내릴 수 있다. 반면에 유의수준보다 큰 p-value인 경우에는 귀무가설 H_0를 기각할 수 없기 때문에 정규분포를 따른다고 결론을 내릴 수 있다.

ⓑ 대응표본검정

```
[Paired t-test 결과 예시]

        Paired t-test

data:  before and after
t = -3.2278, df = 14, p-value = 0.006075
alternative hypothesis: true difference in means is not equal to 0
95 percent confidence interval:
 -2.6631617 -0.5368383
sample estimates:
mean of the differences
               -1.6
```

[Paired t-test 결과 예시]를 보면 운동 전후 행복도 차이의 95% 신뢰구간은 −2.6631617과 −0.5368383 사이다. p-value 0.006075는 0.05보다 작기 때문에 유의수준 0.05에서 귀무가설을 기각하고 대립가설을 채택한다. 따라서 운동 전후의 행복도는 차이가 있다고 결론을 내릴 수 있다.

■ 기술 통계와 추론 통계

기술 통계	추론 통계
수집한 데이터를 요약, 묘사, 설명하는 통계 기법	수집한 데이터를 바탕으로 모수에 대하여 추론 또는 예측하는 통계 기법

■ 확률 표본 추출

단순 무작위 표본 추출	표본을 균등한 확률로 추출
체계 표본 추출	시간, 순서, 공간의 동일한 구간에서 무작위로 하나의 단위 추출, k번째 간격마다 추출
층화 표본 추출	여러 개의 층으로 나눈 후 각 층에서 표본을 단순 무작위로 추출
군집 표본 추출	하나의 군집 추출하여 일부 또는 전체를 조사

■ 비확률 표본 추출

편의 표본 추출	조사자가 표본 선정의 편리성에 기준을 두고 추출
판단 표본 추출	조사자의 주관적 판단으로 필요 대상만 추출
누적 표본 추출	사전에 알고 있는 대상을 조사하여 누적 표본 추출
할당 표본 추출	그룹화하여 그룹별로 필요한 대상만 추출

■ 확률분포: 확률변수의 분포 형태를 그래프로 표현한 것

확률 질량 함수	이산확률분포의 확률분포를 나타낸 함수
누적분포 함수	시작점을 음의 무한대로 통일한 특수 구간을 사용하는 함수 $P(\{-\infty \leq X \leq -1\})$
확률 밀도 함수	임의의 지점의 밀도를 함수로 나타낸 것 (히스토그램 면적)

■ 이산확률분포

이항 분포	여러 번의 베르누이 시행 후 성공한 횟수를 확률변수로 하는 확률분포
다항 분포	각각의 경우가 나올 수 있는 횟수 집합의 분포
초기하 분포	이항분포는 복원 추출, 초기하 분포는 비복원 추출
포아송 분포	확률변수가 이항분포 $B(n, p)$를 따를 때 $np=\lambda$로 일정하게 두고, n이 충분히 크고 p가 0에 가까울 때 이항분포에 근사하는 분포

- **베르누이 시행**: 연속된 n번의 독립적 시행에서 각 시행이 확률 p를 가질 때의 이산확률 분포

■ 연속확률분포

정규 분포	가우스 분포, 평균값 중앙으로 좌우 대칭인 종 모양의 분포
감마 분포	특정 수(n)의 사건이 발생할 때까지 시간에 관한 분포
베타 분포	베타함수를 이용한 분포
t 분포	t=0에 대해 좌우 대칭을 이루는 종 모양의 분포, 자유도가 클수록 표준 정규 분포에 근사
카이 제곱 분포	정규 분포를 제곱 혹은 제곱한 것을 더해 나타낸 분포, 자유도가 커질수록 종 모양의 정규 분포에 근사
F 분포	두 데이터셋의 분산에 대한 분포

■ 표본 분포

표본 분포 개념	무수히 많은 표본의 평균값 혹은 표준편차에 대한 분포
중심 극한 정리	• 불규칙한 형태의 모집단에서 표본 크기가 n인 표본을 여러 번 반복 추출하여 정규 분포의 형태를 이루는 그래프로 변환하는 것을 의미 • 표본 수가 작아도 모집단 통계량을 추정할 수 있는 방법

■ 점추정

추정	통계량을 통해 모집단의 모수를 추측하는 것
점추정	모집단의 모수를 단일 값으로 추정하는 것
추정량	모수를 추정하는 통계량
추정치	계산된 추정량의 값

■ 좋은 추정량의 조건

불편성	추정량의 기댓값이 모수의 실제값과 같거나 가까울수록 더 좋은 추정량
효율성	모든 불편 추정량 중에서 분산이 작을수록 더 좋은 추정량
일치성	표본의 크기를 크게 할수록 추정량은 모수에 가까워짐
충분성	모수에 대한 정보를 많이 제공할수록 더 좋은 추정량

■ 구간추정

구간추정	모수가 포함될 것으로 기대되는 구간을 추정하는 것이며, 신뢰성 정도를 포함
신뢰구간	구간추정을 통해 얻은 구간 $[\hat{\theta}_L, \hat{\theta}_U]$으로 $\hat{\theta}_L$은 신뢰 하한(lower confidence limit), $\hat{\theta}_U$는 신뢰 상한(upper confidence limit)을 의미
신뢰수준	n번 표본을 추출해서 구한 n개의 신뢰구간 중 모수를 포함하는 신뢰구간의 비율
오차율	오차율 α는 신뢰구간에 모수가 포함되지 않을 확률

■ 신뢰구간과 z 값

- 90% 신뢰구간은 α가 0.1인 경우로 $z_{a/2} = z_{0.05} = 1.645$

- 95% 신뢰구간은 α가 0.05인 경우로 $z_{a/2} = z_{0.025} = 1.96$

- 99% 신뢰구간은 α가 0.01인 경우로 $z_{a/2} = z_{0.005} = 2.576$

■ 구간추정량 계산 방법

모분산 σ^2이 알려져 있는 경우	$\left(\bar{X} - z_{\alpha/2}\dfrac{\sigma}{\sqrt{n}},\ \bar{X} + z_{\alpha/2}\dfrac{\sigma}{\sqrt{n}} \right)$
모분산 σ^2을 모르는 경우: 대표본	$\left(\bar{X} - z_{\alpha/2}\dfrac{S}{\sqrt{n}},\ \bar{X} + z_{\alpha/2}\dfrac{S}{\sqrt{n}} \right)$
모분산 σ^2을 모르는 경우: 소표본	$\left(\bar{X} - t_{a/2}\dfrac{S}{\sqrt{n}},\ \bar{X} + t_{a/2}\dfrac{S}{\sqrt{n}} \right)$

표준오차를 아는 경우	$(\bar{X}-z_{\alpha/2}SE,\ \bar{X}+z_{\alpha/2}SE)$

■ 모비율의 신뢰구간 추정

$$\left(\hat{p}-z_{\alpha/2}\sqrt{\frac{\hat{p}(1-\hat{p})}{n}},\ \hat{p}+z_{\alpha/2}\sqrt{\frac{\hat{p}(1-\hat{p})}{n}}\right)$$

■ 구간추정 성질

① 신뢰수준은 높으면서 신뢰구간은 좁은 것이 바람직

② 신뢰수준을 높이면 신뢰구간의 크기가 넓어져 정밀한 구간추정이 어려움

③ n이 클수록, 즉 표본의 크기가 충분히 클수록 신뢰구간이 좁아짐

■ 가설검정 용어

통계적 가설검정	모집단의 특성에 대한 주장 또는 가설을 세우고 표본에서 얻은 정보를 이용해 가설이 옳은지를 판정하는 과정
귀무가설	실험, 연구를 통해 기각시키고자 하는 어떤 가설에 해당하며 H_0로 표시
대립가설	실험, 연구를 통해 증명하고자 하는 새로운 아이디어 혹은 가설로 귀무가설을 기각함으로써 대립가설을 채택
검정통계량	가설의 검정에 사용되는 표본 통계량으로 결론을 내릴 때 사용되는 판단 기준
유의수준	귀무가설이 참인데도 이를 잘못 기각하는 오류를 범할 확률의 최대 허용 한계로 1%(0.01), 5%(0.05)를 주로 사용
기각역	귀무가설을 기각하게 될 검정통계량의 영역
채택역	귀무가설을 기각할 수 없는 검정통계량의 영역
임계값	기각역의 경곗값
유의확률	귀무가설을 지지하는 정도를 나타낸 확률로 p-value라고도 함

■ 단일 검정과 양측 검정

대립가설은 단측검정과 양측검정으로 구분할 수 있다. 단측검정(one-sided test)은 검정통계량 분포의 왼쪽 끝 혹은 오른쪽 끝에 기각역이 존재하며 양측검정(two-sided test)은 검정통계량 분포의 양쪽 끝에 기각역이 존재하는 검정이다.

$H_0 : \mu = \mu_0$

$H_1 : \mu \neq \mu_0 \rightarrow$ 양측 검정(two-tailed)

$H_1 : \mu < \mu_0 \rightarrow$ 단측 검정(left-tailed)

$H_1 : \mu > \mu_0 \rightarrow$ 단측 검정(right-tailed)

■ 가설검정과 오류

	H_0가 참	H_0가 거짓
H_0 기각	제1종 오류(α)	옳은 결정($1-\beta$)
H_0 채택	옳은 결정($1-\alpha$)	제2종 오류(β)

■ 제1종 오류와 제2종 오류

① 제1종 오류

귀무가설이 참일 때 귀무가설을 기각하는 오류

② 제2종 오류

귀무가설이 거짓일 때 귀무가설을 채택하는 오류

■ 단일 모평균 검정

ⓐ 모분산 σ^2를 아는 경우

대립가설	검정통계량	기각역
$H_1 : \mu \neq \mu_0$		$z < -z_{\alpha/2}$ 또는 $z > z_{\alpha/2}$
좌측검정 $H_1 : \mu < \mu_0$	$Z = \dfrac{\bar{X} - \mu_0}{\sigma / \sqrt{n}}$	$z < -z_{\alpha}$
우측검정 $H_1 : \mu > \mu_0$		$z > z_{\alpha}$

ⓑ 모분산 σ^2를 모르는 경우

대립가설	검정통계량	기각역
$H_1 : \mu \neq \mu_0$		$t < -t_{n-1,\,\alpha}$ 또는 $t > -t_{n-1,\,\alpha/2}$
좌측검정 $H_1 : \mu < \mu_0$	$T = \dfrac{\bar{X} - \mu_0}{S/\sqrt{n}},\ v = n-1$	$t < -t_\alpha$
우측검정 $H_1 : \mu > \mu_0$		$t > t_\alpha$

■ 단일 모비율 검정

대립가설	검정통계량	기각역
$H_1 : p \neq p_0$		$z < -z_{\alpha/2}$ 또는 $z > z_{\alpha/2}$
좌측검정 $H_1 : p < p_0$	$Z = \dfrac{\hat{p} - p_0}{\sqrt{\dfrac{p_0(1-p_0)}{n}}}$	$z < -z_\alpha$
우측검정 $H_1 : p > p_0$		$z > z_\alpha$

■ t 검정

단일표본 t 검정	하나의 모집단의 평균값을 특정 값과 비교하는 경우 사용하는 통계적 분석 방법
독립표본 t 검정	서로 독립적인 두 그룹의 평균 차이가 0인지 알아보는 검정 방법
대응표본 t 검정	동일한 대상에 대해 두 가지 관측치가 있는 경우 이를 비교하여 차이가 있는지 검정할 때 사용

01. (　　　　　)은/는 수집한 데이터를 요약, 묘사, 설명하는 통계 기법이며, 표본 자체의 속성을 파악하는 데 주안점을 두고 있다. 반면, (　　　　　)은/는 수집한 데이터를 바탕으로 하여 '추론 및 예측'을 하는 통계 기법을 의미한다.

① 추리 통계 – 기술 통계
② 일반 통계 – 추리 통계
③ 기술 통계 – 추리 통계
④ 유의 통계 – 예측 통계

02. 다음 내용은 무엇에 대한 설명인지 고르시오.

모집단의 일부분만을 선택하고 조사·분석하여 전체 집단의 특성을 추정하는 통계 조사 방법이다. 이때 표본 관측치는 모집단의 관측치에 대한 대표성을 가지고 있어야 한다. 하지만 표본추출한 관측치로 모집단의 세부적인 특성까지 확인할 수는 없다. 표본의 크기가 커질수록 모집단의 통계치를 추정하기 위한 표본분포의 질은 높아진다.

① 모집단 조사
② 표본 조사
③ 전수 조사
④ 통계 조사

03. 다음 중 틀린 것을 고르시오.

① '모수'는 관심을 갖고 있는 모집단 관측치의 대푯값을 의미하며, 모비율, 모평균, 모총계 등을 포함하는 단어다.
② 표본편향이란 표본을 어느 하나의 특성에 편중하여 결정하는 것을 의미한다.
③ 표본의 크기는 일정 크기 이상이 되면 결과에 더 큰 영향을 미치기 때문에 되도록 표본의 크기가 클 수록 좋다.
④ 전수조사에는 많은 시간과 에너지가 소모되며, 표본조사의 경우에도 표본의 크기가 클수록 많은 시간과 에너지가 소모될 수 있다.

04. 확률 표본 추출에 대한 설명 중 바르게 이어진 것을 고르시오.

① 체계 표본 추출: 표본카드나 난수표를 이용하는 방법으로, 추정의 정확도가 높지는 않지만 간편한 방법이다.
② 층화 표본 추출: 동일한 구간을 정해서 무작위로 하나의 단위를 추출하고 그렇게 나누어진 그룹 내의 일부 또는 전체를 조사하는 방법이다.
③ 군집 표본 추출: 어떤 기준에 따라 서로 인접한 단위들로 그룹을 나누어서 그룹의 일부 또는 전체를 조사하는 방법이다.
④ 단순 무작위 표본 추출: 그룹을 어떤 특성에 따라 겹치지 않게 분류한 뒤 각 그룹에서 표본을 단순 무작위 추출법에 따라 추출하는 방법이다.

05. 다음은 무엇에 대한 설명인지 고르시오.

모집단 관측치로부터 시간, 순서 및 공간의 동일한 구간을 정해서 무작위로 하나의 단위를 추출하고 그 이후 k번째 간격마다 하나씩 단위를 추출하는 방법이다. 이렇게 정해진 구간을 표본구간이라고 하고, 모집단의 크기를 표본의 크기로 나눈 것을 의미한다. 예를 들어 모집단 10개의 데이터 중 5개의 표본을 추출한다고 할 때 표본구간은 '2'이다.

① 단순무작위표본추출(Simple Random Sampling)
② 체계표본추출(Systematic Sampling)
③ 층화표본추출(Stratified Random Sampling)
④ 군집표본추출(Clustering Sampling)

06. 다음은 비확률 표본 추출에 대한 설명이다. 바르게 이어진 것을 고르시오.

① 할당표본추출(Quota Sampling): 조사자의 주관적 판단으로 조사에 필요한 대상만을 조사하는 방법으로, 표본의 대표성의 신뢰도가 낮다.
② 편의표본추출(Convenience Sampling): 표본의 크기가 매우 작을 때 사용할 수 있다.
③ 누적표본추출(Snowball Sampling): 표본 조사 대상에 접근하기 어려운 경우 사전에 알고 있는 대상을 조사하고 건너 건너 다른 표본 대상도 조사하는 방법이다.
④ 판단표본추출(Judgement Sampling): 일반적으로 성별, 연령 등 인구 통계적인 특성을 고려하여 나눈다.

07. 다음 중 빈칸에 들어갈 말을 차례대로 나열한 것을 고르시오.

모집단의 구성요소인 각 추출 단위를 뽑을 때 무작위 방법이 아닌 (   )(으)로 표본을 추출하는 것으로, 이때 얻어진 표본을 (   )(이)라고 한다. 일반적으로 모집단을 정확하게 규정지을 수 없는 경우나 표본오차가 큰 문제가 되지 않는 경우에 사용된다.
(   )보다 훨씬 간편하고 경제적이다. 하지만 추정의 정확성을 평가할 수 없어 일반화에 어려움이 있다.

① 무작위 추출법 – 확률 추출법 – 비확률 추출법
② 비확률 추출법 – 비확률 표본 – 확률 표본 추출법
③ 비확률 추출법 – 무작위 추출 표본 – 비확률 표본 추출법
④ 확률 추출법 – 확률 표본 추출법 – 비확률 표본 추출법

08. 다음 중 틀린 것을 고르시오.

① 동일하게 표본이 선정될 확률을 가지고 무작위로 표본을 추출하는 방법은 객관성을 확보할 수 있다는 장점이 있다.
② 모집단에 대한 사전지식이 많지 않을 때 적용할 수 있는 간편한 방법으로 '편의표본추출법'이 있다.
③ 단순 무작위 추출법의 대표성 부족 문제를 보완하기 위한 방법으로 층화표본추출법이 있다.
④ 비확률표본추출법은 추정의 정확성을 평가할 수 없어 일반화에 어려움이 있다.

09. 다음 설명 중 옳지 않은 것을 고르시오.

① 수학적 이론을 기반으로 하여 계산되는 확률을 '이론적 확률'이라고 한다.
② 어떤 일이 일어날 가능성을 비율로 나타낸 것을 확률이라고 하며, 그 범위는 0과 1 사이이다.
③ 표본 공간은 표본의 부분집합으로 임의의 사건 A에 대하여 $P(s) = 0$이다.
④ 전사건은 반드시 일어나는 사건, 공사건은 절대 일어날 수 없는 사건을 의미한다.

10. 다음 확률 분포와 확률 분포 함수에 대한 설명 중 틀린 것을 고르시오.

① 모든 확률의 값을 더하면 1이 되는 함수로 이산확률변수의 확률 분포를 나타내는 것을 '확률 질량 함수'라고 한다.
② 시작점을 음의 무한대로 설정하는 함수로, $P(\{-\infty \leq X \leq -1\})$로 표현할 수 있는 함수를 '확률 밀도 함수'라고 한다.
③ 구간 a, b 사이의 면적으로 확률값을 구할 수 있으며 특정 점에서의 값이 크기와 상관없이 '0'인 함수를 '확률 밀도 함수'라고 한다.
④ 확률 분포 함수의 3가지 특징은 비감소성, 극한성, 우방 연속성이다.

11. 확률 변수의 종류에 따라 이산확률분포와 연속확률분포로 나눌 수 있다. 각각의 분포와 종류를 알맞게 연결한 것을 고르시오.

표준정규분포, 이항분포, f 분포, 지수분포, 베타분포, 초기하분포, 기하분포, 다항분포, 정규분포, 감마분포, 지수분포, t 분포, 카이제곱분포, 포아송분포, 균등분포

① **이산 확률 분포**: 표준정규분포, 지수분포, 초기하분포, 기하분포
② **연속 확률 분포**: 이항분포, 포아송분포, 초기하분포, 기하분포, 다항분포
③ **이산 확률 분포**: 베타분포, 지수분포, t 분포, f 분포, 카이제곱분포
④ **연속 확률 분포**: 균등분포, 정규분포, 표준정규분포, 지수분포

12. 다음 중 틀린 것을 고르시오.

① 이산 확률 분포의 기댓값은 확률 변수 X의 가능한 모든 값의 가중 평균을 의미한다.
② 기댓값은 확률 분포의 집중 경향을 나타내고, 분산/표준편차는 산포도의 측정치를 의미한다.
③ 연속 확률 분포 중 균등 분포는 분포 곡선이 평균값을 중앙으로 좌우 대칭 종 모양을 이루는 분포를 포함하며, 모수가 정규분포의 모양을 결정한다.

④ 이산 확률 분포 중 이항 분포는 두 가지 경우의 수 중 어떤 것이 나오는지를 여러 번 시행하여 성공하는 횟수를 확률변수 X로 갖는 확률 분포를 의미한다.

13. 다음 설명에 대해 바르게 짝지어진 것을 고르시오.

ⓐ 비교적 표본이 작을 때 비복원추출되는 경우에 주로 사용된다. 이항분포와 같지만, 이항분포는 복원 추출, 이 분포는 비복원추출이라는 차이가 있다. 비복원추출이기 때문에 모든 시행에 대한 확률이 같은 이항분포와 달리 시행마다 확률은 변한다.

ⓑ 정규분포의 한계를 보완한 분포로서 더 넓은 예측범위를 사용한다. t=0에 대해 좌우 대칭을 이루며 모양은 종 모양의 분포를 이루고 있다. 자유도 r이 커질수록 표준정규분포에 근사한다.

ⓒ 일반적으로 왼쪽으로 치우치며 오른쪽으로 긴 꼬리를 갖는 분포 모양을 가진다. 자유도 n이 커질수록 종 모양의 정규분포에 가까워진다. 범주형 자료 분석에 주로 쓰이는 검정이다.

① ⓐ 초기하 분포 ⓑ T 분포 ⓒ 카이제곱 분포
② ⓐ 균등 분포 ⓑ T 분포 ⓒ 카이제곱 분포
③ ⓐ 초기하 분포 ⓑ T 분포 ⓒ 표준 정규 분포
④ ⓐ 지수 분포 ⓑ T 분포 ⓒ 표준 정규 분포

14. 다음은 어느 한 집단의 성공률에 대하여 R을 이용하여 나타낸 그래프다. 자유도 n은 10씩 커지게 했다. 자유도 n이 커질수록 ⓓ와 같은 형태에 가까워지는 분포 모양을 가진다. 다음 코드와 그래프를 보고 각 그래프를 A1부터 A4 중 적합한 것과 연결하고 그래프의 종류를 바르게 나열한 것을 고르시오.

```
> A1 <-dbinom(0:30,10,0.3)
> A2 <-dbinom(0:30,20, 0.3)
> A3 <-dbinom(0:30,30, 0.3)
> A4 <-dbinom(0:30,40,0.3)
> plot(A1, type='l',col=1, ylim=c(0,0.3),
+ xlab='Success(X)', ylab='Percentage(P(X=x))')
> lines(A2, type='l', col=2)
> lines(A3, type='l', col=3)
> lines(A4, type='l', col=4)
```

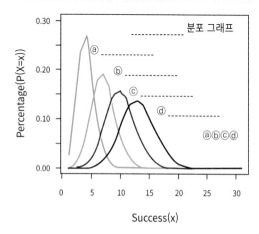

① ⓐ A4, ⓑ A3, ⓒ A2, ⓓ A1 / F 분포 그래프
② ⓐ A1, ⓑ A2, ⓒ A3, ⓓ A4 / F 분포 그래프
③ ⓐ A4, ⓑ A3, ⓒ A2, ⓓ A1 / 카이제곱 분포 그래프
④ ⓐ A1, ⓑ A2, ⓒ A3, ⓓ A4 / 카이제곱 분포 그래프

15. 다음 중심 극한 정리에 대한 설명 중 틀린 것을 고르시오.

① 표본 평균이 이루는 표본 분포와 모집단 간의 관계를 증명함으로써 수집한 표본의 통계량을 통한 모수 추정이 가능하게 하는 확률적 근거를 마련해준다.
② 모집단의 분포가 균등 분포, 비균등 분포, 정규 분포 등을 이룰 때 중심 극한 정리를 적용할 수 있다.
③ 표본의 크기가 충분히 크다면 표본의 평균값은 반드시 모집단의 평균값과 일치한다.

④ 모집단에서 30개 이상의 수를 가진 표본을 여러 번 반복 추출했을 때 각 표본 평균이 이루는 분포를 표본 평균 분포라고 한다.

16. 다음 중 좋은 추정량의 조건으로 가장 부적절한 것을 고르시오.

① 효율성(efficiency)
② 충분성(sufficiency)
③ 일치성(consistency)
④ 편성(biasedness)

17. 모수 θ에 대해 $E(\hat{\theta})=\theta$를 만족할 때, 추정량 $\hat{\theta}$를 무엇이라고 하는가?

① 불편추정량
② 편추정량
③ 일치추정량
④ 효율추정량

18. 다음 중 추정에 대한 설명으로 가장 부적절한 것은 무엇인가?

① 점 추정은 모수를 단일 값으로 추정하는 것을 의미한다.
② 구간 추정은 모수가 포함될 것이라고 기대되는 구간을 추정하는 것으로, 구해진 구간을 신뢰구간이라고 한다.
③ 표본의 크기가 커질수록 신뢰구간 또한 넓어진다.
④ n번 표본을 추출해서 구한 n개의 신뢰구간 중 모수를 포함하는 신뢰구간의 비율을 신뢰수준이라고 한다.

19. 다음 중 실험이나 연구를 통해 증명하고자 하는 새로운 아이디어 혹은 가설을 무엇이라고 하는가?

① 귀무가설
② 대립가설
③ 영가설
④ 채택역

20. 다음 중 제2종 오류에 대한 설명으로 가장 적절한 것은?

① H_0가 거짓일 때, H_0를 채택
② H_0가 참일 때, H_1을 채택
③ H_0가 참일 때, H_0을 기각
④ H_0가 참일 때, H_0을 채택

21. 다음 중 비모수적 방법에 대한 설명으로 가장 부적절한 것은?

① 비모수적 검정 방법에는 부호검정, 만–위트니 U 검정, 윌콕슨 부호순위 검정 등이 있다.
② 비모수적 검정은 모수의 분포에 대해 가설을 설정하지 않는다.
③ 서수 데이터를 사용하거나 표본의 크기가 큰 경우에 주로 사용한다.
④ 평균과 분산이 아닌 순위를 이용한 방법을 주로 사용한다.

22. 다음은 고양이 체중에 대한 t-test를 실시한 결과다. 결과에 대한 설명으로 가장 부적절한 것은?

```
    One Sample t-test

data: x
t = 1.1106, df = 29, p-value = 0.2759
alternative hypothesis: true mean is not equal to 4
95 percent confidence interval:
 3.721463 4.940537
sample estimates:
mean of x
    4.331
```

① t-test의 자유도는 29다.
② 고양이의 평균 무게의 점 추정량은 4.331, 95% 신뢰구간은 3.721463에서 4.9405370이다.
③ 고양이의 평균 무게는 4라고 결론을 내릴 수 있다.
④ 단측검정의 결과다.

23. 다음 가설검정에 대한 설명 중 가장 부적절한 것은 무엇인가?

① 대립가설(alternative hypothesis)은 실험 및 연구를 통해 증명하고자 하는 새로운 아이디어 혹은 가설을 의미한다.

② 귀무가설(null hypothesis)은 실험 및 연구를 통해 기각시키고자 하는 어떤 가설을 의미한다.

③ 유의수준(significant level)은 귀무가설 H_0가 사실인데도 이를 잘못 기각할 확률로, α로 표시한다.

④ 채택역(acceptance region)은 귀무가설 H_0를 기각할 수 있는 검정통계량의 영역이다.

24. 우리나라 자취생들의 운동시간을 알아보기 위해 100명의 자취생을 조사했더니 평균이 20분, 표준편차가 5분이었다. 평균 운동시간의 95% 신뢰구간을 구한 것으로 적절한 것은?

① (19.1775, 20.8225)

② (19.02, 20.98)

③ (18.72, 21.28)

④ (18.04, 21.96)

※ 다음 표를 보고 다음 물음에 답하시오(25~26).

25. 다음 중 제1종 오류에 해당하는 것은 무엇인가?

	H_0 수용	H_0 기각
H_0가 사실인 경우	ⓐ	ⓑ
H_0가 사실이 아닌 경우	ⓒ	ⓓ

① ⓐ   ② ⓑ

③ ⓒ   ④ ⓓ

26. 다음 중 검정력(statistical power)에 해당하는 것은 무엇인가?

① ⓐ   ② ⓑ

③ ⓒ   ④ ⓓ

27. 다음 중 표본의 크기를 크게 할수록 모수에 확률적으로 수렴하는 추정량을 무엇이라고 하는가?

① 불편추정량

② 효율추정량

③ 일치추정량

④ 충분추정량

28. 다음 중 비모수적 검정 방법이 아닌 것은 무엇인가?

① Student's T tests

② Kruskal–Wallis test

③ Mann–Whitney test

④ Wilcoxon signed rank test

29. 다음은 모수와 점 추정량을 연결한 도표다. 바르게 연결된 것은 무엇인가?

	모수	추정량
ⓐ	μ	S^2
ⓑ	σ^2	S
ⓒ	σ	$\bar{X}$
ⓓ	p	$\hat{p}$

① ⓐ   ② ⓑ

③ ⓒ   ④ ⓓ

30. 다음은 가설검정의 절차를 나타낸 것이다. ( ) 안에 들어갈 단계로 가장 적절한 것은?

가설 설정 → (   ) → 검정통계량 계산 → 기각역 구한 뒤 귀무가설 기각 여부 판정

① 통계적 의사결정을 내린다.

② 귀무가설을 수용한다.

③ 대립가설을 채택한다.

④ 검정의 유의수준을 결정한다.

[정답]

1. 답: ③

해설: 수집한 데이터에 대한 요약 설명을 하는 것은 기술 통계, 수집한 데이터를 기반으로 모집단을 추측, 추리, 예측하는 것을 추리 통계라고 한다.

2. 답: ② 표본조사

해설: 모수가 너무 클 경우 분석 및 조사에 어려움이 있다. 이런 경우에 전체를 대상으로 하는 것이 아니라 일부분만을 선택(표본을 선택)하고 조사 · 분석하여 전체 집단의 특성을 추정하는 통계 조사 방법을 표본조사라고 한다.

3. 답: ③

해설: 표본의 크기는 일정 크기 이상이 되면 더 이상 결과에 영향을 미치지 않기 때문에 표본이 너무 커서 시간과 에너지를 소모하지 않고 결과에 영향을 미치는 적정 수준을 찾아내는 것이 중요하다.

4. 답: ③

해설: ① 표본카드나 난수표를 이용하는 방법으로, 추정의 정확도가 높지는 않지만 간편한 방법이다. → 단순 무작위 표본 추출

② 동일한 구간을 정해서 무작위로 하나의 단위를 추출 → 체계 표본 추출

④ 그룹을 어떤 특성에 따라 겹치지 않게 분류한 뒤 각 그룹에서 표본을 단순 무작위 추출법에 따라 추출하는 방법이다. → 층화 표본 추출

5. 답: ②

해설: 시간, 순서, 공간의 동일한 구간을 정해서 매 간격 하나씩 값을 추출하는 방법을 체계 표본 추출이라고 한다.

6. 답: ③

해설: ⓐ 편의표본추출(Convenience Sampling) – 모집단에 대한 정보가 전혀 없거나 모집단 구성요소 간의 차이가 별로 없다고 판단될 때 조사자가 마음대로 표본을 선정하는 것

ⓑ 판단표본추출(Judgement Sampling) – 조사자의 주관적 판단으로 조사에 필요한 대상만을 조사하는 방법

ⓒ 누적표본추출(Snowball Sampling) – 표본 조사 대상에 접근하기 어려운 경우, 누적하여 표본을 추출하는 방법. 대표성을 입증하기에 부족

ⓓ 할당표본추출(Quota Sampling) – 특정한 기준에 따라 여러 그룹으로 구분하여 그룹별로 필요한 대상을 추출하는 방법

7. 답: ②

해설: 표본을 랜덤으로 추출하는 것이 아니라 조사자가 임의로 표본을 선정하는 경우를 의미하며 이를 비확률 표본 추출이라고 한다. 모든 표본 값을 조사해야 하는 확률 표본 추출법보다는 경제적이지만, 정확성 및 신뢰성을 확보할 수 없어 일반화에 어려움이 있다. 대표적인 예로 길거리 조사, ARS 조사 등이 있다.

8. 답: ②

해설: ②번은 단순 무작위 표본 추출에 대한 설명이다.

9. 답: ③

해설: 표본공간은 표본의 부분집합으로 임의의 사건 A에 대하여 P(s)=0이다.

→ 표본이 표본공간의 부분집합이며, 임의의 사건 A에 대하여 P(s)=1이다.

◎ **확률의 기본 성질**

1. 임의의 사건 A에 대하여 $0 \leq P(A) \leq 1$

2. 반드시 일어나는 사건 S에 대하여 $P(S)=1$

3. 절대로 일어날 수 없는 사건 ϕ에 대하여 $P(\phi)=0$

10. 답: ②

해설: 누적 분포 함수에 대한 설명이다.

11. 답: ④

해설: 이산 확률 분포 – 이항분포, 포아송분포, 초기하분포, 기하분포, 다항분포

연속 확률 분포 – 균등분포, 정규분포, 표준정규분포, 감마분포, 베타분포, 지수분포, t 분포, f 분포, 카이제곱분포

12. 답: ③

해설: 정규분포에 대한 설명이다.

13. 답: ①

해설: 비복원 추출에 이용되며 이항 분포와 같은 분포는 초기하 분포다.

정규 분포를 보완하는 분포로 t=0인 값에 대해 대칭을 이루는 분포는 t 분포다.

왼쪽으로 치우치는 분포를 가지고 있으며 자유도가 커질수록 정규분포에 가까워지는 분포를 카이제곱 분포라고 한다.

14. 답: ④

해설: 카이제곱 그래프는 정규분포를 제곱 혹은 제곱하여 더한 것을 의미한다. 일반적으로 왼쪽으로 치우치며 오른쪽의 긴 꼬리 형태를 갖는다. 자유도 n의 값이 커질수록 종 모양의 정규 분포 모양에 가까워지는 특징이 있다. F 분포도 왼쪽으로 치우친 모양을 가지고 있지만, F 분포는 두 집단의 분산을 비교할 때 사용된다.

15. 답: ③

해설: 표본은 추출할 때마다 달라지고 그 평균값도 달라진다. 반드시 평균값과 일치하는 것이 아니라 표본의 크기가 커질수록 표본 평균이 이루는 분포가 모집단의 평균, 그리고 표준편차가 $\sigma/\sqrt{n}$인 정규분포에 가까워진다.

16. 답: ④

해설: 좋은 추정량의 조건에는 불편성(unbiasedness), 효율성(efficiency), 일치성(consistency), 충분성(sufficiency)이 있다.

17. 답: ①

해설: 모수 θ에 대해 $E(\hat{\theta})=\theta$를 만족시키는 추정량 $\hat{\theta}$를 불편추정량(unbiased estimator)이라고 한다.

18. 답: ③

해설: 표본의 크기가 커질수록 모수에 대한 정보가 많아져 신뢰구간은 좁아진다.

19. 답: ②

해설: 대립가설은 실험 및 연구를 통해 증명하고자 하는 새로운 아이디어 혹은 가설에 해당하며, H_1 혹은 H_a로 표시한다. 귀무가설을 기각함으로써 대립가설을 채택할 수 있다.

20. 답: ①

해설: 제2종 오류(type II error: β)는 귀무가설 H_0가 거짓일 때, H_0를 채택하는 오류다.

21. 답: ③

해설: 비모수검정(nonparametric test)은 모수의 분포에 대해 어떠한 가정도 하지 않는 검정으로, 이상치로 인해 평균보다 중앙값이 더 바람직한 경우, 표본의 크기가 작은 경우, 순위와 같은 서수 데이터인 경우에 주로 사용한다.

22. 답: ④

해설: 기각역이 양쪽 끝에 존재하는 양측검정의 결과를 보여준다. alternative hypothesis: true mean is not equal to 4를 통해 알 수 있다.

23. 답: ④

해설: 귀무가설 H_0를 기각할 수 있는 검정통계량의 영역을 의미하는 것은 기각역(critical region)으로 검정통계량이 기각역 내에 있으면 귀무가설 H_0를 기각한다. 반대로 채택역 내에 있으면 귀무가설을 기각할 수 없다.

24. 답: ②

해설: $20 \pm z_{\frac{a}{2}} \dfrac{S}{\sqrt{n}}$

$$= 20 \pm z_{0.05} \frac{5}{\sqrt{100}}$$

$$= 20 \pm 1.96 \cdot \frac{5}{10}$$

$$= (19.02,\ 20.98)$$

25. **답:** ②

해설: 제1종 오류(type I error: α)는 귀무가설 H_0가 참이지만 H_0를 기각하고 대립가설 H_1을 채택하는 오류다. 유의수준이라고도 표현하며, 가설 검정을 진행할 때는 유의수준을 최소화하는 방향으로 한다.

26. **답:** ④

해설: 검정력(statistical power, $1-\beta$)은 대립가설 H_1이 사실일 때 귀무가설 H_0를 기각해 대립가설을 채택할 확률이다.

27. **답:** ③

해설: 좋은 추정량의 조건 중 일치성(consistency)은 표본의 크기를 크게 할수록 추정량이 모수에 가까워진다는 것을 의미한다.

28. **답:** ①

해설: Student's T tests는 데이터가 정규분포에서 나온다고 가정하는 모수 검정 방법이다.

29. **답:** ④

해설:

	모수	추정량
ⓐ	μ	$\bar{X}$
ⓑ	σ^2	S_2
ⓒ	σ	S
ⓓ	p	$\hat{p}$

30. **답:** ④

해설: 가설 검정의 일반적 절차는 다음과 같다.

1) 귀무가설과 대립가설 설정
2) 검정의 유의수준 결정
3) 검정통계량 계산
4) 기각역 구한 뒤 귀무가설 기각 여부 판정

빅데이터 모델링

1장 / 분석 모형 설계

분석 모형을 선정하고 설계하는 방법에 대해 학습한다.

핵심 키워드

- 통계기반분석
- 데이터 분할
- 데이터 마이닝
- 과적합

2장 / 분석기법 적용

여러 가지 분석기법의 개념과 알고리즘에 대해 학습한다.

핵심 키워드

- 지도학습
- 딥러닝
- 비지도학습
- 비모수 통계

분석 모형 설계

01 _ 분석 절차 수립

학습단계	학습목표
1. 분석 모형 선정 2. 분석 모형 정의 3. 분석 모형 구축 절차	기본적인 분석 모형들의 종류와 개념, 분석 모형을 구축하는 방법론에 대해 학습한다.

02 _ 분석 환경 구축

학습단계	학습목표
1. 분석 도구 선정 2. 데이터 분할	분석에 사용하는 여러 가지 도구와 분석을 위해 데이터를 분할하는 방법에 대해 학습한다.

01 분석 절차 수립

1. 분석 모형 선정

분석 모형을 선정하고 설계하는 단계에서 가장 먼저 고려할 점은 어떤 문제를 분석할 것인가, 즉 'HOW'가 아닌 'WHAT'이다. 데이터 분석을 시작하기 전에 분석하고자 하는 문제가 무엇인지, 분석을 통해 알고 싶은 것이 무엇인지를 정의하지 않으면 어떻게 분석을 하고 어떤 분석 모형을 선정할지 알기 어렵다. 분석하고자 하는 문제가 어떤 문제 유형인지에 대해 파악하는 과정이 없다면 분석 모형 선정에 오류가 발생할 수 있기에 우선 문제의 유형을 파악해야 한다.

(1) 통계 기반 분석

① 기술통계분석 개요

기술통계분석은 가장 기초적인 분석 방법으로, 주어진 데이터의 특성을 요약하고 집계하는 것을 의미한다. 데이터를 분석하기에 앞서 데이터에 대한 통계적 수치를 탐색해 봄으로써 데이터에 대한 이해와 분석에 대한 통찰력을 얻을 수 있다. 기술통계분석은 기본적으로 사분위값, 평균, 최솟값, 최댓값 등의 통계 결과를 반환하며 자료의 형태에 따라 반환되는 통계 결과가 달라진다. 자료의 형태는 질적 척도와 양적 척도로 구분되며 질적 척도에는 명목척도와 서열척도가 있고, 양적 척도에는 등간척도와 비율척도가 있다.

참고 | EDA(Exploratory Data Analysis, 탐색적 자료 분석)

시각화와 기술통계를 통해서 데이터를 이해하는 단계

| **독립변수와 종속변수**

독립변수는 입력값이나 원인이 되는 변수로 설명변수, 실험변수, 예측변수, 통제변수, 조작변수 등으로 불리기도 한다.

종속변수는 결과물이나 효과를 나타내는 것으로 결과변수, 반응변수, 목표변수, 출력변수, 의존변수 등으로 불린다.

② T-test

T-test는 두 집단 간의 평균을 비교하는 모수적 통계 방법으로, 집단이 두 개이며, 표본이 독립성, 정규성, 등분산성을 만족할 때 사용할 수 있다. 단일표본 t-test, 대응표본 t-test, 독립표본 t-test가 있다.

③ 카이제곱검정(χ^2 검정, Chi square test)

카이제곱검정은 변수가 범주형일 때 사용 가능한 통계 방법이다. 카이제곱검정은 독립성 검정과 동질성(동일성) 검정으로 구분된다. 독립성 검정은 변수가 두 개일 때 이 두 변수 사이에 연관성이 있는지 없는지를 검정하는 것이고, 동질성(동일성) 검정은 변수가 하나이고 이 변수가 2개 이상의 범주로 구분될 때 그룹 간에 차이가 있는지를 검정하는 것이다.

④ 분산분석(ANOVA)[1]

분산분석은 세 개 이상의 집단 간 평균을 비교할 때 사용하는 통계 방법이다. 분산분석의 독립변수는 범주형 데이터여야 하고, 종속변수는 연속형이어야 한다. 집단이 세 개 이상일 때 T-test를 여러 번 사용하면 1종 오류를 범할 확률이 높아지기에 분산분석을 사용해야 한다. 분산분석에는 '집단 간 분산÷집단 내 분산'으로 계산되는 F-value가 사용된다.

평균을 비교하는 데 분산을 사용하는 이유는 집단 간 평균의 분산이 클수록 각 집단의 평균은 멀리 떨어져 있기 때문이다.

【 분산분석의 유형 】

TIP _ 일원분산분석표는 문제로 출제하기 쉽기 때문에 확실히 알아두고 가는 것이 좋습니다.

일원분산분석	▪ 독립변수와 종속변수 모두 한 개일 때 사용한다. 예) 연령대별 유튜브 시청 시간의 차이 　　　**독립변수**: 연령대(청소년, 성인, 노인) 　　　**종속변수**: 시청 시간				

【 일원분산분석표(k는 독립변수의 집단 수, n은 데이터의 총수) 】

요인	제곱 합	자유도	제곱평균	F
집단 간(처치)	SSR	k-1	MSR = SSR/k-1	
집단 내(오차)	SSE	n-k	MSE = SSE/n-k	MSR/MSE
총	SST	n-1		

- 독립변수의 수가 두 개 이상일 때 사용한다.
- 이원분산분석은 데이터에 반복이 없는 경우와 있는 경우로 구분된다.
- 독립변수 간 교호작용이 있다고 판단될 때는 반복이 있는 실험을 하고, 교호작용이 없다고 판단될 때, 즉 두 독립변수가 독립인 경우에는 반복이 없는 실험을 한다.
- 반복이 없는 실험은 주효과 분석을, 반복이 있는 실험은 주효과 분석과 교호작용 분석을 한다.
- **[case] 성별과 연령대별 유튜브 시청 시간의 차이**
  - 성별의 주효과: 성별이 시청 시간에 영향을 주는가?
  - 연령대의 주효과: 연령대가 시청 시간에 영향을 주는가?
  - 성별과 연령대의 교호작용: 성별과 연령대가 서로 영향을 주는가?

【 반복이 없는 이원분산분석표(p, q는 집단의 수) 】

요인	제곱 합	자유도	제곱평균	F
A	SSA	p−1	MSA = SSA/p−1	MSA/MSE
B	SSB	q−1	MSB = SSB/q−1	MSB/MSE
오차	SSE	(p−1)(q−1)	MSE = SSE/(p−1)(q−1)	
총	SST	pq−1		

【 반복이 있는 이원분산분석표(p, q는 집단의 수, r은 반복횟수) 】

요인	제곱 합	자유도	제곱평균	F
A	SSA	p−1	MSA = SSA/p−1	MSA/MSE
B	SSB	q−1	MSB = SSB/q−1	MSB/MSE
A*B	SSAB	(p−1)(q−1)	MSAB = SSAB/(p−1)(q−1)	MSAB/MSE
오차	SSE	pq(r−1)	MSE = SSE/pq(r−1)	
총	SST	pqr−1		

다원변량분산분석
- 종속변수가 2개 이상인 경우 집단 간의 평균 차이를 검증하기 위해 사용하는 분석 방법이다.

(2) 데이터 마이닝

데이터 마이닝은 KDD(Knowledge Discovery in Database)라고도 불리는데, 대규모로 저장된 데이터 속에서 분석을 통해 유의미한 패턴과 규칙을 찾아내는 과정을 말한다. 데이터 마이닝은 분석의 목적과 필요한 데이터를 정의하는 목적 정의 단계 → 필요한 데이터를 수집하고 데이터 정제를 통해 데이터의 품질을 보장하는 데이터 준비

TIP _ 데이터 마이닝은 통계분석처럼 가설이나 가정에 따른 검증이 주목적이 아니라, 다양한 수학적 알고리즘을 이용해 데이터로부터 유의미한 정보를 찾아내는 것이 주목적입니다.

단계 → 분석 목적에 맞게 목표 변수를 정의하고 분석기법 적용이 가능한 형태로 데이터를 가공하는 데이터 가공 단계 → 분석기법을 적용해 목적하는 정보를 추출하는 데이터 마이닝 기법 적용 단계 → 추출한 정보를 검증하는 검증 단계의 순으로 진행된다. 데이터 마이닝의 적용 분야는 다음과 같다.

① 기술(記述)

데이터가 가진 의미를 단순하게 기술하는 것으로 데이터를 설명하는 데 사용한다. 기술(記述)이란 사물의 특질을 객관적, 조직적, 논리적으로 적는 것, 또는 어떤 사실을 차례를 쫓아 말하거나 적는 것을 의미한다.

② 분류

분류분석은 종속변수가 범주형 혹은 이산형으로 주어졌을 때 사용하는 방법으로 주어진 입력변수를 근거로 하여 데이터가 어떤 그룹에 속하는지 분류하고, 등급으로 나누는 데 사용된다. 분류는 새로운 데이터가 추가됐을 때 기존의 데이터를 참고하여 이를 이미 정의된 집합에 배정한다. 분류분석은 어떤 일이 일어날 가능성이 높은 집단과 낮은 집단의 분류에 많이 쓰이며, 고객의 신용평가(우량, 불량), 고객의 이탈방지(이탈, 유지) 등에 사용된다.

③ 추정

추정이란 데이터를 활용하여 알려지지 않은 결괏값을 밝히는 것이다. 추정은 목표변수가 연속형일 때 사용 가능한 방법으로 주어진 데이터에 기초해 알려지지 않은 값을 추정한다. 추정의 예로 부모의 데이터를 기반으로 자녀의 키를 추정하는 것을 들 수 있다.

④ 예측

예측은 종속변수가 연속형 데이터일 때 사용 가능한 방법으로 과거의 데이터를 바탕으로 미래의 결과를 예측하는 분석 방법이다. 분류, 추정과 유사한 분석 방법이지만, 예측은 미래의 가치 및 값을 예측한다는 점이 다르다. 분류와 추정은 기존 결과와의 비교를 통해 정확성을 확인할 수 있지만, 예측은 미래의 값을 예측하는 것이기에 정확성을 확인하기 위해서는 해당 시점이 올 때까지 기다려야 한다. 예측은 미래의 기업가치 예측, 부동산 가격 예측, 코로나 확진자 수 예측 등에 사용될 수 있다.

⑤ 연관분석

연관분석은 흔히 장바구니 분석이라고도 불린다. 일반적으로 교차 판매를 위해 사용되며, 주어진 데이터에서 일련의 규칙 및 패턴을 발견하는 분석이다. 연관분석은 데이터 간에 존재하는 유용한 관련 규칙 및 빈번히 발생하는 규칙을 발견하고자 할 때 사용되며, 주로 영화/VOD 등 디지털 콘텐츠 구매 분석과 동시에 판매될 가능성이 높은 상품들의 연관성을 발견하여 상품 진열, 패키지 기획 등에 활용된다.

⑥ 군집

군집분석은 데이터를 유사한 특성을 지닌 몇 개의 소그룹으로 분할하여 분석하는 방법이다. 군집분석은 특성이 분류분석과 유사하지만, 분류분석과 달리 별도의 종속변수가 요구되지 않으며 오로지 개체 간의 유사성에만 기초하여 군집을 형성한다. 즉, 미리 정의된 기준에 의해서가 아닌 데이터 그 자체가 지닌 다른 데이터와의 유사성에 의해 그룹화되고 이질성에 의해 세분화되는 것이다. 군집분석은 비슷한 특성을 가진 개체를 합쳐가면서 최종적으로 유사한 특성의 그룹을 발견하는 데 사용된다. 군집분석은 주로 마케팅에서 고객을 세분화하는 데 사용된다.

참고 | 고객 세분화

고객 세분화는 마케팅 전략을 수립할 때 필수적으로 사용된다. 말 그대로 세분화, 즉 마케팅 대상이 되는 고객을 쪼개서 작은 그룹으로 묶는 것을 말한다. 고객을 세분화할 때 고객의 성별, 연령, 니즈, 특성, 구매 동기, 가치, 행동 패턴 등에 따라 그룹화한다. 이렇게 그룹화하면 공략해야 할 대상이 누구인지 정확히 알게 된다. 이 고객 세분화를 바탕으로 마케팅 전략을 수립한다.

(3) 비정형 데이터 마이닝

비정형 데이터란 문서, 영상처럼 형태와 구조가 정형화되지 않은 데이터를 의미한다. 최근 들어 문서, 영상, 음성 이외에도 이메일, SNS 등 온라인을 통해 비정형 데이터가 대량으로 생성되고 있어 비정형 데이터 마이닝의 중요성이 강조되고 있다. 기존 정형 데이터 마이닝은 연속형 데이터를 기준으로 설계되어 문자 형태의 변수를 숫자로 변환해 분석하는 방법을 사용했다. 하지만 문서와 같은 비정형 데이터는 텍스트와 더불어 그림, 도표 등이 포함되어 있어 이를 숫자로 변환해 정형 데이터 마이닝을 적용하기가 어렵다. 따라서 이러한 비정형 데이터를 분석할 때는 텍스트 마이닝, 오피니언 마이닝, 소셜 네트워크 분석 등의 비정형 데이터 마이닝 기법을 사용해야 한다.

(4) 모형 선정 프로세스

분석하고자 하는 문제에 대한 정의가 끝났다면 어떤 모형을 활용할지를 결정해야 한다. 예측을 한다면 회귀분석, 회귀트리분석 등의 모형을 사용할 수 있고, 분류를 한다면 knn, 로지스틱 회귀분석 등을 사용할 수 있다. 항상 월등한 성능을 보여주는 모델은 존재하지 않기에 목적에 맞는 모형을 통해 분석을 실행하고 각 모형의 성능을 비교해 최적의 성능을 보여주는 모델을 선택한다.

【 모형 선정 프로세스 】

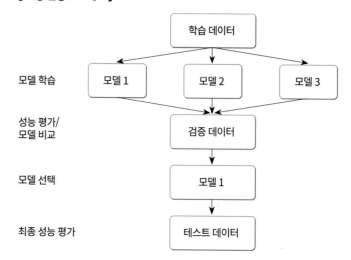

① 그리드 서치(Grid Search)를 이용한 모델 선택

관심 있는 하이퍼파라미터를 대상으로 가능한 모든 조합을 시도하여 최적의 파라미터 값을 찾는 방법이다. 예를 들어 SVC를 통해 모델을 학습시킬 때 SVC의 하이퍼파라미터인 C의 후보를 [0.01, 0.1, 1]로

TIP _ 같은 분석기법을 적용하더라도 사용하는 파라미터 값에 따라 다른 결과가 나올 수 있습니다.

적용하고 감마(gamma)의 후보를 [0.001, 0.01, 0.1]로 적용하여 그리드 서치를 실행하면 다음의 [그리드 서치를 이용한 모델 선택 방법] 표와 같이 모든 가능한 조합을 시도해 총 9번의 학습을 하게 된다. 하이퍼파라미터를 적용해 모델을 학습할 때마다 성능을 평가하고 최종적으로 가장 좋은 성능이 나온 모델을 선정한다. 어떤 하이퍼파라미터를 후보로 지정할지 모를 때는 보통 10의 거듭제곱을 후보로 선정한다.

그리드 서치는 주어진 후보 내에서 가장 좋은 결과를 얻을 수 있다는 장점이 있지만, 모든 경우의 수를 시도하기 때문에 하이퍼파라미터의 수가 증가할수록 전체 탐색 시간이 기하급수적으로 증가한다는 단점이 있다. 또한 최적 gamma 값이 0.05인데, gamma의 후보를 [0.001, 0.01, 0.1]로 했을 때와 같이 파라미터 후보에 따라 최적의 파라미터값을 파악하지 못할 수도 있다.

【 그리드 서치를 이용한 모델 선택 방법 】

gamma\C	C = 0.01	C = 0.1	C = 1
gamma=0.001	SVC(C=0.01, gamma=0.001)	SVC(C=0.1, gamma=0.001)	SVC(C=1, gamma=0.001)
gamma=0.01	SVC(C=0.01, gamma=0.01)	SVC(C=0.1, gamma=0.01)	SVC(C=1, gamma=0.01)
gamma=0.1	SVC(C=0.01, gamma=0.1)	SVC(C=0.1, gamma=0.1)	SVC(C=1, gamma=0.1)

② 랜덤 서치(Random Search)를 이용한 모델 선택

랜덤 서치는 그리드 서치의 단점을 보완하기 위해 나온 방법으로 작동 원리는 그리드 서치와 거의 동일하다. 랜덤 서치는 파라미터 후보를 직접 선정해야 하는 그리드 서치와 달리 하이퍼파라미터 값의 범위를 지정하고 지정한 범위 내에서 랜덤 샘플링을 통해 하이퍼파라미터 조합을 생성한다. 지정한 범위 사이에 위치한 값들을 난수를 통해 확률적으로 탐색하는 것이 가능하여 최적의 하이퍼파라미터 값을 빠르게 찾을 수 있다.

다음 그림을 보면 그리드 서치는 parameter 1과 2 모두 중복된 3개의 파라미터만을 탐색해 최적 파라미터 값을 찾아내지 못했고, 이에 반해 랜덤 서치는 서로 다른 9개의 파라미터를 탐색해 그리드 서치에 비해 최적 파라미터 값에 근접한 것을 확인할 수 있다. 이와 같이 그리드 서치는 불필요한 하이퍼파라미터의 탐색이 많고 중복 탐색이 많은 데 반해, 랜덤 서치는 중요한 하이퍼파라미터를 상대적으로 많이 탐색할 수 있다.

【 그리드 서치와 랜덤 서치 】

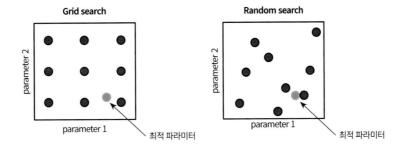

2. 분석 모형 정의

(1) 지도학습과 비지도학습

① 지도학습

머신러닝(기계학습)은 확률과 통계를 바탕으로 어떤 데이터를 분류하거나 값을 예측하는 것을 의미한다. 이때 피처, 즉 객체의 특성을 머신러닝 분석 모델에 학습시키는 과정이 필요한데, 그 방법으로 지도학습과 비지도학습이 있다.

지도학습이란 정답이 있는 데이터를 활용해 분석 모델을 학습시키는 것이다. 입력값(X값)이 주어졌을 때 각 레코드에는 레이블이라 불리는 정답값(Y값)이 반드시 존재해야 한다. 간단하게 말하면, 컴퓨터에게 정답을 알려주며 학습을 시키는 것이다. 지도학습은 아동의 학습법과 매우 유사한 방법으로 모델을 학습시킨다.

예를 들어 컴퓨터에게 동물 사진을 주고 해당 동물 사진이 고양이인지 아닌지 판단하게 학습시키고자 한다면 주어진 동물에 대한 특징을 설명하는 입력 데이터(X값)와 해당 사진이 고양이인지 아닌지에 대한 정답값(Y값)이 필요하며, 이를 수만 번 반복하여 컴퓨터를 학습시킨다. 지도학습은 레이블이 범주형인 분류와 연속형인 회귀로 나뉜다.

【 지도학습의 유형 】

TIP _ 분석목적별로 사용하는 지도학습 모형을 구분할 수 있어야 합니다.

분류에 사용되는 모형(레이블이 범주형)	· 로지스틱 회귀분석 · 신경망 모형 · 의사결정 트리(분류트리모형) · KNN(K-최근접 이웃 알고리즘) · 앙상블모형 · SVM(Support Vector Machine) · 나이브 베이즈 분류
회귀에 사용되는 모형(레이블이 연속형)	· 선형회귀분석(Linear Regression) · 의사결정 트리(회귀트리모형) · SVR(Support Vector Regression) · 신경망 모형 · 릿지(Ridge) · 라쏘(Lasso)

② 비지도학습

비지도학습이란 지도학습과는 달리 정답을 알려주지 않고 학습하는 것이다. 비지도학습은 지도학습에서 필요했던 정답값(Y값)이 필요하지 않다. 정답 레이블이 없는 데이터를 비슷한 특징을 가진 데이터끼리 군집화해 새로운 데이터에 대한 결과를 예측한다.

예를 들어 고양이, 개, 사자, 원숭이, 비둘기의 사진을 비지도학습으로 학습시킨다면 각각의 사진이 어떤 동물인지에 대한 레이블 값이 없기에 정확히 어떤 동물이라고 정의할 수는 없지만, 동물들의 특징이 비슷한 동물끼리 군집을 이룬다. 다리가 4개인 동물과 다리가 2개인 동물로 나뉘어 군집이 형성될 수도 있고, 날개가 있는 동물과 날개가 없는 동물로 나뉘어 군집이 형성될 수도 있다.

【 비지도학습의 유형 】

TIP _ 지도학습 모형과 비지도학습 모형의 예를 구분할 수 있어야 합니다.

군집에 사용되는 모형	· K-means · SOM · DBSCAN(밀도 기반 군집) · 병합 군집 · 계층 군집

차원축소에 사용되는 모형	• PCA(주성분 분석)
	• LDA(선형판별분석)
	• SVD(특잇값 분해)
	• MDS(다차원 척도법)
연관분석에 사용되는 모형	• Apriori

(2) 상황에 따른 모형 선정

【 모형 선정 플로차트 】

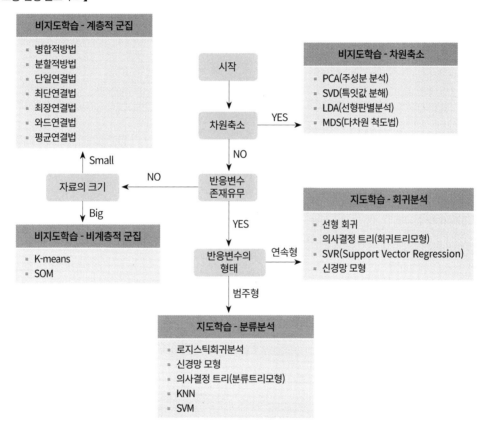

3. 분석 모형 구축 절차

분석 모형을 구축하는 절차는 적용하는 업무와 조직의 특성에 따라 다양한 모델을 통해 진행될 수 있으며 대표적인 모델은 다음과 같다.

TIP _ 여러 가지 분석 모형 구축 절차가 있으며 각 절차의 특징을 이해해야 합니다.

(1) 폭포수 모델

요구사항 분석부터 설계, 구현, 테스트, 유지보수의 과정을 순차적으로 진행하는 방법으로, 고전적인 하향식 방법론이다. 폭포수 모델이라는 이름처럼 프로세스가 단방향으로 진행되며 이전 단계가 완료돼야 다음 단계를 진행할 수 있다. 다른 단계와 병행하거나 이전 단계로 돌아가서 진행할 수 없으며 각 단계가 완료되면 검증 후에 다음 단계를 진행한다. 폭포수 모델은 한 단계가 완전히 완료돼야 다음 단계로 넘어갈 수 있기 때문에 하나의 단계가 끝나면 해당 단계에 대한 점검을 하고 점검 결과 결함이 발견되면 결함이 발견된 부분으로 돌아가는 피드백을 통해 수정한 후 다음 단계를 수행한다.

> **TIP**_ 폭포수 모델에서 피드백은 다음 단계를 수행하던 중 이전 단계로 돌아가는 것이 아님에 주의합니다.

【 폭포수 모델 프로세스 】

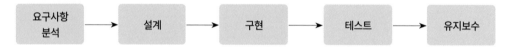

① 요구사항 분석

- 사용자의 요구사항을 수집한다.
- 기능, 제약 조건, 목표 등을 설정한다.
- 사용자가 요구하는 태스크를 이해하는 단계다.
- 요구사항 명세서를 작성한다.

② 설계

- 요구사항 명세서를 참고해 그것을 준수하는 설계 작업을 실행한다.
- 문제를 해결하는 방안에 집중하는 단계다.
- 기본/상세 설계서를 작성한다.

③ 구현

- 설계 단계에서 작성된 설계서를 기반으로 프로그램을 작성한다.
- 단위 테스트 및 코드 검증을 수행한다.
- 이 단계에서의 산출물은 프로그램 소스 코드다.

④ 테스트

- 완성된 코드를 정식으로 테스트하는 단계다.

▪ 프로그램의 오류를 발견하고 수정한다.

▪ 테스트 결과 보고서를 작성한다.

⑤ 유지보수

▪ 시스템을 사용하면서 발생하는 오류를 수정한다.

▪ 새로운 기능을 추가한다.

【 폭포수 모델의 장단점 】

장점	단점
▪ 프로젝트가 체계적이고 순차적으로 진행되어 관리하기가 편리하다. ▪ 전체 과정을 이해하기 쉽다. ▪ 적용사례가 많다. ▪ 문서관리가 용이하다.	▪ 고객의 요구사항을 상세 반영하기 힘들다. ▪ 문제 해결 및 수정 비용이 크다. ▪ 피드백에 의한 반복이 어렵다.

(2) 프로토타이핑 모델

폭포수 모델의 단점인 피드백에 의한 반복이 어렵다는 점을 극복하기 위해 만든 점진적 프로세스 모델이다. 고객이 요구한 시스템의 주요 기능 일부분을 우선적으로 구현한 초기 모델을 개발한 후 사용자의 피드백을 통해 모든 요구사항이 반영될 때까지 시스템을 개선, 보완하며 시스템을 완성한다.

【 프로토타이핑 모델 플로차트 】

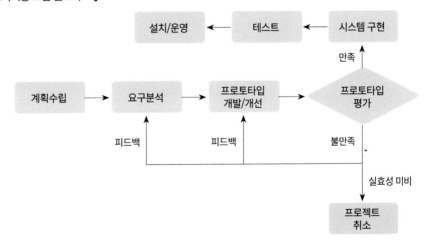

① 계획 수립

- 개발의 타당성을 검증한다.
- 프로젝트 진행 여부를 결정한다.
- 개발 계획을 수립한다.

② 요구분석

- 사용자의 요구사항을 수집하고 그것을 명세화한다.
- 프로토타입에 포함할 주요 요구사항을 정의한다.

③ 프로토타입 개발/개선

- 요구분석에서 정의한 주요 요구사항을 기반으로 프로토타입 모델을 개발한다.
- 평가 단계에서 추가 및 수정되는 요구사항을 반영한다.

④ 프로토타입 평가

- 개발된 프로토타입 모델에 사용자의 요구사항이 잘 반영되었는지 평가한다.
- 프로토타입을 검토해 프로젝트 진행 및 취소 여부를 결정한다.
- 추가 요구사항 및 개선사항이 있을 시 전 단계로 돌아가 개선작업을 한다.

⑤ 시스템 구현

- 프로토타입의 기능을 확장하여 실제 시스템으로 구현한다.
- 단위테스트 및 코드 검증을 실행한다.

⑥ 테스트

- 완성된 코드를 정식으로 테스트하는 단계다.
- 프로그램의 오류를 발견하고 수정한다.
- 통합 테스트, 시스템 테스트, 인수 테스트 등을 수행한다.

【 프로토타이핑 모델의 장단점 】

장점	단점
- 요구사항이 모호한 경우에 유용하다. - 변경이 용이하다. - 요구사항의 극대화가 가능하다. - 빠른 오류 발견이 가능하다.	- 프로토타입을 만든 후 프로젝트를 포기할 경우 비경제적이다. - 각 단계를 문서화하기가 어렵다. - 계속된 변경으로 개발 시간 및 비용이 증가할 수 있다.

(3) 나선형 모델

시스템을 개발하면서 발생하는 위험을 최소화하기 위해 개발 단계를 반복적으로 수행하며 점진적으로 완벽한 시스템을 개발하는 모델이다. 폭포수 모델의 장점과 프로토타입 모델의 장점을 합치고 이에 위험 분석이라는 새로운 요소를 추가해 만든 모델이다.

【 나선형 모델의 개발 단계 】

① **목표 설정**

- 요구사항을 분석한다.
- 프로젝트 계획을 수립한다.
- 한 사이클이 끝난 후 고객의 평가를 반영한다.
- 목표는 사이클이 반복될 때마다 변경될 수 있다.

② **위험 분석**

- 요구사항을 토대로 위험요소를 정의한다.
- 이미 존재하는 위험요소의 원인을 파악하고 발생 가능한 위험을 예측한다.
- 위험요소에 대한 대안을 수립하고 위험을 최소화한다.

③ **개발/검증**

- 개발 모델을 선택한다.
- 위험요소를 기반으로 모델을 개발한다.
- 모델을 점진적으로 발전시켜 최종모델을 개발한다.

④ **고객평가/계획**

- 사용자와 의사소통하는 단계다.

- 구축된 모델을 사용자가 평가한다.
- 추가 및 수정할 사항이 있다면 그것을 반영하기 위한 차후 계획을 수립한다.
- 추가 반복 여부를 결정한다.

【 나선형 모델의 장단점 】

장점	단점
- 정확한 사용자 요구사항 파악이 가능하다. - 요구사항 변동에 대처할 수 있다. - 위험을 최소화할 수 있다. - 대규모 프로젝트에 적합하다.	- 프로젝트 수행에 많은 시간이 소요된다. - 반복 수행으로 인해 프로젝트 관리가 어렵다. - 위험관리 능력이 프로젝트의 성패에 많은 영향을 끼친다.

02 분석 환경 구축

1. 분석 도구 선정

(1) 데이터 분석 도구

① 엑셀

엑셀은 가장 기초적인 데이터 분석 도구다. 엑셀의 가장 큰 장점은 다른 분석 도구보다 사용하기가 쉽다는 것이다. 엑셀은 복잡한 명령어 없이 데이터 입력 및 수정이 가능하며 별도의 명령어 없이 리본 메뉴를 통해 간단한 통계분석부터 회귀분석, 이동평균분석까지 가능하다.

② R

R은 통계 계산 및 데이터 마이닝, 시각화를 목적으로 개발된 프로그래밍 언어이면서 오픈소스 소프트웨어다. R은 패키지 개발이 쉬워 통계 소프트웨어 개발에 많이 사용된다. R은 시각화가 용이하며 통계분석을 위한 수많은 패키지가 개발되어 있어 무수한 기능 확장이 가능하다는 장점이 있다. 또한 즉시 사용 가능한 테스트 데이터를 제공한다. 하지만 메모리 및 속도 측면에서 단점이 존재한다.

③ 파이썬

파이썬은 통계 목적으로 개발된 R과 달리 개발을 목적으로 사용되는 프로그래밍 언어다. numpy, pandas, matplotlib 등의 라이브러리를 통해 통계분석을 할 수 있으며 주로 데이터 분석 결과를 다른 웹 애플리케이션에 접목할 때 사용한다.

파이썬은 직관적인 언어라서 배우기 쉽고 다양한 용도로 사용 가능하다는 장점이 있지만, R보다 시각화 기능이 떨어지고 데이터 분석 패키지가 부족하다는 단점이 있다.

④ 하둡

하둡은 분산 환경에서 빅데이터를 저장, 처리할 수 있는 자바 기반의 오픈소스 프레임워크다. 하둡은 여러 대의 컴퓨터로 데이터를 분석하고 저장하는 방식을 사용해 데이터 분석에 필요한 시간 및 비용을 단축시킨다. 하둡은 구축 비용이 저렴하고 장비의 추가가 용이하다는 장점이 있지만, 저장된 데이터를 변경할 수 없고 실시간 데이터 분석에는 부적합하다는 단점이 있다.

⑤ 맵리듀스

맵리듀스는 대용량 데이터를 분산 병렬 컴퓨팅을 통해 처리하기 위해 구글에서 개발한 소프트웨어 프레임워크다. 맵리듀스는 데이터를 key, value의 쌍으로 모으는 맵(map)과 맵화한 데이터를 키(key)를 기준으로 추출 및 연산하는 리듀스(reduce)로 구성된다.

⑥ SAS

SAS는 'Statistical Analysis System'의 약자로, 기업체에서 주로 쓰는 대표적인 통계 프로그램이다. 간단한 명령문만으로도 여러 가지 통계분석을 실행할 수 있으며 대용량 데이터를 분석하는 것이 상대적으로 쉽다. 하지만 라이선스가 고가이며 새로운 학문적 연구를 반영하는 데 오랜 시간이 걸린다는 단점이 있다.

⑦ SPSS

SPSS는 'Statistical Package for the Social Sciences'의 약자로 통계분석과 데이터 마이닝 등에 사용하는 사회 과학용 통계 프로그램이다. SPSS는 GUI 기반으로 엑셀처럼 메뉴를 클릭하는 것만으로도 통계분석을 실행할 수 있다는 장점이 있다. 하지만 가격이 비싸고 데이터 핸들링이 상대적으로 힘들며, 대용량 데이터를 처리하기 어렵다는 단점이 있다.

⑧ Stata

Stata는 Statistics와 Data를 합친 말로 통계 패키지인 동시에 데이터 관리 시스템이다. 통계학의 전 분야에서 사용할 수 있게 만들어졌다. Stata는 데이터 관리와 시각화 기능이 탁월하고 가격과 유지비용이 다른 통계프로그램보다 저렴하다. 하지만 빅데이터를 분석할 경우 한 번에 불러올 수 있는 변수의 수가 제한되어 있어 변수가 많은 데이터는 불러오지 못할 수 있다는 단점이 있다.

2. 데이터 분할

(1) 데이터 분할 개요

① 데이터 분할

데이터 분할이란 전체 데이터를 학습 데이터, 검증 데이터, 테스트 데이터로 나누는 과정을 말한다. 데이터를 분할하면 과적합을 방지하고 일반화 성능을 향상시킬 수 있다. 과적합이란 바로 다음에 자세히 설

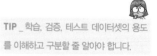

TIP _ 학습, 검증, 테스트 데이터셋의 용도를 이해하고 구분할 줄 알아야 합니다.

명하겠지만, 간단히 말하면 모델이 학습 데이터를 과하게 학습해 오히려 일반화 성능이 떨어지는 것을 의미한다.

일반적으로 전체 데이터를 학습 데이터와 테스트 데이터로 분할할 때는 학습 데이터를 80%, 테스트 데이터를 20%로 분할하고, 학습 데이터, 검증 데이터, 테스트 데이터로 분할할 때는 학습 데이터를 60%, 검증 데이터와 테스트 데이터를 각각 20%로 분할한다.

학습용 데이터(Train set)는 예측 혹은 분류모델을 학습시키기 위한 데이터셋이다. 한 가지 주의해야 할 사항은 모델을 학습시킬 때는 오로지 학습 데이터만을 사용해야 한다는 점이다. 검증용 데이터(Validation set)는 여러 분석 모델 중에서 가장 적합한 모델을 선택하기 위한 데이터셋이다. 검증용 데이터는 학습용 데이터로 모델을 학습시키는 중간 과정에서 모델이 잘 학습되고 있는지, 과적합은 없는지 등을 평가하기 위해 사용된다. 하이퍼파라미터 튜닝에 사용하는 데이터 또한 검증용 데이터다. 테스트 데이터(Test data)는 최종 모델의 성능을 평가하기 위해 사용한다.

【 데이터셋 분할 】

모델의 일반화 성능을 알 수 있는 방법은 모델을 새로운 샘플 데이터에 적용해 보는 것이다. 하지만 새로운 데이터에 대한 클래스 값을 알지 못하면 모델의 성능을 측정할 수 없기에 데이터를 분할하여 사용한다. 검증용 데이터와 테스트 데이터는 모델의 성능을 평가한다는 점에서 비슷해 보이지만, 둘은 확실히 구분해서 사용해야 한다. 검증용 데이터와 테스트 데이터의 차이점은 테스트 데이터는 오직 최종 모델의 성능을 평가하기 위해 사용되고, 학습 과정에 전혀 영향을 주지 않는다는 점이다. 검증용 데이터의 경우 직접 모델을 학습시키지는 않지만, 최적 모델 선정 및 하이퍼파라미터 튜닝 과정에서 모델 학습에 영향을 준다. 또한 검증용 데이터로 모델을 튜닝하는 과정에서 검증용 데이터에 모델이 과적합될 수 있기에 검증용 데이터로 측정한 성과가 높다고 해서 모델이 학습을 완벽하게 했다고는 볼 수 없다.

분석 모델의 주목적은 한 번도 보지 못한 새로운 데이터를 분류 및 예측하는 것이므로 학습에 전혀 영향을 주지 않은 테스트 데이터로 측정한 성과가 높아야 학습이 적절하게 됐다고 볼 수 있다.

② 데이터 분할 시 주의사항

대표성	각 데이터셋은 전체 데이터에 대한 대표성을 띠고 있어야 한다.
시드 설정	시드(seed)를 설정하지 않을 경우 데이터를 분할할 때마다 학습용, 검증용, 테스트 데이터셋에 각각 다른 데이터가 들어간다. 그렇게 되면 정확한 성능을 평가하기가 어렵기 때문에 데이터를 분할할 때는 시드를 설정해야 한다.
시간의 흐름	시계열 분석을 위한 데이터의 경우 데이터를 분할할 때 학습용 데이터에는 가장 과거의 데이터가 들어가야 하고 검증용 데이터에는 그다음 오래된 데이터, 그리고 테스트 데이터에는 가장 최신의 데이터가 들어가게 분할해야 한다.
중복	데이터를 분할할 때 학습용, 검증용, 테스트용 데이터셋에는 중복이 있으면 안 된다. 각 데이터셋에 데이터가 중복되면 중복된 데이터로 인해 정확한 성능 평가가 어렵다.

(2) 과적합과 과소적합

① 과적합

과적합(overfitting)이란 모델이 학습 데이터를 과하게 학습하는 것을 의미한다. 일반적으로 학습 데이터에 과적합되면 일반화 성능이 낮아져 이미 학습한 훈련용 데이터에 대한 성능은 높게 나오지만, 아

TIP _ 과적합과 과소적합은 머신러닝의 고질적인 문제점입니다. 각 현상이 발생하는 원인과 해결방안을 잘 알아둬야 합니다.

직 학습하지 않은 테스트 데이터에 대한 성능은 낮게 나온다. 그 이유는 모델이 학습 데이터에 너무 과하게 맞춰져서 새로운 데이터에 일반화하기가 어렵기 때문이다. 반대로 모델이 너무 단순해서 학습 데이터조차 제대로 예측하지 못하는 경우를 과소적합(underfitting)이라고 한다. 머신러닝이 지향하는 학습의 수준은 과적합이나 과소적합이 없고 새로운 데이터를 예측한 성능이 좋은 일반화된 학습 수준이다.

【 과적합의 유형 】

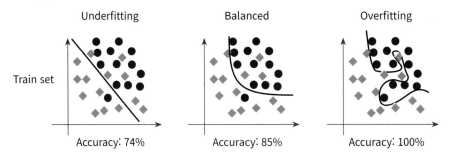

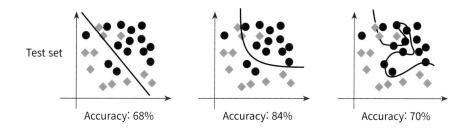

Test set
Accuracy: 68%   Accuracy: 84%   Accuracy: 70%

② 과적합이 발생하는 이유

- 훈련용 데이터에 다양한 샘플 데이터가 포함되지 않을 경우 발생한다.
- 모델이 과도하게 복잡할 때 발생한다.
- 훈련용 데이터에 노이즈가 다수 포함돼 있을 때 발생한다. 샘플 데이터가 많지 않고 모델이 복잡할 때 이상치, 오류 값 등의 노이즈가 다수 포함되어 있으면 모델이 노이즈를 학습해 과적합이 발생한다.
- 파라미터를 과하게 튜닝할 때 발생한다.
- 변수의 수가 너무 많을 때 발생한다.

③ 과적합 해결방안

- 더 많은 학습 데이터를 이용해 모델을 학습시킨다.
- 모델에 규제를 가해 모델을 단순화한다. 대표적으로 L1 규제와 L2 규제가 있다.
- 데이터의 노이즈를 제거한다.
- 파라미터의 수를 줄여 모델을 단순화한다.
- 종속변수에 유의미한 영향을 주는 변수를 선택해 데이터의 차원을 줄인다.
- 검증용 데이터를 이용해 과적합 및 일반화 오류의 정도를 측정하고 모델을 개선한다.

④ 과소적합이 발생하는 이유

- 모델이 너무 단순할 때 발생한다.
- 규제가 너무 강할 때 발생한다.

⑤ 과소적합 해결방안

- 종속변수에 영향을 주는 변수의 수를 증가시켜 데이터의 차원을 확장한다.
- 더 많은 파라미터를 사용한다.
- 모델의 규제를 완화한다.
- 다항식 등의 비선형 모델을 사용한다.

- **L1 규제**

L1 규제는 라쏘(Lasso)라고도 하며, 가중치에 L1 norm을 추가하는 것이다. L1 규제에서는 일정한 상숫값이 페널티로 부여되어 일부 불필요한 가중치 파라미터를 0으로 만들어 분석에서 아예 제외시킨다. 몇 개의 의미 있는 변수만 분석에 포함시키고 싶을 때 효과적인 방법이다.

L1 norm은 벡터의 각 요소의 절댓값의 합으로 계산되며 Manhattan norm이라고도 불린다. 예를 들어 벡터 a의 값이 [3,1,2]라고 할 때 L1 norm은 |3|+|1|+|2|=6이 된다.

- **L2 규제**

L2 규제는 릿지(Ridge)라고도 불리며, 가중치에 L2 norm을 추가하는 것이다.

일부 가중치 파라미터를 제한하지만, 완전히 0으로 만들지는 않고 0에 가깝게 만든다. L2 규제는 매우 크거나 작은 이상치의 가중치를 0에 가깝게 유도함으로써 선형 모델의 일반화 성능을 개선하는 데 사용할 수 있다.

L2 norm은 벡터의 각 요소의 제곱 합에 루트를 취해 계산되며 Euclidean norm이라고도 한다. 예를 들어 벡터 a의 값이 [3, 1, 2]라고 할 때 L2 norm은 $\sqrt{3^2+1^2+2^2}=\sqrt{9+1+4}=\sqrt{14}$가 된다.

(3) 데이터 분할을 통한 검증방법

① 홀드아웃

홀드아웃 방법은 가장 보편적인 데이터 분할을 통한 검증 방법이다. 홀드아웃 방법은 전체 데이터를 랜덤하게 추출해 학습 데이터와 테스트 데이터로 분리하는 방식이다. 일반적으로 학습 데이터는 80%, 테

TIP_홀드아웃은 데이터의 수가 적을 경우 각 데이터셋이 전체 데이터를 대표하지 못할 가능성이 큽니다.

스트 데이터는 20%로 구성한다. 학습 데이터로 학습하고 테스트 데이터로 모델의 성능이 나아지는 방향으로 튜닝한다. 하지만 테스트 데이터를 이용해 모델을 튜닝할 경우 테스트 데이터가 학습에 관여하게 되어 테스트 데이터로서의 효용이 떨어진다. 그래서 일반적으로 학습 데이터를 다시 학습 데이터와 검증 데이터로 분리해 학습 데이터 60%, 검증 데이터 20%, 테스트 데이터 20%가 되게 데이터를 분할한다.

【 홀드아웃으로 데이터 분할 】

② k-폴드(fold) 교차검증

k-폴드 교차검증은 전체 데이터를 무작위로 중복되지 않는 k개의 데이터셋으로 나눈 후 k-1개의 데이터를 학습 데이터로 사용해 학습하고 나머지 1개의 데이터셋을 검증 데이터로 사용하는 방식이다. k-폴드 교차검증은 이 과정을 k번 반복해 모든 데이터가 학습과 검증에 사용된다. k번의 테스트를 통해 나온 모델의 성능을 평균하여 최종 성능으로 도출한다. 모든 데이터셋을 모형 학습과 검증에 사용할 수 있어 특정 데이터셋에 과적합되는 것을 방지할 수 있고, 데이터 부족으로 인한 과소적합 또한 방지할 수 있다.

다만 홀드아웃보다 다소 느리다는 단점이 있다.

【 k-폴드 교차검증으로 데이터 분할 】

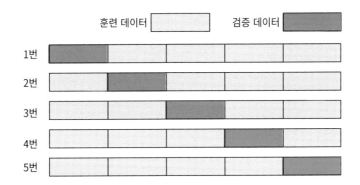

③ 부트스트랩

부트스트랩은 재표본추출(resampling) 방법의 일종으로 중복추출을 허용하는 방법이다. 부트스트랩을 사용하면 어떤 데이터는 여러 번 추출되어 여러 샘플에 포함되고, 어떤 데이터는 아예 추출되지 않을 수 있다. 표본 수가 적을 때 효과적이다.

TIP _ 부트스트랩은 복원추출을 하며 중복 추출을 허용한다는 점에 유의해야 합니다.

【 부트스트랩으로 데이터 분할 】

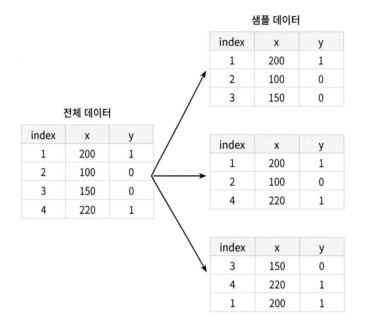

샘플 데이터

index	x	y
1	200	1
2	100	0
3	150	0

전체 데이터

index	x	y
1	200	1
2	100	0
3	150	0
4	220	1

index	x	y
1	200	1
2	100	0
4	220	1

index	x	y
3	150	0
4	220	1
1	200	1

④ stratified k-폴드 교차검증

주로 불균형 데이터를 분류하는 문제에서 사용하는 방법으로 작동 방식은 k-폴드 교차검증과 동일하다. 예를 들어 참인 경우가 1,000개, 거짓인 경우가 10개인 데이터셋의 경우 k-폴드 교차검증을 사용하면 특정 폴드에는 거짓 데이터가 하나도 포함되지 않을 수도 있다. stratified k-폴드 교차검증은 각 폴드가 가지는 레이블의 분포가 유사하도록 폴드를 추출해 교차검증을 실시한다.

■ 통계 기반 분석

기술통계분석	데이터의 특성을 요약 · 집계하는 것으로 자료의 형태에 따라 반환되는 통계 결과가 달라진다.
t-검정	두 집단 간의 평균을 비교하는 모수적 통계 방법이다.

세 개 이상의 집단 간 평균을 비교할 때 사용하는 통계적 방법으로 일원분산분석표는 다음과 같다.

요인	제곱합	자유도	제곱평균	F
집단 간(처치)	SSR	k-1	MSR = SSR/k-1	
집단 내(오차)	SSE	n-k	MSE = SSE/n-k	MSR/MSE
총	SST	n-1		

카이제곱검정	변수가 범주형 데이터일 때 사용하는 통계적 방법이다.

■ 정형 데이터 마이닝

기술	데이터가 가진 의미를 단순하게 기술하는 것
분류	이미 정의된 집합으로 새로운 데이터를 분류하는 것
추정	주어진 데이터에 기초하여 알려지지 않은 값을 추정하는 것
예측	과거의 데이터를 바탕으로 미래의 값을 예측하는 것
연관분석	데이터 간에 존재하는 유용한 규칙을 발견하는 것
군집	데이터를 유사한 특성을 지닌 몇 개의 소그룹으로 분할하는 것

■ 비정형 데이터 마이닝

텍스트 마이닝	대규모의 비구조적인 문서에서 의미 있는 정보를 추출하는 것
오피니언 마이닝	텍스트에서 추출된 감정 등의 주관적인 정보를 정량화하는 것
사회연결망 분석	특정 네트워크의 구조나 노드 간의 관계를 분석하는 것

■ 분석 모형 유형

지도학습	레이블이 있는 데이터를 통해 모델을 학습시키는 방법으로, 분류와 회귀에 사용된다.
비지도학습	레이블이 없는 데이터를 통해 모델을 학습시키는 방법으로, 군집, 차원축소, 연관규칙, 이상치 탐지 등에 사용된다.
준지도학습	레이블이 있는 데이터와 레이블이 없는 데이터를 모두 사용해 모델을 학습시키는 방법이다.
강화학습	시스템이 어떤 행동을 할 때마다 보상 및 페널티를 줘서 시스템이 받는 보상이 최대가 되는 방향으로 학습을 진행하는 방법이다.

■ 분석 모형 종류

지도학습	분류	▪ 로지스틱 회귀분석 ▪ KNN ▪ SVM ▪ 신경망 모형 ▪ 의사결정 트리
	회귀	▪ 라쏘 ▪ 릿지 ▪ 신경망 모형 ▪ SVR
비지도학습	군집	▪ k-평균 ▪ DBSCAN ▪ SOM
	차원축소	▪ PCA ▪ LDA ▪ SVD ▪ MDS
	연관분석	▪ FP-Tree ▪ Apriori

■ 분석 모형 구축 절차

● 폭포수 모델

장점	단점
▪ 프로젝트가 체계적이고 순차적으로 진행되어 관리하기가 편리하다. ▪ 전체 과정을 이해하기 쉽다. ▪ 적용사례가 많다. ▪ 문서 관리가 용이하다.	▪ 고객의 요구사항을 상세 반영하기 힘들다. ▪ 문제 해결 및 수정 비용이 크다. ▪ 피드백에 의한 반복이 어렵다.

● 프로토타이핑 모델

장점	단점
▪ 요구사항이 모호한 경우에 유용하다. ▪ 변경이 용이하다. ▪ 요구사항의 극대화가 가능하다. ▪ 빠른 오류 발견이 가능하다.	▪ 프로토타입을 만든 후 프로젝트를 포기할 경우 비경제적이다. ▪ 각 단계를 문서화하기가 어렵다. ▪ 계속적인 변경으로 개발 시간 및 비용이 증가할 수 있다.

● 나선형 모델

장점	단점
▪ 정확한 사용자 요구사항 파악이 가능하다. ▪ 요구사항 변동에 대처 가능하다. ▪ 위험을 최소화할 수 있다. ▪ 대규모 프로젝트에 적합하다.	▪ 프로젝트 수행에 많은 시간이 소요된다. ▪ 반복 수행으로 인해 프로젝트 관리가 어렵다. ▪ 위험 관리 능력이 프로젝트의 성패에 많은 영향을 끼친다.

■ 분석 도구 선정

엑셀	▪ 다른 분석 도구보다 사용하기 쉽다. ▪ 복잡한 명령어 없이 리본 메뉴를 통해 간단하게 사용할 수 있다.
R	▪ 통계분석, 데이터 마이닝, 시각화를 목적으로 개발된 오픈 소스 프로그램이다. ▪ 무수한 기능 확장이 가능하다. ▪ 즉시 사용 가능한 테스트 데이터를 제공한다.

파이썬	▪ 다양한 플랫폼에서 사용 가능하다. ▪ 다양한 라이브러리를 제공한다. ▪ 다른 모듈과 연결하는 언어로 자주 사용된다.
Hadoop	▪ 분산 환경에서 빅데이터를 처리할 수 있는 오픈 소스 프레임워크다. ▪ 구축 비용이 저렴하고 장비의 추가가 용이하다. ▪ 실시간 데이터 분석에는 부적합하다.
맵리듀스	▪ 대용량 데이터를 분산 병렬 컴퓨팅을 통해 처리하기 위한 프레임워크다. ▪ 데이터를 key와 value의 쌍으로 모으는 맵 단계와 맵화한 데이터를 key를 기준으로 추출/연산하는 리듀스 단계로 구성된다.
SAS	▪ 간단한 명령문만으로도 여러 가지 통계분석을 실행할 수 있다. ▪ 대용량 데이터를 분석하는 것이 상대적으로 용이하다. ▪ 고가의 라이선스가 필요하다. ▪ 새로운 학문적 연구를 반영하는 데 오랜 시간이 걸린다.
SPSS	▪ 사회 과학 자료 분석을 위한 통계 프로그램이다. ▪ 고가의 라이선스가 필요하다. ▪ GUI 기반으로 데이터 분석의 전 과정을 메뉴와 대화상자를 통해 수행할 수 있다.
Stata	▪ 통계 패키지인 동시에 데이터 관리 시스템이다. ▪ 데이터 관리와 시각화 기능이 탁월하다. ▪ 라이선스가 다른 통계 프로그램보다 저렴하다.

▪ 데이터셋 분할

학습 데이터셋(train set)	모델을 학습시키는 데 사용하는 데이터셋이다.
검증 데이터셋(validation set)	학습이 완료된 모델을 검증하기 위해 사용하는 데이터셋으로, 하이퍼파라미터 튜닝과 최적 모델을 선택하기 위해 사용한다.
테스트 데이터셋(test set)	최종 모델에 대한 성능을 평가하기 위해 사용하는 데이터셋이다.

■ 과적합과 과소적합

과적합	원인	• 학습 셋에 다양한 샘플 데이터가 포함되지 않았을 경우 • 파라미터를 과도하게 튜닝했을 경우 • 모델이 과도하게 복잡한 경우 • 변수의 수가 너무 많은 경우 • 학습 셋에 노이즈가 다수 존재할 경우
	해결방안	• 더 많은 학습 셋을 이용해 모델을 학습시킨다. • 데이터의 노이즈를 제거한다. • 모델에 규제를 가해 모델을 단순화한다. • 검증 셋을 이용해 일반화 성능을 향상시킨다.
과소적합	원인	• 모델이 너무 단순한 경우 • 규제가 너무 강한 경우
	해결방안	• 더 많은 파라미터를 사용한다. • 모델의 규제를 완화시킨다. • 다항식 등의 비선형 모델을 사용한다.

■ 데이터 분할 방법

홀드아웃	가장 보편적인 데이터 분할 방법으로 전체 데이터를 랜덤하게 추출해 학습 셋과 테스트 셋으로 분리하는 방식이다. 일반적으로 학습 셋의 크기는 70~80%, 테스트 셋의 크기는 20~30%로 구성한다.
k-폴드 교차검증	전체 데이터를 중복되지 않는 k개의 데이터셋으로 나눈 후, k-1개의 데이터셋을 학습 셋으로 사용해 학습하고 나머지 1개의 데이터셋을 검증 셋으로 사용하는 방식이다. k번의 테스트를 통해 나온 모델의 성능을 평균하여 최종 성능을 도출한다.
부트스트랩	중복 추출을 허용하는 방법으로 부트스트랩을 사용하면 어떤 데이터는 여러 번 추출되고 어떤 데이터는 아예 추출되지 않을 수 있다.
stratified k-폴드 교차검증	불균형 데이터를 사용할 때 주로 사용하는 방법으로, 각 폴드가 가지는 레이블의 분포가 유사하게 폴드를 추출한다.

01. 그리드 서치(Grid Search)와 랜덤 서치(Random Search)에 대한 설명으로 가장 적절하지 않은 것을 고르시오.

① 최적의 하이퍼파라미터 조합을 찾기 위해 사용하는 방법이다.

② 그리드 서치는 하이퍼파라미터의 수가 증가할수록 탐색 시간이 기하급수적으로 증가한다.

③ 랜덤 서치는 값의 범위를 지정하고 지정한 범위 내에서 랜덤하게 하이퍼파라미터 조합을 생성한다.

④ 2개의 하이퍼파라미터가 있고 각각의 경우의 수가 10개일 경우 그리드 서치는 총 20번의 경우의 수를 탐색한다.

02. 분산이 같은지 검정할 때 사용하는 분포로 가장 적절한 것을 고르시오.

① F–분포

② t–분포

③ 포아송 분포

④ 베르누이 분포

03. 전체 표본의 수가 20개이고 독립변수의 집단 수가 4개인 데이터를 일원분산분석 했을 때 처치제곱합은 300, 결정계수는 0.6이 나왔다. 이때 F 값은 얼마인지 고르시오.

① 6

② 7

③ 8

④ 9

04. 다음 설명 중 가장 적절하지 않은 것을 고르시오.

① 독립변수는 입력값이나 원인이 되는 변수로 결과변수, 목표변수라고도 불린다.

② 기술통계분석에서는 자료의 형태에 따라 반환되는 통계 결과가 달라진다.

③ 분석모형을 선정하기에 앞서 분석하고자 하는 문제를 정확하게 정의하는 것이 중요하다.

④ 같은 분석기법을 적용하더라도 사용하는 파라미터 값에 따라 다른 결과가 나올 수 있다.

05. 다음 데이터 마이닝에 대한 설명 중 가장 적절하지 않은 것을 고르시오.

① 예측은 미래의 행위를 분류하거나 미래의 값을 추정하는 데이터 마이닝 기법이다.

② 연관분석은 동시에 판매될 가능성이 높은 상품을 판단하기 위해 사용한다.

③ 예측의 결괏값은 연속형이고, 분류의 결괏값은 이산형이다.

④ 군집은 데이터를 유사한 특성을 지닌 몇 개의 소그룹으로 분할하는 작업으로 미리 정의된 집단이 필요하다.

06. 고객에게 수집된 성별, 연령, 특성, 행동 패턴 등의 데이터를 통해 고객의 이탈 여부를 예측하는 데 사용하는 분석 방법으로 가장 적절한 것을 고르시오.

① 군집분석

② 연관분석

③ 회귀분석

④ 분류분석

07. 구매 물품, 패턴 등 고객을 통해 수집한 데이터의 유사성에 따라 고객을 몇 개의 군으로 구분하려고 할 때 사용 가능한 분석 방법으로 가장 적절한 것을 고르시오.

① 연관분석

② 분류분석

③ 군집분석

④ 주성분분석

08. 고객이 동시에 구매하는 제품을 파악해 패키지 상품을 기획하려고 한다. 이때 사용할 수 있는 데이터 마이닝 기법으로 적절한 것을 고르시오.

① 연관분석

② 분류분석

③ 시계열분석

④ 분산분석

09. 다음 중 지도학습에 해당하지 않는 분석 방법을 고르시오.

① KNN

② 라쏘(Lasso)

③ 신경망 모형

④ K-means

10. 지도학습 방법 중 분류에 사용하는 모형으로 가장 적절하지 않은 것을 고르시오.

① 의사결정 트리

② 신경망 모형

③ SVR

④ 로지스틱회귀모형

11. 다음 비지도학습 방법 중에서 군집화를 수행할 수 있는 모형으로 가장 적절한 것을 고르시오.

① 특잇값 분해

② 다차원 척도법

③ 자기조직화지도

④ 주성분분석

12. 다음 설명 중 가장 적절하지 않은 것을 고르시오.

① 강화학습은 상과 벌이라는 보상을 주며 상을 최대화하고 벌을 최소화하게 학습하는 방식이다.

② 목표변수가 존재하는 데이터와 목표변수가 존재하지 않는 데이터를 모두 학습에 사용하는 방법을 준지도학습이라고 한다.

③ 비지도학습은 분류, 예측 등의 문제에 활용된다.

④ 기계학습은 크게 지도학습, 비지도학습, 준지도학습, 강화학습으로 분류할 수 있다.

13. 다음 모형 선정에 대한 설명 중 가장 적절하지 않은 것을 고르시오.

① 반응변수가 존재하고 반응변수의 형태가 연속형인 경우 지도학습 방법인 선형 회귀(Linear Regression), 회귀나무모형 등을 통해 회귀분석을 실행한다.

② 반응변수가 존재하지 않고 자료의 크기가 큰 경우에는 비지도학습 방법인 계층적 군집을 실행한다.

③ 차원의 축소가 목표인 경우 비지도학습 방법인 PCA, LDA 등을 실행한다.

④ 반응변수가 존재하고 반응변수의 형태가 범주형인 경우 지도학습 방법인 로지스틱 회귀분석, SVM 등을 통해 분류분석을 실행한다.

14. 다음의 예시 중 비지도학습 방법을 사용해야 하는 상황으로 가장 적절한 것을 고르시오.

① 마케팅 전략을 수립하기 위해 고객들을 비슷한 성향을 가진 몇 개의 그룹으로 세분화한다.

② 수집된 메일 데이터를 토대로 새로운 메일이 정상메일인지 스팸메일인지 파악한다.

③ 환자의 성별, 생활습관, 혈압 등의 데이터를 토대로 질병 발생 유무를 예측한다.

④ 현재까지의 주식 데이터를 기반으로 기업의 주식가치를 예측한다.

15. 다음 중 프로젝트 수행 시 발생하는 위험을 최소화하는 것을 주목적으로 하는 모형 구축 프로세스로 가장 적절한 것을 고르시오.

① 4GT

② 폭포수 모델

③ 나선형 모델

④ 프로토타이핑 모델

16. 분석모형 구축 절차에서 위기요인으로 가장 적절하지 않은 것을 고르시오.

① 개발 인력의 급증

② 개발 일정의 지연

③ 개발된 분석 모형의 신뢰성 부족

④ 빈번하게 변경되는 요구사항

17. 폭포수 모델의 프로세스로 가장 적절한 것을 고르시오.

① 요구사항 분석 – 설계 – 구현 – 테스트 – 유지보수

② 요구사항 분석 – 설계 – 테스트 – 구현 – 유지보수

③ 설계 – 요구사항 분석 – 테스트 – 구현 – 유지보수

④ 설계 – 요구사항 분석 – 구현 – 테스트 – 유지보수

18. 프로토타이핑 모델의 장점으로 가장 적절하지 않은 것을 고르시오.

① 사용자의 요구사항을 정확하게 반영할 수 있다.

② 대규모 프로젝트에 용이하다.

③ 개발자와 사용자의 원활한 의사소통이 가능하다.

④ 유지보수에 필요한 시간 및 비용을 절감할 수 있다.

19. 나선형 모델을 구성하는 4가지 태스크로 가장 적절하지 않은 것을 고르시오.

① 위험분석

② 개발

③ 고객평가

④ 유지보수

20. 다음 프로토타이핑 모델에 대한 설명 중 가장 적절하지 않은 것을 고르시오.

① 요구사항이 모호한 경우에도 요구사항을 충실하게 반영할 수 있다.

② 계속적인 요구사항 변경으로 인해 개발 시간 및 비용이 증가할 수 있다.

③ 프로젝트 관리가 용이하다.

④ 최종 결과물이 만들어지기 전에 사용자가 결과물의 일부를 확인할 수 있다.

21. 다음 나선형 모델에 대한 설명 중 가장 적절하지 않은 것을 고르시오.

① 비용과 시간이 많이 소요되는 대규모 프로젝트에 유리하다.

② 점진적으로 개발과정이 반복되므로 정확한 사용자 요구사항을 파악할 수 있다.

③ 위험분석 단계를 통해 위험요소를 최소화하므로 완성도 높은 모형을 구축할 수 있다.

④ 빠른 사용자 요구사항 파악으로 프로젝트에 소요되는 시간이 단축된다.

22. 다음 중 데이터 분석 도구 중 하나인 하둡에 대한 설명으로 가장 적절하지 않은 것을 고르시오.

① 서버를 추가하는 scale-out 방식을 사용해 분산처리를 가능하게 한다.

② 실시간 데이터 분석과 같이 신속하게 처리해야 하는 작업에 적합하다.

③ 일부 장비에 장애가 발생하더라도 전체 시스템의 사용성에 영향이 적다.

④ HDFS에 저장된 데이터는 변경이 불가능하다.

23. 분산 병렬 컴퓨팅을 통해 데이터를 처리하기 위해 만들어졌으며 key와 value를 통해 데이터를 처리하는 데이터 분석 도구로 가장 적절한 것을 고르시오.

① 하둡

② 맵리듀스

③ SAS

④ STATA

24. 다음 중 데이터 분할에 대한 설명으로 가장 적절하지 않은 것을 고르시오.

① 일반적으로 데이터를 학습 데이터, 검증 데이터, 테스트 데이터로 분리해서 사용한다.

② 과적합을 방지하고 일반화 성능을 향상시키는 것이 목적이다.

③ 검증용 데이터에서 측정한 성과가 높다면 모델이 학습을 완벽하게 했다고 볼 수 있다.

④ 학습 데이터는 초기 학습 모델을 구축하기 위해 사용한다.

25. 데이터 분할 시 주의해야 하는 사항으로 가장 적절하지 않은 것을 고르시오.

① 시계열 분석을 실행할 경우 학습 데이터에는 가장 최신의 데이터가 입력돼야 한다.

② seed를 설정해 분할마다 동일한 데이터셋으로 분할되게 해야 한다.

③ 학습용, 검증용, 테스트 데이터셋에는 중복이 있으면 안 된다.

④ 각 데이터셋은 전체 데이터에 대한 대표성을 띠어야 한다.

26. 과적합에 대한 설명으로 가장 적절하지 않은 것을 고르시오.

① 학습 데이터를 과하게 학습시키면 과적합이 발생해 일반화 성능이 하락한다.

② 학습 데이터에 다양한 샘플 데이터가 포함되지 않았을 경우 발생한다.

③ 다항식 등의 비선형 모델을 적용하여 해결할 수 있다.

④ 과적합을 해결하기 위해서는 파라미터의 수를 줄여 모델을 단순화해야 한다.

27. 과소적합에 대한 설명으로 가장 적절하지 않은 것을 고르시오.

① 과소적합을 해결하기 위해서는 모델의 규제를 완화해야 한다.

② 모델이 너무 단순해서 데이터를 제대로 학습하지 못하는 상황을 과소적합이라고 한다.

③ L1 규제와 L2 규제를 통해 모델을 단순화하여 과소적합을 해결할 수 있다.

④ 과소적합을 해결하기 위해서는 파라미터가 많은 복잡한 모델을 선택해야 한다.

28. 다음 릿지(Ridge)에 대한 설명 중 가장 적절하지 않은 것을 고르시오.

① 영향을 거의 미치지 않는 특성의 가중치를 0으로 수렴시켜 분석에서 아예 제외시킨다.

② L1 norm과 L2 norm의 값은 항상 음이 아닌 실수다.

③ 과적합을 방지하기 위한 방법 중 하나다.

④ L2 페널티를 사용한다.

29. 벡터 X의 값이 X = [−2, 6, 3]일 때 L1 norm을 구하시오.

① 7

② 8

③ 10

④ 11

30. 다음 교차검증에 대한 설명 중 가장 적절하지 않은 것을 고르시오.

① 교차검증은 모든 데이터를 학습과 검증에 사용할 수 있다.

② 데이터의 수가 부족한 경우 교차검증을 통해 모형을 평가할 수 있다.

③ 교차검증에서는 k번의 테스트에서 가장 좋은 성능이 나온 결과를 최종 성능으로 도출한다.

④ 불균형 데이터를 다루는 문제에서는 stratified k−폴드 교차검증을 실행한다.

【정답】

1. **답**: ④

   해설: 그리드 서치는 범위 내 모든 경우의 수를 탐색하는 방법으로 2개의 하이퍼파라미터가 있고 각각의 경우의 수가 10개인 경우 (10X10)만큼의 경우의 수를 탐색한다.

2. **답**: ①

   해설: 분산 검정을 할 때는 F-검정을 사용한다. t-검정은 평균 검정에 사용하며 포아송 분포와 베르누이 분포는 이산확률분포다.

3. **답**: ③

   해설: 처치제곱합이 300이고 SSR/SST로 계산되는 결정계수가 0.6이므로 SST는 500, SSE는 200이 된다. 처치의 자유도는 k-1로 3, 오차의 자유도는 n-k로 16이며, 이를 통해 처치 제곱평균과 오차 제곱평균을 계산하면 MSR = 300/3 = 100, MSE = 200/16 = 12.5가 된다.

   F 값은 MSR/MSE로 계산되므로 100/12.5 = 8이 된다. 이를 분산분석표로 정리하면 다음과 같다.

요인	제곱합	자유도	제곱평균	F
집단 간(처치)	300	3	100	
집단 내(오차)	200	16	12.5	
총	500	19		8

4. **답**: ①

   해설: 독립변수는 입력값이나 원인이 되는 변수로 설명변수, 예측변수, 통제변수 등으로 불린다.

5. **답**: ④

   해설: 군집분석은 비지도학습으로 미리 정의된 집단이 필요하지 않다. 미리 정의된 집단이 필요한 분석 방법은 분류분석이다.

6. **답**: ④

   해설: 관측된 데이터가 미리 정의된 집단 중 어느 것에 속하는지 예측하는 분석 방법은 분류분석이다.

7. **답**: ③

   해설: 데이터를 유사한 특성을 지닌 몇 개의 소그룹으로 분할하는 분석 방법은 군집분석이다.

8. **답**: ①

   해설: 함께 판매될 가능성이 높은 상품들의 연관성을 발견하여 상품 진열, 패키지 상품 기획 등에 활용되는 분석방법은 연관분석이다.

9. **답**: ④

   해설: K-means 방법은 군집분석 방법으로 비지도학습에 해당한다.

10. **답**: ③

    해설: SVR(Support Vector Regression)은 종속변수가 연속형인 경우 사용하는 서포트 벡터 머신으로, 분석 방법은 SVM과 동일하다.

11. **답**: ③

    해설: SOM(자기조직화지도)은 군집화와 차원축소를 동시에 수행할 수 있는 모델이다.

12. **답**: ③

    해설: 분류, 예측 등의 문제에 활용되는 방법은 지도학습이다. 비지도학습은 군집, 차원축소, 연관관계 분석 등에 사용된다.

13. **답**: ②

    해설: 반응변수가 존재하지 않고 자료의 크기가 큰 경우에는 비지도학습 방법인 비계층적 군집을 실행해야 한다. 비계층적 군집 방법에는 K-means, SOM 등이 있다.

14. **답**: ①

    해설: 고객을 비슷한 성향을 가진 몇 개의 그룹으로 세분화하는 작업에는 반응변수가 존재하지 않으므로 비지도학습 방법을 적용해야 한다.

15. **답**: ③

    해설: 나선형 모델은 개발 도중 발생하는 위험을 최소화하기 위해 개발 단계를 반복적으로 수행하는 모델이다.

16. 답: ①

해설: 개발 인력의 증가는 위기요인이 아니며, 개발 인력이 감소하는 것은 모형 구축 절차에서 위기요인으로 작용할 수 있다.

17. 답: ①

해설: 폭포수 모델은 요구사항분석 – 설계 – 구현 – 테스트 – 유지보수의 순으로 진행된다.

18. 답: ②

해설: 대규모 프로젝트에 용이한 모델은 나선형 모델이다.

19. 답: ④

해설: 나선형 모델은 목표설정, 위험분석, 개발, 고객평가의 4가지 태스크로 구성된다.

20. 답: ③

해설: 프로토타이핑 모델은 지속적인 요구사항 변경 등으로 인해 각 단계를 문서화하기 어렵고 이로 인해 프로젝트 관리가 용이하지 않다.

21. 답: ④

해설: 나선형 모델은 프로젝트 수행에 많은 시간이 소요된다는 단점이 있다.

22. 답: ②

해설: 하둡은 실시간 처리에 부적합하고 배치 프로세스에 적합한 도구다.

23. 답: ②

해설: 맵리듀스는 key와 value의 쌍으로 모으는 맵 함수와 맵화한 데이터를 key를 기준으로 추출 및 연산하는 리듀스 함수로 구성된다.

24. 답: ③

해설: 테스트 데이터로 측정한 성능이 높을 때 모델의 학습이 완벽하게 됐다고 볼 수 있다. 검증용 데이터의 경우 최적 모델 선정 및 파라미터를 튜닝하는 과정에서 모델 학습에 영향을 주기 때문에 검증 데이터에 대한 성능이 과도하게 높다면 모델이 검증 데이터에 과적합됐는지 의심해야 한다.

25. 답: ①

해설: 학습 데이터에는 가장 오래된 데이터가 입력되어야 하고 테스트 데이터에는 가장 최신의 데이터가 입력되어야 한다.

26. 답: ③

해설: 다항식 등의 비선형 모델을 적용하는 것은 과소적합의 해결방안에 해당한다.

27. 답: ③

해설: 과소적합은 모델이 너무 단순해 학습 데이터를 제대로 학습하지 못하는 경우 발생한다. L1 규제와 L2 규제를 통해 모델을 단순화하는 것은 과적합의 해결방안이다.

28. 답: ①

해설: 영향을 거의 미치지 않는 특성의 가중치를 0으로 수렴시켜 분석에서 아예 제외시키는 것은 라쏘다. 릿지는 영향을 거의 미치지 않는 일부 특성에 0에 가까운 가중치를 부여한다.

29. 답: ④

해설: L1 norm은 벡터의 각 요소의 절댓값을 모두 합하여 계산한다. 각 요소의 절댓값은 [2, 6, 3]이고 이를 모두 합하면 L1 norm은 11이 나온다.

30. 답: ③

해설: 교차검증에서는 k번의 테스트를 통해 나온 모델의 성능을 평균하여 최종 성능으로 도출한다.

분석기법 적용

01 분석기법

1.회귀분석

(1) 회귀분석 개념

회귀분석이란 독립변수와 종속변수 간에 선형적인 관계를 도출해 독립변수가 종속변수에 미치는 영향의 정도를 분석하고, 독립변수를 통해 종속변수를 예측하는 분석기법이다. 유튜브 시청 시간이 학생의 성적에 미치는 영향을 분석한다면 유튜브 시청 시간은 독립변수가 되고 학생의 성적은 종속변수가 된다. 회귀분석은 데이터가 연속형 데이터일 때 사용할 수 있으며 변수 중 범주형 데이터가 있을 때는 더미변수로 변환해 분석해야 한다. 종속변수가 범주형 데이터인 경우에는 로지스틱 회귀분석을 사용한다. 회귀분석은 주어진 데이터가 어떠한 경향성을 띤다는 것을 전제로 회귀방정식을 도출해 회귀선을 추정한다.

【 산점도 】

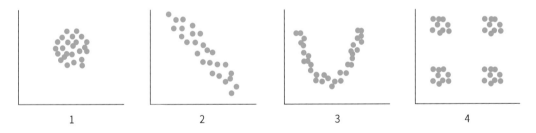

| 1 | 2 | 3 | 4 |

그림의 1번과 4번 산점도의 경우 두 변수 간에 예측되는 경향성이 없기 때문에 회귀분석을 할 필요가 없다. 2번 산점도의 경우 X가 증가하면 Y는 감소하는 선형적인 관계가 보이므로 회귀분석을 할 수 있으며 3번 산점도의 경우 2차 곡선의 형태를 띠고 있으므로 다항식을 사용해 다항회귀분석을 해야 함을 알 수 있다.

(2) 회귀분석의 가정

회귀분석은 선형성, 독립성, 등분산성, 정규성, 비상관성의 다섯 가지 기본 가정을 바탕으로 한다.

TIP _ 회귀분석의 가정과 설명을 뒤섞은 문제가 나올 수 있으므로 정확히 이해하고 넘어가야 합니다.

선형성	▪ 독립변수와 종속변수가 선형적이어야 한다. ▪ 종속변수를 독립변수와 회귀 계수의 선형적인 조합으로 표현할 수 있다는 뜻이다. ▪ 독립변수가 변화할 때 종속변수가 일정한 크기로 변화한다면 선형성을 만족한다고 볼 수 있다. ▪ 산점도를 통해 확인할 수 있다.
독립성	▪ 단순회귀분석에서는 잔차와 독립변수의 값이 서로 독립이어야 함을 의미한다. ▪ 다중회귀분석에서는 독립변수 간에 상관성이 없이 독립이어야 함을 의미한다.
등분산성	▪ 잔차의 분산이 독립변수와 무관하게 일정해야 한다. ▪ 잔차가 고르게 분포해야 함을 의미한다. ▪ 독립변수와 잔차에 대한 산점도를 통해 확인할 수 있다.
정규성	▪ 잔차항이 정규분포 형태를 띠어야 한다. ▪ 잔차항은 평균이 0이고 분산이 일정한 정규 분포의 형태이어야 함을 의미한다. ▪ Q–Q Plot에서 잔차가 우상향하는 직선의 형태를 띠면 정규성을 만족한다고 판단한다.
비상관성	▪ 잔차끼리 상관이 없음을 의미한다. ▪ 잔차끼리 서로 독립이면 비상관성이 있다고 판단한다. ▪ Durbin–Watson 통계량을 통해 확인 가능하다.

 참고 ┃ **오차와 잔차**

우리는 모집단의 실제값과 회귀선과의 차이인 오차(error)를 알아낼 수 없기에 표본에서 나온 관측값과 회귀선의 차이인 잔차(residual)를 이용해 분석을 수행한다.

(3) 알고리즘

예를 들어 다음 표와 같은 데이터를 통해 하루 유튜브 시청 시간에 따른 성적을 예측한다고 할 때 데이터 분포는 오른쪽 그래프처럼 좌표평면으로 나타낼 수 있다. 표를 좌표평면에 표현한 후 데이터의 분포 사이에 Y=aX+b 형태의 추세선을 정의하면 이를 통해 독립변수에 따른 종속변수의 값을 예측할 수 있다. 이때 Y는 종속변수이고 X는 독립변수이며 a는 기울기, b는 X가 0일 때의 Y값, 즉 Y축의 절편이다. a와 b는 회귀계수 혹은 파라미터라고 불린다.

【 유튜브 시청 시간과 성적 】

인덱스	하루 유튜브 시청시간	성적
0	1	92
1	0.5	90
2	2	85
3	3	82
4	4	83
5	3.2	80
6	5	70

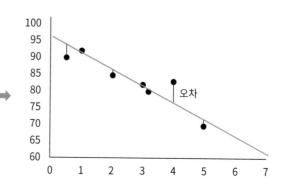

최소제곱법을 통해 파라미터를 추정하고 추정된 파라미터를 통해 추세선을 그려 값을 예측하는 것이 회귀분석의 기본 알고리즘이다. 최소제곱법이란 실제 관측치와 추세선에 의해 예측된 점 사이의 거리, 즉 오차를 제곱해 더한 값을 최소화하는 것이다. 좌표평면상에서 다양한 추세선이 그려질 수는 있지만, 잔차의 제곱 합이 최소가 되는 추세선이 가장 합리적인 추세선이고 이를 통해 회귀분석을 실행한다.

 참고 | 왜 '잔차 제곱의 합'인가?
잔차의 합이 아닌 잔차의 제곱 합을 사용하는 이유는 잔차는 양수가 될 수도 있고 음수가 될 수도 있어 잔차 합을 사용할 경우 잔차합이 0이 되는 추세선이 무수히 많이 발견될 수 있기 때문이다.

(4) 회귀분석의 종류

종류	회귀식	설명
단순회귀분석	$Y = \beta_0 + \beta_1 X + \epsilon$	독립변수와 종속변수가 1개씩일 때 둘 사이의 인과관계를 분석하는 것으로, 두 변수의 관계가 선형이다.
다중회귀분석	$Y = \beta_0 + \beta_1 X_1 + \beta_2 X_2 + \cdots + \beta_k X_k + \epsilon$	독립변수가 2개 이상이고 종속변수가 하나일 때 사용 가능한 회귀분석으로 독립변수와 종속변수의 관계가 선형으로 표현된다. 단순회귀분석이 확장된 형태다.
다항회귀분석	교차항을 적용하지 않은 다항회귀 $Y = \beta_0 + \beta_1 X^1 + \beta_2 X^2 + \beta_3 X^3 + \cdots + \beta_k X^k + \epsilon$ 교차항을 적용한 2차 다항회귀 $Y = \beta_0 + \beta_1 X_1 + \beta_2 X_2 + \beta_{11} X_1^2 + \beta_{22} X_2^2 + \beta_{12} X_1 X_2 + \epsilon$	독립변수가 2개 이상이고 종속변수가 하나일 때 사용 가능한 회귀분석으로 독립변수와 종속변수의 관계가 1차 함수 이상으로 표현된다.
비선형회귀분석	함수 f가 비선형 식이라 가정할 때 $Y = f(\beta_0 + \beta_1 X_1 + \cdots + \beta_k X_k) + \epsilon$	종속변수를 독립변수와 회귀계수의 선형적인 결합으로 표현할 수 없을 때 사용한다.

(5) 모형 적합성

회귀분석의 결과에 대한 모형 적합성을 검정하기 위해서는 분산분석 표를 사용해야 한다. 단순회귀분석의 분산분석표는 다음과 같다.

TIP _ 모델의 적합성 문제는 관련 시험에 자주 출제됩니다.

요인	제곱 합	자유도	제곱평균	F
회귀	SSR	1	MSR = SSR	
잔차	SSE	n−2	MSE = SSE/n−2	MSR/MSE
총	SST	n−1		

여러 개의 독립변수를 사용해 다중회귀분석을 실행하는 경우에는 다음과 같은 분산분석표를 사용해 모형의 유의성을 검정한다.

【 다중회귀분석의 분산분석표 】

요인	제곱 합	자유도	제곱평균	F
회귀	SSR	k	MSR = SSR/k	
잔차	SSE	n−k−1	MSE = SSE/n−k−1	MSR/MSE
총	SST	n−1		

① 회귀모형의 통계적 유의성 검증

F−통계량을 통해 회귀모형의 통계적 유의성을 확인할 수 있다. F−통계량은 MSR/MSE로 계산되며, F−통계량이 크다는 것은 오차에 의해 설명되는 변동보다 회귀모형에 의해 설명되는 변동이 많다는 뜻이므로 F−통계량이 클수록 회귀모형이 통계적으로 유의하다고 할 수 있다.

F−통계량이 커질수록 p−value는 작아지고, 유의수준 0.05에서 F−통계량에 의해 계산된 p−value가 0.05보다 작으면 모형이 통계적으로 유의하다고 판단한다.

② 회귀계수의 유의성 검증

t−통계량을 통해 각 독립변수가 종속변수에 미치는 영향을 파악할 수 있다. t−통계량은 회귀계수/표준오차로 계산된다. 다음의 표에서 speed의 회귀계수는 3.9324이고 표준오차는 0.4155다. 이를 통해 t−통계량을 계산하면 3.9324/0.4155=9.464가 된다.

【 단순회귀분석 결과 예 】

	Estimate	Std.Error	t value	Pr(>|t|)
(intercept)	−17.5791	6.7584	−2.601	0.0123
speed	3.9324	0.4155	9.464	1.49e−12

t-통계량이 크다는 것은 표준오차가 작다는 의미이므로 t-통계량이 클수록 회귀계수가 유의하다고 판단한다. t-통계량이 커질수록 p-value는 작아지고, 유의수준 0.05에서 t-통계량에 의해 계산된 p-value가 0.05보다 작으면 모형이 통계적으로 유의하다고 판단한다.

③ 모형의 설명력

모형의 설명력은 결정계수 R^2로 판단할 수 있다. 결정계수는 전체 변동 중 회귀모형에 의해 설명되는 변동의 비율로 표본에 의해 추정된 회귀식이 주어진 자료를 얼마나 잘 설명하는지를 보여주는 값이다. 결정계수는 SSR/SST=1-SSE/SST로 계산된다. SST는 SSE+SSR로 총변동이고, SSR은 회귀모형에 의해 설명되는 변동, SSE는 회귀모형으로 설명하지 못하는 변동이다. 결정계수는 0과 1 사이의 값으로 나타나는데, 결정계수가 1에 가까울수록 회귀모형이 주어진 자료를 잘 설명한다고 판단한다.

【 단순회귀분석 결과를 분산분석에 적용한 예 】

	Df	Sum sq	Mean Sq	F value	Pr(>F)
speed	1	21186	21186	89.567	1.49E-12
Residuals	48	11354	236.5		

이 표에서 SSR은 21186, SSE는 11354, SST는 SSR과 SSE의 합인 32540이므로 결정계수는 21186/32540=0.65가 된다.

참고 | **수정된 결정계수**

결정계수는 SSR/SST로 계산되므로 독립변수의 수가 많아질수록 증가하는 성질이 있다. 즉, 종속변수에 영향을 주지 않은 독립변수가 모형에 포함되어도 결정계수가 커지는 것이다. 이런 단점을 보완하기 위해 다중회귀분석에서는 수정된 결정계수라는 개념을 사용한다.

$$\text{adjusted } R^2 = 1 - \frac{(n-1)(1-R^2)}{n-p-1}$$

n = 표본의 크기, p = 독립변수의 수

식을 보면 분모에 p를 위치시켜 독립변수가 증가함에 따라 증가하는 결정계수를 상쇄해준다. 수정된 결정계수는 보통 결정계수보다 작게 계산되는 특징이 있다.

2. 로지스틱 회귀분석

(1) 로지스틱 회귀분석 개념

로지스틱 회귀분석은 회귀분석을 분류에 이용한 방법으로, 독립변수의 선형결합을 이용해 사건의 발생 가능성을 예측한다. 로지스틱 회귀분석은 '어떤 사건이 발생한다 or 발생하지 않는다'를 예측하는 것이 아닌 '어떤 사건이 발생할 확률 or 발생하지 않을 확률'을 예측하여 분류를 진행한다. 일반적으로 사건이 발생할 확률이 50% 이상인 경우 사건이 발생할 것으로 예측하고, 50% 미만인 경우에는 사건이 발생하지 않을 것으로 예측한다. 로지스틱 회귀분석은 질병 유무와 같이 종속변수가 이항형 문제일 경우 사용할 수 있다. 보통 질병이 있는 경우를 '1', 없는 경우를 '0'으로 변환해 분석한다. 회귀분석과 마찬가지로 독립변수가 연속형 데이터인 경우에 사용할 수 있으며 독립변수 중에 범주형 데이터가 있을 경우에는 더미변수로 변환해 분석해야 한다.

> **TIP** _ 로지스틱 회귀분석에서 데이터가 어느 클래스에 속할지를 결정하는 기준값을 임곗값(threshold)이라고 하며, 이 기본값은 0.5이지만, 상황에 따라 그 값을 조정할 수 있습니다.

【 회귀분석과 로지스틱 회귀분석 차이 】

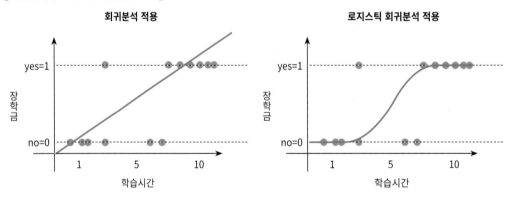

종속변수가 범주형인 경우에도 회귀분석을 통해 회귀선을 그릴 수는 있지만, 0과 1을 제대로 분류하지 못한다. 하지만 로지스틱 회귀분석을 적용하면 시그모이드 함수를 통해 좀 더 정확히 분류할 수 있다.

(2) 알고리즘

로지스틱 회귀분석은 독립변수의 값에 상관없이 종속변수가 항상 0과 1 사이에 있어야 한다. 이를 위해 사용되는 개념이 Odds와 로짓 변환, 그리고 시그모이드 함수다.

① Odds(오즈)

오즈는 확률 p가 주어졌을 때 사건이 발생할 확률이 사건이 발생하지 않을 확률의 몇 배인지에 대한 개념이다.

$$\text{Odds} = \frac{\text{사건이 발생할 확률}}{\text{사건이 발생하지 않을 확률}} = \frac{p}{1-p}$$

다음 표를 보면 독립변수가 흡연 여부고, 종속변수가 발병 유무일 때 흡연자의 오즈는 사건이 발생할 확률이 0.8이므로 0.8/0.2로 계산되어 4가 된다. 이는 흡연자 중 폐암이 발생한 사람이 발생하지 않은 사람보다 4배 많다고 해석할 수 있다. 비흡연자의 오즈는 p가 0.2이므로 0.2/0.8로 계산해 0.25가 되고 이는 비흡연자 4명 중에서 1명만 폐암에 걸린다고 해석할 수 있다.

【 흡연자와 비흡연자의 폐암 발생 통계 】

흡연 여부\발병 유무	폐암 발생 YES	폐암 발생 NO	합계
흡연자	400	100	500
비흡연자	100	400	500
합계	500	500	1,000

오즈비는 오즈의 비율로 오즈를 오즈로 나눔으로써 비교할 수 있다. 비흡연자에 대한 흡연자의 폐암 발병 오즈비를 구하면 4/0.25로 오즈비는 16이 되고, 이는 흡연자가 비흡연자보다 폐암 발병 확률이 16배 높다고 해석할 수 있다.

확률 p가 0에 가까워질수록 오즈 또한 0에 가까워지고 p가 1에 가까워질수록 오즈는 무한대에 가까워진다. 즉, 오즈값의 범위는 (0, +무한대)이다.

【 오즈비 그래프 】

② 로짓변환

회귀분석의 종속변수 Y값의 범위는 (−무한대, +무한대)인 것에 반해 로지스틱 회귀분석의 오즈 범위는 (0, 무한대)이다. 오즈의 범위를 회귀분석과 동일한 (−무한대, +무한대)로 변환하기 위해 사용하는 것이 로짓변환이다. 오즈의 범위를 (−무한대, +무한대)로 변환함으로써 회귀분석을 적용할 수 있다.

$$\mathrm{logit}\,(\mathrm{p}) = \log\!\left(\frac{p}{1-p}\right) = \log(odds)$$

【 로짓변환 그래프 】

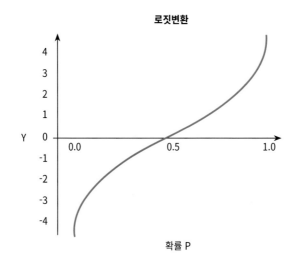

③ 시그모이드 함수

시그모이드 함수는 로짓 함수와 역함수 관계다. 이 말은 sigmoid(z)=t일 때 logit(t)=z이고, 로짓 함수를 통해 시그모이드 함수를 유도할 수 있다는 의미다. log(Odds)의 값이 실수 전체이므로 회귀분석을 적용하는 것이 의미가 있고 log(Odds)=wX+b가 성립한다. 우리가 알고자 하는 것은 확률 p이므로 이를 p를 기준으로 정리하면 다음과 같은 식이 완성되는데, 이것이 시그모이드다.

$$\mathrm{p}\,(\mathrm{x}) = \frac{1}{1 + e^{-(wX+b)}}$$

로지스틱 회귀분석은 데이터를 잘 설명하는 시그모이드 함수의 w와 b를 찾고 이를 통해 시그모이드 함수의 최적선을 찾아 분류를 결정한다.

【 시그모이드 함수 그래프 】

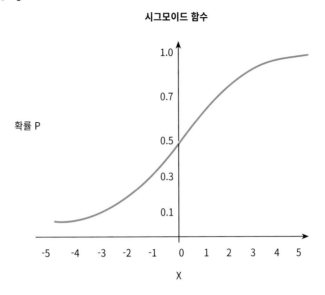

위 그래프와 같이 시그모이드 함수에 X값을 입력하면 Y값이 0~1 사이의 확률값으로 출력된다.

최종적으로 로지스틱 회귀분석의 식은 다음과 같다.

$$f(x) = \frac{1}{1+e^{-x}}$$

로지스틱 회귀분석은 최대우도법(Maximum Likelihood Estimator)을 사용해 데이터를 가장 잘 설명할 수 있는 계수를 추정하고 최적의 회귀식을 찾는다. 입력값에 따른 관찰자료의 가능성을 함수로 표현한 우도함수를 설정하고 이 우도함수를 최대로 하는 값으로 파라미터를 결정한다.

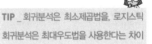

TIP _ 회귀분석은 최소제곱법을, 로지스틱 회귀분석은 최대우도법을 사용한다는 차이가 있습니다.

(3) 모형 적합성

① 모형의 통계적 유의성 검증

이탈도(deviance)를 통해 로지스틱 회귀모형의 유의성을 검증할 수 있다. 이탈도는 모형이 설명하지 못하는 데이터의 정도를 의미하며 영 이탈도(null deviance)는 절편만 포함된 모형의 적합도를 보여주고 잔차 이탈도(residual deviance)는 독립변수를 포함한 모형의 적합도를 보여준다. 이탈도가 작을수록 모형이 통계적으로 유의하다고 판단한다. 또한 카이제곱 검정을 통해 모형의 유의성을 검증할 수 있다.

Null deviance: 138.629 on 99 degrees of freedom

Residual deviance: 64.211 on 98 degrees of freedom

이 결과를 보면 독립변수를 포함한 모델의 이탈도(Residual deviance: 64.211)가 상수만 포함된 모형의 이탈도(Null deviance: 138.629)보다 74.418만큼 감소한 것을 알 수 있다. Null deviance의 p-value는 $\chi2(99)138.629 \approx 0.005$로 유의수준 0.05보다 작기 때문에 독립변수들의 계수가 0이라는 귀무가설, 즉 영모형의 적합도가 좋다는 귀무가설을 기각한다. residual deviance의 p-value는 $\chi2(98)64.211 \approx 0.997$로 유의수준보다 높기 때문에 독립변수가 포함된 모형의 적합도가 좋다는 대립가설을 채택한다.

② 계수의 유의성 검증

왈드 검정(wald test)을 통해 독립변수가 종속변수에 영향을 미치는지를 확인할 수 있다. 왈드 검정에 대한 검정 통계량인 z-value의 p-value가 유의수준보다 작을 때 계수가 유의하다고 판단한다.

③ 모형의 설명력

McFadden이 제안한 의사 결정계수와 Cox and Snell이 제안한 결정계수를 통해 로지스틱 회귀분석 모형의 설명력을 확인할 수 있다. 의사결정계수 값의 범위는 (0, 1)이지만, Cox and Snell이 제안한 결정계수는 최댓값이 1보다 작게 나오기 때문에 의사결정계수를 사용하는 것이 일반적이다. 로지스틱 회귀분석에서 결정계수는 보통 낮게 나오는 편이므로 결정계수에 너무 의존할 필요는 없다. 또한 AIC 값을 통해 모델의 설명력을 확인할 수 있는데, AIC 값이 작을수록 설명력이 좋다고 판단한다.

3. 의사결정 트리 분석

(1) 의사결정 트리 개념

의사결정 트리(Decision Tree)는 데이터를 학습하여 데이터 내에 존재하는 규칙을 찾아내고 이 규칙을 나무구조로 모형화해 분류와 예측을 수행하는 분석 방법이다. 의사결정 트리의 학습은 데이터를 적절한 분류 기준값에 따라 몇 개의 소집단으로 나누는 과정이다. 따라서 데이터의 어떤 기준을 바탕으로 분류 기준값을 정의하는지가 알고리즘의 성능에 큰 영향을 미친다. 올바른 분류를 위해서는 상위 노드에서 하위 노드로 갈수록 집단 내에서는 동질성이, 집단 간에는 이질성이 커져야 한다. 하지만 중간 노드가 많다는 말은 규칙이 복잡하다는 이야기이고, 이는 모델이 과적합되기 쉽다는 것을 의미한다. 따라서 의사결정 트리에서는 과적합이 발생하지 않도록 나무의 깊이를 적절하게 조절해야 한다. 의사결정 트리는 종속변수가 이산형인 분류 트리와 종속변수가 연속형인 회귀 트리로 구분된다.

【 의사결정 트리 구조 】

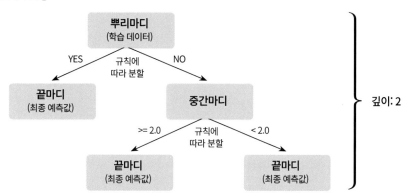

트리 구조에서 중간마디들은 분류 기준에 따라 기준에 부합한 값으로 할당된다. 끝마디는 뿌리마디부터 끝마디로 이어지는 경로에 있는 모든 분류 기준을 만족하는 값으로, 종속변수에 해당한다.

【 의사결정 트리의 구성요소 】

TIP _ 간단한 문제로 결정 트리의 깊이, 중간마디의 수 등을 묻는 문제가 출제될 수 있습니다.

뿌리마디(root node)	▪ 학습 데이터 ▪ 나무구조가 시작되는 마디
자식마디(child node)	▪ 하나의 마디로부터 분리되어 나간 2개 이상의 마디들
부모마디(parent node)	▪ 자식마디의 상위마디
끝마디(terminal/leaf node)	▪ 자식마디가 없는 마디로 각 트리의 끝에 위치하는 마디
중간마디(internal node)	▪ 끝마디가 아닌 마디로 자식마디가 존재하는 마디
가지(branch)	▪ 노드와 노드를 잇는 선
깊이(depth)	▪ 가지를 이루는 마디의 개수

(2) 의사결정 트리의 알고리즘

① 의사결정 트리 형성 과정

[Step 1] 나무의 성장	분석 목적과 자료구조에 따라 적절한 분리 기준과 정지 규칙을 설정해 의사결정 트리를 성장시키는 단계다. 각 마디에서 최적의 분리 규칙을 찾아 의사결정 트리를 형성하고 적절한 정지 규칙을 만족하면 나무의 성장을 중단한다. 최적의 분할은 불순도 감소량을 가장 크게 하는 분할이다.

[Step 2] 가지치기	불필요한 가지를 제거하는 단계로 분류 오류를 크게 할 위험이 있거나 부적절한 분류기준을 가진 가지를 제거한다. 너무 큰 트리 구조는 과적합의 위험이 있고, 너무 작은 트리 구조는 과소적합의 위험이 있다.
[Step 3] 타당성 평가	형성된 의사결정 트리를 평가하는 단계다. 검증용 데이터를 이용해 모델의 예측 정확도를 평가하거나 이익 도표 등의 평가지표를 이용해 의사결정 트리를 평가한다.
[Step 4] 해석 및 예측	구축된 의사결정 트리를 예측에 적용하고 이를 해석하는 단계다.

② 정지 규칙과 가지치기

정지 규칙이란 더 이상 트리의 분리가 일어나지 않게 하는 규칙이다. 의사결정 트리를 성장시키는 과정에서 정지 규칙을 적용하지 않으면 각 끝마디가 하나의 범주만을 가질 때까지 트리를 성장시키므로 과적합이 발생할 수 있다. 과적합을 방지하기 위해 트리의 깊이를 제한하거나 마디에 속하는 자료가 일정 수 이하일 경우 분할을 정지하는 등의 적절한 정지 규칙을 통해 모형의 크기를 통제해야 한다.

가지치기는 불필요한 가지를 제거하는 것이다. 나무의 크기가 곧 모형의 복잡도다. 모형이 너무 복잡할 경우 과적합이 발생할 수 있고 현실 세계에 적용 가능한 적절한 규칙을 발견하기가 힘들다. 검증용 데이터를 활용해 예측 정확도를 산출하고 이를 기반으로 불필요한 가지를 제거하거나, 구축된 모형에서 제시되는 규칙들의 타당성을 검토해 타당성이 없는 규칙을 제거하는 식으로 가지치기를 진행한다.

③ 가지치기 분리 기준

앞서 살펴본 [의사결정 트리 구조] 그림과 같이 의사결정 트리는 여러 분기로 이루어진 구조다. 따라서 정확한 예측을 위해서는 분류기준이 핵심적인 요소다. 생성된 노드에 속하는 자료의 순수도는 증가하고 불순도는 감소하는 방향으로 분류를 진행한다.

TIP _ 끝마디로 갈수록 불순도는 감소합니다.

【 불순도와 순수도 】

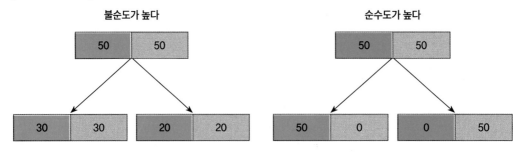

분류기준은 종속변수의 형태에 따라 다르게 사용되며 분류기준에 사용되는 지표는 다음 표와 같다.

【 종속변수가 이산형인 경우 】

TIP _ 알고리즘별 분류기준을 확실히 암기하고 넘어가야 합니다.

알고리즘	분류기준	설명
CHAID	카이제곱 통계량	분류한 두 노드가 유의미한 차이가 있다는 것을 증명하기 위해서는 분기 후 두 개의 노드 A, B가 동질적이라는 귀무가설을 기각해야 한다. 카이제곱 통계량의 p-value가 가장 작아지는 방향으로 가지 분할을 수행한다.
CART	지니 지수	지니 지수가 작을수록 불순도가 낮다는 뜻이므로 이 값이 작아지는 방향으로 가지 분할을 수행한다.
C4.5	엔트로피 지수	엔트로피 지수가 작을수록 불순도가 낮다는 뜻이므로 이 값이 작아지는 방향으로 가지 분할을 수행한다.

【 종속변수가 연속형인 경우 】

알고리즘	분류기준	설명
CHAID	ANOVA F-통계량	F-통계량의 p-value가 작아지는 방향으로 가지 분할을 수행한다.
CART	분산감소량	분산의 감소량이 커지는 방향으로 가지 분할을 수행한다. 분산의 감소량이 커지면 분산은 감소한다.

TIP _ 지니 지수를 계산하는 문제가 관련 시험에 몇 차례 출제됐습니다.

심화 ┃ **의사결정 트리의 각 분류 기준**

▪ **카이제곱 통계량**

카이제곱 통계량은 각 셀의 (기대도수−실제도수)²/기대도수를 모두 합친 값이다.

【 카이제곱 통계의 예 】

구분	Good	Bad	합계
왼쪽 마디	40(33)	15(22)	55
오른쪽 마디	20(27)	25(18)	45
부모마디	60	40	100

기대도수는 (행의 합계*열의 합계)/전체 표본으로 계산되고 위의 표에서는 괄호 안에 있는 숫자가 기대도수다. 위 표에서 카이제곱 통계량은 다음과 같이 계산한다.

$$\frac{(33-40)^2}{33}+\frac{(22-15)^2}{22}+\frac{(27-20)^2}{27}+\frac{(18-25)^2}{18}=2.8$$

카이제곱 통계량이 크다는 것은 분리된 마디가 이질적임을 의미한다. 따라서 카이제곱 통계량은 커지고 카이제곱 통계량의 p-value는 작아지는 방향으로 노드를 분리한다.

▪ 지니 지수

$$\text{Gini index} = 1 - \sum_i^c p_i^2$$

지니 지수는 위의 식으로 표현할 수 있으며 이때 c는 목표변수의 범주의 수다. 지니 지수는 불순도를 측정하는 지표 중 하나다. 지니 지수의 범위는 (0 ~ 0.5)이며 0에 가까울수록 노드 내의 데이터가 동질적임을 의미한다.

【 지니 지수를 이용한 분할 】

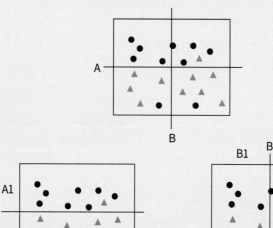

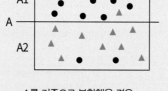

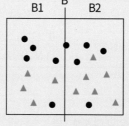

A를 기준으로 분할했을 경우
A1 = $1-(8/9)^2-(1/9)^2 = 16/81 = 0.2$
A2 = $1-(9/11)^2-(2/11)^2 = 36/121 = 0.3$
A = $(9/20) \times 0.2 + (11/20) \times 0.3 = 0.192$

B를 기준으로 분할했을 경우
B1 = $1-(4/9)^2-(5/9)^2 = 40/81 = 0.49$
B2 = $1-(5/11)^2-(6/11)^2 = 60/121 = 0.49$
B = $(9/20) \times 0.49 + (11/20) \times 0.49 = 0.378$

그림에서 불순도를 비교하면 A를 기준으로 분할했을 때의 지니 지수는 0.192이고, B를 기준으로 분할했을 때의 지니 지수는 0.378이다. 이는 A로 분할했을 때의 불순도가 더 적다는 의미이므로 A를 기준으로 분할한다.

▪ 엔트로피 지수

$$\text{Entropy} = -\sum_i^c p_i \, log_2 p_i$$

엔트로피 지수는 위의 식으로 표현할 수 있으며 이때 c는 목표변수의 범주의 수다. 엔트로피 지수는 불순도를 측정하는 지표 중 하나다. 엔트로피 지수의 범위는 (0~1)이며 0에 가까울수록 노드 내의 데이터들이 동질적임을 의미한다.

【 엔트로피 지수를 이용한 분할 】

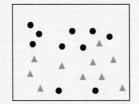

분할 전 엔트로피 지수
$-(10/20)Log_2(10/20)-(10/20)Log_2(10/20)$
$= 0.5+0.5 = 1$

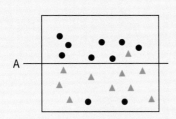

A를 기준으로 분할 후 엔트로피 지수
$(9/20)\times\{-(1/9)Log_2(1/9)-(8/9)Log_2(8/9)\}+$
$(11/20)\times\{-(2/11)Log_2(2/11)-(9/11)Log_2(9/11)\}$
$= (9/20)\times0.21+(11/20)\times0.37 = 0.24$

B를 기준으로 분할 후 엔트로피 지수
$(9/20)\times\{-(5/9)Log_2(5/9)-(4/9)Log_2(4/9)\}+$
$(11/20)\times\{-(5/11)Log_2(5/11)-(6/11)Log_2(6/11)\}$
$= (9/20)\times1.07+(11/20)\times0.92 = 0.95$

위 그림에서 분할하기 전의 엔트로피 지수는 1이다. 이를 A를 기준으로 분할하면 엔트로피 지수는 0.24가 되고 B를 기준으로 분할하면 0.95가 된다. A를 기준으로 분할했을 때 엔트로피 지수가 현저하게 감소하기 때문에 A를 기준으로 분류를 진행한다.

(3) 의사결정 트리의 장 · 단점

장점	▪ 트리 구조로 모형이 표현되므로 해석하기가 쉽다. ▪ 이상치에 덜 민감하다. ▪ 수학적 가정이 불필요한 비모수적 모형이다. ▪ 변수 선택이 자동적이다. ▪ 연속형 변수와 범주형 변수를 모두 처리할 수 있다.
단점	▪ 분류 기준값의 경계선 부근의 자료 값에 대해서는 오차가 클 수 있다. ▪ 모형이 너무 복잡할 경우 예측 정확도가 하락하고 해석하기 어려워진다. ▪ 각 변수의 영향력을 파악하기 힘들다. ▪ 새로운 자료에 대한 예측이 안정적이지 않을 수 있다.

4. 인공신경망 분석

(1) 인공신경망 분석의 개념

인공신경망 분석은 실제 생물의 신경계를 모방해 예측 및 분류를 하는 머신러닝 알고리즘이다. 인간의 뇌는 약 1,000억 개의 뉴런이 병렬적으로 연결돼 있다. 뇌에 자극을 주면 각각의 뉴런은 수상돌기를 통해 입력신호를 받고 축삭돌기를 통해 다른 뉴런으로 신호를 전송한다. 뉴런과 뉴런 사이는 시냅스로 연결돼 있는데, 입력신호가 다른 뉴런으로 전달되기 위해서는 신호의 강도가 일정 기준치를 초과해야 한다. 인공신경망 분석은 이러한 뇌의 구조를 수학적으로 단순화해 모델링한 것이다. 인공신경망 분석에서 값이 입력되면 개별 신호의 정도에 따라 값이 가중된다. 가중된 값에 편향(bias)이라는 상수를 더한 후 활성함수를 거치면 인공신경망의 출력값이 생성된다.

【 자연 뉴런과 인공 뉴런 】

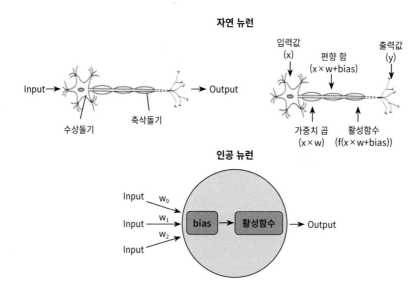

(2) 알고리즘

① 활성함수

인공신경망은 노드에 입력되는 값을 바로 다음 노드로 전달하지 않고 비선형 함수에 통과시킨 후 전달한다. 이때 사용되는 비선형 함수를 활성함수라고 한다. 활성함수는 입력된 값을 적절히 처리해 출력값으로 변환해준다. 또한 이를 통해 출력된 값을 다음 노드

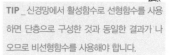

TIP _ 신경망에서 활성함수로 선형함수를 사용하면 단층으로 구성한 것과 동일한 결과가 나오므로 비선형함수를 사용해야 합니다.

에서 활성화할지를 결정한다. 이 같은 과정을 통해 활성함수는 데이터의 비선형성을 표현할 수 있다. 어떤 활성함수를 사용하느냐에 따라 그 출력값이 달라지므로 적절한 활성함수를 사용하는 것이 중요하다. 대표적인 활성함수로는 시그모이드 함수, 소프트맥스 함수, ReLU 함수 등이 있다.

【 인공신경망 활성함수 】

Step 함수	가장 기본적인 활성함수다. 다음과 같이 그래프가 계단 모양으로 생겼으며 임곗값을 기준으로 출력값이 0 혹은 1로 표현된다. TIP_ 활성화 함수가 생성할 수 있는 범위 내에 출력값이 존재해야 합니다. $$S(x)=\begin{cases} 0, & x<0 \\ 1, & x=>0 \end{cases}$$
Sigmoid 함수	로지스틱 함수라고도 불리며, 특정 임곗값을 기준으로 출력값이 급격하게 변하는 Step 함수와 달리 완만한 곡선 형태로 0과 1 사이의 값을 출력한다. $$S(x)=\frac{1}{1+\exp(-x)}$$
Sign 함수	함수의 값이 중간에 갑자기 바뀌는 불연속함수로 입력값이 음수이면 −1을, 양수이면 1을 출력한다. $$S(x)=\begin{cases} -1, & x<0 \\ 1, & x=>0 \end{cases}$$
tanh 함수	tanh 함수는 확장된 sigmoid 함수다. 함수의 중심값이 0.5인 sigmoid 함수와 달리, tanh 함수의 중심값은 0이다. −1과 1 사이의 값을 출력하며 sigmoid보다 학습속도가 빠르다. $$S(x)=\frac{\exp(x)-\exp(-x)}{\exp(x)+\exp(-x)}$$

ReLU 함수	입력값이 0보다 작으면 0을, 0보다 크면 입력값을 그대로 출력하는 함수다. sigmoid와 tanh 함수보다 연산이 빠르다는 장점이 있지만, 0보다 작은 값에 대해서는 기울기가 0이므로 뉴런이 작동하지 않을 수 있다는 단점이 있다. 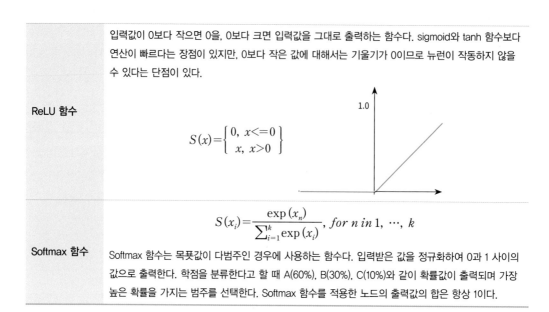
Softmax 함수	$$S(x_i) = \frac{\exp(x_n)}{\sum_{i=1}^{k} \exp(x_i)}, \ for \ n \ in \ 1, \cdots, k$$ Softmax 함수는 목푯값이 다범주인 경우에 사용하는 함수다. 입력받은 값을 정규화하여 0과 1 사이의 값으로 출력한다. 학점을 분류한다고 할 때 A(60%), B(30%), C(10%)와 같이 확률값이 출력되며 가장 높은 확률을 가지는 범주를 선택한다. Softmax 함수를 적용한 노드의 출력값의 합은 항상 1이다.

② 신경망의 계층 구조

인공신경망은 입력층, 은닉층, 출력층의 세 가지 층으로 구성된다. 모든 층은 노드로 구성돼 있으며, 각 층은 가중치를 포함한 망으로 연결돼 있다. 입력층은 시스템 외부로부터 예측을 위한 데이터를 입력받아 시스템으로 전송하는 역할을 한다. n개의 독립변수로 종속변수를 예측하고자 한다면 입력층은 n개의 노드를 가지게 된다. 입력층의 노드에서는 어떠한 연산도 발생하지 않는다. 은닉층은 일종의 블랙박스로 신경망 외부에서는 은닉층의 노드에 직접 접근할 수 없다. 은닉층은 입력층으로부터 값을 전달받아 가중합과 편향을 계산한 후 활성함수에 적용하여 결과를 산출하고 이를 출력층으로 전송한다. 출력층은 학습된 데이터가 포함된 층으로 활성함수의 결과를 담고 있는 노드로 구성된다. 출력층의 노드 수는 출력 범주의 수로 결정된다. 분류 문제일 경우 출력층의 노드는 각 라벨의 확률을 포함한다.

③ 역전파 알고리즘

인공신경망을 학습시키기 위해 사용하는 일반적인 알고리즘이다. 인공신경망을 학습시킨다는 것은 출력값과 실제값의 오차가 최소가 되는 가중치와 편향을 찾는 것을 의미한다. 오차가 본래의 진행 방향과 반대 방향으로 전파된다는 의미에서 역전파 알고리즘이라고 부른다. 역전파 알고리즘은 출력층에서 결정된 결괏값의 오차를 출력층에서 입력층으로 역으로 전파하며 오차가 최소가 되게 가중치를 갱신한다. 오차를 먼저 계산한 후 이 오차가 작아지는 방향으로 가중치를 조절하므로 입력층부터 모든 경우의 수에 대해 가중치를 계산하는 기존 방식보다 최적화 과정이 빠르고 정확해진다.

(3) 인공신경망의 종류

① 단층 퍼셉트론

단층 신경망이라고도 하며 입력층이 은닉층을 거치지 않고 바로 출력층과 연결된다. 단층 퍼셉트론은 다수의 입력값을 받아 하나의 출력값을 출력하는데, 이 출력값이 정해진 임곗값을 넘었을 경우 1을 출력하고 넘지 못했을 경우에는 0을 출력한다.

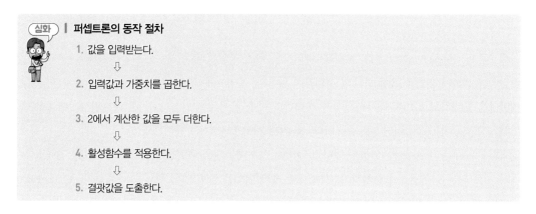

예를 들어 [2, 3]이라는 값을 입력받고 이들의 가중치가 [0.05, 0.01]일 때 각 입력값과 가중치를 곱한 값은 [0.1, 0.03]이고 이를 합친 값은 0.13이 된다. 단층 퍼셉트론에서 활성함수로 step 함수를 사용하고 임곗값을 0으로 설정했다고 했을 때 0.13은 임계치보다 크므로 최종 결괏값은 1이 출력된다.

【 단층 퍼셉트론의 예 】

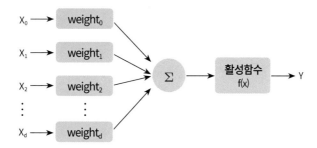

퍼셉트론은 선형분류기로, 직선 하나로 두 영역을 나눌 수 있는 문제에는 적용할 수 있지만, 비선형적인 문제에는 적용할 수 없다.

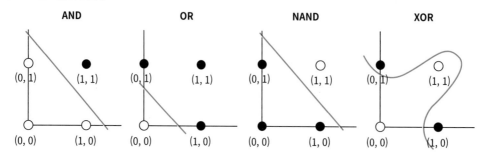

퍼셉트론을 이용하면 AND, OR, NAND 게이트를 쉽게 구현할 수 있다. 게이트 연산에는 두 개의 입력값이 필요하며 연산을 통해 하나의 출력값이 나온다. AND 게이트는 입력값 두 개가 모두 1인 경우에만 1을 출력하고 나머지 경우에는 0을 출력한다. OR 게이트는 입력값 둘 중 하나만 1이면 1을 출력하고 입력값이 모두 0이면 0을 출력한다. NAND 게이트는 AND 게이트와 완전히 반대되는 구조로 입력값이 모두 1인 경우에는 0을 출력하고 나머지 경우에는 1을 출력한다. XOR 게이트는 입력값 두 개가 서로 다른 값이면 1을 출력하고, 서로 같은 값이면 0을 출력한다. 위의 그림을 보면 AND, OR, NAND 게이트는 하나의 직선만으로 검은색 원과 하얀색 원을 구분하는 것이 가능하다. 하지만 XOR 게이트 직선 하나로 구분하는 것이 불가능하다. 퍼셉트론은 선형분류기이기 때문에 XOR 게이트와 같은 비선형 영역의 구분은 불가능하다.

② 다층 퍼셉트론

다층 퍼셉트론은 둘 이상의 퍼셉트론의 중첩으로 입력층과 출력층 사이에 하나 이상의 은닉층을 두어 비선형적인 데이터도 학습할

TIP _ 은닉층 관련 보기가 시험에 자주 등장합니다.

수 있게 한 알고리즘이다. 단층 퍼셉트론에서는 불가능했던 XOR 게이트 연산이 가능하다. 단층 퍼셉트론이 입력층과 출력층이 직접 연결되어 목푯값과 출력값을 직접 비교하며 가중치를 조정할 수 있는 것과 달리, 다층 퍼셉트론은 중간에 존재하는 은닉층으로 인해 직접 비교가 불가능하다. 이러한 다층 퍼셉트론의 문제점을 해결하기 위해 사용하는 방법이 역전파 알고리즘이다. 활성함수가 하나만 사용되는 단층 퍼셉트론과 달리, 다층 퍼셉트론에는 활성함수가 여러 개 사용된다.

다층 퍼셉트론은 단층 퍼셉트론보다 학습하기가 어려우며 은닉층의 노드의 수가 너무 적으면 복잡한 의사결정 경계를 구축할 수 없고, 은닉층의 노드의 수가 너무 많으면 일반화가 어렵기 때문에 적절한 노드의 수를 찾는 것이 중요하다.

다층 퍼셉트론의 동작 절차

1. 각 층에서의 가중치와 편향을 설정한다.
   ⇩
2. 학습 데이터를 통해 출력값을 도출한다.
   ⇩
3. 가중치를 업데이트한다(출력층의 활성함수를 통해 계산된 결괏값과 실제값의 오차가 허용 오차 이내에 들어오게 업데이트).
   ⇩
4. 오차가 허용 오차 안에 들면 학습을 종료한다.

【 다층 퍼셉트론의 계층 구조 】

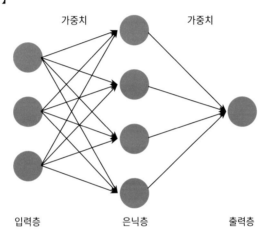

(4) 인공신경망 분석의 장단점

장점	• 잡음에 민감하게 반응하지 않는다. • 비선형적인 문제를 분석하는 데 유용하다. • 패턴인식, 분류, 예측 등의 문제에 효과적이다. • 스스로 가중치를 학습하므로 다양하고 많은 데이터에 효과적이다.
단점	• 모형이 복잡할 경우 학습에 오랜 시간이 소요된다. • 초기 가중치에 따라 전역해가 아닌 지역해로 수렴할 수 있다. • 추정한 가중치의 신뢰도가 낮다. • 결과에 대한 해석이 쉽지 않다. • 은닉층의 수와 은닉 노드의 수를 결정하기가 어렵다.

5. 서포트 벡터 머신

(1) 마진과 서포트 벡터

서포트 벡터 머신(SVM)은 분류와 회귀분석에 사용되는 지도학습 알고리즘이다. 주어진 데이터를 학습해 새로운 데이터가 어떤 범

TIP _ 마진의 역할에 집중해 학습할 필요가 있습니다.

주에 속할지 결정하는 비확률적 이진 선형모델을 만든다. 서포트 벡터 머신에서는 데이터가 n차원으로 주어졌을 때 이러한 데이터를 n−1차원의 초평면으로 분리한다. 2차원 데이터에서 초평면은 1차원의 선이 되고, 3차원 데이터에서 초평면은 2차원의 면이 된다. 결정 경계와 가장 가까운 데이터를 서포트 벡터라고 부르며 서포트 벡터와 결정 경계 사이의 거리를 마진이라고 한다.

【 서포트 벡터의 구성요소 】

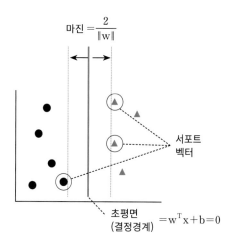

데이터를 분리하는 초평면은 무수히 많이 존재한다. 그러므로 어떤 초평면을 사용해 데이터를 분리할지를 결정하는 것이 중요하다. 초평면 $f(x)$는 $w^T x + b = 0$으로 나타낼 수 있다.

초평면 $f(x)$는 전체 공간을 두 개의 영역으로 분할하는데, $w^T x + b$가 0보다 큰 경우에는 범주가 1인 영역이 되고 $w^T x + b$가 0보다 작은 경우에는 범주가 −1인 영역이 된다. SVM은 집단 사이의 마진을 최대화하는 것을 기준으로 데이터에서 가능한 한 먼 결정 경계를 학습한다. 마진을 최대화한다는 것은 $\|w\|$의 값이 최소가 되게 하는 것이고, 이 과정이 SVM의 최적화 과정이다. 집단 간의 마진을 최대로 하기 때문에 결정경계에 속하는 데이터가 없고 이로 인해 좀 더 명확한 분류가 가능해진다. 다음 그래프를 보면 마진이 큰 경우와 작은 경우 모두 데이터를 잘 분리하고 있음을 알 수 있다. 하지만 새로운 데이터를 입력했을 때 마진이 작은 경우에는 마진이 큰 경우보다 새로운 데이터에 대한 예측을 잘못할 수 있고 관측치의 미세한 변화에도 결괏값이 달라질 수 있다. 이는 마진을 크게 하여 학습하는 것이 일반화

가 더 잘 되기 때문이다. 다음 그림에서 마진을 크게 해 결정경계를 결정한 경우가 마진을 작게 한 경우보다 새로운 데이터를 더 잘 분류함을 볼 수 있다.

【 마진의 차이 】

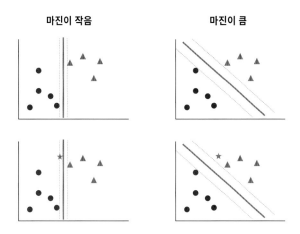

(2) 소프트 마진

앞에서 설명한 내용은 하드 마진 서포트 벡터에 관한 내용이다. 하드 마진은 매우 엄격하게 초평면을 정의하는 방법으로, 모든 입력값이 초평면을 사이에 두고 무조건 한 클래스에 속해야 한다. 이럴 경우 몇 개의 이상치로 인해 초평면이 데이터를 제대로 분리하지 못하는 경우가 생길 수 있고, 과적합이 발생할 수 있다. 이를 해결하기 위해 개발된 방식이 약간의 오분류를 허용하는 소프트 마진 방식이다.

소프트 마진 방식은 군집이 겹쳐 있는 경우 등으로 인해 선형 분리할 수 없었던 데이터에 대해 여유변수(slack variables)라는 개념을 도입해 선형으로 분리할 수 있게 해준다. 여유변수 ξ의 크기가 0인 데이터는 서포트 벡터이고, ξ의 크기가 0과 1 사이이면 해당 데이터는 마진 안에 포함되기는 하지만 여전히 정확히 분류된 데이터다. 여유변수 ξ의 크기가 1보다 크면 해당 데이터는 잘못 분류된 데이터다. 소프트 마진 방법의 목적은 최대의 마진을 가지는 동시에 여유변수의 합을 최소로 하는 초평면을 찾는 것이고, 이는 라그랑주 승수법을 통해 해결할 수 있다.

기존 하드마진 방식은 마진의 크기가 작아지는 것을 감수하면서도 매우 엄격하게 초평면을 정의하기 때문에 마진 안에 데이터가 들어올 수 없었다. 하지만 소프트 마진은 마진 안에 데이터가 들어오는 것을 어느 정도 허용함으로써 마진의 크기를 최대한 크게 설정한다. 사용자는 C라는 하이퍼파라미터 값을 통해 오류의 정도를 결정할 수 있다. C는 데이터가 다르게 분류되는 것을 얼마나 허용할지를 판단해 결정해주는 값이다. C값이 작을수록 이상치를 많이 허용하는 대신 마진의 크기가 커지고, C값이 클수록 이상치를 적게 허용하는 대신 마진의 크기가 작아진다.

다음 소프트 마진 그래프를 보면 C값을 작게 설정한 경우에는 이상치를 허용하여 하나의 데이터를 잘 못 분류했지만, 마진이 크고 더 일반적인 결정경계를 찾아냈다. 이에 반해 C값을 크게 설정한 경우에는 모든 데이터를 완벽하게 분류했지만 마진이 너무 작고, 그로 인해 새로운 데이터의 범주를 정확히 예측할 가능성이 낮아졌다. C값이 너무 작으면 과소적합의 가능성이 커지고, C값이 너무 크면 과적합의 가능성이 커지기 때문에 적절한 C값을 찾는 것이 중요하다.

【 소프트 마진 】

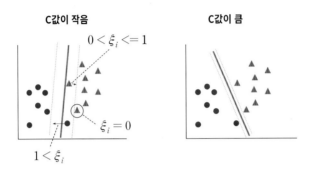

(3) 커널 기법

현실 세계에서 선형으로 완벽히 구분되는 데이터는 극히 드물다. 선형으로 분리되지 않는 데이터는 커널 트릭을 통해 입력 데이터를 저차원에서 고차원으로 매핑하여 해결할 수 있다. 2차원 데이터의 경우 데이터 간의 거리 정보를 x축과 y축을 통해서만 계산할 수 있다. 하지만 데이터를 3차원으로 확장할 경우 z라는 새로운 축이 추가되어 x, y, z축을 통해 데이터 간의 거리를 계산할 수 있고 데이터를 더 잘 분류할 수 있게 된다.

【 매핑을 통한 데이터 분류 】

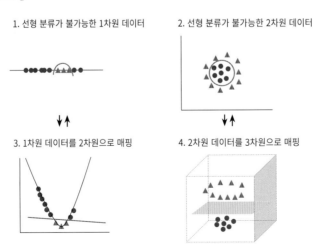

그림의 1번과 2번 그래프는 서포트 벡터를 통해 선형 분류가 불가능한 데이터의 점들을 나타낸다. 1번 그래프를 변환함수 ϕ을 통해 $(x) \rightarrow (x, x^2)$와 같이 매핑하면 3번 그래프와 같은 2차원 데이터 형태로 변환할 수 있고, 이를 통해 데이터를 분류하는 초평면을 구할 수 있다. 2차원으로 변환하여 초평면을 구한 자료를 다시 1차원으로 변환하면 비선형적인 분류가 가능해진다. 하지만 이렇게 고차원으로 데이터를 매핑하게 되면 모든 데이터를 고차원으로 매핑한 후에 내적을 해야 하기 때문에 계산량과 연산 비용이 폭등한다. SVM은 이러한 문제를 해결하기 위해 커널 트릭(kernel trick)이라는 방법을 사용한다. 커널 트릭이 속임수(trick)인 이유는 실제로 데이터를 매핑하여 내적하지 않고 비슷한 효과를 만들기 때문이다. 커널 트릭의 기본 아이디어는 데이터를 고차원 공간으로 매핑한 후에 내적하는 것과 내적한 후에 매핑하는 것이 같다는 것이다.

SVM 수행 시 우리가 알고 싶은 값은 데이터를 고차원으로 변환해주는 변환함수 ϕ가 아닌 고차원 공간에서의 내적값이다. 즉, $K(x, y) = \phi(x)T \cdot \phi(y)$인 함수가 있다면 각각의 데이터를 변환함수 ϕ를 통해 고차원으로 변환하여 내적값을 구할 필요 없이 내적함수 K를 통해 연산을 하는 것이 고차원에서 내적한 것과 같은 효과를 발휘한다는 것이다. 커널 트릭은 이 내적함수 K를 사용하여 각각의 매핑함수를 정의하지 않고 내적함수만 정의해 계산량을 줄일 수 있다. 커널 트릭은 고차원으로 매핑된 각 데이터의 좌표를 구한 후 내적하는 것이 아니라 원 차원에서 작동할 수 있게 하는 것이고, 이로 인해 데이터의 복잡도는 원래 차원의 영향만 받아 무한대의 차원으로 확장한다고 하더라도 최적화하는 데 문제가 없다. 자주 사용되는 커널 기법은 다음과 같다.

【 커널 기법의 종류 】

TIP _ 커널 기법은 PCA 등 모든 비선형 문제를 가진 분류기에서 사용 가능합니다.

Linear kernel	$K(x, y) = (x^T, y)$
Polynomial kernel	$K(x, y) = (x^Ty + 1)^d$, d : 다항식의 차수
sigmoid kernel	$K(x, y) = \tanh(ax^Ty + offset)$
RBF kernel	$K(x, y) = \exp(-|x-y|^2 / 2\sigma^2)$

선형 SVM은 C라는 하이퍼파라미터를 통해 데이터가 다른 클래스로 분류되는 것을 허용하는 정도를 조정했는데, RBF 커널은 C와 더불어 감마(gamma)라는 값을 추가로 조정해야 한다.

감마는 단일 학습 데이터의 영향이 얼마나 멀리 도달하는지를 정의하는 파라미터다. gamma 값이 클수록 단일 데이터 샘플이 행사하는 영향력의 거리가 짧아지고, gamma 값이 작아질수록 영향력의 거리가 길어진다. gamma 값이 커지면 각 데이터 샘플의 영향력이 작아져 결정경계의 곡률이 커진다.

【 C와 gamma 】

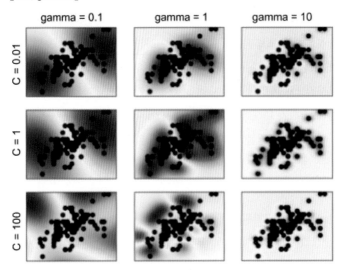

TIP _ C와 gamma를 혼동하지 않도록 합니다.

그림에서 감마가 0.1로 일정한 첫 번째 열을 보면 C값이 0.01일 때는 어느 정도의 이상치를 인정해서 무난한 결정경계를 찾은 반면, C값이 증가함에 따라 오분류된 데이터가 줄어드는 것을 볼 수 있다. C가 0.01로 설정된 첫 번째 행을 보면 gamma 값이 증가함에 따라 데이터가 포함된 공간이 작아지고 결정경계가 구불구불해지는 것을 볼 수 있다. 이는 단일 데이터 샘플이 행사하는 영향력의 거리가 짧아져 결정경계에 가까운 데이터가 결정경계에 미치는 영향이 커졌기 때문이다. 하이퍼파라미터 C와 마찬가지로 gamma 값이 너무 낮으면 과소적합될 가능성이 커지고, 너무 크면 과적합될 가능성이 커진다. C와 gamma는 모델의 정확도에 매우 큰 영향을 주기 때문에 적절한 파라미터값을 찾는 것이 중요하며 일반적으로 그리드 서치 등의 경험적인 방법을 통해 파라미터 값을 선택한다.

(4) 서포트 벡터 머신의 장단점

장점	• 서포트 벡터만을 이용해 결정경계를 생성하므로 데이터가 희소할 때 효과적이다. • 새로운 데이터가 입력됐을 때 전체 데이터 포인트와의 거리를 계산하지 않고 서포트 벡터와의 거리만 구하면 되므로 연산량이 감소한다. • 비선형 데이터도 커널 트릭을 이용해 분류할 수 있다. • 인공신경망보다 과적합의 위험이 적다. • 노이즈의 영향이 적다.
단점	• 데이터셋의 크기가 클 경우 모델링에 많은 시간이 소요된다. • 확률 추정치를 반환하지 않고 블랙박스 형태라서 해석하기가 어렵다. • 커널과 모델의 파라미터를 조절하기 위해 많은 테스트가 필요하다. • 데이터 전처리 과정이 굉장히 중요하다.

6. 연관성 분석

(1) 연관성 분석의 개념

연관성 분석은 상품이나 서비스를 구매하는 등 일련의 거래나 사건의 데이터 안에 존재하는 항목 간의 일정한 연관 규칙을 발견하는 과정이다. 연관 규칙이란 '만약 A 항목을 구매했다면 B 항목 또한 구매할 것이다.'와 같이 If A Then B의 형태로 표현되는 유용한 패턴을 말한다. 연관 규칙은 복잡한 알고리즘 없이도 간단하고 효과적인 결과를 얻어낼 수 있다. 연관성 분석은 목표변수가 불필요한 비지도학습의 한 종류이며, 특정한 분석목표가 없을 때도 사용할 수 있다. 주로 거래 내역 데이터의 구매항목 간에 존재하는 연관성에 대한 규칙을 추론하므로 장바구니 분석이라고도 하며, 거래 내역 데이터를 통해 어떤 상품들이 동시에 구매되는지에 대한 일정하고 빈번한 거래 패턴을 발견하는 것이 연관성 분석의 목적이다. 연관 규칙의 가장 대표적인 예로 '맥주를 사는 사람은 기저귀를 동시에 구매할 가능성이 높다'가 있다. 미국의 월마트(Walmart)는 방대한 양의 고객 구매 데이터를 분석해 이와 같은 연관 규칙을 발견했고, 실제로 기저귀 진열대의 위치를 맥주 진열대 근처에 배치한 결과 매출이 상당히 상승했다고 한다. 월마트의 경우처럼 연관성 분석은 효율적인 상품 진열, 교차 판매, 패키지 상품의 개발 등에 활용할 수 있다.

심화 | 연관 규칙의 종류

- 맥주를 구매하는 고객은 기저귀도 함께 구매한다.
- 샴푸를 구매하는 사람은 린스를 함께 구매한다.
- 사탕을 구매하는 사람은 키보드를 함께 구매한다.

첫 번째 규칙은 충분히 설명 가능하고 유용한 규칙으로, 이를 통해 매출 증대를 꾀할 수 있다. 두 번째 규칙은 사소하고 일반적으로 잘 알려진 규칙으로, 이를 활용해 매출 증대를 꾀하지는 못하겠지만 기존의 규칙을 재확인할 수 있다는 의미가 있다. 세 번째 규칙은 설명이 불가능한 규칙으로 이를 활용하기 위해서는 좀 더 세밀한 조사가 필요하다. 이 세 가지 경우처럼 모든 연관 규칙이 유용한 내용을 포함하지는 않기 때문에 분명하고 유용한 규칙을 찾기 위해 노력해야 한다.

【 마트의 거래내역 예 】

거래 번호	품목	거래 번호	품목
1	삼겹살, 쌈장, 콜라	4	삼겹살, 쌈장, 사이다
2	항정살, 상추	5	삼겹살, 쌈장, 상추
3	사이다, 콜라		

이 표는 어느 마트의 거래내역이다. 각 거래 번호는 한 명의 고객이 함께 구매한 상품을 나타내며 이를 트랜잭션(transaction)이라 한다. 이 표는 총 5개의 트랜잭션으로 구성된다. 이처럼 거래내역이 주어지면 다음 표와 같은 동시 구매표를 작성할 수 있다.

【 거래내역을 이용한 동시 구매표 작성 】

	삼겹살	쌈장	사이다	콜라	상추	항정살
삼겹살	3	3	1	1	1	0
쌈장	3	3	1	1	1	0
사이다	1	1	2	1	0	0
콜라	1	1	1	2	0	0
상추	1	1	0	0	2	1
항정살	0	0	0	0	1	1

이 표는 동시 구매 교차표로, 대각선상에 있는 셀들은 해당 상품의 판매 횟수를 표시하고 있으며 각 셀을 통해 고객들이 어떤 상품을 함께 구매했는지 파악할 수 있다. 예를 들어 삼겹살은 총 3회 판매됐고, 삼겹살과 쌈장은 3번 같이 구매됐다. 동시 구매 교차표는 대칭행렬의 모습을 보인다.

> **심화** | **순차패턴**
>
> 순차패턴은 데이터에 공통으로 나타나는 순차적인 패턴을 찾는 분석 방법이다. 거래 데이터만 있으면 분석이 가능한 연관분석과 달리 고객정보와 타임스탬프(Timestamp)가 추가로 필요하다. 첫째 날에 마트에서 {막걸리, 부침가루}를 구매하고, 둘째 날에 {콩나물, 숙취해소제}를 구매했다고 할 때 연관분석에서는 각각의 트랜잭션을 따로 관리했지만, 순차패턴에서는 이 둘의 시간적 순서를 고려해 ({막걸리, 부침가루}, {콩나물, 북어})와 같은 시퀀스의 형태로 관리한다. 순차패턴을 통해 '전날 술을 구매한 사람 중 40%는 다음 날 북어를 구매한다' 등의 규칙을 찾을 수 있다.

(2) 연관성 분석 측정지표

연관성 분석을 하면 무수히 많은 연관규칙이 생성된다. 모든 연관규칙이 유용하지는 않으므로 측정지표를 통해 이 규칙들이 유의미한지 확인해야 한다. 대표적인 연관규칙 측정지표로는 지지도, 신뢰도, 향상도가 있다.

TIP _ 연관성 분석에서 측정지표를 비교하고 계산하는 문제는 시험에서 출제 빈도가 매우 높습니다.

① 지지도(support)

$$지지도 = P(A \cap B) = \frac{A와\ B를\ 모두\ 포함하는\ 거래의\ 수}{전체\ 거래\ 수}$$

A → B의 지지도는 전체 거래 중에서 A와 B가 동시에 판매되는 거래의 비율을 의미한다. 전체 거래 중 관심 있는 상품이 동시에 판매되는 비중을 나타내며, 빈발 아이템 집합을 판별하는 데 사용된다. 모든 경우의 수를 분석하는 것은 불필요한 연산을 증가시키므로 연관분석은 최소지지도라는 것을 설정해 이 값이 임곗값을 넘는 품목에 대한 규칙을 도출한다. 모든 연관규칙을 찾는 것보다 거래의 빈도가 일정 수준 이상 되는 상품에 대해 분석하는 것이 효율적이다. support(A → B)의 값과 support(B → A)의 값이 같고 값이 1에 가까울수록 연관성이 높다고 할 수 있다.

② 신뢰도(confidence)

$$신뢰도 = \frac{P(A \cap B)}{P(A)} = \frac{A와\ B를\ 모두\ 포함하는\ 거래의\ 수}{A를\ 포함하는\ 거래의\ 수}$$

A → B의 신뢰도는 A의 거래 중에서 B가 포함된 거래의 비율로, 상품 간에 존재하는 연관성의 정도를 측정하는 데 사용된다. 상품 A를 구매했을 때 상품 B도 구매할 조건부 확률이라고 할 수 있으며 지지도와 달리 confidence(A → B)의 값과 confidence(B → A)가 다르고 값이 1에 가까울수록 연관성이 높다고 할 수 있다.

③ 향상도(lift)

$$향상도 = \frac{P(A \cap B)}{P(A)P(B)} = \frac{A와\ B를\ 모두\ 포함하는\ 거래의\ 수 \times 전체\ 거래\ 수}{A를\ 포함하는\ 거래의\ 수 \times B를\ 포함하는\ 거래의\ 수}$$

A → B의 향상도는 A를 구매하지 않았을 때 품목 B를 구매할 확률 대비 A를 구매했을 때 품목 B의 구매 확률의 증가 비율을 의미한다. 향상도가 1이면 두 품목은 서로 독립이고, 1보다 작으면 두 품목은 음의 상관관계로 A를 구매하면 B를 구매하지 않을 확률이 구매할 확률보다 큼을 의미한다. 그리고 향상도가 1보다 크면 두 품목은 양의 상관관계로 임의로 B를 구매할 확률보다 A를 구매한 후 B를 구매할 확률이 큼을 의미한다. 향상도는 지지도와 마찬가지로 lift(A → B)의 값과 lift(B → A) 값이 같은 대칭적 지표다.

④ 연관성 분석 측정지표 적용 사례

다음 표에서 A를 포함하는 거래의 수는 800건이고 B를 포함하는 거래의 수는 550건이며 A와 B를 모두 포함하는 거래의 수는 400건이다. 이를 통해 A → B의 지지도, 신뢰도, 향상도를 계산해 보면 지지도는 400/1000으로 0.4가 되고 신뢰도는 400/800으로 0.5가 되며 향상도는 $(400 \times 1000)/(800 \times 550)$으로 0.9가 된다.

【 연관성 분석 측정지표 적용 사례 – 품목당 거래 수 】

품목	거래 수
A	100
B	150
C	50
A,B	300
A,C	300
A,B,C	100
전체 거래 수	1000

(3) 연관성 분석 알고리즘 및 절차

① apriori 알고리즘

가능한 모든 경우의 수를 탐색하여 측정지표가 높게 나타나는 연관규칙을 찾는 방식은 아이템의 수가 증가할수록 계산에 소요되는 시간과 복잡도가 기하급수적으로 증가하게 된다. apriori 알고리즘

> TIP _ apriori 알고리즘은 DB를 반복적으로 스캔하지만 FP–Growth는 DB를 두 번만 스캔합니다.

은 지지도를 사용해 빈발 아이템 집합을 판별하고 이를 통해 계산의 복잡도를 감소시키는 알고리즘이다. apriori 알고리즘은 '품목 A의 지지도가 최소지지도보다 작다면 품목 A를 포함하는 모든 아이템 집합의 지지도는 최소지지도보다 작을 것이다'라는 아이디어를 바탕으로 품목의 부분집합의 수를 줄임으로써 계산의 복잡도를 감소시킨다.

다음 [apriori 알고리즘]에서 품목 A의 지지도가 최소지지도를 넘지 못한다면 A를 포함한 총 8가지 경우의 수를 계산에서 제외할 수 있다.

【 apriori 알고리즘 】

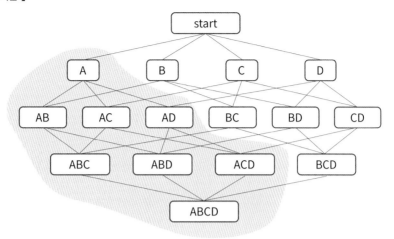

② apriori 알고리즘 절차

[Step 1] 최소지지도를 설정한다. 거래 데이터는 다음과 같으며 최소지지도는 0.4로 설정한다.

거래 번호	품목
1	A, B
2	A, B, C, D
3	B, C, D
4	B, D
5	A, C, D

[Step 2] 단일 품목 중에서 최소지지도를 넘는 모든 품목을 찾는다. 모든 단일 품목의 지지도는 0.4보다 크므로 모두 빈발 아이템 집합에 해당한다.

아이템 집합	지지도
A	0.6
B	0.8
C	0.6
D	0.8

[Step 3] 2번에서 찾은 빈발 아이템 집합만을 이용해 최소지지도를 넘는 2가지 품목 집합을 찾는다. 아이템 집합 {A, D}의 지지도는 0.2로 최소지지도를 넘지 못하므로 빈발 아이템 집합에서 제외한다.

아이템 집합	지지도
A, B	0.4
A, C	0.4
B, C	0.4
B, D	0.6
C, D	0.6

[Step 4] 앞의 단계를 통해 찾은 빈발 아이템 집합을 이용해 최소지지도를 넘는 3가지 품목 집합을 찾는다.

아이템 집합	지지도
B, D, C	0.4

아이템 집합 {A, B, D}와 {A, C, D}는 전 단계에서 제외된 {A, D}를 포함하고 있으므로 빈발 아이템 집합에 포함시키지 않으며, {A, B, C}의 지지도는 0.2로 최소지지도를 넘지 못하므로 빈발 아이템 집합에서 제외한다.

[Step 5] 이를 반복적으로 수행해 최소지지도를 넘는 모든 빈발 아이템 집합을 찾는다.

③ FP-Growth 알고리즘

FP-Tree라는 구조를 통해 최소지지도를 만족하는 빈발 아이템 집합을 추출할 수 있는 알고리즘이다.

【 FP-Growth 알고리즘 연습 사례 】

거래 번호	품목	빈도순 정렬
1	A, B, C	B, A, C
2	D, E	D
3	B, C, D	B, C, D
4	A, B, D	B, A, D
5	A, B, C, E	B, A, C
6	A, B, C, D	B, A, C, D

최소 지지도를 3으로 설정한 후 각 항목의 지지도(전체 거래 수로 나눠야 하지만 편의상 해당 품목의 거래 수로 대체)를 계산하면 (A:4), (B:5), (C:4), (D:4), (E:2)와 같이 나온다. 최소지지도를 충족시키지 못한 품목 E는 분석에서 제외하고 기준치를 충족하는 품목들은 위 표 빈도순 정렬 열과 같이 지지도 순으로 정렬한다. 그 후 거래 번호 1번부터 정렬된 순서로 FP-Tree에 삽입한다. 괄호 안 숫자는 지

지도를 나타내며 품목이 중복된 경우에는 숫자를 증가시킨다. 모든 거래를 삽입하면 최종적으로 다음 그림과 같은 FP-Tree가 생성된다. 이 트리를 통해 빈발 아이템 집합을 생성할 수 있다. 지지도가 낮은 품목부터 지지도가 높은 품목 순으로 빈발 아이템 집합을 생성하는 상향식이다. FP-Growth 알고리즘은 DB를 반복적으로 스캔하지 않고 후보 빈발 아이템 집합을 생성하지 않아 apriori 알고리즘보다 속도가 빠르며, 연산 비용이 저렴하다.

【 FP-Tree 구조 】

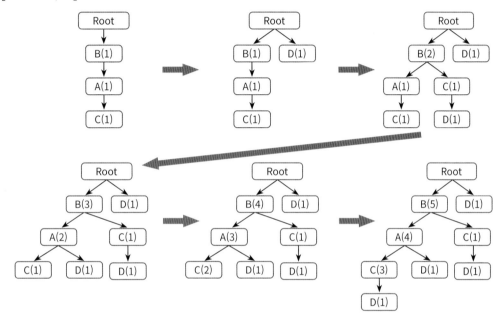

(4) 연관성 분석의 장단점

장점	• 수많은 상품 간에 존재하는 유의미한 구매 패턴을 발견할 수 있다. • 목적변수가 없어 특별한 분석 목적 없이도 분석 가능하다. • 자료구조와 계산 과정이 간단하다. • if A then B의 형태로 원리가 간단해 분석 결과를 이해하기 쉽다.
단점	• 품목의 수가 증가함에 따라 필요한 계산량이 기하급수적으로 증가한다. • 거래량이 적은 품목에 대한 규칙 발견이 어렵다. • 연속형 변수를 사용하기 위해서는 몇 개의 구간으로 분할해야 하며, 너무 세세하게 분할할 경우 빈도가 적어져 연관 규칙을 발견하기가 어려워진다. • 연관성 분석을 통해 발견되는 규칙의 수가 많아 유의미한 규칙을 찾기 힘들다.

7. 군집분석

(1) 군집분석의 개념

관측치들의 유사성(관측치들 사이의 거리)에 기초해 전체 데이터를 몇 개의 집단으로 나누는 분석기법으로, 개체를 분류하기 위한 명확한 기준이 존재하지 않는 경우 사용하는 비지도학습의 한 방법이다. 관측치들의 특성에 따라 집단 내 동질성과 집단 간 이질성이 커지는 방향으로 분석을 진행하고 최종적으로 여러 개의 배타적인 군집을 형성한다. 서로 유사한 특성을 지닌 고객 군집을 형성해 고객 세분화 등에 활용할 수 있다. 군집분석에는 계층적 군집과 밀도기반군집, 격자기반군집, 모형기반군집, 코호넨 맵 등이 있다.

군집분석은 관측치의 유사성을 측정해 각 관측치가 군집이 될 수 있는지를 판단한다. 관측치의 유사성을 측정하기 위한 방법으로는 거리 측도와 유사성 측도가 있다. 대표적인 거리 측도로는 유클리드 거리, 맨해튼 거리 등이 있고 유사성 측도로는 코사인 거리와 상관계수가 있다. 거리가 가까울수록 유사성이 크다.

(2) 거리 측도

① 변수가 연속형인 경우

d-차원의 두 벡터 x=(x_1, x_2, x_3, ⋯ , x_d)와 y=(y_1, y_2, y_3, ⋯ , y_d)가 있고 모든 변수가 연속형인 경우에는 다음과 같은 거리 측도를 사용한다.

TIP _ 유클리드 거리와 맨해튼 거리를 계산하는 문제가 관련 시험에서 종종 출제됩니다.

ⓐ 유클리드 거리(Euclidean)

두 점 사이의 거리를 계산할 때 가장 널리 쓰이는 계산 방법으로 두 점 사이의 가장 짧은 거리를 계산한다. 통계적 개념이 포함되지 않은 수학적 거리로 변수들의 산포정도를 감안하지 않는다.

$$d(x,\ y)=\sqrt{(x_1-y_1)^2+(x_2-y_2)^2+\cdots+(x_d-y_d)^2}$$

ⓑ 맨해튼 거리(Manhattan)

두 점 사이를 가로지르지 않고 길을 따라 갔을 때의 거리로 유클리드 거리와 마찬가지로 수학적 거리다.

$$d(x,\ y)=|x_1-y_1|+|x_2-y_2|+\cdots+|x_d-y_d|$$

ⓒ **민코프스키 거리 (Minkowski)**

m이 1일 때는 맨해튼 거리와 동일하며 m이 2일 때는 유클리드 거리와 동일하다.

$$d(i,\ j) = \left[\sum_{k=1}^{p}(x_{ik} - y_{jk})^m\right]^{1/m}$$

ⓓ **표준화 거리(Standardized)**

통계적 거리라고도 부르며, 데이터를 표준화한 후에 유클리드 거리를 계산한 거다. 표준화를 통해 측정 단위의 차이로 인한 문제를 피할 수 있다.

$$d(i,\ j) = \sqrt{(x_i - y_j)'D^{-1}(x_i - y_j)}\ ,\ \text{D} = \textbf{표본 분산 대각행렬}$$

ⓔ **마할라노비스 거리(Mahalanobis)**

분포의 형태를 고려해 거리를 측정하는 방법이다. 공분산을 통해 데이터의 방향성과 상관성을 고려할 수 있고, 표준화를 통해 변수 간 측정단위 차이로 인한 문제를 피할 수 있는 거리 측도다. 모든 변수가 독립적이고, 분산이 1로 정규화돼 있다면 마할라노비스 거리는 유클리드 거리와 같다.

$$d(i,\ j) = \sqrt{(x_i - y_j)'S^{-1}(x_i - y_j)},\ \text{S} = \textbf{표본 공분산 행렬}$$

ⓕ 이 외에도 캔버라 거리(Canberra), 체비셰프 거리(Chebychev) 등을 통해 거리를 측정할 수 있으며 상관계수 등의 유사성 측도를 사용할 수 있다.

② **변수가 범주형인 경우**

변수가 범주형인 경우에는 다음과 같이 거리를 측정할 수 있다.

ⓐ **단순 일치 거리(simple matching distance)**

'1-단순 일치 계수'로 계산 가능하며 다음 식에서 t는 총 변수의 개수이고, m은 i와 j가 일치하지 않는 총 속성의 수다.

$$d(i,\ j) = \frac{m}{t}$$

ⓑ 이 외에도 자카드 거리(Jaccard), 해밍 거리(Hamming) 등을 통해 거리를 측정할 수 있으며 자카드 계수, 단순 일치 계수 등의 유사성 측도를 사용할 수 있다. 또한 변수가 순서형인 경우에는 순위 상관계수를 사용할 수 있다.

(2) 계층적 군집

① 계층적 군집의 개념

개별 관측치 간의 거리를 계산해서 가장 가까운 관측치부터 결합해감으로써 계층적 트리 구조를 형성하고 이를 통해 군집화를 수행하는 방법이다. 관측치 간의 거리를 비교하는 것을 기본으로 하므로 대용량 데이터에는 적합하지 않은 방법이다. 계층적 군집의 방법에는 각 데이터를 하나의 군집으로 간주하고 가까운 데이터부터 순차적으로 병합해 나가는 병합적 방법과 전체 데이터를 하나의 군집으로 간주하고 각각의 관측치가 하나의 군집이 될 때까지(혹은 종료조건까지) 군집을 순차적으로 분할하는 분할적 방법이 있다.

다음 그림과 같이 덴드로그램(Dendrogram)을 통해 계층 구조를 시각화할 수 있으며 군집 수를 사전에 정의하지 않고 덴드로그램을 생성한 후 적절하게 트리를 자르면 전체 데이터를 원하는 군집의 수로 나눌 수 있다.

【 덴드로그램을 통한 계층 구조 시각화 】

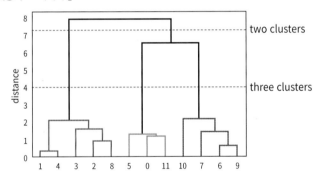

위 그림에서 원하는 군집의 수를 2개로 설정하면 (1, 4, 3, 2, 8)군집과 (5, 0, 11, 10, 7, 6, 9)군집이 생성되며 군집 수를 3개로 설정하면 (1, 4, 3, 2, 8)군집과 (5, 0, 11)군집 그리고 (10, 7, 6, 9)군집이 생성된다.

② 군집 간 거리

군집분석에서는 관측 벡터 간의 거리뿐만 아니라 군집 간 거리에 대한 정의가 필요하다. 계층적 군집은 한 번 병합된 개체는 다시 분리되지 않고 사용되는 연결법에 따라 생성되는 군집이 다를 수 있다. 따라서 여러 연결법을 통해 군집을 생성해 보고 유의미한 군집을 형성하는 방법을 적용해야 한다. 군집 간의 거리를 측정하는 방법에는 단일연결법, 완전연결법, 평균연결법, 중심연결법, 와드연결법이 있다.

【 군집 간 거리 측정 방법 】   TIP _ 각 연결법과 설명을 연결할 수 있어야 합니다.

| 단일연결법 | 완전연결법 | 평균연결법 | 중심연결법 | 와드연결법 |

단일연결법 (single linkage)	최단연결법이라고도 하며 각 군집에 속하는 임의의 개체 사이의 거리 중에서 가장 작은 값을 거리로 정의해 가장 유사성이 큰 군집을 병합해 나가는 방법이다. 대부분 관측치가 멀리 떨어져 있어도 하나의 관측치만 다른 군집과 가까이 있으면 병합 가능하므로 길게 늘어진 사슬 형태의 군집이 형성될 수 있으며 고립된 군집을 탐색하는 데 효과적이다.
완전연결법 (complete linkage)	최장연결법이라고도 하며 각 군집에 속하는 임의의 개체 사이의 거리 중에서 가장 큰 값을 거리로 정의해 가장 유사성이 큰 군집을 병합해 나가는 방법이다. 내부 응집성에 중점을 둔 방법으로 둥근 형태의 군집이 형성된다.
평균연결법 (average linkage)	모든 가능한 관측치 쌍 사이의 평균 거리를 거리로 정의해 가장 유사성이 큰 군집을 병합해 나가는 방법이다. 계산량이 불필요하게 많아질 수 있으며, 단일연결법과 완전연결법보다 이상치에 덜 민감하다.
중심연결법 (centroid linkage)	각 군집의 중심점 사이의 거리를 거리로 정의한 방법이다. 평균연결법보다 계산량이 적고, 모든 관측치 사이의 거리를 측정할 필요 없이 중심 사이의 거리를 한 번만 계산한다.
와드연결법 (ward linkage)	군집의 평균과 각 관측치 사이의 오차 제곱 합의 크기를 고려한 방법이다. 군집의 병합으로 인한 오차 제곱 합의 증가량이 최소가 되는 방향으로 군집을 형성한다. 비슷한 크기의 군집끼리 병합하는 경향이 있으며 군집 내 분산을 최소로 하기 때문에 좀 더 조밀한 군집이 생성될 수 있다.

(3) 비계층적 군집

계층적으로 군집을 형성하지 않고 구하고자 하는 군집의 수를 사전에 정의해 정해진 군집의 수만큼을 형성하는 방법이다. 많은 양의 데이터를 빠르게 분류할 수 있지만, 군집의 수를 미리 정해줘야 하는데, 보통 계층적 군집을 선행해 대략적인 군집을 파악한 후 이를 참고하여 초기 군집 수를 설정한다. 대표적으로 k-means 군집이 있다.

① k-means 군집

군집의 수(k개)를 사전에 정한 뒤 집단 내 동질성과 집단 간 이질성이 모두 높게 전체 데이터를 k개의 군집으로 분할하는 알고리즘이다. k개의 초깃값을 무작위로 추출한 후 오차 제곱 합이 최소가

TIP _ knn은 계층적 군집이고, k-means는 비계층적 군집입니다. 이 둘을 헷갈리지 않도록 유의해야 합니다.

되는 방향으로 군집을 형성한 후, 초기값이 더 이상 갱신되지 않을 때까지 반복적으로 초깃값을 갱신하며 군집을 생성한다. 초깃값을 직접 설정할 수는 있지만, 보통 랜덤하게 선택한다. 초깃값에 따라 최종적으로 생성되는 군집이 크게 달라질 수 있으므로 랜덤하게 초깃값을 선택하는 경우에는 시드(seed)를 설정하는 것이 좋다.

k-means 군집 방법은 대체로 안정적인 결과를 보장해주며, 계층적 군집보다 상대적으로 계산 비용이 저렴하고 속도가 빨라 대용량 데이터를 다루는 데 적합하다. 한 번 병합된 개체는 다시 분리되지 않는 계층적 군집과 달리, 단계마다 개체가 포함된 군집이 달라질 수 있다. k-means 군집 방법은 이상치의 영향을 많이 받으며, 군집의 형태가 볼록한(convex) 구 형태라고 가정하므로 구 형태가 아닌 경우에는 제대로 작동하지 않는다는 단점이 있다. 또한 군집의 결과가 전역적으로 최적이 아닐 수 있다.

② DBSCAN(Density Based Spatial Clustering of Applications with Noise)

대부분의 군집분석 알고리즘은 개체 간의 거리를 기반으로 군집을 형성하기 때문에 데이터의 분포가 볼록하지 않은 경우 효과적으로 군집을 형성하지 못하는 경우가 많았다. DBSCAN 알고리즘은 밀도 기반 군집분석의 한 방법으로 개체 간의 거리에 기반을 둔 다른 군집 방법 알고리즘과 다르게 개체들이 밀집한 정도에 기초해 군집을 형성한다. DBSCAN 알고리즘은 k-means 알고리즘과 달리 군집의 형태에 구애받지 않아 데이터의 분포가 기하학적이고 노이즈가 포함된 데이터셋에 대해서도 효과적으로 군집을 형성할 수 있고, 초기 군집의 수를 설정할 필요가 없다. DBSCAN 알고리즘은 군집을 형성하기 위한 기준점으로부터의 거리(epsilon)와 밀집 지역을 정의하기 위해 필요한 이웃의 수를 인수로 전달해야 한다. 점 P가 있을 때, 점 P를 중심으로 일정 거리(epsilon) 내에 점이 m개가 있으면 하나의 군집으로 인식한다. 만약 둘 이상의 핵심 데이터에 포함되는 경계 데이터가 있다면 이 데이터는 군집이 형성되는 순서에 따라 두 군집 중 하나에 할당된다. DBSCAN 알고리즘은 적절한 엡실론(epsilon) 값을 찾기가 어렵고, 고밀도 데이터 처리에는 효과적이지 않다.

【 DBSCAN 구성요소 】

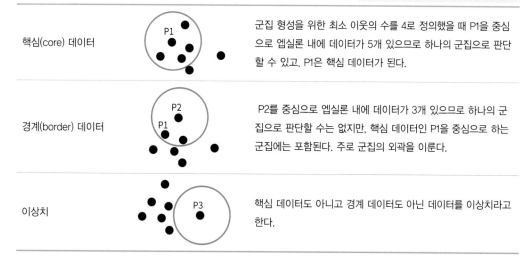

핵심(core) 데이터		군집 형성을 위한 최소 이웃의 수를 4로 정의했을 때 P1을 중심으로 엡실론 내에 데이터가 5개 있으므로 하나의 군집으로 판단할 수 있고, P1은 핵심 데이터가 된다.
경계(border) 데이터		P2를 중심으로 엡실론 내에 데이터가 3개 있으므로 하나의 군집으로 판단할 수는 없지만, 핵심 데이터인 P1을 중심으로 하는 군집에는 포함된다. 주로 군집의 외곽을 이룬다.
이상치		핵심 데이터도 아니고 경계 데이터도 아닌 데이터를 이상치라고 한다.

③ 가우시안 혼합 모델(Gaussian Mixture Model)

데이터가 k개의 정규분포로부터 생성됐다고 가정하는 모델로, 데이터로부터 모수와 가중치를 추정하는 대표적인 모수적 군집 방법이다. 가우시안 확률 분포 하나만으로 군집을 형성하면 단봉형만 표현이 가능하다. 이런 문제를 극복하기 위해 k개의 가우시안 분포를 혼합해 만든 알고리즘이 모델 기반 군집분석인 가우시안 혼합 모델(GMM)이다. 여기서 k는 최종 군집의 수이며, 사용자가 직접 설정해야 하는 값이다.

【 가우시안 혼합 모델 】

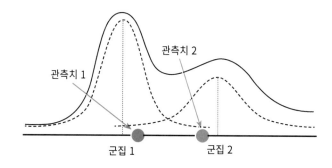

GMM 알고리즘에서는 데이터가 여러 군집에 속할 수 있으며, 군집마다 속할 확률이 다르고, k개의 군집 중 어느 군집에 속할 확률이 높은지에 따라 군집의 분류가 이루어진다. 위 그림은 두 개의 확률 분포모델이 혼합돼 있다고 가정할 수 있고, 따라서 k는 2가 된다.

두 개 정규분포의 평균과 분산을 구하고 이를 통해 임의의 데이터가 어떤 군집에 속할지를 결정한다. 관측치 1은 군집 1에 속할 확률이 군집 2에 속할 확률보다 크기 때문에 군집 1로 분류되고 관측치 2는 군집 2로 분류된다.

GMM에서 모수는 각각의 관측치가 k개의 정규분포 중 확률적으로 어디에 포함되는지를 나타내는 weight 값(잠재변수)과 각 정규분포의 평균과 분산이다. 잠재변수가 포함된 모델은 최대가능도 방법을 통해 모수를 추정하기가 어렵다. 따라서 GMM에서는 모수를 추정하기 위해 EM 알고리즘을 사용한다.

EM(Expectation Maximization) 알고리즘은 E(Expectation)-단계와 M(Maximization)-단계로 구분된다. E-단계에서는 모수를 임의의 값으로 설정하고 이 모수가 정확하다는 가정하에 잠재변수 Z(각 관측치가 어느 군집에 속할지에 대한 값)의 기대치를 추정하고, M-단계에서는 E-단계에서 추정한 Z값이 정확하다는 가정하에 Z값을 최대화하는 모수를 추정한다. 만약 M-단계에서 로그 가능도 함수의 값이 최대화되지 않으면 추정한 모수를 E-단계에 적용해 Z값의 기대치를 추정하고 그 값을 다시 M-단계로 보낸다. EM 알고리즘은 로그 가능도 함수의 값 혹은 모수의 값이 바뀌지 않을 때까지 E-단계와 M-단계를 반복적으로 수행하며 모델을 점진적으로 개선하는 알고리즘이다.

④ SOM(Self Organizing Maps)

SOM(자기조직화지도) 알고리즘은 코호넨 맵이라고도 불리며, 인공신경망을 기반 차원축소와 군집화를 동시에 수행할 수 있는 알고리즘이다. 다차원 데이터를 축소해 저차원의 지도를 생성하고 이를 통해 데이터를 가시화하는 데 유용하다. 또한 입력공간의 속성을 보존한다는 특징이 있어 실제 유사한 데이터는 2차원 격자에서도 가깝게 표현된다.

TIP _ 하나의 전방 패스를 사용한다는 점과 승자독식 구조라는 것이 핵심입니다.

【 SOM 구조 】

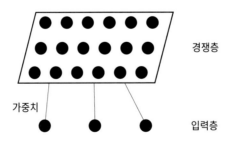

경쟁층

가중치

입력층

SOM은 위 그림과 같이 입력층과 2차원 격자로 구성된 경쟁층으로 이루어진다. 입력층의 뉴런 수는 입력 변수의 수와 동일하고, 경쟁층의 뉴런 수는 미리 설정한 군집의 수와 동일하다. 모든 연결은 입력층에서 경쟁층의 방향으로 되어 있으며 경쟁층의 입력층 뉴런들은 모두 경쟁층의 뉴런과 연결되어 있는데, 이를 완전 연결이라 한다.

SOM에서 입력층의 각 뉴런은 경쟁층의 각 뉴런과 유클리드 거리를 통해 거리를 계산하고 비교한다. 승자독식 방식으로 입력벡터와 가장 가까운 가중치 벡터를 가지는 경쟁층의 뉴런이 승자로 선택되고, 승자 뉴런의 가중치 벡터가 입력벡터와 더 가까워지도록 가중치를 조정한다. 승자 뉴런뿐만 아니라 승자 뉴런의 이웃 뉴런 또한 가중치가 조정되는데, 승자 뉴런에 가까운 이웃일수록 가중치가 크게 조정되고 먼 이웃일수록 작게 조정된다. SOM은 가까운 뉴런은 더 가깝게, 먼 뉴런은 더 멀게 가중치를 조정해가며 군집을 형성하는 방법이다. 인공신경망이 역전파 알고리즘을 통해 여러 단계의 피드백을 거치며 가중치를 학습하는 것과 달리, SOM은 하나의 전방 패스를 사용해 속도가 빠르고, 그에 따라 잠재적으로 실시간 학습 처리가 가능한 모델이다.

1. 범주형 자료분석

(1) 범주형 자료분석 개념

범주형 자료분석은 독립변수와 종속변수가 모두 범주형 데이터이거나(명목형 데이터와 순서형 데이터) 둘 중 하나가 범주형 데이터일 때 사용하는 분석 방법이다. 각 집단 간의 비율 차이를 비교하기 위해 주로 사용한다. 범주형 자료는 A형은 '0', B형은 '1', O형은 '2'와 같이 수치로 표현할 수 있지만, 이는 단지 하나의 범주를 뜻할 뿐 O형이 B형보다 우위에 있다는 뜻으로 해석해서는 안 된다.

또한 범주형 자료는 수치형 자료와 달리 평균, 최댓값, 최솟값 등은 의미가 없기 때문에 수치형 자료와 잘 구분해서 분석해야 한다. 독립변수와 종속변수가 모두 범주형인 경우에는 상대적 위험도(Relative Risk)와 오즈비(Odds Ratio), 카이제곱 검정, 그리고 로그선형분석 등을 수행할 수 있고, 독립변수만 범주형인 경우에는 t-test와 분산분석 등을 수행할 수 있다. 그리고 종속변수만 범주형인 경우에는 로지스틱 회귀분석, 판별분석, 군집분석 등을 수행할 수 있다. 독립변수와 종속변수가 모두 범주형 데이터인 경우에는 일반적으로 각 범주형 데이터의 빈도를 정리한 표인 분할표를 작성하고 이를 기반으로 범주별 비율 차이 등의 분석을 하게 된다. 100명을 대상으로 '인턴 경험이 취업에 영향을 주는가'에 대한 분석을 한다고 할 때 독립변수인 인턴 경험은 유(有), 무(無)의 두 가지 범주로 이루어져 있고, 종속변수인 취업 또한 성공과 실패의 두 가지 범주로 이루어진다. 따라서 이를 분할표로 작성하면 다음과 같은 2*2 분할표가 생성된다.

【 범주형 데이터의 분할표 예 】

구분	성공	실패	합계
인턴 경험 有	40	15	55
인턴 경험 無	20	25	45
합계	60	40	100

분할표에서는 상대적 위험도(Relative Risk)와 오즈비(Odds Ratio)라는 척도를 통해 각 범주 간의 비율을 비교할 수 있다. 일반적으로 상대적 위험도는 RR이라고 부르며 오즈비는 OR이라고 부른다.

(2) 상대적 위험도

상대적 위험도(Relative Risk, RR)는 코호트 연구에서 주로 사용하는 방법으로 위험인자에 노출됐을 때 질병이 발생할 확률과 위험인자에 노출되지 않았을 때 질병이 발생할 확률의 비로 표현된다. 위의 표를 통해 상대적 위험도를 다음과 같이 계산할 수 있다.

TIP _ 상대적 위험도는 두 확률의 비율로 나타내고, 오즈비는 두 오즈의 비율로 나타냅니다. 헷갈리기 쉽기에 두 개념의 차이를 확실히 알아둬야 합니다.

> 인턴 경험이 있는 사람의 취업 성공 확률 = 40/55 = 0.73
>
> 인턴 경험이 없는 사람의 취업 성공 확률 = 20/45 = 0.45
>
> 상대적 위험도 = 0.73/0.45 = 1.62

계산 결과 상대적 위험도는 1.62가 나왔고, 이는 '인턴 경험이 있는 사람의 취업 성공확률이 없는 사람보다 1.62배 높다'라고 해석할 수 있다. 상대적 위험도의 결과를 해석할 때는 반드시 신뢰구간과 함께 확인해야 한다. 만약 95%의 신뢰구간이 1을 포함한다면 결과가 통계적으로 유의미하지 않을 수 있다. 상대적 위험도는 매우 직관적인 지표로 쉽게 해석할 수 있다는 장점이 있다.

> **참고** ┃ **코호트 연구**
>
> 코호트란 특정 인구집단이라는 의미로 코호트 연구는 특정 위험인자(음주, 흡연 등)가 질병 발생에 영향을 미치는지를 확인하는 연구 방법이다. 코호트를 선정해 위험 인자에 대한 노출도를 확인한 후 장기간 관찰해 질병과 특정 인자의 연관성을 분석한다. 코호트 연구는 질병이 없는 사람들에 대해서 질환의 원인이 될 수 있는 위험 인자에 대한 노출 유무로 집단을 구분하고 이 집단을 지속해서 관찰하는 반면, 환자 대조군 연구는 현재의 질병유무로 집단을 구분한 후 위험 인자에 대한 과거 노출 유무를 조사한다는 차이점이 있다.

TIP _ 상대적 위험도는 코호트 연구에서, 오즈비는 환자 대조군 연구에서 사용합니다.

(3) 카이제곱 검정

카이제곱 검정은 범주형 자료 간의 차이를 보여주는 분석 방법이다. 카이제곱 검정은 크게 적합성 검정, 동질성 검정, 독립성 검정의 세 가지 형태로 나뉘는데, 이들 모두 각 셀의 (기대도수−실제도

TIP _ 2*2 분할표의 경우 기대빈도가 5 이하인 셀이 하나라도 있다면 카이제곱 검정을 수행할 수 없습니다.

수)^2/기대도수를 모두 합친 값인 카이제곱 통계량을 사용한다. 카이제곱 검정에서는 기대빈도가 5 이하인 셀이 전체의 20%가 넘지 않아야 하며, 만약 이를 어겼을 경우에는 범주를 그룹화하여 빈도수가 낮은 셀을 병합해야 한다.

① 적합도 검정

변수가 1개이고 그 변수가 2개 이상의 범주로 구성돼 있을 때 사용하는 일변량 분석 방법으로, 데이터가 어떤 이론적 분포를 따르는지 검정하는 방법이다. 이론적 분포란 '데이터가 정규분포의 형태를 따른다' 혹은 '데이터의 비율이 4:3:3:1이다' 등을 의미한다.

【 예시 】

멘델의 유전법칙에 따르면, 어떤 식물의 2세대 잡종의 외형은 2:6:4:8의 비율로 구분된다고 한다. 100그루의 식물을 관찰했더니 A는 6그루, B는 40그루, C는 15그루, D는 39그루가 관측되었다. 이를 표로 나타내면 다음과 같고 이때 기대빈도는 (각 범주에 속할 확률*전체 관측치)로 구할 수 있다. A에 속할 확률은 0.1이기에 기대빈도는 10이 된다.

구분	A	B	C	D	합계
관측빈도	6	40	15	39	100
기대빈도	10	30	20	40	100

적합도 검정의 가설은 다음과 같다.

귀무가설(H_0): $P_A = 0.1$, $P_B = 0.3$, $P_C = 0.2$, $P_D = 0.4$ 즉 '데이터의 비율이 2:6:4:8이다'

대립가설(H_1): H_0가 아니다.

카이제곱 통계량은 $(10-6)^2/10+(30-40)^2/30+(20-15)^2/20+(40-39)^2/40=6.21$이다.

위에서 범주가 A, B, C, D의 4개이므로 자유도는 4-1로 3이 되고, 자유도가 3이고 유의수준이 0.05일 때 카이제곱 분포표의 값은 7.81이다. 카이제곱 통계량이 자유도 3, 유의수준 0.05를 따르는 카이제곱 분포 값보다 크면 귀무가설을 기각하게 되는데, 앞의 예시에서는 검정통계량이 7.81보다 작아서 귀무가설을 기각할 수 없으므로 A, B, C, D의 비율은 2:6:4:8이라고 할 수 있다.

② 독립성 검정[2]

독립성 검정은 변수가 2개 이상의 범주로 분할되어 있을 때 사용하는 방법으로, 각 범주가 종속변수에 영향을 주는지를 확인하는 검정 방법이다. 예를 들어 국적(한국, 중국)이라는 범주형 변수와 최종 학력(중졸, 고졸, 대졸)이라는 범주형 변수가 서로 독립적인지를 판단하는 데 독립성 검정을 사용한다. 다음의 [범주형 변수 간의 독립성 판단 예]는 150명을 대상으로 '국적이 최종학력에 영향을 주는가'에 대한 분석을 하기 위해 작성한 빈도표다. 괄호 안의 수는 (행의 합계*열의 합계)/(전체 표본)으로 계산되는 기대도수를 추가한 것이다.

구분	중졸	고졸	대졸	합계
한국	17(25.2)	33(26.6)	20(18.2)	70
중국	37(28.8)	24(30.4)	19(20.8)	80
합계	54	57	39	150

이때 독립성 검정의 가설은 다음과 같다.

> **귀무가설(H₀):** 국적에 따른 최종 학력은 차이가 없다.
>
> **대립가설(H₁):** 국적에 따른 최종 학력은 차이가 있다.

카이제곱 통계량은 8.23이고 자유도는 독립변수의 범주가 2개이고, 종속변수의 범주가 3개이므로 (2-1)(3-1)로 2가 된다. 자유도가 2이고 유의수준이 0.05일 때 카이제곱 분포표의 값은 5.99이고 카이제곱 통계량인 8.23이 이 값보다 크기 때문에 귀무가설을 기각하게 된다. 즉, 국적은 최종학력에 영향을 미친다고 할 수 있다.

TIP _ 독립성 검정과 동질성 검정은 혼동하기 쉽기 때문에 정확하게 이해해야 합니다.

③ 동질성 검정

동질성 검정은 각 부모집단으로부터 추출된 관측치들이 각 범주 내에서 서로 균일한 값을 가지는지를 검정하는 방법이다. 독립성 검정은 하나의 모집단에서 표본을 추출하지만, 동질성 검정은 모집단을 먼저 설정한 후 서로 다른 두 개 이상의 모집단으로부터 표본을 추출한다. 즉, '식단과 다이어트 효과가 서로 독립적이다'를 검정할 때는 독립성 검정을 실시하고 '식단에 따라 다이어트의 효과가 동일하다'에 대해 검증하고자 할 때는 동질성 검정을 실시한다. 이때 모집단은 식단이 된다. 식단 A, B의 효과를 비교하기 위해 300명을 대상으로 100명에게는 식단 A를 적용하고 200명에게는 식단 B를 적용한 후 이를 빈도표로 나타내면 다음과 같다.

【 서로 다른 모집단의 동질성 판단 예 】

구분	효과적	보통	효과 없음	합계
식단 A	50(33.3)	30(36.7)	20(30)	100
식단 B	50(66.7)	80(73.3)	70(60)	200
합계	100	110	90	300

이때 동질성 검정의 가설은 다음과 같다.

귀무가설(H₀): P_{Aj} = P_{Bj} (j = 효과적, 보통, 효과 없음) 즉, 식단에 따라 다이어트 효과는 차이가 없다.

대립가설(H₁): 식단에 따라 다이어트 효과가 차이가 있다.

카이제곱 통계량은 19.3이고, 자유도는 독립변수의 범주가 2개이고 종속변수의 범주 3개이므로 (2−1)(3−1)로 2가 된다. 자유도가 2이고 유의수준이 0.05일 때 카이제곱 분포표의 값은 5.99이고 카이제곱 통계량인 19.3이 값보다 크기 때문에 귀무가설을 기각하고 대립가설을 채택한다. 따라서 식단에 따라 다이어트의 효과가 달라진다고 판단할 수 있다.

(4) t-test

t-test는 두 집단의 평균을 비교하는 검정 방법으로 독립변수가 범주형이고 종속변수가 수치형일 때 사용 가능한 범주형 자료 분석 방법이다. 독립변수가 2개의 범주로 구성되어 있는 경우에는

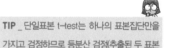

TIP_3개 이상의 집단에 t-test를 적용하면 1종 오류를 범할 확률이 매우 커집니다.

t-test를 사용하고, 3개 이상의 범주로 구성되어 있는 경우에는 분산분석을 사용한다. t-test는 표본이 독립성, 정규성, 등분산성을 만족시킨다는 가정하에 사용할 수 있으며, 단일표본 t-test, 대응표본 t-test, 독립표본 t-test로 구분할 수 있다.

① 단일표본 t-test

한 집단의 평균이 모집단의 평균과 같은지 검정하는 것을 단일표본 t-test라고 하며 모집단의 평균이 알려져 있는 경우 하나의 표본집단의 평균을 구하고 모집단의 평균과 표본집단의 평균이 같은지를

TIP_단일표본 t-test는 하나의 표본집단만을 가지고 검정하므로 등분산 검정(추출된 두 표본의 분산이 같은지 검정)을 할 필요가 없습니다.

검정한다. 실제로 측정하는 표본집단의 수가 1개라면 단일표본이라고 한다. 단일표본 t-test의 통계량은 다음과 같이 계산할 수 있다.

$$t - \text{통계량} = \frac{\bar{X} - \mu}{\dfrac{s}{\sqrt{n}}}$$

$\bar{X}$=표본평균, μ=모집단의 평균, s=표본표준편차, n=표본의 수

예를 들어 한국의 남자 고등학생의 평균 신장이 170cm라고 할 때 전국 고등학교 남학생들의 평균 신장과 A 고등학교 남학생들의 평균 신장을 비교한다면 단일표본 t-test를 적용할 수 있다. 이때 단일표본 t-test의 가설은 다음과 같다.

귀무가설(H₀): A 고등학교 남학생들의 평균 신장은 170cm와 같다.

대립가설(H₁): A 고등학교 남학생들의 평균 신장은 170cm와 다르다.

A 고등학교 남학생들의 표본을 추출한 결과가 [160, 170, 173, 175, 163, 181, 177, 169, 165, 172] 라고 한다면 표본집단의 평균은 A 고등학교 남학생들의 평균 신장인 170.5가 되고, 표본표준편차는 6.5가 된다. 이를 통해 t-통계량을 계산하면 0.243이 나오고, p-value는 0.813이 나온다. p-value 가 0.05보다 크므로 귀무가설을 기각할 수 없고, 그에 따라 A 고등학교 남학생들의 평균 신장은 170cm와 같다고 판단할 수 있다.

② 대응표본 t-test

대응표본 t-test란 동일한 집단의 처치 전후 차이를 알아보기 위해 사용하는 검정 방법으로, 두 그룹의 데이터를 대응하는 것이 아니라 한 그룹의 처치 전 데이터와 처치 후 데이터를 대응하는 방법이다. 예를 들어 A 집단이 수학 과외를 받았을 때 수학 성적에 차이가 있는지를 알고 싶을 때 대응표본 t-test를 사용할 수 있다. 이때 대응표본 t-test는 시간의 전후라는 개념이 포함되므로 두 집단이 독립적이지 않아도 사용 가능하다.

TIP _ 독립성 가정을 만족하지 못할 때 사용하는 방법으로 하나의 표본집단에 대해 검정하는 것이므로 단일표본 t-test와 마찬가지로 등분산 검정을 할 필요가 없습니다. 즉 대응표본 t-test는 정규성 가정만 만족하면 사용 가능합니다.

대응표본 t-test의 통계량은 다음과 같이 계산할 수 있다.

$$t - \text{통계량} = \frac{\bar{d}}{\frac{s}{\sqrt{n}}}$$

$\bar{d}$ =두 집단 차이의 평균, s=두 집단 차이의 표본표준편차, n=표본의 수

【 대응표본 t-test 예 】

번호	1	2	3	4	5	6	7	8	9	10
과외 전	80	45	90	78	76	69	79	34	95	86
과외 후	85	67	92	80	77	87	88	45	100	88
후-전	5	22	2	2	1	18	9	11	5	2

위 표 [대응표본 t-test 예]는 A집단이 수학 과외를 받기 전과 후의 점수를 표시한 것이고 이때 대응표본 t-test의 가설은 다음과 같다.

귀무가설(H_0): 과외를 받기 전과 후의 수학 성적에 차이가 없다.

대립가설(H_1): 과외를 받기 전과 후의 수학 성적에 차이가 있다.

두 집단의 차이의 평균은 7.7이고 두 집단 차이의 표본표준편차는 7.3이다. 이를 통해 계산된 t-통계량은 3.33이고 p-value는 0.009다. p-value가 유의수준 0.05보다 작으므로 귀무가설을 기각할 수 있고, 그에 따라 과외를 받기 전과 후의 수학 성적에 차이가 있다고 판단할 수 있다.

③ 독립표본 t-test

독립표본 t-test는 데이터가 서로 다른 모집단에서 추출된 경우 사용할 수 있는 분석 방법으로 독립된 두 집단의 평균의 차이를 검정한다. 독립표본 t-test의 경우 등분산 여부에 따라 그 결과가 달라지므로 독립표본 t-test를 하기 전에 등분산 검정을 먼저 실행해야 한다. 예를 들어 A 그룹과 B 그룹의 평균 수학성적에 차이가 있는지를 분석하고자 할 때 독립표본 t-test를 사용할 수 있다. 독립표본 t-test에서 표본의 수가 10개 미만일 경우에는 정규성을 만족하지 못하는 것으로 간주하고 비모수적 방법인 만-위트니 검정(Mann-Whitney test)을 실시하고, 표본의 수가 10 이상 30개 이하일 경우에는 샤피로 윌크 검정(Shapiro-wilk test) 등의 방법을 통해 정규성을 증명하며, 표본의 수가 30개 이상일 경우에는 중심극한정리를 통해 정규성을 증명한다.

TIP _ 독립표본 t-test와 대응표본 t-test는 헷갈리기 쉬운 개념입니다. 독립표본 t-test는 두 개의 독립적인 집단을 비교하는 데 사용되고, 대응표본 t-test는 한국 남성의 음주 전후의 반응속도 차이와 같이 한 집단의 사전, 사후 비교에 사용됩니다.

데이터가 등분산성을 만족할 때 독립표본 t-test의 통계량은 다음과 같이 계산할 수 있다.

$$t-\text{통계량}=\frac{\overline{X_A}-\overline{X_B}}{\sqrt{s_p^2\times\left(\frac{1}{n_A}\times\frac{1}{n_B}\right)}}$$

$\overline{X_A}$=집단 A의 평균, $\overline{X_B}$=집단 B의 평균
s_p^2=통합 분산 추정량, n_A, n_B=집단 A, B의 표본 수

이때 통합 분산 추정량은 다음과 같이 계산된다.

$$s_p^2=\frac{(n_A-1)s_A^2-(n_B-1)s_B^2}{n_A+n_B-2}$$

【 독립표본 t-test 예 】

번호	1	2	3	4	5	6	7	8	9	10
A 그룹	80	45	90	78	76	69	79	34	95	86
B 그룹	85	67	92	80	77	87	88	45	100	88

[독립표본 t-test 예]는 A 그룹과 B 그룹의 평균 수학 성적에 차이가 있는지를 분석하기 위해 A 그룹과 B 그룹에서 각각 10명씩 추출해 수학 성적을 작성한 것이다. 이때 독립표본 t-test의 가설은 다음과 같다.

귀무가설(H_0): 그룹에 따른 수학 성적의 평균에 차이가 없다.

대립가설(H_1): 그룹에 따른 수학 성적의 평균에 차이가 있다.

독립표본 t-test를 적용하기 전에 등분산 검정을 실시하면 F-통계량은 0.193이고, p-value는 0.666이다. p-value가 유의수준 0.05보다 크기 때문에 두 표본의 분산이 동일하다는 귀무가설을 채택하고 등분산성을 만족한다고 판단할 수 있다. 그룹 A와 B의 수학 성적 평균은 각각 73.2와 80.9이고, 분산은 각각 375.7과 237.9다. 이를 통해 계산한 통합 분산 추정량은 306.8이고, 계산된 t-통계량은 -0.983이며 p-value는 0.339다. p-value가 유의수준 0.05보다 크기 때문에 귀무가설을 채택하고 '그룹에 따라 수학 성적의 평균에 차이가 없다'라고 판단할 수 있다.

2. 다변량 분석

(1) 다변량 분석 개념

일반적으로 다변량 분석이란 두 개 이상의 변수들을 동시에 분석하는 모든 분석 방법을 가리킨다. 각 변수를 개별적으로 분석하지 않고 동시에 분석하며 여러 변수 간의 관계성을 고려한다. 다변량 분석은 변수의 수와 개체의 수가 많은 대용량 데이터에 적용할 수 있으며 여러 변수를 동시에 고려하기 때문에 분포가 평면이 아닌 공간으로 표현되는 것이 특징이다. 다변량 데이터는 보통 2차원 행렬의 형태로 주어진다.

다변량 분석은 크게 3가지로 구분해 사용할 수 있다.

【 다변량 분석 유형 】

다변량 자료가 독립변수와 종속변수로 나뉘어 있어, 독립변수를 통해 종속변수를 추정하거나 변수 간의 관계를 분석하고자 할 때	다중회귀분석 다변량분산분석 다중로지스틱 회귀분석
변수 간의 상관관계를 이용해 정보의 손실을 최소화하면서 변수를 요약하고자 할 때	주성분분석 요인분석
개체들의 유사성에 기초해 개체를 분류하고자 할 때	군집분석 판별분석

다변량 분석기법은 굉장히 다양하므로 데이터 분석가는 분석 주제에 대한 통찰을 가지고 문제에 접근해야 하며 데이터를 독립변수와 종속변수로 구분할 수 있는지, 구분할 수 있다면 종속변수의 수는 몇 개인지, 데이터의 형태가 연속형인지, 아니면 범주형인지 등을 파악해 적절한 분석기법을 적용해야 한다.

(2) 다변량분산분석

다변량분산분석(이하 MANOVA)은 분산분석(ANOVA)이 확장된 형태로, ANOVA가 종속변수가 하나고 범주가 2개 이상일 때 각 범주 간의 평균을 비교하는 것이라면, MANOVA는 2개 이상의 종속변수가 주어졌을 때 각 범주 간의 평균벡터의 차이를 비교하는 분석 방법이다. 다변량분산분석을 실행하기 위해서는 독립변수가 범주형 데이터이고, 종속변수가 수치형 데이터여야 하며 각 관측치가 서로 독립이어야 한다. 또한 각 집단의 공분산 행렬이 동일하며, 모든 종속변수가 다변량 정규분포를 따른다는 가정이 필요하다. MANOVA의 가장 큰 특징은 종속변수 간에 서로 상관관계가 있어야 한다는 점이다.

종속변수가 2개 이상이지만 종속변수 간에 상관관계가 없다면 MANOVA를 사용하지 않고 ANOVA를 여러 번 수행해 분석해야 한다. MANOVA를 사용하면 단 한 번의 분석만으로 여러 종속변수를 동시에 처리할 수 있기에 효율적이고, 1종 오류의 가능성이 낮아진다.

예를 들어 학군(대치동, 목동, 분당)에 따른 수학 성적의 평균 차이를 검정하는 경우에는 일원배치 일변량 분산분석을 사용하고, 학군에 따른 수학 성적과 영어 성적의 평균 벡터 차이를 검정하는 경우에는 일원배치 다변량 분산분석을 사용한다. 그리고 학군과 교육비(50만 원 이하, 50만~100만 원, 100만 원 이상)에 따른 수학 성적의 평균 차이를 검정하는 경우에는 이원배치 일변량 분산분석을 사용하고, 학군과 교육비에 따른 수학 성적과 영어 성적의 평균 차이를 검정하는 경우에는 이원배치 다변량 분산분석을 사용한다.

【 일원배치 다변량 분산분석표 】

요인	제곱 및 교차제곱의 합(SSP)	자유도	제곱평균
집단 간(처치)	$B = \sum_{i=1}^{k} n_i (\overline{X_i} - \overline{X})(\overline{X_i} - \overline{X})'$	k−1	B/(k−1)
집단 내(오차)	$W = \sum_{i=1}^{k} \sum_{j=1}^{n_i} (X_{ij} - \overline{X_i})(X_{ij} - \overline{X_i})'$	n−k	W/(n−k)
총	$T = \sum_{i=1}^{k} \sum_{j=1}^{n_i} (X_{ij} - \overline{X})(X_{ij} - \overline{X})'$	n−1	T/(n−1)

위 표에서 k는 그룹의 수이고, n_i는 i번째 그룹의 관측치의 수다. MANOVA에서 주로 사용되는 통계량은 Wilk's Lambda, Pillai's trace, Hotelling-Lawley's trace, Roy's Largest Root다.

> **TIP** _ 위의 표와 비교하며 공부하면 다음 식을 쉽게 이해할 수 있습니다. 각 통계량이 클 때 귀무가설을 기각하는지, 작을 때 기각하는지 확실히 알아둬야 합니다. 또한 다변량 분산분석의 귀무가설은 '처치집단 간 평균이 같다'로 p-value가 유의수준보다 커야 귀무가설을 채택하여 처치집단 간 평균이 같다고 판단할 수 있음에 주의합니다.

【 Wilk's Lambda 】

$$\text{Wilk's Lambda} = \frac{|W|}{|B+W|} = \frac{|W|}{|T|}$$

Wilk's Lambda 통계량은 앞의 식을 통해 계산할 수 있으며, 계산된 결괏값은 0~1 사이의 값을 가진다. 집단 간 분산은 크고, 집단 내 분산은 작다는 것은 데이터가 잘 구분되어 있음을 의미한다. 즉, 집단 간의 분산인 B 값이 크고 집단 내의 분산인 W 값은 작을 때 각 집단의 평균 차이가 명확해진다. |B+W|는 크고 |W|는 작을수록 Wilk's Lambda 값이 작아지며, 따라서 Wilk's Lambda 값이 작아질수록 데이터가 잘 구분되어 있음을 의미하고 평균벡터가 같다는 귀무가설을 기각할 가능성이 커진다.

【 Pillai's trace 】

$$\text{Pillai's trace} = trace(B(B+W)^{-1})$$

Pillai's trace 통계량은 앞의 식과 같이 B에 (B+W)의 역수를 곱해 구할 수 있다. 집단 간의 분산인 B 값이 크고 집단 내의 분산인 W 값이 작을수록 Pillai's trace 통계량은 큰 값을 가지며 이 값이 크다는 것은 각 집단이 잘 구분되어 있음을 의미한다. 따라서 Pillai's trace 통계량이 클수록 평균벡터가 같다는 귀무가설을 기각할 가능성이 커진다.

【 Hotelling-Lawley's trace 】

$$\text{Hotelling-Lawley's trace} = trace(BW^{-1})$$

Hotelling-Lawley's trace 통계량은 앞의 식과 같이 B에 W의 역수를 곱해 구할 수 있다. 집단 간의 분산인 B값이 크고 집단 내의 분산인 W 값이 작을수록 Hotelling-Lawley's trace 통계량은 큰 값을 가진다. 따라서 이 값이 클수록 평균벡터가 같다는 귀무가설을 기각할 가능성이 커진다.

【 Roy's Largest Root 】

$$\text{Roy's Largest Root} = BW^{-1} \text{의 최대 고윳값}$$

Roy's Largest Root 통계량은 B에 W의 역수를 곱한 행렬에서 가장 큰 고윳값을 계산한다. 집단 간의 차이인 B 값이 크고 집단 내의 차이인 W 값이 작을수록 Roy's Largest Root 통계량은 큰 값을 가진다. 따라서 이 값이 클수록 평균벡터가 같다는 귀무가설을 기각할 가능성이 커진다.

(3) 요인분석

요인분석(Factor Analysis)은 변수 간에 존재하는 상호연관성을 바탕으로 데이터를 적은 수의 요인으로 압축 및 요약해 그룹화하는 방법이다. 예를 들어 학생들의 국어, 수학, 한국사, 세계사 성적을 조사해 요인분석을 실시한 결과, 국어 성적이 높은(낮은) 학생

> TIP _ 요인분석은 상관행렬을 사용하는데, 상관분석 시 결측치가 연산에 포함되면 그 결괏값은 반드시 결측치로 출력되므로 이를 처리하는 것이 매우 중요합니다.

은 영어 성적도 높고(낮고), 한국사 성적이 높은(낮은) 학생은 세계사 성적도 높은(낮은) 것으로 조사됐을 때 국어 성적과 영어 성적은 관계가 높으므로 언어 능력이라는 하나의 요인으로 분류할 수 있고, 한국사 성적과 세계사 성적은 역사 능력이라는 요인으로 분류할 수 있다. 요인분석 전에는 4개의 과목으로 이루어졌지만, 요인분석을 통해 2개의 잠재변수(언어 능력, 역사 능력)로 구성이 변경됐다. 이처럼 변수 간의 상호연관성을 통해 여러 변수를 몇 개의 요인으로 그룹화하는 것을 요인분석이라고 한다. 요인분석은 리커트 척도를 이용한 설문조사 등에 자주 사용되며 목적에 따라 탐색적 요인분석(EFA)과 확인적 요인분석(CFA)으로 구분할 수 있다. 탐색적 요인분석은 기존의 변수를 토대로 새로운 요인을 어림해 생성하는 것이고, 확인적 요인분석은 생성된 요인이 변수 간의 관계를 잘 포함하고 있는지, 해당 요인모형이 적합한지 등을 검증하는 것이다.

① 요인분석의 조건

 ⓐ 변수가 등간척도, 비율척도와 같은 연속형 데이터의 형태여야 한다.
 ⓑ 관측치들은 서로 독립적이어야 하고, 각 변수는 다변량 정규분포의 형태를 취해야 한다.
 ⓒ 변수별로 분산은 모두 동일하다는 가정을 만족해야 한다.
 ⓓ 표본의 수는 최소한 50 이상이어야 하고, 일반적으로는 표본의 수가 100개 이상이어야 한다. 또한 보수적인 분석의 경우에는 표본의 수가 변수의 수의 4~5배여야 한다.

② 요인분석의 목적

 ⓐ 여러 개의 변수를 몇 개의 요인으로 묶어 자료를 요약하고, 변수의 차원을 축소시킨다.
 ⓑ 변수들 내에 존재하는 상호 독립적인 특성을 발견한다.
 ⓒ 불필요한 변수를 제거한다.
 ⓓ 만족도와 행복도와 같은 유사한 개념을 측정한 변수들이 동일한 요인으로 묶이는지 확인해서 측정항목의 타당성을 검증한다.

③ 요인분석의 과정

ⓐ 분석할 변수를 선택한다.

ⓑ 상관관계 행렬을 통해 요인분석이 가능한지 확인한다.

ⓒ 요인추출 방법을 결정하고 이를 통해 요인을 추출한다.

ⓓ 요인의 회전을 통해 해석하기 쉽게 분산을 재분배한다.

ⓔ 요인을 해석한다.

ⓕ 요인점수를 산출한다.

④ 요인추출 방법

요인추출 방법은 크게 주성분 분석에 의한 추출과 공통요인분석에 의한 추출로 구분된다.

주성분 분석은 데이터의 총분산을 사용하는 요인추출 방법으로 먼저 추출되는 주성분요인이 최대의 분산을 가지고, 점차 작은 분산을 가지는 요인이 추출된다. 이때 각 요인은 서로 상관되지 않는다. 공통요인분석은 공통분산만을 사용하는 요인추출 방법이다.

요인추출 방법에는 주성분 분석법, 최소제곱 요인추출법, 최대우도 요인추출법, 주축 요인추출법, 알파 요인추출법, 이미지 요인추출법이 있으며 보통 요인분석에는 주성분 분석법을 많이 사용한다.

【 요인분석에서의 분산 】

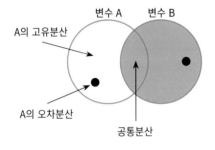

TIP _ 주성분 분석과 요인분석의 가장 큰 차이는 고유분산의 존재 여부입니다. 주성분 분석은 오로지 총분산만을 사용하지만 요인분석은 총분산을 공통분산과 고유분산으로 구분해 분석에 사용합니다.

⑤ 요인의 수 결정 방법

요인의 수를 결정할 때는 최소고윳값을 사용하는 방법이 가장 많이 사용된다. 고윳값은 한 요인의 설명력을 의미하며 고윳값이 크다는 것은 해당 요인이 변수들의 분산을 잘 설명한다는 의미다. 주성분 분석법에서는 고윳값이 1보다 작은 값일 경우 해당 요인이 의미가 없다고 판단하며, 따라서 일반적으로 고윳값 1 이상을 가지는 요인의 수만큼 추출한다. 이 외에도 스크리 그래프와 누적분산비율을 사용한다. 절대적인 기준은 없지만, 보통 설명력의 누적분산비율이 최소 60% 이상이면 설명력이 높다고 판단한다.

⑥ 요인의 회전

요인분석의 각 요인은 단순히 자료를 축약하는 과정에서 변수들의 상관관계에 따라 추출되었기 때문에 그 자체만으로는 의미 있는 정보를 얻기 어렵고, 특정 요인이 설명하는 변수들이 무엇인지 등을 명확하게 판단하기 어렵다. 그래서 이 요인들을 해석하기 쉽게 만드는 단계가 필요한데, 그것이 요인의 회전이다. 요인의 회전은 직각회전(Orthogonal Rotation)과 사각회전(Oblique Rotation)으로 구분된다.

【 직각회전과 사각회전 】

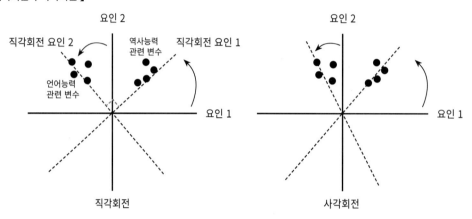

위 그림을 보면 언어능력 관련 변수(국어, 영어)와 역사능력 관련 변수(한국사, 세계사) 모두 요인 1과 2에 어느 정도 상관관계가 있어 정확히 특정 요인에 속한다고 판단할 수 없다. 하지만 요인을 회전해보면 역사능력 관련 변수는 요인 1에 속하고, 언어능력 관련 변수는 요인 2에 속함을 확인할 수 있다. 이때 요인 간에 상관관계가 없다는 가정하에 요인의 축 사이의 각도를 직각으로 유지하면서 회전시키면 직각회전이라고 하고, 요인 간에 상관관계가 있는 경우 직각을 유지하지 않고 회전시키면 사각회전이라고 한다. 직각회전에는 쿼티맥스, 베리멕스, 이쿼멕스 방법이 있으며, 사각회전에는 오블리민 방법이 있다.

(4) 판별분석

판별분석은 두 개 이상의 모집단으로부터 추출된 표본들을 분석해 각 표본이 어느 모집단에서 추출된 것인지를 예측하는 분석 방법으로 몇 개의 알려진 그룹으로부터 그룹을 구별할 수 있는 판별함수를 도출하고, 도출된 판별함수를 통해 새로운 데이터를 판별하여 분류하는 작업을 수행한다. 독립변수는 연속형 자료이고 종속변수는 범주형 자료일 때 사용하는 방법으로 독립변수가 이진형 데이터일 경우에는 더미변수로 변환하면 판별분석을 적용할 수 있다. 예를 들어 은행에서 대출을 진행하고자 할 때 채무자가 대출금을 변제할지에 대한 문제가 은행의 의사결정에 큰 영향을 주는 요소일 것이다. 이 경우 고객 데이터(연간 소득, 평균 카드 사용량 등)를 기반으로 대출금을 상환한 고객과 상환하지 않은 고객을 그룹으로 분류하고 현재 신청자의 정보를 이와 비교하여 고객이 속할 그룹을 예측할 수 있다.

판별분석은 독립변수의 각 벡터가 다변량 정규분포를 따르고, 종속변수의 각 집단의 분산-공분산행렬은 동일하다는 가정하에 실행되며 전체 표본의 크기는 독립변수의 수의 최소 2배 이상이어야 한다. 또한 종속변수의 집단의 크기 중 가장 작은 값이 독립변수의 수보다 커야 한다.

> **TIP** _ 판별분석은 로지스틱 회귀분석과 매우 유사하며 동일한 연구 상황에서 사용됩니다. 판별분석이 그룹 간 분산-공분산이 동일하다고 가정하는 것에 반해, 로지스틱 회귀분석은 이러한 제한이 없습니다. 또한 데이터를 그룹화한다는 점이 군집분석과 유사하지만, 판별분석은 지도학습으로, 비지도학습인 군집분석과 구분됩니다.

판별분석은 다음과 같은 절차를 통해 진행된다.

Step 1. 판별분석에 사용할 변수를 선정한다.

Step 2. 각 개체를 분류하는 데 사용할 판별함수를 도출한다.

Step 3. 도출된 판별함수의 정확도를 파악한다.

Step 4. 판별함수를 이용해 새로운 데이터가 속할 집단을 예측한다.

판별분석은 독립변수의 특성을 기반으로 종속변수의 의사결정 방향을 분석하는 것으로, 판별함수를 통해 종속변수 집단 내의 분산보다 집단 간 분산의 차이를 최대화하는 새로운 축을 찾는 것이 기본 원리다. 판별함수는 독립변수들의 선형결합으로 나타나며 다음과 같이 표현된다.

$$Z = a_1 X_1 + a_2 X_2 + \cdots + a_n X_n$$

Z = 선형판별함수(판별점수), a_n = 판별계수, X_n = 판별변수(독립변수)

도출할 수 있는 판별함수의 수는 다음과 같이 결정된다.

판별함수의 수 = Min[(그룹의 수-1), 독립변수의 수]

예를 들어 독립변수의 수가 6개이고, 3개의 그룹이면 Min[(3-1), 6]=2로 2개의 판별함수를 도출할 수 있다.

(5) 다차원척도법

다차원 척도법(Multidimensional Scaling, MDS)은 다변량 데이터에 내재된 특성 및 구조를 통해 개체 간의 유사성/비유사성을 측정하고, 이를 원래의 차원보다 낮은 차원의 공간에 점으로 표현하는 분석 방법이다. 2차원 혹은 3차원 공간상에 표현된 점들은 유사한 개체들은 가깝게, 아닌 개체들은 멀게 표현되며, 이를 통해 개체 간의 관계를 직관적으로 이해할 수 있고 고차원 데이터의 차원을 축소하는 데 사용할 수 있다. 다차원 척도법은 다음 표와 같은 대칭 행렬 형태의 데이터를 사용한다.

【 대한민국의 도시 간 거리 】

	서울	인천	부산
서울	0	29	325
인천	29	0	333
부산	325	333	0

다차원 척도법의 절차는 다음과 같다.

Step 1. 자료를 수집한다.

Step 2. 유사성/비유사성을 측정한다. 일반적인 방법은 모든 관측치 쌍에 대한 유클리드 거리를 계산하여 거리행렬을 생성하는 것이다.

> TIP _ 유클리드 거리 외에도 맨해튼 거리, 체비셰프 거리, 민코프스키 거리 등의 거리척도를 사용할 수 있습니다.

Step 3. 개체들을 2차원 혹은 3차원 공간상에 표현한다.

Step 4. stress 함수를 통해 실제 거리행렬과 MDS에 의해 추정된 거리행렬을 비교하고 stress 값이 최소가 되게 좌표를 조정한다.

MDS에서는 개체의 실제 거리와 모형에 의해 추정된 거리 사이의 적합도를 측정하기 위해 stress 척도를 사용한다. stress 척도는 다음과 같이 표현된다.

> TIP _ stress 값은 실제 거리와 추정된 거리 간의 오차를 의미합니다.

$$stress = \sqrt{\frac{\sum(실제거리 - 추정거리)^2}{\sum 실제거리^2}}$$

stress 값은 0~1 사이의 값을 가지며 그 값이 낮을수록 적합도가 높다고 평가한다. 보통 0.05 이내이면 적합도가 좋다고 판단하고 0.2 이상이면 적합도가 매우 나쁘다고 판단한다. stress 값은 차원이 증가함에 따라 작아지지만 차원이 클수록 결과의 해석이 복잡해지므로 보통 2차원에서 3차원의 공간을 사용한다.

stress	적합도
0	완벽
0~0.05	매우 우수
0.05~0.1	우수
0.1~0.2	보통
0.2 이상	나쁨

3. 시계열 분석

(1) 시계열 분석 개념

시간의 흐름에 따른 관측치의 변화를 일정 시간 간격으로 배치한 데이터를 시계열 데이터라고 하며, 이러한 시계열 데이터를 통해 시간의 흐름에 따른 종속변수의 변화를 예측하는 것을 시계열 분석이라고 한다. 주가, 환율, 월별 재고량, 일일 확진자 수 등이 시계열 자료에 해당한다. 시계열 분석은 크게 정상 시계열 분석과 비정상 시계열 분석으로 구분되는데, 정상성 조건을 모두 만족시키면 정상 시계열, 정상성 조건을 하나라도 만족하지 못하면 비정상 시계열이라 한다. 시계열 분석에서 대부분의 자료는 비정상시계열 자료이므로 이를 정상 시계열로 변환한 후에 분석을 수행해야 한다.

정상성의 조건은 다음과 같다.

- 시계열의 평균이 시간에 따라서 일정하다.
- 분산이 시점에 의존하지 않고 일정하다.
- 시점 간의 공분산이 특정 시점에 의존하지 않고 오직 시차(시점과 시점 사이의 거리)에만 의존한다.

TIP _ 공분산이 시차에만 의존한다는 것은 t 시점과 t-1 시점의 공분산은 t 시점과 t+1 시점의 공분산과 같다는 것을 의미합니다.

평균이 일정하다는 것은 시계열의 평균이 시간 축에 평행하다는 것으로 뚜렷한 추세가 없음을 의미한다. 만약 평균이 일정하지 않은 경우에는 현시점 자료에서 이전 시점 자료를 빼는 차분을 통해 정상 시계열화할 수 있다. 시계열 데이터가 계절성을 가지는 경우에는 현시점 자료에서 여러 시점 전의 자료를 빼는 계절차분을 이용한다. 분산이 일정하지 않은 경우에는 변환을 통해 정상 시계열화할 수 있다. 이러한 가정으로 인해 정상 시계열은 추세성, 계절성 등의 패턴을 보이지 않으며, 자료의 변화 폭이 일정하고, 시간의 흐름에 따라 자기상관성이 상이하지 않다는 특징을 가지게 된다.

회귀분석과 시계열 분석의 차이

회귀분석은 변수 간의 독립성을 전제로 분석을 하지만, 시계열 분석은 변수 간의 자기상관성을 전제로 한다는 것이 가장 큰 차이점이다. 회귀분석의 경우 데이터 순서에 영향을 받지 않지만, 시계열 분석은 앞의 데이터가 뒤의 데이터에 영향을 끼치므로 데이터의 순서가 매우 중요하다.

(2) 시계열의 구성요소

시계열은 추세요인, 계절요인, 순환요인, 불규칙요인으로 구성되며 이들 요인이 복잡하게 혼합되어 하나의 시계열 데이터를 구성한다. 분석 목적에 따라 특정요인만을 분리해 분석하거나 제거하는 작업을 하게 되는데, 이를 분해시계열이라고 한다.

① 추세요인

추세요인이란 인구의 증가, 기술의 변화 등과 같은 요인에 의해 장기간 일정한 방향으로 상승 또는 하락하는 경향을 보이는 요인으로, 급격한 충격이 없는 한 지속되는 특징이 있다. 장기적인 변화의 추세를 보여주는 요인으로 짧은 기간의 시계열 자료에서는 추세변동을 찾기가 어려우며 다음 그림과 같은 직선 형태뿐만 아니라 이차식 또는 지수 형태로도 나타날 수 있다.

TIP_각 요인과 설명을 연결 지을 수 있어야 합니다. 추세요인은 가장 주기가 긴 변동이고, 순환요인은 정확하게 알려진 이유 없이 주기가 변동하는 것이 특징입니다.

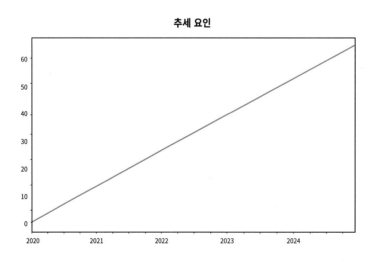

추세 요인

② 순환요인

정확히 알려진 이유가 없고 주기가 일정하지 않은 변동을 순환요인이라고 한다. 보통 추세선을 따라 상하로 반복 운동하는 형태로 나타난다.

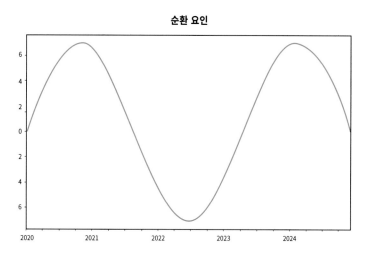

③ 계절요인

일정한 주기를 가지는 상하 반복의 규칙적인 변동을 계절변동이라 한다. 요일마다 반복되는 주기, 월별, 분기별, 계절별 등 고정적인 주기에 따라 자료의 변동이 반복되는 모든 경우가 계절요인에 포함된다. 계절요인은 매년 같은 시기에 유사한 패턴으로 나타나므로 예측하기가 상대적으로 쉬우며, 순환요인보다 주기가 짧은 것이 특징이다.

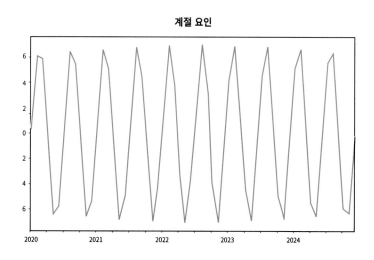

④ 불규칙요인

불규칙요인은 위에서 설명한 세 가지 요인으로 설명하지 못하는 오차에 해당하는 요인으로 어떠한 규칙성 없이 우연히 발생하는 예측 불가능한 변동이다. 불규칙요인이 많으면 신뢰성 있는 예측이 어려우며 천재지변, 질병 등과 같은 요인에 의해 발생하는 모든 변동이 불규칙요인에 포함된다.

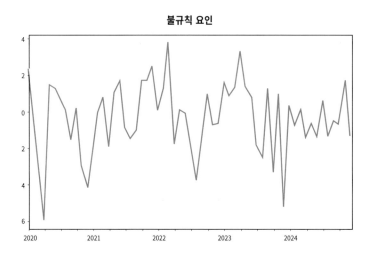

(3) 시계열 분석 기법

시계열 분석 기법은 크게 평활법과 분해법으로 구분된다. 평활법은 자료에 내재된 불규칙적인 변동이나 계절성을 제거하여 시계열 그림을 조금 더 평탄한 형태로 만드는 방법으로 이동평균법과 지수평활법 등이 있고, 분해법은 시계열 데이터에서 추세, 순환, 계절, 불규칙 요인을 분리하는 방법으로 가법모형과 승법모형이 있다.

① 이동평균법

이동평균법은 시계열 데이터에서 일정 기간별로 자료를 묶어 평균을 구하는 방법이다. 시간이 지남에 따라 평균 계산에 포함되는 자료가 바뀌기 때문에 이동평균법이라고 한다. 변동이 많은 시계열 데이터의 평균을 구함으로써 여러 요인으로 인한 변동을 없앨 수 있다.

다음은 t 시점부터 m 기간의 이동평균법을 계산하는 식이다.

$$X_m = \frac{X_t + X_{t+1} + \cdots + X_{t+(m-1)}}{m}$$

【 2019년 원/달러 환율 】

월	원/달러 환율	2개월 이동평균	3개월 이동평균
1	1,112.7		
2	1,124.7	2237.4	3,372.5
3	1,135.1	2259.8	3,428.0
4	1,168.2	2303.3	3,494.2
5	1,190.9	2359.1	3,513.8
6	1,154.7	2345.6	3,528.7
7	1,183.1	2337.8	3,549.0
8	1,211.2	2394.3	3,590.5
9	1,196.2	2407.4	3,570.8
10	1,163.4	2359.6	3,540.8
11	1,181.2	2344.6	3,501.0
12	1,156.4	2337.6	

이 표는 2019년 원/달러 환율을 통해 2개월 이동평균과 3개월 이동평균을 계산한 것이다.

m의 값이 커질수록 시계열 데이터의 추세선은 더 평탄해지지만, 생략되는 값이 많아져 정확한 추세를 반영할 수 없다.

② 지수평활법

이동평균법은 장기적인 추세를 파악하는 것에는 효과적이나 m 기간에 따라 평균의 수가 감소하는 단점이 있다. 지수평활법은 이런 문제점을 해결하기 위해 사용하는 방법으로 최근 자료가 과거 자료보다 예측에 효과적이라는 가정하에 최근 데이터일수록 큰 가중치를 부여하고, 오래된 데이터일수록 작은 비중을 부여하는 방식을 사용해 평균을 계산한다. m 기간의 평균을 계산하는 이동평균법과 달리 지수 평활법은 전체 시계열 데이터를 사용해 평균을 구한다는 특징이 있다. 지수평활법에서 가중치 역할을 하는 것은 지수평활계수인 α다. 지수평활계수 α는 0~1 사이의 값을 가지며 α 값이 클수록 최근 자료의 영향력이 급격하게 커져 변화에 민감하게 반응하고, 값이 작을수록 변동에 둔감하게 반응한다. α 값이 작을수록 평활의 효과가 커진다.

지수평활법의 식은 다음과 같다.

$$F_{t+1} = \alpha Z_t + (1-\alpha)F_t$$

F_t = t 시점의 예측값, Z_t = t 시점의 실제값, α = 지수평활계수

이를 일반화하면 다음과 같다.

$$F_{t+1} = \alpha Z_t + \alpha(1-\alpha)Z_{t-1} + \alpha(1-\alpha)^2 Z_{t-2} + \cdots$$

③ 가법모형

가법모형은 시계열 데이터가 네 종류의 시계열 구성요소의 합으로 구성된다고 가정하는 것이다. 추세요인을 T, 순환요인을 C, 계절요인을 S, 불규칙요인을 I라 할 때 가법모형에서 시계열 데이터 Y는 다음과 같이 표현된다.

$$Y = T + C + S + I$$

④ 승법모형

승법모형은 시계열 데이터가 네 종류의 시계열 구성요소의 곱으로 구성된다고 가정하는 것이다. 승법모형에서 시계열 데이터 Y는 다음과 같이 표현된다.

$$Y = T \times C \times S \times I$$

(4) 시계열 모형

① 자기회귀모형(AutoRegressive, AR 모형)

자기회귀모형은 변수들의 자기상관성을 기반으로 한 시계열 모형으로 현시점의 자료를 p 시점 전의 과거 자료를 통해 설명할 수 있는 모델이다. 과거 데이터와의 자기상관성을 분석해 시계열의 특성을 분석한다. 자기 자신의 과거 값이 이후 자신의 값에 영향을 주기 때문에 자기회귀모형이라고 한다. AR(p) 모형이라고도 하며 식은 다음과 같다.

$$AR(p) = Z_t = a_1 Z_{t-1} + a_2 Z_{t-2} + \cdots + a_p Z_{t-p} + \epsilon_t$$

Z_t = 현 시점의 시계열 자료, $Z_{t-1}, \cdots, Z_{t-p}$ = 과거 시계열 자료
ϵ_t = 백색잡음(오차항), a_p = 자기상관계수(p시점이 현 시점에 영향을 주는 정도)

AR 모형에서는 몇 시점 전의 데이터가 현시점의 데이터에 영향을 주는지를 알아야 한다. 현시점의 데이터가 1 시점 전의 데이터에만 영향을 받는다면 AR(1) 모형이라 하고 다음과 같이 나타낼 수 있다.

$$AR(1) = Z_t = a_1 Z_{t-1} + \epsilon_t$$

AR 모형은 자기상관함수(ACF)와 부분자기상관함수(PACF)의 그래프 형태를 통해 모델을 식별한다. ACF는 시계열 값들이 과거의 영향을 얼마나 받고 있는지를 의미하는 값으로, 최신 데이터의 영향은 강하게 받고 오래된 데이터의 영향은 적게 받기 때문에 AR(p) 모형에서 ACF는 시차가 증가함에 따라 감소하는 형태로 나타나고, PACF는 p+1 시차 이후로 급격하게 절단된 형태로 나타난다. 다음 그림을 보면 ACF는 시차가 증가함에 따라 점차적으로 감소하고, PACF는 3시점에서 절단되는 형태로 나타난다. 따라서 다음 그래프는 2시점 전의 데이터까지가 현재에 영향을 미치는 AR(2) 모형이라고 볼 수 있다.

【 AR 모형의 ACF와 PACF 】

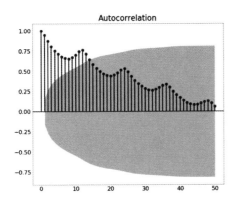
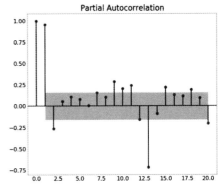

② 이동평균모형(Moving Average, MA 모형)

이동평균모형은 이동평균 과정으로 현재 데이터가 과거 백색잡음의 선형 가중합으로 구성된다는 모형이다. 백색잡음 과정은 서로 독립이고 평균이 0인 확률변수이므로 항상 정상성을 만족한다는 특징이 있다. 이에 따라 이들의 선형 결합으로 구성된 MA 모형 또한 항상 정상성을 만족하므로 이동평균모형은 정상성 가정이 필요 없는 모델이다. MA(q) 모형이라고도 하며 식은 다음과 같다.

$$MA(q) = Z_t = a_t - \theta_1 a_{t-1} - \theta_2 a_{t-2} - \cdots - \theta_q a_{t-q}$$

현시점의 데이터가 백색잡음의 현재 값과 1 시점 전의 데이터의 결합으로 표현되는 모델을 MA(1) 모형이라 하고 다음과 같이 나타낸다.

$$MA(1) = Z_t = a_t - \theta_1 a_{t-1}$$

MA 모형 또한 AR 모형과 마찬가지로 모델을 식별하기 위해 자기 상관함수(ACF)와 부분자기상관함수(PACF)를 사용한다. AR 모형과 반대로 ACF는 q+1 시차 이후 급격하게 절단된 형태로 나타나

TIP _ AR 모형은 PACF가 절단된 형태이고 MA 모형은 ACF가 절단된 형태임을 알고 이를 구분할 수 있어야 합니다.

고, PACF는 시차가 증가함에 따라 감소하는 형태로 나타난다. ACF가 3시점에서 절단되는 형태를 보이고 PACF는 시차가 증가함에 따라 감소한다면 이는 MA(2) 모형이라고 할 수 있다.

③ 자기회귀누적이동평균모형(Autoregressive Integrated Moving Average, ARIMA 모형)

ARIMA 모형은 비정상 시계열 모형으로 그 자체로는 정상성이나 평균 회귀의 특성이 없기 때문에 불규칙적인 시계열 데이터를 규칙적인 데이터로 바꿔주는 차분이나 변환을 통해 AR 모형, MA 모형 혹은 이 둘을 합한 ARMA 모형으로 정상화해 사용한다. ARIMA 모형에는 p, d, q 세 가지의 차수가 있으며 ARIMA(p, d, q)로 표현한다. ARIMA(p, d, q)에서 p는 AR 모형의 시차를 의미하고, d는 차분 횟수를 의미하며, q는 MA 모형의 시차를 의미한다.

- 차수 p가 0인 모형은 IMA(d,q) 모형이라 하고, 이 모형을 d번 차분하면 MA(q) 모형이 된다.
- 차수 d가 0인 모형은 ARMA(p,q) 모형이라 하고, 이 모형은 정상성을 만족한다.
- 차수 q가 0인 모형은 ARI(p,d) 모형이라 하고, 이 모형을 d번 차분하면 AR(p) 모형이 된다.

4. 베이지안 기법

(1) 베이즈 이론

통계학의 확률은 크게 빈도 확률과 베이지안 확률로 구분할 수 있다. 이 둘의 계산 방법은 크게 다르지 않지만 해석하는 방법에서 차이가 나는데, 빈도 확률은 객관적으로 확률을 해석하고 베이지안 확률은 주관적으로 확률을 해석한다.

① 빈도 확률

빈도 확률이란 사건이 발생한 횟수의 장기적인 비율을 의미한다. 빈도 확률은 근본적으로 반복되는 어떤 사건의 빈도를 다루는 것으로 모집단으로부터 반복적으로 표본을 추출했을 때 추출된 표본이 사건 A에 포함되는 경향을 사건 A의 확률이라 한다.

예를 들어 동전을 10번 반복적으로 던졌을 때 숫자 면이 6번 나온다면 숫자 면이 나올 확률은 60%가 되고 인물 면이 나올 확률은 40%가 된다. 이렇듯 특정 행위를 반복적으로 시행하며 빈도수를 측정하는 것을 빈도 확률이라고 한다. 빈도 확률에서 동전의 숫자 면이 나올 확률이 50%라는 것은 동전을 수백, 수천 번 던졌을 때 그중 절반은 앞면이 나오고, 나머지 절반은 인물 면이 나온다고 해석한다.

② 베이지안 확률

베이지안 확률은 어떤 표본을 선택했을 때 해당 표본이 사건 A에 포함된다는 주장의 신뢰도라고 할 수 있다. 동전의 숫자 면이 나올 확률이 50%라면 베이지안 확률에서는 동전의 숫자 면이 나왔다는 주장의 신뢰도가 50%라고 해석한다. 베이지안 확률은 빈도 확률과 다르게 반복이라는 개념을 사용하지 않는다는 특징이 있다. 지진이 발생할 확률, 내일 아침에 비가 올 확률 등과 같이 반복을 통해 빈도를 측정하기 어려운 문제에서 빈도 확률은 신뢰할 만한 값을 제공해주지 못한다. 베이지안 확률은 이렇듯 반복적 측정이 어려운 문제에 대해 측정하고자 하는 사건과 관련된 몇 가지 확률을 통해 해당 사건의 확률을 추정한다.

③ 베이즈 정리

베이즈 정리란 사전확률과 우도확률을 통해 사후확률을 추정하는 정리로 데이터를 통해 확률을 추정할 때 현재 관측된 데이터의 빈

TIP _ 베이즈 정리는 사후 확률을 통해 사전 확률을 업데이트하는 과정입니다.

도만으로 분석하는 것이 아니라 분석자의 사전지식(이미 알려진 사실 혹은 분석자의 주관)까지 포함해 분석하는 방법이다. 베이즈 정리에서 확률은 '주장 혹은 믿음의 신뢰도'로 나타난다. 베이즈 정리의 식은 다음과 같다.

$$P(H|E) = \frac{P(E|H)P(H)}{P(E)}$$

- $P(H)$: H의 사전확률(prior), H는 Hypothesis의 약자로 어떤 사건이 발생했다는 주장의 신뢰도다. 분석가가 알고 있고, 추정하고 있는 모델의 확률을 의미한다.
- $P(E)$: 증거(Evidence) 혹은 정규화 상수다.
- $P(H|E)$: 사후확률(posterior), 사건 E가 발생한 후 갱신된 H의 확률을 의미한다.
- $P(E|H)$: 우도확률(likelihood), 어떤 가설(H)을 기반으로 하는 관측 결과(E)의 확률을 의미한다.

다음의 예를 통해 베이즈 정리를 설명하겠다.

특정 희귀질환에 대한 검사를 진행한다고 가정했을 때 진단키트는 해당 희귀질환이 있는 사람을 검사할 경우 99%의 확률로 양성 반응을 보이고 해당 희귀질환이 없는 사람을 검사할 경우 1%의 확률로 양성 반응을 보인다. 이 희귀질환은 전체 인구의 0.1%만 걸린 질환이다. 만약 질환의 발생 여부를 모르는 환자가 이 진단키트를 통해 검사한 결과 양성반응을 보였다면 그 환자가 실제 희귀질환을 가지고 있을 확률은 얼마인가?

【 희귀질환 검진표 】

	양성 판단	음성 판단	합계
희귀질환 有	99	1	100
희귀질환 無	999	98901	99900
합계	1098	98902	100000

위 예시의 핵심은 진단키트에서 양성 판단이 나왔을 때 실제 희귀질환에 걸렸을 확률을 구하는 것이다. 이때 희귀질환에 걸렸을 확률을 $P(H)$라 하고, 양성반응이 나올 확률을 $P(E)$라 한다.

- $P(H)$: 희귀질환에 걸렸을 확률 = 0.001
- $P(E|H)$: 희귀질환이 있을 때 검사 결과가 양성반응일 확률 = 0.99
- $P(E)$: 질환이 있다고 검진받은 확률 = 질환이 없을 때 양성일 확률 + 질환이 있을 때 양성일 확률 = 0.999*0.01+0.001*0.99 = 0.01098

이를 통해 사후확률 $P(H|E)$를 계산하면 약 9%가 나온다. 위와 같이 베이즈 이론은 기존에 알고 있던 확률을 통해 원하는 확률값을 얻을 수 있다. 또한 베이즈 이론의 가장 큰 특징은 새로운 정보를 토대로 학습한 결과를 통해 사전확률을 보정하고, 이를 통해 사후확률을 갱신해 나간다는 것이다.

위의 예에서 한 번 양성 판정을 받았던 사람이 다른 병원에서 두 번째 검진을 받고 또 양성 판정을 받았을 때 이 사람이 실제로 희귀질환에 걸렸을 확률은 얼마일까?

기존에 이 환자가 희귀질환에 걸렸을 확률은 0.01%였지만, 이전 테스트를 통해 9%가 되었다.

- $P(H)$: 희귀질환에 걸렸을 확률 = 0.09
- $P(E|H)$: 희귀질환이 있을 때 검사 결과가 양성반응일 확률 = 0.99
- $P(E)$: 질환이 있다고 검진받은 확률 = 질환이 없을 때 양성일 확률 + 질환이 있을 때 양성일 확률 = 0.91*0.01+0.09*0.99 = 0.0982

이를 통해 사후확률 $P(H|E)$를 계산하면 90.7%가 나온다. 위와 같이 베이즈 이론에서는 이전 사후확률로 계산된 값이 이번 테스트에서는 사전확률로 이용되어 한 번 더 갱신된 사후확률을 계산하게 된다.

(2) 나이브 베이즈 분류

① 나이브 베이즈 개념

나이브 베이즈 분류 모델은 베이즈 정리를 기반으로 한 지도학습 모델로, 스팸 메일 필터링, 텍스트 분류 등에 사용할 수 있다. 앞에서 소개한 희귀질환의 예에서는 단순히 진단시트의 결과에 따라서만 확률을 예측했지만, 실제 분석상황에서는 평소 식습관, 성별, 흡연 여부, 음주 여부 등의 세부적인 특징까지 포함할 것이고 각 특징변수에 따라 가중치가 다를 것이다. 하지만 나이브 베이즈는 데이터의 모든 특징 변수가 서로 동등하고 독립적이라는 가정하에 분류를 실행한다. 질환 유무를 분류할 수 있게 해주는 특성들은 나이브 베이즈 분류기에서 서로 연관성이 없고, 각각의 특성이 질환의 유무에 독립적으로 기여하는 것으로 간주한다.

② 나이브 베이즈 알고리즘

나이브 베이즈 알고리즘은 이진 분류 데이터가 주어졌을 때 베이즈 이론을 통해 범주 a, b가 될 확률을 구하고, 더 큰 확률값이 나오는 범주에 데이터를 할당하는 알고리즘이다. 범주 a, b에 속할 확률은 다음과 같다.

- 범주 a에 속할 확률 $= P(a|E) = \dfrac{P(E|a)P(a)}{P(E)}$

- 범주 b에 속할 확률 $= P(b|E) = \dfrac{P(E|b)P(b)}{P(E)}$

P(a)와 P(b)는 사전확률로, 범주 a와 b에 해당하는 레코드를 전체 레코드로 나눈 비율을 의미한다. P(E)는 두 수식에 겹쳐 나오므로 생략하고 계산할 수 있으며, 데이터가 변수 v_1, v_2, v_3로 구성되어 있다면 다음과 같이 표현할 수 있다.

$$P(v_1,\ v_2,\ v_3|E) = P(a) \times P(v_1|a) \times P(v_2|a) \times P(v_3|a)$$

신문 기사 제목을 통해 기사의 카테고리를 분류하는 예제를 통해 나이브 베이즈를 설명하자면, 우선 다음과 같이 기사 제목 데이터를 수집해야 한다.

【 신문 기사 데이터 】

index	기사 제목	카테고리
0	원톱으로 나선 손흥민, 전반 30분 만에 멀티 골 폭발	스포츠
1	손흥민, 3연속 연습경기 출전 토트넘, 버밍엄 1-0 제압	스포츠
2	토트넘, 울버햄튼 수비수 도허티 영입	스포츠

index	기사 제목	카테고리
3	서울 아파트 8월 전월세 계약 역대 최저	경제
4	9월 수도권 입주 물량 감소 전월세난 심해지나	경제
5	서울 아파트 거래 10건 중 4건 최고가 거래량은 줄어	경제

위와 같이 데이터가 수집되면 불용어 제거, 구두점 제거 등의 전처리 작업을 통해 토큰화하여 단어 집합을 추출해야 한다. 이 예에서는 명사만 추출했다. 이 작업을 완료하면 다음과 같은 표가 생성된다.

【 단어 집합 】

BOW	카테고리
{손흥민, 전반, 골}	스포츠
{손흥민, 토트넘, 버밍엄}	스포츠
{토트넘, 수비수, 영입}	스포츠
{아파트, 계약, 전월세}	경제
{수도권, 전월세}	경제
{아파트, 최고가}	경제

단어 집합을 생성했으면 이제 인덱스마다 학습 데이터의 단어가 포함됐을 때는 1을 넣고 포함되지 않았을 때는 0을 넣은 행렬을 생성해야 한다. 이때 스포츠 카테고리는 0, 경제 카테고리는 1로 한다.

【 단어 빈도 행렬 】

idx	손흥민	전반	골	토트넘	…	아파트	전월세	최고가	카테고리
0	1	1	1	0	…	0	0	0	0
1	1	0	0	1	…	0	0	0	0
2	0	0	0	1	…	0	0	0	0
3	0	0	0	0	…	1	1	0	1
4	0	0	0	0	…	0	1	0	1
5	0	0	0	0	…	1	0	1	1

이 단어 빈도 행렬을 통해 각 단어가 학습 데이터에 나타날 가능도를 계산할 수 있고 이를 통해 데이터가 각 범주에 속할 확률을 구할 수 있다.

나이브 베이즈에서 데이터가 스포츠 카테고리에 속할 확률은 다음과 같이 계산할 수 있다.

$$P(스포츠|기사제목) = P(스포츠) \times P(손흥민|스포츠) \times P(전반|스포츠) \times \cdots \times P(최고가|스포츠)$$

데이터가 경제 카테고리에 속할 확률은 다음과 같이 계산할 수 있다.

$$P(경제|기사제목) = P(경제) \times P(손흥민|경제) \times P(전반|경제) \times \cdots \times P(최고가|경제)$$

나이브 베이즈에서 데이터가 각각의 범주에 속할 확률은 단어가 나타날 확률(likelihood)의 연속적인 곱으로 계산되는데, 각 변수가 독립적이라는 가정하에 계산이 이루어지므로 그 순서가 어떻든 결과는 같다.

이제 이를 통해 '손흥민 소속팀 토트넘, 풀백 도허티와 4년 계약'이라는 기사가 어느 카테고리에 속할지 예측해 보겠다. 우선 기사 제목을 토큰화하면 {손흥민, 토트넘, 계약}과 같은 단어 집합이 나온다. 스포츠 혹은 경제 카테고리에 속할 사전확률은 0.5로 동일하다.

이 기사가 스포츠 카테고리에 속할 확률은 다음과 같다.

$$P(스포츠|기사제목) = P(스포츠) \times P(손흥민|스포츠) \times P(토트넘|스포츠) \times P(계약|스포츠)$$

$$P(스포츠|기사제목) = \frac{1}{2} \times \frac{2}{7} \times \frac{2}{7} \times \frac{0}{7}$$

이 기사가 경제 카테고리에 속할 확률은 다음과 같다.

$$P(경제|기사제목) = P(경제) \times P(손흥민|경제) \times P(토트넘|경제) \times P(계약|경제)$$

$$P(경제|기사제목) = \frac{1}{2} \times \frac{0}{6} \times \frac{0}{6} \times \frac{1}{6}$$

이때 스포츠 카테고리에 포함되는 모든 단어의 빈도수는 7이고 손흥민은 총 2번 나오므로 P(손흥민|스포츠)는 2/7가 된다. 계산 결과 스포츠 기사에 포함될 확률과 경제 기사에 포함될 확률 모두 0이 나온 것을 확인할 수 있다. 이는 입력된 텍스트가 학습 데이터에 존재하지 않기 때문에 발생하는 문제로 나이브 베이즈 분류 모델에서는 이를 해결하기 위해 스무딩이라는 것을 사용하며 가장 일반적으로 사용되는 방법은 라플라스 스무딩(Laplace smoothing)이다. 라플라스 스무딩은 모든 경우의 수가 적어도 한 번 이상은 관찰되었다고 가정하는 것으로, 확률이 0이 나오는 것을 방지하기 위해 각 분자에 1을 더해주고, 분모에는 중복을 제외한 모든 데이터의 수, 즉 유일한 단어의 수를 더해준다. 라플라스 스무딩을 적용한 후 다시 계산해 보면 다음과 같다.

TIP _ 분자에 1을 더하는 것은 확률값이 0이 되는 것을 방지하기 위함이고, 분모에 유일한 단어의 수를 더하는 것은 확률값이 1보다 커지는 것을 방지하기 위함입니다. 분모에는 모든 데이터의 수가 아닌 유일한 단어의 수를 더해야 한다는 것에 유의합니다.

$$P(\text{스포츠}|\text{기사제목}) = \frac{1}{2} \times \frac{2+1}{7+12} \times \frac{2+1}{7+12} \times \frac{0+1}{7+12}$$

$$P(\text{경제}|\text{기사제목}) = \frac{1}{2} \times \frac{0+1}{6+12} \times \frac{0+1}{6+12} \times \frac{1+1}{6+12}$$

스포츠 카테고리에 속할 확률은 0.065%이고, 경제 카테고리에 속할 확률은 0.017%이다. 결과적으로 스포츠 카테고리에 속할 확률이 더 크기 때문에 '손흥민 소속팀 토트넘, 풀백 도허티와 4년 계약'이라는 기사는 스포츠 카테고리에 속하게 된다.

> **TIP** _ 입력 단어의 수가 많아짐에 따라 확률값은 점차 0에 수렴하게 되고, 이로 인해 데이터를 분류하기가 힘들어지는데, 이를 해결하기 위해 확률값에 log를 취하기도 합니다.

5. 딥러닝 분석

(1) 딥러닝 개념

① 딥러닝

딥러닝은 인공신경망에 기반하여 설계된 개념으로 연속된 여러 개의 층을 가진 인공신경망을 통해 계층적으로 데이터를 학습하는 방법이다. 딥러닝은 인간의 사고방식을 컴퓨터에게 적용하여 학습시키는 머신러닝의 한 분야로 여러 비선형 활성함수의 조합을 통해 자동으로 대용량 데이터에서 패턴 및 규칙을 학습, 분석한다. 일반적으로 2개 이상의 은닉층을 가진 신경망을 통해 데이터를 학습하는 것을 딥러닝이라 한다. 이를 다층 퍼셉트론과 구분하는 이유는 딥러닝은 기존 다층 퍼셉트론의 문제점을 개선한 학습 방법이기 때문이다.

【 심층신경망 】

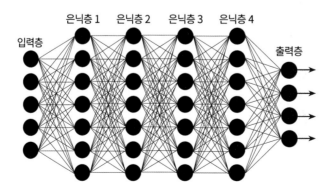

기존 다층 퍼셉트론은 다음과 같은 문제점을 가지고 있었다.

- 학습 데이터에 과적합된다.

- 은닉층의 수가 증가할수록 연산량이 폭증해 학습 시간이 너무 느리다.

- 역전파 학습 과정에서 하나의 층을 지날 때마다 1보다 작은 값이 반복적으로 곱해지면서 기울기가 사라지는 기울기 소실 문제(vanishing gradient problem)가 발생한다.

 | 기울기 소실 문제(vanishing gradient problem)

기울기 소실 문제는 sigmoid 함수나 tanh 함수와 같이 출력값의 범위가 한정된 함수를 활성함수로 사용함으로써 발생하는 문제다. 다음 시그모이드 함수를 보면 입력값에는 제한이 없는 반면 출력값은 0~1 사이의 값으로 제한되어 있다. 이로 인해 입력값이 크게 증가 혹은 감소함에 따라 기울기가 작아지고 미분 값은 점점 0에 수렴하게 된다.

【 sigmoid 함수의 기울기 변화 】

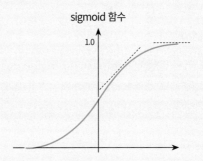

역전파 학습 과정에서 하나의 층을 지날 때마다 gradient가 점점 작아지므로 기울기 소실(vanishing gradient) 문제는 네트워크가 깊어질수록 더욱 악화된다.

딥러닝은 함수의 기울기를 구해 기울기가 낮은 쪽으로 계속 이동시켜 오차의 최솟값에 이르게 하는 경사하강법을 사용하는데, gradient가 0에 가까워질수록 신경망의 학습 폭이 좁아져 학습속도가 느려지고 이로 인해 전역 최적해가 아닌 지역 최적해에 수렴한 채로 학습이 종료되어 모델의 정확도가 하락한다.

【 경사하강법 】

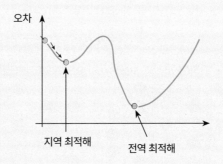

② 기존 신경망의 문제를 극복한 딥러닝

ⓐ 사전학습(pre-training)

사전학습은 과적합이 발생하지 않게 신경망의 가중치와 편향을 초기화하는 방법이다. RBM(Restricted Boltzmann Machine)에 의한 사전학습을 통해 학습 데이터에 과적합되는 문제를 해결할 수 있다. RBM은 비지도학습이 가능한 모델로, 가시층(visible layer)과 은닉층으로 이루어진 확률 기반의 단층신경망 구조다. layer 사이와 layer 내의 모든 뉴런이 연결된 완전그래프 형태를 가진 원래의 Boltzmann Machine과 달리 layer 간의 연결만 허용되고 layer 내의 연결은 제한된다. RBM에서 사전학습을 하는 과정은 다음과 같다.

Step 1. 피드포워드 방식으로 가시층에 입력된 데이터에 대해 가중치를 계산한 후 은닉층으로 전달한다.

Step 2. 가시층에서 전달받은 값을 재구성해 가중치를 계산한 후 역전파 방식으로 이전 층으로 보낸다.

Step 3. 위의 단계를 반복하며 최초의 입력값과 재구성된 값의 차이가 최소가 되는 가중치 값을 발견한다.

ⓑ 정규화(regularization)

과적합은 가중치의 값이 커서 발생하는 경우가 많다. regularization은 정규화 혹은 일반화라고 하며 가중치가 클수록 큰 페널티를 줌으로써 모델의 복잡성을 줄이고 일반화 성능을 향상시키는 방법이다. 대표적으로 비용함수에 가중치의 절댓값을 더해주는 L1 regularization과 비용함수에 가중치의 제곱 값을 더해주는 L2 regularization이 있다.

ⓒ 드롭아웃(drop-out)

신경망이 복잡해지면 가중치 감소만으로는 과적합을 방지하기가 힘들어지는데, 이때 사용하는 방법이 드롭아웃이다. 드롭아웃은 일정 비율의 뉴런을 임의로 정해 삭제하여 학습에서 배제되게 한다. 에포크(반복 학습 횟수)마다 50% 정도의 노드만 학습에 사용하는데, 이로 인해 하나의 심층신경망에 여러 개의 작은 신경망을 앙상블한 효과가 나타난다.

TIP _ 학습 시에는 일정 비율의 뉴런을 드롭(drop)하여 학습하지만 테스트 시에는 모든 뉴런을 사용함에 주의한다.

【 드롭아웃 】

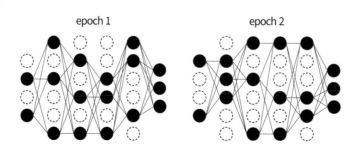

ⓓ 배치 정규화

배치 정규화는 각 층의 출력값의 분포가 일정해지게 정규화하는 방법으로, 배치 정규화를 적용하면 각 층의 출력값은 정규분포를 따르게 된다. 신경망에서는 보통 배치(batch) 단위로 데이터를 학습하게 되는데, 배치 단위로 학습을 하면 신경망의 층마다 입력되는 데이터의 분포가 달라지는 내부 공변량 변화(internal covariate shift) 문제가 발생하고, 이로 인해 기울기 소실(vanishing gradient)과 기울기 폭발(exploding gradient) 등의 문제가 발생한다. 배치 정규화를 사용해 학습을 진행할 때는 배치별로 평균과 분산을 구해 정규화해야 하지만, 테스트 시에는 학습 데이터의 입력 데이터들의 이동평균 값을 사용해 정규화해야 한다.

> **참고** | **배치(batch)**
>
> 배치란 전체 데이터의 일부분을 의미하며, 신경망에서는 보통 전체 데이터를 한 번에 학습하지 않고 조그만 배치 단위로 분할해서 학습한다. 예를 들어 전체 관측치가 100개인 데이터를 학습할 때 배치 사이즈를 1로 설정하면 관측치별로 총 100회의 학습과 가중치 갱신이 발생하고, 배치 사이즈를 100으로 설정하면 한 번에 모든 데이터를 학습하여 1회의 가중치 갱신이 발생하게 된다. 배치 사이즈를 작게 설정할수록 가중치가 자주 갱신되어 정확도는 상승하지만, 속도는 감소한다.

ⓔ GPU를 통한 병렬처리

기존에는 막대한 연산량으로 인한 느린 학습속도로 신경망 모델의 상용화가 힘들었지만, GPU를 응용 프로그램의 계산에 사용하는 GPGPU(General-Purpose computing on Graphics Processing Units)라는 개념이 등장하고 병렬 연산을 통한 대규모 데이터 처리에 최적화된 GPU들이 개발되면서 신경망의 학습속도가 획기적으로 증가했다.

ⓕ 활성함수 변경

sigmoid 함수와 같이 출력값의 범위를 한정시키는 활성함수를 사용함으로써 발생하는 기울기 소실(vanishing gradient) 문제는 ReLU(Rectified Linear Unit) 등의 비선형 함수가 개발되면서 해결됐다.

기존의 머신러닝 방법은 주어진 데이터에서 분석에 사용할 특징을 사용자가 직접 추출하는 과정이 필요했다. 하지만 딥러닝에서는 데이터가 주어지면 해당 데이터의 중요한 특징을 기계가 스스로 학습하여 추출하고 이를 통해 학습을 진행한다.

(2) 합성곱신경망(Convolutional Neural Network, CNN)

CNN은 고양이의 시각피질 연구에 기초한 모델로 이미지를 작은 조각으로 쪼개서 인식한 후 그 정보를 합쳐 하나의 사물로 판단하는 구조를 모방한 알고리즘이다. CNN은 데이터의 특징을 추출해 이 특징들의 패턴을 파악함으로써 이미지 처리, 자연어 처리 등에 활용한다. 합성곱 층(convolutional layer)과 풀링 층(pooling layer)으로 구성되어 있으며 합성곱(convolution) 과정과 풀링(pooling) 과정을 통해 분석이 진행된다.

【 이차원 행렬로 표현한 숫자 6 】

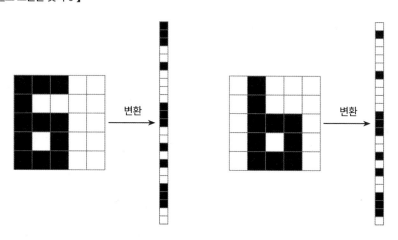

이 그림은 숫자 6을 2차원 행렬로 표현한 것으로, 사람이 보면 바로 숫자 6이라고 판단할 수 있지만 기계가 학습할 때는 픽셀의 수와 위치가 다르기 때문에 정확한 학습을 하기가 어렵다. 다층 퍼셉트론을 통해 학습하려면 이 그림과 같이 2차원 행렬을 1차원 벡터 형태의 데이터로 변환해야 한다. 이미지 데이터의 경우 픽셀 간의 근접성 등 공간적인 구조가 중요한 역할을 하는데, 벡터 변환 과정에서 이러한 정보가 손실되어 학습하기가 더 어려워진다. 반면 CNN은 행렬 형태로 데이터를 입력받기 때문에 이미지의 형태를 보존할 수 있고, 이런 이유로 이미지 처리 분야에서 CNN이 자주 사용된다.

① 합성곱 과정

합성곱 연산을 통해 데이터의 특징을 추출하는 과정으로 필터를 적용함으로써 합성곱 계층의 출력값을 생성한다. 합성곱 층의 뉴런은 이미지의 모든 픽셀에 연결되지 않고 오직 수용영역(receptive field) 안에 있는 픽셀에만 연결된다. 합성곱 층에서는 다음 그림과 같이 필터를 통해 전체 데이터를 스캔하며 대응하는 원소들의 곱을 모두 더한 값을 출력한다. 이때 필터는 커널이라고도 하며 합성곱 층의 가중치에 해당하고, 필터의 이동량은 스트라이드(stride)라고 한다. 스트라이드가 1로 설정된 경우에는 필터가 1칸씩 이동하고, 스트라이드가 2로 설정된 경우에는 필터가 2칸씩 이동한다. 합성곱 과정에서는 다음 그림과 같이 학습을 통해 찾은 필터를 입력 데이터에 적용하여 유사한 이미지의 영역을 강조하는 특성 맵을 출력하고 이를 다음 층으로 전달한다.

【 합성곱 과정 】

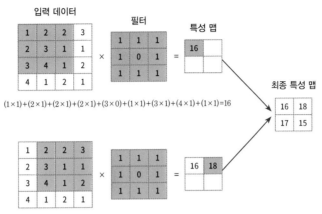

$(1×1)+(2×1)+(2×1)+(2×1)+(3×0)+(1×1)+(3×1)+(4×1)+(1×1)=16$

$(2×1)+(2×1)+(3×1)+(3×1)+(1×0)+(1×1)+(4×1)+(1×1)+(2×1)=18$

그림에서 알 수 있듯이, 합성곱을 수행하면 입력 데이터보다 작은 크기의 특성 맵이 출력된다. 합성곱 과정이 반복됨에 따라 데이터의 크기는 점점 작아지고 이로 인해 정보가 손실된다. 이런 문제를 해결하기 위해 사용하는 방법이 이미지의 가장자리를 특정 값으로 감싸는 패딩(padding)이다. CNN에서는 주로 이미지를 0으로 감싸는 제로 패딩(zero-padding)을 사용한다.

TIP _ 패딩은 신경망이 이미지의 외곽을 인식하게 하는 효과도 있습니다.

【 제로 패딩 】

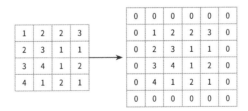

② 풀링 과정

풀링은 합성곱 과정을 거친 데이터의 사이즈를 줄여주는 과정이다. 이미지 데이터는 인접한 픽셀 간의 유사도가 높다는 특징이 있어 풀링을 통해 국소 영역을 동일한 속성을 가지는 공간으로 표현

TIP _ 풀링은 합성곱 과정 후에 꼭 적용해야 하는 것은 아닙니다. 데이터의 사이즈를 줄이고 싶을 때 선택적으로 적용합니다.

할 수 있으며, 이로 인해 국소 영역 내부에서는 픽셀의 위치가 변경되더라도 동일한 값을 출력할 수 있게 된다. 풀링에는 국소 영역의 최댓값을 해당 영역의 대푯값으로 설정하는 맥스 풀링(max-pooling)

과 국소 영역의 평균값을 계산하여 대푯값으로 설정하는 평균 풀링(average pooling)이 있다. 이미지 처리 분야에서는 주로 맥스 풀링을 사용한다.

다음 그림은 필터의 사이즈를 (2×2)로 설정하고, 스트라이드는 2 로 설정해 맥스 풀링한 것으로 이를 통해 이미지의 특징은 유지하 면서 데이터의 크기를 줄일 수 있어 가중치 파라미터가 감소한다.

TIP _ 풀링은 과적합을 방지합니다.

【 맥스 풀링 】

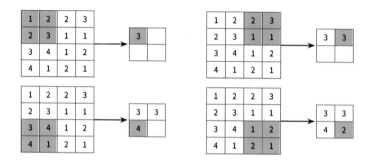

(3) 순환신경망(Recurrent Neural Network, RNN)

RNN은 문장이나 시계열 데이터와 같이 순차적인 형태의 시퀀스 데이터의 학습에 최적화된 알고리즘 이다. 기존의 신경망 모델은 각 변수가 독립적이라는 가정을 기반으로 하지만, RNN은 현재 결과와 이 전 결과 사이에 연관성이 있다는 가정을 기반으로 하므로 음성, 문장, 시계열 데이터 등 순차적인 데이 터를 다룰 수 있다. RNN은 내부에 순환구조가 포함돼 있다는 특징이 있는데, 이 순환구조를 통해 과거 의 학습 값을 현재 학습에 반영한다. 앞뒤 단어 간의 연관성을 이용해 다음에 나올 단어의 확률을 계산 하고, 이를 통해 문장을 자동으로 완성해주는 알고리즘이 대표적인 RNN의 예다.

【 RNN의 구조 】

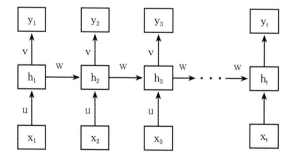

RNN에서는 t 시점 은닉층의 결괏값이 가중치를 통해 t+1 시점에 영향을 주는데, 이로 인해 현재의 값

은 과거 값에 의존적인 특성을 가지게 된다. 또한 RNN은 계층마다 다른 가중치를 가지는 기존 신경망 모델과 달리 모든 계층에서 같은 가중치 값을 공유한다. RNN에서 공유되는 가중치는 다음과 같다.

- U: 입력층과 은닉층 사이를 연결하는 가중치

- V: 은닉층과 출력층 사이를 연결하는 가중치

- W: t 시점의 은닉층과 t+1 시점의 은닉층을 연결하는 가중치

가중치를 공유하는 특성 때문에 학습에 필요한 파라미터의 수가 크게 감소해 학습 시간이 감소한다. RNN은 시간 정보를 가진 데이터를 분석하므로 기존에 사용하던 오류 역전파 방식이 아닌 BPTT(Backpropagation Through Time)를 사용해 학습한다. 'h' 뒤에는 'e'가 오고 'e' 다음에는 'l'이 오는 것을 학습해 'hell'을 타이핑했을 때 'hello'를 자동으로 완성해주는 것은 시퀀스가 짧아서 RNN에서 간단하게 구현할 수 있다. 하지만 문장이 길어져 참고해야 할 정보 사이의 간격이 커지는 경우에는 단어 사이의 연관성을 연결하기가 어려워 성능이 하락하는데, 이를 장기 의존성(Long-Term Dependency)이라고 한다. 이런 문제점을 해결한 대표적인 모델이 LSTM(Long Short Term Memory)이다.

6. 비정형 데이터 분석

(1) 텍스트 마이닝

텍스트 마이닝이란 비정형 텍스트에서 특정 단어의 출현 빈도, 단어 간의 연관성, 단어의 긍정·부정의 방향성 등을 파악하고, 이를 통해 의미 있는 정보를 추출하는 방법이다. 텍스트 마이닝은 자연어 처리(Natural Language Processing) 기술을 기반으로 하는데, 여기서 자연어란 한국어, 영어 등 우리가 일상에서 사용하는 모든 언어를 의미한다. 텍스트 마이닝은 영화의 리뷰를 수집하고 이를 분석하여 영화의 흥행성을 예측하거나 SNS 데이터를 통해 선거 여론을 조사해 선거전략에 활용, 혹은 선거 결과를 예측하는 문제 등에 활용될 수 있다. 텍스트 마이닝은 분석 결과 그 자체로 비즈니스 모델에 적용해서 성과를 보기 힘들기 때문에 이차적인 분석이 필요한 경우가 많다. 기존의 머신러닝 알고리즘은 정형 데이터를 기반으로 숫자 형태의 데이터만 입력받을 수 있어 텍스트를 머신러닝에 적용하기 위해서는 텍스트에서 어떻게 특징을 추출할 것인지가 중요한 요소다. 또한 자연어는 표현의 형태가 일관성이 없이 매우 다양하고 사용되는 지역, 환경에 따라 같은 단어라도 다르게 표현되는 경우가 많기 때문에 해당 언어에 대한 이해와 언어가 사용되는 지역의 문화와 관습에 대한 이해가 선행돼야 한다.

TIP _ 언어별 특성이 다르므로 각자 다른 분석 방법을 적용해야 합니다.

문서 분류	문서 분류란 주어진 문서의 내용을 분석해 사전에 정의된 범주에 각 문서를 할당하는 기법이다. 스팸 메일 필터링, 신문 기사의 카테고리 분류 등이 대표적인 예다.
문서 군집	문서 군집은 내용의 유사도에 기반해 상호 관련성이 높은 문서끼리 군집시키는 방법이다. 전체 문서를 여러 개의 소집단으로 분할하므로 전체 문서가 아닌 소집단만을 탐색해 검색 성능을 향상시킬 수 있다.
특징 추출	문서 내에서 중요 키워드, 날짜, 지명 등의 정보를 추출하는 방법이다. 특징 추출의 결과물은 문서 분류와 군집에 사용될 수 있고, 특징 추출을 통해 선정된 키워드는 문서 요약에서 문장의 중요 구성요소로 사용할 수 있다.
문서 요약	대용량 문서의 복잡도와 길이를 줄이고 요약하는 방법이다. 이때 요약한 내용은 문서가 가지고 있는 핵심적인 정보를 유지하면서 문서의 전체 내용을 대표할 수 있어야 한다. 대용량 문서의 내용 파악을 도와 필요한 문서에 접근하는 시간을 단축해줄 수 있다.

(2) 텍스트 마이닝 수행 단계

① 데이터 수집

데이터 수집 단계는 분석 대상 데이터, 즉 인터넷 상에 기재된 기사, 논문, SNS의 리뷰와 댓글 등 분석에 사용할 각종 텍스트 데이터를 수집하는 단계다. 방대한 양의 데이터를 수작업으로 수집할 수 없어 웹페이지에서 HTML을 가져와 스크래핑하거나 기업에서 제공하는 API를 이용해 데이터를 자동으로 수집한다. 데이터를 수집한 후에는 분석을 위해 코퍼스(말뭉치)를 생성해야 한다. 코퍼스는 텍스트 문서의 집합으로 문서를 관리하는 기본 구조다. 분석 목적에 따라 한 권의 책이 하나의 문서(Document)가 될 수도 있고, 한 줄의 문장이 문서가 될 수도 있으며, 문서가 단 하나의 단어로 구성될 수도 있다.

또한 분석을 위해 문서를 구조적인 형태로 정리한 것 또한 코퍼스에 해당한다.

【 코퍼스의 구조 】

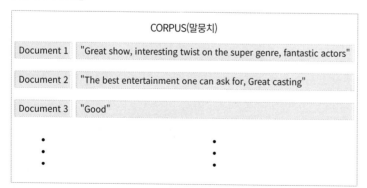

TIP _ 코퍼스는 텍스트 마이닝을 위한 텍스트 데이터 집합으로 이해할 수 있습니다. 단순히 로 데이터(raw data)를 모아둔 데이터 집합과 전처리를 완료해 곧바로 분석에 사용할 수 있는 데이터 집합 모두 코퍼스에 해당합니다.

② 텍스트 전처리

수집한 코퍼스 데이터를 사용하려는 용도에 맞게 처리하는 단계다. 토큰화, 클렌징, 불용어 제거 등의 방법을 사용한다.

ⓐ 클렌징(cleaning)

코퍼스 데이터 내에 존재하는 노이즈를 제거하는 단계다. 원활한 토큰화 작업을 위해 문서에 존재하는 불필요한 문자나 기호

TIP _ 클렌징은 토큰화 전후에 모두 사용됩니다.

등을 사전에 제거하거나 토큰화 이후 남아있는 노이즈 데이터를 제거하기 위해 사용된다. URL이나 HTML 태그, 특수문자, 구두점, 문장 부호 등을 제거하거나 대, 소문자를 통합하는 등의 작업이 클렌징에 포함된다. 클렌징할 때 주의할 점은 구두점이나 특수문자를 단순히 제거하면 안 된다는 점이다. 예를 들어 '$14.99'는 가격을 의미하는데, 이때 특수문자($)를 제거하거나 구두점(.)을 제거하면 그 의미가 변질될 가능성이 있으므로 하나의 단어로 취급해야 한다.

ⓑ 토큰화

코퍼스를 토큰이라는 단위로 나누는 작업을 토큰화라고 한다. 텍스트 마이닝에서 정보를 얻을 수 있는 가장 기본 단위는 단어이고, 텍스트 문서를 분석하기 위해서는 문서를 작은 단위로 나눠야 하는데, 이 문자열의 단위를 토큰이라고 한다. 토큰화는 크게 문장 토큰화와 단어 토큰화로 구분해 사용할 수 있다. 문장이 가지는 연속적인 의미가 중요한 요소로 작용할 경우에는 문장 단위로 토큰을 생성하는 문장 토큰화를 사용하고, 문서를 단어 단위로 쪼개어 어떤 단어들이 문서에 포함되어 있는지를 살펴보는 것이 중요한 요소일 경우에는 단어 토큰화를 사용한다. 토큰의 단위는 상황에 따라 다르지만, 보통 의미 있는 단위로 토큰을 생성한다.

【 단어 토큰화 예시 】

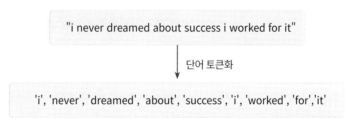

단어 토큰화의 경우 문장이 지닌 문맥적인 의미가 무시되고, 'New York'과 같이 하나의 단어지만 그 사이에 공백이 있는 경우 하나의 단어로 인식하지 못한다는 단점이 있다. 예를 들어 'i'm bad, not good'과 'i'm good, not bad'는 서로 반대되는 의미지만, 단어 토큰화를 하면 동일한 값을 반환한다. 이를 보완하기 위해 사용하는 방법으로 n-gram이 있다. n-gram은 연속적인 n개의 단어

를 하나의 토큰으로 분리하는 방법이다. 예를 들어 'My friend lives in new york'을 2-gram으로 토큰화하면 (My, friend), (friend, lives), (lives, in), (in, new), (new, york)과 같이 연속적인 2개의 단어로 구성된 토큰이 생성된다.

참고 ┃ 한국어 처리의 어려움

한국어는 영어보다 자연어 처리가 어려운데, 그 이유는 다음과 같다.

- **한국어는 교착어다.**

  한국어는 어순이 중요한 영어와 달리 어근에 접사가 붙어 의미와 문법적 기능이 부여된다. 먹다(eat)라는 단어 하나에도 '먹었니', '먹어라', '먹으며', '먹었다', '먹는다' 등 다양한 접사가 붙어 자연어 처리 과정에서 같은 단어라도 다른 단어로 인식되는 경우가 발생한다.

- **띄어쓰기**

  한국어는 띄어쓰기를 하지 않아도 해석이 가능한 한국어의 언어적 특성으로 인해 영어보다 띄어쓰기가 잘 지켜지지 않아 자연어 처리가 어려운 경향이 있다.

- **주어 생략**

  한국어는 동사를 중요시하고 주어를 생략하는 경우가 많다. 사람은 앞 뒤 문맥을 통해 생략된 정보를 파악할 수 있지만 기계는 그것이 불가능하다. 예를 들어 '밥 먹었니?'와 같이 주어가 생략된 문장에서 사람은 문맥을 통해 누구에게 질문을 하는지 파악할 수 있지만 기계는 이를 알 수 없어 문장의 정확한 의미를 파악하기가 어렵다.

- **평서문과 의문문**

  한국어는 의문문과 평서문이 같은 문장 구조를 가지는 경우가 많다. 예를 들어 '밥 먹었어'와 '밥 먹었어?'는 물음표가 붙지 않으면 둘을 정확히 구분할 수가 없다.

ⓒ 불용어(stop word) 제거

텍스트 마이닝의 가장 기초적인 형태는 문서에서 키워드를 추출해 해당 문서의 주제를 유추하는 것이다. 가지고 있는 데이터에서 유의미한 키워드를 선별하기 위해서는 큰 의미가 없는 불용어를 제거하는 작업이 필요하다. 여기서 불용어란 문장에 자주 등장하지만, 실제 학습이나 예측 프로세스에 기여하지 않고 문맥적으로 큰 의미가 없는 단어를 뜻한다. be동사, 전치사, 인칭대명사 등이 불용어에 속한다. 이와 같은 불용어는 문장 내에서 자주 사용되므로 키워드로 인지될 수 있다. 하지만 실제로는 중요한 키워드가 아니므로 제거하는 작업이 필요하다.

【 불용어 제거 】

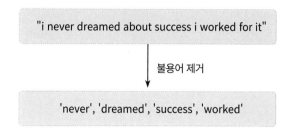

ⓓ **어간 추출(Stemming)**

어간 추출(스테밍)은 단어로부터 접사를 제거해 어간을 추출하는 것을 말한다. 어간 추출은 검색 엔진에서 많이 사용된다. 모든 단어를 색인하는 것보다 어간 추출한 단어를 색인하는 것이 검색 엔진의 속도와 정확도 향상에 도움이 된다. 어간 추출은 단어가 'ed'로 끝나면 'ed'를 제거, 단어가 'ing'로 끝나면 'ing'를 제거, 단어가 'ly'로 끝나면 'ly'를 제거하는 것과 같이 정해진 규칙을 통해 단어의 어미를 잘라 단어를 원형으로 변환한다.

【 어간 추출 예시 】

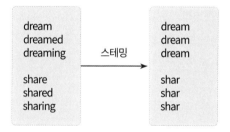

이 그림에서 dream은 모든 변화가 원형 단어인 dream에 'ed', 'ing'가 붙는 단순한 형태이므로 어간을 제대로 추출했다. 하지만 share의 경우, 단어의 변형이 share가 아닌 shar에 'ed', 'ing'가 붙는 형태라서 원형 단어를 shar로 잘못 추출한 모습을 볼 수 있다. 이처럼 단순하게 정해진 규칙을 통해 어미를 제거하기 때문에 일부 철자가 훼손된 어간이 추출될 수도 있고, 사전에 정의되지 않은 단어가 나올 수도 있다.

ⓔ **표제어 추출(Lemmatization)**

표제어 추출이란 문장 속에서 다양한 형태로 활용된 단어의 표제어를 추출하는 것을 말한다. 표제어란 사전에서 단어를 찾 을 때 사용하는 기본 단어 혹은 단어의 원형이다. 단순히 어미를 삭제하는 어간 추출과 달리 표제어 추출은 해당 단어가 문장 속에서 어떤 품사로 쓰였는지까지 고려하여 단어의 원형을 추출한다. 예

TIP _ 어간 추출과 표제어 추출의 차이를 구분할 수 있어야 합니다.

를 들어 'running'이라는 단어의 품사를 동사로 판단하여 표제어 추출을 할 경우에는 'run'이 추출되고, 명사로 판단할 경우에는 'running'이 추출된다. 표제어 추출은 품사를 보존하는 단어의 원형을 찾으므로 실제 사전에 존재하는 단어가 추출된다는 장점이 있지만, 단어의 품사를 고려해야 하기 때문에 어간 추출보다 복잡한 처리 과정이 필요하고 속도가 느리다. 어간 추출에서 사용한 단어의 품사를 동사로 설정해 표제어 추출을 실시한 결과, 어간 추출과 달리 정확하게 단어의 원형이 추출된 것을 확인할 수 있다.

【 표제어 추출 예시 】

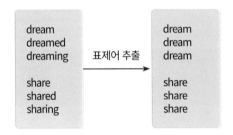

③ 피처 벡터화

전처리된 데이터에서 문서별 단어의 사용빈도를 이용해 단어 문서 행렬(Term Document Matrix, TDM)을 생성하는 단계다. 행이 단어이고 열이 문서인 행렬을 TDM이라 하며 이를 전치하면 문서 단어 행렬(DTM)이 된다. 이때 각 셀은 문서에서 각 단어가 사용된 횟수를 뜻한다.

TIP _ TDM과 DTM은 0인 값이 0이 아닌 값보다 많은 희소행렬입니다.

【 TDM과 DTM 】

단어 문서 행렬

	문서 1	문서 2	문서 3	문서 4
단어 1	1	0	0	0
단어 2	0	2	1	1
단어 3	0	1	0	0
단어 4	1	0	0	0

문서 단어 행렬

	단어 1	단어 2	단어 3	단어 4
문서 1	1	0	0	1
문서 2	0	2	1	0
문서 3	0	1	0	0
문서 4	0	1	0	0

텍스트 마이닝의 주요 기능은 문서의 키워드를 찾아 문서를 요약하고, 키워드를 통해 문서를 분류 및 군집하는 것이다. 결국 키워드를 찾는 것이 중요한데, 이를 위해 사용하는 방법이 TF-IDF(Term Frequency – Inverse Document Frequency)다. TF(단어 빈도)는 단순히 문서 내에 나타나는 특정 단어의 빈도수를 의미한다. 단어 문서 행렬의 각 셀 값이 TF에 해당한다. IDF(역문서 빈도)는 특정 단어가 문서 전체에서 얼마나 공통으로 나타나는지를 나타내는 값으로 다음과 같이 계산한다.

$$IDF = \log\left(\frac{전체\ 문서의\ 수}{1+특정\ 단어를\ 포함한\ 문서의\ 수}\right)$$

전체 문서의 수가 커질수록 IDF 값이 기하급수적으로 커지는 것을 방지하기 위해 log를 취하고, 특정 단어를 포함한 문서가 존재하지 않을 경우 분모가 0이 되는 상황을 방지하기 위해 분모에 1을 더해준다. TF-IDF는 TF와 IDF를 곱한 값으로 특정 문서에서만 자주 등장하는 단어에는 가중치를 주고, 모든 문서에서 자주 등장하는 단어에는 페널티를 주는 방식으로, 이 값이 큰 단어일수록 문서의 키워드일 가능성이 높다고 판단할 수 있다.

④ 텍스트 분석 및 시각화

피처 벡터화를 통해 숫자형으로 변환할 데이터를 이용해 분석 및 시각화를 하는 단계다. 문자형의 데이터를 숫자형의 데이터로 변환해 앞서 학습한 데이터 마이닝 기법을 적용할 수 있다. 로지스틱 회귀분석, knn, SVM 알고리즘을 이용해 문서를 미리 정의된 카테고리로 분류하거나, 연관분석을 통해 특정 단어와 연관성이 높은 단어를 조회하고 LSA, LDA를 통한 토픽 모델링, 감성 분석 등을 주로 실시한다. 텍스트 시각화에 자주 사용하는 방법은 워드 클라우드다. 다음 그림은 제인 오스틴의 소설 ≪엠마≫에 사용된 단어를 워드 클라우드로 나타낸 것이다. 가장 빈도수가 높은 단어인 Mr가 가장 크게 나타나며 Emma, could, would 순으로 빈도수가 높게 나타나는 것을 확인할 수 있다.

【 워드 클라우드 】

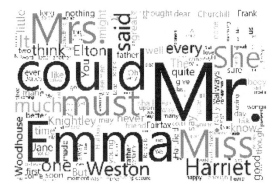

⑤ 오피니언 마이닝

오피니언 마이닝은 텍스트 마이닝의 한 분류로, 감성 분석이라고도 한다. 텍스트 내의 문장 구조 및 단어를 분석해 단어의 긍정·부정 여부를 구분하고 이를 이용해 특정 제품 및 서비스에 대한 소비자의 반응을 분석하거나 어떤 사안에 대한 여론의 변화를 분석한다.

오피니언 마이닝의 절차는 다음과 같다.

ⓐ 감성어 사전 구축

각 문장의 긍정 · 부정 여부는 분석 주체에 따라 다르게 해석될 수 있으므로 분석하고자 하는 목적, 사용자에 따라 다른 감성어 사전의 구축이 필요하다. 일반적으로 기존에 구축된 사전을 이용하거나 수작업을 통해 구축할 수 있고, 리뷰를 분석할 경우에는 평점이 높은 리뷰에 자주 나오는 단어는 긍정어로, 평점이 낮은 리뷰에 자주 나오는 부정어로 사전을 생성할 수 있다. 정확한 분석을 위해서는 전문가에 의한 감성어 사전 구축이 필요하다.

ⓑ 의견 분류

텍스트 데이터에서 감성 분석에 사용할 텍스트만을 분류하는 단계다. 감성어 사전을 기반으로 긍정, 부정 표현을 포함한 문장을 찾는다.

ⓒ 감성 점수 산출

주어진 데이터가 긍정인지 부정인지를 판단하는 단계다. 감성어 사전과 데이터를 비교해 긍정이면 1을 부여하고 부정이면 −1을 부여해 정량화한다. 만약 구분하지 못하면 0을 부여한다. 최종적으로 긍정, 부정 단어의 합 혹은 평균을 구해 점수를 산출하고 이를 통해 데이터의 긍정, 부정 여부를 파악한다.

(2) 사회연결망 분석

사회연결망 분석(Social Network Analysis, SNA)은 사회를 관계성을 중심으로 설명하는 것으로, 개인, 집단, 사회의 관계를 네트워크로 파악하는 개념이다. 각 노드가 생산, 확산시키는 콘텐츠의 흐름을 분석하고 이를 통해 각 노드의 영향력, 관심사, 성향 등을 분석할 수 있다. 사회연결망은 각 노드 간의 링크에 의해 만들어지는 사회적 관계구조를 의미하며, 각 노드의 상호작용에 의해 생성된다. 이때 노드란 분석하고자 하는 객체로 사람이나 집단 등을 의미하고, 노드의 관계를 연결하는 것을 링크라고 한다. 사회연결망 분석은 연결된 개체 각각의 특성보다는 노드 간의 관계적 특성에 주목해 현상을 분석한다. 사회연결망 그래프는 다음 페이지의 그림과 같이 노드와 링크로 구성되며 각 노드의 연결에 방향성이 중요하지 않은 무방향성 그래프와 각 노드의 연결에 방향성이 있는 방향성 그래프로 구분할 수 있다. 연결망은 여러 개의 작은 그룹으로 구성된다. 각 집단은 같은 그룹에 속한 노드끼리의 링크가 다른 노드와의 연결보다 밀도 높게 구성되는데, 이런 작은 집단들을 커뮤니티라고 한다.

【 사회연결망 그래프 】

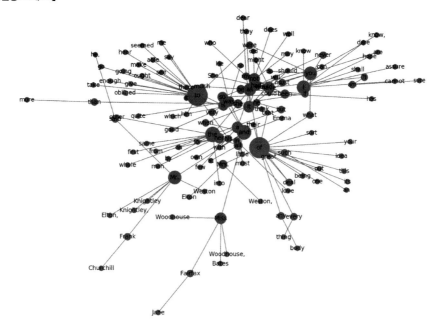

사회연결망 분석에서 네트워크의 구조를 파악하기 위한 기법에는 중심성(Centrality), 밀도(Density), 중심화(Centralization) 등이 있다.

① 중심성

중심성은 하나의 노드가 전체 연결망에서 중심에 위치하는 정도를 표현하는 지표로, 대표적으로 4가지 측정 방법이 있다.

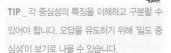

TIP _ 각 중심성의 특징을 이해하고 구분할 수 있어야 합니다. 오답을 유도하기 위해 '밀도 중심성'이 보기로 나올 수 있습니다.

ⓐ 연결 정도 중심성(degree centrality)

연결망 내에서 하나의 노드에 연결된 노드들의 합을 기반으로 중심성을 측정하는 방법이다. 이를 통해 해당 노드가 얼마나 많은 관계를 맺고 있는지를 파악할 수 있다. 연결된 노드의 수가 많을수록 연결 정도가 높아지며 정보의 획득 가능성이 높아진다.

ⓑ 근접 중심성(closeness centrality)

각 노드 간의 거리를 기반으로 중심성을 측정하는 방법으로, 하나의 노드와 다른 노드의 최소거리를 측정한다. 직접 연결된 노드의 개수만을 파악하는 연결 정도 중심성과 달리 간접적으로 연결된 모든 노드 간의 거리를 기반으로 중심성을 측정한다. 한 노드에서 다른 모든 노드로의 경로 거리에 초점을 둔 지표로, 직접 연결되어 있는 노드를 통해 접근할 수 있는 간접적인 노드와의 관계까지 파악하는 것이 특징이다.

ⓒ **매개 중심성(betweenness centrality)**

연결망 내에서 하나의 노드가 다른 노드들 사이에 위치하는 정도를 나타내는 지표로 한 노드가 담당하는 중재자(broker) 역할의 정도로 중심성을 측정한다. 노드 간의 연결에서 최다 경로상에 위치할수록 매개 중심성이 높다.

ⓓ **위세 중심성(eigenvector centrality)**

보나시치 권력 중심성이라고도 하며, 연결된 노드의 영향력에 가중치를 주어 중심성을 측정하는 방법이다. 강한 영향력을 가진 노드 하나와 연결된 경우가 다른 여러 평범한 노드와 연결된 경우보다 자신의 영향력을 크게 증가시킨다. 자신의 연결 정도 중심성에서 발생하는 영향력과 자신과 연결된 노드의 영향력을 합하여 위세 중심성을 결정한다.

② **밀도**

연결망에서 노드 간의 연결 정도를 나타내는 지표로, 가능한 총 연결의 수와 실제로 연결된 수의 비로 나타난다. 밀도를 측정하는 지표로는 연결 정도(degree)와 포괄성 (inclusiveness)이 있다. 연결 정도는 한 노드와 직접적으로 연결된 노드의 수를 의미하고, 포괄성은 연결망에서 서로 연결된 노드의 수를 뜻한다. 포괄성은 연결망의 총 노드의 수와 연결되지 않은 노드 수의 비로 나타난다.

TIP _ 예를 들어 10개의 노드 중에서 2개의 노드가 연결되지 않았다면 해당 연결망의 포괄성은 8/10으로 0.8이 됩니다.

③ **중심화**

집중도라고도 하며 하나의 연결망이 특정 노드에게 집중되어 있는 정도를 보여주는 지표다. 중심성이 개별 노드가 연결망에서 중심에 위치하는 정도를 표현한다면, 중심화는 하나의 연결망이 얼마나 중앙 집중적인 구조를 가졌는지를 표현한다. 즉, 중심성이 연결망 내의 각 노드에 부여되는 값이라면 중심화는 연결망 전체에 부여되는 값이다.

7. 앙상블 분석

앙상블 분석이란 주어진 데이터를 여러 개의 학습용 데이터셋으로 분할하고 각각의 학습용 데이터셋을 통해 여러 개의 예측모형을 만든 후 여러 예측모형의 결과를 종합해 하나의 최종 결과를 도출하는 방법이다. 각각의 예측모형에서 독립적으로 산출된 결과를 종합하여 예측의 정확도를 향상시킬 수 있다. 종속변수의 형태에 따라 회귀분석과 분류분석에 모두 적용할 수 있다. 결과가 수치형 데이터인 경우에는 값들의 평균을 통해 최종 결과를 예측하고, 결과가 범주형 데이터인 경우에는 다수결 방식으로 최종 결과를 예측한다. 다수결 방식은 단순히 전체 모델에서 예측한 값 중에서 가장 많은 값을 최종 결과로 선정하는 단순 다수결 방식과 각 모형의 가중치를 고려하는 가중 다수결 방식으로 구분할 수 있다. 앙상블 분석을 사용하면 개별 모형을 사용할 때보다 성능이 향상되며, 과적합을 방지할 수 있다. 대표적인 방법으로는 배깅, 부스팅, 랜덤 포레스트가 있다.

(1) 배깅

배깅(bagging)은 bootstrap aggregating의 줄임말로, 데이터셋에서 중복을 허용하여 랜덤하게 데이터를 추출하는 부트스트랩 방식을 통해 여러 개의 크기가 같은 표본을 추출하고 각 표본에 대해 예측모델을 적용한 후 그 결과를 집계하는 방법이다. 배깅에서는 단순임의 복원추출을 반복하여 표본을 추출해 같은 데이터가 여러 번 추출될 수도 있고, 전혀 추출되지 않을 수도 있다. 배깅에서는 평균적으로 33.3%~36.8%의 데이터는 추출되지 않는다. 추출되지 않은 데이터들을 OOB(out of bag) 데이터라고 하며, OOB 데이터는 학습에 사용되지 않으므로 이를 테스트 데이터처럼 사용할 수 있다. 배깅은 다음 그림과 같이 병렬적으로 데이터를 분석한다.

TIP _ 재표본 과정에서 각 표본이 추출될 확률이 동일합니다.

【 배깅 】

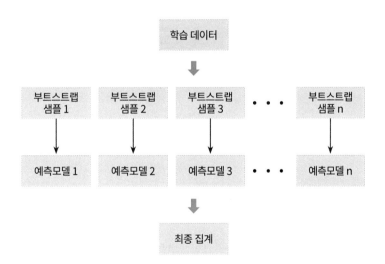

(2) 부스팅

부스팅(boosting)은 예측력이 약한 모형을 연결하여 순차적으로 학습함으로써 예측력 강한 모형을 만드는 기법이다. 부스팅도 배깅과 동일하게 단순임의 복원추출을 통해 표본을 추출하지만, 오분류된 데이터에 가중치를 주어 표본을 추출한다는 차이점이 있다. 부스팅은 이전 모형의 학습 결과를 토대로 잘못 분류된 데이터에 가중치를 부여해 오류를 개선해나간다. 병렬적으로 학습하는 배깅과 달리 부스팅은 순차적으로 학습한다. 잘못 분류된 데이터에는 높은 가중치를 부여하여 학습하기 때문에 배깅보다 정확도가 높지만, 과적합될 가능성이 있고 이상치에 취약하다는 단점이 있다. 대표적인 알고리즘으로는 에이다부스팅(AdaBoosting)이 있다.

TIP _ 재표본 과정에서 각 표본이 추출될 확률이 동일하지 않습니다. 분류가 잘못된 데이터에 더 큰 가중치를 부여해 표본을 추출한다는 것에 주의합니다.

【 에이다부스팅의 학습 과정 】

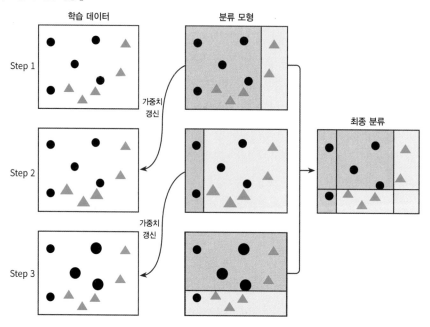

에이다부스팅은 이 그림과 같은 과정을 통해 데이터를 학습한다. step 1에서는 하나의 결정경계를 통해 △와 O를 분류한다. 이렇게 분류했을 때 왼쪽 3개의 △가 잘못 분류되는 것을 볼 수 있는데, 이 데이터는 다음 분류 모형에서 더 잘 분류할 수 있게 가중치가 부여된다. step 2의 학습 데이터를 보면 잘못 분류된 데이터에 가중치가 부여되어 크기가 커진 것을 확인할 수 있다. step 2에서는 오른쪽 3개의 O가 잘못 분류되어 가중치가 부여되었다. 이처럼 부스팅은 순차적으로 오류 값에 가중치를 부여해 결정경계를 학습하고 오류를 개선해나간다. 가장 오른쪽의 그림은 위 3개의 분류모형을 모두 결합한 최종 분류모형으로, 개별 분류모형보다 정확도가 향상됐음을 알 수 있다.

(3) 랜덤 포레스트

랜덤 포레스트(random forest)는 배깅의 일종으로 배깅에 변수 랜덤 선택(특징 배깅) 과정을 추가한 방법이다. 랜덤 포레스트는 의사결정 트리 기반의 알고리즘으로 여러 개의 의사결정 트리(나무)가 모여 랜덤 포레스트(숲)를 이루는 구조다. 분류의 경우에는 예측한 값 중에서 가장 많은 값을 최종 결과로 선정하고, 회귀의 경우에는 예측한 값의 평균을 최종 결과로 선정한다. 랜덤 포레스트의 가장 큰 특징은 변수를 랜덤하게 선택하여 각 의사결정 트리를 학습시킨다는 것이다. 부트스트랩 방식을 통해 변수를 선택하므로 입력변수가 아주 많은 경우에도 변수를 제거하지 않고 분석하는 것이 가능하다. 모든 의사결정 트리를 같은 데이터를 통해 학습시키면 각 트리의 상관성이 커져 모든 트리의 결괏값이 동일해질 가능성이 커지는데, 이로 인해 앙상블의 의미가 퇴색하고, 기존 의사결정 트리의 단점이었던 과적합 문제와 이상치에 민감하다는 단점을 답습하게 된다. 변수를 랜덤하게 선택해 의사결정 트리마다 다른 변수를 통해 학습시키면 랜덤성에 의해 각 트리가 서로 조금씩 다른 특성을 갖게 되고 트리의 예측이 서로 비상관화되어 일반화된 성능을 얻을 수 있다. 랜덤 포레스트는 예측의 변동성을 줄이고, 과적합을 방지할 수 있으며, 이상치에 둔감하다는 장점이 있지만, 결과에 대한 해석이 어렵다는 단점이 있다. 랜덤 포레스트는 다음 그림과 같은 과정을 통해 각각의 의사결정 트리를 학습시킨다.

TIP _ 위에서 학습한 배깅, 부스팅, 랜덤 포레스트는 모두 단일 학습 알고리즘을 통해 데이터를 학습합니다. 서로 다른 학습 알고리즘을 통해 데이터를 학습하고 이를 앙상블하는 대표적인 모델에는 스태킹이 있습니다.

【 랜덤 포레스트 과정 】

▪ 단일 기본 학습 알고리즘이 사용되어 서로 다른 방식으로 학습

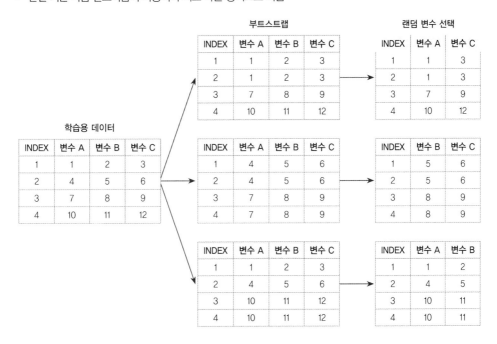

8. 비모수 통계

모집단의 모수에 대한 검정은 모수적 방법과 비모수적 방법으로 구분된다. 모수적 방법은 모집단의 분포를 안다면 모평균, 모분산 등의 모수 또한 안다는 가정하에 분석하는 방법으로, 모집단의 분포에 대한 가정을 하고 그 가정하에서 검정을 실시한다. 비교하고자 하는 두 집단의 분포가 정규분포 형태라면 두 집단의 평균을 통해 차이를 비교할 수 있다. 분석에 사용되는 데이터가 등간척도나 비율척도이고, 정규분포를 가정할 수 있을 때 사용할 수 있다. 표본의 크기가 30개 이상이라면 중심극한정리에 의해 정규분포를 따른다고 가정할 수 있고, 표본의 수가 10개 이상, 30개 이하일 때는 정규성 검정을 통해 정규분포임을 확인한 후 모수적 방법을 적용한다. 비모수적 방법은 모집단의 분포를 가정하지 않고 검정을 실시하는 방법으로 표본의 크기가 작은 경우(10개 이하), 모집단의 분포가 정규분포가 아닌 경우 또는 정규분포로 적절하게 변환하지 못하는 경우에 사용한다. 비모수적 방법에서 데이터의 형태는 명목척도 혹은 서열척도. 분석에 사용되는 자료가 분할표와 같이 범주별로 사건이 발생한 수를 계산한 자료인 경우에도 비모수적 방법을 사용해야 한다. 비모수적 방법은 모집단의 분포를 가정하지 않으므로 '분포의 형태가 동일하다' 혹은 '분포의 형태가 동일하지 않다'와 같이 분포의 형태에 대한 가설을 설정하고, 관측치의 순위나 차이의 부호 등을 통해 검정을 실행한다. 비모수적 방법의 장점은 모집단의 분포에 구애받지 않고 사용할 수 있고, 모수적 방법보다 계산이 간단하며 가정을 최소로 해서 잘못 적용될 가능성이 낮다는 점이다. 또한 많은 표본을 추출하기 어려운 경우와 범주형 척도로 측정된 데이터에 대해서도 분석할 수 있다. 단점은 정규성 검정을 만족하는 경우 비모수적 방법을 사용하면 모수적 방법보다 효율성이 떨어지고, 표본의 크기가 커짐에 따라 계산량이 빠르게 증가한다는 점이다. 대표적인 비모수적 방법으로는 부호검정, 만-위트니 U 검정, 윌콕슨 부호순위 검정, 크루스칼-왈리스 순위검정, 런 검정, 스피어만 순위상관계수 등이 있다.

(1) 부호검정

부호검정(sign test)은 중앙값을 통해 가설을 검정하는 방법이다. 표본에서 중앙값보다 큰 값을 가지는 경우 '+'를, 중앙값보다 작은

> **TIP** _ 부호검정은 단일표본 t-test와 대응표본 t-test의 비모수적 방법입니다.

값을 가지는 경우 '-'를 부여하면 해당 데이터는 이항분포를 따르게 되는데, 이를 통해 검정을 수행한다. 이때 중앙값과 같은 값을 가지는 데이터에는 0을 부여해 전체 표본에서 제외시킨다. 단일 집단에 대한 검정과 쌍을 이룬 표본에 대한 검정에 사용할 수 있다. 부호검정의 식은 다음과 같다.

$$P(k \leq x \mid n,\ p) = \sum_{k=0}^{x} \binom{n}{k} \left(\frac{1}{2}\right)^{k} \left(1 - \frac{1}{2}\right)^{x-k}$$

① 단일 집단에서의 부호검정

모집단의 중앙값에 대한 검정으로 모집단의 중앙값 M이 특정 값 M_0와 같은지를 검정한다. 다음 예를 보면 쉽게 이해할 수 있다.

【 예시 】

전국 고등학교 학생들의 수능 수학 성적의 중앙값은 70점이다. A 고등학교 학생들의 수능 수학 성적의 중앙값이 70점 이상인지 검정하기 위해 랜덤으로 8명을 추출하여 결과가 다음과 같다고 할 때 유의수준 0.05에서 검정하라.

A 고등학교 학생들의 성적 : 69, 72, 80, 75, 68, 73, 70, 76

위 예시의 귀무가설은 M = 70이고, 대립가설은 M >70이다. 중앙값 70과 같은 값이 하나 있으므로 표본의 수 n은 7이 되고, 이때 70보다 큰 값(+)은 5개, 70보다 작은 값(−)은 2개다. p−value = $P(K \geq 5|7,0.5)$로 이항분포표를 통해 계산해보면 0.164+0.055+0.008 = 0.227로 유의수준 0.05보다 크므로 귀무가설을 기각할 수 없다. 즉, 중앙값이 70점이라고 판단할 수 있다. $P(K \geq 5|7, 0.5)$는 $P(K \leq 7-5|7,0.5)$와 동일한데, 마찬가지로 이항분포표를 통해 $P(K \leq 2|7,0.5)$를 계산해보면 0.008+0.055+0.164 = 0.227로 동일한 값이 나오는 것을 확인할 수 있다.

② 대응표본에 대한 부호검정

대응하는 데이터 쌍 사이의 차이를 검증하는 방법으로 대응하는 관측치의 차이의 부호를 통해 검정을 실행한다. 다음 예를 보면 쉽게 이해할 수 있다.

【 예시 】

10명의 소비자를 샘플로 추출해 각각 제품 A와 B를 제공한 후 제품의 선호도 차이를 조사하려고 한다. 선호도가 5점 만점일 때 유의수준 0.05에서 두 제품 간에 선호도의 차이가 있는지 검정하라.

INDEX	1	2	3	4	5	6	7	8	9	10
제품 A	3	3	5	1	4	1	2	3	4	3
제품 B	5	4	5	2	3	1	4	3	5	1

위 예시의 귀무가설은 $M_1-M_2=0$, 즉 '두 제품 간 선호도 차이가 없다'이다. 선호도의 차이를 계산하면 다음 표와 같이 정리된다. 다음 표를 보면 n은 7이고 +는 2개, −는 5개다. p−value = $P(K \geq 5|7,0.5)$로 이항분포표를 통해 계산해보면 0.227이 나온다. 유의수준 0.05보다 크기 때문에 귀무가설을 기각할 수 없다. 즉, 두 제품 간 선호도 차이가 없다고 판단할 수 있다.

INDEX	1	2	3	4	5	6	7	8	9	10
선호도 차이	-2	-1	0	-1	1	0	-2	0	-1	2
부호	-	-	0	-	+	0	-	0	-	+

부호검정은 주어진 자료에서 +/- 부호만을 사용하므로 정보의 손실이 크다는 단점이 있다. 이를 보완하기 위해 부호뿐만 아니라 데이터의 상대적인 크기도 고려하여 검정을 실행하는 윌콕슨의 부호순위검정(Wilcoxon's singed rank test)을 사용하기도 한다.

(2) 만-위트니 검정

만-위트니 검정(Mann-Whitney test)은 윌콕슨의 순위합 검정(Wilcoxon's rank sum test)이라고도 불리며, 독립된 두 집단의 중심 위치를 비교하기 위해 사용한다. 만-위트니 검정과 윌콕슨의 순위합 검정은 계산 과정상 약간의 차이는 있지만, 결국에는 동일한 통계량을 사용한다는 점에서 동일한 분석 방법으로 취급한다. 두 집단에서 각각 표본 n, m을 추출했을 때 추출된 표본이 서로 독립적이고, 서열 관계가 있으며 분포의 형태가 같다는 가정을 기반으로 한다. 데이터를 순위별로 나열하고 각 집단의 순위 합계로부터 집단별 U값을 계산하여 검증하는 방식을 사용한다. 순위만 비교하므로 t-test보다 검정력이 낮지만, 정규분포에 대한 가정이 필요 없어 데이터의 크기 순서가 있다면 어떤 경우에도 적용할 수 있다는 장점이 있다. 만-위트니 검정에서 귀무가설은 '두 모집단의 분포가 동일하다'이고, 대립가설은 '두 모집단의 분포가 동일하지 않다'이다. 만-위트니 검정의 절차는 다음과 같다.

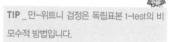

TIP _ 만-위트니 검정은 독립표본 t-test의 비모수적 방법입니다.

Step 1. 두 모집단을 통합한 후 오름차순으로 정렬하여 가장 작은 값부터 순서를 매긴다. 이때 같은 값이 있는 경우에는 순위의 평균을 할당한다. 예를 들어 (1, 2, 3, 4, 4, 5)의 순위는 (1, 2, 3, 4.5, 4.5, 6)이다.

Step 2. 표본별 순위의 합을 계산한다.

Step 3. 표본별 U값을 계산한다. 표본 1의 U값은 다음과 같이 계산하고 표본 2의 U값 또한 동일하게 계산한다. 최종 U값은 MIN(U₁,U₂)로 두 값 중 더 작은 값이 선택된다.

$$U_1 = R_1 - \frac{n(n+1)}{2}$$

R_1 = 표본 1의 순위 합계, n = 표본 1의 표본 크기

Step 4. U값을 이용해 두 집단의 차이를 검정한다. 만–위트니 U 테이블을 통해 임곗값을 확인하고 U값이 임곗값보다 작으면 귀무가설을 기각한다. 표본의 크기가 큰 경우 U는 근사적으로 정규분포를 따르는데, 이를 표준화한 z값을 통해서도 차이를 검정할 수 있다. z값을 구하는 식은 다음과 같다.

$$Z=\frac{U-nm/2}{\sqrt{nm(n+m+1)/12}}$$

$U=MIN(U_1, U_2)$, n = 표본 1의 표본크기, m = 표본 2의 표본크기

다음 예시를 통해 쉽게 이해할 수 있다.

【 예시 】

학군별 수능 등수에 차이가 있는지 검정하기 위해 A 학군에서 6명, B 학군에서 5명의 학생을 표본으로 추출했다. 추출한 자료가 다음과 같을 때 양측검정을 통해 유의수준 0.05에서 검정하라.

- A 학군 : 80, 85, 91, 84, 90, 96
- B 학군 : 84, 70, 92, 93, 81

위 예시에서 귀무가설은 '학군별 수능 등수는 차이가 없다'이고, 대립가설은 '학군별 수능 등수는 차이가 있다'이다. 점수를 오름차순으로 정렬한 후 순위를 매겨 다음 표와 같이 정리했다.

학군	A	B	B	A	A	A	A	B	B	A	B
점수	96	93	92	91	90	85	84	84	81	80	70
순위	1	2	3	4	5	6	7.5	7.5	9	10	11

$R_A = 1+4+5+6+7.5+10 = 33.5$

$R_B = 2+3+7.5+9+11 = 32.5$

$U_A = 33.5-21 = 12.5$

$U_B = 32.5-15 = 17.5$

$U = MIN(12.5, 17.5) = 12.5$

n이 6이고 m이 5일 때 유의수준 0.05에서 양측검정을 할 경우 U의 임곗값은 3이다. U값이 임곗값 3보다 크기에 귀무가설을 채택하고 학군별 수능 등수는 차이가 없다고 판단할 수 있다.

(3) 크루스칼-왈리스 검정

크루스칼-왈리스 검정(Kruskal-Wallis test)은 세 개 이상 집단의 중앙값을 비교하는 검정 방법이다. 추출된 각 표본이 중앙값만 다른 모두 동일한 형태의 분포라는 가정하에 검정을 실행한다. 크루스칼-왈리스 검정의 귀무가설은 'k개 집단의 분포가 모두 동일하다'이고, 대립가설은 'k개 집단의 분포가 모두 같지는 않다', 즉 '적어도 하나의 집단에서 중앙값의 차이가 있다'이다. 크루스칼-왈리스 검정 또한 일종의 순위합 검정법으로, 각 집단의 데이터를 모두 통합한 후 작은 값부터 순위를 매기고 각 집단에 속한 데이터의 순위합을 구하여 크루스칼-왈리스 검정 통계량을 계산한다. 이때 동일 점수가 존재한다면 만-위트니 검정과 동일하게 순위의 평균을 부여한다. 크루스칼-왈리스 검정통계량(H)은 다음과 같이 계산한다.

TIP _ 크루스칼-왈리스 검정은 세 개 이상의 집단의 평균을 비교하는 one-way ANOVA의 비모수적 방법입니다.

$$H = \frac{12}{N(N+1)} \sum_{i=1}^{k} \frac{R_i^2}{n_i} - 3(N+1)$$

N = 전체 표본 수, R_i = i번째 집단의 순위합, n_i = i번째 집단의 표본 수

귀무가설하에서 각 집단의 표본 수가 5 이상이면 H의 분포는 자유도가 k-1인 카이제곱분포에 근사하므로 이를 이용해 데이터를 검정할 수 있다. 검정통계량 H의 값이 카이제곱통계량보다 클 때 귀무가설을 기각한다.

【 예시 】

운동별 시간당 칼로리 소모량의 차이를 비교하기 위해 각 집단에서 5명을 추출한 자료가 다음과 같다고 할 때 유의수준 0.05에서 검정하라(괄호 안 숫자는 순위를 나타낸다).

축구	탁구	배드민턴
365(10)	208(1)	264(4)
411(13)	235(2)	308(7)
471(14)	269(5)	363(9)
356(8)	302(6)	397(12)
549(15)	258(3)	388(11)
R_1 = 60	R_2 = 17	R_3 = 43

위의 예시에서 귀무가설은 '세 운동 모두 시간당 칼로리 소모량이 같다'이고, 대립가설은 '적어도 하나의 운동은 칼로리 소모량에 차이가 난다'이다.

위의 표를 통해 계산한 검정통계량 H는 다음과 같다.

$$H = \frac{12}{15\,(16)} \times \frac{60^2 + 17^2 + 43^2}{5} - 3\,(16) = 9.38$$

자유도가 2(집단의 수−1)이고 유의수준이 0.05인 경우 카이제곱통계량은 5.99이고 H가 5.99보다 커서 귀무가설을 기각하게 된다. 즉, 적어도 하나의 운동은 칼로리 소모량에 차이가 난다고 판단할 수 있다.

(4) 런 검정

런 검정(run test)은 각 표본이 서로 독립적이라는 가설을 검정하기 위해 사용하는 방법으로 추출된 표본들이 특정 패턴 없이 무작위로 구성됐는지를 검정한다. 런 검정에서는 표본을 +/−, True/False, 홀수/짝수, 동전의 앞면/뒷면과 같이 서로 배타적인 2개의 집단으로 나누어 접근한다.

TIP _런 검정에 사용되는 자료는 2개의 집단으로 이분화된 데이터입니다. 이분화된 데이터가 아닌 경우에는 중앙값 및 평균을 사용해 데이터를 변환하는데, 중앙값보다 작은 값과 큰 값의 두 개의 집단으로 변환합니다.

특정 부호가 반대 부호로 바뀔 때까지의 일련의 묶음을 런이라고 하며 분석의 기준 단위가 런이라서 런 검정이라고 한다. 예를 들어 (0 1 0 0 0 1 1 1 0 0)이라는 표본을 추출했을 때 이를 런으로 구분하면 (0), (1), (0 0 0), (1 1 1), (0 0)으로 총 5개의 런이 나온다. 런의 수가 너무 많거나 너무 적은 경우에는 표본의 무작위성이 기각될 수 있다. 표본 수의 많고 적음은 런 검정의 임계치 표를 통해 확인할 수 있다. 런의 수가 임계치 표에서 확인한 상한치 이상이거나 하한치 이하라면 귀무가설을 기각하게 된다. 각 표본이 서로 독립적이라는 귀무가설하에서 각 표본의 수가 10개 이상인 경우 런의 분포는 근사적으로 정규분포를 따르게 되어 z 값을 통해 검정할 수 있다. 런 검정에서 z 값을 구하는 방법은 다음과 같다.

run 평균 $E(R) = \dfrac{2nm}{n+m}$ 이고, run 분산 $V(R) = \dfrac{2nm\,(2nm-n-m)}{(n+m)^2\,(n+m-1)}$ 일 때 런 검정에서 z 값을 구하는 방법은 다음과 같다.

$$Z = \frac{R - E(R)}{\sqrt{V(R)}}$$

n, m = 각 범주에 속하는 표본의 수, R = 런의 수

【 예시 】

다음과 같이 홀짝 게임을 했다고 했을 때 런 검정을 하라.

| 홀 | 짝 | 홀 | 짝 | 홀 | 짝 | 짝 | 홀 | 짝 | 짝 | 홀 | 홀 | 짝 | 홀 | 짝 | 홀 | 짝 | 홀 | 짝 | 홀 |

이 예시의 귀무가설은 '홀/짝이 무작위로 구성되어 있다'이고, 대립가설은 '홀/짝이 무작위로 구성되어 있지 않다'이다.

런의 수는 17개이고, n과 m은 각각 10개이다. n과 m이 10개씩일 때 런 검정의 하한치는 6이고 상한치는 16이다. 런의 수가 상한치인 16보다 커서 귀무가설을 기각한다. 이를 검정통계량을 통해 계산하면 다음과 같다. run 평균 $E(R) - 11$, run 분산 $V(R) = 4.74$이다. 이를 통해 검정통계량을 계산해 보면 $z = 2.76$이고 p-value는 0.006이 나오므로 마찬가지로 귀무가설을 기각한다.

Critical Values of the Mann-Whitney U
(Two-Tailed Testing)

n₂	α	n₁																	
		3	4	5	6	7	8	9	10	11	12	13	14	15	16	17	18	19	20
3	.05	--	0	0	1	1	2	2	3	3	4	4	5	5	6	6	7	7	8
	.01	--	0	0	0	0	0	0	0	0	1	1	1	2	2	2	2	3	3
4	.05	--	0	1	2	3	4	4	5	6	7	8	9	10	11	11	12	13	14
	.01	--	--	0	0	0	1	1	2	2	3	3	4	5	5	6	6	7	8
5	.05	0	1	2	3	5	6	7	8	9	11	12	13	14	15	17	18	19	20
	.01	--	--	0	1	1	2	3	4	5	6	7	7	8	9	10	11	12	13
6	.05	1	2	3	5	6	8	10	11	13	14	16	17	19	21	22	24	25	27
	.01	--	0	1	2	3	4	5	6	7	9	10	11	12	13	15	16	17	18
7	.05	1	3	5	6	8	10	12	14	16	18	20	22	24	26	28	30	32	34
	.01	--	0	1	3	4	6	7	9	10	12	13	15	16	18	19	21	22	24
8	.05	2	4	6	8	10	13	15	17	19	22	24	26	29	31	34	36	38	41
	.01	--	1	2	4	6	7	9	11	13	15	17	18	20	22	24	26	28	30
9	.05	2	4	7	10	12	15	17	20	23	26	28	31	34	37	39	42	45	48
	.01	0	1	3	5	7	9	11	13	16	18	20	22	24	27	29	31	33	36
10	.05	3	5	8	11	14	17	20	23	26	29	33	36	39	42	45	48	52	55
	.01	0	2	4	6	9	11	13	16	18	21	24	26	29	31	34	37	39	42
11	.05	3	6	9	13	16	19	23	26	30	33	37	40	44	47	51	55	58	62
	.01	0	2	5	7	10	13	16	18	21	24	27	30	33	36	39	42	45	48
12	.05	4	7	11	14	18	22	26	29	33	37	41	45	49	53	57	61	65	69
	.01	1	3	6	9	12	15	18	21	24	27	31	34	37	41	44	47	51	54
13	.05	4	8	12	16	20	24	28	33	37	41	45	50	54	59	63	67	72	76
	.01	1	3	7	10	13	17	20	24	27	31	34	38	42	45	49	53	56	60
14	.05	5	9	13	17	22	26	31	36	40	45	50	55	59	64	67	74	78	83
	.01	1	4	7	11	15	18	22	26	30	34	38	42	46	50	54	58	63	67
15	.05	5	10	14	19	24	29	34	39	44	49	54	59	64	70	75	80	85	90
	.01	2	5	8	12	16	20	24	29	33	37	42	46	51	55	60	64	69	73
16	.05	6	11	15	21	26	31	37	42	47	53	59	64	70	75	81	86	92	98
	.01	2	5	9	13	18	22	27	31	36	41	45	50	55	60	65	70	74	79
17	.05	6	11	17	22	28	34	39	45	51	57	63	67	75	81	87	93	99	105
	.01	2	6	10	15	19	24	29	34	39	44	49	54	60	65	70	75	81	86
18	.05	7	12	18	24	30	36	42	48	55	61	67	74	80	86	93	99	106	112
	.01	2	6	11	16	21	26	31	37	42	47	53	58	64	70	75	81	87	92
19	.05	7	13	19	25	32	38	45	52	58	65	72	78	85	92	99	106	113	119
	.01	3	7	12	17	22	28	33	39	45	51	56	63	69	74	81	87	93	99
20	.05	8	14	20	27	34	41	48	55	62	69	76	83	90	98	105	112	119	127
	.01	3	8	13	18	24	30	36	42	48	54	60	67	73	79	86	92	99	105

Critical Values of the Mann-Whitney U
(One-Tailed Testing)

n_2	α	3	4	5	6	7	8	9	10	11	12	13	14	15	16	17	18	19	20
3	.05	0	0	1	2	2	3	4	4	5	5	6	7	7	8	9	9	10	11
	.01	--	0	0	0	0	0	1	1	1	2	2	2	3	3	4	4	4	5
4	.05	0	1	2	3	4	5	6	7	8	9	10	11	12	14	15	16	17	18
	.01	--	--	0	1	1	2	3	3	4	5	5	6	7	7	8	9	9	10
5	.05	1	2	4	5	6	8	9	11	12	13	15	16	18	19	20	22	23	25
	.01	--	0	1	2	3	4	5	6	7	8	9	10	11	12	13	14	15	16
6	.05	2	3	5	7	8	10	12	14	16	17	19	21	23	25	26	28	30	32
	.01	--	1	2	3	4	6	7	8	9	11	12	13	15	16	18	19	20	22
7	.05	2	4	6	8	11	13	15	17	19	21	24	26	28	30	33	35	37	39
	.01	0	1	3	4	6	7	9	11	12	14	16	17	19	21	23	24	26	28
8	.05	3	5	8	10	13	15	18	20	23	26	28	31	33	36	39	41	44	47
	.01	0	2	4	6	7	9	11	13	15	17	20	22	24	26	28	30	32	34
9	.05	4	6	9	12	15	18	21	24	27	30	33	36	39	42	45	48	51	54
	.01	1	3	5	7	9	11	14	16	18	21	23	26	28	31	33	36	38	40
10	.05	4	7	11	14	17	20	24	27	31	34	37	41	44	48	51	55	58	62
	.01	1	3	6	8	11	13	16	19	22	24	27	30	33	36	38	41	44	47
11	.05	5	8	12	16	19	23	27	31	34	38	42	46	50	54	57	61	65	69
	.01	1	4	7	9	12	15	18	22	25	28	31	34	37	41	44	47	50	53
12	.05	5	9	13	17	21	26	30	34	38	42	47	51	55	60	64	68	72	77
	.01	2	5	8	11	14	17	21	24	28	31	35	38	42	46	49	53	56	60
13	.05	6	10	15	19	24	28	33	37	42	47	51	56	61	65	70	75	80	84
	.01	2	5	9	12	16	20	23	27	31	35	39	43	47	51	55	59	63	67
14	.05	7	11	16	21	26	31	36	41	46	51	56	61	66	71	77	82	87	92
	.01	2	6	10	13	17	22	26	30	34	38	43	47	51	56	60	65	69	73
15	.05	7	12	18	23	28	33	39	44	50	55	61	66	72	77	83	88	94	100
	.01	3	7	11	15	19	24	28	33	37	42	47	51	56	61	66	70	75	80
16	.05	8	14	19	25	30	36	42	48	54	60	65	71	77	83	89	95	101	107
	.01	3	7	12	16	21	26	31	36	41	46	51	56	61	66	71	76	82	87
17	.05	9	15	20	26	33	39	45	51	57	64	70	77	83	89	96	102	109	115
	.01	4	8	13	18	23	28	33	38	44	49	55	60	66	71	77	82	88	93
18	.05	9	16	22	28	35	41	48	55	61	68	75	82	88	95	102	109	116	123
	.01	4	9	14	19	24	30	36	41	47	53	59	65	70	76	82	88	94	100
19	.05	10	17	23	30	37	44	51	58	65	72	80	87	94	101	109	116	123	130
	.01	4	9	15	20	26	32	38	44	50	56	63	69	75	82	88	94	101	107
20	.05	11	18	25	32	39	47	54	62	69	77	84	92	100	107	115	123	130	138
	.01	5	10	16	22	28	34	40	47	53	60	67	73	80	87	93	100	107	114

Critical values of r in the runs test*

Given in the tables are various critical values of r for values of m and n less than or equal to 20. For the one-sample runs test, any observed value of r which is less than or equal to the smaller value, or is greater than or equal to the larger value in a pair is significant at the $\alpha = .05$ level.

m \ n	2	3	4	5	6	7	8	9	10	11	12	13	14	15	16	17	18	19	20
2											2 / —	2 / —	2 / —	2 / —	2 / —	2 / —	2 / —	2 / —	2 / —
3				2 / —	2 / —	2 / —	2 / —	2 / —	2 / —	2 / —	2 / —	2 / —	2 / —	3 / —	3 / —	3 / —	3 / —	3 / —	3 / —
4			2 / 9	2 / 9	2 / —	3 / —	3 / —	3 / —	3 / —	3 / —	3 / —	3 / —	3 / —	4 / —	4 / —	4 / —	4 / —	4 / —	4 / —
5			2 / 9	2 / 10	3 / 10	3 / 11	3 / 11	3 / —	3 / —	4 / —	4 / —	4 / —	4 / —	4 / —	4 / —	4 / —	5 / —	5 / —	5 / —
6		2 / —	2 / 9	3 / 10	3 / 11	3 / 12	3 / 12	4 / 13	4 / 13	4 / 13	4 / 13	5 / —	5 / —	5 / —	5 / —	5 / —	5 / —	6 / —	6 / —
7		2 / —	2 / —	3 / 11	3 / 12	3 / 13	4 / 13	4 / 14	5 / 14	5 / 14	5 / 14	5 / 15	5 / 15	6 / 15	6 / —	6 / —	6 / —	6 / —	6 / —
8		2 / —	3 / —	3 / 11	3 / 12	4 / 13	4 / 14	5 / 14	5 / 15	5 / 15	6 / 16	6 / 16	6 / 16	6 / 16	6 / 17	7 / 17	7 / 17	7 / 17	7 / 17
9		2 / —	3 / —	3 / —	4 / 13	4 / 14	5 / 14	5 / 15	5 / 16	6 / 16	6 / 16	6 / 17	7 / 17	7 / 18	7 / 18	7 / 18	8 / 18	8 / 18	8 / 18
10		2 / —	3 / —	3 / —	4 / 13	5 / 14	5 / 15	5 / 16	6 / 16	6 / 17	7 / 17	7 / 18	7 / 18	7 / 18	8 / 19	8 / 19	8 / 19	8 / 20	9 / 20
11		2 / —	3 / —	4 / —	4 / 13	5 / 14	5 / 15	6 / 16	6 / 17	7 / 17	7 / 18	7 / 19	8 / 19	8 / 19	8 / 20	9 / 20	9 / 20	9 / 21	9 / 21
12	2 / —	2 / —	3 / —	4 / —	4 / 13	5 / 14	6 / 16	6 / 16	7 / 17	7 / 18	7 / 19	8 / 19	8 / 20	8 / 20	9 / 21	9 / 21	9 / 21	10 / 22	10 / 22
13	2 / —	2 / —	3 / —	4 / —	5 / —	5 / 15	6 / 16	6 / 17	7 / 18	7 / 19	8 / 19	8 / 20	9 / 20	9 / 21	9 / 21	10 / 22	10 / 22	10 / 23	10 / 23
14	2 / —	2 / —	3 / —	4 / —	5 / —	5 / 15	6 / 16	7 / 17	7 / 18	8 / 19	8 / 20	9 / 20	9 / 21	9 / 22	10 / 22	10 / 23	10 / 23	11 / 23	11 / 24
15	2 / —	3 / —	3 / —	4 / —	5 / —	6 / 15	6 / 16	7 / 18	7 / 18	8 / 19	8 / 20	9 / 21	9 / 22	10 / 22	10 / 23	11 / 23	11 / 24	11 / 24	12 / 25
16	2 / —	3 / —	4 / —	4 / —	5 / —	6 / —	6 / 17	7 / 18	8 / 19	8 / 20	9 / 21	9 / 21	10 / 22	10 / 23	11 / 23	11 / 24	11 / 25	12 / 25	12 / 25
17	2 / —	3 / —	4 / —	4 / —	5 / —	6 / —	7 / 17	7 / 18	8 / 19	9 / 20	9 / 21	10 / 22	10 / 23	11 / 23	11 / 24	11 / 25	12 / 25	12 / 26	13 / 26
18	2 / —	3 / —	4 / —	5 / —	5 / —	6 / —	7 / 17	8 / 18	8 / 19	9 / 20	9 / 21	10 / 22	10 / 23	11 / 24	11 / 25	12 / 25	12 / 26	13 / 26	13 / 27
19	2 / —	3 / —	4 / —	5 / —	6 / —	6 / —	7 / 17	8 / 18	8 / 20	9 / 21	10 / 22	10 / 23	11 / 23	11 / 24	12 / 25	12 / 26	13 / 26	13 / 27	13 / 27
20	2 / —	3 / —	4 / —	5 / —	6 / —	6 / —	7 / 17	8 / 18	9 / 20	9 / 21	10 / 22	10 / 23	11 / 24	12 / 25	12 / 25	13 / 26	13 / 27	13 / 27	14 / 28

■ 회귀분석의 가정

선형성	▪ 독립변수가 변화할 때 종속변수가 일정한 크기로 변화한다면 선형성을 만족한다고 볼 수 있다. ▪ 산점도를 통해 확인할 수 있다.
독립성	▪ 잔차와 독립변수의 값이 서로 독립이어야 함을 의미한다.
등분산성	▪ 잔차의 분산이 독립변수와 무관하게 일정해야 한다. ▪ 잔차가 고르게 분포해야 함을 의미한다. ▪ 독립변수와 잔차에 대한 산점도를 통해 확인할 수 있다.
정규성	▪ 잔차항이 정규분포의 형태를 띠어야 한다. ▪ Q–Q 플롯에서 잔차가 우상향하는 직선의 형태를 띠면 정규성을 만족한다고 판단한다.
비상관성	▪ 잔차끼리 서로 독립이면 비상관성이 있다고 판단한다. ▪ Durbin–Watson 통계량을 통해 확인 가능하다.

■ 회귀분석의 종류

종류	회귀식	설명
단순회귀분석	$Y = \beta_0 + \beta_1 X + \epsilon$	독립변수와 종속변수가 1개씩일 때 이 둘 사이의 인과관계를 분석하는 것으로, 두 변수의 관계가 선형이다.
다중회귀분석	$Y = \beta_0 + \beta_1 X_1 + \beta_2 X_2 + \cdots + \beta_k X_k + \epsilon$	독립변수가 2개 이상이고 종속변수가 하나일 때 사용 가능한 회귀분석으로, 독립변수와 종속변수의 관계가 선형으로 표현된다. 단순회귀분석이 확장된 형태다.
다항회귀분석	교차항을 적용하지 않은 다항회귀 $Y = \beta_0 + \beta_1 X^1 + \beta_2 X^2 + \beta_3 X^3 + \cdots + \beta_k X^k + \epsilon$ 교차항을 적용한 2차 다항회귀 $Y = \beta_0 + \beta_1 X_1 + \beta_2 X_2 + \beta_{11} X_1^2 + \beta_{22} X_2^2 + \beta_{12} X_1 X_2 + \epsilon$	독립변수가 2개 이상이고 종속변수가 하나일 때 사용 가능한 회귀분석으로, 독립변수와 종속변수의 관계가 1차 함수 이상으로 표현된다.
비선형회귀분석	함수 f가 비선형 식이라고 가정할 때 $Y = f(\beta_0 + \beta_1 X_1 + \cdots + \beta_k X_k) + \epsilon$	종속변수를 독립변수와 회귀계수의 선형적인 결합으로 표현할 수 없는 경우 사용한다.

■ 모형 적합성

회귀모형의 유의성 검증	F-통계량을 통해 회귀모형의 통계적 유의성을 확인한다.
회귀계수의 유의성 검증	T-통계량을 통해 각 회귀계수의 유의성을 확인한다.
모형의 설명력	결정계수를 통해 모형의 설명력을 확인한다.

■ 단순회귀분석의 분산분석표

요인	제곱합	자유도	제곱평균	F
회귀	SSR	1	MSR = SSR	
잔차	SSE	n-2	MSE = SSE/n-2	MSR/MSE
총	SST	n-1		

■ 로지스틱 회귀분석 – 오즈/오즈 비

요인 노출/발병 유무	YES	NO	합계
YES	a	b	a+b
NO	c	d	c+d
합계	a+c	b+d	a+b+c+d

■ 로지스틱 회귀분석 – 오즈/오즈 비 계산

요인에 노출되었을 때 질병이 발병할 오즈	$odds1 = \dfrac{\dfrac{a}{a+b}}{\dfrac{b}{a+b}} = \dfrac{a}{b}$
요인에 노출되지 않았을 때 질병이 발병할 오즈	$odds2 = \dfrac{\dfrac{c}{c+d}}{\dfrac{d}{c+d}} = \dfrac{c}{d}$
오즈 비	$odds\ ratio = \dfrac{odds1}{odds2} = \dfrac{\dfrac{a}{b}}{\dfrac{c}{d}} = \dfrac{ad}{bc}$

■ 로지스틱 회귀분석 – 모형 적합성

회귀모형의 유의성 검증	이탈도를 통해 모형의 유의성을 검증한다.
회귀계수의 유의성 검증	wald test를 통해 계수의 유의성을 검증한다.
모형의 설명력	의사 결정계수와 AIC 값을 통해 모델의 설명력을 검증한다.

■ 의사결정 트리의 구성요소

뿌리 마디(root node)	• 학습데이터 • 트리 구조가 시작되는 마디
자식 마디(child node)	• 하나의 마디로부터 분리되어 나간 2개 이상의 마디들
부모 마디(parent node)	• 자식 마디의 상위 마디
끝 마디(terminal/leaf node)	• 자식 마디가 없는 마디로 각 트리의 끝에 위치하는 마디
중간 마디(internal node)	• 끝 마디가 아닌 마디로 자식 마디가 존재하는 마디
가지(branch)	• 노드와 노드를 잇는 선
깊이(depth)	• 가지를 이루고 있는 마디의 개수

■ 의사결정 트리에서 사용하는 분류 기준

알고리즘	종속변수가 이산형	종속변수가 연속형
CHAID	카이제곱 통계량	ANOVA F-통계량
CART	지니 지수	분산감소량
C4.5	엔트로피 지수	

■ 의사결정 트리 분류 기준 계산식

카이제곱 통계량	$\sum\left(\text{기대도수-실제도수} \right)^2 / \text{기대도수}$
지니 지수	$1 - \sum_i^c p_i^2$
엔트로피 지수	$-\sum_i^c p_i log_2 p_i$

■ 의사결정 트리의 장단점

장점	· 트리 구조로 모형이 표현되어 해석하기가 쉽다. · 이상치에 덜 민감하다. · 수학적 가정이 불필요한 비모수적 모형이다. · 변수 선택이 자동적이다. · 연속형 변수와 범주형 변수를 모두 처리할 수 있다.
단점	· 분류 기준값의 경계선 부근의 자료 값에 대해서는 오차가 클 수 있다. · 모형이 너무 복잡할 경우 예측 정확도가 하락하고 해석하기 어려워진다. · 각 변수의 영향력을 파악하기 힘들다. · 새로운 자료에 대한 예측이 불안정적일 수 있다.

■ 인공 신경망의 활성화함수

Step 함수	가장 기본적인 활성함수다. 다음과 같이 그래프가 계단 모양으로 생겼으며 임곗값을 기준으로 출력값이 0 혹은 1로 표현된다. $$S(x) = \begin{cases} 0, & x < 0 \\ 1, & x => 0 \end{cases}$$
Sigmoid 함수	로지스틱함수라고도 불리며 특정 임곗값을 기준으로 출력값이 급격하게 변하는 Step 함수와 달리 완만한 곡선 형태로 0과 1 사이의 값을 출력한다. $$S(x) = \left\{ \frac{1}{1 + \exp(-x)} \right\}$$

sign 함수	함수의 값이 중간에 갑자기 바뀌는 불연속함수로 입력값이 음수이면 −1을, 양수이면 1을 출력한다. $$S(x) = \begin{Bmatrix} -1, & x<0 \\ 1, & x=>0 \end{Bmatrix}$$ 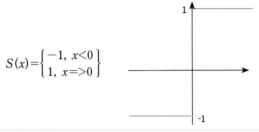
tanh 함수	tanh 함수는 확장된 sigmoid 함수다. 함수의 중심값이 0.5인 sigmoid 함수와 달리, tanh 함수의 중심값은 0이다. −1과 1 사이의 값을 출력하며 sigmoid보다 학습속도가 빠르다. $$S(x) = \begin{Bmatrix} \dfrac{\exp(x) - \exp(-x)}{\exp(x) + \exp(-x)} \end{Bmatrix}$$ 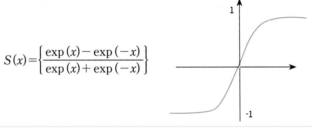
ReLU 함수	입력값이 0보다 작으면 0을, 0보다 크면 입력값을 그대로 출력하는 함수다. sigmoid와 tanh 함수보다 연산이 빠르다는 장점이 있지만, 0보다 작은 값에 대해서는 기울기가 0이라서 뉴런이 작동하지 않을 수 있다는 단점이 있다. $$S(x) = \begin{Bmatrix} 0, & x<=0 \\ x, & x>0 \end{Bmatrix}$$ 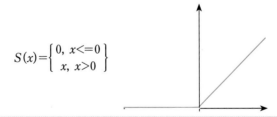
Softmax 함수	$$S(x_i) = \frac{\exp(x_n)}{\sum_{i=1}^{k} \exp(x_i)}, \; for\ n\ in\ 1,\ \cdots,\ k$$ Softmax 함수는 목푯값이 다범주인 경우 사용하는 함수다. 입력받은 값을 정규화하여 0과 1 사이의 값으로 출력한다. 학점을 분류한다고 할 때 A(60%), B(30%), C(10%)와 같이 확률값이 출력되며 가장 높은 확률을 가지는 범주를 선택한다. Softmax 함수를 적용한 노드의 출력값의 합은 항상 1이다.

■ 인공신경망의 장단점

장점	<ul><li>잡음에 민감하게 반응하지 않는다.</li><li>비선형적인 문제를 분석하는 데 유용하다.</li><li>패턴 인식, 분류, 예측 등의 문제에 효과적이다.</li><li>스스로 가중치를 학습하므로 다양하고 많은 데이터에 효과적이다.</li></ul>
단점	<ul><li>모형이 복잡할 경우 학습에 오랜 시간이 소요된다.</li><li>초기 가중치에 따라 전역해가 아닌 지역해로 수렴할 수 있다.</li><li>추정한 가중치의 신뢰도가 낮다.</li><li>결과에 대한 해석이 쉽지 않다.</li><li>은닉층의 수와 은닉 노드의 수를 결정하기가 어렵다.</li></ul>

■ 서포트 벡터 머신의 구성요소

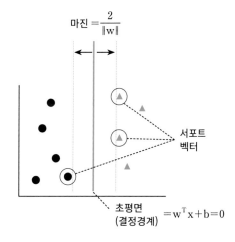

■ 하드마진과 소프트마진

하드마진	• 매우 엄격하게 초평면을 정의하는 방법이다. • 모든 입력값은 초평면을 사이로 무조건 한 클래스에 속해야 한다. • 몇 개의 이상치로 인해 마진이 매우 작아질 수 있다. • 과적합의 가능성이 크다.
소프트마진	• 하드마진의 문제점을 해결하기 위해 여유변수 ξ을 도입한 서포트 벡터 머신이다. • 오류를 어느 정도 허용함으로써 마진의 크기를 최대로 하는 방법이다. • 하이퍼파라미터 C를 사용한다. • 마진의 크기를 최대로 하며 여유변수의 크기를 최소로 하는 결정 경계를 찾는 것을 목적으로 한다.

■ 서포트 벡터 머신의 파라미터

C	오분류를 허용하는 정도로, C의 값이 작을수록 제약이 작아 오분류에 관대하고 클수록 제약이 커서 오분류에 엄격한 결정 경계를 생성한다. C의 값이 너무 작으면 과소적합의 가능성이 커지고, C의 값이 너무 크면 과적합의 가능성이 커진다.
gamma	단일 데이터 샘플이 행사하는 영향력의 정도로 gamma 값이 작을수록 과소적합의 가능성이 커지고, gamma 값이 클수록 과적합의 가능성이 커진다.

■ 서포트 벡터 머신의 장단점

장점	• 서포트 벡터만을 이용해 결정 경계를 생성하므로 데이터가 희소할 때 효과적이다. • 새로운 데이터가 입력됐을 때 전체 데이터포인트와의 거리를 계산하지 않고 서포트 벡터와의 거리만 구하면 되므로 연산량이 감소한다. • 비선형 데이터도 커널트릭을 이용해 분류할 수 있다. • 인공신경망보다 과적합의 위험이 적다. • 노이즈의 영향이 적다.
단점	• 데이터셋의 크기가 클 경우 모델링에 많은 시간이 소요된다. • 확률 추정치를 반환하지 않고 블랙박스 형태라서 해석이 어렵다. • 커널과 모델의 파라미터를 조절하기 위해 많은 테스트가 필요하다. • 데이터 전처리 과정이 굉장히 중요하다.

■ 연관성분석 측정지표

지지도	$P(A \cap B) =$	$\dfrac{A와\ B를\ 모두\ 포함하는\ 거래의\ 수}{전체\ 거래수}$
신뢰도	$\dfrac{P(A \cap B)}{P(A)} =$	$\dfrac{A와\ B를\ 모두\ 포함하는\ 거래의\ 수}{A를\ 포함하는\ 거래의\ 수}$
향상도	$\dfrac{P(A \cap B)}{P(A)P(B)} =$	$\dfrac{A와\ B를\ 모두\ 포함하는\ 거래의\ 수 \times 전체\ 거래수}{A를\ 포함하는\ 거래의\ 수 \times B를\ 포함하는\ 거래의\ 수}$

■ 연관성분석 apriori 알고리즘 절차

Step 1	최소지지도를 설정한다.
Step 2	단일 품목 중에서 최소지지도를 넘는 모든 품목을 찾는다.
Step 3	Step 2에서 찾은 빈발 아이템 집합만을 이용해 최소지지도를 넘는 2가지 품목 집합을 찾는다.
Step 4	위의 단계를 통해 찾은 빈발 아이템 집합을 이용해 최소지지도를 넘는 3가지 품목 집합을 찾는다.
Step 5	위의 단계를 반복적으로 수행해 최소지지도를 넘는 모든 빈발 아이템 집합을 찾는다.

■ 연관성분석의 장단점

장점	<ul><li>수많은 상품 간에 존재하는 유의미한 구매 패턴을 발견할 수 있다.</li><li>목적변수가 없어 특별한 분석 목적 없이도 분석 가능하다.</li><li>자료구조와 계산 과정이 간단하다.</li><li>if A then B의 형태로 원리가 간단하여 분석의 결과를 이해하기 쉽다.</li></ul>
단점	<ul><li>품목의 수가 증가함에 따라 필요한 계산량이 기하급수적으로 증가한다.</li><li>거래량이 적은 품목에 대한 규칙 발견이 어렵다.</li><li>연속형 변수를 사용하기 위해서는 몇 개의 구간으로 분할해야 하며, 너무 세세하게 분할할 경우 빈도가 적어져 연관규칙을 발견하기 어려워진다.</li><li>연관성분석을 통해 발견되는 규칙의 수가 많아 유의미한 규칙을 찾기 힘들다.</li></ul>

■ 군집 간 거리 측정 방법

단일연결법 (single linkage)	최단연결법이라고도 하며 각 군집에 속하는 임의의 개체 사이의 거리 중에서 가장 작은 값을 거리로 정의해 가장 유사성이 큰 군집을 병합해 나가는 방법이다. 길게 늘어진 사슬 형태의 군집이 형성될 수 있으며 고립된 군집을 탐색하기에 효과적이다.
완전연결법 (complete linkage)	최장연결법이라고도 하며 각 군집에 속하는 임의의 개체 사이의 거리 중에서 가장 큰 값을 거리로 정의하여 가장 유사성이 큰 군집을 병합해 나가는 방법이다. 내부 응집성에 중점을 둔 방법으로, 둥근 형태의 군집이 형성된다.
평균연결법 (average linkage)	모든 가능한 관측치 쌍 사이의 평균 거리를 거리로 정의하여 가장 유사성이 큰 군집을 병합해 나가는 방법이다. 계산량이 불필요하게 많아질 수 있으며, 단일연결법과 완전연결법보다 이상치에 덜 민감하다.
중심연결법 (centroid linkage)	각 군집의 중심점 사이의 거리를 거리로 정의한 방법이다. 평균 연결법보다 계산량이 적고, 모든 관측치 사이의 거리를 측정할 필요 없이 중심 사이의 거리를 한 번만 계산한다.
와드연결법 (ward linkage)	군집의 평균과 각 관측치 사이의 오차제곱합의 크기를 고려한 방법이다. 군집의 병합으로 인한 오차제곱합의 증가량이 최소가 되는 방향으로 군집을 형성한다. 비슷한 크기의 군집끼리 병합하는 경향이 있다.

■ 군집분석 k-평균의 특징

- 계층적 군집보다 계산 비용이 저렴하고 속도가 빨라 대용량 데이터를 다루는 데 적합하다.
- 단계마다 개체가 포함된 군집이 달라질 수 있다.
- 이상치의 영향을 많이 받는다.
- 군집의 형태가 볼록한(convex) 형태가 아닌 경우 제대로 작동하지 않을 수 있다.

■ 군집분석 EM 알고리즘 절차

Step 1	모수를 임의의 값으로 설정한다.
Step 2	[E-단계] 잠재변수 Z의 기대치를 추정한다.
Step 3	[M-단계] 잠재변수 Z의 기대치를 이용해 모수의 값을 추정한다.
Step 4	모수와 잠재변수 Z의 값이 수렴할 때까지 E-단계와 M-단계를 반복한다.

■ 범주형 자료분석의 종류

독립변수	종속변수	분석 방법
범주형	범주형	상대적 위험도, 오즈 비, 카이제곱 검정, 로그선형분석
범주형	연속형	T-검정, 분산분석, 다변량분산분석
연속형	범주형	판별분석, 군집분석, 로지스틱회귀분석

■ 카이제곱 검정

적합도 검정	일변량 분석 방법으로, 데이터가 어떤 이론적 분포를 따르는지 검정하는 방법이다.
독립성 검정	변수가 2개 이상의 범주로 분할되어 있을 때 사용하는 방법으로 각 범주가 종속변수에 영향을 주는지를 검정하는 방법이다.
동질성 검정	각 부모 집단으로부터 추출된 관측치들이 각 범주 내에서 서로 균일한 값을 가지는지를 검정하는 방법이다.

■ T-검정

단일표본 T-검정	한 집단의 평균이 모집단의 평균과 같은지를 검정하는 방법이다.
대응표본 T-검정	동일한 집단의 처치 전후의 차이를 알아보기 위해 사용하는 검정 방법이다.
독립표본 T-검정	데이터가 서로 다른 모집단에서 추출된 경우 사용하는 방법으로, 독립된 두 집단의 평균 차이를 검정한다.

■ 다변량 분석의 유형

다변량 자료가 독립변수와 종속변수로 나뉘어 있어, 독립변수를 통해 종속변수를 추정하거나 변수 간의 관계를 분석하고자 할 때	다중회귀분석 다변량분산분석 다중로지스틱 회귀분석
변수 간의 상관관계를 이용하여 정보의 손실을 최소화하면서 변수를 요약하고자 할 때	주성분분석 요인분석
개체들의 유사성에 기초해 개체들을 분류하고자 할 때	군집분석 판별분석

■ MANOVA 통계량

Wilk's Lambda	$\frac{|W|}{|B+W|} = \frac{|W|}{|T|}$, 값이 작을수록 귀무가설을 기각
Pillai's trace	$trace(B(B+W)^{-1})$, 값이 클수록 귀무가설을 기각
Hotelling–Lawley's trace	$trace(BW^{-1})$, 값이 클수록 귀무가설을 기각
Roy's Largest Root	BW^{-1}의 최대 고윳값, 값이 클수록 귀무가설을 기각

■ 요인분석의 조건

- 변수가 등간척도, 비율척도와 같은 연속형 데이터의 형태여야 한다.
- 관측치가 서로 독립이어야 하고, 각 변수는 다변량 정규분포의 형태를 취해야 한다.
- 변수별로 분산이 모두 동일해야 한다.
- 표본의 수는 최소 50 이상이어야 한다.

■ 요인분석의 목적

- 여러 개의 변수를 몇 개의 요인으로 묶어 자료를 요약하고 변수의 차원을 축소시킨다.
- 변수 내에 존재하는 상호 독립적인 특성을 발견한다.
- 불필요한 변수를 제거한다.
- 측정항목의 타당성을 검증한다.

■ 요인분석 판별함수의 수

판별함수의 수 = Min[(그룹의 수−1), 독립변수의 수]

■ 요인분석: MDS의 stress 척도

$$stress = \sqrt{\frac{\sum (\text{실제거리} - \text{추정거리})^2}{\sum \text{실제거리}^2}}$$

■ 시계열 분석에서의 정상성 조건

- 평균이 시간에 따라 일정하다.
- 분산이 시점에 의존하지 않는다.
- 공분산이 시점에 의존하지 않고 시차에만 의존한다.

■ 시계열의 구성요소

추세요인	인구의 증가, 기술의 변화 등과 같은 요인에 의해 장기간 일정한 방향으로 상승/하락하는 경향을 보이는 요인이다.
순환요인	정확히 알려진 이유가 없고 주기가 일정하지 않은 변동을 보이는 요인이다.
계절요인	일정한 주기를 가지고 상하 반복의 규칙적인 변동을 보이는 요인이다.
불규칙요인	위 세 가지 요인으로 설명하지 못하는 오차에 해당하는 요인이다.

■ 시계열 모형

AR 모형	변수들의 자기상관성을 기반으로 한 시계열 모형으로, 현 시점의 자료를 p 시점 전의 과거 자료를 통해 설명할 수 있는 모델이다.
MA 모형	현재 데이터가 과거의 백색잡음의 선형 가중합으로 구성된다는 모형으로, 항상 정상성을 만족한다.
ARIMA 모형	비정상 시계열 모형으로, 차분이나 변환을 통해 AR 모형, MA 모형, ARMA 모형 등으로 정상화해 사용한다.

■ 베이즈 정리

$$P(H|E) = \frac{P(E|H)\,P(H)}{P(E)}$$

P(H)	사전확률, 어떤 사건이 발생했다는 주장의 신뢰도
P(E)	증거 혹은 정규화 상수
P(H|E)	사후 확률, 사건 E가 발생한 후 갱신된 H의 확률
P(E|H)	우도 확률, 어떤 가설을 기반으로 하는 관측 결과의 확률

■ 나이브 베이즈 분류

- 베이즈 정리를 기반으로 한 지도학습 모델로 스팸 메일 필터링, 텍스트 분류 등에 사용한다.

- 모든 특징 변수들이 서로 동등하고 독립적이라는 가정하에 분류를 실행한다.

- 각 특성들은 서로 연관성이 없으며 각각의 특성들이 종속변수에 독립적으로 기여하는 것으로 간주한다.

■ 딥러닝 – 기존 신경망의 문제점을 해결한 방법

사전학습	RBM에 의한 사전학습을 통해 학습데이터에 과적합되는 문제를 해결할 수 있다.
정규화	가중치가 클수록 큰 페널티를 줌으로써 모델의 복잡성을 줄이고 일반화 성능을 향상시키는 방법이다.
드롭아웃	일정 비율의 뉴런을 임의로 삭제하여 학습에서 배제하는 방법이다.
배치 정규화	각 층의 출력값 분포가 일정해지게 정규화하는 방법이다.
GPU를 통한 병렬처리	GPU를 통한 병렬 연산으로 신경망의 학습속도가 획기적으로 증가했다.
활성함수 변경	ReLU 등의 비선형 함수를 통해 기울기 소실(vanishing gradient) 문제를 해결했다.

■ 딥러닝 – 합성곱 신경망

- 데이터의 특징을 추출하여 이 특징들의 패턴을 파악함으로써 이미지 처리, 자연어 처리 등에 활용한다.

- 합성곱층과 풀링층으로 구성된다.

- 행렬 형태로 데이터를 입력받기 때문에 이미지의 형태를 보존할 수 있다.

- 필터는 합성곱층의 가중치에 해당한다.

- 필터의 이동량을 스트라이드라고 한다.

- 패딩은 신경망이 이미지의 외곽을 인식하게 한다.

■ 딥러닝 – 순환신경망

- 순차적인 형태의 시퀀스 데이터의 학습에 최적화된 알고리즘이다.
- 내부에 순환구조가 포함됐다는 특징이 있다.
- 모든 계층에서 같은 가중치 값을 공유한다.
- BPTT를 통해 가중치를 학습한다.
- 문장의 길이가 길어질 경우 장기 의존성 문제가 발생할 수 있다.

■ 텍스트 마이닝 수행 단계

데이터 수집	웹 페이지에서 HTML을 가져와 스크레이핑하거나 기업에서 제공하는 API를 이용해 데이터를 자동으로 수집한다. 그리고 텍스트 문서의 집합인 코퍼스(Corpus)를 생성한다.
텍스트 전처리	수집한 코퍼스 데이터를 용도에 맞게 처리하는 단계로 토큰화, 클렌징, 불용어 제거 등의 방법이 있다.
피처 벡터화	전처리된 데이터에서 문서별 단어의 사용 빈도를 계산해 단어 문서 행렬 또는 문서 단어 행렬을 생성한다.
텍스트 분석/시각화	문서 단어 행렬에 데이터 마이닝 기법을 적용하고 워드 클라우드 등을 통해 시각화한다.

■ 어간 추출 vs. 표제어 추출

어간 추출(Stemming)	정해진 규칙을 통해 접사를 제거하여 어간을 추출하는 방법이다. 어간 추출을 하면 일부 철자가 훼손될 수 있고, 사전에 정의된 단어가 나오지 않을 가능성이 있다.
표제어 추출(Lemmatization)	해당 단어가 문장 속에서 어떤 품사로 쓰였는지까지 고려하여 단어의 원형을 추출하는 방법이다. 사전에 정의된 단어가 추출되지만, 어간 추출보다 복잡한 처리 과정이 필요하고 속도가 느리다.

■ 사회연결망 분석 중심성 척도

연결 정도 중심성	연결망 내에서 하나의 노드에 직접 연결된 노드의 합을 기반으로 중심성을 측정하는 방법
근접 중심성	각 노드 간의 거리를 기반으로 중심성을 측정하는 방법으로, 하나의 노드와 다른 노드의 최단 거리를 측정한다. 연결 정도 중심성과 달리 간접적으로 연결된 모든 노드 간의 거리를 기반으로 중심성을 측정한다.
매개 중심성	연결망 내에서 하나의 노드가 다른 노드들 사이에 위치하는 정도를 나타내는 지표로, 한 노드가 담당하는 중재자 역할의 정도로 중심성을 측정한다.
위세 중심성	연결된 노드의 영향력에 가중치를 주어 중심성을 측정하는 방법이다. 자신의 연결 정도 중심성에서 발생하는 영향력과 자신과 연결된 노드의 영향력을 합하여 위세 중심성을 결정한다.

■ 앙상블 분석 방법

배깅	데이터셋에서 중복을 허용하여 랜덤하게 데이터를 추출하는 부트스트랩 방식을 통해 여러 개의 크기가 같은 표본을 추출하고 각 표본에 대해 예측 모델을 적용한 후 그 결과를 집계하는 방법이다. 이때 각 예측 모델은 병렬적으로 데이터를 분석한다.
부스팅	예측력이 약한 모형들을 연결하여 순차적 학습함으로써 예측력이 강한 모형을 만드는 방법이다. 부스팅은 이전 모형에서 잘못 분류된 데이터에 가중치를 부여해 오류를 개선해나간다.
랜덤 포레스트	배깅의 일종으로 배깅에 변수 랜덤 선택(특징 배깅) 과정을 추가한 방법이다. 랜덤 포레스트는 결정 트리 기반으로, 분류의 경우 예측한 값 중 가장 많은 값을 최종 결과로 선정하고, 회귀의 경우 예측한 값들의 평균을 최종 결과로 선정한다.
스태킹	스태킹은 서로 다른 예측 모델을 사용해 앙상블하는 방법이다. 개별 모델이 예측한 결괏값을 다시 학습 데이터셋으로 사용해 최종 예측에 사용한다는 특징이 있다.

■ 비모수 통계

부호검정	중앙값을 통해 가설을 검정하는 방법으로, 중앙값보다 큰 값을 가지는 표본에는 '+'를, 중앙값보다 작은 값을 가지는 표본에는 '−'를 부여해 검정을 수행한다. 표본의 값이 중앙값과 동일한 경우에는 0을 부여해 전체 표본에서 제외시킨다.
만-위트니 검정	윌콕슨의 순위 합 검정이라고도 불리며, 독립된 두 집단의 중심 위치를 비교하기 위해 사용한다. 두 집단에서 각각 표본 n과 m을 추출했을 때 추출된 표본이 서로 독립적이고 서열관계가 있으며 분포의 형태가 같다는 가정을 기반으로 한다. 정규분포에 대한 가정이 필요 없어 데이터의 크기 순서만 있다면 어떤 경우에도 적용할 수 있다는 장점이 있다.
크루스칼-왈리스 검정	세 개 이상 집단의 중앙값을 비교하기 위해 사용하는 검정 방법이다. 추출된 각 표본이 중앙값만 다르고 모두 동일한 형태의 분포라는 가정이 필요하다. 크루스칼-왈리스 검정 또한 일종의 순위 합 검정법으로, 각 집단의 데이터를 모두 통합한 후 작은 값부터 순위를 매기고 순위 합을 구해 통계량을 계산한다.
런 검정	각 표본이 서로 독립적이라는 가설을 검정하기 위해 사용하는 방법으로, 추출된 표본들이 어떠한 패턴 없이 무작위로 구성되었는지를 검정한다. 런 검정에서는 표본을 서로 배타적인 2개의 집단으로 나누어 접근한다.

분석기법 문제

01. 다음 중 회귀분석의 가정이 아닌 것을 고르시오.

① 독립변수와 종속변수의 관계가 선형적이어야 한다.

② 잔차의 분산이 독립변수와 무관하게 일정해야 한다.

③ 잔차끼리 상관이 없어야 한다.

④ 독립변수와 종속변수가 독립이어야 한다.

02. 다음 중 잘못된 설명을 고르시오.

① Q-Q 플롯을 통해 잔차의 정규성을 확인할 수 있다.

② 산점도를 통해 선형성을 확인할 수 있다.

③ Durbin-Watson test를 통해 독립변수의 독립성을 검정할 수 있다.

④ 잔차도를 통해 등분산성을 확인할 수 있다.

03. 회귀분석의 모형 적합에서 변수 선택의 기준으로 사용하는 것이 아닌 것을 고르시오.

① 지니 지수

② 수정 결정계수

③ AIC

④ Mallow's cp

04. 다음 중 회귀분석에서 서로 다른 설명변수의 상대적 중요도를 측정하는 기준은 무엇인가?

① 비표준화 회귀계수가 가장 큰 변수

② 표준화 회귀계수가 가장 큰 변수

③ t-통계량의 p-value가 작은 변수

④ 종속변수와의 상관계수가 가장 큰 변수

05. 독립변수 간의 상관계수가 높은 경우를 다중공선성이라고 한다. 회귀분석에 사용하는 변수에 다중공선성이 존재하면 여러 문제가 발생한다. 다음 중 이에 대한 설명으로 옳지 않은 것을 고르시오.

① 분산팽창요인(VIF)이 10 이상이면 다중공선성이 있다고 판단한다.

② 결정계수는 높으나 개별 변수의 p-value가 커서 유의하지 않을 경우 다중공선성을 의심한다.

③ 상태지수가 10 이상이면 다중공선성의 문제가 있다고 판단한다.

④ 다중공선성 해결을 위해 상관관계가 낮아지게 변숫값을 변경한다.

분산분석표 문제

총 32개의 관측치를 단순회귀분석에 적용한 후 출력된 분산분석표의 결과가 다음과 같다고 할 때 다음 물음에 답하시오 (6~8).

	Df	Sum sq	Mean Sq	F value
회귀	1	817	817	(b)
잔차	(a)	300	10	

06. 위의 분산분석표에서 (a)에 적합한 값을 고르시오.

① 29

② 30

③ 31

④ 32

07. 위의 분산분석표에서 (b)에 적합한 값을 고르시오.

① 81.7

② 2.72

③ 817

④ 30

08. 위 분산분석표의 결정계수의 값으로 올바른 것을 고르시오.

① 0.01

② 0.27

③ 0.99

④ 0.73

09. 다중회귀모형에서 종속변수 y와 추정값 $\hat{y}$의 상관계수가 0.8일 때 결정계수 값은 얼마인가?

① 0.64

② 0.8

③ −0.64

④ −0.8

10. 다음 Q–Q 플롯에 대한 설명으로 옳은 것을 고르시오.

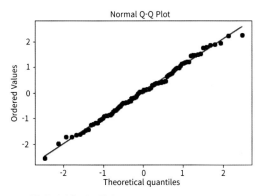

Normal Q-Q Plot

① 선형성 가정을 만족한다.

② 선형성 가정을 만족하지 못한다.

③ 정규성 가정을 만족한다.

④ 정규성 가정을 만족하지 못한다.

11. 독립변수의 수가 k개이고 표본의 수가 n개인 다중회귀모형의 분산분석표에서 잔차제곱합 SSE의 자유도를 고르시오.

① k

② 1

③ n−2

④ n−k−1

12. 다음은 범죄율과 재산세율, 보스턴의 주택 가격 데이터를 다중회귀분석에 적용한 결과다. 다음의 결과를 해석한 결과로 옳지 않은 것을 고르시오.

```
Call:
lm(formula = medv ~ ., data = a)

Residuals:
    Min      1Q  Median      3Q     Max
-14.005  -4.929  -2.099   2.945  33.676

Coefficients:
             Estimate Std. Error t value Pr(>|t|)
(Intercept) 31.379119   1.033523  30.361  < 2e-16 ***
crim        -0.186617   0.051156  -3.648 0.000292 ***
tax         -0.020018   0.002611  -7.667 9.15e-14 ***
---
Signif. codes:  0 '***' 0.001 '**' 0.01 '*' 0.05 '.' 0.1 ' ' 1

Residual standard error: 8.036 on 503 degrees of freedom
Multiple R-squared:  0.2396,    Adjusted R-squared:  0.2366
F-statistic: 79.27 on 2 and 503 DF,  p-value: < 2.2e-16
```

① 이를 통해 추정된 회귀식은 $\hat{y}$ = 31.379119 − 0.186617 crim − 0.020018 tax이다.

② crim의 값이 1단위 증가하면 종속변수 medv의 값은 −0.186617만큼 감소한다.

③ 두 독립변수 모두 회귀계수의 추정치가 통계적으로 유의하다고 판단할 수 있다.

④ 회귀 모형이 통계적으로 유의하지 않다.

13. 고객의 신용정보에 기초하여 대출의 승인/비승인 여부를 예측하고자 한다. 다음 중 적합한 분석 방법을 고르시오.

① 분산분석

② 회귀분석

③ 로지스틱 회귀분석

④ 군집분석

14. 다음 로지스틱 회귀분석에 관한 설명 중 옳은 것을 고르시오.

① 로지스틱 회귀분석에 사용되는 독립변수는 범주형 데이터.

② 로짓변환은 오즈비에 로그를 취한 형태다.

③ 로지스틱 회귀분석은 최소제곱법을 사용해 모수를 추정한다.

④ 이진 분류(Binary classification) 문제를 분석하기 위한 방법으로 sigmoid 함수를 사용한다.

15. 다음 중 시그모이드 함수의 출력값의 범위로 옳은 것을 고르시오.

① −1 ~ 1

② 0 ~ 1

③ −1~ 0

④ $-\infty \sim +\infty$

다음은 코로나 환자와 접촉했을 때와 접촉하지 않았을 때를 구분하여 확진자 수를 정리한 자료다. 다음을 통해 아래 물음에 답하시오(16~17).

접촉여부/감염여부	감염	미감염	합계
접촉(a)	20	30	50
접촉하지 않음(b)	5	45	50
합계	25	75	100

16. 위의 표에서 a, b의 odds로 적절한 것을 고르시오.

① a = 4, b = 0.67

② a = 0.25, b = 1.5

③ a = 0.67, b = 0.11

④ a = 1.5, b = 9

17. 위 표의 오즈비에 대한 설명으로 옳은 것을 고르시오.

① 오즈비는 0.16으로, 코로나 환자와 접촉한 경우 접촉하지 않은 경우보다 코로나에 감염될 가능성이 0.16배 감소한다.

② 오즈비는 6.09로, 코로나 환자와 접촉한 경우 접촉하지 않은 경우보다 코로나에 감염될 가능성이 6.09배 증가한다.

③ 오즈비는 5.97로, 코로나 환자와 접촉하지 경우 접촉한 경우보다 코로나에 감염될 가능성이 5.97배 증가한다.

④ 오즈비는 0.17로, 코로나 환자와 접촉하지 경우 접촉한 경우보다 코로나에 감염될 가능성이 0.17배 감소한다.

18. 다음은 로지스틱 회귀분석을 한 결과다. 종속변수가 연체 여부(1 – 연체, 0 – 연체하지 않음)일 때, 이를 해석한 것으로 옳은 것을 고르시오(studentYes = 학생 유무, balance = 평균 카드 잔고, income = 연봉).

```
Call:
glm(formula = default ~ ., family = binomial, data = Default)

Deviance Residuals:
    Min      1Q   Median       3Q      Max
-2.4691  -0.1418  -0.0557  -0.0203   3.7383

Coefficients:
             Estimate Std. Error z value Pr(>|z|)
(Intercept) -1.087e+01  4.923e-01 -22.080  < 2e-16 ***
studentYes  -6.468e-01  2.363e-01  -2.738  0.00619 **
balance      5.737e-03  2.319e-04  24.738  < 2e-16 ***
income       3.033e-06  8.203e-06   0.370  0.71152
---
Signif. codes:  0 '***' 0.001 '**' 0.01 '*' 0.05 '.' 0.1 ' ' 1

(Dispersion parameter for binomial family taken to be 1)

    Null deviance: 2920.6  on 9999  degrees of freedom
Residual deviance: 1571.5  on 9996  degrees of freedom
AIC: 1579.5

Number of Fisher Scoring iterations: 8
```

① 모든 독립변수가 유의하다.

② balance가 한 단위 증가할 때 연체 가능성은 5.737e–03% 증가한다.

③ 학생인 경우가 학생이 아닌 경우보다 연체 가능성이 낮다.

④ balance가 높아질수록 연체 가능성이 낮아진다.

19. 다음 중 의사결정 트리 모형의 특징으로 옳지 않은 것을 고르시오.

① 뿌리마디에서 아래로 내려갈수록 불순도가 증가한다.

② 구조가 단순해 해석이 용이하다.

③ 수학적 가정이 불필요한 비모수적 모형이다.

④ 분류기준값 부근의 자료에 대해서는 오차가 크다.

20. 의사결정 트리에서 과적합을 방지하기 위해 사용하는 방법으로 옳은 것을 고르시오.

① 가지치기를 적용한다.

② L1 규제를 적용한다.

③ L2 규제를 적용한다.

④ 깊이가 깊은 트리를 생성한다.

21. 목표변수가 이산형인 경우에는 카이제곱 통계량을, 연속형인 경우에는 F–통계량을 분리 기준으로 사용하는 알고리즘은 무엇인가?

① CART

② C4.5

③ CHAID

④ ID3

22. 다음 표의 지니 지수를 계산한 값으로 올바른 것을 고르시오.

○ ○ △ △ △ ○ ○ ○ ○ ○

① 0.3 　　　　　　　　② 0.42

③ 1.58

④ 0.7

23. 회귀나무모형을 만들 때 사용하는 분류 기준으로 옳은 것을 고르시오.

① 지니 지수

② 엔트로피 지수

③ 분산감소량

④ 카이제곱 통계량

24. 다음과 같은 의사결정 트리 분석 결과가 있을 때 이에 대한 해석으로 가장 적절하지 않은 것을 고르시오.

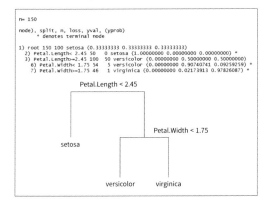

```
n= 150

node), split, n, loss, yval, (yprob)
      * denotes terminal node

1) root 150 100 setosa (0.33333333 0.33333333 0.33333333)
  2) Petal.Length< 2.45 50    0 setosa (1.00000000 0.00000000 0.00000000) *
  3) Petal.Length>=2.45 100   50 versicolor (0.00000000 0.50000000 0.50000000)
    6) Petal.Width< 1.75 54    5 versicolor (0.00000000 0.90740741 0.09259259) *
    7) Petal.Width>=1.75 46    1 virginica (0.00000000 0.02173913 0.97826087) *
```

① 중간노드의 수는 2개다.

② Petal.Length가 품종을 분류하는 데 가장 중요한 변수로 작용한다.

③ Petal.Length가 2.45 미만인 관측치는 모두 setosa로 분류된다.

④ Petal.Length가 2.45 이상이고 Petal.Width가 1.75 미만인 관측치 중 54개는 versicolor로 분류되었고 5개는 오분류되었다.

25. 신경망 분석에 대한 설명 중 옳은 것을 고르시오.

① 은닉층의 수와 은닉 노드의 수는 자동으로 설정된다.

② 결과에 대한 해석이 용이하다.

③ 입력변수의 속성에 따라 활성화 함수 선택이 달라진다.

④ 가중치를 자동으로 학습한다.

26. 신경망 분석의 노드의 수에 대한 설명으로 옳지 않은 것을 고르시오.

① 은닉층 노드의 수가 너무 적으면 복잡한 의사결정 경계를 만들 수 없어 과소적합의 가능성이 커진다.

② 입력 노드의 수는 입력 차원의 수로 결정한다.

③ 출력 노드의 수는 출력값의 범주의 수로 결정한다.

④ 은닉층 노드의 수가 많을수록 새로운 데이터에 대한 예측 정확도가 상승한다.

27. 단층 퍼셉트론을 통해 연산 가능한 문제가 아닌 것을 고르시오.

① OR 연산 　　　　　　② XOR 연산

③ AND 연산 　　　　　　④ NAND 연산

28. SVM에 대한 설명 중 옳지 않은 것을 고르시오.

① 여백이 가장 큰 초평면을 선택한다.

② 서포트 벡터 이외의 데이터는 결정경계를 정하는 데 사용되지 않는다.

③ 초평면으로부터 서포트 벡터까지의 거리가 모두 동일하다.

④ 매개변수를 자동으로 학습한다.

29. SVM을 적용하여 초평면을 생성한 결과가 다음과 같다고 할 때 아래 설명 중 옳지 않은 것을 고르시오.

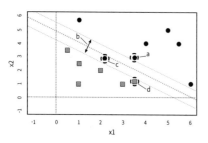

① d는 서포트 벡터로 초평면에서 d까지의 거리와 초평면에서 a까지의 거리는 동일하다.

② a는 서포트 벡터로 결정경계와 가장 가까운 관측치다.

③ b는 마진으로 SVM은 마진이 최대가 되는 결정경계를 선택한다.

④ c는 오분류된 데이터로, 여유변수 ξ의 크기가 0과 1 사이다.

30. 다음 중 연관성분석에 대한 설명으로 옳지 않은 것을 고르시오.

① 모든 연관규칙이 유용한 내용을 포함하지는 않는다.

② 거래된 상품의 내역만으로 분석이 가능하다.

③ 비지도학습 알고리즘이다.

④ 연관성분석은 원인과 결과 형태로 해석 가능하다.

31. 연관성분석의 측정지표에 대한 설명 중 가장 적절하지 않은 것을 고르시오.

① 향상도가 1보다 크면 두 품목은 양의 상관관계가 있다고 판단한다.

② 지지도(A → B)의 값과 지지도(B → A)의 값이 동일하다.

③ 신뢰도(A → B)의 값과 신뢰도(B → A)의 값이 동일하다.

④ 전체 거래 중에서 A와 B가 동시에 판매되는 거래의 비율을 지지도라고 한다.

32. 연관성분석에서 주로 사용하는 알고리즘인 apriori와 FP–Growth에 대한 설명으로 가장 적절하지 않은 것을 고르시오.

① apriori 알고리즘은 DB를 반복적으로 스캔한다.

② FP–Growth 알고리즘은 FP–Tree를 상향식 방법으로 탐색하여 빈발 아이템 집합을 생성하는 방법이다.

③ apriori 알고리즘은 최소지지도보다 작은 지지도를 가지는 품목을 포함하는 모든 집합을 제거한다.

④ apriori 알고리즘과 FP–Growth 알고리즘은 후보 빈발 아이템 집합을 생성한다.

33. 다음에서 설명하는 분석 방법으로 적절한 것을 고르시오.

- 조건–결과 유형의 패턴을 발견하는 분석기법이다.
- 고객이 구매한 상품을 토대로 어떤 제품을 함께 구매할지 예측하는 방법이다.
- 교차판매 등에 사용된다.

① 연관성분석   ② 분류분석

③ 군집분석   ④ 요인분석

34. 거래 데이터 이외에도 고객정보와 Timestamp 등의 정보가 필요하며 시간적인 규칙에 따라 발생하는 사건에 대해 분석하는 연관성기법으로 적절한 것을 고르시오.

① 순차패턴

② 회귀분석

③ 의사결정 트리

④ 시계열분석

다음과 같은 거래내역이 있다고 할 때 다음 물음에 답하시오(35~36).

항목	거래 수
아메리카노	10
티라미수	10
{아메리카노, 티라미수}	30
{아메리카노, 카라멜 마끼아또}	20
{아메리카노, 티라미수, 카라멜 마끼아또}	30

35. 위의 표를 통해 아메리카노를 구매하지 않고 티라미수를 구매할 확률에 비해, 아메리카노를 구매한 후 티라미수를 구매할 확률의 증가 비율을 구하시오(단, 소수점 셋째 자리에서 반올림하시오).

① 0.95 　　　　　　② 0.01

③ 0.67 　　　　　　④ 0.15

36. 위의 표를 통해 신뢰도(아메리카노→티라미수)와 신뢰도(티라미수→아메리카노)를 차례로 구하시오(단, 소수점 셋째 자리에서 반올림하시오).

① 0.67, 0.86 　　　　② 0.6, 0.7

③ 0.86, 0.67 　　　　④ 0.7, 0.6

37. 계층적 군집에서 사용하는 거리 측정 방법 중 오차제곱합의 크기를 고려한 방법으로 적절한 것을 고르시오.

① 단일연결법 　　　　② 완전연결법

③ 평균연결법 　　　　④ 와드연결법

38. 다음 중 비계층적 방법인 k-means에 대한 설명으로 가장 적절하지 않은 것을 고르시오.

① 군집의 수를 사용자가 직접 지정해야 한다.

② 계층적 군집보다 많은 양의 데이터를 다룰 수 있다.

③ 군집의 형태와 이상치에 영향을 많이 받는다.

④ 계층적 군집과 마찬가지로 덴드로그램을 통해 시각적으로 결과를 확인할 수 있다.

다음과 같이 2차원 좌표를 가진 3개의 데이터가 있다고 할 때 다음 물음에 답하시오(39~40).

a = (1, 3)

b = (2, 4)

c = (4, 5)

39. a와 b의 유클리드 거리와 맨하튼 거리를 차례로 구하시오.

① $\sqrt{2}$, 2 　　　　② 2, $\sqrt{2}$

③ $\sqrt{5}$, 3 　　　　④ 3, $\sqrt{5}$

40. 위의 표에서 관측된 데이터의 거리를 맨하튼 거리를 사용해 측정하고 단일연결법을 사용해 계층적 군집을 할 때 가장 먼저 생성되는 군집은 무엇이고 그 군집과 나머지 관측치와의 거리는 얼마인지 구하시오.

① (a, b), 3 　　　　② (b, c), 2

③ (a, b), 5 　　　　④ (b, c), 5

41. SOM에 대한 설명으로 옳지 않은 것을 고르시오.

① 차원축소와 군집화를 동시에 수행할 수 있다.

② 승자독식 방식을 사용한다.

③ 유사한 데이터는 2차원 격자에서도 가깝게 표현된다.

④ 신경망 기반으로 역전파 알고리즘을 사용한다.

고급분석기법 문제

01. 다음 중 범주형 자료를 분석하는 방법이 아닌 것을 고르시오.

① t-test
② 로지스틱 회귀분석
③ 크루스칼–윌리스 검정
④ 피어슨 상관분석

02. 상대적 위험도(RR)와 오즈비(OR)에 대한 설명 중 옳지 않은 것을 고르시오.

① RR은 코호드 연구에서 주로 사용되고, OR은 환자 대조군 연구에서 주로 사용된다.
② 환자 대조군 연구에서는 RR을 구할 수 없다.
③ 코호트 연구에서는 OR을 구할 수 없다.
④ 희소한 사건일 경우 OR은 RR에 근사한다.

03. 코골이와 고혈압의 관계를 분석하기 위해 총 110명의 인원을 10년간 관찰 추적한 결과가 다음과 같을 때 코골이를 하는 사람에게 고혈압이 발생할 상대적 위험도로 적절한 것을 고르시오.

	고혈압 O	고혈압 X
코골이 O	36	24
코골이 X	25	25

① 1.2
② 1.5
③ 1.44
④ 1

04. 성별에 따라 A 영화에 대한 만족도에 차이가 있는지를 분석하기 위해 조사한 결과가 다음과 같을 때 보기 중 가장 적절하지 않은 것을 고르시오(단, 유의수준은 0.05이며 자유도가 1일 때의 카이제곱 분포표의 값은 3.84, 자유도가 2일 때는 5.99, 자유도가 3일 때는 7.81이다).

구분	좋다	보통이다	싫다	합계
남성	60(ⓐ)	20(20)	20(30)	100
여성	40(50)	20(20)	40(30)	100
합계	100	40	60	200

① ⓐ에 들어갈 숫자는 50이며 자유도는 2이다.
② 카이제곱 독립성 검정을 통해 분석해야 하며 분석결과 귀무가설을 기각한다.
③ 카이제곱 독립성 검정을 통해 분석해야 하며 분석결과 귀무가설을 채택한다.
④ 카이제곱 검정하면 귀무가설을 기각하고 대립가설을 채택한다.

05. 다음 중 변수 간의 상관관계를 이용해 변수를 요약하는 방법으로 적절한 것을 고르시오.

① 요인분석
② 판별분석
③ MANOVA
④ 군집분석

06. MANOVA에 대한 설명 중 가장 적절하지 않은 것을 고르시오.

① 각 집단의 공분산이 같아야 한다.
② 분석결과 p-value가 유의수준 0.05보다 크면 각 집단의 평균이 같다고 판단한다.
③ 가정을 위배한 경우에는 Wilk's Lambda 통계량이 가장 유의한 결과를 출력한다.
④ 종속변수가 2개 이상이고 종속변수 간에 상관관계가 있을 때 사용하는 방법이다.

07. 다음 중 요인분석을 실행하기 위한 조건으로 가장 적절하지 않은 것을 고르시오.

① 분석에 사용되는 변수들이 모두 연속형 자료여야 한다.
② 각 관측치는 서로 독립적이며 표본의 수는 최소 50 이상이어야 한다.
③ 각 변수는 상호독립적이어야 한다.
④ 각 변수는 정규분포를 따라야 하며 분산이 동일해야 한다.

08. 요인분석에 대한 설명 중 가장 적절하지 않은 것을 고르시오.

① 요인분석에서 분산은 공통분산, 고유분산으로 구분되어 있다.

② 일반적으로 요인의 수는 고윳값이 1을 넘는 요인의 수만큼 추출한다.

③ 요인 적재 값은 변수와 요인 간의 상관계수로 요인 적재 값의 제곱은 해당 변수가 요인에 의해 설명되는 분산의 비율을 나타낸다.

④ 요인분석에서 요인이란 관측되지는 않으나 여러 문항에 걸쳐 내재하는 잠재 구조적 변수를 의미한다.

09. 판별분석에서 독립변수의 수가 3개이고 그룹의 수가 5개일 때 사용되는 판별함수의 수로 적절한 것을 고르시오.

① 2 　　　　　　　　② 3

③ 4 　　　　　　　　④ 5

10. 다음 중 판별분석에 대한 설명으로 가장 적절하지 않은 것을 고르시오.

① 판별분석은 새로 입력된 데이터가 속해 있는 집단을 구분하고자 할 때 사용된다.

② 종속변수가 범주형 변수이고 독립변수가 연속형 변수인 경우 사용하는 분석 방법이다.

③ 각 독립변수는 다변량 정규분포를 따라야 한다.

④ 데이터의 유사성을 토대로 몇 개의 집단으로 분할할 때 사용한다.

11. 다음 중 다차원척도법에 대한 설명으로 가장 적절하지 않은 것을 고르시오.

① 차원이 증가할수록 stress는 개선되므로 차원이 높을수록 좋다.

② 대상을 동일한 상대적 거리를 가진 실수 공간의 점으로 배치한다.

③ 차원에 대한 주관적 해석에 주로 의존한다.

④ 전체적인 관계구조를 공간상의 그림을 통해 쉽게 파악할 수 있다.

12. 다음 중 시계열 분석에 대한 설명으로 가장 적절하지 않은 것을 고르시오.

① 시간의 흐름에 따라 관측된 데이터를 분석해 미래의 값을 예측하기 위해 사용한다.

② 대부분 시계열 자료는 비정상 시계열 자료이며 정상성 조건을 하나라도 만족하면 정상 시계열이라고 한다.

③ 평균이 시점에 의존하지 않고 일정해야 하며 평균이 일정하지 않은 시계열은 차분을 통해 정상시계열화할 수 있다.

④ 공분산이 시점과 시점 간의 차이에만 의존해야 한다.

13. 분해 시계열에서 시계열의 분해 요소에 대한 설명 중 가장 적절하지 않은 것을 고르시오.

① 시계열 자료가 장기간에 걸쳐 일정한 방향으로 상승 또는 하락하는 경향을 보이는 경우 추세요인이 있다고 한다.

② 물가상승, 태풍 등의 이유로 시계열 자료가 변화하는 경우 순환요인이 있다고 한다.

③ 일정한 주기에 따라 자료가 변화하는 경우 계절요인이 있다고 한다.

④ 추세, 순환, 계절요인으로 설명하지 못하는 오차에 해당하는 변동을 불규칙요인이라고 한다.

14. 다음 그림은 한 시계열 자료의 ACF와 PACF 그림이다. 이를 통해 식별된 모형으로 가장 적절한 것을 고르시오.

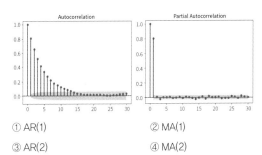

① AR(1) 　　　　　　② MA(1)

③ AR(2) 　　　　　　④ MA(2)

15. 시계열 분석기법에 대한 설명으로 가장 적절하지 않은 것을 고르시오.

① 이동평균법을 사용할 때 대상 기간 m이 길수록 추세선이 평탄해지며 생략되는 값이 많아진다.

② 지수평활계수 α 값이 작을수록 평활의 효과가 작으며 최근의 관측값에 영향을 크게 받는다.

③ 가법계절모형은 계절변동의 폭이 시간의 흐름에 관계없이 일정할 때 사용한다.

④ 승법계절모형은 계절변동의 폭이 시간의 흐름에 따라 달라지는 경우 사용한다.

16. A, B 두 회사에서 부품을 납품받아 제품을 생산하는 공장에서 총 1,000개의 제품을 생산한 후 불량률을 조사한 결과 A 회사의 부품을 사용해 생산한 제품의 3%가 불량이고, B 회사의 부품을 사용해 생산한 제품의 2%가 불량이었다. 판매된 제품이 불량으로 반품처리 되었을 때, 이 제품이 A 회사의 부품을 사용해 생산되었을 베이지안 확률을 구하시오(단, A 회사 부품을 사용해 생산한 제품은 500개, B 회사 부품을 사용해 생산한 제품은 500개다).

① 55%   ② 60%

③ 65%   ④ 70%

17. 다음 중 나이브 베이즈 분류에 대한 설명으로 가장 적절하지 않은 것을 고르시오.

① 나이브 베이즈 분류는 베이지안 기법을 기반으로 한 비지도 학습 분류기의 일종이다.

② 각 특징 변수가 서로 동등하고 독립적이라는 가정이 필요하다.

③ 텍스트 분류에 사용할 수 있다.

④ 라플라스 스무딩은 각 관측치가 적어도 한 번씩은 관측되었다고 가정하는 것으로 확률값이 0이 되는 것을 방지하기 위해 사용한다.

18. 다음 중 딥러닝과 가장 관련 없는 것을 고르시오.

① ANN(Artificial Neural Network)

② RBM(Restricted Boltzmann Machine)

③ Autoencoder

④ SVM(Support Vector Machine)

19. 딥러닝에서 기존 다층 퍼셉트론의 문제점을 개선하기 위해 사용한 방법으로 가장 적절하지 않은 것을 고르시오.

① 드롭아웃(drop-out)

② gpu를 통한 병렬연산

③ sigmoid 함수

④ early stopping

20. 다음 합성곱신경망(CNN)에 대한 설명 중 가장 적절하지 않은 것을 고르시오.

① CNN은 이미지의 공간정보를 유지한 상태로 학습이 가능하다.

② CNN은 다른 딥러닝 기법보다 파라미터가 적다는 특징이 있다.

③ 컨볼루션 과정 후에는 반드시 풀링 과정이 진행되어야 한다.

④ 패딩은 신경망이 이미지의 외곽을 인식하게 하는 효과가 있다.

21. 비정형 데이터 분석에서 텍스트에 나타나는 사람들의 감정이나 성향 등의 데이터를 분석하는 자연어 처리 기술로 적절한 것을 고르시오.

① 사회연결망 분석

② 웹 마이닝

③ 텍스트 마이닝

④ 오피니언 마이닝

22. 사회연결망 분석에서 하나의 연결망이 특정 노드에 집중되어 있는 정도를 보여주는 지표로 적절한 것을 고르시오.

① 연결정도 중심성

② 집중도

③ 밀도

④ 근접 중심성

23. 다음 텍스트 마이닝에 대한 설명 중 가장 적절하지 않은 것을 고르시오.

① 텍스트 마이닝에서 텍스트 문서들의 집합을 코퍼스(Corpus)라고 한다.

② TF-IDF 값이 큰 단어일수록 문서의 키워드일 가능성이 크다.

③ 전처리 과정을 거친 후 문서별 단어의 사용빈도를 이용해 만들어진 행렬을 TDM 혹은 DTM이라고 한다.

④ 모든 언어에 동일한 텍스트 마이닝 방법을 적용할 수 있다.

24. 서로 다른 모형을 결합하는 앙상블 기법으로 가장 적절한 것을 고르시오.

① 배깅　　　　　　　② 부스팅
③ 랜덤 포레스트　　　④ 스태킹

25. 다음 앙상블 분석에 대한 설명 중 가장 적절하지 않은 것을 고르시오.

① 크기가 같은 여러 개의 표본을 단순임의복원추출하여 각 표본에 대한 예측모델을 만든 후 그 결과를 앙상블하는 분석 방법을 배깅이라고 한다.

② 부트스트랩 과정에서 추출되지 않는 데이터를 OOB 데이터라고 하며 약 36.8%의 데이터가 학습에 사용되지 않는다.

③ 부스팅은 병렬적으로 학습하는 배깅과 달리 순차적으로 학습하며 각 표본이 추출될 확률은 동일하다.

④ 랜덤 포레스트는 각 모델의 상관성을 줄이기 위해 결정 트리마다 다른 변수를 사용해 학습한다.

26. 만-위트니 검정에 대한 설명 중 가장 적절하지 않은 것을 고르시오.

① 두 모집단의 분포가 동일한지 검정하는 방법이다.

② 독립표본 t-test에 대응하는 비모수적 방법이다.

③ 두 모집단의 평균 차이에 대한 검정이다.

④ 최종 U 값은 MIN(U1, U2)로 정해진다.

27. 다음 중 비모수 통계에 대한 설명으로 가장 적절하지 않은 것을 고르시오.

① 최소한의 가정하에 개발된 통계적 방법이기 때문에 오류의 가능성이 낮다는 장점이 있다.

② 검정을 위해 모집단의 평균이나 분산 등을 사용한다.

③ 모수적 방법을 적용할 수 있을 때 비모수적 방법을 적용하면 효율성이 떨어진다.

④ 데이터가 정규분포를 따르지 않고 데이터의 형태가 순위로 주어져도 검정이 가능하다.

28. 어느 모집단으로부터 추출한 20명의 성별 데이터가 다음과 같을 때 런 검정에 사용하는 런의 수를 구하시오.

M M F M F F F M M F F M M M F F F F M M
(M = 남성, F = 여성)

① 8
② 9
③ 10
④ 11

29. 비모수 통계에서 두 모집단의 상관관계를 검정하는 방법으로 가장 적절한 것을 고르시오.

① 켄달의 타우 검정
② 부호검정
③ 만-위트니 검정
④ 윌콕슨 부호순위 검정

【분석기법 – 정답】

1. **답**: ④

   해설: 회귀분석의 가정 중 하나인 독립성은 잔차와 독립변수가 서로 독립이고, 각 독립변수가 독립이어야 함을 의미한다. 종속변수는 독립변수의 영향을 받아 변화하는 변수다. 회귀분석은 독립변수의 변화에 따른 종속변수 값의 변화를 예측하고자 하는 분석이기에 독립변수와 종속변수가 서로 독립이면 안 된다.

2. **답**: ③

   해설: Durbin–Watson test는 잔차의 독립성을 검정하는 방법이다.

3. **답**: ①

   해설: 지니 지수는 의사결정 트리에서 사용하는 분리 기준이다. Mallow's cp는 추정된 회귀모형 중 최적의 모델을 선택하거나 독립변수의 수를 선택하는 기준으로 사용하는 통계량으로 그 값이 작을수록 모델이 적합하다고 판단한다.

4. **답**: ②

   해설: 비표준화 회귀계수는 변수마다 단위가 달라서 상대적 중요도를 측정하므로 적절하지 않다. 표준화 회귀계수는 각 변수의 값을 표준화하여 분석한 것이므로 상대적 크기를 비교하는 것이 가능하다. 더 큰 표준화 회귀계수를 갖는 변수가 종속변수에 더 큰 영향을 미치는 변수다.

5. **답**: ④

   해설: 다중공선성을 해결하기 위한 가장 일반적인 방법은 다중공선성의 원인이 되는 변수를 제거하는 것이다. 상관관계가 높은 두 변수 중에서 하나를 선택해 제거하는 방법을 사용하는데, 종속변수와의 상관관계가 낮은 변수를 우선적으로 삭제한다. 두 변수의 종속변수와의 상관관계에 큰 차이가 없으면 분석자가 이론적 타당성이 크고 해석이 용이하다고 판단하는 변수를 남겨두고 나머지 변수를 제거한다. 또한 주성분분석을 사용해 변수를 통합하기도 한다.

6. **답**: ②

   해설: 단순회귀분석의 분산분석표에서 잔차의 자유도는 n−2이다. 총 관측치의 수 n이 32이므로 잔차의 자유도는 32−2 = 30이 된다.

7. **답**: ①

   해설: F−통계량은 MSR/MSE로 계산할 수 있다. 위의 표에서 MSR은 817, MSE는 10이므로 F−통계량은 817/10 = 81.7이 된다.

8. **답**: ④

   해설: 분산분석표에서 SSR은 817이고 SSE는 300, SST는 1117이다. 결정계수의 식인 SSR/SST에 이를 적용하면 817/1117 = 0.73이다.

9. **답**: ①

   해설: 결정계수는 상관계수의 제곱과 같다.

10. **답**: ③

    해설: Q−Q 플롯에서는 45도 기울기의 직선상에 놓이는 데이터의 점들이 많을수록 해당 데이터가 정규분포를 잘 따른다고 해석할 수 있다. 그림을 보면 각 데이터의 점이 45 직선상에 분포된 것을 확인할 수 있고, 따라서 정규성 가정을 만족한다고 판단할 수 있다.

11. **답**: ④

    해설: 다중회귀분석의 분산분석표에서 SSR의 자유도는 k이고, SSE의 자유도는 n−k−1이다.

12. **답**: ④

    해설: F−통계량의 p-value가 유의수준 0.05보다 작으므로 추정된 회귀모형이 통계적으로 유의하다고 판단할 수 있다. 또한 두 독립변수 모두 회귀계수의 p-value가 0.05보다 작으므로 회귀계수의 추정치가 통계적으로 유의하다고 판단한다.

13. **답**: ③

    해설: 관측치가 미리 정의된 어떤 그룹에 속하는지 예측하고자 할 때는 분류분석 알고리즘인 로지스틱 회귀분석을 사용한다.

14. 답: ④

해설: 로지스틱 회귀분석에 사용되는 독립변수는 연속형 데이터여야 하며 로짓변환은 오즈에 로그를 취한 형태다. 로지스틱 회귀분석은 최소제곱법이 아닌 최대우도법을 사용한다.

15. 답: ②

해설: 시그모이드 함수의 입력값의 범위는 $-\infty \sim +\infty$로 제한이 없지만, 출력값은 0 $\sim$ 1로 제한된다.

16. 답: ③

해설: a의 오즈는 20/30 = 0.67이고, b의 오즈는 5/45 = 0.11이다.

17. 답: ②

해설: 오즈비는 (a의 odds/b의 odds)로 계산되어 6.09다. 따라서 코로나 환자와 접촉한 경우 접촉하지 않은 경우보다 코로나에 감염될 가능성이 6.09배 증가한다고 해석할 수 있다.

18. 답: ③

해설: studentYes의 Estimate 값이 음숫값을 가지므로 학생인 경우(값이 1)가 학생이 아닌 경우(값이 0)보다 연체 가능성이 낮다. exp(−6.468e−01) = 0.52로 학생인 경우가 학생이 아닌 경우보다 연체 가능성이 0.52배 낮다고 해석할 수 있다.

income의 p−value는 0.711로, 유의수준보다 크므로 통계적으로 유의한 변수가 아니다.

로지스틱 회귀분석은 Estimate 값이 로그를 취한 값이므로 exp를 취해야 한다. 따라서 5.737e−03% 증가하는 것이 아닌, exp(5.737e−03) = 1.006배 증가한다고 해석한다. balance의 Estimate 값이 양수이므로 balance가 높아질수록 연체 가능성이 높아진다.

19. 답: ①

해설: 끝마디로 갈수록 불순도는 감소하고 순수도는 증가한다.

20. 답: ①

해설: 의사결정 트리는 정지규칙과 가지치기를 통해 과적합을 방지한다.

21. 답: ③

해설: 목표변수가 이산형인 경우에는 카이제곱 통계량을, 연속형인 경우에는 F−통계량을 분리 기준으로 사용하는 알고리즘은 CHAID이다. ID3는 연속형 데이터를 처리하지 못한다.

22. 답: ②

해설: 총 10개의 도형 중 ○가 7개이고, △가 3개이므로 지니 지수는 $1-(0.7)^2-(0.3)^2 = 0.42$다.

23. 답: ③

해설: 종속변수가 연속형인 회귀 트리는 분리기준으로 ANOVA F−통계량과 분산감소량을 사용한다.

24. 답: ④

해설: Petal.Length가 2.45 이상이고 Petal.Width가 1.75 미만인 관측치는 총 54개이고, 이 중 5개가 오분류되었다는 의미로, 49개의 관측치가 versicolor로 분류되었음을 의미한다.

25. 답: ④

해설: 인공신경망은 역전파 알고리즘을 통해 가중치를 자동으로 학습하는 분석 방법이다. 은닉층의 수와 은닉노드는 자동으로 설정되지 않으며 신경망의 은닉층은 일종의 블랙박스로 외부에서 접근할 수 없으므로 결과에 대한 해석이 쉽지 않다는 단점이 있다.

26. 답: ④

해설: 은닉층 노드의 수가 너무 많으면 과적합의 가능성이 커져 네트워크의 일반화가 어렵고, 학습 속도가 느려진다.

27. 답: ②

해설: 단층 퍼셉트론은 선형분류기로 XOR 연산과 같은 비선형적인 문제에는 적용할 수 없다.

28. 답: ④

해설: 그리드 서치 등의 방법으로 매개변수를 다양하게 테스트하고 그중 가장 성능이 뛰어난 값을 선택하는 휴리스틱한 방법을 사용한다.

29. 답: ④

해설: c는 오분류된 데이터로 여유변수 ξ의 크기가 ξ>1이다.

30. 답: ④

해설: 연관성분석은 직접적인 인과관계로 해석하면 안 되고 품목들 사이의 상호관련성으로 해석해야 한다.

31. 답: ③

해설: 신뢰도는 비대칭적인 척도로 신뢰도(A → B)의 값과 신뢰도(B → A)의 값은 다르다. 이에 반해 지지도와 향상도는 대칭적인 척도다.

32. 답: ④

해설: FP-Growth 알고리즘은 후보 빈발 아이템 집합을 생성하지 않는다.

33. 답: ①

해설: 연관성분석은 If A Then B의 형태로 표현되는 유용한 패턴을 발견하는 분석기법으로, 교차판매, 패키지 상품의 개발 등에 사용된다.

34. 답: ①

해설: 일반적인 연관성분석에 시간이라는 개념을 고려하여 순차적으로 발생할 가능성이 큰 항목집합을 찾아내는 것을 순차패턴이라고 한다.

35. 답: ①

해설: 향상도를 구하는 문제로 전체 거래 수는 100, 아메리카노를 포함하는 거래 수는 90, 티라미수를 포함하는 거래 수는 70, 아메리카노와 티라미수를 동시에 포함하는 거래 수는 60이다. 따라서 향상도는 (60*100)/(90*70) = 0.95다.

36. 답: ①

해설: 아메리카노를 포함하는 거래 수는 90, 티라미수를 포함하는 거래 수는 70, 아메리카노와 티라미수를 동시에 포함하는 거래 수는 60이다. 신뢰도(아메리카노→티라미수)는 60/90 = 0.67이고, 신뢰도(티라미수→아메리카노)는 60/70 = 0.86이다.

37. 답: ④

해설: 와드연결법은 군집의 평균과 각 관측치 사이의 오차제곱합의 크기를 고려한 방법으로, 오차제곱합의 증가량이 최소가 되는 방향으로 군집을 형성한다.

38. 답: ④

해설: 비계층적 군집은 계층적 군집과 달리 덴드로그램을 생성할 수 없다.

39. 답: ①

해설: a와 b 사이의 유클리드 거리는 $\sqrt{(2-1)^2+(4-3)^2}$ $=\sqrt{2}$이고, 맨해튼 거리는 $|2-1|+|4-3|=2$이다.

40. 답: ①

해설: 각 관측치 간의 맨해튼 거리를 표로 표현하면 다음과 같다. a와 b 사이의 거리가 2로 가장 가까워 가장 먼저 군집이 형성된다. 군집 (a, b)와 c의 거리는 단일연결법을 사용해 a와 c의 거리인 5와 b와 c의 거리인 3 중 더 짧은 거리인 3이 군집 (a, b)와 c 사이의 거리가 된다.

	a	b
b	2	
c	5	3

41. 답: ④

해설: SOM은 하나의 전방 패스를 사용해 속도가 빠르다.

1. **답:** ④

    해설: 피어슨 상관분석은 분석하고자 하는 자료가 모두 연속형 자료일 때 사용하는 방법이다.

2. **답:** ③

    해설: OR은 코호트 연구와 환자 대조군 연구 모두에서 계산 가능하다.

3. **답:** ①

    해설: 상대적 위험도는 코골이를 할 때 고혈압이 발생할 확률(36/60)과 코골이를 하지 않을 때 고혈압이 발생할 확률(25/50)의 비로 계산된다. 따라서 상대적 위험도는 0.6/0.5 = 1.2다.

4. **답:** ③

    해설: 성별이 영화에 대한 만족도에 영향을 미치는지를 분석하고자 하는 것이므로 카이제곱 독립성 검정을 적용해야 한다. 또한 카이제곱 통계량은 10.7으로 자유도가 2이고 유의수준이 0.05일 때의 카이제곱 분포표의 값인 5.99보다 크므로 귀무가설을 기각하게 된다.

5. **답:** ①

    해설: 변수 간의 상관관계를 이용해 변수를 요약하는 방법으로는 주성분분석과 요인분석이 있다.

6. **답:** ③

    해설: 가정을 위배한 경우에는 Pillai's trace 통계량이 가장 유의한 결과를 출력한다.

7. **답:** ③

    해설: 요인분석은 변수 간의 상관관계를 이용해 서로 유사한 변수끼리 묶어주는 분석 방법으로 각 변수 사이에는 상관관계가 존재해야 한다.

8. **답:** ①

    해설: 요인분석에서 분산은 공통분산, 고유분산, 오차분산으로 구분된다.

9. **답:** ②

    해설: 판별함수의 수는 Min[(5-1), 3] = 3으로, 총 3개의 판별함수를 도출할 수 있다.

10. **답:** ④

    해설: 데이터의 유사성을 토대로 몇 개의 집단으로 분할하는 분석 방법은 군집분석이다.

11. **답:** ①

    해설: 차원이 증가할수록 stress는 개선되지만 차원이 증가할수록 해석이 복잡해지므로 2차원에서 3차원의 공간을 사용하는 것이 일반적이다.

12. **답:** ②

    해설: 정상성 조건을 하나라도 만족하지 못하면 비정상 시계열이라고 한다.

13. **답:** ②

    해설: 주기가 일정하지 않고 정확히 알려진 원인 없이 자료가 변화하는 경우 순환 요인이 있다고 한다.

14. **답:** ①

    해설: ACF는 서서히 감소하고 PACF가 시점 2 이후로 절단된 형태를 보이므로 AR(1) 모형이 적절하다.

15. **답:** ②

    해설: 지수평활계수 α는 0~1 사이의 값을 가지며 1에 가까울수록 최근 시점의 관측치의 영향력이 커져 수요변화에 빠르게 반응하고 지수평활계수 α가 0에 가까울수록 수요변화에 느리게 반응해 평활의 효과가 커진다.

16. **답:** ②

    해설: 위의 내용을 표로 정리하면 다음과 같다.

	불량	정상	합계
부품 A	15	485	500
부품 B	10	490	500
합계	25	975	1000

    P(H): A 회사의 부품을 사용해 생산했을 확률 = 0.5

P(E|H): A 회사의 부품을 사용한 제품이 불량일 확률 = 0.03

P(E): 생산된 제품이 불량일 확률 = 0.5*0.03+0.5*0.02= 0.025

이를 통해 사후확률을 계산하면 (0.03*0.5)/0.025 = 0.6 으로 판매된 제품이 불량으로 반품처리 되었을 때, 이 제품이 A 회사의 부품을 사용해 생산되었을 베이지안 확률은 60%다.

17. 답: ①

해설: 나이브 베이즈 분류는 베이지안 기법을 기반으로 한 지도학습 분류기의 일종이다.

18. 답: ④

해설: SVM은 기계학습의 한 분야로, 분류와 회귀분석에 사용되는 지도학습 모델이다.

19. 답: ③

해설: 딥러닝에서는 가중치 소실 문제를 해결하기 위해 ReLU 등의 비선형 함수를 사용한다.

20. 답: ③

해설: 풀링 과정은 컨볼루션 과정 후에 진행되어야 하지만, 필수적으로 진행되지 않고 데이터의 사이즈를 줄이고 싶을 때 선택적으로 적용한다.

21. 답: ④

해설: 오피니언 마이닝은 감성분석이라고도 하며, 텍스트 내의 문장 구조 및 단어를 분석해 단어의 긍정·부정 여부를 구분하고 이를 이용해 특정 제품 및 서비스에 대한 소비자의 반응을 분석하거나 어떤 사안에 대한 여론의 변화를 분석한다.

22. 답: ②

해설: 집중도는 하나의 연결망이 얼마나 중앙집중적인 구조를 가졌는지를 표현하는 지표로 연결망 내의 각 노드에 부여되는 값인 중심성과 달리, 집중도는 연결망 전체에 부여된다.

23. 답: ④

해설: 언어별 특성이 다르기에 각기 다른 분석 방법을 적용해야 한다.

24. 답: ④

해설: 서로 다른 모형을 결합하는 앙상블 기법은 스태킹이다.

25. 답: ③

해설: 부스팅은 분류가 잘못된 데이터에 더 큰 가중치를 부여해 표본을 추출한다는 특징이 있다.

26. 답: ③

해설: 만-위트니 검정에서는 관측치들을 순위별로 나열하고 각 집단의 순위 합계로부터 집단별 U 값을 계산하여 검증하는 방식을 사용하므로 평균 등의 통계량을 계산하지 못한다.

27. 답: ②

해설: 비모수 통계에서는 평균보다는 자료의 순위 값이나 중앙값을 사용한다.

28. 답: ②

해설: 특정 부호가 반대 부호로 바뀔 때까지의 일련의 묶음을 런이라고 하며, 위의 데이터에서 런은 (M M), (F), (M), (F F F), (M M), (F F), (M M M), (F F F F), (M M)으로 총 9개다.

29. 답: ①

해설: 켄달의 타우 검정은 데이터의 순위를 기반으로 연관성을 평가하는 비모수적 방법으로, 일반적으로 스피어만 상관계수보다 작은 값을 가진다.

04
과목

빅데이터 결과 해석

1장 / 분석 모형 평가 및 개선

분석 모형을 평가하고 더 나은 모형으로 만들기 위한 개선 방법 등을 학습한다.

핵심 키워드
—

- 평가지표
- 교차검증
- 분석모형 진단
- 적합도 검증

2장 / 분석 결과 해석 및 활용

분석 결과를 해석하고 이를 활용하는 방법을 학습한다. 빅데이터 시각화에 대해 학습한다.

핵심 키워드
—

- 비즈니스 기여도
- 분석 결과 활용
- 빅데이터 시각화
- NCS 기반 빅데이터의 성과관리

분석 모형 평가 및 개선

01 _ 분석 모형 평가

학습단계

1. 평가지표
2. 분석 모형 진단
3. 교차검증
4. 모수 유의성 검정
5. 적합도 검정

학습목표

데이터 분석 방법에 따른 다양한 진단 방법을 학습하고, 검증하여 분석 모형을 평가하는 방법을 학습한다.

02 _ 분석 모형 개선

학습단계

1. 과적합 방지
2. 매개변수 최적화
3. 분석 모형 융합
4. 최종 모형 선정

학습목표

분석 모형을 개선하는 다양한 방법을 학습하고, 마지막으로 최적의 분석 모형을 선정하는 방법을 학습한다.

01 분석 모형 평가

1. 평가지표

(1) 평가지표의 이해

하나의 분류분석 모형을 만들었다면 이를 검증하는 과정이 반드시 필요하다. 그래야 그 분석 모형에 실제 데이터를 입력했을 때 원하는 분류분석 결과물을 얻을 수 있을지 알 수 있다. 이때 분석 모형이 얼마나 믿을 수 있는지 평가하기 위한 기준이 필요하다. 이를 분석 모형의 평가지표라고 한다.

(2) 분석 모형의 평가지표

한 가지 유념할 점은 모든 통계분석 모형에 공통으로 적용되는 만능 치트키 같은 완벽한 평가지표는 없다는 사실이다. 물론 일반적으로 많이 쓰이는 평가지표는 존재하지만, 특정 평가지표만 쓰는 것이 아니라 분석 모형별로 여러 가지 평가지표가 각 분석 모형에 맞게 사용된다.

또 한 가지 알아둘 점은 지도학습에 있어 평가지표는 분석 모형을 거쳐 나온 결과가 얼마나 정확하고 믿을 수 있는지 알기 위한 목적이므로 반드시 비교 대상이 되는 데이터가 필요하다는 점이다. 예컨대 사진 이미지로 개와 고양이를 분류하는 분석 모형을 만들었을 때 그 분석 모형이 분류한 결과가 얼마만큼의 정확도를 보이는지 평가하기 위해서는 실제로 분석 모형이 학습한 사진들의 실제값(개인지 고양이인지)이 필요하다.

비지도학습은 지도학습처럼 정답을 알려주지 않는다. 데이터를 통해 학습을 하고 해당 데이터의 패턴이나 특성, 구조를 파악해 규칙을 찾아간다. 따라서 지도학습처럼 정해진 정답이 없으므로 정답이 맞는지 100% 확신할 수가 없다. 하지만 걱정하지 않아도 된다. 애초에 비지도학습은 100% 정확한 결괏값을 얻기 위한 것이 아니다. 비지도학습의 결과물을 통해 유의미한 정보를 찾아내고 이를 통해 인사이트를 얻을 수만 있으면 그것으로 충분하다. 그리고 비지도학습 역시 유형에 따라 사용되는 평가지표들이 존재한다. 다음 단원에서 지도학습과 비지도학습의 진단 및 평가지표에 관해 자세히 알아보자.

2. 분석 모형 진단

(1) 군집분석 모형의 진단 및 평가

군집분석 모형의 평가에 대해 3과목에서 이미 공부한 바 있다. 자세한 사항은 3과목을 참조하기 바라며, 여기서는 간략히만 살펴보자. 가령 군집분석을 수행할 때 수립한 군집분석 모형 얼마나 타당성을 갖는지 알아보기 위해 군집 간 분산(inter-cluster variance)이 최대가 되는 군집의 개수가 몇 개인지, 또 군집 내 분산(inner-cluster variance)이 최소가 되는 군집의 개수가 몇 개인지 확인한다. 이를 찾아내는 것이 바로 군집모형의 타당성 평가다. 다음 표는 비지도학습의 평가 방법을 정리한 것이다. 자세한 사항은 3과목 군집분석 편을 참조하기 바란다.

【 군집분석의 평가 방법 】

외부 평가	자카드계수 평가	두 데이터 군집 간의 유사도를 계산 $$J(A,\ B) = \frac{|A \cap B|}{|A \cup B|} = \frac{TP}{TP+FP+FN}$$
	분류모형 평가 방법을 응용	▪ 혼동행렬(confusion matrix) ▪ ROC curve (군집분석 평가에 분류평가 방법을 사용)
내부 평가	단순 계산법	전체 데이터의 개수가 n개인 경우, 군집의 개수인 K값은 $\sqrt{\frac{n}{2}}$ 로 계산
	군집 간의 거리를 계산하여 평가	▪ 유클리드 거리(Euclidean) ▪ 맨해튼 거리(Manhattan) ▪ 민코프스키 거리(Minkowski) ▪ 표준화 거리(Standardized) ▪ 마할라노비스 거리(Mahalanobis) ▪ 캔버라 거리(Canberra) ▪ 체비셰프 거리(Chebychev)
	엘보 메소드	▪ K-means 분석 시각화 **The Elbow Method using Distortion**

참고 | **긍정(양성)과 부정(음성)**

평가지표에 관해 이야기하기 전에 긍정(양성, Positive)과 부정(음성, Negative)의 의미를 알아보자.
긍정(양성, Positive)은 우리가 알고 싶어 하는 것을 의미하며, 예를 들어 '질병 감염 여부' 등을 알기 위해 병원체 검사를 실시했을 때 피검자가 일정 수치 이상의 결과를 보일 때를 '긍정 혹은 양성'이라고 한다. 부정(음성, Negative)은 피검자가 일정 수치 이하를 나타낼 때를 말한다. 쉽게 말해서 우리가 알고 싶어 하는 대상을 긍정 혹은 양성, 그 반대를 부정 혹은 음성이라고 생각하면 된다.

(2) 분류분석 평가지표(Classification Metrics)

분류분석 평가지표는 간단히 말해서 분류분석 모형이 내놓은 답과 실제 정답이 어느 정도 일치하는지를 판단하는 것이다. 일반적으로 정답과 예측값은 True와 False, 0과 1, 양성과 음성, Yes와 No 등의 이진 분류 클래스 레이블을 갖는다. 스팸 메일인지 아닌지, 환자가 암에 걸렸는지 안 걸렸는지, 은행 대출 승인이 가능한지 불가능한지 등의 예를 들 수 있다.

① 혼동행렬

분류 모형은 잘못된 분류를 할 수 있으며 완벽하게 데이터를 분류하는 경우는 드물다. 이진 분류에서 모형이 예측한 값과 실제 값의 조합을 교차표(Cross Table) 형태로 정리한 행렬을 혼동행렬(Confusion Matrix)이라고 한다.

TIP _ 혼동행렬은 시험에 출제될 가능성이 높습니다.

실제

클래스	Positive	Negative
Positive	True Positive(TP)	False Positive(FP)
Negative	False Negative(FN)	True Negative(TN)

예측

예측

클래스	Positive	Negative
Positive	True Positive(TP)	False Negative(FN)
Negative	False Positive(FP)	True Negative(TN)

실제

구분	의미
TP(True Positive)	예측한 값이 Positive이고 실제 값도 Positive인 경우
FP(False Positive)	예측한 값이 Positive이고 실제 값은 Negative인 경우
TN(True Negative)	예측한 값이 Negative이고 실제 값도 Negative인 경우
FN(False Negative)	예측한 값이 Negative이고 실제 값은 Positive인 경우

참고 | **제1종 오류(α)와 제2종 오류(β)**

제1종 오류는 귀무가설이 참임에도 불구하고 귀무가설을 기각하는 오류이다. TIP _ 두 에러를 비교해서 묻는
False Positive인 경우로 거짓 긍정이라고 하며 α error라고도 한다. 죄가 없 문제가 출제될 수 있습니다.
는 피고를 유죄 판결하는 경우, 임신이 아닌 환자를 임신했다고 진단하는 경우, 스팸 메일이 아닌데 스팸 메
일로 분류하는 경우 등이 이에 해당한다. 반면 제2종 오류는 귀무가설이 거짓임에도 불구하고 귀무가설을 채
택하는 오류이다. False Negative인 경우로 거짓 부정이라고 하며 β error라고도 한다. 죄가 있는 피고를 무
죄 판결하는 경우, 임산부에게 임신이 아니라고 진단하는 경우, 스팸 메일인데 스팸 메일이 아닌 메일로 분류
하는 경우 등이 이에 해당한다.

② 혼동행렬로 계산 가능한 대표적인 평가지표

 TIP _ 지표를 구하는 문제가 시험에
출제될 수 있습니다. 중요한 개념이
므로 꼭 알고 있어야 합니다.

평가지표	계산식	의미
정확도(Accuracy)	$\dfrac{TP+TN}{TP+TN+FP+FN}$	전체 데이터에서 올바르게 분류한 데이터의 비율
정밀도(Precision)	$\dfrac{TP}{TP+FP}$	Positive로 예측한 것 중에서 실제 값이 Positive인 비율
재현율(Recall), 민감도(Sensitivity), 참 긍정율 (TPR, True Positive Rate)	$\dfrac{TP}{TP+FN}$	실제 Positive인 값 중 Positive로 분류한 비율
특이도(Specificity), 참 부정율 (TNR, True Negative Rate)	$\dfrac{TN}{TN+FP}$	실제 Negative인 값 중 Negative로 분류한 비율
거짓 긍정률 FPR(False Positive Rate)	$1-\dfrac{TN}{TN+FP}=\dfrac{FP}{TN+FP}$	실제 Negative인 값 중 Positive로 잘못 분류한 비율 (1–Specificity)
F1-스코어	$2\times\dfrac{Precision\times Recall}{Precision+Recall}$	정밀도와 재현율의 조화평균으로, 정밀도와 재현율 중 한 쪽만 클 때보다 두 값이 골고루 클 때 큰 값이 된다.

예를 들어 혼동행렬로 계산할 수 있는 평가지표를 살펴보자. 암을 예측하는 모형에서 O 표시를 양성,
X 표시를 음성으로 예측한다고 하면 다음과 같이 나눠 생각해 볼 수 있다.

【 실제 양성 영역 】　　　　　【 실제 음성 영역 】

```
                        X  X
                        X   X  X        TP: 5, FP: 0, TN: 10, FN: 0
  O    O                                정확도: 15/15 = 100%
O   O    O                 X    X       정밀도: 5/5 = 100%
                        X   X  X        재현율: 5/5 = 100%
                                        특이도: 10/10 = 100%
```

【 실제 양성 영역 】	【 실제 음성 영역 】	

O   O
O   O O
   X X
  X   X   X
	X X
	
	    X X X
		TP: 5, FP: 5, TN: 5, FN: 0
		
		정확도: (5+5)/(5+5+5) = 67.7%
		정밀도: 5/(5+5) = 50%
		재현율: 5/5 = 100%
		특이도: 5/(5+5) = 50%

【 실제 양성 영역 】	【 실제 음성 영역 】	
O O X X X X	X X X X X X O O O	TP: 2, FP: 4, TN: 6, FN: 3 정확도: (2+6)/15 = 53.3% 정밀도: 2/(2+4) = 33.3% 재현율: 2/(2+3) = 40% 특이도: 6/(4+6) = 60%

민감도(Sensitivity)가 높은 검사법은 FN(거짓 음성)이 낮기 때문에 음성 값이 나오면 그 값을 더 신뢰할 수 있다.

- 초기 단계 환자로 의심되는 사람을 모두 걸러낼 때

- 유병률이 낮은 질병 대상으로 가능한 한 많은 환자를 찾고자 할 때

특이도(Specificity)가 높은 검사법은 양성이 나올 경우 FP(거짓 양성) 가능성이 낮다. 그래서 양성 값이 나오면 더 신뢰할 수 있다.

- 진단 과정에서 마지막으로 확신하고자 할 때

- FP 판정으로 당사자에게 신체적, 정신적, 경제적으로 큰 손실을 초래할 때

- 유병률이 높으면서 치료 효과가 낮을 때

③ ROC 곡선

대다수 분류 모형은 확률값을 예측하여 해당 값이 설정해둔 임곗값보다 높으면 긍정으로, 그렇지 않으면 부정으로 분류한다. 임곗값을 낮

TIP _ ROC 곡선 및 AUC의 기본 개념과 특징을 묻는 문제가 나올 수 있습니다.

추면 분류 모형은 긍정으로 분류하려는 경향이 높아지면서 거짓 긍정의 수와 참 긍정의 수가 늘어나 특이도는 감소하고 민감도는 증가할 것이다. ROC 곡선(Receiver Operating Characteristic Curve)은 임곗값을 다양하게 조절해 분류 모형의 성능을 비교할 수 있는 그래프로, 서로 반비례 관계에 있는 민감도(TPR)를 y축에 두고, 거짓 긍정율(FPR)을 x축에 두어 시각화한 것이다.

ROC 곡선 아래의 면적을 AUC(Area Under Curve)라고 하며 면적이 넓을수록(AUC 최댓값인 1에 가까울수록) 분류를 잘하는 모형이라고 평가할 수 있다.

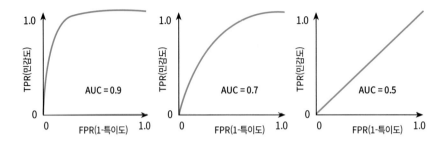

(3) 회귀 평가지표(Regression Metrics)

회귀 문제는 수치 값을 예측한다. 그래서 예측값과 실제 값의 차이를 기반으로 한 지표들을 이용해 회귀 모형의 성능을 평가할 수 있다. 모형이 예측한 추정치와 실제 값의 차이가 작을수록 해당 모형

TIP _ 각 평가지표의 기본 개념과 특징을 묻는 문제가 나올 수 있습니다. 실제로도 약자가 많이 사용되므로 약자를 꼭 알아둬야 합니다.

의 성능이 좋다고 평가할 수 있다. 예컨대 미래의 주식 가격 예측, TV 판매량 예측, 비디오 게임 매출액 예측 등이 있다.

① 평균절대오차(MAE)

평균절대오차(Mean Absolute Error)는 음수 오차와 양수 오차가 서로 상쇄되는 것을 막기 위해 절댓값을 사용한다. 모형의 예측값과 실제값의 차이를 평균한 값으로 정의한다. 절댓값을 취해 모두 더하기 때문에 모형이 실제보다 낮은 값으로 예측(underperformance)되는지 혹은 높은 값으로 예측(overperformance)되는지는 알 수 없다. 이상치가 있는 경우 평균제곱오차보다 유리하다.

$$MAE = \frac{1}{n}\sum_{i=1}^{n}|y_i - \hat{y}_i|$$

② 평균제곱오차(MSE)

평균제곱오차(Mean Squared Error)는 모형의 예측값과 실제 값의 차이를 제곱하여 평균한 값으로 정의한다. MSE는 음수 오차와 양수 오차가 서로 상쇄되는 것을 막기 위해 제곱을 사용하기 때문에 MAE보다 값이 두드러진다.

$$MSE - \frac{1}{n}\sum_{i=1}^{n}(y_i \quad \hat{y}_i)^2$$

③ 평균제곱근오차(RMSE)

평균제곱근오차(Root Mean Square Error)는 MSE에 루트를 씌운 값이다. 회귀모형의 평가지표로 실무에서도 자주 사용된다.

$$RMSE = \sqrt{\frac{1}{n}\sum_{i=1}^{n}(y_i - \hat{y}_i)^2}$$

④ 평균절대백분율오차(MAPE)

평균절대백분율오차(Mean Absolute percentage error)는 실제 값 대비 오차를 평균한 값으로, MAE와 같이 절댓값을 취해 모두 더하기 때문에 모형이 실제보다 낮은 값으로 예측(underperformance)되는지 혹은 높은 값으로 예측(overperformance)되는지는 알 수 없다. 퍼센트 값을 가지기 때문에 이해하기 쉽다. 실제 값이 0과 가까워지면 오차의 영향력이 극단적으로 커지며 실제 값이 0일 경우 MAPE는 정의할 수 없다.

$$MAPE = 100 \cdot \frac{1}{n}\sum_{i=1}^{n}\left|\frac{y_i - \hat{y}_i}{y_i}\right|$$

【 회귀분석 평가지표 비교 】

평가지표	수식	오차 상쇄 처리	이상치
MAE	$\frac{1}{n}\sum_{i=1}^{n}\left|y_i - \hat{y}_i\right|$	절댓값	유리
MSE	$\frac{1}{n}\sum_{i=1}^{n}(y_i - \hat{y}_i)^2$	제곱	불리
RMSE	$\sqrt{\frac{1}{n}\sum_{i=1}^{n}(y_i - \hat{y}_i)^2}$	제곱	불리
MAPE	$100 \cdot \frac{1}{n}\sum_{i=1}^{n}\left|\frac{y_i - \hat{y}_i}{y_i}\right|$	절댓값	유리

TIP _ 각 평가지표를 비교해서 묻는 문제가 나올 수 있습니다.

⑤ 결정계수

결정계수(coefficient of determination, R^2)는 주어진 데이터에 회귀선이 얼마나 잘 맞는지, 적합 정도를 평가하는 척도이자 독립변수들이 종속변수를 얼마나 잘 설명하는지 보여주는 지표다. 0과 1 사이의 값을 가지며 1에 가까울수록 회귀 모형이 높은 설명력을 가진다고 평가할 수 있다. 단순선형회귀분석에서는 상관계수를 제곱한 값이 결정

TIP _ 결정계수의 설명으로 부적절한 것을 묻는 문제가 출제될 수 있습니다.

계수가 된다. 결정계수는 총변동 중 회귀선에 의해 설명되는 변동의 비율로 나타낼 수 있으며 다음 식으로 정의할 수 있다.

$$R^2 = \frac{SSR}{SST} = 1 - \frac{SSE}{SST}$$

$$SST = SSR + SSE$$

- SST

  SST(Total Sum of Squares)는 전체제곱합으로, 관측된 값(y_i)이 평균($\bar{y}$)과 얼마나 차이가 있는지를 의미한다. Y가 가진 총 변동성(회귀선으로 설명할 수 있는 변동+회귀선으로 설명할 수 없는 변동)으로 볼 수 있다.

$$SST = \sum_{i=1}^{n}(y_i - \bar{y})^2$$

- SSR

  SSR(Regression Sum of Squares)은 회귀제곱합으로, 회귀선으로 설명할 수 있는 변동을 의미한다.

$$SSR = \sum_{i=1}^{n}(\hat{y}_i - \bar{y})^2$$

- SSE

  SSE(error sum of squares)는 오차제곱합으로, 회귀식으로 설명되지 않는 변동을 의미한다. SSE가 작을수록 결정계수가 커져 모형이 데이터를 잘 설명한다고 볼 수 있다.

$$SSE = \sum_{i=1}^{n}(y_i - \hat{y}_i)^2$$

⑥ 수정된 결정계수(Adjusted R^2)

독립 변수가 유의하든 유의하지 않든 그 수가 늘어날수록 결정계수의 값은 커진다. 수정된 결정계수는 이 문제를 개선한 지표로 변수의 수만큼 페널티를 줘서 결정계수보다 작은 값을 가진다. 즉, 독립변수의 개수를 고려하기 때문에 다중 회귀분석을 할 때 결정계수보다 수정된(adjusted) 결정계수가 선호된다. 표본의 개수를 n, 독립 변수의 개수를 p라고 했을 때 수정된 결정계수는 다음과 같이 표현할 수 있다.

TIP _ 결정계수와 비교해서 묻는 문제가 출제될 수 있습니다.

$$adjusted\ R^2 = 1 - \frac{n-1}{n-p-1}(1 - R^2)$$

참고 ┃ 분석기법별로 활용되는 성능 평가 기준

데이터 마이닝	시뮬레이션
정확도(Accuracy)	throughput
정밀도(Precision)	average waiting time
검출율(detect rate) 재현율(Recall), 민감도(Sensitivity)	average queue length
향상도(lift)	time in system

TIP _ 데이터 마이닝 혹은 시뮬레이션에서 활용하는 평가 기준이 아닌 것을 묻는 문제가 출제될 수 있습니다.

(4) 회귀분석 모형 진단

선형회귀분석의 경우 데이터에 대한 몇 가지 가정을 전제하기 때문에 선형 회귀 모형이 데이터를 잘 적합하고 있는지, 그리고 가정을 만족하는지 확인해야 한다. 이를 회귀 진단(regression diagnosis)이라고 하며 잔차를 시각화하여 분석을 수행한다. 여기서는 R Studio에 내장된 cars 데이터셋을 이용해 1920년대 자동차의 속도(speed)를 기반으로 제동거리(dist)를 예측하는 모형을 구축하고 그래프를 그려 진단하고자 한다.

① 산점도 그리기 및 회귀 모형 구축

산점도를 그려서 독립변수와 종속변수의 관계가 선형인지 확인하고 회귀모형을 구축한다. 선형성(linearity)은 선형회귀분석에서 가장 중요한 가정이기 때문에 선형이 아닌 경우 적절히 선형 변환을 해야 한다. 다음 산점도를 보면 자동차의 속도가 증감함에 따라 제동거리의 분산이 커지는 모습을 확인할 수 있다.

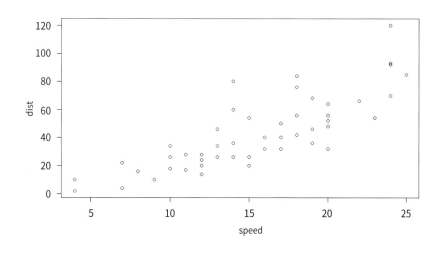

규성이 있다고 해석한다. 이 예시에서는 23, 35, 49번 관측치가 많이 벗어난 것을 확인할 수 있다. 정규성을 확인하기 위한 또 다른 그래프 방법으로는 히스토그램이 있으며, 수치 방법으로는 샤피로-윌크 검정(shapiro-wilk test), 콜모고로프 스미르노프 검정(kolmogorov-smirnov test), 앤더슨 달링 검정(anderson-darling test) 등이 있다.

▪ 스케일 위치 플롯(Scale-Location Plot)

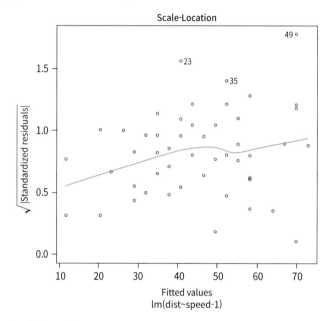

잔차의 분산이 일정한지 확인할 수 있으며 직선의 기울기가 0에 가까울수록 이상적이다(등분산). 선이 수평에 가까울수록 이상적이며 크게 벗어나 있는 값은 이상치일 가능성이 있다.

▪ 잔차 vs. 지렛값 플롯(Residuals vs. Leverage Plot)

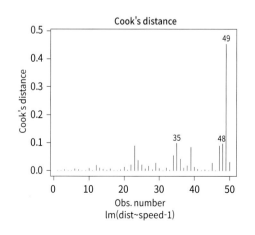

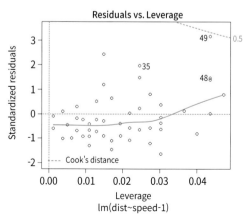

회귀 결과에 영향을 미칠 가능성이 있는 이상치나 영향치를 식별하는 데 사용한다. 위의 플롯에서 회귀 모형에 적합하지 않아 큰 영향을 미치는 49번 관측치는 쿡의 거리가 0.5로 긴 편에 속한다. 쿡의 거리가 0.5 이상으로 길면 해당 관측값이 모형에 적합하지 않다는 의미다.

> 참고 | **쿡의 거리(Cook's distance)**
>
> 쿡의 거리는 지렛값(Leverage)의 크기를 구할 때 사용하는 방법이다. 관측값이 회귀 모형에 적합해서 큰 영향을 주지 않으면 쿡의 거리가 작고, 적합하지 않아서 큰 영향을 주면 쿡의 거리가 길어진다. 보통 쿡의 거리가 0.5 이상이면 예측값보다 꽤 멀리 떨어져 있어 긴 편에 속한다. 1에 가깝거나 1 이상이라면 거리가 매우 멀다고 볼 수 있으며 해당 관측값은 회귀모형에 적합하지 않다.

④ 선형회귀분석의 가정 만족 여부

TIP _ 자세한 내용과 참고 그림은 3과목 2장 1절 분석기법의 내용 중 p363~4, '1.회귀분석' 참고

- **선형성**

  독립변수와 종속변수의 산점도를 통해 선형회귀분석의 가장 중요한 가정인 선형성을 확인할 수 있다.

- **등분산성**

  등분산성을 만족시키기 위해서는 독립변수와 잔차의 산점도를 그렸을 때 잔차의 분산이 독립변수와 무관하게 일정하며 고른 분포를 보여야 한다.

- **정규성**

  정규성을 만족시키기 위해서는 Q-Q 플롯을 그렸을 때 잔차가 우상향하는 직선의 형태를 보여야 한다.

(5) 분석 모형의 오류

분석 모형을 구축할 때 흔히 두 가지 오류에 빠지기 쉽다. 데이터의 특성을 지나치게 세밀하게 반영해 일반화되지 못하는 오류가 있는데, 이를 과적합 또는 과대적합이라 부른다. 학습 데이터를 너무 정확하게 맞추는 것도 사실 좋지 않다. 왜 그럴까? 정확도가 높으면 좋은 것 아니냐고 반문할 수 있는데, 지나치게 학습용 데이터의 정확도가 높으면 실제 분석을 수행할 때 오히려 정확도가 낮아질 수 있다. 모형이 학습용 데이터에만 지나치게 적합됐기 때문이다. 그와 반대로 데이터의 특성을 지나치게 무시해서 생기는 학습 오류가 있는데, 이를 과소적합이라 부른다.

분석 모형의 과적합 오류를 해결하기 위해 정규화를 수행하는데, 바로 3과목에서 공부한 L1정규화(릿지)와 L2정규화(라쏘)가 그것이다. 정규화는 지나치게 적합되는 것을 방지하기 위해 파라미터에 일종의 가중치를 두어 과적합을 막는 것을 말한다. 과소적합을 막기 위해서는 선정된 모형을 교체하거나 모형의 하이퍼파라미터를 조정해 정확성을 높이는 방법을 사용한다. 이 두 가지가 분석 모형의 정확도를 높이기 위한 방법으로 사용된다.

더 근본적으로 분석 모형을 검증하여 과적합 및 과소적합 오류를 방지하기 위해 교차검증 방법(홀드아웃 교차검증, K-폴드 교차검증)을 사용한다. 교차검증은 내용이 적지 않으므로 '3. 교차검증' 편에서 자세히 살펴보기로 한다. 과적합 및 과소적합은 '2절 1. 과적합 방지'에서 자세히 살펴본다.

3. 교차검증

(1) 교차검증의 개념

학습 데이터셋과 테스트 데이터셋으로 단순히 한 번 나눈다면 테스트 셋이 어떻게 샘플링되느냐에 따라 점수가 크게 달라질 수 있다. 교차검증(cross validation)은 데이터를 나누고 학습하는 과정을 여러 차례 반복함으로써 일반화 성능을 평가한다. k-폴드 교차검증은 대표적인 교차검증 방법이다.

(2) k-폴드 교차검증

k-폴드 교차검증(k-fold cross validation)은 데이터를 k개의 폴드 (fold)라는 파티션으로 나눈다. k는 보통 5~10 사이의 수를 사용한다.

> **TIP** _ k-폴드 교차검증의 기본 개념과 특징을 묻는 문제가 나올 수 있습니다.

다음의 5-폴드 교차검증을 살펴보자. 처음에는 폴드1을 검증 셋으로 사용하고 나머지(폴드2~폴드5)는 모형을 학습하는 데 사용한다. 두 번째 모형은 폴드2를 검증 셋으로 사용하고 나머지는 학습 셋으로 사용한다. 이와 같이 폴드5를 검증 셋으로 사용할 때까지 반복하며 측정된 각각의 정확도를 평균낸 값을 모형의 정확도 지표로 평가한다. 모든 데이터를 학습 및 검증에 사용할 수 있지만, k 값이 클수록 연산량이 늘고 시간이 많이 소요된다.

Dataset					

Iteration 1	fold1	fold2	fold3	fold4	fold5
Iteration 2	fold1	fold2	fold3	fold4	fold5
Iteration 3	fold1	fold2	fold3	fold4	fold5
Iteration 4	fold1	fold2	fold3	fold4	fold5
Iteration 5	fold1	fold2	fold3	fold4	fold5

☐ 학습　　▨ 검증

>
> **참고 | 계층별 k-폴드 교차 검증**
>
> 계층별 k-폴드 교차 검증(Stratified k-fold cross validation)은 분류 문제에서 주로 사용하며 전체 데이터의 클래스 비율을 유지하도록 폴드를 구성한다. 편향된 데이터인 경우에 유용하게 사용할 수 있다.

(3) 홀드아웃

홀드아웃(Holdout)은 가장 단순한 종류의 교차검증 방법으로 데이터를 랜덤으로 추출해 학습 데이터와 테스트 데이터로 나눈다. 일반적으로 80:20 혹은 70:30의 비율로 분할한다. 학습 데이터로 학습한 다음, 테스트 데이터를 이용해 모형을 평가한다. 다른 방법보다 연산 시간이 적게 소요되고 데이터의 일부만 사용해 모형을 구축하기 때문에 데이터의 크기가 큰 경우에 유용하다.

(4) 리브-p-아웃 교차 검증

리브-p-아웃 교차 검증(Leave-p-out cross validation, LpOCV)은 p개의 관측치만 검증용으로 사용되고 나머지 관측치는 모두 모형을 학습하는 데 사용한다. 검증 셋을 구성하는 경우의 수는 $_nC_p$와 같다.

(5) 리브-원-아웃 교차검증

리브-원-아웃 교차검증(Leave-one-out cross validation, LOOCV)은 단일 관측치만 검증용으로 사용하고 나머지 관측치는

TIP _ 리브-원-아웃 교차검증의 기본 개념과 특징을 묻는 문제가 나올 수 있습니다.

모두 모형을 학습하는 데 사용한다. 즉, 리브-p-아웃 교차검증에서 p가 1인 경우다. 또한 k-폴드 교차 검증에서 k가 데이터 개수 n인 극단적인 형태로 볼 수 있다. n이 큰 경우에는 연산량이 늘어나 시간이 많이 소요되기 때문에 n이 작을 때 사용하기가 용이하다.

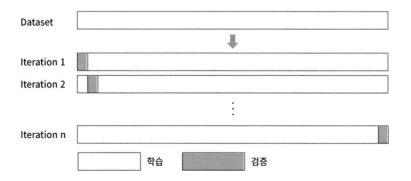

참고 **부트스트랩(Bootstrap)**

부트스트랩은 한 번 추출한 표본을 다시 모집단에 넣어 또 다른 표본을 추출하는 '단순 랜덤 복원추출법'을 활용하여 동일한 크기의 표본을 여러 개 생성하는 샘플링 방법의 하나다. 표본의 중복을 허용하는 방법으로 '무작위 추출 방법'이라고도 부른다.

4. 모수 유의성 검정

(1) 모수 검정과 비모수 검정의 이해

통계적 유의성 검정은 모집단의 분포에 대해 가정하고 그 가정하에 검정통계량과 검정통계량의 분포를 도출해 검정을 수행하는 모수적 검정과, 모집단의 분포에 대해 어떤 가정도 하지 않는 비모수적 검정으로 구분할 수 있다. 비모수적 검정을 사용하는 경우는 다음과 같다.

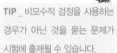

TIP _ 비모수적 검정을 사용하는 경우가 아닌 것을 묻는 문제가 시험에 출제될 수 있습니다.

- 관측값이 특정 분포를 따른다고 가정할 수 없는 경우
- 표본의 수가 30개 미만으로 적은 경우
- 모집단에 대한 정보가 없는 경우
- 변수의 척도가 서열척도 또는 명목척도인 경우

【 모수 검정과 비모수 검정 비교 】

TIP _ 모수 검정과 비모수 검정을 비교해서 묻는 문제가 출제될 수 있습니다.

	모수 검정	비모수 검정
가설 설정	가정된 분포의 모수(모평균, 모분산)에 대해 가설 설정	분포의 형태에 대한 가설 설정 (분포의 형태가 동일함, 분포의 형태가 동일하지 않음)
검정 방법	표본평균, 표본분산	(관측값의 절대적 크기에 의존하지 않고 이상치의 영향이 적은) 순위, 부호
검정력	비교적 강함	비교적 약함

TIP _ 비모수 검정 방법이 아닌 것을 고르는 문제가 나올 수 있습니다.

참고 **비모수 검정 예시**

부호검정(sign test), 윌콕슨의 부호순위합검정(Wilcoxon signed rank test), 윌콕슨의 순위합검정(rank sum test), 스피어만의 순위상관계수, 런 검정(run test), 만-위트니의 U검정

TIP _ '부호' 또는 '순위' 키워드로 쉽게 암기할 수 있습니다.

(2) 모집단의 평균에 대한 유의성 검정

① Z-검정

Z-검정은 정규분포를 가정하며, 추출된 표본이 동일한 모집단에 속하는지에 대한 가설을 검증하기 위해 사용한다.

② T-검정

T-검정은 모집단이 정규분포일 경우 평균을 측정하거나, 두 집단 간의 평균을 비교할 때 사용한다. 적은 표본만으로도 모집단의 평균을 추정할 수 있어 자주 사용된다. 자유도가 증가할수록 표준 정규분포에 가까워진다.

③ 분산분석(ANOVA)

두 개 이상의 집단을 비교할 때 분산을 비교하여 얻은 F-분포를 이용하여 가설 검정을 수행한다.

(3) 모집단의 분산에 대한 유의성 검정

① 카이제곱검정

모집단이 정규분포를 따르며 분산을 알고 있는 경우에 카이제곱검정을 수행하여 두 집단 간의 동질성을 검정하는 데 사용한다.

② F-검정

두 모집단 분산 간의 차이가 통계적으로 유의한지를 판별하는 검정이다.

5. 적합도 검정

적합도(Goodness-of-Fit)는 실험에서 얻은 결과가 이론분포와 일치하는 정도를 의미한다. 즉, 적합도 검정(Goodness of fit test)은 데이터가 특정 이론적 분포를 따르는지를 검정하는 것이다.

TIP _ 적합도 검정의 기본 개념을 묻는 문제가 출제될 수 있습니다.

(1) 카이제곱 검정

카이제곱 검정(Chi-Squared Test)은 범주형 데이터를 대상으로 관측된 값들의 빈도수와 기대 빈도수가 의미 있게 다른지를 비교

TIP _ 카이제곱 검정의 결과를 주고 해석하는 문제가 출제될 수 있습니다.

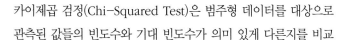

한다. 예를 들어, 콩 종자를 교배한 결과 19개는 A 종, 41개는 B 종, 40개는 C 종이었다. 멘델은 두 콩의 종자 교배 시 잡종 비율이 A:B:C=2:3:5 비로 나타난다고 주장했는데, 관측비와 기대비 사이에 유의한 차이가 있는지 알아보자.

H_0: 관측비와 기대비 사이에 유의한 차이가 없다.

H_1: 관측비와 기대비 사이에 유의한 차이가 있다.

```
   Chi-squared test for given probabilities

data:  obs
X-squared = 6.0833, df = 2, p-value = 0.04776
```

위 카이제곱 검정 결과 p-value는 0.04776으로, 유의수준 0.05보다 작으므로 귀무가설을 기각하고 대립가설을 채택한다. 즉, 멘델이 주장한 콩의 잡종비 2:3:5와는 유의한 차이가 있다고 결론을 내릴 수 있다.

(2) 샤피로 윌크 검정

샤피로 윌크 검정(Shapiro-Wilk normality test)은 데이터가 정규분포로부터 추출된 표본인지 검정한다. 많은 통계적 분석 기법

TIP _ 샤피로 윌크 검정 결과를 주고 해석하는 문제가 출제될 수 있습니다.

이 데이터의 정규분포를 가정하기 때문에 이를 충족시키는지 확인하는 것은 중요하다. 샤피로 윌크 검정은 데이터의 수가 적을 때 우수한 검출력을 보인다.

H_0: 모집단이 정규 분포를 따른다.

H_1: 모집단이 정규 분포를 따르지 않는다.

```
   Shapiro-Wilk normality test

data:  cars$speed
W = 0.97765, p-value = 0.4576
```

이 샤피로 윌크 검정 결과 p-value는 0.4576으로, 유의수준 0.05보다 크므로 귀무가설을 기각할 수 없고 수용한다. 즉, 정규분포를 따른다고 결론을 내릴 수 있다.

(3) 콜모고로프 스미르노프 검정

콜모고로프 스미르노프 검정(Kolmogorov-Smirnov Test)은 데 이터의 누적분포함수와 임의 분포의 누적분포함수 간의 최대 차이 D를 검정통계량으로 하는 비모수 검정 기법이다. 다음은 정규분포를 따르는 두 난수 데이터 a와 b의 분포가 동일한지 검정한 것이다.

TIP _ 콜모고로프 스미르노프 검정의 결과를 주고 해석하는 문제가 출제될 수 있습니다.

> H_0: 주어진 두 데이터의 분포는 동일하다.
>
> H_1: 주어진 두 데이터의 분포는 동일하지 않다.

```
    Two-sample Kolmogorov-Smirnov test

data:  a and b
D = 0.12222, p-value = 0.5145
alternative hypothesis: two-sided
```

콜모고로프 스미르노프 검정 결과 p-value는 0.5145로, 유의수준 0.05보다 크므로 귀무가설을 기각 할 수 없고 수용한다. 즉, 두 난수 데이터 a, b의 분포는 동일하다고 결론을 내릴 수 있다. 다음은 a와 b 의 분포를 비교한 그래프다. 분포가 유사한 것을 확인할 수 있다.

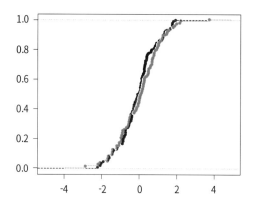

(4) Q-Q 플롯

Q-Q 플롯 또는 분위수 대 분위수 플롯은 그래픽적으로 데이터의 정규성을 확인하는 가장 간단한 방 법이다. 대각선 참조선을 따라 값들이 분포하면 정규성을 만족한다고 판단할 수 있다. 자세한 사항은 '4 과목 1장 1절 2. 분석 모형 진단'편을 참고하기 바란다.

02 분석 모형 개선

1. 과적합 방지

(1) 과적합과 과소적합

은행에서 대출 심사를 위해 채무 불이행 위험 가능성이 적은 고객을 예측하고 싶다고 가정하자. 은행이 보유한 고객 5,000명의 데이터로 모

> TIP _ 과적합과 과소적합을 비교해서 묻는 문제가 출제될 수 있습니다.

형을 학습하고 테스트했더니 99%의 정확도로 예측했다. 그런데 신규 고객 데이터에 대해서는 50%밖에 되지 않는 정확도를 보였다. 이 분석 모형은 좋은 모형이라고 할 수 있을까? 그렇지 않다. 해당 분석 모형은 학습 데이터에 대해서는 정확하게 예측하지만, 학습 데이터와 특성이 다른 새로운 데이터가 주어지면 정확도가 떨어지는 일반화(generalization)되지 않은 모형이기 때문이다. 이처럼 과적합(overfitting)은 학습 데이터를 과하게 학습해 학습 데이터에 대해서는 높은 정확도를 보이지만, 다른 새로운 데이터에 대해서는 낮은 성능을 보이는 오류를 발생시킨다. 또한 과소적합(underfitting)은 분석 모형이 지나치게 단순하여 데이터가 학습할 때 유연성이 떨어져 데이터의 특징을 충분히 설명하지 못한다. 다음은 과소적합과 일반화된 모형, 그리고 과적합을 설명하는 그림이다.

【 과소적합, 일반화된 모형, 과적합 】

> TIP _ 주어진 그림을 해석하는 문제가 나올 수 있습니다.

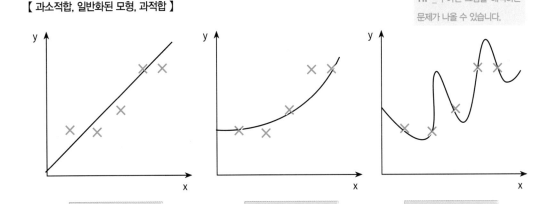

| 과소적합 | 일반화된 모형 | 과적합 |

지나치게 단순하고 설명력이 부족한 모형

지나치게 복잡한 새로운 데이터에 대해 일반화가 어려운 모형

분석 대상인 데이터에 대해 여러 가지 모형을 만들 수 있다. 이때 일반화된 분석 모형을 선택해야 학습 데이터가 아닌 새로운 데이터가 들어왔을 때도 어느 정도의 성능을 보장할 수 있다. 다음은 분석 모형의 복잡도와 에러의 관계를 보여주는 그림이다.

【 분석 모형의 복잡도와 에러의 관계 】

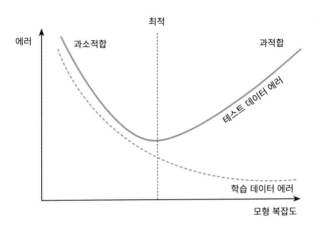

TIP _ 모형 복잡도와 에러 그림을 해석하는 문제가 나올 수 있습니다.

모형이 지나치게 단순하면 학습 데이터 에러와 테스트 데이터 에러가 높고 데이터의 특성을 잘 표현하지 못하는 과소적합 문제가 발생한다. 이와 반대로 모형이 지나치게 복잡하면 학습 데이터 에러는 매우 낮아지지만, 테스트 에러가 높은 일반화하기 어려운 과적합 문제가 발생한다. 학습 데이터 에러와 테스트 데이터 에러가 모두 낮은 지점이 최적의 일반화된 모형이다. 다음은 과적합이 발생하는 원인이다.

TIP _ 과적합의 원인이 아닌 것을 묻는 문제가 나올 수 있습니다.

- 학습 데이터셋이 적은 경우

- 학습 데이터셋이 전체 데이터셋의 특성을 표현하지 못할 경우

- 모형이 지나치게 복잡한 경우

(2) 과적합을 방지하는 방법

① 학습 데이터를 더 많이 확보한다.

더 많은 학습 데이터를 학습해 일반화 성능을 높일 수 있다. 다양성이 높아진 학습 데이터로 학습한 모형은 신규 고객 데이터에 대해서도 좋은 예측 성능을 얻을 수 있다.

TIP _ 과적합을 방지하는 방법의 기본 개념과 특징을 묻는 문제가 나올 수 있습니다.

② 교차검증

데이터를 나누고 학습하는 과정을 여러 차례 반복하는 교차검증은 검증용 데이터셋이 고정되어 있지 않아 일반화 성능을 높일 수 있다. 고정된 테스트 데이터셋을 이용해 초매개변수를 튜닝할 경우에는 해당 데이터셋에 과적합할 가능성이 높다.

③ 피처의 수를 줄인다

피처의 수가 많으면 더 유연한 분석 모형을 만들 수 있다. 이렇게 하면 과적합의 위험이 커지는데, 중요도가 낮은 피처를 제거해 일반화 성능을 높일 수 있다. 하지만 제거된 피처의 정보가 손실된다는 단점이 있다.

④ 정규화

손실함수에 페널티를 부과해 과하게 적합하지 않게 규제를 가해 각각의 영향력을 줄이고 모형을 단순화해 일반화 성능을 높일 수 있다. 가중치 규제에는 모든 가중치들의 절댓값 합계를 비용함수에 추가하는 L1규제와 모든 가중치들의 제곱의 합을 비용함수에 추가하는 L2규제가 있다.

2. 매개변수 최적화

(1) 매개변수 최적화와 경사하강법

최적화(optimization)는 일반적으로 손실함수(loss function)의 값을 최소화하는 분석 모형의 매개변수를 찾는 것이고, 경사하강법(gradient descent)은 최적화를 수행하기 위해 사용되는 대표적인 알고리즘 중 하나다. 여기서 손실함수는 분석 모형이 예측한 값과 실제 값의 차이를 정의하는 함수를 의미한다.

【 매개변수 업데이트 】

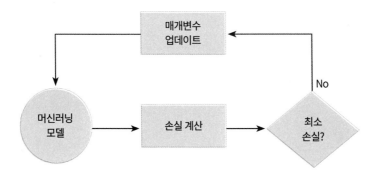

경사하강법의 핵심 아이디어는 현재 위치에서 기울기(그레이디언트, gradient)를 구해 함수의 값이 급격히 감소하는 방향으로 매개변수 값을 조정하는 것을 반복하여 전역 최솟값(global minimum)을 찾아 나가는 것으로, 언덕에서 가장 낮은 곳으로 내려가는 것에 비유할 수 있다.

【 경사하강법 】

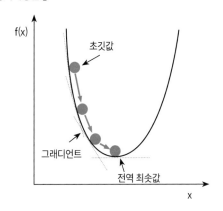

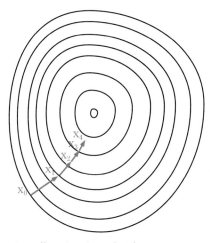

* 참고: https://ko.wikipedia.org/wiki/%EA%B2%BD%EC%82%AC_%ED%95%98%EA%B0%95%EB%B2%95

 | 학습률

경사 하강법은 기울기에 학습률을 곱하여 다음 지점으로 이동할 수 있다. 기울기가 4.13이고 학습률이 0.1이면 0.413 떨어진 지점을 다음 지점으로 결정한다. 학습률을 너무 작게 설정할 경우 알고리즘이 수렴하기 위해 반복해야 하는 값이 많아 학습 시간이 오래 걸리고, 지역 최솟값(local minimum)에서 학습이 중단될 수 있다. 반대로 학습률이 너무 클 경우에는 왔다 갔다 건너뛰다가 큰 값으로 발산하는 오버슈팅(overshooting)이 발생한다.

TIP _ 두 학습률을 비교해서 묻는 문제가 출제될 수 있습니다.

[학습률]

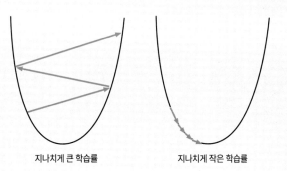

지나치게 큰 학습률   지나치게 작은 학습률

오르막과 내리막이 존재하는 심한 언덕과 골짜기에서는 시작 위치에 따라 가장 낮은 곳(최적해, 전역 최솟값)이라고 생각했지만 최적해가 아닌 지역 최솟값(local minimum)에 수렴할 수도 있다. 또한 한 번 매개변수를 업데이트할 때 전체 데이터셋을 사용하는 배치경사하강법(Batch Gradient Descent, BGD)은 학습 수행 시간이 굉장히 오래 걸리고 메모리에 맞지 않을 수 있다는 단점이 있다. 그래서 개선된 최적화 알고리즘이 개발됐는데, 확률적 경사 하강법(SGD), 모멘텀, AdaGrad, Adam이 대표적인 예다.

【 전역 최솟값과 지역 최솟값 】

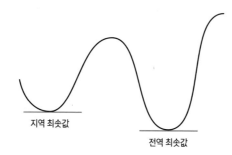

(2) 확률적 경사하강법(SGD)

확률적 경사 하강법(Stochastic Gradient Descent, SGD)은 무작위로 샘플링된 하나의 샘플로 그레이디언트를 계산하고 매개변수를 업데이트한다. 즉, 배치(batch)의 크기가 1인 경사하강법으로 볼 수 있다. 반복당 하나의 샘플을 사용하기 때문에 계산량이 크게 줄어 빈번하게 업데이트가 이루어지며 빠르게 방향을 찾아간다. 하지만 무작위로 샘플링한 데이터를 사용하기 때문에 불안정한 부분이 존재한다. 최솟값까지 요동치며 이동하는데, 이로 인해 지역 최솟값에서 빠져나올 수도 있지만 비효율적인 경로일 수 있다.

【 확률적 경사하강법 vs. 경사하강법 】

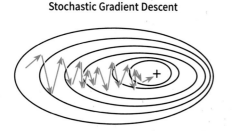

* 출처: https://engmrk.com/mini-batch-gd/

(3) 미니 배치 확률적 경사하강법

미니 배치 확률적 경사하강법(Mini-Batch Stochastic Gradient Descent)은 한번 매개변수를 업데이트 할 때마다 전체 데이터셋을 사용하

TIP _ BGD와 SGD를 비교해서 묻는 문제가 출제될 수 있습니다

는 방식인 BGD와 SGD 알고리즘의 장점을 모두 취하면서 매개변수 업데이트를 수행하는 알고리즘이다. 두 알고리즘의 절충안인 미니 배치 확률적 경사하강법은 무작위로 샘플링된 10~1,000개의 샘플을 사용해 매개변수를 업데이트한다. 즉, 배치 크기가 10~1,000인 경사하강법으로 볼 수 있다. 확률적 경사 하강법의 단점인 불안정성을 낮추면서도 경사 하강법보다 빠르게 학습할 수 있다.

【 확률적 경사하강법 vs. 미니 배치 확률적 경사하강법 】

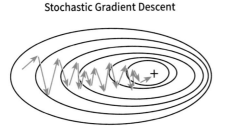
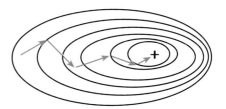

Stochastic Gradient Descent

Mini-Batch Gradient Descent

* 출처: https://engmrk.com/mini-batch-gd/

(4) 모멘텀

모멘텀(Momentum)은 물리학의 '운동량'에서 유래한 단어로 SGD가 가는 방향에 가속도를 부여해주는 알고리즘이다. 결과적으로 진동이 감소하고 더 빠르게 학습을 진행할 수 있다. 다음은 모멘텀의 수식으로 γ는 모멘텀 계수, η는 learning rate를 의미하는데, 모멘텀 계수 γ는 보통 0.9 정도로 설정한다.

$$v_t = \gamma v_{t-1} + \eta \nabla_\theta J(\theta)$$
$$\theta = \theta - v_t$$

공을 내리막길에 굴리면 운동량이 누적되면서 점점 빠른 속도로 굴러 내려가게 된다. 모멘텀 기법도 이와 마찬가지로 생각할 수 있으며 지역 최소점을 더 잘 탈출할 수 있게 한다.

【 모멘텀이 없는 SGD vs. 모멘텀이 있는 SGD 】

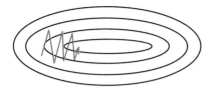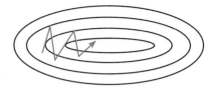

* 출처: Sebastian Ruder, "An overview of gradient descent optimization algorithms",
p13-32(https://arxiv.org/pdf/1609.04747.pdf)

TIP _ 모멘텀의 기본 개념과 특징을
묻는 문제가 나올 수 있습니다.

(5) AdaGrad

TIP _ AdaGrad의 기본 개념과 특징
을 묻는 문제가 나올 수 있습니다.

AdaGrad(adaptive gradient)는 매개변수별 적응 학습률(adaptive
learning rate)을 사용하는 알고리즘이다. 업데이트가 빈번히 수행된 매
개변수는 학습률을 낮게 조정하고 그렇지 않은 매개변수는 학습률을 크게 조정한다. 변화가 많이 일어
난 매개변수는 최적값에 근접했다고 가정하고 세밀하게 접근하는 것이고 반대의 경우에는 빠르게 손실
을 줄이기 위해 높은 학습률을 적용하는 것이다. AdaGrad는 자동으로 학습률을 설정해준다는 장점이
있다. 그러나 학습을 진행할수록 학습속도가 급격히 감소하면서 매개변수의 업데이트가 잘 일어나지
않는다는 단점이 있다. 이러한 단점을 개선한 방법으로 RMSProp, Adadelta(adaptive delta) 등의 알
고리즘도 있다.

(6) Adam

TIP _ Adam의 기본 개념과 특징을
묻는 문제가 나올 수 있습니다.

Adam(Adaptive Moment Estimation)은 오래된 기울기의 영향력을
지수적으로 줄여 AdaGrad를 개선한 RMSProp에 모멘텀을 더한 것으
로 최근 가장 많이 사용되는 알고리즘이다. 다른 최적화 알고리즘과 달리 Adam의 개발자는 '편향 보
정'을 진행하며 Adam이 경험적으로 여러 가지 상황 속에서 유리하게 작동했음을 보였다(Kingma and
Ba, 2015). 모멘텀 기법과 유사하게 공이 내리막길을 구르는 움직임을 보이기는 하지만, Adam은 마
찰이 있는 무거운 공처럼 굴러와 공의 흔들림이 적다.

3. 분석 모형 융합

(1) 앙상블 기법

앙상블(ensemble)은 주어진 데이터에서 여러 개의 분석 모형들을 만들고 각 학습 결과를 결합하여 예측 모형을 구축하는 기법으로, 단일 예측 모형보다 더 나은 일반화 성능을 갖는 것을 목표로 한다. 앙상블 기법의 종류에는 보팅(voting), 배깅(bagging), 부스팅(boosting) 등이 있다.

TIP_앙상블의 기본 개념을 묻는 문제가 나올 수 있습니다.

(2) 앙상블 기법의 종류

① 보팅

보팅은 서로 다른 알고리즘을 사용한 여러 분석 모형의 결과를 두고 투표를 통해 최종 예측 결과를 결정한다. 보팅 방식에는 크게 하드 보팅(hard voting)과 소프트 보팅(soft voting)이 있다. 하드 보팅은 각 분류기가 예측한 결과를 집계해 가장 많이 나온 결과를 최종 결괏값으로 채택하고, 소프트 보팅은 각 분류기가 예측한 레이블 값의 결정 확률을 평균 내어 가장 확률이 높은 레이블을 최종 결괏값으로 채택한다. 다음은 하드 보팅과 소프트 보팅을 도식화한 것이다.

TIP_보팅의 기본 개념 및 하드 보팅과 소프트 보팅을 비교해서 묻는 문제가 출제될 수 있습니다.

【 하드 보팅과 소프트 보팅 】

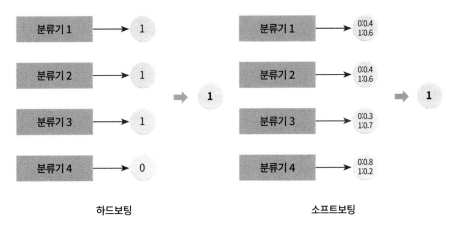

② 배깅

배깅은 'Bootstrap aggregating'의 줄임말로, 간단하고 강력한 앙상블 기법이다. 먼저, 분석 모형의 수만큼 부트스트랩 데이터를 만들고 같은

TIP _ 배깅과 부스팅을 비교해서 묻는 문제가 출제될 수 있습니다.

알고리즘으로 병렬적으로 학습한 각각의 학습 결과를 결합해 최종 예측 모형을 만든다. 여기서 부트스트랩은 주어진 원본 데이터에서 동일한 수의 표본을 무작위로 복원 추출하여 여러 개의 샘플을 추출하는 샘플링 기법이다. 배깅은 복잡한 모형의 과적합을 줄일 수 있으며 분산이 적은 앙상블 모형을 만들 수 있다. 랜덤 포레스트(random forest)는 배깅 방식을 적용한 트리 모형 기반의 알고리즘이다. 다음은 배깅 알고리즘을 도식화한 것이다.

【 배깅 알고리즘 】

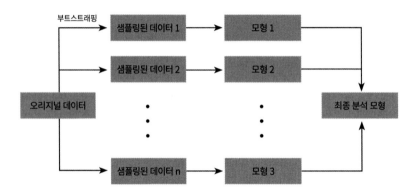

 참고 | **페이스팅**

페이스팅(pasting)은 중복을 허용하지 않고 샘플링하는 방식을 의미한다.

TIP _ 부트스트랩과 페이스팅을 비교해서 묻는 문제가 출제될 수 있습니다.

③ 랜덤포레스트

의사결정 트리를 개별모형으로 사용하는 모형결합 방법으로, 독립변수의 차원을 랜덤하게 감소시킨 다음 그 중에서 독립변수를 선택하는 방법이다.

④ 부스팅

부스팅은 여러 개의 연결된 약한 분석 모형(weak learner)을 순차적으로 학습하며 맞추지 못한 부분에 가중치를 부여함으로써 하나의 강한 분석 모형(strong learner)으로 만드는 앙상블 기법이다. 오답에는

TIP _ 배깅과 부스팅을 비교해서 묻는 문제 또는 부스팅 기법이 아닌 것을 묻는 문제가 출제될 수 있습니다.

높은 가중치를, 정답에는 낮은 가중치를 부여해 오답에 초점을 맞추는 방식으로 이전의 분석 모형이

잘 맞추지 못하는 문제를 다음 분석 모형이 더 잘 맞출 수 있게 학습을 반복한다. 예측 성능이 우수하며 대표적인 부스팅 방법에는 Adaboost(Adaptive Boost), XGboost(eXtreme Gradient Boost), lightGBM(light gradient boost), Catboost(category Boost)가 있다.

4. 최종 모형 선정

(1) 모형 선정이란?

모형 선정은 학습 데이터셋으로 구축한 분석 모형 중에서 하나의 최종 분석 모형을 선택하는 절차다. 이번 절에서는 다중회귀 모형에 대해 최종 분석 모형을 선택하는 방법을 다룬다.

(2) 최종 모형 선정 사례 연구

swiss 출생률 데이터에 대해 회귀 모형을 만들어보자. 여기서는 n개의 독립 변수가 있을 때 각 변수의 조합으로 만들 수 있는 회귀 모형을 만들고 이를 모두 비교하는 방법을 이용한다.

TIP _ 주어진 그림을 해석하는 문제가 나올 수 있습니다.

```
Subset selection object
Call: regsubsets.formula(Fertility ~ ., data = swiss)

5 Variables  (and intercept)

                Forced in Forced out

Agriculture         FALSE       FALSE
Examination         FALSE       FALSE
Education           FALSE       FALSE
Catholic            FALSE       FALSE
Infant.Mortality    FALSE       FALSE
1 subsets of each size up to 5
Selection Algorithm: exhaustive
         Agriculture Examination Education Catholic Infant.Mortality
1 ( 1 ) " "         " "         "*"       " "      " "
2 ( 1 ) " "         " "         "*"       "*"      " "
3 ( 1 ) " "         " "         "*"       "*"      "*"
4 ( 1 ) "*"         " "         "*"       "*"      "*"
5 ( 1 ) "*"         "*"         "*"       "*"      "*"
```

가장 아래쪽 * 표시가 있는 부분을 살펴보자. 왼쪽 인덱스 부분은 변수의 개수(1~5)를 의미하고 각 행의 * 표시는 주어진 변수가 해당 모형에 포함되어 있음을 의미한다. 변수의 개수가 1개일 때, Education 변수를 포함한 모형을 선정하고 변수의 개수가 3개일 때는 Education, Catholic, Infant. Mortality 변수를 포함하는 모형을 선정하는 것이 좋다. 그렇다면 어떤 모형이 최적이라고 볼 수 있을까? 이에 답하기 위해서는 평가지표를 사용해 성능을 비교해 봐야 한다. 또한 어떤 평가지표를 사용하느냐에 따라 선정되는 최종 모형이 달라질 수 있다. 각 평가지표에 따른 최적의 모형은 다음과 같다.

```
     Adj.R2    CP    BIC

  1     5      4      4
```

수정된 결정계수는 5개의 독립 변수를 사용한 모형을 최적의 모형으로, CP와 BIC 방법은 독립 변수가 4개인 모형을 최적의 모형으로 선정한다. 예를 들어, 평가지표로 수정된 결정계수를 사용하는 경우라면 변수 개수에 따라 다음과 같은 결과를 얻을 수 있다.

```
[1] 0.4281849 0.5551665 0.6390004 0.6707140 0.6709710
```

하나의 변수만 포함한 모형은 약 43%의 설명력을 가지지만, 변수의 개수가 늘어나면서 설명력 또한 약 67%까지 증가하는 모습을 확인할 수 있다. 이를 그래프로 그려보면 다음과 같다. 가장 낮은 설명력을 보이는 모형은 Education과 절편만 존재하는 경우이고, 가장 높은 설명력을 보이는 모형은 모든 변수를 포함한 모형이다.

【 수정된 결정 계수 】

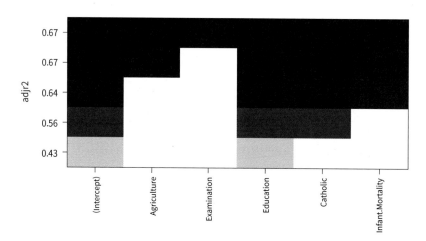

이 모형의 회귀 계수는 다음과 같다.

```
 (Intercept)      Agriculture      Examination
  66.9151817       -0.1721140        -0.2580082
   Education      Catholic Infant.Mortality
  -0.8709401        0.1041153         1.0770481
```

즉, 회귀식은 다음과 같다.

$$y = -0.17Agric - 0.25Exam - 0.87Edu + 0.1Cat + 1.0Inf + 66.9$$

 참고 | **BIC**

BIC(Bayesian Information Criteria)는 AIC와 같이 최적의 모형을 선택하는 기준이다. 모형의 복잡도에 패널티를 주는 방식으로 각 후보 모형에 대해 BIC를 계산하고 가장 값이 낮은 모형을 최종 모형으로 선정할 수 있다.

다음은 BIC를 최종 모형 선정에 사용하는 경우로, 변수 개수에 따라 다음과 같은 결과를 얻을 수 있다.

```
[1] -19.60287 -28.61139 -35.65643 -37.23388 -34.55301
```

변수의 개수가 4개일 때 BIC가 가장 작다. 즉, 4개의 변수를 사용했을 때 가장 최적의 모형인 것이다. 이를 그래프로 그리면 다음과 같다. 가장 최적의 모형은 절편, Agriculture, Education, Catholic, Infant.Mortality를 포함한 모형이다.

【 BIC 】

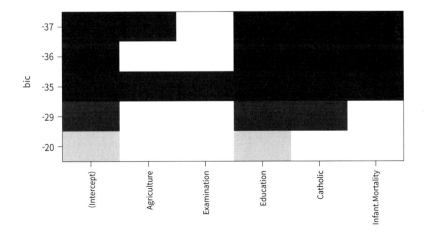

이 모형의 회귀 계수는 다음과 같다.

```
     (Intercept)        Agriculture         Education
      62.1013116         -0.1546175        -0.9802638
          Catholic  Infant.Mortality
        0.1246664         1.0784422
```

즉, 회귀식은 다음과 같다.

$$y = -0.1Agric - 0.9Edu + 0.1Cat + 1.0Inf + 62.1$$

(3) NCS 기반 '모형 성능 평가 및 최종 모형 선정' 과정

① 데이터셋 준비

먼저 모형 성능 평가를 위한 데이터셋을 준비한다. 데이터셋은 학습용 70%, 평가용 30%로 분할한다. 때에 따라서는 학습용 60%, 모형 검증용 20%, 평가용 20%로 데이터셋을 셋으로 나누는 경우도 있다.

> TIP _ 더 자세히 알고 싶다면 NCS 문서 (LM2001010507_15v1)를 참조하기 바랍니다.

② 분석 모형을 적용해 결과 예측값을 도출

머신러닝 기법을 적용하여 범주 예측값을 만들어낸다. 여기서는 머신러닝 모형 성능 평가지표 계산 및 도출이 목적이므로 임의로 대표적인 분류 목적 머신러닝 기법인 의사결정 트리 분석, 나이브 베이즈, 랜덤 포레스트 기법 등을 적용하여 모형 성능 결과를 살펴보기로 한다. 물론 다른 분석기법을 활용할 수도 있다.

③ 혼동행렬 만들기(분석 결과인 예측값과 실제 값의 비교)

앞의 단계에서 의사결정 트리 분석, 나이브 베이즈 기법, 랜덤 포레스트 기법 각각에 대해 머신러닝 모형을 만들고 예측 범주 값 벡터를 만들었다면 그 결괏값과 실제 범주 값을 비교하는 혼동 행렬을 만든다.

④ 주요 모형 평가지표를 확인하거나 추가로 계산

ⓐ 의사결정 트리 기법의 모형 성능 평가지표 계산하기: 정확도, 민감도, 정밀도 등
ⓑ 나이브 베이즈 기법의 모형 성능 평가지표 도출: 정확도, 민감도, 정밀도 등
ⓒ 랜덤 포레스트 기법의 모형 성능 평가지표 도출: 정확도, 민감도, 정밀도 등

⑤ 모형 성능 평가 비교 결과에 따라서 최종적인 모형 선정

모형 검증 및 평가를 통해 가장 우수한 모형을 선정한다.

참고 | **실제 분석 후 평가를 통해 최종 분석 모형을 선택한 예**

분석 모형으로 회귀분석 후 랜덤 포레스트와 부스팅 방법을 사용했다. 그 결괏값은 다음과 같다.

```
  method     rmse
1     lm 3.621042        #<-- 회귀
2 glmnet 3.584622        #<-- stepwise 변수 선택 회귀
3     rf 2.895972        #<-- 랜덤 포레스트
4    gbm 3.507730        #<-- 부스팅
```

테스트셋의 오차는 다음과 같이 계산된다.

```
rmse(test$medv, predict(data_rf, newdata = test))
⇒ [1] 3.119695
```

여러 가지 분석 모형 중 어떤 것이 좋을지 알아보기 위해 모형마다 오차를 비교할 수 있게 예측 오차의 분포를 병렬상자 그림으로 시각화할 수 있다. R을 예로 들었을 때 다음 코드로 시각화할 수 있다.

```
boxplot(list(lm = y_obs-yhat_lm3,
             glmnet = y_obs-yhat_glmnet,
             rf = y_obs-yhat_rf,
             gbm = y_obs-yhat_gbm), ylab="Error in Validation Set")
abline(h=0, lty=2, col='blue')
```

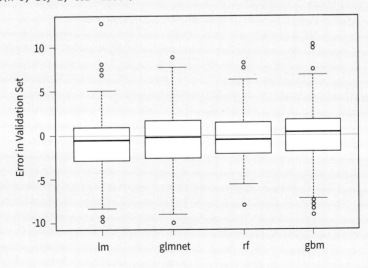

모형 간의 예측값끼리 산점도 행렬을 그려보면 다음과 같다.

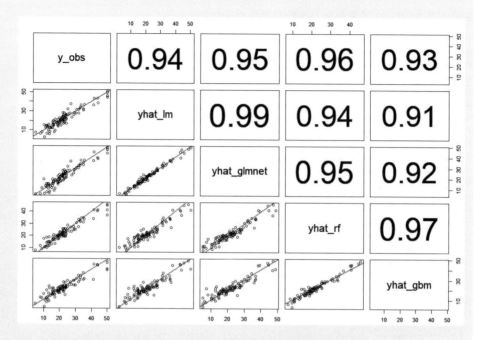

앞의 산점도에서 알 수 있듯이, stepwise(회귀분석 변수 선택법) 변수 선택 모형과 glmnet(로지스틱스 회귀분석) 예측값끼리는 상관계수가 높고, RF(랜덤 포레스트)와 gbm(부스팅) 값끼리도 상관계수가 높다. 따라서 관측값과 상관계수가 가장 높은 방법은 랜덤 포레스트다.

■ 군집 분석 평가 방법

외부 평가	자카드계수 평가	두 데이터 군집 간의 유사도를 계산 $$J(A,\ B) = \frac{|A \cap B|}{|A \cup B|} = \frac{TP}{TP+FP+FN}$$
	분류 모형 평가 방법을 응용	▪ 혼동행렬(confusion matrix) ▪ ROC 곡선(군집 분석 평가에 분류 평가 방법을 사용)
내부 평가	단순 계산법	전체 데이터의 개수가 n개인 경우, 군집의 개수인 K값은 $\sqrt{\dfrac{n}{2}}$ 로 계산
	군집 간의 거리를 계산하여 평가	▪ 유클리드 거리(Euclidean) ▪ 맨해튼 거리(Manhattan) ▪ 민코프스키 거리(Minkowski) ▪ 표준화 거리(Standardized) ▪ 마할라노비스 거리(Mahalanobis) ▪ 캔버라 거리(Canberra) ▪ 체비셰프 거리(Chebychev)
	엘보 메소드	▪ K-평균 분석 시각화 The Elbow Method using Distortion

분류분석 평가지표

혼동행렬

실제

클래스	Positive	Negative
Positive	True Positive(TP)	False Positive(FP)
Negative	False Negative(FN)	True Negative(TN)

(예측)

예측

클래스	Positive	Negative
Positive	True Positive(TP)	False Negative(FN)
Negative	False Positive(FP)	True Negative(TN)

(실제)

구분	의미
TP(True Positive)	예측한 값이 Positive이고 실제 값도 Positive인 경우
FP(False Positive)	예측한 값이 Positive이고 실제 값은 Negative인 경우
TN(True Negative)	예측한 값이 Negative이고 실제 값도 Negative인 경우
FN(False Negative)	예측한 값이 Negative이고 실제 값은 Positive인 경우

혼동행렬 평가 지표

평가지표	계산식	의미
정확도(Accuracy)	$\dfrac{TP+TN}{TP+TN+FP+FN}$	전체 데이터에서 올바르게 분류한 데이터의 비율
정밀도(Precision)	$\dfrac{TP}{TP+FP}$	Positive로 예측한 것 중에서 실제 값이 Positive 인 비율
재현율(Recall), 민감도(Sensitivity), 참 긍정율(TPR, True Positive Rate)	$\dfrac{TP}{TP+FN}$	실제 Positive인 값 중 Positive로 분류한 비율
특이도(Specificity), 참 부정율(TNR, True Negative Rate)	$\dfrac{TN}{TN+FP}$	실제 Negative인 값 중 Negative로 분류한 비율
거짓 긍정률 FPR(False Positive Rate)	$1-\dfrac{TN}{TN+FP}=\dfrac{FP}{TN+FP}$	실제 Negative인 값 중 Positive로 잘못 분류한 비율(1-Specificity)
F1-스코어	$2\times\dfrac{Precision\times Recall}{Precision+Recall}$	정밀도와 재현율의 조화평균으로, 정밀도와 재현율 중 한쪽만 클 때보다 두 값이 골고루 클 때 큰 값이 된다.

● ROC 곡선

ROC 곡선(Receiver Operating Characteristic Curve)은 임곗값을 다양하게 조절해 분류 모형의 성능을 비교할 수 있는 그래프로, 서로 반비례 관계에 있는 민감도(TPR)를 y축에 두고, 거짓 긍정률(FPR)을 x축에 두어 시각화한 것이다.

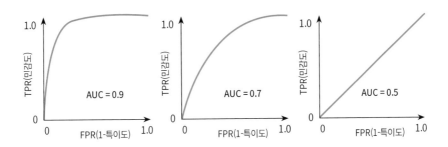

■ 회귀 평가지표

평가지표	수식	오차 상쇄 처리	이상치
MAE	$\dfrac{1}{n}\sum_{i=1}^{n}\lvert y_i - \hat{y}_i \rvert$	절댓값	유리
MSE	$\dfrac{1}{n}\sum_{i=1}^{n}(y_i - \hat{y}_i)^2$	제곱	불리
RMSE	$\sqrt{\dfrac{1}{n}\sum_{i=1}^{n}(y_i - \hat{y}_i)^2}$	제곱	불리
MAPE	$100\cdot\dfrac{1}{n}\sum_{i=1}^{n}\left\lvert \dfrac{y_i - \hat{y}_i}{y_i} \right\rvert$	절댓값	유리

■ 분석기법별로 활용되는 성능 평가 기준

데이터 마이닝	시뮬레이션
정확도(Accuracy)	throughput
정밀도(Precision)	average waiting time
검출률(detect rate) 재현율(Recall), 민감도(Sensitivity)	average queue length
향상도(lift)	time in system

■ 교차검증

학습 데이터셋과 테스트 데이터셋으로 단순히 한 번 나눈다면 테스트 셋이 어떻게 샘플링되느냐에 따라 점수가 크게 달라질 수 있다. 교차검증(cross validation)은 데이터를 나누고 학습하는 과정을 여러 차례 반복함으로써 일반화 성능을 평가한다.

- **k-폴드 교차검증(k-fold cross validation):** 데이터를 k개의 폴드(fold)라고 불리는 파티션으로 나누어 k-1개의 폴드는 학습용으로 나머지는 검증용으로 k번 학습하여 얻은 결과들의 평균값으로 일반화 성능을 평가하는 방법이다.

- **홀드아웃(Holdout):** 가장 단순한 종류의 교차검증 방법으로, 데이터를 랜덤으로 추출해 학습 데이터와 테스트 데이터로 나눈다.

- **리브-p-아웃 교차 검증(Leave-p-out cross validation, LpOCV):** p개의 관측치만 검증용으로 사용되고 나머지 관측치는 모두 모형을 학습하는 데 사용한다.

참고 **부트스트랩(Bootstrap)**
부트스트랩은 한 번 추출한 표본을 다시 모집단에 넣어 또 다른 표본을 추출하는 '단순 랜덤 복원추출법'을 활용하여 동일한 크기의 표본을 여러 개 생성하는 샘플링 방법의 하나다. 표본의 중복을 허용하는 방법으로 '무작위 추출 방법'이라고도 부른다.

■ 모수 검정과 비모수 검정 비교

	모수 검정	비모수 검정
가설 설정	가정된 분포의 모수(모평균, 모분산)에 대해 가설 설정	분포의 형태에 대한 가설 설정 (분포의 형태가 동일함, 분포의 형태가 동일하지 않음)
검정 방법	표본평균, 표본분산	(관측값의 절대적 크기에 의존하지 않고 이상치의 영향이 적은) 순위, 부호
검정력	비교적 강함	비교적 약함

참고 **비모수 검정 예시**

부호검정(sign test), 윌콕슨의 부호순위합검정(Wilcoxon signed rank test), 윌콕슨의 순위합검정(rank sum test), 스피어만의 순위상관계수, 런검정(run test), 만-위트니의 U검정

■ 적합도 검정

적합도(Goodness-of-Fit)는 실험에서 얻은 결과가 이론 분포와 일치하는 정도를 의미한다. 즉, 적합도 검정(Goodness of fit test)은 데이터가 특정 이론 분포를 따르는지를 검정하는 것이다.

- **카이제곱 검정(Chi-Squared Test)**: 범주형 데이터를 대상으로 관측된 값들의 빈도수와 기대 빈도수가 의미 있게 다른지를 비교한다.
- **샤피로 윌크 검정(shapiro-wilk normality test)**: 데이터가 정규분포로부터 추출된 표본인지 검정한다.
- **콜모고로프 스미르노프 검정(Kolmogorov-Smirnov Test)**: 데이터의 누적분포함수와 임의 분포의 누적분포함수 간의 최대 차이 D를 검정통계량으로 하는 비모수 검정 기법이다.
- **Q-Q 플롯**: 그래픽적으로 데이터의 정규성을 확인하는 가장 간단한 방법이다. 대각선 참조선을 따라 값들이 분포하면 정규성을 만족한다고 판단할 수 있다.

■ **과소적합, 일반화된 모형, 과적합**

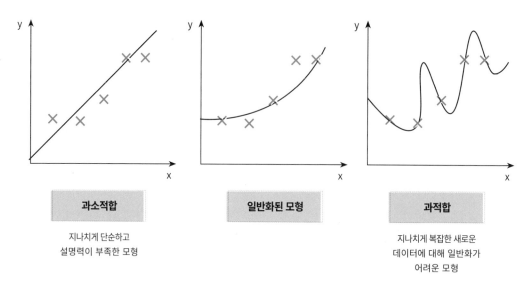

과소적합	일반화된 모형	과적합
지나치게 단순하고 설명력이 부족한 모형		지나치게 복잡한 새로운 데이터에 대해 일반화가 어려운 모형

■ **과적합을 방지하는 방법**

① **학습 데이터를 더 많이 확보**: 더 많은 학습 데이터를 학습해 일반화 성능을 높일 수 있다.

② **교차검증**: 데이터를 나누고 학습하는 과정을 여러 차례 반복하는 교차검증은 검증용 데이터셋이 고정되어 있지 않아 일반화 성능을 높일 수 있다.

③ **피처의 수를 줄인다**: 중요도가 낮은 피처를 제거해 일반화 성능을 높일 수 있다. 하지만 제거된 피처의 정보가 손실된다는 단점이 있다.

④ **정규화**: 손실함수에 페널티를 부과해 과하게 적합하지 않게 규제를 가해 각각의 영향력을 줄이고 모형을 단순화해 일반화 성능을 높일 수 있다. 가중치 규제에는 모든 가중치의 절댓값 합계를 비용함수에 추가하는 L1 규제와 모든 가중치의 제곱의 합을 비용함수에 추가하는 L2 규제가 있다.

■ 매개변수 최적화와 경사하강법

최적화(optimization)는 일반적으로 손실함수(loss function)의 값을 최소화하는 분석 모형의 매개변수를 찾는 것을 의미하며, 경사하강법(gradient descent)은 최적화를 수행하기 위해 사용되는 대표적인 알고리즘 중 하나다.

- **경사하강법**: 현재 위치에서 기울기(그레이디언트, gradient)를 구해 함수의 값이 급격히 감소하는 방향으로 매개변수 값을 조정하는 것을 반복하여 전역 최솟값(global minimum)을 찾아 나가는 것
- **확률적 경사하강법(SGD)**: 무작위로 샘플링된 하나의 샘플로 그레이디언트를 계산하고 매개변수를 업데이트한다. 즉, 배치(batch)의 크기가 1인 경사하강법으로 볼 수 있다.
- **미니 배치 확률적 경사하강법(BGD)**: 한번 매개변수를 업데이트 할 때마다 전체 데이터셋을 사용하는 방식인 BGD와 SGD 알고리즘의 장점을 모두 취하면서 매개변수 업데이트를 수행하는 알고리즘이다.
- **모멘텀(Momentum)**: 물리학의 '운동량'에서 유래된 단어로 SGD가 가는 방향에 가속도를 부여해주는 알고리즘이다. 결과적으로 진동이 감소하고 더 빠르게 학습을 진행할 수 있다.
- **AdaGrad**: 매개변수별 적응 학습률(adaptive learning rate)을 사용하는 알고리즘으로 업데이트가 빈번히 수행된 매개변수들은 낮은 학습률로 조정하고 그렇지 않은 매개변수들은 학습률을 크게 조정한다.
- **Adam(Adaptive Moment Estimation)**: 오래된 기울기의 영향력을 지수적으로 줄여 AdaGrad를 개선한 RMSProp에 모멘텀을 더한 것으로, 최근 가장 많이 사용되는 알고리즘이다.

■ 앙상블 기법

앙상블(ensemble)은 주어진 데이터에서 여러 개의 분석 모형을 만들고 각 학습 결과를 결합하여 예측 모형을 구축하는 기법으로, 단일 예측 모형보다 더 나은 일반화 성능을 갖는 것을 목표로 한다. 앙상블 기법의 종류에는 보팅(voting), 배깅(bagging), 부스팅(boosting) 등이 있다.

- **보팅**: 서로 다른 알고리즘을 사용한 여러 분석 모형의 결과를 두고 투표를 통해 최종 예측 결과를 결정한다.
- **배깅(Bootstrap aggregating)**: 간단하고 강력한 앙상블 기법이다. 먼저, 분석 모형의 수만큼 부트스트랩 데이터를 만들고 같은 알고리즘으로 병렬적으로 학습한 각각의 학습 결과를 결합해 최종 예측 모형을 만든다.
- **랜덤 포레스트**: 의사결정 트리를 개별 모형으로 사용하는 모형 결합 방법으로, 독립변수의 차원을 랜덤하게 감소시킨 다음 그중에서 독립변수를 선택하는 방법이다.
- **부스팅**: 여러 개의 연결된 약한 분석 모형(weak learner)을 순차적으로 학습하며 맞추지 못한 부분에 가중치를 부여함으로써 하나의 강한 분석 모형(strong learner)으로 만드는 앙상블 기법이다.

01. 다음 중 군집분석의 평가방법이 아닌 하나를 고르시오.

① 유클리드 거리(Euclidean)

② 민코프스키 거리(Minkowski)

③ K-means 분석 시각화

④ F1-스코어

02. 혼동행렬(오분류표)로 분류모델을 평가할 때 Positive로 예측한 것 중에서 실제 값이 Positive인 비율을 나타내는 용어를 고르시오.

① 정밀도(Precision)

② 정확도(Accuracy)

③ 재현율(Recall)

④ 특이도(Specificity)

03. 혼동행렬(오분류표)로 분류모델을 평가할 때 민감도(Sensitivity)가 높은 검사법은 FN(거짓 음성)이 낮기 때문에 음성 값이 나오면 그 값을 더 신뢰할 수 있다. 이러한 민감도가 높은 검사법이 필요한 케이스를 고르시오.

① 진단과정에서 마지막으로 확신하고자 할 때

② FP 판정으로 당사자에게 신체적, 정신적, 경제적으로 큰 손실을 초래할 때

③ 초기 단계 코로나 감염자로 의심되는 사람을 모두 걸러낼 때

④ 유병률이 높으면서 치료 효과가 낮을 때

04. 다음의 혼동행렬(오분류표)을 보고 재현율(민감도, 참 긍정률)을 계산하시오.

		예측값		합계
		Positive	Negative	
실제값	Positive	30	70	100
	Negative	60	40	100
합계		100	100	200

① 0.2   ② 0.3

③ 0.5   ④ 0.6

05. 다음의 혼동행렬(오분류표)을 보고 정확도를 계산하시오.

		예측값		합계
		Positive	Negative	
실제값	Positive	80	20	100
	Negative	30	70	100
합계		100	100	200

① 0.45   ② 0.55

③ 0.65   ④ 0.75

06. 다음의 혼동행렬(오분류표)을 보고 F1-스코어를 계산하시오.

		예측값		합계
		Positive	Negative	
실제값	Positive	60	40	100
	Negative	40	60	100
합계		100	100	200

① 0.4   ② 0.5

③ 0.6   ④ 0.7

07. ROC커브에 대한 설명으로 틀린 것을 고르시오.

① 대다수 분류 모형은 확률값을 예측하여 해당 값이 설정해둔 임곗값보다 높으면 긍정으로, 그렇지 않으면 부정으로 분류한다.

② 서로 비례 관계에 있는 민감도(TPR)를 y축에 두고, 거짓 긍정률(FPR)을 x축에 두어 시각화한 것이다.

③ 면적이 넓을수록 분류를 잘하는 모형이다.

④ AUC 최댓값은 1이며 1에 가까울수록 면적이 넓다.

08. 회귀분석 평가지표가 아닌 것을 고르시오.

① 결정계수

② 평균제곱오차(MSE)

③ 평균제곱오차의 제곱근(RMSE)

④ 자카드계수

09. 회귀분석 모형 진단과 관련한 다음 설명 중 바르지 않은 것을 고르시오.

① Q–Q 플롯을 통해 데이터의 분위수와 정규분포를 따르는 분위수를 비교해 시각적으로 정규성을 확인할 수 있다.

② 정규성을 확인하기 위한 수치적 방법으로는 샤피로-윌크 검정(shapiro–wilk test), 콜모고로프 스미르노프 검정(kolmogorov–smirnov test), 앤더슨 달링 검정(anderson–darling test) 등이 있다.

③ 잔차 vs. 지렛값 플롯에서 쿡의 거리가 0.5 미만일 때 해당 관측값이 모형에 적합하지 않다고 판단한다.

④ 스케일 위치 플롯(Scale–Location Plot)을 통해 잔차의 분산이 일정한지 확인할 수 있다.

10. 교차검증의 방법 중 단일 관측치만 검증 세트에 사용되고 나머지 관측치는 모두 모형을 학습하는 데 사용되는 교차검증 방법을 고르시오.

① 리브–원–아웃 교차검증

② 리브–p–아웃 교차 검증

③ 홀드아웃

④ k–폴드 교차검증

11. 다음 중 모수 검정을 사용하는 경우를 고르시오.

① 모집단의 분포에 대해 가정하고 그 가정하에 검정통계량과 검정통계량의 분포를 도출해 검정을 수행할 때

② 관측값이 특정 분포를 따른다고 가정할 수 없을 때

③ 표본의 수가 30개 미만으로 적은 경우

④ 변수의 척도가 서열척도 또는 명목척도인 경우

12. 실험에서 얻은 결과가 이론분포와 일치하는 정도를 의미하며, 데이터가 특정 이론적 분포를 따르는지를 검정하는 방법을 무엇이라고 하는지 다음 중에서 고르시오.

① T–검정

② F–검정

③ Z–검정

④ 적합도 검정

13. 학습 데이터를 과하게 학습해 학습 데이터에 대해서는 높은 정확도를 보이지만, 다른 새로운 데이터에 대해서는 낮은 성능을 보이는 오류를 발생시키는 것을 무엇이라고 하는지 다음 보기 중에서 고르시오.

① 과소적합   ② 과적합

③ 경사하강   ④ 모멘텀

14. 과적합을 방지하는 방법이 아닌 것을 다음 중 고르시오.

① 교차검증

② 학습 데이터를 더 많이 확보한다.

③ 피처의 수를 줄인다.

④ 매개변수 최적화

15. 다음 중 매개변수 최적화 방법이 아닌 것을 고르시오.

① 경사하강법   ② AdaGrad

③ 모멘텀   ④ L1규제와 L2규제

16. 물리학의 '운동량'에서 유래된 단어로 SGD가 가는 방향에 가속도를 부여해주는 알고리즘이다. 결과적으로는 진동이 감소하고 더 빠르게 학습을 진행할 수 있는 매개변수 최적화 방법을 고르시오.

① 모멘텀

② 미니 배치 확률적 경사하강법

③ 경사하강법

④ Adam

17. 주어진 데이터에서 여러 개의 분석 모형을 만들고 각 학습 결과를 결합하여 예측 모형을 구축하는 기법을 무엇이라고 하는지 다음 중에서 고르시오.

① 혼동행렬

② 경사 하강법

③ 앙상블 기법

④ k–폴드 교차검증

18. 앙상블 기법에 대한 다음 설명 중 가장 올바르지 않은 것을 고르시오.

① 보팅은 서로 다른 알고리즘을 사용한 여러 분석 모형의 결과를 두고 투표를 통해 최종 예측 결과를 결정한다.

② 랜덤 포레스트는 여러 개의 연결된 약한 분석 모형(weak learner)을 순차적으로 학습하며 맞추지 못한 부분에 가중치를 부여함으로써 하나의 강한 분석 모형(strong learner)을 만드는 앙상블 기법이다.

③ 배깅은 분석 모형의 수만큼 부트스트랩 데이터를 만들고 같은 알고리즘으로 병렬적으로 학습한 각각의 학습 결과를 결합해 최종 예측 모형을 만든다.

④ 랜덤 포레스트(random forest)는 배깅 방식을 적용한 트리 모형 기반의 알고리즘이다.

19. 다음의 분석 결과 설명 중 가장 올바르지 않은 것을 고르시오.

```
Subset selection object
Call: regsubsets.formula(Fertility ~ ., data = swiss)

5 Variables (and intercept)

                 Forced in   Forced out

Agriculture      FALSE       FALSE
Examination      FALSE       FALSE
Education        FALSE       FALSE
Catholic         FALSE       FALSE
Infant.Mortality FALSE       FALSE

1 subsets of each size up to 5
Selection Algorithm: exhaustive

 Agriculture Examination Education Catholic Infant.Mortality
1 ( 1 ) " "         " "       "*"      " "        " "
2 ( 1 ) " "         " "       "*"      "*"        " "
3 ( 1 ) " "         " "       "*"      "*"        "*"
4 ( 1 ) "*"         " "       "*"      "*"        "*"
5 ( 1 ) "*"         "*"       "*"      "*"        "*"

    Adj.R2    CP     BIC
1      5      4       4

Adj.R2    1          2          3          4          5
[1] 0.4281849  0.5551665  0.6390004  0.6707140  0.6709710
```

① 변수의 개수가 1개일 때 Education 변수를 포함한 모형을 선정하고 변수의 개수가 3개일 때는 Education, Catholic, Infant.Mortality 변수를 포함하는 모형을 선정하는 것이 좋다.

② CP와 BIC 방법은 독립 변수가 4개인 모형을 최적의 모형으로 선정한다.

③ 하나의 변수만 포함한 모형은 약 43%의 설명력을 가지지만, 변수의 개수가 늘어나면서 설명력 또한 약 67%까지 증가하는 모습을 확인할 수 있다.

④ 가장 낮은 설명력을 보이는 모형은 모든 변수를 포함한 모형이다.

20. 다음은 NCS 기반 '모형 성능 평가 및 최종 모형 선정' 과정에 대한 설명이다. 프로세스 순서가 바르게 배열된 것을 고르시오.

가. 데이터셋 준비

나. 혼동행렬 만들기

다. 주요 모형 평가지표를 확인하거나 추가로 계산

라. 분석 모형을 적용해 결과 예측값을 도출

① 가 – 라 – 다 – 다

② 가 – 라 – 나 – 다

③ 가 – 나 – 다 – 라

④ 가 – 다 – 라 – 나

1. **답**: ④

   해설: F1-스코어는 분류분석의 평가 방법 중 하나다. 군집분석의 평가 방법 중 거리를 계산하는 평가 방법에는 유클리드 거리(Euclidean), 맨해튼 거리(Manhattan), 민코프스키 거리(Minkowski), 표준화 거리(Standardized), 마할라노비스 거리(Mahalanobis), 캔버라 거리(Canberra), 체비셰프 거리(Chebychev) 등이 있다.

2. **답**: ①

   해설: Positive로 예측한 것 중에서 실제 값이 Positive인 비율을 정밀도(Precision)라고 한다. ② 정확도(Accuracy)는 전체 데이터에서 올바르게 분류한 데이터의 비율을 말한다. ③ 재현율(Recall)은 실제 Positive인 값 중 Positive로 분류한 비율을 말한다. 다른 말로 민감도(Sensitivity) 혹은 참 긍정률(TPR, True Positive Rate)이라고 부르기도 한다. ④ 특이도(Specificity)는 실제 Negative인 값 중 Negative로 분류한 비율을 말한다.

3. **답**: ③

   해설: 음성 값이 나오면 그 값을 더 신뢰할 수 있는 경우는 초기 단계 환자로 의심되는 사람을 모두 걸러낼 때와 유병률이 낮은 질병 대상으로 가능한 한 많은 환자를 찾고자 할 때이다. ① ② ④ 케이스는 양성이 나올 경우 FP(거짓 양성) 가능성이 낮아서 양성 값이 나오면 더 신뢰할 수 있는 특이도(Specificity)가 높은 검사법이 필요한 케이스이다.

4. **답**: ②

   해설: 재현율을 구하는 공식은 (TP) / (TP+FN) = 30 / 100이므로 '0.3'이 답이다.

5. **답**: ④

   해설: 정확도를 구하는 공식은 (TP+TN) / (TP+TN+FP+FN) = (80+70) / 200이므로 '0.75'가 답이다.

6. **답**: ③

   해설: F1-스코어를 구하는 공식은 {(정밀도X재현율) / (정밀도+재현율)} X 2이다. 먼저 정밀도를 구하는 공식은 (TP) / (TP+FP) = 60 / 100이므로 정밀도는 '0.6'이다. 재현율 구하는 공식은 (TP) / (TP+FN) = 60 / 100이므로 재현율은 '0.6'이다. 따라서 F1-스코어는 {(0.6 X 0.6) / (0.6 + 0.6)} X 2 = { 0.36 / 1.2 } X 2 = 0.60이다.

7. **답**: ②

   해설: ROC 커브는 서로 반비례 관계에 있는 민감도와 거짓 긍정률을 시각화한 것이다.

8. **답**: ④

   해설: 자카드계수는 두 데이터 군집 간의 유사도를 계산할 때 사용된다.

9. **답**: ③

   해설: 잔차 vs. 지렛값 플롯에서 쿡의 거리가 0.5 이상일 때 해당 관측값이 모형에 적합하지 않다고 판단한다. 0.5 미만이면 모형에 적합하다고 판단한다. 쿡의 거리는 지렛값(Leverage)의 크기를 구할 때 사용하는 방법이다. 관측값이 회귀 모형에 적합해서 큰 영향을 주지 않으면 쿡의 거리가 작고, 적합하지 않아서 큰 영향을 주면 쿡의 거리가 길어진다.

10. **답**: ①

    해설: 리브-원-아웃 교차검증(Leave-one-out cross validation, LOOCV)은 단일 관측치만 검증 셋에 사용하고 나머지 관측치는 모두 모형을 학습하는 데 사용한다. 즉, 리브-p-아웃 교차검증에서 p가 1인 경우다. ② 리브-p-아웃 교차 검증은 p개의 관측치만 테스트 셋에 사용하고 나머지 관측치는 모두 모형을 학습하는 데 사용한다. ③ 홀드아웃은 가장 단순한 종류의 교차검증 방법으로 데이터를 랜덤으로 추출해 학습 데이터와 테스트 데이터로 나눈다. ④ k-폴드 교차검증은 데이터를 k개의 폴드(fold)라는 파티션으로 나눈다. k는 보통 5~10 사이의 수를 사용한다.

11. 답: ①

해설: 모수검정을 모집단의 본포에 대한 가정을 원칙으로 한다. 비모수검정은 분포에 대해 어떤 가정도 하지 않는다. 관측값이 특정 분포를 따른다고 가정할 수 없는 경우, 표본의 수가 30개 미만으로 적은 경우, 모집단에 대한 정보가 없는 경우, 변수의 척도가 서열 척도 또는 명목척도인 경우 비모수검정을 사용한다.

12. 답: ④

해설: 적합도 검정에는 카이제곱 검정, 샤피로 윌크 검정, 콜모고로프 스미르노프 검정, Q–Q 플롯 검정 등이 있다.

13. 답: ②

해설: 과적합(overfitting)은 학습 데이터를 과하게 학습하는 경우 새로운 데이터에 대해서는 낮은 성능을 보이는 오류이며, 과소적합(underfitting)은 분석 모형이 지나치게 단순하여 데이터가 학습할 때 유연성이 떨어져 데이터의 특징을 충분히 설명하지 못하는 오류다.

14. 답: ④

해설: 매개변수 최적화(optimization)는 일반적으로 손실함수(loss function)의 값을 최소화하는 분석 모형의 매개변수를 찾는 것을 의미한다. 과적합 방지와는 거리가 멀다.

15. 답: ④

해설: L1규제와 L2규제는 가중치를 규제하여 과적합을 방지하는 정규화의 방법이다. 가중치 규제에는 모든 가중치의 절댓값 합계를 비용함수에 추가하는 L1규제와 모든 가중치들의 제곱의 합을 비용함수에 추가하는 L2규제가 있다.

16. 답: ①

해설: 공을 내리막길에서 굴리면 운동량이 누적되면서 점점 빠른 속도로 굴러 내려가게 된다. 모멘텀 기법도 이와 마찬가지로 생각할 수 있으며 지역 최소점을 더 잘 탈출할 수 있게 한다.

17. 답: ③

해설: 앙상블 기법은 하나 이상의 예측 모형을 결합하여 성능을 높이는 기법으로, 그 종류에는 보팅(voting), 배깅(bagging), 부스팅(boosting) 등이 있다.

18. 답: ②

해설: ② 부스팅에 관한 설명이다. 랜덤 포레스트는 의사결정 트리를 개별 모형으로 사용하는 모형결합 방법으로, 독립변수의 차원을 랜덤하게 감소시킨 다음 그 중에서 독립변수를 선택하는 방법이다.

19. 답: ④

해설: 가장 높은 설명력을 보이는 모형은 모든 변수를 포함한 모형이다. 즉, 변수 5개인 모형을 선택한다.

20. 답: ②

해설: ② 데이터셋 준비 → 분석 모형을 적용해 결과 예측값을 도출 → 혼동행렬 만들기(분석 결과인 예측값과 실제 값의 비교) → 주요 모형 평가지표를 확인하거나 추가로 계산

02 장

분석 결과 해석 및
활용

01 _ 분석 결과 해석

학습단계

1. 분석 모형 해석
2. 비즈니스 기여도 평가

학습목표

분석 결과를 해석하고 비즈니스 기여도를 평가하는 방법을 학습한다.

02 _ 분석 결과 시각화

학습단계

1. 시각화 개요
2. 시공간 시각화
3. 분포 시각화
4. 관계 시각화
5. 비교 시각화
6. 인포그래픽

학습목표

분석 결과를 해석하고 인사이트를 도출하는 데 시각화는 매우 중요하다. 시각화의 종류와 쓰임새에 대해 학습한다.

02 _ 분석 결과 시각화

학습단계

1. 분석 결과 활용의 이해
2. 분석 결과 활용 계획 수립
3. 분석 모형 전개
4. 분석 결과 활용 시나리오 개발
5. 분석 모형 모니터링
6. 피드백과 분석 모형 리모델링

학습목표

분석 결과를 어떻게 실제로 활용하는지 그 방법을 학습한다. NCS 기반으로 실무 예를 통해 분석 결과 도출 이후 다시 분석 모형을 리모델링하기까지의 과정을 학습한다.

01 분석 결과 해석

1. 분석 모형 해석

(1) 데이터의 해석

빅데이터 분석에서 접하는 데이터의 양은 상상 이상으로 엄청날 수도 있다. 예를 들어 어떤 공장에 하나의 제품을 만들기 위한 수백 개의 공정이 있다고 가정해 보자. MES 시스템으로 공정마다 생산되는 수백 개의 부품에 대한 로그 데이터가 실시간으로 매초 빅데이터 플랫폼에 적재된다. 어떻게 그 엄청난 양의 데이터를 분석할 것인가? 이렇게 데이터의 수와 종류가 많을 때는 데이터를 먼저 해석하고, 분석에 활용해야 하는데, 이때 다음에 소개하는 몇 가지 방법을 이용할 수 있다(더 자세한 내용을 알고 싶거나 관심이 있는 독자는 한국데이터산업진흥원 DAP 관련 문서나 데이터베이스 구축 관련 자료를 찾아보면 도움이 될 것이다).

① 예시 기반 설명

예시를 기반으로 데이터의 관측치 범위와 차원을 결정하는 방법이다. 모든 데이터를 조사할 수 없을 때, 일정 범주를 정하여 특성화하거나 구별화하여 대표성을 가지는 예시 데이터를 기반으로 전체 데이터를 설명하는 방법이다(참고: https://www.sas.com/ko_kr/solutions/ai-mic/blog/machine-learning-data-set.html).

② 임베딩 기법

기계가 이해할 수 있게 숫자 형태인 벡터(vector)로 바꾼 결과, 또는 바꾸는 일련의 과정을 임베딩이라고 한다. 다양한 임베딩 기법을 사용해 데이터의 차원을 축소할 수 있다. 근접한 데이터를 탐색하거나 전체 구조를 분석하고 이해할 수 있으며, 클러스터를 분류하고 이상치나 오류를 찾아낼 수 있다.

- **주성분 분석(PCA)**
  데이터의 차원을 축소하는 가장 대표적이고 효과적인 알고리즘으로, 변수 간에 선형관계가 명확한 경우 더 유용하다.
- **t-SNE(T-distributed Stochastic Neighbor Embedding)**
  근접 데이터를 보존하며 차원을 축소하는 알고리즘이다. 비선형적이며 비결정적이고 PCA로 놓칠 수 있는 데이터 구조를 찾아낼 수 있다.

③ 토폴로지 데이터 분석(TDA: Topological Data Analysis)

토폴로지란 개체를 분리하지 않고 변형할 때 '보존된 기하학적 특성'을 연구하는 분야다. 그렇기 때문에 토폴로지를 이용한 데이터 분석은 데이터의 기하학적 특성을 연구하는 도구로서 유용하다. 기하학적 특성은 클러스터, 루프, 덩굴 형태로 분류될 수 있다. 예를 들어 데이터셋에 주기적으로 반복되는 패턴이 있는 경우 루프 형태의 결과를 볼 수 있다. 다음 그림을 보면 선형, 군집, 루프, 깔때기 모양(y자)의 패턴을 확인할 수 있다. 첫 번째 선형 패턴은 선형 회귀 분석을 통해서 데이터를 이해할 수 있고, 두 번째 군집 형태는 3개의 군집분석을 통해서 데이터를 이해할 수 있다. 루프 패턴의 경우 원형 방정식으로 이해할 수 있다. 문제는 마지막의 Y자 패턴인데, 이 경우에 TDA로 데이터를 분석하고 이해할 수 있다.

【 여러 가지 데이터 패턴 】

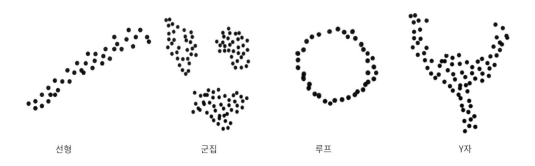

| 선형 | 군집 | 루프 | Y자 |

패턴을 정의하기 어려운 손 모양의 3D 물체를 TDA로 분석하는 예가 가장 대표적이다. 먼저 3D 모형을 포인트 클라우드 형태로 나타낸다. 그리고 여기에 영역별로 다른 색깔을 입혀서 구분한 뒤 그 색깔에 따라(필터에 따라) 데이터를 그룹화한다. 그리고 그것을 다시 구조화해 군집별로 다음 그림과 같이 나타낼 수 있다(더 자세한 사항은 네이처 논문 참조: https://www.nature.com/articles/srep01236).

【 Y자 패턴 데이터의 TDA 활용 예시 】

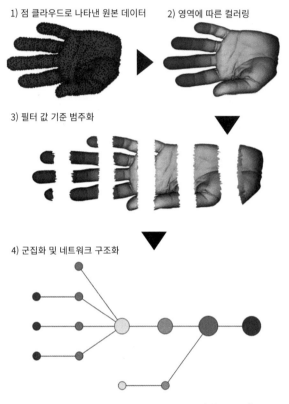

1) 점 클라우드로 나타낸 원본 데이터   2) 영역에 따른 컬러링

3) 필터 값 기준 범주화

4) 군집화 및 네트워크 구조화

* 출처: https://www.nature.com/articles/srep01236

(2) 분석 모형 및 결과 해석

분석 결과의 해석은 단순히 어떤 분석 결과의 결괏값을 해석하는 것이 아니라, 조금 더 확장된 개념으로 봐야 한다. 앞서 1과목에서 빅데이터의 가치를 이야기하며 인사이트를 도출하는 것이 중요하다고 언급한 바 있다. 즉, 분석 결과 해석을 통해 해당 도메인에서 의사결정에 활용할 수 있는 인사이트를 도출해야 한다. 예를 들어 빅데이터 분석을 통해 OO 제품을 사는 사람은 XX 제품도 함께 구매할 확률이 높다는 분석 모형 결과가 나왔다고 가정해 보자. 여기서 'OO제품을 사는 사람은 XX 제품도 함께 구매할 확률이 높다'는 것은 협의의 해석 개념이다.

이를 조금 더 확장하면 'OO제품의 판매대 옆에 XX 제품을 함께 진열하여 판매량을 높이자'라는 인사이트를 도출할 수 있다. 혹은 'OO 제품과 XX 제품을 함께 묶음 상품으로 판매하자'라는 인사이트를 도출할 수도 있다. DIKW 피라미드를 기억하는가? 거기서 최상위 Wisdom(지혜)에 해당하는 개념이 해석 결과로부터 도출되는 인사이트와 동일한 개념이다.

1과목에서 '데이터는 크기가 아니라, 데이터로부터 어떤 시각과 인사이트(통찰)를 얻을 수 있느냐의 문제다. 비즈니스의 핵심가치에 집중하고 이와 관련된 분석 평가지표를 개발하고 이를 통해 효과적으로 시장과 고객의 변화에 대응할 수 있을 때 빅데이터 분석은 가치가 있다'라고 언급한 바 있다. 이렇게 분석 결과의 해석을 통해 인사이트를 도출하기 위해서는 도메인(앞의 예에서는 매장 진열 담당 부서)과의 원활한 커뮤니케이션이 필수이며 또 이를 위해서는 시각화하거나 분석 결과 보고서를 작성하는 등의 일련의 과정이 필요하다. 때에 따라 분석 결과로부터 특정한 인사이트를 도출하기 어려운 경우도 있을 수 있다. 그런 경우 시각화가 생각치도 못한 인사이트를 제시할 수도 있다. 시각화를 단순히 결괏값을 그래프나 그림으로 표현하는 것에 국한하지 말고, 인사이트 도출을 위한 '연결 다리'라는 관점에서 접근하기 바란다. 결과 해석에서부터 시각화, 그리고 활용에 이르기까지의 모든 과정을 '4과목 2장 분석 결과 해석 및 활용'에서 이야기한다.

2. 비즈니스 기여도 평가

(1) 비즈니스 기여도 평가의 이해

빅데이터의 비즈니스 기여도 평가를 단순히 빅데이터 플랫폼 혹은 빅데이터 분석을 통해 비즈니스 성과가 어느 정도 향상됐는지를 살펴보는 관점에서 바라봐서는 안 된다. 재무적 관점의 성과만으로 판단해서는 안 된다는 의미다.

이것은 마치 BSC(Balance Score Card) 성과관리 개념과 비슷하다. BSC 성과관리는 기존의 성과관리가 지나치게 단기적인 재무성과에 의존하고 있어 중장기적인 기업의 비전과 전략을 담지 못한다는 한계에서 도출된 개념이다. 기존의 성과관리가 재무적 관점이었다면, 여기에 고객, 프로세스, 학습과 성장의 관점을 추가해 다각적으로 성과관리를 해야 한다는 것이 BSC 성과관리의 핵심이다. 쉽게 말하면 단순히 매출만 보지 말고 고객의 클레임률, 납기 준수율 등 외부적인 요인도 함께 고려해 판단하는 것이다.

BSC 성과관리에 대해 잠시 설명한 이유는 빅데이터의 비즈니스 기여도 평가 역시 BSC 성과관리처럼 다양한 관점에서 바라봐야 하기 때문이다. 앞서 빅데이터의 기여도를 매출의 관점에서만 바라보면 안 된다는 말의 의미가 바로 이것이다.

빅데이터를 통해 인사이트를 도출하는 것이 중요하다고 언급했다. 그 인사이트를 기반으로 삼아 새로운 아이템을 개발해 매출이익을 높였다고 가정해 보자. 이 경우 빅데이터의 기여도를 매출의 몇 %로 정의할 수 있을까? 빅데이터의 비즈니스 기여도를 평가한다는 것은 현실적으로 매우 어려운 일이다. 특히 오늘날처럼 산업이 다각화되고, 시장(국가, 고객 등)의 특수성까지 고려하면 여간 어려운 일이 아닐 수 없다. 그렇다고 방법이 전혀 없는 것은 아니다. BSC를 비롯해 재무적 기여도 평가지표, IT 기여도 평가지표, 마케팅 평가지표 등을 활용해 다양한 방법이 현재 개발 및 실험되고 있다. 여기서는 NCS 기반의 빅데이터 성과관리와 몇 가지 유사한 비즈니스 기여도 평가 방법을 살펴본다.

【 BSC의 구성 요소 】

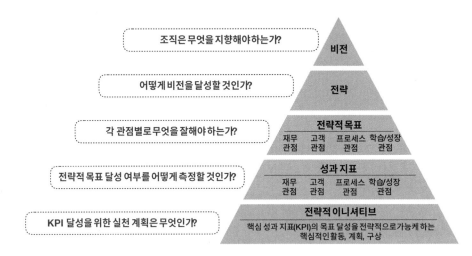

(2) 빅데이터 비즈니스 기여도 평가

① NCS 기반 빅데이터의 성과관리

빅데이터의 성과관리는 크게 네 단계로 수행된다. 먼저 빅데이터 성과 기준을 수립하고, 그 측정 방법을 기획한 다음, 평가를 실행한다. 마지막으로 빅데이터 성과 평가 피드백을 수렴해 이를 반영한다. 더 자세한 내용은 4과목 2장 3절 '분석 결과 활용' 편에서 자세히 살펴본다.

② KPI와 빅데이터

KPI(Key Performance Indicator)는 '핵심성과지표'라고도 불리는데, 성과지표 중에서 가장 중요한 성과지표를 말한다. 비즈니스에서 KPI는 현재의 상태를 알려주는 나침반과 같으며, 비즈니스의 흐름 및 추세를 알려주는 지표다. 따라서 많은 기업은 저마다 맞춤형 KPI를 선정하고 수정하는 것을 반복하며 최적의 KPI를 만들어가고 있다.

투자 대비 재무 효과를 정량화하는 방법에는 총 소유 비용(TCO, Total Cost of Ownership), 투자 대비 효과(ROI, Return on Investment), 순 현재가치(NPV, Net Present Value), 내부수익률(IRR, Internal Rate of Return), 투자회수기간(PP, Payback Period) 등의 성과측정 지표를 활용하는 방법이 있다.

예를 들어 어떤 기업의 매출 목표를 10% 상승으로 잡았다고 가정해 보자. 그 기업의 마케팅팀의 KPI는 '매출 상승 10%'가 아니다. 매출을 올리기 위해 마케팅팀의 세부 성과지표를 다시 설정해야 한다. 예컨대 쇼핑몰 방문자 수 20% 증가, 광고비 집행 대비 광고효과 20% 제고 등이 그 마케팅팀의 KPI가 될 수 있다. 즉, 기업의 KPI는 기업 내 부서 및 업무의 특수성 등에 따라 다양하게 생성되고 그것이 성과지표로 활용된다.

오늘날에는 많은 기업이 빅데이터를 도입하고 있으며 KPI에도 이를 도입하여 활용하고 있다. 영업 및 마케팅 부문에서는 물론, 금융거래, 공공기관, 제조업 등 다양한 분야에서 직접적이든 간접적이든 KPI로 빅데이터를 활용한다.

【 KPI와 빅데이터 활용 사례 】

영업 및 마케팅 부문	어떤 기업이 소셜 데이터를 분석하여 고객의 인식조사를 실시했고 그 결과를 바탕으로 광고를 만들었는데, 기존 타깃인 어린이가 아니라 잠재고객인 여성에 초점을 두었다. 결과적으로 매출이 증가했고, 잠재고객에 대한 새로운 평가와 다른 제품 추천을 통해 교차 판매 증대의 효과도 볼 수 있었다. 마케팅 영역에서의 데이터 분석 활용은 가장 흔한 예시다.
사기 방지 및 탐지	부정 및 사기가 의심되는 그룹을 이전보다 더 정밀하게 파악해서 제공하고 허위 정보를 줄여나가는 것을 데이터 분석과 활용으로 할 수 있다. 예를 들어 최근 이슈가 되고 있는 코로나 사태에서 해외입국자들의 주소지 허위 신고 및 거주지 이탈과 관련하여 데이터 분석을 사용한다고 한다. 그 밖에도 가장 보편적인 예로, 보험사에서 기존 데이터베이스를 토대로 사기 의심이 되는 후보군을 구분하기 위해 데이터 분석을 활용하기도 한다.
비즈니스 경쟁력 강화	비즈니스에서 데이터를 활용한 예측 분석은 제품의 생산 효율을 증대하고 검사나 장비 개선에 기여하는 중요한 역할을 할 수 있다. 예를 들어 OO 기업에서는 제조 프로세스 마이닝 기반 공정 분석을 활용해서 프로세스 패턴 분석, 모형 분석, 성과 분석 등을 수행하고 그 결과 공정관리 업무 효율의 향상, 생산성 향상 등의 결과를 얻을 수 있었다. 결과적으로 연간 약 53억 원의 비용 절감 효과를 거뒀다. 또 다른 예로 OO 기업은 잠재고객 추정, 운항 데이터 분석, 기자재 상태 진단 시뮬레이터 분석 등을 통한 선박 유지보수 서비스 모형인 MRO(Maintenance, Repair & Operation)를 개발했고 그 결과 고객사의 비용 및 납기 절감, 매출 성장이라는 효과를 거둘 수 있었다.

③ 빅데이터 분석을 활용한 마케팅 기여도 평가

휴대폰, 인터넷 포털 사이트, 블로그, 카페, TV 등 기업이 고객과 만나는 채널은 점점 다양해지고 있다. 이렇게 다양하고 복잡한 마케팅 환경에서 마케팅의 비즈니스 기여도를 평가하는 데 빅데이터 분석이 활용된다. 마케팅의 비즈니스 기여도를 올바르게 측정하고 평가하는 것은 기업에 무척 중요한 일이다.

【 빅데이터 분석을 활용한 마케팅 기여도 평가 모형 】

접점 기여도 모형	기업이 고객을 만나는 과정 중 처음 혹은 마지막 접점에 기여도 가중치를 두는 방식으로, 다양한 상황을 반영하기가 어렵다는 단점이 존재한다.
선형 기여도 모형	기업이 고객을 만나는 과정의 모든 상호작용에 기여도 가중치를 두는 방식으로, 접점 기여도를 개선한 모형이지만 여전히 다양하고 특정한 상호작용을 반영하기는 어렵다는 단점이 존재한다.
맞춤형 모형	빅데이터 분석을 활용해 해당 기업에 최적화된 알고리즘을 만들고 이를 통해 마케팅의 기여도를 평가하는 방법이다. 최근 도입된 개념으로, 빅데이터 분석 플랫폼 및 환경이 갖춰져 있지 않으면 제대로 활용하기 어렵다는 단점이 존재한다.

* 참고: SAS blog, https://blogs.sas.com

④ IT 부문에서의 비즈니스 기여도 평가

IT 부문에서의 비즈니스 기여도를 평가하는 방법은 제조 및 생산 부서나 마케팅 부서와는 다르다. Hamilton & Sharvany는 IT 기여도를 '정보시스템 이용으로 인한 이익에 정보시스템이 기여한 정도'라고 정의한다. 일반적으로 IT 기여도란 'IT 투자에 대한 목표 달성 기여도를 재무/품질/이용/효과 측면에서 전략적, 정성적으로 타당성을 평가하는 활동'으로 바라본다. 이에 따라 IT 부문 기여도 평가 역시 기업별로 차이는 있겠지만, 일반적으로 투자 지표, 시스템 구축에 대한 품질 지표, 업무 이용 지표, 효과 지표 등 네 가지로 나눈다.

02 분석 결과 시각화

1. 시각화 개요

(1) 시각화의 이해

오늘날 불규칙하고 다양한 데이터를 통해 인사이트를 얻어내는 것은 데이터 분석의 중요한 역할이 되었다. 데이터 분석가가 보여주고 싶은 게 무엇인지에 따라 데이터는 다양한 각도에서 여러 가지 해석이 가능하며, 이것을 어떻게 표현하는지에 따라 결과물의 가치를 판단하게 된다. 데이터 시각화는 인간의 시각적, 지각적 능력을 바탕으로 시각적 효과 등을 활용해 데이터를 묘사하는 것을 의미한다. 단순한 예로는 그래프, 차트 등이 있을 수 있고, 더 나아가 이미지로 나타내는 인포그래픽과 같은 것도 있다.

【 인포그래픽 】

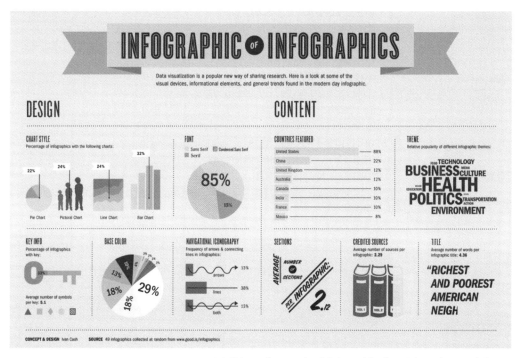

* 출처: https://www.spinxdigital.com/blog/how-infographics-can-help-you

(2) 시각화의 목적

시각화의 목적은 크게 두 가지로 볼 수 있다. 하나는 데이터를 분석해서 한눈에 알기 쉽게 표, 차트, 그래프 등의 이미지 형태로 정리하는 것이고, 다른 하나는 커뮤니케이션 목적이다. 여기서 두 번째 목적인 커뮤니케이션이 중요하다. 빅데이터는 있는 그대로의 원시적인 형태보다는 시각화를 통해 정리된 형태로부터 인사이트를 도출하기가 쉽다. 여기서 데이터를 시각화한 자료는 데이터와 사람과의 커뮤니케이션 매개체가 된다. 또 데이터 시각화는 다른 사람과의 커뮤니케이션을 위해서도 중요한 의미를 가진다. 분석 결과를 경영진에게 보고해 신사업에 대해 설명하고 투자 설득을 한다고 할 때 잘 정리된 시각화 자료는 경영진과의 커뮤니케이션에서 훌륭한 도구가 된다.

불규칙하고 유의성을 찾기 어려운 데이터 간의 숨겨진 관계와 패턴을 탐색한 뒤 창의적인 방법으로 공감을 유도할 수 있게 시각화해야 한다.

(3) 시각화의 분류

TIP _ 시각화 분류는 시험에 출제될 가능성이 높습니다.

데이터 시각화	▪ 데이터의 시각적인 표현 연구 영역 ▪ 속성이나 변수를 가진 단위를 포함한 정보 ▪ 명확하고 정확하게 커뮤니케이션하기 위한 목적 ▪ 데이터 간의 연결과 그루핑을 표현하는 데 초점 ▪ 마인드맵, 의사결정 트리, 통계 그래픽 등
정보 시각화	▪ SW 시스템, 라이브러리, 서지 정보 코드 같은 비수치적 정보, 인터넷 네트워크 관계 등 집합에 대한 시각적 표현 연구 영역 ▪ 대규모의 비수량 정보를 시각적으로 표현 ▪ 데이터 시각화보다 한 단계 더 정보 형태로 가공 ▪ 트리맵, 분기도, 수지도, 히트맵 등
정보 디자인	▪ 사람이 사용할 수 있는 효과적인 정보와 기술 데이터를 시각적으로 표현 ▪ 사람들이 좀 더 명확하게 의미를 이해하기 위함 ▪ 인포그래픽도 정보 디자인의 유형 ▪ 인포그래픽: 중요한 정보를 한 장의 그래픽으로 표현해 해당 정보를 쉽게 이해할 수 있게 만든 그래픽 메시지

【 1981년 나폴레옹 행군 다이어그램 】

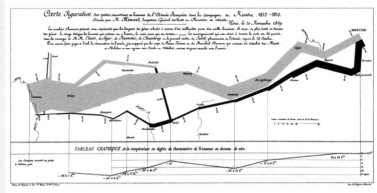

프랑스 공학자, 샤를 미나르(Charles Minard), 1861년

* https://ageofrevolution.org/200-object/flow-map-of-napoleons-invasion-of-russia/

【 나이팅게일 폴라지역 다이어그램 】

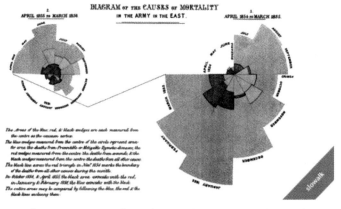

* https://www.maharam.com/stories/sherlock_florence-nightingales-rose-diagram

【 정보 디자인 개념도 】

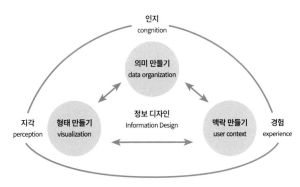

*출처: ≪정보 디자인 교과서≫(안그라픽스 2008)

(4) 시각화를 이용한 요약 통계 및 인포그래픽

단순히 요약 통곗값만 가지고 데이터 간의 차이를 분석하면 중요한 부분을 놓칠 수도 있기 때문에 추가로 데이터 분석 결과를 보여줄 필요가 있다. 데이터 분석 결과를 이해하기 쉽게 보여주는 것이 바로 데이터 시각화다. 가장 좋은 시각화 결과는 직관적으로 누구나 쉽게 이해할 수 있는 형태여야 한다. 대표적인 시각화 도구로는 그래프, 도표, 이미지, 인포그래픽, 히스토그램, 상자그림, 산점도 등이 있다. 이는 우리가 흔히 접할 수 있는 모든 데이터를 이미지로 나타낸 형태다.

데이터를 시각화 하는 가장 중요한 이유는 시각화를 통해 간단 명료하며 명확한 인사이트를 제공하기 위함이다. 복잡한 데이터를 요약하여 중요한 결과만을 하나의 시각화 도구로 표현하는 것은 쉽지 않다. 효과적인 데이터 시각화를 위한 몇 가지 조건이 있다.

먼저 주제가 명확해야 한다. 전하고자 하는 내용을 확실히 해야 한다. 그리고 불필요한 내용은 생략할 수 있어야 한다. 예를 들어 급식을 먹는 학생의 수를 알고자 한다면 학생의 집주소나 가족관계와 같은 정보는 필요 없으므로 생략돼야 한다.

전하고자 하는 바가 명확해지면 그것을 어떻게 보여줄지 결정해야 한다. 한눈에 내용을 파악할 수 있게 간단 명료해야 하며 어떤 도구가 더 효과적인지 고려해야 한다. 예를 들어 COVID-19의 지역별 발생 추이를 표현하고자 한다면 단순히 표로 보여주는 것보다는 파이차트나 인포그래픽을 사용하는 것이 더 효과적일 것이다.

【 인포그래픽의 예: COVID-19 USA map 】

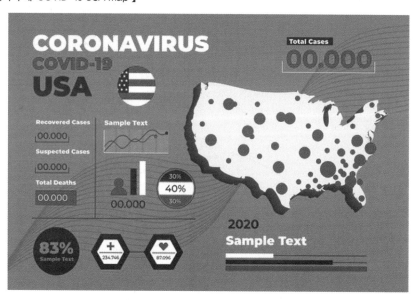

* 출처: https://kr.freepik.com/free-vector/coronavirus-usa-map-infographic_7969756.htm

(5) 시각화 프로세스

① 구조화 단계

강조하고 싶은 데이터 분석 결과가 무엇인지 파악한 뒤 데이터 표현 규칙
과 패턴을 탐색해서 사용자에 따른 시나리오를 작성하고 스토리를 구성하
는 단계다. *통계적 접근에서 데이터 수집과 마이닝 후에 시각화가 이뤄지는 것과 시각화에 목표를 맞
추고 정보를 구조화하는 것은 분명 다르다. 데이터 스토리보드 작업과 스토리텔링에 관해서는 3절 분
석 결과 활용에서 설명한다.

TIP _ 시각화 프로세스는 시험에
출제될 가능성이 높습니다.

② 시각화 단계

구조화 단계에서 정의된 요건과 스토리를 기반으로 시각화를 구현하는 단계다. 시각화의 목적인 정보
전달을 위해 간단명료한 시각적 형태와 모양이 갖춰지게 반복적으로 시각화 단계를 수행해야 한다. 이
때 전달하려는 목표와 목적에 따라 적합한 시각화 도구를 선택해야 한다.

③ 시각 표현 단계

시각화 단계를 통해 생성된 결과물을 검토하고 구조화 단계에서 정의한 초점을 흐리지 않았는지 검토
하여 마무리하는 단계다.

참고 | 시각화 플랫폼

Cognos Insight, Information Builders, Power Pivot, PowerView, Visual Insight, QlikView, SAS
Enterprise Business Intelligence, Tableau, Tibco Spotfire Analytics, R, WolframAlpha, Better World
Flux, Dipity, Many Eyes, Excel, CartoDB, Weka, Gephi

- 설치 및 구축 필요
- 제공되는 기능과 옵션 안에서만 차트와 그래프에 대한 디자인과 기능 수정이 가능

| 시각화 라이브러리

Flot, Rapha 1, Modest Maps, Leaflet, Timeline, Exhibit, jQuery Visualize, jqPlot, D3.js, JavaScript
InfoVis Toolkit, jpGraph, Highcharts, Google Charts, Crossfilter, Tangle, Polymaps, OpenLayers,
Kartograph, Processing, NodeBox

- 라이브러리 설치 필요
- 프로그래밍 관련 경험 또는 전문지식 필요
- 차트와 그래프에 대해 사용자가 원하는 형식으로의 디자인과 동작에 대한 제어 가능
- 인포그래픽스 iCharts, Visualize Free, Visual.ly
- 웹서비스 형태로 제공

* 출처: 한국데이터베이스진흥원(2014). <데이터 분석 전문가 가이드 2014 Edition>, KODB., 922쪽

TIP _ 시각화 도구의 특징을 종류에 따라 파악해 둘 필요가 있습니다.

시각화 종류	주요 시각화 도구
시간 시각화	막대그래프, 점 그래프, 산점도, 선 그래프, 계단식 그래프, 영역 차트
공간 시각화	지도 매핑, 등치선도, 버블 플롯맵, 도트 플롯맵
분포 시각화	파이차트, 도넛 차트, 트리맵, 누적 막대/연속 그래프
관계 시각화	산점도 행렬, 버블차트, 히스토그램, 밀도 함수 그래프
비교 시각화	막대그래프, 플로팅 바 차트, 히트맵, 체르노프 페이스, 스타 차트, 평행 좌표계

(6) 인터랙션 기능 적용 시각화

최근 정보통신기술의 발달로 강력한 인터랙티브 시각화 디자인을 만들고 이용할 수 있는 환경이 마련되었다. 예전에는 시각화가 한 장의 종이나 화면에 국한됐지만, 정보의 접근과 빠른 응답을 제공하는 분석 플랫폼과 라이브러리가 늘어나면서 풍부한 상호작용에 기반을 둔 시각화가 가능해진 것이다. 인터랙션 기능이 적용된 시각화를 대시보드라고 부르기도 하는데, 이는 같은 개념이다. 인터랙티브 디자인을 개발하기 위해서는 기술적인 능력이 필요하며, 동적인 시각화를 위한 플랫폼의 호환성이나 데이터 로딩 속도, 서버의 용량 등 다른 제약도 고려해야 한다. 이러한 상황은 시각화를 위한 목적과 요건을 정의하는 기획 단계에 미리 고려해야 한다.

【 인터랙션 구현 방식 】

강조하고 디테일을 보여주는 방식	마우스 움직임에 따라 반응하며 강조되게 구현하는 방식이다.
사용자가 콘텐츠를 선택하는 방식	데이터 변환 컨트롤을 이용해 사용자가 필요한 데이터를 선택해 시각화할 수 있게 하는 방식이다.
사용자에 의한 시각 매핑 변화 방식	사용자가 시각화 유형을 지정할 수 있게 시각 데이터 재매핑을 지원하여 시각화 크기를 극대화하는 방식이다.
사용자 관점과 의견이 반영되는 방식	사용자의 주관적인 관점과 데이터 표현을 혼합하여 시각화하는 방식으로, 사용자 반응 프로세스가 가장 중요한 부분이다.

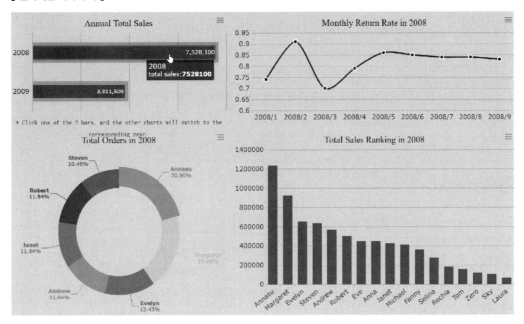

2. 시공간 시각화

(1) 시간 시각화

데이터를 요약 정리해서 보여주는 방법 중 가장 대표적인 방법이 시간순으로 변화를 보여주는 것이다. 이럴 때 사용하는 것이 시간 시각화다. 시간에 따른 데이터의 변화를 통해 어떤 경향이 있는지를 파악한다. 파악된 패턴은 시간 변화에 따른 관계를 이해하고 값의 의미를 명확히 알 수 있게 해준다. 시간 간격은 짧을 수도 있고, 분기 혹은 계절처럼 규칙적인 간격을 가질 수도 있다.

데이터의 유형에 따라 시각화 방법이 다르다. 이산형 데이터의 경우 특정 시점이나 시간 구간의 값이므로 막대그래프, 누적 막대그래프, 산점도 등이 적합하다. 반면 연속형 시계열 데이터의 경우 데이터 값이 지속해서 변화하는 모습을 나타내기 위해 선 그래프, 계단식 그래프, 영역 차트와 같은 방법이 더 효율적이다.

① 막대그래프

막대그래프는 가장 흔한 차트 중 하나다. 데이터 값 간에 뚜렷한 차이를 보일 때 사용하면 가장 효과적이다. 특정 기준(x축의 값)에 따라 변화하는 양을 비교하는 데 가장 효과적인 방법이다. 가장 흔한 경우는 시간에 따라 변화하는 데이터 양을 비교할 때다. 보통 데이터의 축은 0부터 시작해야 비례값의 왜곡 없이 그래프로 나타낼 수 있다. 막대 간의 간격과 막대의 너비는 모두 동일하나 목적에 따라 값을 변경할 수도 있다. 막대의 색깔로 서로 다른 특성을 구분할 수도 있다. 막대그래프의 한 종류로 누적 막대그래프가 있는데, 이름 그대로 누적 합이 정보로서 의미가 있을 때 주로 사용된다.

【 막대그래프의 예 】

* 출처: https://kr.freepik.com/free-vector/elements-collection-for-dashboard_6188919.htm

② 산점도(scatter plot)

산점도는 두 변수의 관계를 보여주는 방법의 하나다. 산점도는 특정 시점에서 두 값의 관계를 표현하기 위해 사용할 수 있다. 추세에 따라 데이터 간의 상관관계를 이해할 수 있다. 또한 연속된 기간의 데이터 추세를 파악하는 데 사용할 수도 있다. 이러한 경우에는 선 그래프처럼 표현된다고 간주할 수 있다.

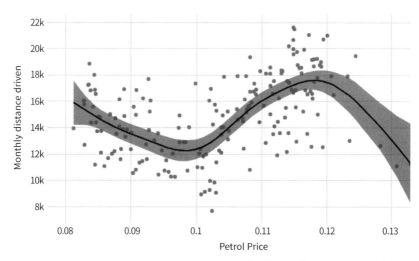

* 출처: https://www.displayr.com/create-a-scatterplot

③ 선 그래프

선 그래프는 시간 데이터를 나타내는 산점도에서 점과 점 사이의 거리를 직선으로 연결한 그래프 형태다. 시간에 따른 데이터의 변화 추세를 한눈에 파악할 수 있다. 기울기가 클수록 변화가 크다는 의미다.

【 시간의 흐름에 따른 선 그래프 】

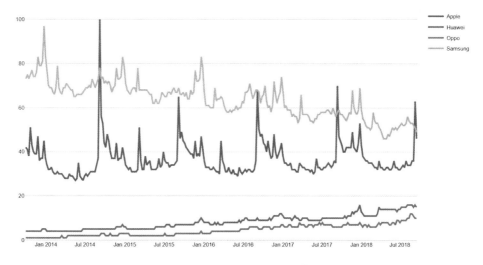

* 출처: https://www.displayr.com/create-a-line-graph-for-free

④ 계단식 그래프

시간에 따른 변화를 나타낼 때 두 시간 간격 사이의 데이터 변화가 급격하게 변화하는 경우 두 지점 사이를 계단형으로 그리는 그래프다.

【 계단식 그래프의 예 】

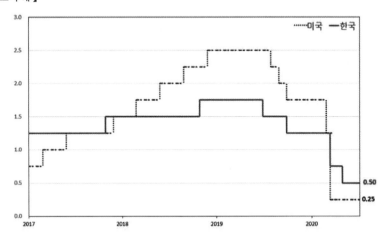

* 출처: https://www.hankookilbo.com/News/Read/A2020071609340002190?did=MN

⑤ 영역차트

영역차트는 선 그래프와 같이 시간 값에 따라 크기 변화를 보여주되, 색을 채운 영역으로 보여주고 y축의 값이 0부터 시작해야 한다.

【 영역차트 예시 】

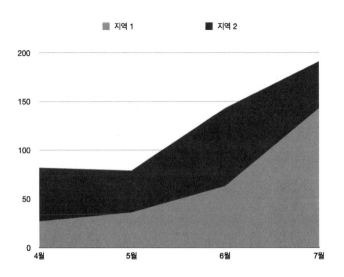

(2) 공간 시각화

데이터를 지리-공간 위에 표현하는 방법이다. 위치와 거리에 대한 정보가 이미 지도에 내포되어 있다. 일반적으로 하나의 지도에는 한 시점의 데이터 값을 나타내며 여러 시점의 데이터는 여러 장의 지도로 비교해서 나타낸다. 공간 시각화의 방법으로는 등치 지역도, 도트 플롯맵, 버블 플롯맵, 등치선도, 입자 흐름도, 카토그램 등이 있다. 다음 그림은 우리나라의 다양한 산업군의 분포도를 지역별로 산업이 차지하는 비율별로 보여준다.

【 공간 시간화의 예시 】

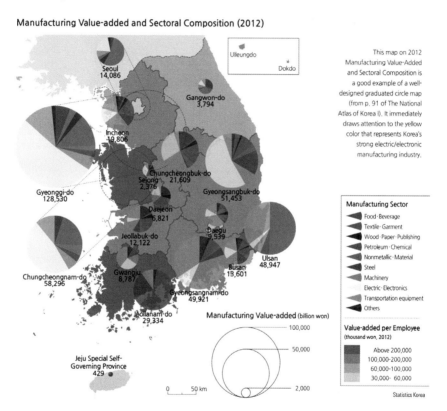

① 등치 지역도(Choropleth map)

지도 위에 지리적 단위를 기준으로 하여 데이터의 의미를 색상으로 구분해 나타내는 시각화 방법이다. 색상은 밝기나 채도로 구분할 수 있다. 지리적으로 인구 분포와 면적이 차이가 극명한 경우, 이를 고려하지 않고 시각화하면 결과물의 왜곡이 있을 수 있으므로 주의해야 한다.

【 등치 지역도 예 - 2008년 미국 실업률 】

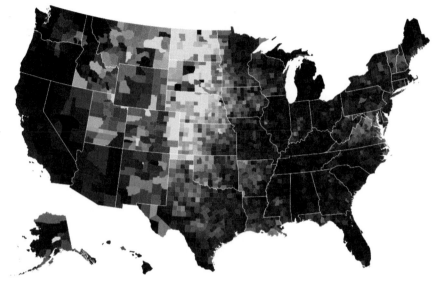

② 도트 플롯맵(Dot plot map)

지도상의 위도와 경도에 해당하는 지리적 좌표점에 산점도와 같이 점을 찍어서 시각화하는 방법이다. 시간이 경과함에 따라 점진적 확산 추세가 보이는 경우 유용한 방법이다.

③ 버블 플롯맵(Bubble plot map)

지리적 좌표 위에 정량적 데이터 값의 크기를 서로 다른 크기의 원형으로 표시하는 방법으로, 지리적 버블차트와 같다고 볼 수 있다.

④ 등치선도(Isarithmic map)

지리적으로 같은 데이터를 가진 곳을 선으로 이어서 시각화하는 방법이다. 지리 단위별로 인구밀도가 다른 데서 발생할 수 있는 데이터 왜곡을 줄이기 위해 색상의 농도를 활용해 표현할 수도 있다. 다음 그림에서 지역별 온도와 강수량이 같은 지역을 선으로 그어 다르게 표현한 것을 확인할 수 있다.

【 등치선도 예 】

* 출처: https://www.wikiwand.com/en/Thematic_map

⑤ 카토그램(Cartogram)

선거인단 수와 같은 특정 성질을 가진 인구의 분포를 데이터 값의 변화에 따라 지도 위에 나타낸 것이다. 지역의 값을 표현하기 위해 지리적 형상과 크기를 조절해 재구성한다. 재구성된 지도는 왜곡되고 비뚤어진 것처럼 보인다. 다음 그림은 2016년 미국 대통령 선거 때의 지역별 투표 현황을 카토그램으로 나타낸 것이다.

【 카토그램의 예 - 2016년 미국 대통령 선거 결과 】

* 출처: https://www.pngegg.com/en/png-wpnnx

3. 분포 시각화

(1) 분포 시각화 개념

분포 시각화는 데이터의 최댓값, 최솟값, 전체 분포 등을 나타내는 시각화로 시간 기준이 아니라 데이터가 차지하는 영역을 기준으로 삼는다. 분포 시각화는 범주형 데이터의 관계를 이해하는 데 효과적이다. 대표적인 방법으로는 파이 차트, 도넛 차트, 트리맵, 누적 영역 차트 등이 있다.

(2) 분포 시각화 예

① 파이 차트

원형 모양을 데이터가 차지하는 비율에 따라 여러 조각으로 나누어서 나타내는 시각화 방법이다. 모든 조각의 값을 합치면 데이터 값 전체의 합이 되며, 비율 값으로는 100%가 된다. 파이 차트는 중심의 각도에 따라 값의 차이를 인식한다. 파이 차트로 나타낼 때는 조각을 너무 세분화하지 않고 너무 다양한 색깔을 사용해 파악하기 어렵게 하지 말아야 한다.

② 도넛 차트

파이 차트와 같이 원형에 데이터를 표현하지만, 중심 부분이 비어 있는 도넛 모양으로 보이는 것이 차이점이다. 중심에 구멍이 있으므로 조각의 각도보다는 조각에 해당하는 호의 길이로 값의 차이를 인식한다. 파이 차트와 마찬가지로 너무 분류를 세분화하면 파악하는 데 어려우므로 주의해야 한다.

【 파이 차트와 도넛 차트의 예 】

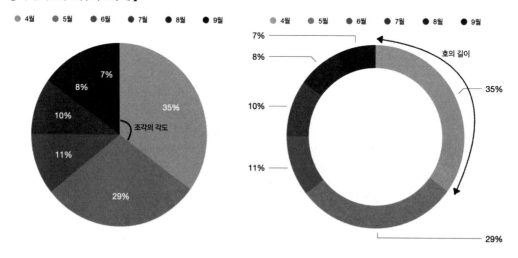

③ 트리맵

트리맵은 사각형을 이용하여 데이터의 값을 나타내는 것이다. 서로 다른 크기를 이용해 비율을 나타내며 사각형을 겹쳐 놓음으로써 대분류와 하위분류를 나타낸다. 단순하게 데이터를 분류별로 나타내는 데 사용하기도 하고 계층 구조가 있는 범주형 데이터나 트리 구조의 데이터를 표시하기 위해서도 사용한다.

【 트리맵의 예 】

* 출처: https://www.free-power-point-templates.com/articles/treemap-visualization

④ 누적 막대그래프

시간 시각화를 위한 누적 막대그래프와 동일하게 데이터를 표현하지만, x축을 시간이 아닌 항목별 분류 데이터로 설정하는 경우 이 또한 분포 시각화의 한 종류로 생각할 수 있다.

【 누적 막대 그래프의 예 】

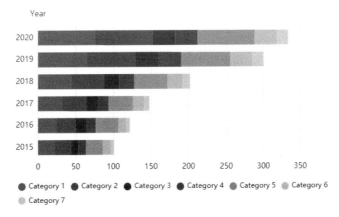

* 출처: https://datamatic.io/

⑤ 누적 영역 차트

여러 개의 영역 차트를 겹겹이 쌓아놓은 모양으로, 이것도 분포 시각화의 한 종류로 이해할 수 있다. 공통 기준이 없어 중간 부분 크기가 잘못 해석될 수 있으니 주의해야 한다.

【 누적 영역 차트의 예 】

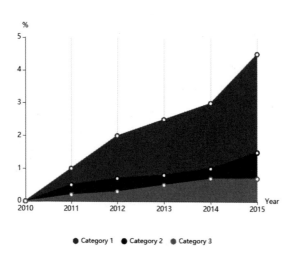

4. 관계 시각화

(1) 관계 시각화 개념

관계 시각화는 데이터 변수 사이의 연관성이나 분포, 패턴을 찾는 시각화 방법을 말한다. 변수 사이의 상관관계는 하나의 변수 요소가 다른 요소와 연관성이 있는지를 표현하는 것으로 산점도, 산점도 행렬, 버블 차트 등이 대표적인 방법이다. 평균, 중앙값, 최빈값 등 데이터를 기준으로 하여 데이터가 어떤 형태의 분포 패턴을 가지는지를 파악하기 위해서 줄기-잎 그래프, 히스토그램, 밀도 함수 그래프 등을 활용할 수 있다.

(2) 관계시각화 예

① 산점도 행렬(Scatterplot matrix)

다변량 변수를 갖는 데이터에서 가능한 모든 변수 쌍에 대해 산점도를 행렬의 형태로 나타낸 그래프를 산점도 행렬이라고 한다. 데이터 탐색 과정에 유용하게 이용할 수 있나. 다음 페이지의 그림처럼 산점도 행렬의 대각선의 위치는 동일한 변수에 대한 산점도 위치이므로 비워두거나 변수 이름을 표기한 레이블을 표시한다.

② 버블 차트(Bubble chart)

산점도에서는 데이터의 값을 점으로 나타내는데, 이를 확장하여 값의 비율에 따라 원형 버블의 크기를 다르게 하거나 버블의 모양을 데이터의 패턴에 따라 나타내는 시각화 방법이다.

【 버블 차트의 예 】

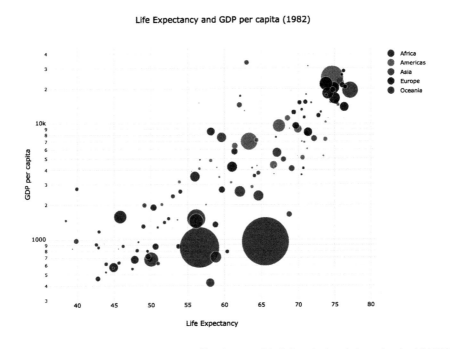

Life Expectancy and GDP per capita (1982)

* 출처: https://medium.com/plotly/introducing-plotly-py-theming-b644109ac9c7

③ 히스토그램

대표적 통계 그래프의 하나로, 막대그래프와 유사한 형태다. 표로 되어 있는 도수 분포를 정보 그림의 형태로 변경한 것이다. 가로축(x축)은 정량적인 값으로 특정 간격을 가지고 있고 각 구간에 대응하는 값의 빈도를 높이로 세로축(y축)에 표현한다. 막대 사이에 빈 간격이 없으며 막대의 너비로 x축의 구간의 범위를 파악할 수 있다.

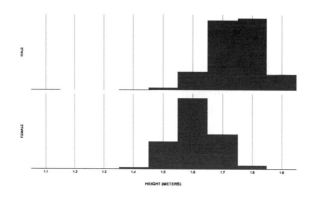

* 출처: https://www.displayr.com/create-a-histogram-for-free

5. 비교 시각화

(1) 비교 시각화 개념

다변량 변수를 갖는 자료를 2차원에 효과적으로 표현해서 데이터 간의 차이점뿐만 아니라 유사성 관계도 확인하는 시각화 방법을 비교 시각화라고 한다. 막대그래프, 플로팅 바 차트, 히트맵, 체르노프 페이스, 스타 차트, 평행 좌표계 등이 대표적인 방법이다.

(2) 비교 시각화 예

① 플로팅 바(Floating Bar) 차트/간트 차트(Gantt Chart)

가장 낮은 수치부터 가장 높은 수치까지 걸쳐 있는 막대로 표현하며 범주 내의 다양성과 범주 간 중복, 이상치 파악이 가능하다. 비즈니스 현장에서는 프로젝트 계획이나 일정을 세울 때 주로 사용한다.

【 간트 차트의 예 】

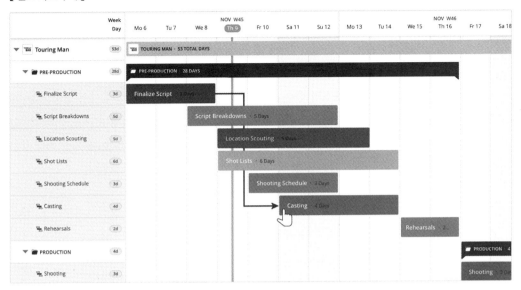

② 히트맵(heatmap)

여러 변수를 한 번에 비교하기 위해 흔히 사용되는 그래프로, 표와 같이 행 방향은 관측 개체를 나타내고 열 방향은 각각의 변수를 나타낸다. 사각형의 각 칸에 색상을 이용해 값을 표현한다. 이 색은 채도의 차이로 큰 값과 작은 값을 구분해 나타낼 수 있다. 지나치게 많은 데이터와 다양한 색상의 사용은 가독성이 떨어질 수 있으므로 주의할 필요가 있다.

【 히트맵의 예 】

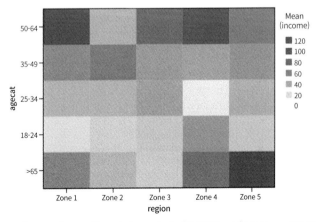

④ 평행 좌표계(Parallel Coordinates)

여러 개의 축을 병렬적으로 배열하여 비교하는 방법이다. y축에서 윗부분은 변숫값 범위의 최댓값, 아래는 최솟값이다. 다변량 데이터를 2차원 평면에 표현하는 데 매우 효율적인 방법이다. 연결선 하나는 하나의 데이터를 의미하며 데이터 수만큼 연결선이 생성된다. 각 축에서 연결선이 어떤 패턴을 보이는지에 따라 데이터의 집단적 경향성과 변수 간의 관련성을 알 수 있다. 다음 그림에서 변수는 Sepal Width, Sepal Length, Petal Width, Petal Length이고 각각의 최대 최소 범위는 다른 것을 확인할 수 있다. 그리고 3가지 종류의 식물이 각기 다른 색깔로 나타나 있다. 예를 들어 Setosa(가장 아래 부분의 그래프들)의 경우 Sepal Width 값이 크고 나머지 3개 변숫값은 작은 패턴을 보인다.

【 평행 좌표계의 예 】

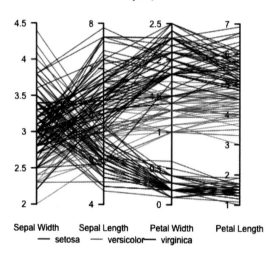

* 출처: https://en.wikipedia.org/wiki/Parallel_coordinates

⑤ 체르노프 페이스(Chernoff Faces)

데이터를 사람 얼굴의 눈, 귀, 코, 눈썹, 입, 머리카락 등의 길이, 너비, 모양 등과 일대일 대응시켜 데이터 개체 하나를 얼굴 하나로 표현하는 방법이다. 데이터의 개별적인 부분에 집중해서 그리는 것이 가능하다. 100개의 데이터가 있다면 100개의 얼굴을 생성해 얼굴 모양의 유사성 등을 관찰함으로써 데이터를 비교하는 것이다. 유용성보다는 흥미 유발 목적으로 사용되는 경우가 많다.

【 체르노프 페이스의 예 】

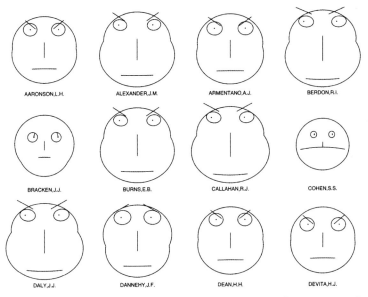

* 출처: https://en.wikipedia.org/wiki/Chernoff_face

⑥ 스타 차트(Star Chart)

거미줄 차트 또는 방사형 차트라고도 한다. 중앙에서 외부 링까지 이어지는 몇 개의 축을 그려서 별 모양의 다각형을 그린다. 변수마다 축 위에서 중앙으로부터의 거리로 수치를 나타낸다. 각 축의 시작과 끝을 해당 변수의 최솟값과 최댓값으로 한다. 체르노프 페이스처럼 데이터 수만큼 다각형을 생성해 다각형의 모양을 비교함으로써 데이터를 이해할 수 있다.

【 스타 차트의 예 】

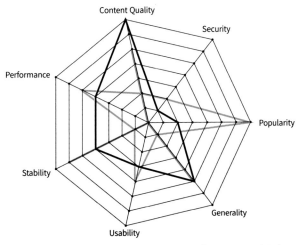

* 출처: https://texample.net/tikz/examples/spiderweb-diagram

6. 인포그래픽

(1) 인포그래픽 개념

인포(Information)+그래픽(Graphic)의 합성어로, 다양하고 복잡한 데이터를 이해하기 쉽고 한눈에 볼 수 있게 표현한 것을 말한다. 그래프, 다이어그램 등 다양한 시각화 도구를 이용해 데이터를 간소화한 후 데이터의 종류와 특징에 따라 분류함으로써 데이터의 의미 및 가치 등을 직관적으로 전달할 수 있게 한다. 일반적으로 대중은 그림이 문자보다 쉽다고 생각하기 때문에 인포그래픽을 이용하면 더 다양한 계층의 사람들에게 내용을 쉽게 전달할 수 있다.

TIP _ 요즘 주목받는 시각화 기법입니다.

【 인포그래픽의 특징 】

흥미와 관심 유발	다양한 정보를 한눈에 파악할 수 있게 시각화한 결과물이므로 빠른 시간에 더 쉽게 정보를 전달할 수 있다. 또한, 이미지 중심으로 정보를 전달하기 때문에 흥미와 관심을 끌어내는 데 효과적이다.
이해 쉬운 전달	복잡한 정보의 가독성을 높이고 사용자가 한 번에 내용을 파악할 수 있게 하는 데 그 목적이 있다.
오랜 기억 유지	사람들은 대체로 텍스트 형태보다는 시각 자료에 의존도가 더 높은 편이다. 시각 자료는 직관적이며 상대적으로 기억에 오래 남는 특징이 있다.
자발적 확산	이미지로 된 자료는 쉽게 온라인에서 공유되고 확산될 수 있다.

(2) 인포그래픽의 예

사실 기존에 사용되던 모든 시각화 도구를 인포그래픽의 일종이라고 생각할 수도 있다. 인포그래픽의 종류도, 주제도 모두 제각각이고 그 유형을 나누는 기준도 제각각이다. 지도 위에 나타내는 경우 지도형 인포그래픽이라고 하고, 2D나 3D로 나타낼 수도 있으며, 대칭형, 비교형, 그래프형, 타임라인형, 프로그레스형, 스토리텔링형, 만화형 등 얼마든지 확장할 수 있다.

【 인포그래픽의 예 】

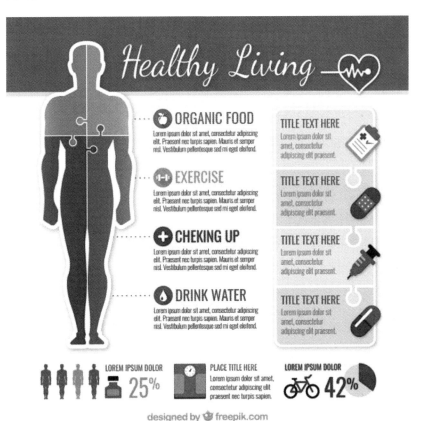

* 출처: https://www.uidownload.com/free-vectors/healthy-living-infographic-416961

03 〉 분석 결과 활용

1. 분석 결과 활용의 이해

(1) 분석 결과 활용 개요

'분석 결과 활용' 단원에서는 우리가 지금까지 공부했던 1, 2, 3, 4과목의 모든 내용을 종합하여 실무에 적용하기 위해 어떤 업무를 해야 하며, 어떤 프로세스를 거치는지 알아볼 것이다. 따라서 이 단원에서는 통계학의 학문적인 이론이나 머신러닝의 기법과는 거리가 먼 실무 위주의 프로세스 해설 중심으로 설명할 것이다(참조: NCS 기반의 '빅데이터 분석기획 – LM2001010703_17v1').

본격적인 내용에 들어가기에 앞서 먼저 간단하게 1, 2, 3, 4과목의 전체 흐름을 살펴보자. 앞서 공부한 빅데이터 기획 부분을 떠올려보자. 빅데이터 기획 부분에서는 전체 빅데이터 분석 프로세스에 대한 기획을 수행했다. 그리고 단계별 분석 방안을 수립하고 분석 작업 계획을 수립했다. 그리고 그 절차에 따라 빅데이터를 수집하고 저장한 다음, 데이터 전처리 과정을 거쳐 데이터를 탐색하고 통계기법을 활용해 통계 분석을 실시했다. 그리고 나서 여러 가지 분석 모형을 설계하고 다양한 분석기법을 적용해 빅데이터 분석을 실시했다. 분석을 하고 분석 모형을 평가하고 개선하는 작업에 관해서도 알아봤다. 여기까지가 1과목에서 4과목 1장까지의 내용이다. 그다음 우리가 해야 할 일은 이러한 분석 결과를 실무에 활용하는 것이다. 바로 이 내용이 4과목 2장에서부터 다룰 내용이다.

여기서 잠시 사족을 달자면, 4과목 '01 분석결과 해석'과 '02 분석 결과 시각화' 내용은 체계상 3절에 포함되는 개념이다. 즉, '빅데이터 분석 결과 활용'이라는 거대한 테두리 안에 4과목 2장 '01 분석 결과 해석'과 '02 분석 결과 시각화' 내용이 포함되는 것이다. 그럼에도 불구하고 이 책에서 4과목 '01 분석 결과 해석'과 '02 분석 결과 시각화' 내용을 앞에 배치한 것은 한국데이터산업진흥원의 '빅데이터분석기사' 시험 과목 안내에 따르기 위함이다. 이 점에 관해서는 독자들의 양해를 구한다.

4과목 2장 3절은 지금까지 공부한 내용을 집대성하여 실무에 적용하는 내용을 담고 있기 때문에 다소 반복되더라도 앞서 기술한 내용이라도 간단하게 언급하고 다음 단계로 넘어가고자 한다. 그것이 분석 결과를 활용하는 단계에서 맥락을 잘 이해할 수 있게 도와줄 것이다. 다만, 불필요한 중복은 피하면서 간단히 언급하고 실무 양식이나 실무 프로세스 등을 중심으로 기술하겠다.

(2) 빅데이터 큐레이션

빅데이터 큐레이션 개념에 대해 짚고 넘어가자. 큐레이션은 '보살피다'라는 뜻을 가진 라틴어 큐라레 (curare)에서 유래했다. '보살피다', '돌보다'는 뜻 외에도 이 단어에는 정치적인 의미가 함축돼 있다. 역사적으로 사회 기반 시설을 책임지는 관리를 두고 큐레이터(curator)라 칭했다. IT에서의 '큐레이션 서비스'란 개인의 취향을 분석해 적절한 콘텐츠를 추천해주는 것으로, 마케팅이나 엔터테인먼트 분야에도 활용되고 있다.

그렇다면 빅데이터 큐레이션은 무엇일까? 빅데이터를 오케스트라에 비유한다면, 큐레이터는 지휘자에 비유할 수 있다. 빅데이터 업무에는 빅데이터 전략가, 빅데이터 운영자, 데이터 사이언티스트 등 다양한 부서와의 업무 조율 및 협조가 필수적이다. 빅데이터 분석에는 실제로도 수십 개의 부서가 서로 얽혀 있을 만큼 업무가 서로 다른 부서 혹은 이해관계자 집단이 존재한다. 이때 빅데이터 큐레이션 활동이 필요하다. 빅데이터 큐레이션이란 빅데이터 전략을 제시하고 최적의 빅데이터 구축에서 시작해 분석 및 결과 활용까지 전 과정을 지휘하는 활동을 의미한다. 실무에서는 큐레이터라는 명칭을 사용하지 않더라도 이 역할을 하는 담당자가 반드시 존재한다. 때로는 전체 프로젝트의 PM이 이 역할을 맡기도 하고, 별도의 큐레이터를 두기도 하며, 때로는 기업 실무부서에서 이 업무를 담당하기도 한다.

빅데이터 큐레이터는 예측, 요구 사항 발견, 고객에게 맞춤형 서비스 지원 등 비즈니스를 지원하고 발전시키는 역할을 한다. 이를 위해 인과관계 분석, 데이터의 숨은 패턴 발견을 위한 마이닝과 데이터 시각화, 맞춤형 서비스를 위한 우선순위 선별 작업 등을 수행한다.

【 빅데이터 큐레이션의 포지션 】

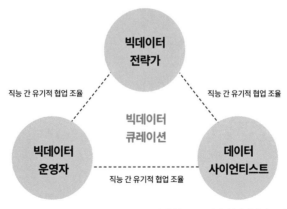

* 출처: NCS 기반의 '빅데이터 분석기획- LM2001010703_17v1'

【 빅데이터 큐레이터의 업무 분야 】

미래 예측	▪ 빅데이터에서 발견한 인과관계를 분석 ▪ 일시적 또는 우연에 의한 것인지, 반복적으로 지속될 패턴인지 구분
숨은 니즈 발견	▪ 무의식적으로 표출되는 고객 니즈까지 분석/파악 ▪ 소비자의 일상이 담긴 데이터에서 발견한 새로운 패턴으로 고객 니즈 발견
리스크 경감	▪ 다양한 리스크를 더욱 정교하게 관리 ▪ 상황과 이슈별로 분류한 고객 불만을 분석하여 트렌드 변화 및 특정 이슈를 관찰하고, 불만의 우선순위를 정해 근원적 불만 요소를 식별
맞춤형 서비스	▪ 개별 상황에 대한 정확한 이해를 바탕으로 가장 적합한 방식과 내용으로 효과적인 메시지를 전달함으로써 서비스 효용 극대화 ▪ 시장 상황 및 경쟁 동향을 실시간 파악 ▪ 환경 변화에 신속하게 자동으로 대응하는 체계 구축 ▪ 업무 성과 제고
실시간 대응	▪ 경영 환경을 실시간 모니터링하고 즉각적으로 대응 ▪ 시장 상황 및 경쟁 동향을 실시간 파악, 환경 변화에 신속하게 자동으로 대응하는 체계를 구축

2. 분석 결과 활용 계획 수립

(1) 시각화 방안 수립

시각화 방안 수립이란 고객의 이해를 돕기 위해 분석 결과의 내용을 그래프, 차트, 맵 등 시각적 도구를 활용해 리포팅하고, 이를 기반으로 결과를 확인한 후 적용할 수 있는 방안을 계획하는 것을 말한다.

주의할 것은 여기서의 '시각화'는 데이터 분석 과정에 사용되는 시각화와는 다른 개념이라는 점이다. 데이터 분석 과정에서의 시각화가 아닌, 말 그대로 리포팅 및 결과 데이터만을 위한 시각화를 의미한다. 이러한 분석 결과 시각화는 주로 BI(Business Intelligence) 컨설팅이나 빅데이터 분석 프로젝트 보고 등에 활용된다.

시각화 결과물을 접하는 사용자는 다양할 수 있다. 사용자에 따라 전달하고자 하는 정보의 내용과 수준이 다르게 표현된다. 그러므로 데이터 시나리오를 작성할 때 사용자가 누구인지를 명확히 하는 것이 더 효과적으로 정보를 전달하는 데 도움이 된다. 먼저 내부의 업무자인지 외부의 사용자인지에 따라 정보의 공개 정도에 차이가 있을 수 있다. 내부 사용자의 경우 결정권을 가지거나 결과를 보고받는 상위 관계자라면 상세한 디테일보다는 명확한 인사이트와 결과 위주의 보고가 도움이 된다. 직원이나 관리자처럼 실제 업무를 진행하는 사람이라면 상세 내용이 필요할 수도 있다. 외부 사용자의 경우 목적에 따라 다르게 접근해야 한다. 교육을 목적으로 하는 사용자일 수도 있고 불특정 다수의 청중일 수도 있고 특정 분야에 관심을 가진 전문가 집단일 수도 있다. 데이터 분석 후 시각화할 때는 궁극적인 목적과 기능인 간단명료하고 누구나 이해하기 쉬운 정보 전달을 충족할 수 있게 사용자에 따라 적절하게 표현해야 한다.

【 빅데이터 결과 분석 시각화 단계 】

[1단계] 특성화	문제 도메인의 핵심 주제에 업무와 데이터를 특성화한다.
[2단계] 추상화	동작과 데이터 형식에 맞춰 추상화한다.
[3단계] 상호작용	시각화 디자인 및 분석 결과의 상호 작용을 설계한다.
[4단계] 개발	효율적인 시각화 기술로 모형화한다.

(2) 분석 결과 해석을 위한 업무 전문가와의 협업 계획 수립

앞의 표와 같은 단계를 거쳐 시각화 기술로 모형화를 마쳤다면, 다음 단계는 분석 결과 해석을 위해 업무 전문가와의 협업 계획을 수립하는 단계다. 이 단계에서 데이터 시각화 설계 및 타당성 검증을 통해 고객과 협의할 수 있는 모형을 제시한다. 그리고 분석 변수의 검증을 통해 의미 있는 분석을 위해 최종 수행해야 할 분석 변수를 정의하고, 이에 따른 분석 결과 해석 방안을 수립한다. 마지막으로 분석 도메인에 대한 전문성 및 참여에 대한 적합성을 고려하여 선정한 전문가 집단과 온라인/오프라인 미팅을 통해 분석 결과 적용에 대한 협업 계획을 수립한다. 분석 결과를 적용하기 위하여 빅데이터 큐레이션을 통해 적용 분야를 선정하고, 실제 적용할 수 있는 요소를 도출하여 실행할 수 있는 방안을 기획한다.

【 협업 계획 수립 개념도 】

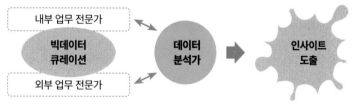

* 참고: NCS 기반의 '빅데이터 분석기획- LM2001010703_17v1'

【 협업 계획 수립 절차 】

[1단계] 분석 주제 공유 & 협업 목표 설정	같이 협업할 전문가와 오프라인과 온라인 미팅 등을 활용하여 현황을 분석하고, 목표 및 기대 결과를 리뷰하고 목표를 설정한다.
[2단계] 협업을 위한 R&R 분리	해당 업무 경력 사항, 근무 연수(10년 이상)를 고려하여 선정한다. 빅데이터 운영자, 실무 전문가, 데이 터 과학자 등 각 직무 분야 전문가를 선택한다. 직무 및 능력 간에 유기적으로 협업하고 상호 보완할 수 있게 인력 풀을 구성한다.
[3단계] 협업 방법, 도구, 업무 수행 기간 협의	분석 결과를 기반으로 결과의 원인 및 현업/응용 프로그램 적용 방안에 대하여 내/외부 전문가 그룹이 모여 수행 방안을 협의한다.
[4단계] 예상 결과 및 결과 보고서 항목 정의	협업 계획 수립 결과를 활용 서식의 빅데이터 분석 협업 계획서를 참고하여 작성한다.

【 협업 계획 수립 프로세스 】

* 참고: NCS 기반의 '빅데이터 분석기획- LM2001010703_17v1

3. 분석 모형 전개

(1) 분석 결과 전개 방안 수립

데이터 분석 결과를 어떻게 전개해 나갈 것인지 그 방안을 수립하는 단계다. 먼저 빅데이터 분석 결과를 기반으로 활용 가능한 정보를 선별하고 분석하여 데이터의 변화를 분석한다. 그리고 비즈니스에 영향을 줄 수 있는 인사이트(혹은 핵심 정보)를 도출한 다음, 도출된 정보를 기반으로 현실 업무에 적용할 수 있는 인사이트를 도출하고, 비즈니스에 적용할 수 있는 계획을 수립한다.

참고 ┃ 인사이트 도출 및 계획 수립 과정

① 미래 예측 가능한 정보를 조사한다.

② 고객, 산업의 숨겨진 요구 사항을 도출한다.

③ 리스크를 도출하고 회피 또는 전가, 방어할 수 있는 대응 방안을 수립한다.

④ 맞춤형 서비스 및 실시간 대응 계획을 수립한다.

(2) 응용 프로그램 전개 방안 수립

분석 결과를 활용할 수 있는 소프트웨어 아키텍처를 구성하고, 내부 빅데이터 분석 플랫폼 및 외부 데이터와 연계할 수 있는 EAI(Enterprise Application Integration)와 B2Bi(Biz to Biz Integration) 아키텍처를 설계한다.

그 과정을 살펴보면 다음과 같다. 먼저 조직 내부에서 운영 중인 응용 프로그램 중 분석 결과를 활용해서 비즈니스에 활용할 수 있는 목록을 조사한다. 그리고 내부적/외부적 환경 분석을 통해 분석 결과를 활용할 수 있는 응용 프로그램 또는 분석 결과의 갱신에 필요한 데이터 및 프로세스를 가진 응용 프로그램을 추출한다. 그다음, 응용 프로그램과 빅데이터 플랫폼 간 연계할 수 있는 서비스 아키텍처 방안과 영향도를 분석하고 계획을 수립한다.

【 분석 결과 응용 프로그램 적용 예시 】

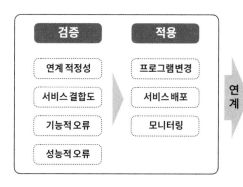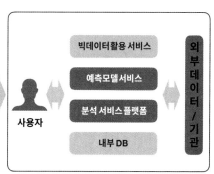

* 참고: NCS 기반의 '빅데이터 분석기획- LM2001010703_17v1'

【 운영 기획서 양식 】

운영 기획서

서비스명			
서비스 주관 부서			
서비스 운영 부서	역할	부서	관리자
	데이터 관리		
	시스템 관리		
	인프라 관리		
운영 정책	정책	내용	
	데이터 클렌징		
	데이터 업데이트		
	시스템 유지 보수		

주) 볼드체 항목은 분석 모델 초기 정의 단계에서 반드시 정의해야 하는 항목

【 응용 프로그램 전개 방안 수립 프로세스 】

[1단계] 서비스 적용 방안 계획 수립	응용 시스템 간 연계 또는 업무 서비스에 적용할 수 있는 방안 계획을 수립한다.
[2단계] 응용 프로그램 적용 계획 수립	서비스 기능 단위로 연계할 수 있는 서비스 적용 아키텍처를 설계하고, 응용 프로그램 적용 계획을 수립한다.
[3단계] 아키텍처 평가 및 검증 & 적용 계획	응용 프로그램 적용을 위한 서비스 아키텍처를 평가하여 문제가 없는지 검증하고 적용을 계획한다. (가) 분석 도메인의 프로세스 명세를 조사한다. (나) 적용 가능한 비즈니스 프로세스를 추출한다. (다) 업무 전문가와 함께 적용 가능한 업무를 우선순위화한다. (라) 적용을 위한 실무 관계자와 방안을 수립한다. (마) 프로세스와 응용 프로그램에 대한 구체적 적용 방안을 기획한다.

4. 분석 결과 활용 시나리오 개발

(1) '분석 결과 활용 시나리오'의 이해

분석 결과 활용 계획을 수립했다면 이제 분석 결과 활용 시나리오를 개발할 차례다. 분석 기획 단계에서 '분석 계획 시나리오'를 작성한 것과는 그 목적이 다르므로 '분석 계획 시나리오'와 '분석 결과 활용 시나리오'는 서로 구별되어야 한다. 이 둘은 비슷하지만 순서상 처음과 끝을 차지하는 만큼 그 목적이 서로 다르다. 하지만 사실 실무에서는 이 둘은 함께 묶어서 작성하거나 분리하더라도 분석 기획 단계에서 작성하는 것이 일반적이다. 이 책에서는 '빅데이터분석기사' 시험 요강 및 시험 내용 순서에 따라 4과목에 배치했다. 분석 결과 활용 시나리오는 분석 → 검증 → 평가 → 시각화 → 분석 결과 활용 계획 수립, 이후의 단계로 분석 모형 명세서를 바탕으로 한다.

【 분석 모형 명세서 주요 항목의 예 】

항목	설명	주요 기법
분석 유형	▪ 배치성 데이터 분석 ▪ 실시간 데이터 분석	▪ 실시간 람다/카파 아키텍처 ▪ 배치형 멜론 아키텍처
주요 분석 항목	▪ 실적/Weak-point 분석 ▪ 예측 분석 ▪ 추천 분석	▪ 데이터 마이닝 ▪ 베이지안 분석 ▪ 상관관계 분석
분석 결과	▪ 과거에서 현재/미래까지 변화 추이 ▪ 지역/지점별 변화 추이 ▪ 현황 분석	▪ 시계열 분석 ▪ 분포/범주별 분석

(2) '분석 결과 활용 시나리오' 작성

'분석 결과 활용 시나리오'는 빅데이터 분석 아키텍처를 활용하여 상세히 명세화하고, 고객과 개발자 관점의 명확한 View를 도식화해 분석 모형을 명세화하며, 고객이 이해할 수 있게 분석 비즈니스 용어에 맞게 서술형과 순서도를 혼합하여 작성한다. 자연어 기반의 서술 형태 또는 분석 작업의 흐름도와 같은 그림 중심의 분석 정의서를 작성하고, 작성된 명세서를 검증할 수 있게 정형화된 도구를 이용하는 방법을 기술한다.

분석 활용 시나리오 양식

분석 요건 정의 항목 (주요 요구 사항)		
	시나리오	**분석 결과**
	가설 1	
	가설 2	
분석 시나리오 (가설)	가설 3	
	가설 4	
	...	
	가설 n	
예상 목표		

주) 볼드체 항목은 분석 모델 초기 정의 단계에서 반드시 정의해야 하는 항목

* 출처: NCS 기반의 '빅데이터 분석기획- LM2001010703_17v1'

(3) 스토리보드 작업

데이터 분석의 궁극적인 목적은 결국 인사이트를 도출하여 실제 비즈니스 성과에 기여하는 것이다. 따라서 분석 결과를 활용하는 각각의 사용자(경영진, 담당 부서, 이해관계자 등)에 따라 어떻게 효과를 높일 것인지, 또 어떤 시각화 도구를 사용해야 하는지 등을 고민하고 스토리보드를 작성해야 한다. 데이터 스토리보드 작업은 실제 작업에 착수하기 전 대략 아이디어나 콘셉트를 종이나 보드에 표현하는 것을 의미한다(더 자세히 알고 싶으면 다음 사이트 참고: http://www.storytellingwithdata.com).

① 사용자별 맞춤형 데이터 표시 수준

사용자별 데이터 표시 수준이 다를 수 있으므로 이를 고려해야 한다. 예를 들어 임원급 혹은 상위 관리자급의 사용자들에게는 상위 수준의 결과물을 보여주며 결과적으로 중요한 핵심을 전달하는 것이 중요

하다. 실제 업무를 담당하는 참여자의 경우는 더 구체화된 '드릴다운(Drill Down)' 데이터를 제공할 필요가 있다. 여기서 '드릴다운' 데이터는 상위 수준의 간략한 결과물만 담고 있는 것이 아니라 각 항목에 대한 조금 더 구체적인 사항을 포함하는 데이터를 의미한다.

【 상위 수준 데이터와 드릴다운 데이터 】

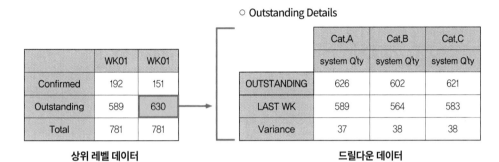

	WK01	WK01
Confirmed	192	151
Outstanding	589	630
Total	781	781

상위 레벨 데이터

○ Outstanding Details

	Cat.A	Cat.B	Cat.C
	system Q'ty	system Q'ty	system Q'ty
OUTSTANDING	626	602	621
LAST WK	589	564	583
Variance	37	38	38

드릴다운 데이터

- 상위 수준 데이터 결과물: 임원급 (CEO, CIO, CFO 등), 부사장과 수석관리자 등 상위 관리자 레벨
- 드릴다운 데이터 결과물: 실제 업무 담당자, 팀 리드 등

② 레이아웃 결정

데이터 표시 수준을 정하고 나면 전달하고자 하는 인사이트가 무엇인지 목적을 명확히 하고 전체적 레이아웃을 결정해야 한다. 예를 들어 시간 순서에 따라 변화하는 데이터라면 시계열 데이터를 보여주기에 좋은 시각화 도구를 선정할 수 있어야 한다.

③ 효과적인 시각화 방법 선택

맵, 차트, 다이어그램, 인포그래픽 등 목적에 따라 효과적인 시각화 방법을 선택해야 한다. 또한 각 시각화 방법에 따라 전달 효과를 높일 수 있는 적절한 그래픽 표현 요소를 선택해 배치한다. 여기서 그래픽 표현 요소는 점, 선, 면, 입체와 같은 기하 요소나 색, 질감, 명도, 채도, 위치, 배치, 간격 등의 장식 요소를 말한다.

(4) 스토리텔링 작업

스토리텔링 작업을 통해 분석 결과를 활용하는 각각의 사용자(경영진, 담당 부서, 이해관계자 등)에게 단순하게 결론만 보여주는 것 이상의 결과를 끌어낼 수 있다. 데이터 스토리텔링은 다양한 각도에서 데이터를 분석, 실험하고, 인사이트가 무엇인지 탐색하고, 대체 이론을 시험하는 반복적인 활동을 의미한다. 그러므로 데이터를 시각화하는 데 있어 가장 중요한 과정이 바로 스토리텔링이다. 데이터 분석 결과로 수집된 정보를 어떻게 보여주느냐에 관심을 두기보다는 정보를 효과적으로 보여주기 위해서 어떤 이야기로 설명해 줄 것인지를 결정해야 한다(참고: http://www.storytellingwithdata.com).

데이터 스토리텔링은 데이터 분석 결과물을 담은 스토리를 만들어내는 과정을 의미한다. 경영진들과 도메인 담당자들이 복잡한 분석 인사이트를 이해할 수 있게 하고, 그 결과를 사업상 판단이나 결론을 끌어내는 데 응용할 수 있게 한다. 빅데이터 분석으로부터 얻은 인사이트는 데이터에 대해 전혀 모르거나 익숙하지 않은 사람들도 어떻게든 이해할 수 있는 결과물이어야 한다.

잘 만들어진 데이터 스토리텔링은 데이터 사이언스에 대해 들어본 적도 없는 사람들도 쉽게 이해하고 설득할 수 있게 해준다. 데이터 분석 결과로 도출된 인사이트를 경영진이 이해하지 못한다면 그 인사이트로 얻을 수 있는 사업 기회를 허공으로 날려버리는 셈이 된다. 따라서 데이터 스토리텔링은 직관적이고 전략적이며 누구나 이해할 수 있게 간단해야 한다.

(5) 분석 정의서 작성

작성한 시나리오 기획서를 기반으로 분석 정의서를 작성한다. 분석 시스템의 품질, 상대적 중요 요소, 품질의 측정 및 검증 방법, 기준을 명시하며, 빅데이터 품질 평가 기준에 의거해 검증 방법 및 평가 방법을 작성한다. 정확한 명세 기법을 사용해 분석 정의서를 작성한다. 분석 정의서는 빅데이터 분석의 목적을 명확히 기술해야 하며, 탐색적 분석 계획 및 기법 수립을 통해 데이터의 연관성 및 이상치와 결측치를 찾을 수 있게 작성한다. 그리고 여러 가지 분석 모형이 연계해서 수행될 수 있게 분석 모형 절차와 기법을 정의하고, 데이터 품질 및 분석 모형의 지속적 관리를 위한 모형 평가 및 검증 방안을 상세히 기술한다.

5. 분석 모형 모니터링

(1) 분석 모형 모니터링 개요

분석 모형 모니터링이란 분석 모형의 정량적, 정성적 평가 기준과 모형화한 것을 지속해서 사용할 수 있을지 성능 평가지표를 정의하고 모니터링하여 성과를 측정하는 일련의 과정을 포함하는 개념이다.

(2) 분석 모형 프로세스

분석 모형 성과 지표를 수립하고 분석 모형 성과 측정 방법을 수립한 다음, 분석 모형 성과 평가를 실행한다. 마지막으로 빅데이터 성과 평가 피드백을 반영하여 필요에 따라 분석 모형을 다시 모형화한다. 단계마다 알아야 할 내용을 다음 표를 통해 살펴본다.

【 분석 모형 성과 관리 프로세스 】

[STEP 1] **분석 모형 성과 지표 수립**	ⓐ 빅데이터 서비스 전략 계획을 통한 성과 평가 대상 및 범위를 파악 ⓑ 성과 평가 대상 및 범위에 따라 성과 평가 영역을 정의 ⓒ 성과 평가 영역에 따라 성과 평가 항목을 도출 ⓓ 성과 평가 항목에 따라 성과 기준(항목, 평가 시기 등)을 정의
[STEP 2] **분석 모형 성과 측정 방법 수립**	ⓐ 빅데이터 서비스의 성과 평가를 위한 성과 관리 조직을 구성 ⓑ 성과 평가를 위한 성과 평가 프로세스를 수립 ⓒ 성과 프로세스에 따라 성과 평가 항목별로 적정한 평가 방법을 선정 ⓓ 선정된 평가 방법에 따라 세부적인 평가 절차 및 지침을 기술
[STEP 3] **분석 모형 성과 평가 실행**	ⓐ 성과 평가 항목에 따라 정량적 항목에 대한 비용과 편익을 측정 ⓑ 성과 기준에 따라 정성적 평가 항목에 대한 자료를 분석하여 측정 ⓒ 측정된 자료를 활용하여 평가 항목별 성과를 평가 ⓓ 평가된 자료를 근거로 종합적인 관점에서 취합해 평가 보고서를 작성
[STEP 4] **분석 모형 성과 평가 피드백**	ⓐ 성과 평가 보고서를 통해 설정된 목표와 실적과의 차이 분석을 실시 ⓑ 성과 평가 차이 분석 결과에 따라 설정된 목표에 대한 문제점을 도출하여 개선 방안을 제시 ⓒ 성과 평가 결과에 따라 성과 관리 보상 체계를 수립 ⓓ 도출된 개선 방안에 따라 평가 기준의 타당성을 검토하여 평가 기준에 반영 ⓔ 성과 평가 결과에 따라 성공 사례를 주기적으로 피드백하는 방안을 제시

* 참고: NCS 문서 LM2001010705_17v1, '빅데이터 성과 관리 기획'

(3) 분석 모형 성능 평가지표 수립[1]

① 분석 모형 성능 평가지표 수립

분석 모형의 모니터링과 통제에 대한 평가지표를 정의한다. 분석 모형 성능 평가지표를 바탕으로 성과 지표 정의서를 작성한다.

ⓐ 빅데이터 분석 거버넌스에 대한 체계를 평가지표로 작성한다.

　　(가) 데이터 관리에 따른 방침, 절차, 표준, 통제, 실행 계획을 평가지표화한다.

　　(나) 빅데이터 분석에 필요한 데이터의 가용성, 데이터 품질 관리 체계를 지표화한다.

　　(다) 조직의 데이터 거버넌스 체계에 대해 평가지표화한다.

ⓑ 빅데이터 탐색적 분석 모형에 대한 역량을 평가지표로 작성한다.

　　(가) 데이터 기술 역량을 지표화한다.

　　(나) 데이터 분석 및 진단 역량을 지표화한다.

(다) 데이터 분석을 통한 예측 역량을 지표화한다.

(라) 탐색적 데이터 분석 후 결과에 따른 대처 역량을 지표화한다.

ⓒ 빅데이터 탐색적 분석 모형의 적합성을 평가지표로 작성한다.

(가) 요구 사항에 맞게 분석 데이터가 모형화되었는지 지표화한다.

(나) 분석 가능한 모형인지 지표화한다.

(다) 분석 모형의 위험 요소가 있는지 지표화한다.

【 성과 지표 정의서 양식 】

〈표 1-15〉 성과 지표 정의서 사례

<table>
<tr><th colspan="7">성과 지표 정의서</th></tr>
<tr><td>성과 지표명</td><td colspan="6">고객 만족도</td></tr>
<tr><td>성과 지표 정의</td><td colspan="6">고객에게 제공되는 서비스이 수준을 공정하고 객관적으로 평가하기 위함</td></tr>
<tr><td>IT BSC 관점</td><td colspan="6">내부 프로세스 관점</td></tr>
<tr><td>전략 목표</td><td colspan="6">고객 서비스 관점</td></tr>
<tr><td>목표 수준</td><td colspan="6">1등급</td></tr>
<tr><td>측정 단위</td><td colspan="6">점수</td></tr>
<tr><td>가중치</td><td colspan="6">10%</td></tr>
<tr><td>측정 주기</td><td colspan="6">연 2회(6월 말, 12월 말)</td></tr>
<tr><td rowspan="4">지표 측정 산식</td><td colspan="6">-계산식: 201x년 고객 서비스 점수를 근거하여 등급에 따른 점수 환산</td></tr>
<tr><td>등급</td><td>1</td><td>2</td><td>3</td><td>4</td><td>5</td></tr>
<tr><td>만족도 점수</td><td>100~90점</td><td>90~85점</td><td>85~80점</td><td>80~75점</td><td>75점 이하</td></tr>
<tr><td>점수
(가중치환산)</td><td>10</td><td>9</td><td>8</td><td>7</td><td>6</td></tr>
<tr><td>지표 산식 설명</td><td colspan="6">-</td></tr>
<tr><td>담당 팀</td><td colspan="6">○○팀</td></tr>
<tr><td>담당자</td><td colspan="6">홍길도</td></tr>
</table>

* 출처: NCS 문서 LM2001010705_17v1, '빅데이터 성과 관리 기획'

② 분석 모형 성능 평가 양식을 작성

도출한 분석 모형 평가지표를 기반으로 평가 양식을 작성한다. 기본 평가지표 외에 고객의 요구 사항 중 우선순위가 높은 항목을 상세화하여 분석 모형의 평가표에 기입한다. 다음 서식의 분석 모형 평가표를 활용하여 평가표를 완성한다.

【 분석 모형 평가표 양식 예 】

분석 모델 평가표

분석 목적			
주요 평가 목적			

평가 항목	구분	평가 항목	척도
	분석 데이터	분석에 필요한 데이터를 수집하였는가?	① ② ③ ④ ⑤
		데이터 정제, 전처리 과정은 적합한가?	① ② ③ ④ ⑤
		데이터 관리 체계는 적합한가?	① ② ③ ④ ⑤
평가 항목	분석 역량	요건 정의에 명시된 데이터를 충분히 수집하였는가?	① ② ③ ④ ⑤
		분석 모델을 수행하기 위한 기술적 설계가 이루어졌는가?	① ② ③ ④ ⑤
		분석 모델의 결과를 도출하기 위한 도구가 준비되었는가?	① ② ③ ④ ⑤
		분석 결과를 지표화할 수 있도록 준비되었는가?	① ② ③ ④ ⑤
	분석 모델 적합성	요건 정의의 목적을 달성할 수 있게 설계되었는가?	① ② ③ ④ ⑤
		빅데이터 분석 도구를 수행할 수 있는 모델인가?	① ② ③ ④ ⑤
		분석 모델의 제약 조건, 위험 요소를 제거하였는가?	① ② ③ ④ ⑤
평가 결과			

주) 볼드체 항목은 분석 모델 초기 정의 단계에서 반드시 정의해야 하는 항목

* 출처: NCS 기반의 '빅데이터 분석기획- LM2001010703_17v1'

【 빅데이터의 성과 측정 방법의 특징 및 장단점 】

측정 방법	특징	장단점
균형 성과표 (BSC)	▪ 통제보다는 전략 관점 강조 ▪ 전략 맵(map)의 개념 도입 ▪ 경영진이 고려해야 할 핵심 목표에 근거한 성과 관리 강조	▪ 보편화되고 있음 ▪ 사용 방법의 적절성에 대한 실증적 증거 부재
목표치 (target)	▪ 설정된 목표의 기준 대비 실제 성과를 측정하는 방식 ▪ 모니터링 및 통제를 위한 목적에 적합 ▪ 목표치 설정 방법의 유형화(과거 경향, 예측 모형, 유사 부문 조직과 비교 등)	▪ 특성이 다른 기관이나 정책 평가에 유용 ▪ 목표치 설정을 둘러싼 성과 측정의 역설 현상 발생
시계열 분석 (TSA)	▪ 시간적 흐름에 따라 성과 개선 파악 ▪ 데이터 양의 모양을 나타내는 동향/추세 분석 ▪ 규칙적이고 주기적 변동성 여부 파악 ▪ 데이터 추세의 수준 변화 파악	▪ 단년도 위주의 성과 관리에 활용하기 어렵다. ▪ 목표치 설정에 부분적으로 활용 가능

* 참고: NCS 문서 LM2001010705_17v1, '빅데이터 성과 관리 기획'

201x년 성과평가보고서

소속: ○○본부   **일자: 201x.xx.xx.**

I. 성과목표체계도

전략목표 1
관련 내용 작성

성과 목표
1-1.

전략목표 2
관련 내용 작성

성과 목표
2-1.

· · ·   · · ·

전략목표 ○
관련 내용 작성

성과 목표
x-1.

II. 성과평가 총괄표

(단위: 백만 원, ...)

구분	성과목표	성과지표	비중	목표값	실제성과	달서여부
전략목표 1	세부목표 1	지표 1	10			
	세부목표 2	지표 2	5			
	...	...				
전략목표 2	...	...				
⋮	⋮	⋮				
⋮	⋮	⋮				
합계			100			

III. 전략 및 성과목표별 성과

III-1. 성과목표 미달

X-1. **** (당초 성과목표 번호, 목표명)

    1) 미달 사유 분석

      ○ 사업추진상 과오요인, 외부요인 등 인과관계 기술

    2) 향후 추진계획

X-2. 성과목표체계도

⋮

III-2. 성과목표 초과

X-1. **** (당초 성과목표 번호, 목표명)

    1) 초가달성 사유 분석

      ○ 해당사업 외 외부요인 영향, 사업추진방식 개선 등 인과관계 기술

    2) 향후 추진계획

* 참고: NCS 문서 LM2001010705_17v1, '빅데이터 성과 관리 기획'

(4) 운영 관리 체계 수립[2]

분석 모형의 생명 주기를 설정하고 주기적인 평가 및 모니터링을 실시하여 모형을 유지보수하고 재구축하기 위한 방안과 모형 업데이트를 자동화하는 방안을 적용할 수 있는 계획을 수립한다.

① 모형의 연속성 확보를 위해 구현 시스템의 요건 정의서를 조사한다

ⓐ 내부 정보/공공 공개 데이터를 검색할 수 있도록 준비한다.

ⓑ 품질 관리 대상 수집기를 이용한 메타데이터를 수집할 수 있도록 준비한다.

ⓒ 분석 목적에 따른 데이터 관리 대상을 선별하고 저장할 수 있도록 준비한다.

ⓓ 품질 진단 및 품질 가이드라인에 따라 데이터를 검증할 수 있도록 준비한다.

ⓔ 데이터를 분석 및 검증하고 활용할 수 있도록 준비한다.

② 분석 프로세스 및 도구를 이용하여 모형 발전 계획을 수립한다

ⓐ 빅데이터 분석 데이터 수집 및 업데이트 관리 방법 계획을 수립한다.

지속해서 변화하는 데이터의 갱신 방법을 계획하고, 데이터 소스로부터 자동 수집할 수 있는 계획을 수립한다.

ⓑ 분산 파일 시스템 구조 기반의 오픈 소스 또는 상용 소프트웨어를 이용한 분석

도구/아키텍처 관리 방법 계획을 수립한다. 소프트웨어의 버전 관리, 최신 패치 등을 고려하여 설계한 아키텍처의 지속적 발전 계획을 수립한다.

③ 지속 관리 방안 수립

분석 모형의 업데이트 계획서를 작성하고, 지속해서 관리할 수 있는 계획을 수립한다. 데이터 유지 보수 방법, 분석 도구/아키텍처 유지 보수 방법, 운영 중인 시스템 연계/유지 보수 방법 등을 관리할 수 있는 계획을 수립하여 분석 모형의 지속적 운영 기획서를 활용 서식 운영 기획서를 기반으로 작성한다.

---

2 참고: NCS 기반의 '빅데이터 분석기획– LM2001010703_17v1'

6. 피드백과 분석 모형 리모델링

(1) 성과 평가 보고서 목표와 실적과의 차이 분석

성과 평가 보고서의 목표와 실제 실적과의 차이가 얼마나 나는지 분석을 실시한다. 성과표의 달성 여부는 성과 관리 주기(상시, 일, 주, 월, 분기, 반기, 연)별로 성과 지표의 달성 수준을 확인하고 점검함으로써 예측하고 관리한다. 성과 지표에서 목푯값을 달성하지 못한 지표가 있다면 이를 식별하고 이에 대한 대응책을 수립한다.

(2) 문제점 도출 및 개선방안 도출

성과 평가 차이 분석 결과에 따라 설정된 목표에 대한 문제점을 도출하여 개선 방안을 제시한다. 성과 평가 결과 성괴가 부진한 조직(사업 본부, 팀)을 관리하는 보통의 프로세스는 대상 선정, 원인 분석, 개선 등 3단계로 이루어지며, 성과 부진에 대한 원인을 분석한 결과에 따라 교육, 코칭 등의 적절한 조치를 취해 성과가 부진한 조직(본부, 팀)에 대해 성과 향상을 위한 대책과 방안을 수립한다.

(3) 성과관리 보상 체계 수립

성과에 따른 보상을 실시할 수 있도록 인사 고과 지침을 수립한다. 성과 책임자는 세부적인 인사 고과 기준을 마련하여 구성원들에게 공유한다. 성과 책임자의 고과 기준은 성과 평가와 마찬가지로 구성원들이 이해할 수 있게 객관적으로 마련해야 한다. 예를 들어 목표치와 성과치를 비교하여 달성률을 계산하고, 각 구간에 따라 합리적으로 고과를 시행한다. 여기에서 중요한 것은 목표치는 상사와 부하가 협의해서 정한 것이고 개인에 따라 능력에 차이가 있으므로 달성 비율에 따라 합리적으로 등급 구간을 정함으로써 신뢰성과 타당성을 확보해야 한다는 것이다.

(4) 평가 기준의 타당성 검토

도출된 개선 방안에 따라 평가 기준의 타당성을 검토하여 평가 기준에 반영한다. 성과 지표 수립 이후에 성과를 평가하고 이를 이용하여 보상과 연계하여 적용하는 상태에서 성과 지표의 부적절성과 결과에 대한 불만 사항이 발생할 수 있다. 따라서 지속적인 개선을 위하여 결과를 데이터베이스화하여 관리하는 것이 효율적이다.

(5) 피드백과 분석 모형 리모델링

각 성과 지표를 목표치와 결과치를 비교하여 분석하고, 차이가 큰 성과 지표를 개선할 방안을 마련해야 한다. 또 새로운 목표를 설정할 때 평가 결과를 활용한다. 그리고 우수 사례(best practice)의 경우 경험과 지식의 확산을 위해 기관(기업)의 조직 내에서 주기적으로 성과 발표회를 실시하고, 사례집 배포 등을 통해 우수 사례에 대한 성과를 공유하고 조직의 지식이 내재화되게 한다. 분석 모형 평가표와 실제 사용자의 의견을 수렴해 그 결과를 데이터베이스화하여 관리한다. 그리고 추후 이러한 데이터가 쌓이면 개선안을 도출해 분석 모형을 리모델링한다.

■ BSC(Balance Score Card) 성과관리

BSC 성과관리는 기존의 성과관리가 지나치게 단기적인 재무성과에 의존하고 있어 중장기적인 기업의 비전과 전략을 담지 못한다는 한계에서 도출된 개념이다. 기존의 성과관리가 재무적 관점이었다면, 여기에 고객, 프로세스, 학습과 성장의 관점을 추가해 다각적으로 성과관리를 해야 한다는 것이 BSC 성과관리의 핵심이다.

■ KPI와 빅데이터 활용 사례

영업 및 마케팅 부문	▪ 타깃 세그멘테이션 ▪ 마케팅 영역에서의 데이터 분석 활용
사기 방지 및 탐지	▪ 보험사기 방지 및 탐지 ▪ 코로나 경로 분석 및 증상자 허위 사실 확인
비즈니스 경쟁력 강화	▪ 생산 효율화 ▪ 공정관리 업무 효율의 향상 ▪ 유지보수 서비스 모형 개발

■ 시각화의 분류

데이터 시각화	▪ 데이터의 시각적인 표현 연구 영역 ▪ 속성이나 변수를 가진 단위를 포함한 정보 ▪ 명확하고 정확하게 커뮤니케이션하기 위한 목적 ▪ 데이터 간의 연결과 그루핑을 표현하는 데 초점 ▪ 마인드맵, 의사결정 트리, 통계 그래픽 등
정보 시각화	▪ SW 시스템, 라이브러리, 서지 정보 코드 같은 비수치적 정보, 인터넷 네트워크 관계 등 집합에 대한 시각적 표현 연구 영역 ▪ 대규모의 비수량 정보를 시각적으로 표현 ▪ 데이터 시각화보다 한 단계 더 정보 형태로 가공 ▪ 트리맵, 분기도, 수지도, 히트맵 등

정보 디자인

- 사람이 사용할 수 있는 효과적인 정보와 기술 데이터를 시각적으로 표현
- 사람들이 좀 더 명확하게 의미를 이해하기 위함
- 인포그래픽도 정보 디자인의 유형
- 인포그래픽: 중요한 정보를 한 장의 그래픽으로 표현해 해당 정보를 쉽게 이해할 수 있게 만든 그래픽 메시지

【 1981년 나폴레옹 행군 다이어그램 】

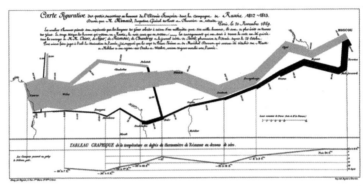

프랑스 공학자, 샤를 미나르(Charles Minard), 1861년

* https://ageofrevolution.org/200-object/flow-map-of-napoleons-invasion-of-russia/

【 나이팅게일 폴라지역 다이어그램 】

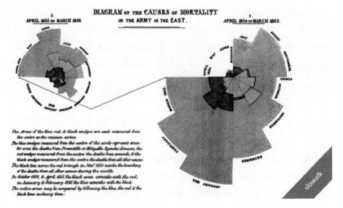

* https://www.maharam.com/stories/sherlock_florence-nightingales-rose-diagram

■ 시각화를 이용한 요약 통계 및 인포그래픽

데이터 분석 결과를 이해하기 쉽게 보여주는 것이 바로 데이터 시각화다. 가장 좋은 시각화 결과는 직관적으로 누구나 쉽게 이해할 수 있는 형태여야 한다. 대표적인 시각화 도구로는 그래프, 도표, 이미지, 인포그래픽, 히스토그램, 상자그림, 산점도 등이 있다. 이는 우리가 흔히 접할 수 있는 모든 데이터를 이미지로 나타낸 형태다.

■ 시각화 프로세스

① 구조화 단계: 강조하고 싶은 데이터 분석 결과가 무엇인지 파악한 뒤 데이터 표현 규칙과 패턴을 탐색해서 사용자에 따른 시나리오를 작성하고 스토리를 구성하는 단계다.

② 시각화 단계: 구조화 단계에서 정의된 요건과 스토리를 기반으로 시각화를 구현하는 단계다. 시각화의 목적인 정보전달을 위해 간단명료한 시각적 형태와 모양이 갖춰지게 반복적으로 시각화 단계를 수행해야 한다.

③ 시각 표현 단계: 시각화 단계를 통해 생성된 결과물을 검토하고 구조화 단계에서 정의한 초점을 흐리지 않았는지 검토하여 마무리하는 단계다.

■ 시각화 프로세스

시각화 종류	주요 시각화 도구
시간 시각화	막대그래프, 점 그래프, 산점도, 선 그래프, 계단식 그래프, 영역 차트
공간 시각화	지도 매핑, 등치선도, 버블 플롯맵, 도트 플롯맵
분포 시각화	파이차트, 도넛 차트, 트리맵, 누적 막대/연속 그래프
관계 시각화	산점도 행렬, 버블차트, 히스토그램, 밀도 함수 그래프
비교 시각화	막대그래프, 플로팅 바 차트, 히트맵, 체르노프 페이스, 스타 차트, 평행 좌표계

■ **인포그래픽의 특징**

흥미와 관심 유발	다양한 정보를 한눈에 파악할 수 있게 시각화한 결과물이므로 빠른 시간에 더 쉽게 정보를 전달할 수 있다. 또한, 이미지 중심으로 정보를 전달하기 때문에 흥미와 관심을 끌어내는 데 효과적이다.
이해하기 쉬운 전달	복잡한 정보의 가독성을 높이고 사용자가 한 번에 내용을 파악할 수 있게 하는 데 그 목적이 있다.
오랜 기억 유지	사람들은 대체로 텍스트 형태보다는 시각 자료에 의존도가 더 높은 편이다. 시각 자료는 직관적이며 상대적으로 기억에 오래 남는 특징이 있다.
자발적 확산	이미지로 된 자료는 쉽게 온라인에서 공유되고 확산될 수 있다.

■ **빅데이터 큐레이터**

빅데이터 큐레이션이란 빅데이터 전략을 제시하고 최적의 빅데이터 구축에서 시작해 분석 및 결과 활용까지 전 과정을 지휘하는 활동을 의미한다. 실무에서는 큐레이터라는 명칭을 사용하지 않더라도 이 역할을 하는 담당자가 반드시 존재한다. 때로는 전체 프로젝트의 PM이 이 역할을 맡기도 하고, 별도의 큐레이터를 두기도 하며, 때로는 기업 실무부서에서 이 업무를 담당하기도 한다.

빅데이터 큐레이터는 예측, 요구사항 발견, 고객에게 맞춤형 서비스 지원 등 비즈니스를 지원하고 발전시키는 역할을 한다. 이를 위해 인과관계 분석, 데이터의 숨은 패턴 발견을 위한 마이닝과 데이터 시각화, 맞춤형 서비스를 위한 우선순위 선별 작업 등을 수행한다.

■ **빅데이터 결과 분석 시각화 단계**

[1단계] 특성화	문제 도메인의 핵심 주제에 업무와 데이터를 특성화한다.
[2단계] 추상화	동작과 데이터 형식에 맞춰 추상화한다.
[3단계] 상호작용	시각화 디자인 및 분석 결과의 상호 작용을 설계한다.
[4단계] 개발	효율적인 시각화 기술로 모형화한다.

■ 분석 모형 명세서 주요 항목의 예

항목	설명	주요 기법
분석 유형	▪ 배치성 데이터 분석 ▪ 실시간 데이터 분석	▪ 실시간 람다/카파 아키텍처 ▪ 배치형 멜론 아키텍처
주요 분석 항목	▪ 실적/약점 분석 ▪ 예측 분석 ▪ 추천 분석	▪ 데이터 마이닝 ▪ 베이지안 분석 ▪ 상관관계 분석
분석 결과	▪ 과거에서 현재/미래까지 변화 추이 ▪ 지역/지점별 변화 추이 ▪ 현황 분석	▪ 시계열 분석 ▪ 분포/범주별 분석

■ '분석 결과 활용 시나리오' 작성

'분석 결과 활용 시나리오'는 빅데이터 분석 아키텍처를 활용하여 상세히 명세화하고, 고객과 개발자 관점의 명확한 뷰(View)를 도식화해 분석 모형을 명세화하며, 고객이 이해할 수 있게 분석 비즈니스 용어에 맞게 서술형과 순서도를 혼합하여 작성한다.

■ 분석 결과 스토리텔링

데이터 스토리텔링은 다양한 각도에서 데이터를 분석, 실험하고, 인사이트가 무엇인지 탐색하고, 대체 이론을 시험하는 반복적인 활동을 의미한다. 그러므로 데이터를 시각화하는 데 있어 가장 중요한 과정이 바로 스토리텔링이다. 데이터 분석 결과로 수집된 정보를 어떻게 보여주느냐에 관심을 두기보다는 정보를 효과적으로 보여주기 위해서 어떤 이야기로 설명해 줄 것인지를 결정해야 한다.

■ 분석 모형 성과 관리 프로세스

[STEP 1] 분석 모형 성과 지표 수립	ⓐ 빅데이터 서비스 전략 계획을 통한 성과 평가 대상 및 범위를 파악 ⓑ 성과 평가 대상 및 범위에 따라 성과 평가 영역을 정의 ⓒ 성과 평가 영역에 따라 성과 평가 항목을 도출 ⓓ 성과 평가 항목에 따라 성과 기준(항목, 평가 시기 등)을 정의

[STEP 2] 분석 모형 성과 측정 방법 수립	ⓐ 빅데이터 서비스의 성과 평가를 위한 성과 관리 조직을 구성 ⓑ 성과 평가를 위한 성과 평가 프로세스를 수립 ⓒ 성과 프로세스에 따라 성과 평가 항목별로 적정한 평가 방법을 선정 ⓓ 선정된 평가 방법에 따라 세부적인 평가 절차 및 지침을 기술
[STEP 3] 분석 모형 성과 평가 실행	ⓐ 성과 평가 항목에 따라 정량적 항목에 대한 비용과 편익을 측정 ⓑ 성과 기준에 따라 정성적 평가 항목에 대한 자료를 분석하여 측정 ⓒ 측정된 자료를 활용하여 평가 항목별 성과를 평가 ⓓ 평가된 자료를 근거로 종합적인 관점에서 취합해 평가 보고서를 작성
[STEP 4] 분석 모형 성과 평가 피드백	ⓐ 성과 평가 보고서를 통해 설정된 목표와 실적과의 차이 분석을 실시 ⓑ 성과 평가 차이 분석 결과에 따라 설정된 목표에 대한 문제점을 도출하여 개선 방안을 제시 ⓒ 성과 평가 결과에 따라 성과 관리 보상 체계를 수립 ⓓ 도출된 개선 방안에 따라 평가 기준의 타당성을 검토하여 평가 기준에 반영 ⓔ 성과 평가 결과에 따라 성공 사례를 주기적으로 피드백하는 방안을 제시

■ 빅데이터의 성과 측정 방법의 특징 및 장단점

측정 방법	특징	장단점
균형 성과표 (BSC)	▪ 통제보다는 전략 관점 강조 ▪ 전략 맵(map)의 개념 도입 ▪ 경영진이 고려해야 할 핵심 목표에 근거한 성과 관리 강조	▪ 보편화되고 있음 ▪ 사용 방법의 적절성에 대한 실증적 증거 부재
목표치 (target)	▪ 설정된 목표의 기준 대비 실제 성과를 측정하는 방식 ▪ 모니터링 및 통제를 위한 목적에 적합 ▪ 목표치 설정 방법의 유형화(과거 경향, 예측 모형, 유사 부문 조직과 비교 등)	▪ 특성이 다른 기관이나 정책 평가에 유용 ▪ 목표치 설정을 둘러싼 성과 측정의 역설 현상 발생
시계열 분석 (TSA)	▪ 시간적 흐름에 따라 성과 개선 파악 ▪ 데이터 양의 모양을 나타내는 동향/추세 분석 ▪ 규칙적이고 주기적 변동성 여부 파악 ▪ 데이터 추세의 수준 변화 파악	▪ 단년도 위주의 성과 관리에 활용하기 어렵다. ▪ 목표치 설정에 부분적으로 활용 가능

01. 다음의 설명 중 빈칸에 들어갈 말을 다음 보기 중에서 고르시오.

비즈니스에서 _____은/는 현재의 상태를 알려주는 나침반과 같으며, 비즈니스의 흐름 및 추세를 알려주는 지표다. 따라서 많은 기업은 저마다 맞춤형 _____을/를 선정하고 수정하는 것을 반복하며 최적의 _____을/를 만들어가고 있다.

① BSC
② KPI
③ TCO
④ ROI

02. 다음 보기 중 일반적으로 사용되는 IT 부문 기여도 평가 항목과 가장 거리가 먼 것을 고르시오.

① 투자 지표
② 시스템 구축에 대한 품질 지표
③ 업무 이용 지표
④ 내부수익율(IRR)

03. 시각화의 분류와 그 예가 바르게 짝지어진 것을 고르시오.

① 데이터 시각화 – 트리맵
② 데이터 시각화 – 마인드맵
③ 정보 시각화 – 의사결정 트리
④ 정보 디자인 – 히트맵

04. 시각화 프로세스가 순서대로 바르게 나열된 것을 고르시오.

① 시각화 단계 – 구조화 단계 – 시각 표현 단계
② 시각 표현 단계 – 시각화 단계 – 구조화 단계
③ 구조화 단계 – 시각 표현 단계 – 시각화 단계
④ 구조화 단계 – 시각화 단계 – 시각 표현 단계

05. 시각화의 종류와 방법이 틀리게 짝지어진 것을 고르시오.

① 시간 시각화 – 막대그래프
② 공간 시각화 – 등치선도

③ 분포 시각화 – 파이차트
④ 비교 시각화 – 산점도 행렬

06. 지도상의 위도와 경도에 해당하는 지리적 좌표점에 산점도와 같이 점을 찍어서 나타내는 공간 시각화의 방법을 다음 보기 중에서 고르시오.

① 등치 지역도
② 버블 플롯맵
③ 도트 플롯맵
④ 등치선도

07. 선거인단 수와 같은 특정 성질을 가진 인구의 분포를 데이터 값의 변화에 따라 지도 위에 나타내는 공간 시각화의 방법을 다음 보기 중에서 고르시오.

① 등치 지역도
② 버블 플롯맵
③ 도트 플롯맵
④ 카토그램

08. 서로 다른 크기를 이용해 비율을 나타내며, 사각형을 겹쳐 놓음으로써 대분류와 하위 분류를 나타내는 공간 시각화의 방법을 다음 보기 중에서 고르시오.

① 트리맵
② 도넛 차트
③ 누적 막대그래프
④ 누적 영역 차트

09. 다음 중 관계 시각화의 예가 아닌 것을 고르시오.

① 산점도 행렬　　　　　② 버블 차트

③ 버블 플롯맵　　　　　④ 히스토그램

10. 다변량 변수를 갖는 자료를 2차원에 효과적으로 표현해서 데이터 간의 차이점뿐만 아니라 유사성 관계도 확인할 수 있는 시각화 방법을 고르시오.

① 관계 시각화　　　　　② 비교 시각화

③ 인포그래픽　　　　　④ 공간 시각화

11. 다음의 그림이 나타내는 시각화 방법을 보기 중에서 고르시오.

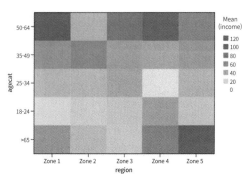

① 간트 차트　　　　　② 평행 좌표계

③ 스타 차트　　　　　④ 히트맵

12. 다음 중 인포그래픽에 관한 설명으로 가장 틀린 것을 고르시오.

① 인포(Information)+그래픽(Graphic)의 합성어

② 이미지 중심으로 정보를 전달하기 때문에 흥미와 관심을 끌어내는 데 효과적이다.

③ 이미지로 된 자료는 쉽게 온라인에서 공유되고 확산될 수 있다.

④ 기존에 사용하던 모든 시각화와 인포그래픽은 구별되어야 한다.

13. 다음의 빈칸에 들어갈 알맞은 용어를 고르시오.

> 빅데이터를 오케스트라에 비유한다면, _____은/는 지휘자에 비유할 수 있다. 빅데이터 업무에는 빅데이터 전략가, 빅데이터 운영자, 데이터 사이언티스트 등 다양한 부서와의 업무 조율 및 협조가 필수적이다.

① 빅데이터 분석가

② 빅데이터 큐레이터

③ 빅데이터 과학자

④ 빅데이터 하둡 에코시스템 관리자

14. NCS에 기반한 '분석 결과 해석을 위한 업무 전문가와의 협업 계획 수립' 과정에 대한 설명이다. 수립 절차를 순서대로 바르게 나열한 것을 고르시오.

> **가.** 예상 결과 및 결과 보고서 항목 정의
> **나.** 협업 방법, 도구, 업무 수행 기간 협의
> **다.** 협업을 위한 R&R 분리
> **라.** 분석 주제 공유 & 협업 목표 설정

① 라 – 가 – 나 – 다

② 라 – 다 – 가 – 나

③ 라 – 다 – 나 – 가

④ 라 – 나 – 가 – 다

15. 다음 설명의 빈칸에 가장 알맞은 말을 보기에서 고르시오.

> 분석 결과를 활용하는 각각의 사용자(경영진, 담당 부서, 이해관계자 등)에 따라 어떻게 효과를 높일 것인지, 또 어떤 시각화 도구를 사용해야 하는지 등을 고민하고 _____을/를 작성해야 한다. _____ 작업은 실제 작업에 착수하기 전 대략 아이디어나 콘셉트를 종이나 보드에 표현하는 것을 의미한다.

① 시나리오

② 스토리보드

③ 분석 모형 명세서

④ 응용 프로그램 전개 방안

16. '분석 결과 활용 시나리오' 작성과 관련된 다음의 설명 중 가장 틀린 것을 고르시오.

① '분석 결과 활용 시나리오'는 빅데이터 분석 아키텍처를 활용하여 상세히 명세화한다.

② 데이터 스토리보드 작업은 실제 작업에 착수하기 전에 대략 아이디어나 콘셉트를 종이나 보드에 표현하는 것이다.

③ 데이터 표시 수준은 일관성을 위해 하나로 통일한다.

④ 전달하고자 하는 인사이트가 무엇인지 목적을 명확히 하고 전체적인 레이아웃을 결정해야 한다.

17. 다음은 'NCS 기반 분석 모형 성과관리 프로세스'에 관한 설명이다. 다음의 빈칸에 들어갈 가장 알맞은 말을 바르게 짝지은 것을 고르시오.

[STEP 1] 분석 모형 성과 지표 수립
[STEP 2] 분석 모형 성과 _____(가)_____ 수립
[STEP 3] 분석 모형 성과 _____(나)_____ 실행
[STEP 4] 분석 모형 성과 _____(다)_____

	(가)	(나)	(다)
①	평가	측정 방법	평가 피드백
②	평가	평가 피드백	측정 방법
③	측정 방법	평가	평가 피드백
④	평가 피드백	평가	측정 방법

18. 분석 모형 성능 평가 지표 수립과 관련된 다음 설명 중 가장 옳지 않은 것을 고르시오.

① 빅데이터 분석 거버넌스에 대한 체계를 평가지표로 작성한다.

② 빅데이터 탐색적 분석 모형에 대한 역량을 평가지표로 작성한다.

③ 빅데이터 탐색적 분석 모형의 적합성을 평가지표로 작성한다.

④ 평가지표에는 반드시 예산과 소요 경비에 관한 평가 항목이 포함되어야 한다.

19. 빅데이터 성과 측정 방법 중 다음의 설명이 어떤 방법에 대한 설명인지 고르시오.

• 통제보다는 전략 관점 강조
• 전략 맵(map)의 개념 도입
• 경영진이 고려해야 할 핵심 목표에 근거한 성과 관리 강조

① 목표치(target)
② 균형 성과표(BSC)
③ 시계열 분석(TSA)
④ KPI

20. 빅데이터 성과 측정 방법 중 다음의 설명이 어떤 방법에 대한 설명인지 고르시오.

• 설정된 목표의 기준 대비 실제 성과를 측정하는 방식
• 모니터링 및 통제를 위한 목적에 적합
• 목표치 설정 방법의 유형화(과거 경향, 예측 모형, 유사 부문 조직과 비교 등)

① 목표치(target)
② 균형 성과표(BSC)
③ 시계열 분석(TSA)
④ KPI

【정답】

1. 답: ②

해설: ② KPI(Key Performance Indicator: 핵심 성과 지표)에 관한 설명이다. ① BSC(Balance Score Card)는 진일보한 개념의 성과관리체계로 다각적인 성과관리가 특징이다. ③ TCO(Total Cost of Ownership: 총 소유 비용)는 재무적 성과 측정 지표다. ④ ROI(Return on Investment: 투자 대비 효과)도 재무적 성과 측정 지표다.

2. 답: ④

해설: 내부수익율(IRR)은 재무적 성과 측정 지표다.

3. 답: ②

해설: ① 데이터 시각화의 예: 마인드맵, 의사결정 트리, 통계 그래픽 등. ③ 정보 시각화의 예: 트리맵, 분기도, 수지도, 히트맵 등. ④ 정보 디자인의 예: 인포그래픽 등

4. 답: ④

해설: 데이터 분석 결과를 구조화하는 것이 첫째다. 구조화한 다음 시각화하고 마지막에 시각 표현 단계에서 구조화가 잘 되었는지 검토한다.

5. 답: ④

해설: ① 시간 시각화 – 막대그래프, 점 그래프, 산점도, 선 그래프, 계단식 그래프, 영역 차트, ② 공간 시각화 – 지도 매핑, 등치선도, 버블 플롯맵, 도트 플롯맵, ③ 분포 시각화 – 파이차트, 도넛 차트, 트리맵, 누적 막대/연속 그래프, ④ 비교 시각화 – 막대그래프, 플로팅 바 차트, 히트맵, 체르노프 페이스, 스타 차트, 평행 좌표계 / 관계시각화 – 산점도 행렬, 버블 차트, 히스토그램, 밀도 함수 그래프

6. 답: ③

해설: ① 등치 지역도: 지도 위에 지리적 단위를 기준으로 하여 데이터의 의미를 색상으로 구분해 나타내는 시각화 방법이다. 색상은 밝기나 채도로 구분할 수 있다. ② 버블 플롯맵: 지리적 좌표 위에 정량적 데이터 값의 크기를 서로 다른 크기의 원형으로 표시하는 방법으로, 지리적 버블차트와 같다고 볼 수 있다. ④ 등치선도: 지리적으로 같은 데이터를 가진 곳을 선으로 이어서 시각화하는 방법이다.

7. 답: ④

해설: ④ 카토그램은 지역의 값을 표현하기 위해 지리적 형상과 크기를 조절해 재구성한다. 재구성된 지도는 왜곡되고 비뚤어진 것처럼 보인다.

8. 답: ①

해설: ① 트리맵은 단순하게 데이터를 분류별로 나타내는 데 사용하기도 하고 계층 구조가 있는 범주형 데이터나 트리 구조의 데이터를 표시하기 위해서도 사용한다.

9. 답: ③

해설: ③ 버블 플롯맵은 공간 시각화이며, 나머지 보기는 모두 관계 시각화의 예다.

10. 답: ②

해설: 비교 시각화에는 막대그래프, 플로팅 바 차트, 히트맵, 체르노프 페이스, 스타 차트, 평행 좌표계 등이 있다.

11. 답: ④

해설: 히트맵은 여러 변수를 한 번에 비교하기 위해 흔히 사용되는 그래프로, 표와 같이 행 방향은 관측 개체를 나타내고 열 방향은 각각의 변수를 나타낸다. 사각형의 각 칸에 색상을 이용해 값을 표현한다. 이 색은 채도의 차이로 큰 값과 작은 값을 구분해 나타낼 수 있다.

12. 답: ④

해설: 기존의 시각화도 넓게 보면 인포그래픽의 일종이라고 봐야 한다. 인포그래픽은 시각화와 구별되는 개념이 아니라, 시각화의 확장 개념으로 바라봐야 한다.

13. 답: ②

해설: 빅데이터 분석에는 실제로도 수십 개의 부서가 서로 얽혀 있을 만큼 업무가 서로 다른 부서 혹은 이해관계자 집단이 존재한다. 이때 빅데이터 큐레이션 활동이 필요하다. 빅데이터 큐레이션이란 빅데이터 전략을 제시하고 최적의 빅데이터 구축에서 시작해 분석 및 결과 활용까지 전 과정을 지휘하는 활동을 의미한다.

14. **답**: ③

해설: 분석 주제 공유 & 협업 목표 설정 → 협업을 위한 R&R 분리 → 협업 방법, 도구, 업무 수행 기간 협의 → 예상 결과 및 결과 보고서 항목 정의

15. **답**: ②

해설: 넓게 본다면 ①도 정답이라고 볼 수 있으나, '종이나 보드에 표현'하는 것이라고 명확히 명시하고 있으므로 정확한 답은 ② 스토리보드다.

16. **답**: ③

해설: 사용자별 데이터 표시 수준이 다를 수 있으므로 이를 고려해야 한다. 예를 들어 임원급 혹은 상위 관리자급의 사용자들에게는 상위 수준의 결과물을 보여주며 결과적으로 핵심을 전달하는 것이 중요 하다. 실제 업무를 담당하는 참여자의 경우는 더 구체화된 '드릴다운(Drill Down)' 데이터를 제공할 필요가 있다. 여기서 '드릴다운' 데이터는 상위 수준의 간략한 결과물만 담고 있는 것이 아니라 각 항목에 대한 조금 더 구체적인 사항을 포함하는 데이터를 의미한다.

17. **답**: ③

해설: 분석 모형 성과 지표를 수립하고 분석 모형 성과 측정 방법을 수립한 다음, 분석 모형 성과 평가를 실행한다. 마지막으로 빅데이터 성과 평가 피드백을 반영한다.

18. **답**: ④

해설: 분석모형 성능평가 지표에 예산과 소요 경비에 관한 평가 항목이 포함되어 있을 필요는 없다.

19. **답**: ②

해설: 균형 성과표(BSC)에 관한 설명이다. 균형 성과표(BSC)는 가장 보편화된 빅데이터 성과 측정 방법이다.

20. **답**: ①

해설: 목표치(target)에 관한 설명이다. 목표치(target) 방법은 특성이 서로 다른 기관이나 정책 평가에 유용하지만, 목표치 설정을 둘러싼 성과 측정의 역설 현상이 발생할 수 있다.

1과목 _ 빅데이터 분석 기획

01. 데이터베이스의 특징에 관한 설명 중 옳은 것을 고르시오.

① **검색 가능성**: 정보통신망을 통해 원거리에서도 즉시 온라인으로 이용 가능하다.

② **기계 가독성**: 다양한 방법으로 필요한 정보를 검색할 수 있다.

③ **정보 관리 측면**: 대량의 정보를 일정한 형식에 따라 컴퓨터 등의 정보처리기기가 읽고 쓸 수 있다.

④ **경제 · 산업적 측면**: 데이터베이스는 다양한 정보를 필요에 따라 신속하게 제공 · 이용할 수 있는 인프라의 특성을 가진다.

02. 다음 설명 중 올바르지 않은 것을 고르시오.

① EDW는 기존 DW를 전사적으로 확장한 모델인 동시에 BPR과 CRM, BSC 같은 다양한 분석 애플리케이션을 위한 원천이 된다.

② BSC는 과거의 성과에 대한 재무적인 측정지표에 추가해 미래성과를 창출하는 과정의 측정지표(고객, 공급자, 종업원, 프로세스 및 혁신에 대한 지표)를 통하여 미래가치를 창출하도록 관리하는 시스템이다.

③ OLAP는 네트워크상의 여러 이용자가 실시간으로 데이터베이스의 데이터를 갱신하거나 조회하는 등의 단위 작업을 처리하는 방식을 말한다.

④ EAI는 기업 응용 프로그램 통합 또는 기업 애플리케이션 통합이라고 부르며, 전사적 응용 프로그램 통합이라고도 한다.

03. 다음은 빅데이터 경영혁신 단계를 설명한 것이다. 순서대로 바르게 짝지은 것을 고르시오.

> **가.** 의사결정 향상
> **나.** 새로운 고객가치와 비즈니스 창출
> **다.** 발견에 의한 문제 해결
> **라.** 생산성 향상

① 라 – 가 – 나 – 다　　② 라 – 다 – 가 – 나
③ 라 – 가 – 다 – 나　　④ 라 – 나 – 다 – 가

04. 기업의 분석 성숙도를 평가하여 4단계로 나눌 수 있다. 다음의 설명은 보기 중 몇 단계에 해당하는지 고르시오.

> • 데이터 웨어하우스
> • 데이터 마트
> • ETL/EAI
> • OLAP

① [1단계] 도입: 분석 시작, 환경과 시스템 구축

② [2단계] 활용: 분석 결과를 업무에 적용

③ [3단계] 확산: 전사 차원에서 분석 관리 및 공유

④ [4단계] 최적화: 분석을 진화시켜 혁신 및 성과 향상에 기여

05. 데이터 거버넌스의 3대 구성요소가 아닌 것을 고르시오.

① 원칙　　　　　　② 조직
③ 표준화　　　　　④ 프로세스

06. 우리나라의 마이데이터 관련 내용으로, 다음의 설명이 의미하는 것을 보기에서 고르시오.

> 협약된 기관(업) 간에만 가능했던 개인데이터 공유 체계가 개방 형태로 변화하여 스타트업들의 적극적 참여 및 새로운 서비스 모델이 등장할 수 있는 시장 조성

① 개인정보주체의 알 권리

② 인간 중심의 원칙

③ 자기정보결정권

④ 데이터 경제 활성화

07. 빅데이터 분석 주제를 선정하는 방법을 도식화한 그림이다. 다음 중 '다'에 해당하는 것을 보기에서 고르시오.

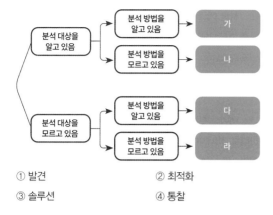

① 발견　　　　　　② 최적화
③ 솔루션　　　　　④ 통찰

08. 분석 과제를 탐색하는 단계에서 분석기회를 발굴하는 범위를 확장하고자 한다. 이때 기업과 산업의 환경을 네 가지 영역으로 구분하여 비즈니스 문제로 발굴할 수 있는데, 그 네 가지 영역에 해당하지 않는 것을 보기 중에서 고르시오.

① 거시적 관점　　　② 규제와 감사
③ 경쟁자 분석　　　④ 시장의 니즈

09. 데이터 분석 모델링에 관한 다음 설명 중 옳지 않은 것을 고르시오.

① 모델링 진행 전에 필요한 데이터의 마트를 설계해 정규화 상태로 처리한다.
② 모델링마트가 구축되면 먼저 탐색적 분석(EDA: exploratory data analysis)을 수행한다.
③ 분석에 어떤 모델을 사용할지 선정한다.
④ 분석용 데이터를 학습용과 검증용, 테스트용으로 분리한 다음, 분석용 데이터를 이용해 자체 검증한다.

10. 데이터 분석 모델링 프로세스 순서가 바르게 배열된 것을 고르시오.

　가. 적용
　나. 검증 및 테스트
　다. 모델링 성능평가
　라. 모델링 마트 설계와 구축
　마. 탐색적 분석과 유의 변수 도출
　바. 모델링

① 라 – 마 – 나 – 바 – 다 – 가
② 라 – 마 – 나 – 다 – 바 – 가
③ 라 – 마 – 다 – 바 – 나 – 가
④ 라 – 마 – 바 – 다 – 나 – 가

11. 다음 보기 중 데이터 유형이 다른 하나를 고르시오.

① HTML　　　　　　② XML
③ DBMS　　　　　　④ JSON

12. 데이터 비식별화에 관한 다음 보기 중 가장 옳지 않은 것을 고르시오.

① 모든 데이터는 재식별 위험성이 존재한다.
② 데이터에 개인을 식별할 수 있는 정보가 있는 경우 일부 또는 전체를 삭제하거나 일부를 대체 처리함으로써 특정 개인을 식별할 수 없게 하는 것을 '데이터 비식별화'라고 한다.
③ 특정 개인을 하나의 정보만으로 식별될 수 없다고 하더라도 다른 정보와 결합해 쉽게 알아볼 수 있는 정보도 그 대상이 된다.
④ 특정인과 직접 연결할 수 없는 데이터는 사생활 침해의 위험성이 없다고 본다.

13. 다음의 NoSQL 중에서 그 특성이 나머지 셋과 다른 하나를 고르시오.

① MongoDB　　　　② Cassandra
③ HBase　　　　　　④ HyperTable

14. 다음 보기 중 데이터 웨어하우스의 특징에 해당하지 않는 것을 고르시오.

① 주제지향성(주제중심성)　② 통합성(Integrated)
③ 시계열성(Time Variant)　④ 업무중심성

15. 스타 스키마와 스노우플레이크 스키마의 특징이 바르게 짝지어진 것은?

① 스타 스키마 – 사실 테이블은 그대로 유지되는데, 차원 테이블이 계속 등장한다.
② 스타 스키마 – 차원 테이블이 제3 정규형으로 정규화된 형태다.

③ 스노우플레이크 스키마 – 저장공간이 최소화되고 유연성이 증가하지만, 복잡하고 결과 검증이 어렵다.

④ 스노우플레이크 스키마 – 단일 테이블(Fact Table)을 중심으로 다수의 차원 테이블(Dimensional Table)이 연결돼 있다.

16. CDC(Change Data Capture)에 관한 다음 보기 설명 중 틀린 것을 고르시오.

① Status on Rows 구현 기법 – 타임스탬프 및 버전 넘버 기법에 대한 보완 용도로 활용되며, True/False(불린) 값으로 저장하는 칼럼의 상태 값을 기반으로 변경 여부를 판단한다.

② Time Stamp on Rows 구현 기법 – 변경이 반드시 인지돼야 하는 테이블 내 마지막 변경 시점을 기록하는 타임스탬프 칼럼을 두고, 마지막 변경 타임스탬프 값보다 더 최근의 타임스탬프 값을 갖는 레코드를 변경되는 것으로 식별한다.

③ Event programming 구현 기법 – 이 트랜잭션 로그에 대한 스캐닝 및 변경 내역에 대한 해석을 통해 CDC 메커니즘을 구현한다.

④ 원천 데이터를 DW, DM 등에 적재한다는 의미에서 ETL과 비슷하지만, 실시간(Real Time) 혹은 준실시간(Near Real Time)으로 적재한다는 점에서 큰 차이가 있다.

17. 빅데이터 분산처리에 관한 다음 보기 설명 중 틀린 것을 고르시오.

① HDFS는 구글의 빅데이터 플랫폼의 기반이 되는 파일 시스템으로, 파일을 고정된 크기(1.0–64MB, 2.0–128MB)의 청크(Chunk)로 나누고, 각 청크를 다수의 청크 서버에 분산 저장한다.

② 구글의 맵리듀스는 크게 데이터를 분할하는 단계인 Map과 분할한 데이터를 다시 합치는 Reduce의 2단계로 나눌 수 있다.

③ 폴트톨러런스란 시스템 내의 어느 한 부품 또는 어느 한 모듈에 Fault(장애)가 발생하더라도 시스템 운영에 전혀 지장을 주지 않게 설계하는 것을 의미한다.

④ 하둡의 맵리듀스는 구글의 맵리듀스처럼 분할하고 합치는 과정이 있는데, 총 6단계로 나뉜다.

18. 하둡 에코시스템에 관한 다음 보기 중 성격이 다른 하나를 고르시오.

① Zookeeper
② Oozie
③ Hue
④ Spark

19. 페이스북이 개발한 오픈 소스 분산 SQL 쿼리 엔진 중 하나로, 빅데이터 플랫폼 머신러닝에 자주 활용되는 프레임워크를 고르시오.

① Mahout
② Presto
③ Impala
④ Pig

20. 하둡의 HDFS와 맵리듀스에 관한 다음 보기 설명 중 잘못된 것을 고르시오.

① HDFS는 GFS의 아키텍처를 따르며, GFS의 청크 개념으로 블록 개념이 존재한다.

② GFS의 마스터와 같은 개념의 네임노드(NameNode), GFS의 청크서버와 같은 개념의 데이터노드(DataNode)가 사용된다

③ 하나의 파일은 블록 단위로 나뉘어 여러 데이터노드에 저장되는데, 고가용성(High Availability)을 위해 다시 복제하여 여러 개의 데이터노드에 분산 저장된다.

④ 실제 데이터 입출력 요청은 네임노드를 통해 이루어진다.

2과목 _ 빅데이터 탐색

01. 다음 중 확률표본추출법에 해당하지 않는 방법을 고르시오.

① 층화표본추출(Stratified Random Sampling)
② 판단표본추출(Judgement Sampling)
③ 군집표본추출(Clustering Sampling)
④ 단순무작위표본추출(Simple Random Sampling)

02. 다음 중 이산형 확률분포에 해당하지 않는 것을 고르시오.

① 초기하 분포
② 지수 분포
③ 포아송 분포
④ 다항 분포

03. 결측값의 하나로 결괏값에 영향을 미치는 변수 때문에 값이 누락되는 것을 고르시오.

① 이상값　　　　　　　　② 무작위 결측
③ 완전 무작위 결측　　　　④ 비무작위 결측

04. 다음 소셜 네트워크를 보고 포괄성을 계산한 것으로 가장 적절한 것은??

① 0.4　　　　　　　　　　② 0.6
③ 0.24　　　　　　　　　④ 1

05. 다음은 다이어트 신약 복용 전과 후의 몸무게 데이터를 분석한 것이다. 다음 중 결과에 대한 해석으로 가장 부적절한 것은 무엇인가?

```
    Paired t-test

data:  before and after
t = 3.8031, df = 14, p-value = 0.001939
alternative hypothesis: true difference in means
is not equal to 0
95 percent confidence interval:
 1.424424 5.108910
sample estimates:
mean of the differences
          3.266667
```

① 대응표본에 대해 t-test를 시행한 결과다.
② 유의수준 0.05에서 다이어트 신약을 복용한 후 몸무게는 복용 전과 차이가 있다고 해석할 수 있다.
③ 14명을 대상으로 한 실험 결과다.
④ 95% 신뢰구간은 1.424424와 5.108910 사이다.

06. 다음 중 단어 문서 행렬(Term-Document Matrix, TDM)에 대한 설명으로 가장 부적절한 것은 무엇인가?

```
《TermDocumentMatrix (terms: 4, documents: 2)》
Non-/sparse entries: 6/2
Sparsity            : 25%
Maximal term length: 5
Weighting           : term frequency (tf)
Sample              :
      Docs
Terms  1 2
  cats  1 0
  jenny 1 1
  likes 1 1
  pizza 0 1
```

① 전체 cell의 25%는 1이다.
② 2개의 Document와 4개의 term으로 구성되어 있다.
③ 가장 긴 단어의 길이는 5다.
④ 'jenny'와 'likes'는 두 Document에 포함되어 있다.

07. 다음 중 결측값 대치 기법의 일종인 다중 대치법에 대한 설명으로 가장 적절한 것은 무엇인가?

① n번의 결측치 추정을 통해 n개의 완전한 데이터셋을 생성하는 방법이다.
② 평균, 중앙값, 최빈값 등의 대푯값으로 대체하는 방법이다.
③ 평균값으로 대체 시 발생할 수 있는 추정량 표준 오차의 과소 추정 문제를 보완하기 위한 방법으로, 대표적인 방법에는 Hot-deck, Nearest-Neighbour가 있다.
④ 결측이 발생한 데이터가 포함된 목록(행 혹은 열) 전체를 데이터셋에서 제거하는 방법이다.

08. 다음 중 상관계수의 성질에 대한 설명으로 가장 부적절한 것은 무엇인가?

① 상관계수 r이 0보다 크면 기울기가 양인 직선 주변에 점들이 밀집되어 있다.
② 상관계수 r의 절댓값이 커질수록 점들이 직선으로부터 흩어져 있다.
③ 상관계수 r은 -1과 1 사이의 값을 가진다.
④ 상관계수 r이 0이면 변수들 사이에 선형의 상관관계가 없음을 의미한다.

09. 다음 중 중앙값과 동일한 것은 무엇인가?

① Q1　　　　　　　　② Q2

③ Q3　　　　　　　　④ Q4

10. 다음은 단계적 변수 선택을 한 결과다. 이에 대한 설명으로 가장 부적절한 것은?

```
Start:  AIC=190.69
Fertility ~ Agriculture + Examination + Education + Catholic +
    Infant.Mortality

                  Df  Sum of Sq    RSS    AIC
- Examination      1      53.03  2158.1  189.86
<none>                           2105.0  190.69
- Agriculture      1     307.72  2412.8  195.10
- Infant.Mortality 1     408.75  2513.8  197.03
- Catholic         1     447.71  2552.8  197.75
- Education        1    1162.56  3267.6  209.36

Step:  AIC=189.86
Fertility ~ Agriculture + Education + Catholic + Infant.Mortality

                  Df  Sum of Sq    RSS    AIC
<none>                           2158.1  189.86
- Agriculture      1     264.18  2422.2  193.29
- Infant.Mortality 1     409.81  2567.9  196.03
- Catholic         1     956.57  3114.6  205.10
- Education        1    2249.97  4408.0  221.43

Call:
lm(formula = Fertility ~ Agriculture + Education + Catholic +
    Infant.Mortality, data = swiss)

Coefficients:
  (Intercept)  Agriculture  Education  Catholic  Infant.Mortality
      62.1013       0.1546    -0.9803    0.1247            1.0784
```

① 모형에서 가장 적은 영향력을 가진 변수부터 제거된다.

② 전진선택법을 실시한 결과다.

③ 변수가 한 번 제거되면 다시 포함될 수 없으므로 최종 회귀식이 항상 최적인 것은 아니다.

④ 변수의 개수가 많은 경우 적용에 어려움이 있다.

11. 다음 중 표본 조사 대상에 접근하기가 어려운 경우 사전에 알고 있는 대상을 조사하고 건너 건너 다른 표본 대상도 조사하면서 눈덩이처럼 누적하여 표본을 추출하는 방법은 무엇인가?

① Convenience Sampling　　② Judgement Sampling

③ Quota Sampling　　　　　④ Snowball Sampling

12. 다음 중 두 집단의 분산을 비교하기 위해 사용되는 검정통계량의 분포로 가장 적절한 것은 무엇인가?

① 이항분포(binomial distribution)

② x^2-분포(chi-square distribution)

③ t-분포(t-distribution)

④ F-분포(F-distribution)

13. 다음 중 각 변수의 평균이 0, 분산이 1인 정규분포로 변환하는 데이터 스케일링 기법은 무엇인가?

① RobustScaler　　　　　② StandardScaler

③ MinMaxScaler　　　　　④ MaxAbsScaler

14. 다음 중 정규분포를 기준으로 확률분포가 얼마나 뾰족한지를 보여주는 척도는 무엇인가?

① 표준편차　　　　　　② 왜도

③ 첨도　　　　　　　　④ 분산

15. 다음 중 중심경향치에 해당하는 것은?

① 범위　　　　　　　　② 사분위수 범위

③ 분산　　　　　　　　④ 최빈값

16. 다음에서 설명하는 좋은 추정량의 조건은 무엇인가?

- 불편추정량 중에서 최소의 분산을 가진 추정량이 가장 좋은 추정량이다.
- $E(\hat{\theta}_1) = E(\hat{\theta}_2) = \theta$이고 $Var(\hat{\theta}_1) < Var(\hat{\theta}_2)$인 경우, $\hat{\theta}_1$이 $\hat{\theta}_2$보다 더 효율적인 추정량이다.

① 불편성　　　　　　　② 효율성

③ 일치성　　　　　　　④ 충분성

17. 다음 중 가설검정에 대한 설명으로 가장 부적절한 것은 무엇인가?

① 유의확률이 유의수준보다 작을 경우 귀무가설을 기각한다.

② 대립가설이 참일 때 이를 채택할 확률을 검정력이라고 한다.

③ 제1종 오류를 줄이면 제2종 오류 또한 줄어든다.

④ 대립가설은 실험, 연구를 통해 증명하고자 하는 새로운 아이디어 혹은 가설이다.

18. 다음 중 정규분포에 대한 설명으로 가장 부적절한 것은 무엇인가?

① 표준정규분포는 표준편차가 0이고 평균이 1인 정규분포다.

② 평균값을 중앙으로 하여 좌우 대칭으로 종 모양을 이루는 분포를 보인다.

③ 가우스분포라고도 하며 가장 많이 사용하는 분포다.

④ 최빈값, 평균, 중앙값이 같다.

19. 신용카드 사기 진단, 불량 제품 분류와 같이 클래스가 가지고 있는 데이터의 양에 큰 차이가 있어 학습에 어려움을 겪는 문제를 무엇이라고 하는가?

① 과대표집   ② 클래스 불균형
③ 과적합   ④ 무작위 결측

20. 다음 중 텍스트 마이닝의 응용 분야로 가장 부적절한 것은 무엇인가?

① 문서 요약   ② 특성 추출
③ 어간 추출   ④ 문서 군집화

3과목 _ 빅데이터 모델링

01. 전체 표본의 수가 100개이고 독립변수의 집단 수가 10개인 데이터를 일원분산분석 했을 때 처리제곱합은 2700, 결정계수는 0.5가 나왔다. 이때 F 값은 얼마인지 고르시오.

① 8   ② 9
③ 10   ④ 11

02. 다음 중 지도학습 모형에 해당하지 않는 것을 고르시오.

① FP-Tree   ② KNN
③ CART   ④ ID3

03. 회귀분석의 모형 적합성 검정에 대한 설명 중 틀린 것을 고르시오.

① 결정계수가 클수록 좋다.

② F-통계량이 클수록 좋다.

③ 잔차 제곱평균이 클수록 좋다.

④ 회귀 제곱평균이 클수록 좋다.

04. 다음 결정계수에 대한 설명 중 옳은 것을 고르시오.

① 결정계수가 1 이상이어야 회귀모형의 유용성이 높다.

② 모든 관측치가 회귀선상에 위치하면 결정계수의 값은 1이 된다.

③ 수정된 결정계수의 값은 결정계수의 값보다 늘 크거나 같다.

④ 결정계수가 0에 가까울수록 회귀모형의 유용성이 높다.

05. 다음 표를 통해 지니 지수를 계산한 값으로 올바른 것을 고르시오.

○ ○ △ △ ○ ○ △ △ ○ ○

① 0.32   ② 0.48
③ 1.54   ④ 0.78

06. 신경망 분석에서 사용하는 활성화 함수에 대한 설명으로 적절하지 않은 것을 고르시오.

① 불연속함수로 입력값이 음수이면 -1을, 양수이면 1을 출력하는 함수는 Sign 함수다.

② 곡선 형태로 중심값이 0인 함수는 sigmoid 함수다.

③ 목푯값이 다범주인 경우 각 범주에 속할 사후확률을 제공해주는 함수는 소프트맥스 함수다.

④ 입력값이 0보다 작으면 0을, 0보다 크면 입력값을 그대로 출력하는 함수는 ReLU 함수다.

07. SVM에는 하드마진 방식과 소프트마진 방식이 있다. 다음 하드마진 SVM과 소프트마진 SVM에 대한 설명 중 옳지 않은 것을 고르시오.

① 소프트마진 SVM에서 모든 입력값은 초평면을 기준으로 무조건 하나의 클래스에 속해야 한다.

② 하드마진 SVM은 마진 내에 데이터가 존재할 수 없지만, 소프트마진 SVM은 마진 내에 데이터가 존재할 수 있다.

③ 하드마진 SVM은 이상치에 민감하다.

④ 매개변수 C의 유무에 따라 하드마진 SVM과 소프트마진 SVM으로 구분할 수 있다.

08. A 마트에서 주말에 판매된 거래내역이 다음과 같다고 할 때, 다음 표를 통해 세제와 고무장갑이 동시에 판매되는 거래의 비율을 구하시오.

항목	거래 수
고무장갑	15
세제	10
{고무장갑, 세제}	30
{고무장갑, 섬유유연제}	25
{고무장갑, 세제, 섬유유연제}	20

① 0.3   ② 0.25

③ 0.2   ④ 0.15

09. 다음 중 군집의 형태에 구애받지 않아 군집의 분포가 기하학적일 때도 군집 탐색에 효과적인 기법으로 적절한 것을 고르시오.

① knn 군집   ② k-means 군집

③ DBSCAN   ④ SOM

10. EM 알고리즘에서 잠재변수 Z의 기대치를 추정하는 단계로 적절한 것을 고르시오.

① E 단계   ② Z 단계

③ M 단계   ④ G 단계

11. 다음은 부동산 가격을 회귀모형에 적합한 후의 잔차도다. 아래 잔차도를 해석한 내용으로 가장 옳지 않은 것을 고르시오.

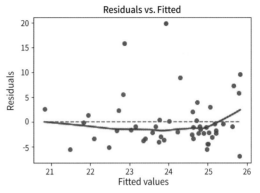

① 선형성 가정을 만족하지 못한다.

② 정규성 가정을 만족한다.

③ 등분산 가정을 만족하지 못한다.

④ 이상치가 존재한다.

12. 다중회귀분석에서 새로운 변수가 추가될 때 회귀제곱합 SSR 값의 변화에 대한 설명으로 옳은 것을 고르시오.

① 유의한 변수가 추가되면 증가하고 유의하지 않은 변수가 추가되면 감소한다.

② 변수가 추가될 때마다 감소한다.

③ 일정 수준의 값에 도달하면 더 이상 커지지 않는다.

④ 변수가 추가될 때마다 증가한다.

13. 다음 중 틀린 설명을 고르시오.

① 지니 지수의 범위는 0~1로, 그 값이 작을수록 순수도가 높다.

② 엔트로피지수의 범위는 0~1로, 그 값이 작을수록 불순도가 낮다.

③ 분산감소량은 증가할수록 순수도가 높아진다.

④ 카이제곱 통계량의 p-value가 작을수록 불순도가 낮아진다.

14. SVM의 특징으로 가장 적절한 것을 고르시오.

① SVM은 차원을 확장시키는 방식으로 동작한다.

② 정해진 기준에 따라 커널을 적용해야 한다.

③ 마진이 커지면 학습 데이터에 최적화된다.

④ 선형분리가 가능한 데이터에 커널 트릭을 적용하면 성능이 개선된다.

15. A 회사 사내식당에서 단체로 식중독이 발생했다. 식중독의 원인을 규명하기 위해 조사한 결과가 다음과 같을 때 식중독의 원인으로 적절한 것을 고르시오.

메뉴	RR	95% 신뢰구간
흑미밥	0.76	0.75~2.5
순두부찌개	1.4	0.04~1.7
비엔나케찹볶음	2.1	1.02~6.4
동그랑땡	2.2	0.98~6.1

① 흑미밥
② 순두부찌개
③ 비엔나케찹볶음
④ 동그랑땡

16. 판별분석에서 독립변수의 수가 6개이고 그룹의 수가 5개일 때 사용되는 판별함수의 수로 적절한 것을 고르시오.

① 2
② 3
③ 4
④ 5

17. 하는 말의 40%가 거짓말인 사람 A가 있다. 거짓말을 했을 때 95%의 확률로 거짓말을 구분할 수 있는 탐지기를 통해 A가 한 말이 거짓말인지 파악하고자 한다. 탐지기가 A의 말을 거짓말이라고 판단했을 때 A가 실제로 거짓말을 했을 사후확률을 구하시오.

① 90%
② 91%
③ 92%
④ 93%

18. 연결망 내에서 하나의 노드가 다른 노드들 사이에 위치하는 정도를 나타내며 한 노드가 담당하는 중재자 역할의 정도를 측정하는 지표로 가장 적절한 것을 고르시오.

① 연결정도 중심성
② 위세 중심성
③ 근접 중심성
④ 매개 중심성

19. 다음 중 만-위트니 검정과 동일한 결과를 제공하는 비모수적 방법으로 가장 적절한 것을 고르시오.

① 윌콕슨의 순위합 검정
② 런 검정
③ 크루스칼-왈리스 검정
④ 윌콕슨의 부호순위 검정

20. 귀무가설 $H_0 : \theta = \theta_0$ 하에서 부호검정 통계량의 평균값으로 적절한 것을 고르시오.

① 4/n
② 1/n
③ n
④ n/2

4과목 _ 빅데이터 결과 해석

01. 군집분석의 평가 방법 설명 중 잘못된 것을 고르시오.

① 자카드계수 평가를 통해 군집 간의 유사도를 계산할 수 있다.
② 군집분석 평가에 분류모형 평가 방법을 응용할 수 있다.
③ Elbow Method 그래프를 그려 평가할 수 있다.
④ 평균제곱오차의 제곱근(RMSE)을 구해 평가할 수 있다.

02. 혼동행렬(오분류표)로 분류모델을 평가했을 때, 실제 Negative인 값 중에서 Positive로 잘못 분류한 비율을 나타내는 용어를 고르시오.

① 특이도
② 거짓 긍정률
③ 정밀도
④ 정확도

03. 암을 예측하는 모형에서 양성으로 예측했을 때 O 표시, 음성으로 예측했을 때 X 표시로, 실제 양성 영역과 실제 음성 영역을 구분하여 검증한 결과 다음 그림과 같이 나타났다. 정확도의 값을 다음 보기 중 고르시오.

【 실제 양성 영역 】	【 실제 음성 영역 】
O O	
O O O	X X
X X	X X X
X X X	

① 50%
② 67.7%
③ 77.7%
④ 87.7%

04. 회귀결정계수에 관한 다음의 설명 중 잘못된 것을 고르시오.

① 결정계수는 데이터의 적합성을 판단하고 설명력이 얼마나 높은지 보여주는 지표다.
② 1에 가까울수록 회귀 모형이 높은 설명력을 가진다고 평가할 수 있다.
③ 결정계수의 값이 커지는 문제를 보완하기 위해 수정결정계수를 사용하는데, 결정계수보다 큰 값을 갖는다.
④ 다중 회귀분석에서 수정결정계수를 많이 사용한다.

05. 교차검증 방법 중 클래스 비율을 유지하도록 파티션을 나누어 편향된 데이터에 유용하게 사용할 수 있으며 분류 문제에서 주로 사용하는 방법은 무엇인지 고르시오.

① 계층별 k-폴드 교차검증　　② 홀드아웃

③ 리브-p-아웃 교차 검증　　④ 리브-원-아웃 교차검증

06. 다음의 검정 결과에 대한 설명 중 잘못된 것을 고르시오.

```
Chi-squared test for given probabilities
data: obs
X-squared = 6.0833, df = 2, p-value = 0.04776
```

① p-value는 0.04776이다.

② 유의수준 0.05보다 작으므로 대립가설을 기각하고 귀무가설을 채택한다.

③ 관측비와 기대비 사이에 유의한 차이가 있다.

④ 카이제곱검정을 사용했다.

07. 다음은 분석 모형의 복잡도와 에러의 관계를 보여주는 그림이다. 그림에 대한 설명으로 잘못된 것을 고르시오.

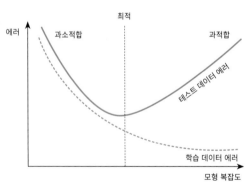

① 모형이 단순하면 학습 데이터 에러와 테스트 데이터 에러가 높다.

② 모형이 단순하면 과소적합 문제가 발생할 수 있다.

③ 모형이 복잡하면 학습 데이터 에러는 매우 낮아진다.

④ 학습 데이터셋이 적은 경우, 과소적합이 발생할 수 있다.

08. 다음의 경사하강법에 대한 설명 중 잘못된 것을 고르시오.

① 경사하강법에서는 학습률이 중요한데, 학습률이 클 경우 학습시간이 오래 걸린다.

② 매개변수를 최적화하기 위해 사용하는 대표적인 방법은 경사하강법이다.

③ 경사하강법은 손실함수의 값을 최소화하여 매개변수를 최적화한다.

④ 시간이 오래 걸리는 단점을 보완하여 확률적 경사 하강법(SGD), 모멘텀, AdaGrad, Adam 등의 알고리즘이 개발되었다.

09. 의사결정 트리를 개별모형으로 사용하는 앙상블 기법으로, 독립변수의 차원을 랜덤하게 감소시킨 다음 그중에서 독립변수를 선택하는 방법을 다음 보기 중에서 고르시오.

① 보팅　　　　　　② 랜덤포레스트

③ 부스팅　　　　　④ 배깅

10. 약한 분석 모형을 순차적으로 학습하면서 맞추지 못한 부분에 가중치를 부여함으로써 하나의 강한 분석 모형으로 만드는 앙상블 기법을 다음 보기 중에서 고르시오.

① 랜덤포레스트　　② 보팅

③ 배깅　　　　　　④ 부스팅

11. 데이터 분석 방법의 하나로, 개체를 분리하지 않고 변형할 때 '보존된 기하학적 특성'을 연구하는 방법을 가리키는 용어를 다음 보기에서 고르시오.

① 임베딩　　　　　② 토폴로지

③ PCA　　　　　　④ t-SNE

12. 시각화의 분류와 그 예가 가장 바르게 짝지어진 것을 고르시오.

① 데이터 시각화 - 마인드맵

② 데이터 시각화 - 히트맵

③ 정보 시각화 - 의사결정 트리

④ 정보 디자인 - 트리맵

13. 다음의 설명은 어떤 시각화 방법인지 보기 중에서 고르시오.

지리적으로 같은 데이터를 가진 곳을 선으로 이어서 시각화하는 방법이다. 지리 단위별로 인구밀도가 다른 데서 발생할 수 있는 데이터 왜곡을 줄이기 위해 색상의 농도를 활용해 표현할 수도 있다.

① 카토그램   ② 버블 플롯맵
③ 등치선도   ④ 등치 지역도

14. 다음 중 분포시각화의 예가 아닌 것을 고르시오.

① 누적 막대그래프   ② 버블 차트
③ 트리맵   ④ 도넛 차트

15. 다음 중 비교시각화의 예가 아닌 것을 고르시오.

① 간트 차트   ② 히트맵
③ 평행 좌표계   ④ 히스토그램

16. 다음 '인사이트 도출 및 계획 수립 프로세스'의 순서 중 세 번째 항목을 보기에서 고르시오.

가. 고객, 산업의 숨겨진 요구 사항을 도출한다.
나. 맞춤형 서비스 및 실시간 대응 계획을 수립한다.
다. 미래 예측이 가능한 정보를 조사한다.
라. 리스크를 도출하고 회피 또는 전가, 방어할 수 있는 대응 방안을 수립한다.

① 가   ② 나
③ 다   ④ 라

17. 다음의 설명 중 빈칸에 들어갈 알맞은 말을 보기에서 고르시오.

_____은/는 빅데이터 분석 아키텍처를 활용하여 상세히 명세화하고, 고객과 개발자 관점의 명확한 View를 도식화해 분석 모형을 명세화하며, 고객이 이해할 수 있게 분석 비즈니스 용어에 맞게 서술형과 순서도를 혼합하여 작성한다.

① 운영 기획서   ② 분석 결과 활용 시나리오
③ 분석 계획 시나리오   ④ WBS

18. 다음의 설명 중 빈칸 (나)에 들어갈 알맞은 말을 보기에서 고르시오.

작성한 _____(가)_____ 기획서를 기반으로 _____(나)_____을/를 작성한다. 분석 시스템의 품질, 상대적 중요 요소, 품질의 측정 및 검증 방법, 기준을 명시하며, 빅데이터 품질 평가 기준에 의거해 검증 방법 및 평가 방법을 작성한다.

① WBS   ② 분석 정의서
③ 분석결과 활용 시나리오   ④ 운영 기획서

19. 다음의 설명은 '분석 모형 성과관리 프로세스' 중 어느 단계에 해당하는지 보기에서 고르시오.

• 성과 평가 항목에 따라 정량적 항목에 대한 비용과 편익을 측정
• 성과 기준에 따라 정성적 평가 항목에 대한 자료를 분석하여 측정
• 측정된 자료를 활용하여 평가 항목별 성과를 평가
• 평가된 자료를 근거로 종합적인 관점에서 취합해 평가 보고서를 작성

① [STEP 1] 분석 모형 성과 지표 수립
② [STEP 2] 분석 모형 성과 측정 방법 수립
③ [STEP 3] 분석 모형 성과 평가 실행
④ [STEP 4] 분석 모형 성과 평가 피드백

20. 다음의 설명은 무엇에 대한 평가지표인지 보기에서 고르시오.

• 데이터 관리에 따른 방침, 절차, 표준, 통제, 실행 계획을 평가지표화한다.
• 빅데이터 분석에 필요한 데이터의 가용성, 데이터 품질 관리 체계를 지표화한다.
• 조직의 데이터 거버넌스 체계에 대해 평가지표화한다.

① 빅데이터 분석 거버넌스
② 빅데이터 탐색적 분석 모형에 대한 역량
③ 빅데이터 탐색적 분석 모형의 적합성
④ 빅데이터 분석 수행 예산

1회 _ 모의고사 해답

1과목 _ 빅데이터 분석 기획

1. **답**: ④

   해설: ① 원격조작성, ② 검색 가능성, ③ 정보의 축적 및 전달 측면에 관한 설명이다.

2. **답**: ③

   해설: ③ OLTP에 관한 설명이다. OLAP은 사용자가 다양한 각도에서 직접 대화식으로 정보를 분석하는 과정을 말한다. OLAP 시스템은 단독으로 존재하는 정보 시스템이 아니며, 데이터 웨어하우스나 데이터 마트와 같은 시스템과 상호 연관된다.

3. **답**: ②

   해설: ② 빅데이터 경영혁신 단계: 생산성 향상 ⋯ 발견에 의한 문제 해결 ⋯ 의사결정 향상 ⋯ 새로운 고객가치와 비즈니스 창출

4. **답**: ①

   해설: ① 가장 먼저 분석 환경을 구축하는 단계로 1단계에 해당한다.

5. **답**: ③

   해설: ③ 데이터 거버넌스의 3대 구성요소는 원칙(Principle), 조직(Organization), 프로세스(Process)다.

6. **답**: ④

   해설: ④ 마이데이터의 주요 개념 두 가지는 자기정보결정권 확보와 데이터 경제 활성화다. 이 중에서 문제의 설명은 데이터 경제 활성화를 의미한다.

7. **답**: ④

   해설: 이런 유형의 문제는 어느 한 기준점을 잡고 생각하면 쉽게 풀린다. 가장 먼저 대상과 방법을 모두 알고 있다면 최적화를 한다는 것에서부터 시작하여 아래로 내려가는 방법을 순서대로 암기하면 어떤 문제든 쉽게 대응할 수 있다. 최적화 → 솔루션 → 통찰 → 발견

8. **답**: ②

   해설: ② 규제와 감사는 비즈니스 모델의 탐색 기법의 하나다. 기업과 산업 환경을 중심으로 거시적 관점, 경쟁자, 시장의 니즈, 역량 등 4가지 영역에 대해 비즈니스 문제를 발굴할 수 있다.

9. **답**: ①

   해설: ① 모델링 진행 전에 필요한 데이터의 마트를 설계해 비정규화 상태로 처리한다. 분석 대상 데이터를 탐색·정제·요약 등 전처리해 변수들을 식별할 수 있게 분석 대상 데이터가 구조화된 모델링 마트를 설계한다.

10. **답**: ④

    해설: 모델링 마트 설계와 구축 → 탐색적 분석과 유의 변수 도출 → 모델링 → 모델링 성능평가 → 검증 및 테스트 → 적용

11. **답**: ③

    해설: ③ 정형 데이터, ① ② ④ 반정형 데이터

12. **답**: ④

    해설: 특정인과 직접 연결할 수 없는 데이터라고 하더라도 사생활 침해의 위험성이 있다고 본다. 침해의 가능성은 직접 연결된 데이터에서뿐만 아니라 간접적으로 연결된 데이터의 위험까지 나타낸다.

13. **답**: ①

    해설: MongoDB는 document-oriented 데이터베이스에 속하며, ② ③ ④는 column-oriented 데이터베이스에 속한다.

14. **답**: ④

    해설: 데이터 웨어하우스의 특징: 주제지향성(주제중심성, Subject Oriented), 통합성(Integrated), 시계열성(Time Variant), 비휘발성(영속성, Non-volatile)

15. **답**: ③

    해설: ① ② 스노우플레이크 스키마, ④ 스타 스키마

16. **답**: ③

해설: ③ Log Scanner on Database 구현 기법이다. Event programming 구현 기법은 데이터 변경 식별 기능을 애플리케이션에 구현하며, 애플리케이션 개발 부담과 복잡도를 증가시키지만, 다양한 조건에 의한 CDC 메커니즘을 구현할 수 있는 기법이다.

17. **답**: ①

해설: ① GFS에 관한 설명이다.

18. **답**: ④

해설: ④ 저장 및 처리 프레임워크에 해당하며, 다른 보기들은 관리 목적의 프레임워크다.

19. **답**: ②

해설: ② Presto의 다른 특징은 자바로 만들어졌으며, 메모리 처리와 데이터 구조 기술이 적절히 혼합되어 있다는 점이다. 또 HDFS와 HBase 같은 데이터 저장소 외에 뉴스피드 백엔드 속 스토리지와 쉽게 연결된다.

20. **답**: ④

해설: ④ 실제 데이터 입출력 요청은 데이터노드를 통해 이루어진다.

2과목 _ 빅데이터 탐색

1. **답**: ②

해설: 확률표본추출법은 모집단 내의 모든 대상이 표본으로 선정될 확률을 동일하게 갖게 한 후 무작위로 표본을 추출하는 방법으로, 단순무작위표본추출, 체계표본추출, 층화표본추출, 군집표본추출이 이에 해당한다. 판단표본추출은 조사자의 주관적 판단으로 조사에 필요한 대상만을 조사하는 방법으로 비확률표본추출에 해당한다.

2. **답**: ②

해설: 이산형 확률분포에는 이항분포, 포아송 분포, 초기하 분포, 기하분포, 다항분포 등이 있으며 지수 분포는 연속형 확률분포에 속한다.

3. **답**: ④

해설: 비무작위 결측(NMAR: Not Missing At Random)은 임금이 낮은 사람은 임금에 대한 문항에 답하지 않을 확률이 높은 것처럼 결괏값에 영향을 미치는 변수 때문에 값이 누락되는 것이다.

4. **답**: ②

해설: 소셜 네트워크의 포괄성은 네트워크 내 연결된 노드들의 비율이다. 전체 노드 10개 중 연결되지 않은 노드의 수는 4개, 연결된 노드의 수는 6개이므로 해당 네트워크의 포괄성은 0.6이다.

5. **답**: ③

해설: 해당 결과는 15명을 대상으로 한 실험 결과다. df는 자유도를 의미하며 전체 관측치의 수에서 1을 뺀 값이다.

6. **답**: ①

해설: Sparsity가 25%라는 것은 전체 cell의 25%, 즉 2개의 cell이 0이라는 의미다.

7. **답**: ①

해설: 다중 대치법(Multiple Imputation)은 n번의 결측치 추정을 통해 n개의 완전한 데이터셋을 생성하는 방법이다. 대치(Imputations step)—분석(Analysis step)—결합(Combination step)의 세 단계로 구성되어 있다.

8. **답**: ②

해설: 상관계수 r의 절댓값이 커질수록 점들이 직선 근처에 밀집되어 있다.

9. **답**: ②

해설: 제2사분위수 Q2는 중앙값과 동일하다.

10. **답**: ②

해설: 보기의 결과는 전체 모형에서 가장 적은 영향을 주는 변수부터 하나씩 제거하는 방법인 후진제거법(Backward Elimination)을 실시한 결과다.

11. 답: ④

해설: 누적표본추출(Snowball Sampling)은 표본 조사 대상에 접근하기 어려운 경우 사전에 알고 있는 대상을 조사하고 건너 건너 다른 표본 대상도 조사하면서 눈덩이처럼 누적하여 표본을 추출하는 방법이다. 이때 표본 모집단의 대표성을 입증하기에 부족할 수 있다.

12. 답: ④

해설: F 분포는 두 집단의 분산을 비교하기 위해 사용되는 검정통계량의 분포로 항상 양의 값을 가지며 자유도 n이 커질수록 종모양의 정규분포에 가까워진다는 특징을 가진다. t-분포는 두 집단의 평균을 비교하기 위해, x^2-분포는 동질성을 비교하기 위해 사용된다.

13. 답: ②

해설: StandardScaler는 각 변수의 평균을 0, 분산을 1로 스케일링해 정규화하는 방법으로, $\frac{x - \bar{x}}{\sigma}$로 계산할 수 있다. MaxAbsScaler는 각 변수의 절댓값이 0과 1 사이가 되게 스케일링한다.

14. 답: ③

해설: 첨도는 데이터들이 분포의 중심에 어느 정도 몰려 있는가를 측정할 때 사용하는 척도이다. 첨도 값이 3이면 정규분포로 볼 수 있으며 3보다 큰 경우는 정규분포보다 정점이 높은 뾰족한 분포, 3보다 작은 경우는 정규분포보다 정점이 낮은 완만한 분포를 보인다.

15. 답: ④

해설: 중심경향치(Central tendency)는 단일 값으로 전체 데이터를 대표할 수 있게 중앙에 위치한 데이터를 보여준다. 평균값, 중앙값, 최빈값이 이에 해당한다.

16. 답: ②

해설: 효율성(efficiency)은 좋은 추정량의 조건 중 분산과 관련되어 있다. 모든 불편추정량 중에서 분산이 작을수록 더 좋은(효율적인) 추정량으로 간주한다.

17. 답: ③

해설: 제1종오류와 제2종오류는 상충관계로 동시에 크기를 감소시킬 수 없다.

18. 답: ①

해설: 표준정규분포는 평균이 0이고 표준편차가 1인 정규분포다.

19. 답: ②

해설: 어떤 데이터에서 각 클래스가 가지고 있는 데이터의 양에 큰 차이가 있는 경우를 보통 클래스 불균형이 있다고 한다. 불균형 데이터를 사용하여 모델링을 할 경우 관측치 수가 많은 데이터를 중심으로 학습이 진행되기 때문에, 관측치가 적은 데이터에 대한 학습은 제대로 이루어지지 않을 가능성이 크다. 이러한 문제는 신용사기 문제, 의학적 진단 등에서 자주 발생하는 문제다. 신용사기 진단, 의학적 진단 등과 같이 소수의 클래스에 큰 관심이 있을 경우에 불균형 데이터를 처리하는 문제는 굉장히 중요하다.

20. 답: ③

해설: 어간추출(Stemming)은 단어 내 접사를 제거하고 단어에서 의미를 담고 있는 어간을 분리하는 것으로 텍스트 마이닝 전처리에 해당한다.

3과목 _ 빅데이터 모델링

1. 답: ③

해설: 처리제곱합이 2700이고 SSR/SST로 계산되는 결정계수가 0.5이므로 SST는 5400, SSE는 2700이 된다. 처리의 자유도는 k-1로 9, 오차의 자유도는 n-k로 90이며, 이를 통해 처리 제곱평균과 오차 제곱평균을 계산하면 MSR = 2700/9 = 300, MSE = 2700/90 = 30이 된다.

F 값은 MSR/MSE로 계산되므로 300/30 = 10이 된다.

2. 답: ①

해설: FP-Tree는 연관분석 알고리즘으로 비지도학습 모형에 해당한다. KNN은 분류 알고리즘이며 CART, ID3는 의사결정 트리에서 사용하는 알고리즘이다.

3. **답**: ③

    해설: F−통계량이 클수록 회귀모형이 통계적으로 유의하다고 판단하며 F−통계량은 (회귀 제곱평균/잔차 제곱평균)으로 계산되므로 잔차 제곱평균은 작을수록 좋다.

4. **답**: ②

    해설: 결정계수 값의 범위는 0~1 사이이며 그 값이 1에 가까울수록 회귀모형의 유용성이 높다고 판단한다. 수정된 결정계수는 결정계수보다 작거나 같은 값을 출력한다.

5. **답**: ②

    해설: 총 10개의 도형 중 ○가 6개이고, △가 4개이므로 지니지수는 $1-(0.6)^2-(0.4)^2 = 0.48$이다.

6. **답**: ②

    해설: 곡선 형태로 중심값이 0인 함수는 tanh 함수다. tanh 함수는 −1과 1 사이의 값을 출력한다.

7. **답**: ①

    해설: 하드마진 SVM은 매우 엄격하게 클래스를 분리하는 초평면을 구하는 방법이고, 소프트마진 SVM은 약간의 오분류를 허용해 마진의 크기를 극대화하는 방법이다. 모든 입력값이 초평면을 기준으로 무조건 하나의 클래스에 속해야 하는 것은 하드마진 SVM이다.

8. **답**: ①

    해설: 지지도를 구하는 문제로 전체 거래 수는 100이고 고무장갑과 세제가 동시에 판매되는 거래의 수는 30이다. 따라서 지지도는 30/100 = 0.30이다.

9. **답**: ③

    해설: 군집의 분포가 볼록한 모양이 아닐 때는 밀도기반 군집분석 방법인 DBSCAN을 사용하는 것이 효과적이다.

10. **답**: ①

    해설: E 단계에서 Z의 기대치를 추정하고 M 단계에서 Z의 값을 최대화하는 모수를 추정한다.

11. **답**: ②

    해설: 잔차도를 통해서는 잔차항의 정규성을 확인할 수 없다. 정규성 가정은 잔차도가 아닌 Q−Q Plot을 통해 확인한다.

12. **답**: ④

    해설: 새로운 변수가 추가될 때마다 회귀제곱합 SSR은 증가한다. 유의한 변수가 추가되면 큰 증가폭을 보이고 유의하지 않은 변수가 추가되면 작은 증가폭을 보인다.

13. **답**: ①

    해설: 지니 지수의 범위는 0~0.5로, 그 값이 작을수록 순수도는 높고, 불순도는 낮다.

14. **답**: ①

    해설: SVM은 학습 데이터를 비선형 매핑을 통해 고차원으로 변환한 후 새로운 차원에서 최적의 초평면을 찾는 알고리즘이다. 커널은 정해진 기준에 따라 적용하는 것이 아닌 테스트 후 가장 성능이 좋은 커널을 적용한다. 마진이 커지면 학습 데이터가 아닌 실제 데이터에 대한 정확도가 커진다. 즉, 일반화 성능이 향상된다. 또한 선형분리가 가능한 데이터에 커널 트릭을 적용해도 성능 면에서 큰 차이가 없다.

15. **답**: ③

    해설: 상대적 위험도가 1보다 크다는 것은 해당 요인에 노출될 시 식중독에 걸릴 위험이 높아진다는 뜻이고, 95% 신뢰구간이 1을 포함하지 않아야 통계적으로 유의하다고 판단할 수 있으므로 RR이 1보다 크고 95% 신뢰구간이 1을 포함하지 않는 비엔나케챱볶음이 식중독의 원인이라고 판단할 수 있다.

16. **답**: ③

    해설: 판별함수의 수는 Min[(5−1), 6] = 4로, 총 4개의 판별함수를 도출할 수 있다.

17. **답**: ④

   해설: P(H): 거짓말을 했을 확률 = 0.4

   P(E|H): 거짓말을 했을 때 탐지기가 거짓이라 판단할 확률 = 0.95

   P(E): 탐지기가 거짓말이라고 판단할 확률 = 0.4*0.95+0.6*0.05 = 0.41

   이를 통해 사후확률을 계산하면 (0.4*0.95)/0.41 = 0.9268로, 탐지기가 A의 말을 거짓말이라고 판단했을 때 A가 실제로 거짓말을 했을 확률은 93%다.

18. **답**: ④

   해설: 연결망 내에서 하나의 노드가 다른 노드들 사이에 위치하는 정도를 나타내며 한 노드가 담당하는 중재자 역할의 정도를 측정하는 지표는 매개 중심성이다.

19. **답**: ①

   해설: 만-위트니 검정과 윌콕슨의 순위합 검정은 모두 두 집단의 중심위치를 비교하기 위해 사용하는 방법으로 계산 과정상 약간의 차이는 있지만 동일한 검정 결과를 제공한다.

20. **답**: ④

   해설: 귀무가설 $H_0 : \theta = \theta_0$ 하에서 부호검정 통계량의 평균은 n/2이고 분산은 n/4이다.

4과목 _ 빅데이터 결과 해석

1. **답**: ④

   해설: 평균제곱오차의 제곱근(RMSE)은 회귀분석의 평가 방법이다.

2. **답**: ②

   해설: 거짓 긍정률에 대한 설명이다.

3. **답**: ②

   해설: 정확도는 (5+5)/(5+5+5)이므로 67.7%가 정답이다.

4. **답**: ③

   해설: 수정된 결정계수는 이 문제를 개선한 지표로 변수의 수만큼 페널티를 줘서 결정계수보다 작은 값을 가진다.

5. **답**: ①

   해설: 계층별 k-폴드 교차 검증(Stratified k-fold cross validation)은 분류 문제에서 주로 사용하며 전체 데이터의 클래스 비율을 유지하도록 폴드를 구성한다. 편향된 데이터인 경우에 유용하게 사용할 수 있다.

6. **답**: ②

   해설: 유의수준 0.05보다 작으므로 귀무가설을 기각하고 대립가설을 채택한다.

7. **답**: ④

   해설: 학습 데이터셋이 적은 경우 과적합이 발생할 수 있다. 과적합이 발생하는 경우는 학습 데이터셋이 적은 경우, 학습 데이터셋이 전체 데이터셋의 특성을 표현하지 못할 경우, 모형이 지나치게 복잡한 경우다.

8. **답**: ①

   해설: 학습률이 너무 작을 경우 알고리즘이 수렴하기 위해 반복해야 하는 값이 많아 학습 시간이 오래 걸리고, 지역 최솟값(local minimum)에 수렴할 수 있다. 반대로 학습률이 너무 클 경우 학습 시간은 적게 걸리지만, 스텝이 너무 커서 전역 최솟값(global minimum)을 가로질러 반대편으로 건너뛰어 최솟값에서 멀어질 수 있다.

9. **답**: ②

   해설: 랜덤 포레스트(random forest)는 배깅 방식을 적용한 트리 모형 기반의 알고리즘으로 의사결정 트리를 개별 모형으로 사용한다는 특징이 있다.

10. **답**: ④

   해설: 부스팅에 관한 설명이다.

11. **답**: ②

   해설: 토폴로지를 이용한 데이터 분석은 데이터의 기하학적 특성을 연구하는 도구로서 유용하다. 기하학적 특성은 클러스터, 루프, 덩굴 형태로 분류될 수 있다.

12. **답**: ①

   해설: ① ② 데이터 시각화의 예: 마인드맵, 의사결정 트리, 통계 그래픽 등, ③ 정보 시각화의 예: 트리맵, 분기도, 수지도, 히트맵 등, ④ 정보 디자인의 예: 인포그래픽 등

13. **답**: ③

   해설: 등치선도에 대한 설명이다.

14. **답**: ②

   해설: ② 버블 차트는 관계시각화의 예다. 분포시각화에는 파이차트, 도넛차트, 트리맵, 누적 막대그래프, 누적 영역차트 등이 있다.

15. **답**: ④

   해설: ④ 히스토그램은 관계시각화의 예다. 비교시각화에는 플로팅 바, 간트 차트, 히트맵, 평행 좌표계, 체르노프 페이스, 스타 차트 등이 있다.

16. **답**: ④

   해설: 인사이트 도출 및 계획 수립 과정
   - ❶ 미래 예측 가능한 정보를 조사한다.
   - ❷ 고객, 산업의 숨겨진 요구 사항을 도출한다.
   - ❸ 리스크를 도출하고 회피 또는 전가, 방어할 수 있는 대응 방안을 수립한다.
   - ❹ 맞춤형 서비스 및 실시간 대응 계획을 수립한다

17. **답**: ②

   해설: ② 분석 결과 활용 시나리오는 서술 형태 또는 분석 작업의 흐름도와 같은 그림 중심의 분석 정의서를 작성하고, 작성된 명세서를 검증할 수 있게 정형화된 도구를 이용하는 방법을 기술한다.

18. **답**: ②

   해설: ② 분석 정의서에 관한 내용이다. 분석 정의서에는 여러 가지 분석 모형이 연계해서 수행될 수 있게 분석 모형 절차와 기법을 정의하고, 데이터 품질 및 분석 모형의 지속적 관리를 위한 모형 평가 및 검증 방안을 상세히 기술한다.

19. **답**: ③

   해설: ③ 분석 모형 성과 평가 실행 단계에 대한 설명이다.

20. **답**: ①

   해설: ① 빅데이터 분석 거버넌스에 대한 평가지표 작성 기준이다.

2회 모의고사

1과목 _ 빅데이터 분석 기획

01. 다음 중 데이터의 성격이 다른 하나를 고르시오.

① 블로그 감정 텍스트
② 온도, 습도, 풍향 등의 기상 데이터
③ 로그데이터
④ 유튜브 영상 자료

02. 데이터베이스에 관한 다음의 설명 중 틀린 것을 고르시오.

① 1963년 데이터베이스라는 용어가 공식적으로 처음으로 사용됐다.
② 데이터베이스에 콘텐츠는 포함되지 않는다.
③ 데이터베이스는 대용량의 데이터를 저장 · 관리 · 검색 · 이용할 수 있는 컴퓨터 기반의 데이터베이스로 진화했다.
④ 우리나라 저작권법은 '데이터베이스란 소재를 체계적으로 배열 또는 구성한 편집물로서 개별적으로 그 소재에 접근하거나 그 소재를 검색할 수 있게 한 것'이라고 정의한다.

03. 사회기반구조의 데이터베이스가 잘못 짝지어진 것을 고르시오.

① 물류 부문: CALS, EDI 서비스, PORT-MIS
② 지리 부문: GIS, LBS, SIM
③ 교통 부문: ITS, 교통정보, CVO 서비스
④ 의료 부문: PACS, U-Health

04. 다음의 빅데이터 활용에 관한 설명으로 맞는 것을 고르시오.

최대의 시청률을 얻으려면 어떤 프로그램을 어떤 시간대에 방송할지 파악한다.

① 머신러닝
② 유전 알고리즘
③ 유형분석
④ 연관규칙 학습

05. 다음의 빅데이터 활용에 관한 설명으로 틀린 것을 고르시오.

① 어떤 변인 간에 주목할 만한 상관관계가 있는지를 찾아내는 방법은 연관규칙 학습이다.
② 학습 데이터로부터 학습한 알려진 특성을 활용해 '예측'하는 데 초점을 둔 방법은 회귀분석이다.
③ 최적화가 필요한 문제의 해결책을 자연선택, 돌연변이 등과 같은 메커니즘을 통해 점진적으로 진화시켜 나가는 방법은 유전 알고리즘이다.
④ 오피니언 리더, 즉 영향력 있는 사람을 찾아낼 수 있으며, 고객 간 소셜 관계를 파악하는 방법은 소셜 네트워크 분석이다.

06. 다음은 데이터 분석 준비도에 관한 평가 내용이다. 다음의 설명에 해당하는 평가영역을 고르시오.

• 분석 업무 도입 방법론
• 분석 기법 라이브러리
• 분석 기법 효과성 평가
• 분석 기법 정기적 개선

① 분석 인력 및 조직
② 분석 데이터
③ 분석 업무 파악
④ 분석 기법

07. 마이데이터에 관한 다음의 설명 중 틀린 것을 고르시오.

① 2015년 브뤼셀에서 처음 시작된 이 운동은 유럽을 거쳐 전 세계로 확산되었다.
② 마이데이터 선언문에는 '이 선언에서 제시하는 변화와 원칙은 균형을 회복하고 개인정보에 대한 인간 중심의 비전을 향해 나아가는 것을 목표'로 한다고 명시되어 있다.
③ EU의 GDPR을 보면 개인정보주체에게 알 권리, 열람권, 정정요구권, 삭제권, 제한처리요구권, 정보이동권, 반대권, 자동결정절차 및 프로파일링에 대한 권리 등 자기통제권을 부여한다.
④ 프랑스에서는 정부 주도로 블루 버튼을 벤치마킹한 의료 분야 프로젝트를 추진했으며, 데이터 이동권 보장을 위한 레인보우 프로젝트도 추진했다.

08. KLT 프라이버시 보호모델에 관한 설명 중 틀린 것을 고르시오.

① 특정인임을 추론할 수 있는지를 검토하고 일정 확률 수준 이상 비식별되게 하는 것을 'K-익명성'이라고 한다.

② 특정인 추론이 안 된다고 해도 민감한 정보의 다양성을 높여 추론 가능성을 낮추는 기법을 'L-다양성'이라고 한다.

③ 'K-익명성'뿐만 아니라 민감한 정보의 분포를 낮추어 추론 가능성을 더욱 낮추는 기법을 'T-근접성'이라고 한다.

④ K, L, T값은 전문가 등이 검토하여 마련한다.

09. 산업 분야별 빅데이터와 인공지능 기술이 잘못 짝지어진 것을 고르시오.

① 제조 - 스마트 팩토리

② 바이오 - AlexNet CNN

③ 의료 - 전장 유전체 연관성 분석

④ 금융 - 클라우드 인프라, 서버, 스토리지, PC 카드, 워크스테이션, 네트워킹

10. 해외 개인정보보호 제도와 관련된 내용 중 잘못된 것을 고르시오.

① 1974년 개정된 미국의 프라이버시법(The Privacy Act of 1974)은 전 세계적으로 연방 정부의 개인정보 처리 행위를 규율로 만든 첫 번째 국가적 입법 중 하나다.

② GDPR은 EU 내 사업장을 운영하는 기업에게 적용되지만, 전자상거래 등을 통해 해외에서 EU 주민의 개인정보를 처리하는 기업에는 적용되지 않는다.

③ 중국에는 단일화된 개인정보보호법이 존재하지 않는다.

④ 독일은 2018년 5월 25일부터 시행된 EU의 일반 개인정보 보호법(GDPR, General Data Protection Regulation)을 근간으로 현재 연방과 주 차원에서 각각 개인정보 보호법을 개정하여 시행하고 있다.

11. 다음의 설명과 연관성이 깊은 항목을 고르시오.

- **수요 예측**: SNS 데이터나 인터넷 검색 우위에 있는 아이템 조사 분석, 온라인을 통한 고객의 수요 조사, 문화 콘텐츠의 동향, 기술 동향 등 다양한 분야의 자료를 분석

- **제품 설계**: PDM(제품데이터관리)에서 PLM(제품수명주기관리)으로 변화
- **생산 계획**: MES(생산관리시스템), IoT는 물론 최적화를 위한 인공지능 기술이 필요
- **공정 관리**: PLC(논리제어장치)&IoT, 실시간 실적 집계와 공정 모니터링 → 빅데이터화

① 스마트 팩토리

② 바이오 - AlexNet CNN

③ 로보어드바이저 시장

④ 인공신경망 모형

12. 빅데이터 분석 주제를 선정하는 데 있어 다음 그림의 (나)에 해당하는 것을 고르시오.

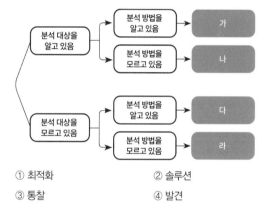

① 최적화　　　　　　② 솔루션

③ 통찰　　　　　　④ 발견

13. 업무 특성에 따른 분석 방법론에는 3가지 모델이 있는데, 이 중에서 '반복을 통해 점증적으로 개발하는 방법'에 해당하는 모델을 고르시오.

① 폭포수 모델　　　　② 프로토타입 모델

③ 나선형 모델　　　　④ 유스케이스 활용 모델

14. 분석과제 발굴 방법론에 관한 중 다음 보기 중 성격이 다른 하나를 고르시오.

① 분석 유스케이스　　② 프로토타입 모델

③ 지도학습　　　　　④ 비지도학습

15. 우선순위 평가 기준을 난이도와 시급성을 동시에 고려해 판단한다. 우선 추진해야 하는 분석과제와 단기적 또는 중장기적으로 추진해야 하는 분석과제 등 4가지 유형으로 구분해 분석과제의 적용 우선순위를 결정한다. 다음 그림에서 평가 기준을 '시급성'에 두었을 때 가장 우선순위가 낮은 항목을 고르시오.

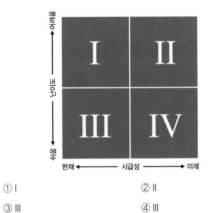

① Ⅰ
② Ⅱ
③ Ⅲ
④ Ⅲ

16. 데이터 변환 방법에 관한 다음 내용이 설명하는 것을 보기에서 고르시오.

> 데이터를 특정 구간 안에 들어가게 이상값을 변환하는 방법이다. 최단 근접 분류와 군집화 같은 거리 측정 등에 특히 유용하다.

① 평활화(Smoothing)
② 집계(Aggregation)
③ 일반화(Generalization)
④ 정규화(Normalization)

17. 데이터 품질에 관한 다음 보기 설명 중 가장 옳지 않은 것을 고르시오.

① 유일성(Uniqueness): 데이터 항목은 유일해야 하며 중복돼서는 안 된다.
② 유효성(Validity): 데이터 항목은 정해진 데이터 유효범위 및 도메인을 충족해야 한다.
③ 완전성(Completeness): 데이터가 지켜야 할 구조, 값, 표현되는 형태가 일관되게 정의되고, 서로 일치해야 한다.
④ 정확성(Accuracy): 실세계에 존재하는 객체의 표현 값이 성확히 반영돼야 한다는 것을 의미한다.

18. 하둡 에코시스템에 관한 다음 설명 중 가장 옳지 않은 것을 고르시오.

① Apache는 하둡(High-Availability Distributed Object-Oriented Platform)이라는 빅데이터 저장 및 처리 기술 프레임워크를 자바(Java) 기반으로 개발하고 이를 세상에 오픈 소스로 공개했다.
② Apache는 구글의 GFS와 유사한 하둡 분산파일시스템인 HDFS(Hadoop Distributed File System)를 개발했다.
③ Apache 하둡은 저장을 담당하는 HDFS, 분산 저장된 클러스터를 관리하는 얀(YARN), 그리고 분산 데이터를 배치 처리하는 맵리듀스(MapReduce), 이렇게 크게 3개의 프레임워크로 구성된다.
④ 하둡 3.0은 맵리듀스와 HDFS로 이어지는 아키텍처 외에 온라인 데이터, 실시간 스트리밍 데이터 등을 처리할 수 있는 아키텍처를 구성할 수 있다.

19. 다음의 하둡 에코시스템 프레임워크 중 그 성격이 다른 하나를 고르시오.

① Sqoop
② Ambari
③ Flume
④ Kafka

20. New SQL에 관한 다음 설명 중 가장 잘못된 것을 고르시오.

① NoSQL의 단점을 극복하고자 탄생했다.
② New SQL에는 Google Spanner, Oracle MySQL Cluster, Volt DB, Scale Base 등이 있다.
③ New SQL은 NoSQL의 특성과 마찬가지로 RDBMS의 특성인 ACID 특성을 따르지 않는다.
④ New SQL은 재무적 일관성을 유지하기에 유리하다.

2과목 _ 빅데이터 탐색

01. 결측값을 처리하기 위해 대체(보완)를 할 수 있는데, 약간의 오차는 감수하면서 맥락적 사정이나 행렬식 자료를 고려하며 원래의 값을 추정하는 이 방법은 무엇인가?

① 완전 정보 최대 우도법
② 평가치 추정법
③ 보삽법
④ 평균 대체법

02. 다음 빈칸에 알맞은 단어를 순서대로 나열한 것을 고르시오.

> - 전진선택법(Forward Selection): _____(이)가 _____ 것부터 하나씩 모형에 추가한다.
> - 후진제거법(Backward Elimination): _____의 절댓값이 가장 _____ 변수에 대해 부분 F 검정을 실시
> - 단계적방법(Stepwise Selection): _____(이)가 _____지는 모델을 찾는 방법이다.

① AIC – 높은 – 상관계수 – 높은 – 상관계수 – 낮아
② 상관계수 – 작은 – 평균편차 – 작은 – AIC – 높아
③ 상관계수 – 높은 – AIC – 작은 – AIC – 낮아
④ AIC – 작은 – 상관계수 – 작은 – AIC – 낮아

03. 독립변수 간에 나타나는 상관관계와 관련된 어휘로 회귀분석의 기본 가정인 독립성이 위배되는 문제가 발생할 수 있다. 이것은 무엇인가?

① 10 미만의 VIF 값
② 8 미만의 VIF 값
③ 상관 관계가 높은 두 변인
④ PCA를 통한 변수 선택

04. 모든 특성을 0과 1 사이에 위치하도록 데이터를 표준화하여 변환시키는 스케일링 방법은 무엇인가?

① RobustScaler
② StandardScaler
③ MinMaxScaler
④ MaxAbsScaler

05. 각 클래스가 가지고 있는 데이터의 양에 차이가 있는 경우 클래스 불균형이 있다고 한다. 다음 설명 중 틀린 것을 고르시오.

① SMOTE는 정보 손실이 될 가능성은 없지만, 클래스가 겹치거나 노이즈가 발생할 수 있으므로 고차원의 데이터에는 적합하지 않다.
② 무작위로 정상 데이터를 일부만 남기는 방법을 과대표집이라고 한다.
③ 많은 클래스의 수를 적은 클래스의 수만큼 감소시키는 방법을 과소표집이라고 한다.
④ 과적합 문제를 일으킬 수 있는 방법을 과대표집이라고 한다.

06. 탐색적 데이터 분석이란 데이터의 의미 있는 관계를 찾아내기 위해 데이터를 분석, 시각화하는 것을 말하며, EDA라고 한다. EDA의 4R이 아닌 것을 고르시오.

① 그래프를 통한 현시성(Representation)
② 변수의 초기화(Reset)
③ 저항성 강조(Resistance)
④ 잔차 계산(Residual)

07. 어느 학교 학생들의 성적과 결석률 간에 상관관계가 있는지 확인하려고 한다. 학생들 중 7명만 뽑아서 A를 받은 과목 수와 결석률을 확인해보니 다음 표와 같았다. 어떤 상관계수를 구해야 하는지 확인하고 두 변수의 상관계수를 구한 후 상관관계가 있는지 파악하시오.

	학생 1	학생 2	학생 3	학생 4
A받은 과목 수	8	7	5	4
결석횟수	2	3	5	6

_____ 상관계수, 상관 계수 = _____, 상관 관계는 _____.

① 피어슨, 1, 강한 양의 상관 관계
② 스피어만, −1, 강한 음의 상관 관계
③ 피어슨, −1, 강한 음의 상관 관계
④ 스피어만, 1, 강한 양의 상관 관계

08. 다음은 왜도와 관련된 설명이다. 다음 중 틀린 것을 고르시오.

① Positive Skew는 오른쪽으로 꼬리가 길고, Negative Skew는 왼쪽에 데이터가 많은 형태다.
② 왜도>0은 Positive Skew, 왜도<0은 Negative Skew이다.
③ Positive Skew는 최빈값<중앙값<평균의 순으로 나타난다.
④ 왜도는 확률 변수의 확률분포 비대칭성을 나타내는 지표다.

09. 다음은 시간 데이터와 관련된 설명이다. 다음 중 맞는 것을 고르시오.

① R에 as.Date("2020−06−27") − as.Date("2020−06−25")라고 입력하면 "Day difference of 2 days"라는 결과가 나온다.
② 2자리 연도는 %yy라고 입력한다.

③ 월을 표시하기 위해 as.POSIXlt("2020-10-27 18:30:04")$mon이라고 입력하면 9가 나온다.

④ 시간을 표시하기 위해 as.POSIXlt("2020-10-27 18:30:04")$hour라고 입력하면 17이 나온다.

10. 다음은 COVID-19의 누적 발생량을 지역별로 시각화하여 나타낸 그림이다. 이 시각화 자료에서 사용된 분석 방법을 '이것'이라고 한다. 이것에 관련한 설명 중 틀린 것을 고르시오.

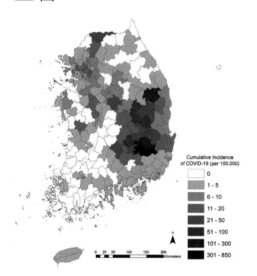

① 지리공간적으로 참조 가능한 모든 형태의 정보를 효율적으로 수집, 저장, 처리, 관리, 분석할 수 있게 설계된 통합된 시스템을 이용했다.

② 지하, 지상, 수중, 수상 등의 객체의 위치 및 공간 관계 데이터를 표현하는 데 사용되는 방법이다.

③ 역학조사를 위해 수집한 데이터를 분석하고 특정 장소에서 패턴을 형성함을 알 수 있다.

④ 데이터를 크기, 모양, 선의 굵기, 색상의 구분 등으로 시각화하여 인사이트를 얻는 분석 기법이다.

11. 다음 내용을 읽고 잘못된 것을 고르시오.

① 이변량분석은 2개의 다른 변수의 관계를 주로 분석하며 막대그래프나 선그래프를 사용한다.

② 다변량 분석은 3개 이상의 변수를 이용하는 복잡한 형태의 분석으로, 차원 축소, 유사성 및 근접성 기준으로 분류하는 식의 분석을 주로 수행한다.

③ 산점도 행렬은 여러 변수를 조합한 산점도와 상관관계를 한 화면에서 확인할 수 있는 방법이다.

④ 다차원척도법은 유클리드 거리를 주로 사용하여 객체 사이의 유사성 수준을 2차원 또는 3차원 공간에 점으로 시각화하는 분석 기법이다.

12. 텍스트 마이닝의 한 종류로서, 특정 문서에 사용된 단어를 출현 빈도와 중요성에 따라 그 크기를 다르게 함으로써 더 효과적으로 표현하는 이 방법은 무엇인가?

① 데이터 마이닝   ② 오피니언 마이닝

③ 워드클라우드   ④ 피처 벡터화

13. 다음은 네트워크 구조를 파악하기 위한 요소 중 중심성에 관한 설명이다. 각 지표의 설명 내용이 잘못 서술된 것을 고르시오.

지표	설명
① 연결정도 중심성 (degree centrality)	연결정도 중심성이 높을수록 정보력이 좋다.
② 근접 중심성 (closeness centrality)	모든 노드 간의 고리를 고려하여 중심성을 측정하며 네트워크 중앙에 위치할수록 값이 크고 빠르게 확산시킬 수 있다.
③ 매개 중심성 (betweenness centrality)	개인이 다른 사람들 사이에 있는 정도를 의미한다.
④ 위세 중심성 (eigenvector centrality)	높은 영향력을 지닌 사람들과 관계가 있는 사람은 위세 중심성이 높다.

14. 다음 중 이산 확률분포와 연속 확률분포를 종류별로 알맞게 분류한 것을 고르시오.

① 다항분포, 정규분포, 감마분포 – 포아송분포, 초기하 분포, 이항 분포

② 이항분포, 다항분포, 포아송분포 – t 분포, 베타분포, 카이제곱분포

③ 포아송분포, 초기하 분포 – 다항분포, 정규분포

④ 이항분포, 다항분포 – 포아송분포, t 분포, f 분포

15. 크기가 30 이상인 표본을 여러 번 반복 추출하여 그 표본 평균이 이루는 분포의 그래프를 그려보면 정규분포를 이룬다. 그렇기 때문에 불규칙한 형태를 이루는 값을 가지고도 모수를 추정할 수 있다. 이는 무엇에 관한 설명인가?

① 불편추정량
② 중심 극한 정리
③ 차원 축소
④ 무작위 표본 추출

16. 다음 중 좋은 추정량의 조건에 해당되지 않는 것을 고르시오.

① 불편추정량은 분산이 작으면 작을수록 더 좋은 추정량이다.
② 표본이 많아질수록 값이 참값에 가까워지므로 더 좋은 추정량을 구할 수 있다.
③ 추정량이 기댓값이 모수의 실제 값과 같은 경우 더 좋은 추정량이다.
④ 불편추정량의 값이 작아질수록 더 좋은 추정량이다.

17. A 회사의 공장 B에서 근무하는 사원 중 200명이 최근 코로나 확진자와의 접촉이 의심되었다. 사원 중 실제로 코로나에 감염된 사람이 있는지 전원 검사했다. 그중 양성 판정을 받은 사람이 총 76명으로 나타났다. 이때 감염률의 95% 신뢰구간을 구하시오.

① 0.313 ≤ p ≤ 0.447
② 0.213 ≤ p ≤ 0.347
③ 0.413 ≤ p ≤ 0.547.
④ 0.447 ≤ p ≤ 0.637

18. 다음 가설검정에 대한 설명 중 틀린 것을 고르시오.

① 모분산을 모르는 경우에도 표본의 크기와 상관없이 정규분포를 사용할 수 있다.
② 기각역 결정 시 제1종 오류가 더 심각하기 때문에 고정시키고 제2종 오류를 최소로 하는 값을 선택해야 한다.
③ 검정력이란 대립가설이 사실일 때 귀무가설을 기각해 대립가설을 채택할 확률을 말한다.
④ 가설을 설정한 후 유의확률값이 유의수준보다 작은 경우 귀무가설을 기각하고 대립가설을 채택한다.

19. 다음의 모수 검정과 비모수 검정을 비교한 표를 보고 틀린 것을 고르시오.

	모수검정 (parametric test)	비모수검정 (nonparametric test)
①	등간척도, 비율척도	명목척도, 서열척도
②	평균	중앙값
③	스피어만 순위상관계수	피어슨 상관계수
④	one sample t-test, two sample t-test, paired t-test, one way anova	부호검정, Wilcoxon 부호순위검정, Mann–Whitney 검정, Kruskal Wallis 검정

20. 다음은 정규성 검정에 R을 이용한 화면이다. 다음의 코드와 결과를 보고 분석한 내용 중 틀린 것을 고르시오.

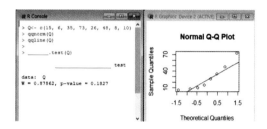

① Q–Q Plot을 통해서 데이터와 직선의 분포 모양을 통해 정규성 여부를 확인할 수 있다.
② 빈칸에 들어갈 말은 차례로 KS, Kruskal Wallis다.
③ p–value 값이 0.1827로 유의수준 0.05보다 크기 때문에 정규성 검정의 귀무가설을 수용해야 한다.
④ 위에 사용한 검정의 귀무가설은 모집단이 정규분포를 따른다는 것이다.

3과목 _ 빅데이터 모델링

01. 분석하고자 하는 대상이 두 집단 혹은 그 이상의 집단으로 나누어진 경우 개별 관측치가 어느 집단에 속하는지를 판단하기 위해 사용하는 분석 방법으로 가장 적절한 것을 고르시오.

① 분류분석
② 군집분석
③ 상관분석
④ 회귀분석

02. 다음 중 분류모델의 종류가 아닌 것을 고르시오.

① 판별분석   ② 신경망 분석

③ 로지스틱 회귀분석   ④ 요인분석

03. 회귀분석에서 실제값과 추정치의 오차가 가장 작은 회귀선을 구하기 위해 사용하는 방법으로 가장 적절한 것을 고르시오.

① 최대우도법   ② 최대제곱법

③ 최소제곱법   ④ 회귀제곱법

04. 라쏘(Lasso)에 대한 설명 중 가장 적절하지 않은 것을 고르시오.

① L1 norm을 사용한다.

② 변수를 자동으로 선택하는 효과가 있다.

③ 일부 특정변수의 가중치를 0으로 수렴시켜 모델의 복잡도를 줄일 수 있다.

④ lambda가 작을수록 더 많은 회귀계수가 0에 수렴한다.

05. 다음 중 이원분산분석에 대한 설명으로 가장 적절하지 않은 것을 고르시오.

① 독립변수가 2개인 경우 각 집단의 평균 차이를 검증하기 위해 사용한다.

② 반복이 있는 경우와 반복이 없는 경우로 구분된다.

③ 반복이 없는 경우 이원분산분석을 실행하면 총 3개의 연구가설을 검증하게 된다.

④ 한 요인의 효과가 다른 요인의 수준에 의존하는 경우를 교호작용이라 한다.

06. 나선형 모델의 프로세스로 가장 적절한 것을 고르시오.

① 목표설정 – 고객평가 – 위험분석 – 개발

② 목표설정 – 개발 – 위험분석 – 고객평가

③ 목표설정 – 위험분석 – 개발 – 고객평가

④ 목표설정 – 위험분석 – 고객평가 – 개발

07. 홀드아웃에 대한 설명 중 가장 적절하지 않은 것을 고르시오.

① 데이터셋을 분할하는 가장 보편적인 방법으로 학습 데이터셋과 테스트 데이터셋으로 분할한 후 테스트 데이터셋을 다시 검증용 데이터셋과 테스트 데이터셋으로 분할한다. 홀드아웃을 사용하면 전체 데이터셋은 train, validation, test 데이터셋으로 분할된다.

② 분석가에 따라 데이터를 분할하는 비율은 달라질 수 있다.

③ 데이터의 수가 적은 경우 홀드아웃을 통해 데이터를 분할하면 각 데이터셋이 전체 데이터를 대표하지 못할 가능성이 크다.

④ 홀드아웃에서 각 데이터셋에는 서로 중복되는 데이터가 없어야 한다.

08. 신경망 분석의 특징으로 옳지 않은 것을 고르시오.

① 변수의 수가 많고 입력변수와 출력변수가 복잡한 비선형형태를 가질 때도 다른 분류모형보다 비교적 정확도가 우수하다.

② 활성화 함수로 sigmoid 함수를 사용할 때 은닉층의 수가 너무 많으면 기울기 값이 사라지는 gradient vanishing 문제가 발생할 수 있다.

③ 입력변수의 속성에 따라 활성함수의 선택이 달라진다.

④ 초기 가중치 값에 따라 최적해가 아닌 지역해에 수렴할 수 있다.

09. 다음 중 군집분석에 대한 설명으로 가장 적절하지 않은 것을 고르시오.

① 군집 간의 거리를 정의하는 방법이 다르더라도 같은 데이터를 사용하면 결과적으로 동일한 군집이 형성된다.

② 개체의 유사성을 측정해 여러 개의 배타적인 군집으로 나누는 분석 방법이다.

③ 계층적 군집은 덴드로그램을 통해 결과를 시각적으로 확인할 수 있다.

④ k-means 군집방법은 분석 수행 과정에서 한 군집에 속해 있던 개체들이 다른 군집으로 이동할 수 있다.

10. a와 b의 관측치가 다음과 같다고 할 때 a와 b 사이의 거리를 1차 민코프스키 거리를 통해 구하시오.

a = (1, 3, 1, 2, 5)

b = (2, 4, 1, 3, 7)

① 2   ② 3

③ 4   ④ 5

③ 정상성을 만족하지 못하는 시계열 자료는 모형화할 수 없다.

④ MA 모형은 항상 정상성을 만족한다.

11. SVM의 매개변수인 C와 gamma에 대한 설명 중 옳지 않은 것을 고르시오.

① 매개변수 C의 값이 커질수록 과적합의 가능성이 커진다.

② 매개변수 C는 데이터의 오분류 정도를 결정하는 값으로 그 값이 작을수록 오분류된 데이터가 줄어든다.

③ 매개변수 gamma는 단일 데이터의 영향력의 정도를 결정하는 값으로 그 값이 클수록 각 데이터 포인트가 행사하는 영향력의 거리가 짧아진다.

④ 매개변수 gamma의 값이 커질수록 과적합의 가능성이 커진다.

12. 독립변수와 종속변수가 모두 범주형일 때 사용하는 방법으로 적절하지 않은 것을 고르시오.

① 카이제곱 분석   ② 로그선형분석

③ 상대적 위험도   ④ 판별분석

13. 다음 중 t-test에 대한 설명으로 가장 적절하지 않은 것을 고르시오.

① 모집단의 분산이나 표준편차를 알 수 있는 경우 사용하는 평균 검정방법이다.

② 독립표본 t-test를 적용하기 전에 등분산 검정을 우선적으로 실행해야 한다.

③ 독립변수가 3개 이상의 범주로 구성되어 있는 경우 t-test를 여러 번 적용해 분석하면 1종 오류의 가능성이 커진다.

④ 대응표본 t-test는 독립성 가정을 만족하지 못할 때도 적용할 수 있다.

14. 시계열모형에 대한 설명으로 가장 적절하지 않은 것을 고르시오.

① 시계열모형 중 현재의 자료를 과거의 자료를 통해 설명할 수 있는 모형은 AR 모형이다.

② 과거 시점의 자료와 과거 시점의 백색잡음의 선형결합으로 현 시점의 자료를 표현하는 모형은 ARMA 모형이다.

15. 다음 중 딥러닝에 대한 설명으로 가장 적절하지 않은 것을 고르시오.

① 인공신경망을 기반으로 설계된 개념이다.

② 사용자의 변수 선택에 따라 그 결괏값이 달라지므로 특징변수를 선택하는 과정이 매우 중요하다.

③ LSTM은 RNN의 장기 의존성을 해결하기 위해 개발된 모델이다.

④ 딥러닝은 기계학습(머신러닝)의 한 분야로 여러 비선형 활성함수의 조합을 통해 대용량 데이터에서 패턴을 학습한다.

16. 다음 순환신경망(RNN)에 대한 설명 중 가장 적절하지 않은 것을 고르시오.

① RNN은 내부 순환구조를 통해 순서가 있는 데이터를 학습하는 데 최적화된 알고리즘이다.

② 가중치 U, V, W가 모든 시점에서 동일하므로 학습에 필요한 가중치의 수를 줄일 수 있다.

③ 과거 은닉층의 정보가 마지막까지 전달되지 못하는 문제가 발생할 수 있다.

④ RNN은 역전파 알고리즘을 통해 학습한다.

17. 다음 중 요인분석의 Heywood case에 대한 설명으로 가장 적절하지 않은 것을 고르시오.

① 최대우도추출법을 사용하면 Heywood case를 방지할 수 있다.

② 요인의 수가 너무 많거나 적을 때 발생한다.

③ 공통성이 1이 되는 현상을 Heywood case라고 하며, 공통성이 1을 초과하면 ultra-Heywood case라고 한다.

④ 안정적인 추정량을 계산하기에는 데이터의 양이 충분하지 못할 때 발생한다.

18. 다음 텍스트 전처리에 대한 설명 중 가장 적절하지 않은 것을 고르시오.

① 스테밍은 정해진 규칙에 따라 단어의 어미를 제거하는 방식으로, 사전에 정의되지 않은 단어가 나올 수 있다.

② 표제어 추출은 단어의 품사를 고려해 단어의 원형을 추출하는 방법이다.

③ 클렌징은 데이터 내의 노이즈를 제거하는 작업으로, 이 단계에서 URL, 특수문자, 구두점 등을 모두 제거해야 한다.

④ 텍스트 내에서 의미가 없는 단어나 조사 등을 불용어라고 하며 이를 제거하는 작업을 stop word라 한다.

19. 중앙값이 60인 모집단으로부터 다음과 같은 10개의 랜덤 표본을 추출했다. 아래 표본을 부호검정에 적용했을 때 검정통계량으로 적절한 것을 고르시오.

62, 84, 55, 50, 87, 49, 70, 86, 75, 59

① 4 　　　　　　　　　② 5

③ 6 　　　　　　　　　④ 7

20. 다음 비모수 통계기법에 대한 설명 중 가장 적절하지 않은 것을 고르시오.

① 데이터가 정규성을 만족하지 못하는 경우에는 피어슨 상관계수 대신 스피어만 상관계수를 사용한다.

② 크루스칼-왈리스 검정은 one-way ANOVA의 비모수적 방법으로 세 개 이상 집단의 중앙값을 비교하기 위해 사용한다.

③ 부호검정에서 중앙값과 같은 값을 가지는 데이터에는 0을 부여해 전체표본에서 제외시킨다.

④ 표본의 크기가 5 이상일 때 크루스칼-왈리스 검정통계량은 자유도가 k인 카이제곱 분포에 근사한다.

4과목 _ 빅데이터 결과 해석

01. 다음의 혼동행렬(오분류표) 표 중 (나)에 들어갈 알맞은 말을 고르시오.

		예측값	
		Positive	Negative
실제값	Positive	(가)	(나)
	Negative	(다)	(라)

① TP(True Positive) 　　　② FP(False Positive)

③ TN(True Negative) 　　　④ FN(False Negative)

02. 다음의 혼동행렬(오분류표)을 보고 정밀도를 계산하시오.

		예측값	
		Positive	Negative
실제값	Positive	40	60
	Negative	40	60

① 0.4 　　　　　　　　　② 0.5

③ 0.6 　　　　　　　　　④ 0.7

03. 분류모형의 평가지표 중 하나로, 서로 반비례 관계에 있는 민감도(TPR)를 y축에 두고, 거짓 긍정률(FPR)을 x축에 두어 시각화한 것을 지칭하는 용어는 무엇인지 보기에서 고르시오.

① 재현율 　　　　　　　　② ROC 곡선

③ 회귀 평가지표 　　　　　④ Confusion Matrix

04. 다음의 그래프를 보고 보기 중 틀린 것을 고르시오.

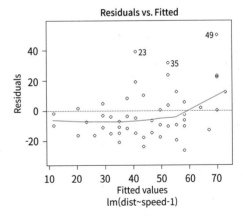

① 잔차에 관한 그림이다.

② 적합치에 관한 정보를 알 수 있다.

③ 직선의 기울기가 1에 가까울수록 이상적이다.

④ 23번, 35번, 49번 관측치는 모형의 예측에서 크게 벗어나 있다.

05. 다음의 그래프를 보고 보기 중 틀린 것을 고르시오.

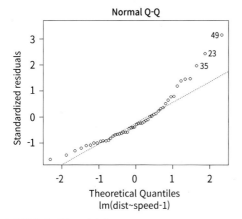

① 분위수에 관한 그림이다.

② 시각적으로 정규성을 확인할 수 있다.

③ 이 예시에서는 23, 35, 49번 관측치가 많이 벗어난 것을 확인할 수 있다.

④ 정규성을 확인하기 위한 또 다른 그래프 방법으로는 버블차트가 있다.

06. 한 번 추출한 표본을 다시 모집단에 넣어 또 다른 표본을 추출하는 방식으로 동일한 크기의 표본을 여러 개 생성하는 샘플링 방법의 하나를 무엇이라고 하는지 보기에서 고르시오.

① 부트스트랩

② k–폴드

③ 홀드아웃

④ 리브–p–아웃

07. 다음 중 검정의 성격이 다른 하나를 보기 중에서 고르시오.

① 카이제곱 검정

② T–검정

③ 샤피로 윌크 검정

④ 콜모고로프 스미르노프 검정

08. 다음 설명은 무엇에 관한 설명인지 보기 중에서 고르시오.

매개변수별 적응 학습률(adaptivelearning rate)을 사용하는 알고리즘이다. 업데이트가 빈번히 수행된 매개변수는 학습률을 낮게 조정하고, 그렇지 않은 매개변수는 학습률을 크게 조정한다. 변화가 많이 일어난 매개변수는 최적값에 근접했다고 가정하고 세밀하게 접근하는 것이고 반대의 경우에는 빠르게 손실을 줄이기 위해 높은 학습률을 적용한다.

① SGD

② Momentum

③ Adam

④ AdaGrad

09. 앙상블 기법 중 하나인 보팅에 관한 다음 설명 중 잘못된 것을 보기에서 고르시오.

① 보팅은 서로 다른 알고리즘을 사용한 여러 분석 모형의 결과를 두고 투표를 통해 최종 예측 결과를 결정한다.

② 보팅 방식에는 크게 하드 보팅(hard voting)과 소프트 보팅(soft voting)이 있다.

③ 하드 보팅은 각 분류기가 예측한 결과를 집계해 가장 적게 나온 결과를 최종 결괏값으로 채택한다.

④ 소프트 보팅은 각 분류기가 예측한 레이블 값의 결정 확률을 평균 내어 가장 확률이 높은 레이블을 최종 결괏값으로 채택한다.

10. BCS의 구성요소 중에서 '지표를 달성하기 위한 실천계획'을 일컫는 말은 무엇인지 보기 중에서 고르시오.

① 전략적 목표

② 전략적 이니셔티브

③ 성과지표

④ 전략

11. 다음은 나이팅게일의 폴라지역 사망자 관련 다이어그램이다. 이러한 시각화 분류로 가장 적당한 것을 보기에서 고르시오.

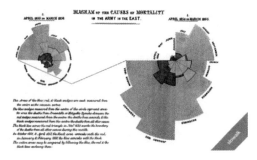

① 데이터 시각화   ② 트리맵

③ 통계 그래픽   ④ 정보디자인

① 히스토그램   ② 간트 차트

③ 카토그램   ④ 체르노프 페이스

12. 예전에는 시각화가 한 장의 종이나 화면에 국한됐지만, 정보의 접근과 빠른 응답을 제공하는 분석 플랫폼과 라이브러리가 늘어나면서 풍부한 상호작용에 기반을 둔 시각화가 가능해졌다. 이를 무엇이라고 하는지 보기에서 고르시오.

① 인터랙션   ② 인포그래픽

③ 카토그램   ④ 히스토그램

13. 다음 설명은 어떤 시각화 방법인지 보기에서 고르시오.

원형 모양을 데이터가 차지하는 비율에 따라 여러 조각으로 나누어서 나타내는 시각화 방법이다. 모든 조각의 값을 합치면 데이터 값 전체의 합이 되며, 비율 값으로는 100%가 된다. 조각의 각도보다는 조각에 해당하는 호의 길이로 값의 차이를 인식한다.

① 파이 차트   ② 도넛 차트

③ 트리맵   ④ 누적 영역차트

14. 빅데이터 큐레이터의 업무 분야와 가장 거리가 먼 것을 보기에서 고르시오.

① 미래 예측   ② 리스크 경감

③ 맞춤형 서비스   ④ 하둡 에코시스템 관리

15. 다음의 그림과 가장 관계가 깊은 것을 보기에서 고르시오.

16. 다음의 그림과 가장 관계가 깊은 것을 보기에서 고르시오.

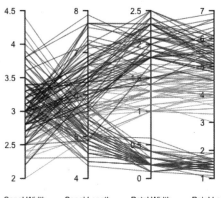

Parallel coordinate plot, Fisher's Iris data

① 히스토그램   ② 히트맵

③ 누적 영역차트   ④ 평행 좌표계

17. 다음의 시각화 프로세스를 순서대로 바르게 나열한 것을 보기에서 고르시오.

가. 상호작용

나. 개발

다. 추상화

라. 특성화

① 라 – 다 – 나 – 가

② 라 – 다 – 가 – 나

③ 다 – 라 – 나 – 가

④ 다 – 라 – 가 – 나

18. 다음의 설명은 '분석 모형 성과관리 프로세스' 중 어느 단계에 해당하는지 보기에서 고르시오.

- 빅데이터 서비스 전략 계획을 통한 성과 평가 대상 및 범위를 파악
- 성과 평가 대상 및 범위에 따라 성과 평가 영역을 정의
- 성과 평가 영역에 따라 성과 평가 항목을 도출
- 성과 평가 항목에 따라 성과 기준(항목, 평가 시기 등)을 정의

① [STEP 1] 분석 모형 성과 지표 수립
② [STEP 2] 분석 모형 성과 측정 방법 수립
③ [STEP 3] 분석 모형 성과 평가 실행
④ [STEP 4] 분석 모형 성과 평가 피드백

19. 다음의 빈칸에 들어갈 가장 알맞은 말을 보기에서 고르시오.

시각화 기술로 모형화를 마쳤다면, 다음 단계는 분석 결과 해석을 위해 _____을(를) 수립하는 단계다. 이 단계에서 데이터 시각화 설계 및 타당성 검증을 통해 고객과 협의할 수 있는 모형을 제시한다.

① 경영진과의 협업 계획
② 디자이너와의 협업 계획
③ 업무전문가와의 협업 계획
④ 분석가와의 협업 계획

20. 빅데이터 성과 측정 방법 중 다음의 내용이 설명하는 것을 보기에서 고르시오.

- 통제보다는 전략 관점 강조
- 전략 맵(map)의 개념 도입
- 경영진이 고려해야 할 핵심 목표에 근거한 성과 관리 강조

① 목표치(target)
② 균형 성과표(BSC)
③ 시계열 분석(TSA)
④ RMSE

2회 _ 모의고사 해답

1과목 _ 빅데이터 분석 기획

1. **답**: ②

   해설: ② 정량적 데이터, 나머지는 정성적 데이터다. 만약 기상 데이터가 아니라 기상 특보나 태풍 속보 등의 기상 예보라면 정성적 데이터에 해당할 수 있다.

2. **답**: ②

   해설: 데이터베이스란 문자, 기호, 음성, 화상, 영상 등 상호 관련된 다수의 콘텐츠를 정보처리 및 정보통신기기에 의하여 체계적으로 수집·축적하여 다양한 용도와 방법으로 이용할 수 있게 정리한 정보의 집합체를 의미한다.

3. **답**: ③

   해설: ③ 예시 항목 중 CVO 서비스는 물류 서비스에 해당한다.

4. **답**: ②

   해설: 유전 알고리즘에 해당한다.

5. **답**: ②

   해설: ② 머신러닝에 관한 설명이다. 회귀분석은 독립변수를 조작하며, 종속변수가 어떻게 변하는지를 보며 두 변인의 관계를 파악하는 방법이다.

6. **답**: ④

   해설: ④ 분석 기법 평가 영역에 해당하는 내용이다. ② 분석 데이터 평가 영역에 해당하는 내용에는 분석 업무를 위한 데이터, 충분성/신뢰성/적시성, 비구조적 데이터 관리, 외부데이터 활용 체계, 기준 데이터 관리(MDM) 등이 있다.

7. **답**: ④

   해설: ④ 프랑스에 관한 맞는 설명이지만, 정부 주도가 아닌 민간 주도로 추진되었다.

8. **답**: ③

   해설: 'L-다양성'뿐만 아니라 민감한 정보의 분포를 낮추어 추론 가능성을 더욱 낮추는 기법을 'T-근접성'이라고 한다.

9. **답**: ④

   해설: 클라우드 인프라, 서버, 스토리지, PC 카드, 워크스테이션, 네트워킹 등은 IT 하드웨어와 관련된 내용이다.

10. **답**: ②

    해설: GDPR은 전자상거래 등을 통해 해외에서 EU 주민의 개인정보를 처리하는 기업에도 적용될 수 있다.

11. **답**: ①

    해설: 스마트팩토리와 관련된 내용이다.

12. **답**: ②

    해설: 이런 유형의 문제는 하나의 기준점을 잡고 생각하면 쉽게 풀린다. 가장 먼저 대상과 방법을 모두 알고 있다면 최적화를 한다는 것에서부터 시작하여 아래로 내려가는 방법을 순서대로 암기하면 어떤 문제든 쉽게 대응할 수 있다. 최적화 → 솔루션 → 통찰 → 발견

13. **답**: ③

    해설: 나선형 모델에 관한 설명이다. 나선형 모델은 관리 체계를 갖추지 못하면 복잡도가 상승한다는 단점이 있다.

14. **답**: ①

    해설: ① 하향식 접근법, ② ③ ④ 상향식 접근법

15. **답**: ①

    해설: 시급성에 우선순위를 둔다면 쉽고 현재에 시급한 것을 먼저 선택해야 한다. 그래서 Ⅲ→Ⅳ→Ⅱ→Ⅰ의 순서로 우선순위를 정한다. 시급성이 우선이라면 Ⅲ을 기준으로 시계 반대 방향의 순이라고 생각하면 쉽다.

16. **답**: ④

    해설: 정규화에 대한 설명이다. 정규화의 구체적인 방법으로는 최소-최대 정규화, z-score 정규화, 소스 스케일링 정규화가 있다.

17. **답**: ③

    해설: ③ 일관성(Consistency)에 관한 설명이다.

18. **답**: ④

    해설: ④ 하둡 2.0에 관한 설명이다.

19. **답:** ②

　　해설: ① ③ ④는 데이터 수집 및 연결과 관련된 프레임워크이며, ② Ambari는 관리 모니터링 프레임워크다.

20. **답:** ③

　　해설: New SQL은 RDBMS의 ACID 특성을 보장하면서 빅데이터를 처리할 수 있는 새로운 SQL이다.

2과목 _ 빅데이터 탐색

1. **답:** ②

　　해설: 약간의 오차를 감수하며 맥락적 사정을 고려하며 값을 추정하는 것은 평가치 추정법이다.

2. **답:** ④

　　해설: 전진 선택법은 가장 많은 영향을 주는 변수를 하나씩 추가하면서 모형을 선택하는 방법이다. 통계치에 가장 많은 영향을 준다는 것은 AIC 값이 작다는 것을 의미한다. 후진 제거법은 상관계수의 절댓값이 가장 작은 변수에 대해 부분 f 검정을 하며 제거하는 방법이다. 상관계수의 절댓값이 작다는 것은 가장 적은 영향을 주는 변수라는 의미이다(AIC 값은 크다). 단계적 방법은 AIC가 낮아지는 모델을 찾는 방법이다. 즉, 통계치에 많은 영향을 주는 변수만을 남기는 방법이라고 생각할 수 있다. 이는 전진 선택법으로 유의한 변수는 추가, 후진 제거법으로 유의하지 않은 변수는 제거하는 작업을 반복하며 이뤄진다.

3. **답:** ③

　　해설: 상관 관계가 높은 두 변인 – 다중공선성이 있다. 이 문제는 다중공선성과 관련된 문제다. 다중공선성이란 두 개의 변수가 이상하리만큼 너무 유사한 경우 발생하는 문제다. 이를 두 변인의 상관관계가 높다고 한다. 그러므로 상관계수가 높은 독립변수를 제거하여 보완할 수 있다. 다중공선성은 VIF(분산 팽창 요인)이 10을 넘을 경우 판별해낼 수 있다. PCA를 통해 차원을 축소하는 경우에는 설명력 높은 변수(주성분)를 남겨놓을 수 있기 때문에 다중공선성을 해결할 수 있는 한 가지 방법이다.

　　① 10 미만의 VIF 값 – 다중 공선성이 없다.

② 8 미만의 VIF 값 – 다중 공선성이 없다.

④ PCA를 통한 변수 선택 – 다중 공선성의 해결 방안 중 하나.

4. **답:** ③

　　해설: 최솟값(Min)과 최댓값(Max)을 사용해서 '0~1' 사이의 범위(range)로 데이터를 표준화해주는 '0~1' 변환

5. **답:** ②

　　해설: 무작위로 정상 데이터의 일부만 남기는 방법을 과소 표집이라고 한다.

6. **답:** ②

　　해설: 변수의 재표현(Re-expression)이 4R 중 하나다.

7. **답:** ③

　　해설: ③ 피어슨 상관계수 / -1 / 강한 음의 상관 관계가 있다.

　　A 받은 과목의 수를 변수 x, 결석 횟수를 변수 y라고 한다. 변수 x의 평균은 6, y의 평균은 4다. 상관계수는 다음의 공식과 같이 구할 수 있다.

$$rXY = \frac{\sum_i^n (X_i - \bar{X})(Y_i - \bar{Y})}{\sqrt{\sum_i^n (X_i - \bar{X})^2} \sqrt{\sum_i^n (Y_i - \bar{Y})^2}}$$

상관계수 구하기

rxy = (8-6)(2-4)+(7-6)(3-4)+(5-6)(5-4)+(4-6)(6-4) / √{(8-6)2+(7-6)2+(5-6)2+(4-6)2}×{(2-4)2+(3-4)2+(5-4)2+(6-4)2}

rxy = -10 / √ (10x10)

rxy = -1

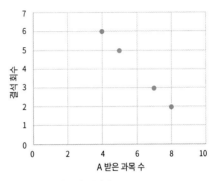

결과적으로 음의 상관관계가 강하다.

8. **답**: ①

해설: 오른쪽으로 꼬리가 길다=왼쪽에 데이터가 많은 형태. 왼쪽으로 꼬리가 길다=오른쪽에 데이터가 많은 형태. 즉, Negative Skew는 왼쪽으로 꼬리가 길고, 오른쪽에 데이터가 많은 형태다.

9. **답**: ③

해설: ① Time difference of 2 days
② 4자리 연도는 %Y, 2자리 연도는 %y
③ POSIXlt에서 mon은 1월을 0으로, year은 1900년을 0으로, wday는 일요일을 0으로, yday는 1월 1일을 0으로 간주한다. 특정 요소를 추출할 때 주로 사용된다. 그래서 월은 1개월씩 빠른 월이 나온다. 정답에서는 10월이므로 9가 추출된다.
④ 시간에 대해서는 특별히 적용되는 바가 없이 그대로 추출된다. 그러므로 18이 되어야 한다.

10. **답**: ①

해설: 이는 지리정보시스템에 관련한 설명이다.

11. **답**: ①

해설: 막대/선 그래프는 일변량 분석 시 주로 사용되며, 이변량 분석 시에는 상관분석, 회귀분석, 산점도, 모자이크 그림 등을 주로 사용한다.

12. **답**: ③ 워드클라우드

해설: 데이터 마이닝에는 텍스트 마이닝, 오피니언 마이닝 등이 포함된다. 특정 문서에 사용된 단어 출현 빈도에 따라 크기를 다르게 하여 하나의 화면으로 나타내는 것을 워드클라우드라고 한다.

13. **답**: ②

해설: 노드 간 거리는 직간접 연결된 노드 모두를 고려하며, 네트워크 중앙에 위치할수록 값이 작다.

14. **답**: ②

해설: 이산 확률 분포 – 이항분포, 포아송분포, 초기하분포, 기하분포, 다항분포
연속 확률 분포 – 균등분포, 정규분포, 표준정규분포, 감마분포, 베타분포, 지수분포, t 분포, f 분포, 카이제곱분포

15. **답**: ②

해설: ② 중심 극한 정리. 표본의 모양이 얼마나 불규칙한지와 무관하게 표본의 수가 충분히 크다면 표본 평균의 분포가 정규분포를 이룬다.

16. **답**: ④

해설: 불편 추정량은 편향이 0일 때의 추정량을 의미한다. 불편추정량의 크기는 좋은 추정량의 조건과 무관하다.

17. **답**: ①

해설: $\hat{p} = 76/200 = 0.38$
$0.38 \pm 1.96 \sqrt{(0.38(1-0.38)/200)}$
$= 0.38 \pm 0.067$
$= 0.313 \leq p \leq 0.447$

18. **답**: ①

해설: 모분산을 모르는 경우에 정규분포를 사용하기 위해서는 표본의 크기가 30 이상이어야 한다.

19. **답**: ③

해설: 모수 검정의 경우 피어슨 상관 계수를, 비모수 검정의 경우 스피어만 상관 계수를 사용한다. 피어슨 상관 계수의 경우 선형적인 상관관계의 모수적인 방법으로 나타내는 값이다. 스피어만 상관 계수의 경우 한 변수가 증가할 때 다른 변수의 증감 여부에 대한 관계를 비모수적인 방법으로 나타내는 값이다.

20. **답**: ②

해설: ② Shapiro, Shapiro-wilk, 샤피로-윌크 정규성 검정은 데이터의 정규성 여부를 검정하는 방법의 하나로, p-value가 유의수준보다 작으면 귀무가설 H0를 기각하고 대립가설 H1을 채택, 데이터가 정규분포를 따르지 않는다고 결론을 내릴 수 있다. 반면에 유의수준보다 큰 p-value인 경우에는 귀무가설 H0를 기각할 수 없기 때문에 정규분포를 따른다고 결론을 내릴 수 있다.

3과목 _ 빅데이터 모델링

1. 답: ①

해설: 미리 정의된 집단이 있을 때 입력 데이터를 근거로 각 관측치가 어느 집단에 속하는지를 판단하기 위해서는 분류분석을 사용해야 한다.

2. 답: ④

해설: 요인분석은 차원을 축소하기 위해 사용하는 방법 중 하나다.

3. 답: ③

해설: 회귀분석에서는 실제값과 추정치의 오차 제곱합이 최소가 되는 회귀선을 찾기 위해 최소제곱법을 사용한다.

4. 답: ④

해설: lambda가 클수록 더 많은 회귀계수가 0에 수렴하게 된다.

5. 답: ③

해설: 반복이 없는 경우에는 각 독립변수의 주효과를 분석하여 총 2개의 연구가설을 검증하고, 반복이 있는 경우에는 각 독립변수의 주효과와 교호효과까지 총 3개의 연구가설을 검증한다.

6. 답: ③

해설: 나선형 모델은 목표설정 – 위험분석 – 개발 – 고객평가의 순으로 진행된다.

7. 답: ①

해설: 홀드아웃에서는 데이터셋을 학습 데이터셋과 테스트 데이터셋으로 분할한 후 학습 데이터셋을 다시 학습 데이터셋과 검증 데이터셋으로 분할한다.

8. 답: ③

해설: 풀고자 하는 문제의 종류와 출력 데이터의 속성에 따라 활성함수를 선택한다. 예를 들어 출력 범주의 수가 2개인 경우에는 sigmoid, ReLU 등을 사용하고, 출력 범주가 3개 이상인 경우에는 소프트맥스 함수를 사용한다.

9. 답: ①

해설: 군집 간의 거리를 정의하는 방법에 따라 다른 군집 결과가 나올 수도 있다.

10. 답: ④

해설: 1차 민코프스키 거리는 맨해튼 거리와 동일하고, 2차 민코프스키 거리는 유클리드 거리와 동일하다. 따라서 a와 b 사이의 맨해튼 거리를 구하면 $|1|+|1|+|0|+|1|+|2| = 5$가 된다.

11. 답: ②

해설: 매개변수 C의 값이 클수록 오분류된 데이터가 줄어들고 이로 인해 과적합의 가능성이 커진다.

12. 답: ④

해설: 판별분석은 독립변수가 연속형이고 종속변수는 범주형일 때 사용하는 방법이다.

13. 답: ①

해설: t–test는 모집단의 분산이나 표준편차를 알지 못할 때 사용하는 평균 검정방법으로, 모집단의 분산이나 표준편차를 알 수 있는 경우에는 z–test를 적용한다.

14. 답: ③

해설: 정상성을 만족하지 못하는 시계열 자료는 차분 및 변환을 통해 정상시계열로 모형화할 수 있다.

15. 답: ②

해설: 딥러닝은 기계가 자동으로 학습하려는 데이터의 특징을 추출해 학습한다는 특징이 있다.

16. 답: ④

해설: RNN은 가중치 U, V, W가 공유되기 때문에 역전파 알고리즘의 변형인 BPTT를 통해 학습한다.

17. 답: ①

해설: 최대우도추출법을 이용할 때 반복적인 계산 과정으로 인해 공통성이 1이 되는 현상을 Heywood case라 한다. 따라서 최대우도추출법은 Heywood case의 해결방안이 될 수 없다.

18. **답:** ③

해설: '$14.99'와 같이 특수문자와 구두점을 제거하면 단어의 의미가 변질되는 경우가 있기에 단순히 모두 제거하는 것은 삼가야 하며, 사용 용도에 따라 결과에 영향이 없는 기준을 통해 클렌징을 진행해야 한다.

19. **답:** ③

해설: 부호검정의 검정통계량은 중앙값보다 큰 표본의 개수다. 위의 표본에서 중앙값 60보다 큰 데이터가 6개이기 때문에 검정통계량은 6이 된다.

20. **답:** ④

해설: 표본의 크기가 5 이상일 때 크루스칼-왈리스 검정통계량은 자유도가 (k-1)인 카이제곱분포에 근사한다.

4과목 _ 빅데이터 결과 해석

1. **답:** ④

해설: FN(False Negative) – 예측한 값이 Negative이고 실제 값은 Positive인 경우

2. **답:** ②

해설: 정밀도는 (TP) / (TP + FP)이므로 40 / (40 + 40) = 0.5다.

3. **답:** ②

해설: ② ROC 곡선에 관한 설명이다. ROC 곡선 아래의 면적을 AUC(Area Under Curve)라고 하며 면적이 넓을수록(AUC 최댓값인 1에 가까울수록) 분류를 잘하는 모형이라고 평가할 수 있다.

4. **답:** ③

해설: ③ 잔차 vs. 적합치 플롯(Residuals vs. Fitted Plot)은 직선의 기울기가 0에 가까울수록 이상적이다.

5. **답:** ④

해설: ④ 정규성을 확인하기 위한 또 다른 그래프 방법으로는 히스토그램이 있다.

6. **답:** ①

해설: 부트스트랩에 관한 설명이며, 부트스트랩은 표본의 중복을 허용한다는 의미에서 '무작위 추출 방법'이라고도 부른다.

7. **답:** ②

해설: ② T-검정 모수 유의성에 관한 검정이며, 모집단이 정규분포일 경우 평균을 측정하거나 두 집단 간의 평균을 비교할 때 사용한다. 적은 표본만으로도 모집단의 평균을 추정할 수 있어 자주 사용된다.

8. **답:** ④

해설: ④ AdaGrad에 관한 설명이다. AdaGrad는 자동으로 학습률을 설정해준다는 장점이 있다. 그러나 학습을 진행할수록 학습속도가 급격히 감소하면서 매개변수의 업데이트가 잘 일어나지 않는다는 단점이 있다.

9. **답:** ③

해설: ③ 하드 보팅은 각 분류기가 예측한 결과를 집계해 가장 많이 나온 결과를 최종 결괏값으로 채택한다.

10. **답:** ②

해설: ② 전략적 이니셔티브에 관한 설명이다.

11. **답:** ④

해설: 정보디자인에 속한다고 볼 수 있다.

12. **답:** ①

해설: ① 인터랙티브 디자인을 개발하기 위해서는 기술적인 능력이 필요하며, 동적인 시각화를 위한 플랫폼의 호환성이나 데이터 로딩 속도, 서버의 용량 등 다른 제약도 고려해야 한다.

13. **답:** ②

해설: ② 파이 차트와 같이 원형에 데이터를 표현하지만, 중심 부분이 비어 있는 도넛 모양으로 보이는 것이 차이점이다. 따라서 조각의 각도보다는 조각에 해당하는 호의 길이로 값의 차이를 인식한다.

14. **답:** ④

해설: 하둡 에코시스템 관리가 가장 거리가 멀다.

15. **답**: ②

   해설: 간트 차트

16. **답**: ④

   해설: 평행 좌표계는 여러 개의 축을 병렬적으로 배열하여
   비교하는 방법이다.

17. **답**: ②

   해설: ② '특 → 추 → 상 → 개'로 암기

18. **답**: ①

   해설: ① [STEP 1] 분석 모형 성과 지표 수립 단계에 대한
   설명이다.

19. **답**: ③

   해설: ③ 이 단계는 분석 결과 해석을 위해 업무 전문가와
   협업 계획을 수립하는 단계다. 여기서 업무 전문가란
   해당 도메인(담당 부서, 특수한 업종, 분석 분야의 사
   업 활동 업무 등)에서의 업무 전문가를 일컫는 말로
   내부 전문가와 외부 전문가를 모두 포함하는 개념
   이다.

20. **답**: ②

   해설: ② 균형 성과표(BSC)는 보편화된 빅데이터 성과 측
   정 방법이지만, 사용 방법의 적절성에 대한 실증적
   증거가 부재한 것이 단점이다.

2021 빅데이터분석기사
자격 안내

1. 국가기술자격 소개

▪ 관련 근거

국가기술자격법 및 동법 시행령

- ▪ 「국가기술자격법 시행령」 제15조제1항제2항

- ▪ 「국가기술자격법」 제23조제2항, 동법 시행령 제29조제3항

▪ 빅데이터분석기사 정의

빅데이터 이해를 기반으로 빅데이터 분석 기획, 빅데이터 수집 · 저장 · 처리, 빅데이터 분석 및 시각화를 수행하는 실무자를 말한다.

▪ 빅데이터분석기사의 필요성

전 세계적으로 빅데이터가 미래성장동력으로 인식돼, 각국 정부에서는 관련 기업투자를 끌어내는 등 국가 · 기업의 주요 전략분야로 부상하고 있다. 국가와 기업의 경쟁력 확보를 위해 빅데이터 분석 전문가의 수요는 증가하고 있으나, 수요 대비 공급 부족으로 인력 확보에 어려움이 많은 실정이다. 이에 정부 차원에서 빅데이터 분석 전문가 양성과 함께 체계적으로 역량을 검증할 수 있는 국가기술자격 수요가 높은 편이다.

■ **빅데이터분석기사의 직무**

대용량의 데이터 집합으로부터 유용한 정보를 찾고 결과를 예측하기 위해 목적에 따라 분석기술과 방법론을 기반으로 정형/비정형 대용량 데이터를 구축, 탐색, 분석하고 시각화를 수행하는 업무를 수행한다.

2. 주요 시험 내용

■ **필기**

필기과목명	주요항목	세부항목	세세항목	
빅데이터 분석 기획	빅데이터의 이해	빅데이터 개요 및 활용	• 빅데이터의 특징 • 데이터 산업의 이해	• 빅데이터의 가치 • 빅데이터 조직 및 인력
		빅데이터 기술 및 제도	• 빅데이터 플랫폼 • 개인정보 법 · 제도	• 빅데이터와 인공지능 • 개인정보 활용
	데이터 분석 계획	분석 방안 수립	• 분석 로드맵 설정 • 데이터 분석 방안	• 분석 문제 정의
		분석 작업 계획	• 데이터 확보 계획	• 분석 절차 및 작업 계획
	데이터 수집 및 저장 계획	데이터 수집 및 변환	• 데이터 수집 • 데이터 변환 • 데이터 품질 검증	• 데이터 유형 및 속성 파악 • 데이터 비식별화
		데이터 적재 및 저장	• 데이터 적재	• 데이터 저장
빅데이터 탐색	데이터 전처리	데이터 정제	• 데이터 정제 • 데이터 이상값 처리	• 데이터 결측값 처리
		분석 변수 처리	• 변수 선택 • 파생변수 생성 • 불균형 데이터 처리	• 차원축소 • 변수 변환
	데이터 탐색	데이터 탐색 기초	• 데이터 탐색 개요 • 기초통계량 추출 및 이해	• 상관관계 분석 • 시각적 데이터 탐색
		고급 데이터 탐색	• 시공간 데이터 탐색 • 비정형 데이터 탐색	• 다변량 데이터 탐색
	통계기법 이해	기술통계	• 데이터요약 • 확률분포	• 표본추출 • 표본분포
		추론통계	• 점추정 • 가설검정	• 구간추정

필기과목명	주요항목	세부항목	세세항목	
빅데이터 모델링	분석모형 설계	분석 절차 수립	• 분석모형 선정 • 분석모형 구축 절차	• 분석모형 정의
		분석 환경 구축	• 분석 도구 선정	• 데이터 분할
	분석기법 적용	분석기법	• 회귀분석 • 의사결정나무 • 서포트벡터 머신 • 군집분석	• 로지스틱 회귀분석 • 인공신경망 • 연관성분석
		고급 분석기법	• 범주형 자료 분석 • 시계열 분석 • 딥러닝 분석 • 앙상블 분석	• 다변량 분석 • 베이지안 기법 • 비정형 데이터 분석 • 비모수 통계
빅데이터 결과 해석	분석모형 평가 및 개선	분석모형 평가	• 평가 지표 • 교차 검증 • 적합도 검정	• 분석모형 진단 • 모수 유의성 검정
		분석모형 개선	• 과적합 방지 • 분석모형 융합	• 매개변수 최적화 • 최종모형 선정
	분석결과 해석 및 활용	분석결과 해석	• 분석모형 해석	• 비즈니스 기여도 평가
		분석결과 시각화	• 시공간 시각화 • 비교 시각화	• 관계 시각화 • 인포그래픽
		분석결과 활용	• 분석모형 전개 • 분석모형 모니터링	• 분석결과 활용 시나리오 개발 • 분석모형 리모델링

▪ 실기

실기과목명	주요항목	세부항목	세세항목
빅데이터 분석 실무	데이터 수집 작업	데이터 수집하기	정형, 반정형, 비정형 등 다양한 형태의 데이터를 읽을 수 있다. 필요 시 공개 데이터를 수집할 수 있다.
	데이터 전처리 작업	데이터 정제하기	정제가 필요한 결측값, 이상값 등이 무엇인지 파악할 수 있다. 결측값과 이상값에 대한 처리 기준을 정하고 제거 또는 임의의 값으로 대체할 수 있다.
		데이터 변환하기	데이터의 유형을 원하는 형태로 변환할 수 있다. 데이터의 범위를 표준화 또는 정규화를 통해 일치시킬 수 있다. 기존 변수를 이용하여 의미 있는 새로운 변수를 생성하거나 변수를 선택할 수 있다.

실기과목명	주요항목	세부항목	세세항목
빅데이터 분석 실무	데이터 모형 구축 작업	분석모형 선택하기	다양한 분석모형을 이해할 수 있다. 주어진 데이터와 분석 목적에 맞는 분석모형을 선택할 수 있다. 선정모형에 필요한 가정 등을 이해할 수 있다.
		분석모형 구축하기	모형 구축에 부합하는 변수를 지정할 수 있다. 모형 구축에 적합한 형태로 데이터를 조작할 수 있다. 모형 구축에 적절한 매개변수를 지정할 수 있다.
	데이터 모형 평가 작업	구축된 모형 평가하기	최종 모형을 선정하기 위해 필요한 모형 평가 지표들을 잘 사용할 수 있다. 선택한 평가지표를 이용하여 구축된 여러 모형을 비교하고 선택할 수 있다. 성능 향상을 위해 구축된 여러 모형을 적절하게 결합할 수 있다.
		분석결과 활용하기	최종모형 또는 분석결과를 해석할 수 있다. 최종모형 또는 분석결과를 저장할 수 있다.

3. 출제 문항 및 배점

▪ 출제 문항수

【 출제기준(필기) 】

직무분야	정보통신	중직무분야	정보기술	자격종목	빅데이터분석기사	적용기간	4년(2020.1.1.~2023.12.31.)

○ 직무내용

대용량의 데이터 집합으로부터 유용한 정보를 찾고 결과를 예측하기 위해 목적에 따라 분석기술과 방법론을 기반으로 정형/비정형 대용량 데이터를 구축, 탐색, 분석하고 시각화를 수행하는 업무를 수행한다.

필기검정방법	객관식	문제수	80	시험시간	120분

【 과목별 주요 항목 】

필기과목명	문제수	주요항목
빅데이터 분석기획	20	빅데이터의 이해 데이터 분석 계획 데이터 수집 및 저장 계획
빅데이터 탐색	20	데이터 전처리 데이터 탐색 통계기법 이해

필기과목명	문제수	주요항목
빅데이터 모델링	20	분석모형 설계 분석기법 적용
빅데이터 결과 해석	20	분석모형 평가 및 개선 분석결과 해석 및 활용

【 출제기준(실기) 】

직무분야	정보통신	중직무분야	정보기술	자격종목	빅데이터분석기사	적용기간	4년

○ **직무내용**

대용량의 데이터 집합으로부터 유용한 정보를 찾고 결과를 예측하기 위해 목적에 따라 분석기술과 방법론을 기반으로 정형/비정형 대용량 데이터를 구축, 탐색, 분석하고 시각화를 수행하는 업무를 수행한다.

실기검정방법	통합형(필답형, 작업형)		시험시간	180분

【 과목별 주요 항목 】

필기과목명	주요항목
빅데이터 분석실무	데이터 수집 작업 데이터 전처리 작업 데이터 모형 구축 작업 데이터 모형 평가 작업

4. 응시 자격 및 합격 기준

■ 응시자격

다음 각 호의 어느 하나에 해당하는 사람

1. 산업기사 등급 이상의 자격을 취득한 후 응시하려는 종목이 속하는 동일 및 유사 직무 분야에서 1년 이상 실무에 종사한 사람

2. 기능사 자격을 취득한 후 응시하려는 종목이 속하는 동일 및 유사 직무 분야에서 3년 이상 실무에 종사한 사람

3. 응시하려는 종목이 속하는 동일 및 유사 직무 분야의 다른 종목의 기사 등급 이상의 자격을 취득한 사람

4. 관련학과의 대학졸업자등 또는 그 졸업예정자

5. 3년제 전문대학 관련학과 졸업자등으로서 졸업 후 응시하려는 종목이 속하는 동일 및 유사 직무 분야에서 1년 이상 실무에 종사한 사람

6. 2년제 전문대학 관련학과 졸업자등으로서 졸업 후 응시하려는 종목이 속하는 동일 및 유사 직무 분야에서 2년 이상 실무에 종사한 사람

7. 동일 및 유사 직무 분야의 기사 수준 기술훈련과정 이수자 또는 그 이수예정자

8. 동일 및 유사 직무 분야의 산업기사 수준 기술훈련과정 이수자로서 이수 후 응시하려는 종목이 속하는 동일 및 유사 직무 분야에서 2년 이상 실무에 종사한 사람

9. 응시하려는 종목이 속하는 동일 및 유사 직무 분야에서 4년 이상 실무에 종사한 사람

10. 외국에서 동일한 종목에 해당하는 자격을 취득한 사람

※ 관련학과: 모든 학과 응시 가능

※ 동일직무분야: 모든 직무 분야

【 비고 】

1. "졸업자등"이란 「초 · 중등교육법」 및 「고등교육법」에 따른 학교를 졸업한 사람 및 이와 같은 수준 이상의 학력이 있다고 인정되는 사람을 말한다. 다만, 대학(산업대학 등 수업연한이 4년 이상인 학교를 포함한다. 이하 "대학등"이라 한다) 및 대학원을 수료한 사람으로서 관련 학위를 취득하지 못한 사람은 "대학졸업자등"으로 보고, 대학등의 전 과정의 2분의 1 이상을 마친 사람은 "2년제 전문대학졸업자등"으로 본다.

2. "졸업예정자"란 국가기술자격 검정의 필기시험일(필기시험이 없거나 면제되는 경우에는 실기시험의 수험원서 접수마감일을 말한다. 이하 같다) 현재 「초 · 중등교육법」 및 「고등교육법」에 따라 정해진 학년 중 최종 학년에 재학 중인 사람을 말한다. 다만, 「학점인정 등에 관한 법률」 제7조에 따라 106학점 이상을 인정받은 사람(「학점인정 등에 관한 법률」에 따라 인정받은 학점 중 「고등교육법」 제2조제1호부터 제6호까지의 규정에 따른 대학 재학 중 취득한 학점을 전환하여 인정받은 학점 외의 학점이 18학점 이상 포함되어야 한다)은 대학졸업예정자로 보고, 81학점 이상을 인정받은 사람은 3년제 대학졸업예정자로 보며, 41학점 이상을 인정받은 사람은 2년제 대학졸업예정자로 본다.

3. 「고등교육법」 제50조의2에 따른 전공심화과정의 학사학위를 취득한 사람은 대학졸업자로 보고, 그 졸업예정자는 대학졸업예정자로 본다.

4. "이수자"란 기사 수준 기술훈련과정 또는 산업기사 수준 기술훈련과정을 마친 사람을 말한다.

5. "이수예정자"란 국가기술자격 검정의 필기시험일 또는 최초 시험일 현재 기사 수준 기술훈련과정 또는 산업기사 수준 기술훈련과정에서 각 과정의 2분의 1을 초과하여 교육훈련을 받고 있는 사람을 말한다.

■ 합격기준

필기시험 합격기준	실기시험 합격기준
과목당 100점을 만점으로 1. 전 과목 40점 이상 2. 전 과목 평균 60점 이상	100점을 만점으로 60점 이상 (시험의 일부 과정을 응시하지 않은 경우 득점에 관계없이 불합격)

■ **응시자격 증빙서류**

구분	내용
제출서류	경력증명서 또는 재직증명서 최종학력증명서 자격증 사본

5. 검정 시행계획

가. 시행일정

종 목 명	필기시험 원서접수 (인터넷접수)	필기시험	필기시험 합격자 발표	실기시험 원서접수 (인터넷접수)	실기시험	최종 합격자 발표
빅데이터분석기사	20. 11. 23 ~ 11. 27	20. 12. 19	21. 1. 8	21. 1. 25 ~ 1.29	21. 2. 20	21. 3. 19

나. 필기(필답) 시험시간

등 급	시험시간	비고
기사	10:00 ~ 12:00	○ 입실시간: 시험시작 30분 전

※ 시험특별관리대상자의 편의제공을 위해 규정에 따라 시험시간 연장 가능

다. 기타 사항

- 원서접수시간: 원서접수 첫날 09:00부터 마지막 날 18:00까지임

- 필기시험 합격(예정)자 및 최종합격자 발표시간: 해당 발표일 18:00임

- 상기 시행일정은 검정시험 일정에 따라 조정될 수 있음

- 천재지변, 응시인원 증가 등 부득이한 경우에는 시행일정을 검정시행기관장이 조정할 수 있음

■ **시험 안내**

한국데이터산업진흥원

- https://www.dataq.or.kr/

- 전화: 02-3708-5415